U0654498

盛彤笙

资料长编

老科学家学术成长资料采集工程

老科学家资料长编丛书

胡云安 吉顺平 陈贵仁 赵西玲 丁鹏宇 等 编著

1911年	1928年	1938年	1946年	1950年	1955年	1979年
出生于湖南长沙	考入中央大学	获柏林大学医学、兽医学双博士学位	创建并任兽医学院院长	任西北军政委员会畜牧部副部长	当选中国科学院学部委员	主编《中国畜牧兽医辞典》

上海交通大学 出版社
SHANGHAI JIAO TONG UNIVERSITY PRESS

内容提要

  盛彤笙(1911—1987),江西永新人,著名畜牧兽医教育家、科学家。本书是一部完整辑录盛彤笙生平事迹的资料长编。书中广采有关档案、日记、传记、报道、口述及各种资料,以年代为序,从学习生活、教学科研、西北科学事业建设、社会交往等方面客观、完整地记录了盛彤笙的一生经历。书后附有年表、自传、著译目录。全书取材广阔,考订细致,叙述公允,收录各种图片两百余幅,是研究盛彤笙较为完整的编年资料,对现当代畜牧兽医教育史、科学研究及建设史等均有重要的学术与史料价值。

图书在版编目(CIP)数据

  盛彤笙资料长编 / 胡云安等编著. —上海:上海
交通大学出版社,2021.7
  ISBN 978 - 7 - 313 - 24301 - 0

  Ⅰ.①盛… Ⅱ.①胡… Ⅲ.①盛彤笙—人物研究
Ⅳ.①K826.15

  中国版本图书馆 CIP 数据核字(2021)第 125192 号

老科学家资料长编丛书
盛彤笙资料长编
SHENGTONGSHENG ZILIAO CHANGBIAN

编　著:胡云安　吉顺平　陈贵仁　赵西玲　丁鹏宇　等
出版发行:上海交通大学出版社　　　　　　　地　　址:上海市番禺路 951 号
邮政编码:200030　　　　　　　　　　　　　电　　话:021 - 64071208
印　制:当纳利(上海)信息技术有限公司　　经　　销:全国新华书店
开　本:710 mm×1000 mm　1/16　　　　　印　　张:42.5
字　数:625 千字
版　次:2021 年 7 月第 1 版　　　　　　　　印　　次:2021 年 7 月第 1 次印刷
书　号:ISBN 978 - 7 - 313 - 24301 - 0
定　价:182.00 元

谨以此书纪念

我国著名畜牧兽医教育家、科学家盛彤笙院士诞生110周年

盛彤笙学术成长资料采集课题组

主持人： 胡云安

成　　员： 吉顺平　陈贵仁　赵西玲　丁鹏宇　张芳莎　王陇平

本书编写分工

胡云安：组织协调资料征集、查档、访谈等事宜；负责编纂总体思路、原则，安排整体进度与分工；编写 1951 年—1987 年的资料长编，撰写代序、前言、后记。

吉顺平：负责各种传记、日记、论著、其他历史资料等的搜集整理，以及所有资料的分类编目；编写 1911 年—1950 年的资料长编，编制年表、论著目录、参考文献。

陈贵仁：负责照片、信件、档案、论著、口述等资料的搜集整理；审阅校改资料长编。

赵西玲：负责信件、论著、口述等资料的搜集整理；修改、校对资料长编。

丁鹏宇：负责甘肃农业大学档案及部分口述等资料的搜集整理。

张芳莎：负责部分传记与口述资料的搜集整理。

王陇平：负责部分照片的搜集整理与拍摄。

1934 年，盛彤笙赴德留学前与父母及弟妹合影（前排左起：大弟彤伟、母亲、二弟彤文、父亲盛治斌、二妹佩芝；后排左起：表妹衡芝、盛彤笙、大妹英芝）

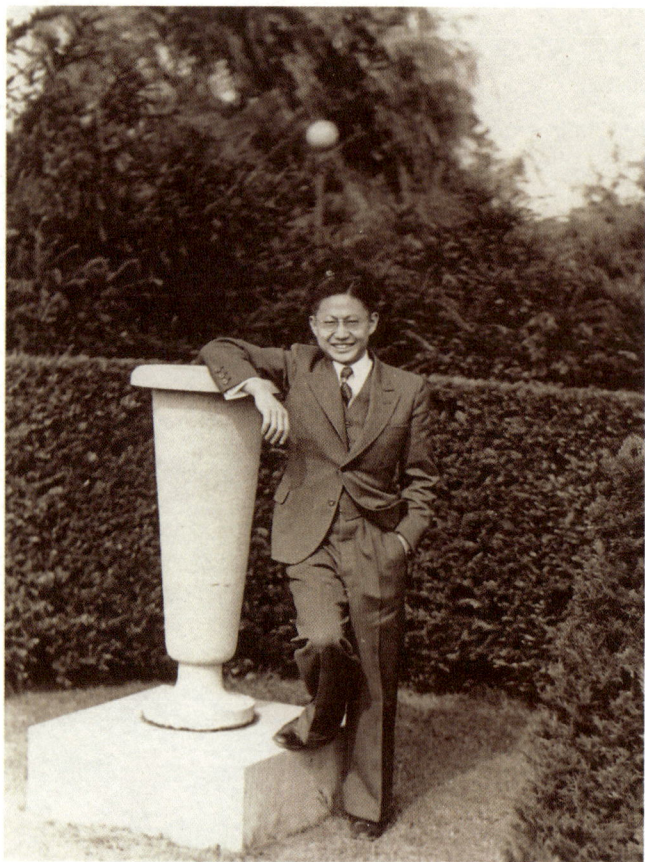

1935 年，盛彤笙在德国柏林大学校园

1947 年，盛彤笙与邹东明的结婚照

國立歌醫學院

第　頁

校歌之詞　盛彤笙作

西面富縱身着崑崙，北面埃埃着長城，
黃河從我們身邊流過，波派奔騰；
永遠看着伏羲和神農衣冠塚塚遺；
高亢站立着我們的校舍，
蕾莪莪看後起的菁英。

浩之乎大山臨海大荒垠，
風吹草低牛羊成群，
駝鈴陣之，牧馬長鳴，

在遙遠之西北的原野上，
正好任我們的馳騁；
我們要以卡天為幕，大地為營，
風餐霧露宿，不避艱辛，
我們要手腦並用，深入農村，
廣施仁術，筆被蒼生，
看百獸率之舞，壽域同登！

1948年，盛彤笙撰写的兽医学院校歌手稿

1982 年 1 月 6 日,《中国大百科全书》农业卷兽医部分正副主编及各分支学科负责人合影(盛彤笙在一排左四)

1983 年，盛彤笙在南京家中小憩

心之所向——虽九死其犹未悔
（代序）

历经数年，《盛彤笙资料长编》终于出版了。

盛彤笙先生以一个知识分子特有的良知善行和社会责任感，怀着"改变国民食物结构，强壮一个民族"的梦想，以身许国，兴学为民，一生荣辱交加，留有太多遗憾，曾自嘲一生"打了一个钢筋水泥的基础，却盖了一间茅草房"。这显然是他的自谦之词，事实并非如此；也有因打成"右派"，历经"文革"，凡二十年，诸多愿望未能实现的感叹之词。盛彤笙先生的高足、我国草业科学的奠基人、中国工程院院士任继周先生在《盛彤笙文稿》序中曾感叹："他虽历经磨难而坚贞不屈，矢志向前。使我看到了心之所向、虽九死其犹未悔的当代屈原形象。"通过《盛彤笙资料长编》（以下简称《长编》），我们可以了解盛彤笙的一生：其德行堪为楷模，功业彪炳史册，论著足以传世。

盛彤笙早年留学德国，获医学和兽医学双博士学位。学成归国，先后在江西省立兽医专科学校、西北农学院和中央大学任教，三尺讲台，一方天地，开始了传道、授业、解惑的师者之旅，教学循循善诱，一丝不苟，治学严谨审慎，精益求精，深得师生敬重和钦佩。他德艺双馨，桃李满门，影响甚巨，在学界早已崭露头角，出类拔萃，众望所归。

1946年10月1日，行政院第761次会议确定设立兽医学院，着教育部具体办理，朱家骅遂任命盛彤笙为兽医学院院长。但盛彤笙以自己年资不够,三次呈文坚辞不就,并推荐他人担任。朱家骅坚持非盛彤笙莫属,并数函任命不变。盛彤笙不得不衔命西行。

当时抗战胜利,许多大学回迁,许多知识分子涌向南京、北平、天津、上海等大城市谋职。而盛彤笙却从南京中央大学前往西北赴任。

1946年,36岁的盛彤笙赴兰州创办兽医学院并出任院长,凭借着自己的学术影响、人格魅力和雅量能量,延揽了一大批硕学鸿儒,云集兰州小西湖,从零起步,点将组班,签署任命,共克时艰,共享其盛,将兽医学院办成一所比肩莫斯科兽医学院的亚洲一流高等学府,为祖国特别是大西北培养了一大批畜牧兽医专业人才。

所谓雅量,是他以博胸厚怀,聘用了一大批留学国外的博士,吸纳了国内一流的人才,令兰州其他高校刮目相看,认为兽医学院喝过洋墨水的博士最多。所谓能量,是说他以一介书生院长,既可与教育部长称兄道弟,电文往来,共商大计,要人要钱要物;也可与张治中、郭寄峤、马步芳等军政要员共襄办学事宜,争取财物,寻求支持。如成立西北饲料改进会,请张治中任名誉会长、郭寄峤任会长,让诸多社会名流贤达参与其会,共同推动。战乱中,有一些从美国购置的仪器设备和从上海采购的物资不能及时运回兰州,他求助于张治中、陈长捷等军政要员,动用军机、军车拉运,甚至给蒋介石、宋美龄写信求助,尽可能地减少损失。

盛彤笙曾多次勉励学生说:我们学习兽医科学,就是要增加乳肉蛋的产量,使全国同胞都能过上丰衣足食的生活,让中国人每天有一顿肉、一杯奶、一枚蛋,每人有一身毛料子、一双皮鞋,大家都能享受畜牧业之惠,做一个健康强壮的中国人,做一个有尊严有品位的中国人,希望同学们坚韧勇敢地把这一使命担当起来。"裨益国民生计,臻进人类健康",其经世致用的办学主旨,其奉献民生的拳拳之心,体现的是一种社会责任和民族大义。

1950年后,盛先生先后六次受到毛泽东主席、周恩来总理的任命,担任重要职务,特别是继任西北畜牧兽医学院院长和出任西北军政委员会畜牧部副部长等职。他以丰厚的学术积累和所率领的强大的专业技术队伍,为西北畜牧业发展筑起一道安全屏障。其间,他与西北畜牧部同仁和西北畜牧兽医学院师生奔赴西北各地,调查研究,围歼瘟疫,改良畜种,广施仁术,泽被苍生。

1954年,盛彤笙以中国科学院西北分院第一副主任委员的身份在兰州勘察选址,设置专业,选调科技人员,主持筹建中国科学院西北分院(今兰州分院)。1955年6月3日,周恩来总理发布命令:233名科学家成为中国科学院首批学部委员(院士),盛彤笙为生物学地学部委员。盛彤笙在1955年6月的中国科学院学部成立大会上作为科学家代表发言,其发言刊载于当年6月10日的《光明日报》。1956年6月,他在拟制全国长期科学规划工作会议和第一届全国人民代表大会第三次会议上都被安排发言,陈述西北发展科学事业之重要性,呼吁全国人民和科学界支持西北建设,并以战略型大科学家的超前眼光和气魄胆识,对西北科学前景进行了规划、设计与实施,奠定了日后中国科学院兰州分院发展的基石。参与新中国教育和科学事业的伟大实践,也锻造和成就了盛彤笙这位杰出的畜牧兽医教育家、科学家、微生物学家。在具体的筹建中,他更是心力交瘁,倾注了全部心血。然他被错划成"右派",二十年来受尽磨难,直至1978年改正,1979年调往江苏农科院,才结束了这段他为之奋斗拼搏,也因之忍辱负重的漫长岁月。但其功绩将永远镌刻在中国畜牧兽医教育及西北科学事业发展的史册之上,给后来者以深刻启迪与精神引领。

科学家难得,战略型科学家尤为难得。而盛彤笙将两个"难得"集于一身,既有技术型科学家的严谨与审慎,又有战略型科学家的高远与宏阔。在为学为政之路上,盛彤笙始终不断审视着世界畜牧兽医事业和科学事业发展的大趋势,始终践行着一个知识分子的使命,担当大任而绽放异彩,展其所长而回馈社会,纵然困乏其身,亦不忘初心,执着坚守,为国计民生贡献毕生才智。除教学工作和领导工作之外,他以忧国忧民、惠泽苍生、著书立说为己任,笔耕不辍,佳作迭出,流传甚广。

从《长编》中我们可以追溯,早在他18岁参加《开明》杂志社举办的研讨会时,即有惊人之语。在上海医学院学习期间,他就结合实际,撰写了《麻风为公众卫生问题》,摘得桂冠,初步展现其科研能力及济世情怀。抗战开始,他敏锐地意识到研究未来之毒气战及军马之防毒等问题的紧迫性,撰写了《细菌战的可能性》《毒气战中之军马》《马匹的重要传染病》《家畜尸体剖检技术》等文章,提醒政府予以重视。在抗美援朝期间,撰写了《防御美国的细菌战要做好我们的兽疫预防工作》。他的一些科研活动,总是经世致用,关乎民生。抗战时期,以研究《水牛脑脊髓炎之研究》使大批耕牛免于死亡,取得了巨大成果,并在全球顶级刊物《科学》(Science)上发表;《磺胺族药物对马鼻疽杆菌之效用》提出的理论大大降低了马匹的死亡和疫病蔓延,按其领先世界的学术水平,完全能在《科学》上发表(但欧洲兽医界认为应该扑杀病马,发表一事未能如愿)。这一世界领先的研究成果比国外相关研究早了七年。随后编著的《兽医微生物学实验指导》,分别于 1941 年、1948 年、1956年刊印三版。他在苦难岁月中译出具有重要学术影响的《克氏细菌学》《家畜的传染病》《家畜传染病学》《家畜内科学》等经典著作,计 400 多万字,嘉惠学林。晚年虽体弱多病,仍以顽强毅力主持了《中国大百科全书》农业卷兽医部分和《中国畜牧兽医辞典》《德汉动物学词汇》的编纂校审工作,殚精竭虑,字斟句酌,使这些著作成为后世经典。

几十年来,盛彤笙坚持不懈,密切关注国计民生,倡导改变食物结构、增加国民饮食中动物性蛋白的摄入量、强壮一个民族的理想。他在各种场合发表讲话,撰写文章,提醒政府重视畜牧业,解决农牧业结构失衡的问题,如《论畜牧兽医事业之危机及吾人应有之觉悟》《畜牧兽医对于国计民生之关系》《改进我国畜牧兽医教育之商榷》《加强畜牧兽医科学中的爱国主义思想教育》《和新生谈谈畜牧兽医》,无不以民族健康、国家前途为重。

盛彤笙是学者,但不是独守书斋的学者。他把"发展畜牧兽医,改善食物结构,强壮一个民族"奉为第一使命。他是院士,同时也是一位国士和勇士。盛彤笙的足迹遍布西北牧区、农区以及城市周边能发展畜牧业的区域,调查研究,奔走呼号。尤其对"以粮为纲"之偏颇导致草原畜牧业及动物性产业不振并将长期危及食物结构均衡及生态安全的隐患而忧心忡忡,进而倡导大畜牧业思想,并在 1981 年 5 月中国科学院学部大会等各种会议发表他的观点,以及在《人民日报》等报刊领衔发表了《畜牧业产值占农业总产值50%以上是农业现代化的主要标志》《我国发展畜牧业解决饲料问题的若干途径》《建议在作物区进行调整农牧比例,改革食物构成的试验》《黄土高原的土壤侵蚀与农业格局》《应当树立"大畜牧业"思想》等文章。1979 年

5月22日刊发的甘肃省委《工作简报》第十七期,登载了他的文章《农业要快上,必须大力发展畜牧业》,并加"编者按"。多年来,他从国家发展战略的高度和人民生活贫困的现实提出应对良策,痛陈"以粮为纲"之弊端。其间激烈辩论与抗争,虽遭不公正批判,但他仍正道直行,孤军奋战,"屡批屡犯""屡教不改",风骨依然,在有关国计民生的问题上,他绝不言弃。最终引起中央高层的重视:表示畜牧业应该作为战略来研究。1983年8月,胡耀邦视察甘肃,高度肯定了发展畜牧业的重要性,并题词"种树种草、发展牧业是改变甘肃面貌的根本大计"。这是对盛彤笙的很大肯定,也是盛彤笙为我国畜牧兽医事业的发展长期抗争的结果。当然,国家最终也没有忘记这位畜牧兽医界和科学界的泰斗式人物:2009年,中华人民共和国成立六十周年之际,他被授予"新中国成立60周年'三农'模范人物"荣誉称号。

面对2003年SARS病毒的肆虐和2019年冬季至2020年春季新冠肺炎疫情在全世界的暴发,我们想起了1949年10月16日中华人民共和国刚刚成立半个月时,盛彤笙就会同其他专家向中央和地方政府提出了10条"西北畜牧兽医工作方针建议",其中就有"请建立兽医警察制度及设置兽疫防治网"。1980年代初即呼吁在宁、沪一带建立国家最大的动物病毒研究中心,足见其远见卓识。

高山仰止,景行行止。哲人其萎,其言犹存。行为世范,步趋接踵。盛彤笙德才兼备,境界高远,胸怀广阔,凡受其教诲或与之交往者,莫不为其渊博学识、人格魅力和深邃思想所折服。许多留洋博士在盛彤笙报国激情的感召下,选择了盛彤笙主持校政的兽医学院,勇担振兴我国畜牧兽医事业的神圣使命,这么多国内外杰出人才追随盛彤笙,而且众口一词的推崇、敬仰和服膺,正应了"良臣择主而事,良禽择木而栖"之古训。为什么这么多人选择盛彤笙,他们最后的结局怎么样?他们在盛彤笙麾下,都成了全国著名的大专家,达到自己人生事业的巅峰,《远牧昆仑:盛彤笙院士纪实》已有详述。崇拜敬仰一个人的什么呢?有人说,人的两种力量最有魅力,最能征服人心:一种是人格的力量,一种是思想的力量。再举四例:

一则,他的学生李伦良教授一次去南京开会,受任继周院士之托去看望恩帅盛彤笙。当问到李伦良在兰州大学讲授图书情报及科技文献检索的课程时,盛彤笙谈了许多关于这方面的独到见解,使李伦良深受启发。他感叹,盛彤笙怎么在哪一方面都是大专家!在盛彤笙的教诲下,李伦良在西部文献资源建设、文献检索、科技情报研究等方面有许多重要建树,曾任甘肃省图书馆学会副会长、甘肃科技情报学会副理事长、中国生态学会甘肃分会秘书长等职,获国家科委颁发的"全国科技情报先进工作者"等荣誉称号。

二则,访谈过盛彤笙的两位学生胡自治教授和牟新待教授说:盛先生本身是留德双博士,他带回了欧洲先进的教育理念、先进的教材体系、先进的教育体系,特别是建立了先进的本科教学体系。畜牧兽医以应用为主,而不是目前以研究论文判高低,掌握应用技术才能有名气。但他从来都重视对高端人才的培养,1953年,西北畜牧兽医学院即被高教部确定为首批招收研究生的大学之一。盛彤笙诠释了领导者的责任与成功,除他创建的"两院两所"之外,一是关心支持别人成功,成就别人亦是成就自己。他不是利用自己手中的资源只成就自己,而是与师生互为成就。在教师极度缺乏的情况下,仍坚持让一些人外出留学。二是他能把握行业大势和战略目标,所以才成就了一流大学。总之,盛彤笙的成就除研究和著述之外,更重要的是培养、提携了大批优秀人才,使其事业和精神得以延续并发扬光大。凡是受到盛彤笙指导和教诲的人,都有成就,这是一个奇特的现象和不争的事实。

三则,他用人不避亲疏,不结朋党,唯才是举。他的表兄黄席群,原为国民党中央社英文部主任,新中国成立后赋闲在家,子女众多,被他招聘来校任教,后成为著名英语教育家和翻译家,在全国翻译界亦享盛誉。100岁时仍在翻译英文著作。他的妻弟邹康南,中央大学毕业后即被他从南京动员到西北畜牧兽医学院任教,后成长为国内著名兽医内科学家。盛彤笙写信推荐到德国攻读兽医学博士学位的杨承谕、陆承平,都成为畜牧兽医界的著名学者。

四则,他在南京鼓楼医院住院的病友,曾任解放军艺术剧院副院长、南京军区文工团副团长、前线话剧团政委和团长的诗人、剧作家张泽易先生住院期间和盛彤笙相见甚欢,他写诗这样评价盛彤笙:"闲步未观景,高卧不见云。腋下一卷书,胸中万马奔。"遗憾的是1978年8月17日兰州突降特大暴雨,盛彤笙住的土坯房坍塌,他的所有书和平生积累的大量资料皆毁于泥浆之中,原本利用自己独有的医学和兽医学双重背景撰写的《比较免疫学》《比较流行病学》等著作,至此化为泡影,不然,他在学术殿堂还有更大的建树。

当年人事与气象,远逝苍茫何复追。幸有《远牧昆仑:盛彤笙院士纪实》这本传记垫底,又有任继周院士推荐,我们才得以于2014年向中国科协申请"老科学家学术成长资料采集工程"项目,并获准立项,将盛彤笙列入老科学家学术成长资料采集名单,也为盛彤笙争得一份应有的殊荣,更使盛彤笙资料抢救挖掘工作获得了最大支持。我们又走访盛彤笙的亲友故旧,查阅尘封档案,搜集散见于各处的文献资料,得其论著、译文、书信、手稿若干,收获甚丰,并精心考据整理,编撰成《长编》《盛彤笙文稿》两书。盛彤笙的精神和功业是一曲绝唱,但不是挽歌。他培养的众多人才、他事业的继承者,接力合奏着更加雄伟宏大的交响曲,这是对他在天之灵的最大告慰。能够使盛彤笙对于畜牧兽医事业和科学事业的学术思想,对于国计民生的战略构想、情怀担当和浩然正气显扬于世,不仅是对盛彤笙个人的记忆,而且是对发展畜牧兽医事业曲折道路的记忆,更是保留一段前辈们如何以自己的专业使整个中华民族强大的记忆。"如果忘记了历史,就很容易迷失在当下。"《长编》即将付梓,作为编者,我们以兴灭继绝为责任,以弘扬前辈学者兼济天下、泽被苍生的精神功业为使命,使盛彤笙之言论行迹不再被埋没,并乐于向广大读者,特别是从事农牧业和相关学科的师生推荐,希望有更多的人能够闻其言而知其人,知其人而觅其踪,觅其踪而彰其功,彰其功而效其行,以文为友,与德为邻,以精神之会晤为幸也。

胡云安

2021 年 4 月于兰州

前　言

　　盛彤笙(1911—1987)，畜牧兽医教育家、科学家，中国现代兽医学奠基人之一。德国柏林大学医学和兽医学博士。曾任西北兽医学院院长、西北畜牧部副部(局)长、中国科学院西北分院筹备委员会副主任、中国农业科学院学术委员会副主任、中国科学院学部委员、中国畜牧兽医学会名誉理事长等职。盛彤笙是第一届全国人大代表，他还是第三、四、五、六届的全国政协委员。2009 年被评选为新中国成立以来有突出贡献的"三农"模范人物。

饱学之士　娃娃教授

　　盛彤笙的祖籍是江西省永新县龙门镇上盛村。祖上是当地的名门望族、书香之家，后来家道中落，其父在湖南长沙一所教会办的雅礼中学当了名小职员。1922 年，盛彤笙小学毕业后，即随父在这所学校上中学，上课的大多是美国教师，用的课本除了国文和中国历史、地理外，其他课程全都是英文教本。雅礼中学这段严格的训练，为他打下了良好的文化和英语功底。

　　1928 年，盛彤笙考入南京中央大学理学院动物学系。他以常人无可比拟的学习劲头，用三年时间读完了四年的课程，同时又考入上海医学院学医。上海医学院是一所典型的英美式学校,几乎全用英文课本,用英语讲授,上课的大多数是外籍教授,对学生要求非常严格,淘汰率也很高。盛彤笙在上海医学院读完三年级,还差两年毕业时,遇上江西政府招考公费留学生,遂报名参加了考试,并被录取。1934年,盛彤笙赴德国留学,在海上航行了一个多月,他以过人的天赋和刻苦精神,从德文字母开始,学习新的语言,到柏林时已初步能用德语会话。入学后,他先用两年时间学完医学,1936年通过了博士论文答辩。后两年又在汉诺威兽医学院学习兽医,通过了兽医学博士的论文答辩。

1938年,盛彤笙在德国学业有成,已是精通英、德、俄三种语言,取得医学、兽医学两个博士学位的饱学之士。以他的才学可以在欧洲任何一个国家找到一份条件优越、待遇优厚的工作。但在欧洲的留学使盛彤笙看到了畜牧业对振兴一个民族的重要性。他深感自己的同胞终生劳碌,每人所能享用的资源却极其有限,民众的生活一直停留在非常困乏的阶段,国人的健康尤其遭受了很不利的影响,他义无反顾地回到了山河破碎的祖国,兴办教育,传播知识,培养人才,造福民族。

盛彤笙回国后,先后在江西省兽医专科学校、西北农学院执教,1941年来到中央大学。当年中央大学有一批刚从国外回来的青年教授,如盛彤笙、翁文波、胡祥璧、汤逸人、黄玉珊等,均未满30岁,他们思想活跃,精力旺盛,充满朝气和活力,被学生们戏称为"娃娃教授",而盛彤笙更是其中的"娃娃教授头",名满全校。

创业西北　兴学强农

1946年10月1日,行政院第761次会议通过决议,决定在甘肃兰州创办一所兽医学院,以开发大西北的草原资源,发展畜牧业。朱家骅点将,盛彤笙教授来到兰州,开始筹建当时我国唯一的独立兽医学院。在兰州大学校长辛树帜的鼎力支持下,整个办学从延揽师资、招收学生、设置课程、筹措经费、修建校舍、购置仪器、厘定章则等一应大小事务,都在艰难中有条不紊地进行。仅两三年时间,就在黄河之滨的小西湖畔建起了一座雄伟壮观的教学楼——伏羲堂,聘请了十几位留洋博士,仪器设备也初具规模,一座世人瞩目的高等学府出现在甘肃兰州。在当年的亚洲,也只有日本东京大学、菲律宾马尼拉大学、印度德里大学这三所大学设有兽医学院,而独立设置的仅此一家。

新中国成立后,盛彤笙被中央人民政府政务院任命为西北兽医学院院长。盛彤笙对学院的前景充满了信心,他经常激励同学们:"我们学习兽医科学,就是要增加皮毛乳肉的产量,使全国同胞都能过上丰衣足食的生活,让中国人每天有半斤奶、一枚蛋,每人有一件毛衣、一双皮鞋,大家都能享受畜牧业之惠,做一个健康强壮的中国人,做一个有尊严有品位的中国人,希望同学们坚韧勇敢地担当起来。"

1950年,盛彤笙调任西北军政委员会畜牧部副部长,工作繁忙,但他非常关心学校的建设和发展,多次从西北畜牧部、教育部为学院争取科研和基建经费;每年开学和期末到学校来安排工作,在开学典礼上和学生见面、讲话,勉励他们为畜牧业的发展做出贡献。

党和政府也极为看重兽医学院这份家业。1949年10月1日,既是开国大典,又是兽医学院三周年校庆,西北野战军副司令张宗逊一早就来到学校,和师生一起"国校同庆"。1950年12月3日,甘肃省人民政府主席邓宝珊在工作千头万绪、百废待举之时,参加首届学生的毕业典礼,称"盛彤笙是我们甘肃的宝贝",勉励毕业生要为农牧民谋幸福。更为难忘的是,1951年8月28日,西北军政委员会习仲勋副主席在参加甘肃土地改革工作会议后,专程来院视察,称赞兽医学院是"大西北的瑰宝",政府对兽医学院寄以很大的期望,希望师生为西北畜牧兽医事业的发展努力奋斗。同时,政府对学院所拨办学经费逐年增加,一大批国内外著名的专家学者齐聚伏羲堂前,整个学院人才济济,仪器、设备充足,招生人数不断增加。1953年,学院还在全国招收首批研究生,开始更高层次的人才培养,成为亚洲第一流的畜牧兽医高等学府。1956年,苏联派驻中国的农业部专家组组长、莫斯科兽医学院院长叶尔绍夫曾经说:"我考察了中国十多个兽医专业教育机构,包括南京农学院的兽医专业,其前身为中央大学兽医系,曾经拥有中国第一流的兽医师资和设备,培养出许多人才。但我考察后认为,唯一与莫斯科兽医学院相当的,是兰州小西湖的那个小小的西北畜牧兽医学院。"

正当一展抱负之时,1957年盛彤笙被无端打成"右派",并撤销一切职务。一年后,西北畜牧兽医学院迁到武威黄羊镇,组建成了新的甘肃农业大学。但盛彤笙创办的这所立足于大西北的畜牧兽医学院,为新中国培养了一大批高层次的专业人才。十二年中,开办大学本科、专科以及各类短训班、民族班、藏训班、轮训班共50多个班次,培养本、专科和硕士研究生以及各类短训人员2 000多人。在畜牧兽医人才奇缺的大西北,这是一个了不起的成绩。1954年《人民画报》十一月号以及《西北画报》第三期,都将西北畜牧兽医学院作为新中国的建设成就,向国内外做了专题介绍。西北畜牧兽医学院在中国农业教育史上,写下了浓墨重彩的一页。

学界泰斗　惠泽苍生

盛彤笙学业精深,学贯中西。留学期间,他曾代表中国政府参加了在德国莱比锡举行的世界家禽会议和在瑞士召开的第十三届世界兽医会议。1941年来到迁至成都的中央大学畜牧兽医系任教。相对稳定的环境,使他能专心致力于教学和科研。当时成都地区的水牛流行一种不能站立、四肢麻痹、腿部皮肤温度低的疾病,被农民称为"四脚寒",给养牛农户造成很大损失。在当时既无经费又无设备的困难条件下,盛彤笙通过实地调查和病例分析,并查找了国内外大量资料,在世界上首次证实了我国川西一带流行的水牛"四脚寒病"是一种病毒引起的传染性脑脊髓炎,发现了一种新病毒,成果在全球顶级刊物《科学》(Science)上发表。这在当时犹如一道闪电,划破抗日战争大后方的夜空。

新中国成立前,国内自己的兽医专业教材不多,在中央大学任教的五年,他根据从德国留学带回的显微胶卷译出凯尔瑟教授所著《兽医细菌学》,

编写了我国第一部《兽医细菌学实习指导》和《家畜尸体解剖技术》,作为畜牧兽医专业的教材。他与助教朱晓屏合著的《兽医细菌学实习指导》被各大学或农学院的畜牧兽医专业选用,两年中出版三次。1942年,他受命主编刚刚复刊的全国性杂志《畜牧兽医月刊》,同时还担负《中国畜牧兽医学会会讯》《中华自然科学社社闻》两种刊物的编辑、发行工作。在抗战期间畜牧兽医读物贫乏的情况下,为同道提供了发表科研成果和交流国内外科学情报的园地。

新中国成立后,党和政府非常重视盛彤笙的才学,在西北军政委员会主席彭德怀,副主席习仲勋、张治中的推荐下,毛泽东主席、周恩来总理六次签署任命书,对盛彤笙委以重任。他先后担任西北军政委员会畜牧部副部长、西北行政委员会委员、西北行政委员会畜牧局副局长等职务。同时,他还在1954年当选为第一届全国人大代表,1955年被遴选为中国科学院生物学地学部学部委员,1956年当选为中国农科院学术委员会副主任,后任中国畜牧兽医学会副理事长。

祖国的大西北幅员辽阔,草原广袤,历来是畜牧业发展的重要基地。但由于畜牧兽医事业极为落后,许多疫病如牛瘟、马鼻疽、猪霍乱、羊痘、鸡瘟、各种家畜的炭疽和出血性败血症等,几乎年年在各地流行,重创了畜牧业的发展。作为西北畜牧部当时的专业领导,在任期间,盛彤笙多次深入牧区,调查研究,奔波在疫病防治的第一线:他赴青海指导羔羊痢疾的研究;在宁夏和甘肃取得了牛瘟、炭疽、出血性败血症、疥疮等疫病防治的突破;赴陕西汉中指挥了围剿口蹄疫的战役;组织西北各省(区)开展了大规模的家畜寄生虫防治,逐步扭转了羊只春季大量死亡的局面。他最早提出了"保护草原,划区轮牧;青贮饲料,打草备冬;改良畜种,杂交培育;研制疫苗,防重于治"的32字综合治理方针,在西北牧区同时大规模推行,使畜牧业生产走上了科学发展的轨道,许多衰败的草地也恢复了水草丰美的勃勃生机。卓有成效的工作,使他被习仲勋、张治中等西北局领导誉为"我们的大学问家"。

自1949年底,盛彤笙就在兽医学院多次举办防疫人员训练班,培养基层防疫干部,为当时防治和扑灭牛瘟、口蹄疫等烈性传染病发挥了重要作用。在他的指挥下,在西北各省(区)专业人员和西北畜牧兽医学院的配合下,

1950年扑灭了甘肃河西的牛瘟;1951年,在青海对牛群进行大面积的注射牛瘟疫苗,阻止了牛瘟的传播;1951年在宁夏开展了大规模的绵羊、山羊寄生虫防治工作;多次在甘肃开展扑灭猪瘟、口蹄疫、炭疽、猪肺疫等重大战役。到1958年底,西北地区基本上控制或消灭了危害牲畜最严重的烈性传染病。

1954年,盛彤笙调任中科院西北分院筹备委员会第一副主任委员,主持筹备工作。在他们一班人的共同努力下,五个研究单位和中科院图书馆兰州分馆相继成立,一大批科技人员也从全国各地陆续来到兰州。根据他的意见建立的兽医研究室,为中国农业科学院兽医研究所、中兽医研究所的成立奠定了基础。

科学大家　远见卓识

盛彤笙作为一个科学大家,总是能以他那深邃的思想和那渴望国家富强、心系百姓疾苦的宽阔胸怀,以及非凡的目光和远见卓识,洞察和预见未来,看清历史走向,指明前进目标,对社会产生深远的影响。

新中国一成立,盛彤笙就以一个专家特有的责任感,于1949年10月邀请在兰的畜牧兽医界人士座谈,提出了十条西北畜牧兽医工作的方针和措施,分别向中央和西北局进言。主要有:请在西北人民政府中设立畜牧部,西北各省(区)人民政府设立畜牧厅,各县人民政府设立畜牧科;召开全国畜牧兽医业务和教育会议;请在西北增设毛纺厂,或令津、沪毛纺厂迁来西北;请在甘肃增设洗毛厂和洗鬃厂;设置兽疫防治网;筹建乳肉罐头工厂及冷藏运输机构;厘定各种畜牧兽医法规等。这些建议与政府的思路不谋而合,不久西北军政委员会设立了畜牧部,西北各省也相继设立了畜牧厅。此后,国家在西北建设了多个毛纺厂、冷库;省(区)、地、县建立了畜牧兽医工作系统。这些前瞻性的建议,几乎都陆续被采纳而变为现实。

盛彤笙针对当时六亿人民搞饭吃还难以解决温饱的问题,另辟蹊径,于1963

年在北京全国农业科学规划会议、全国政协会议上多次发言,提出向畜牧业进军,丰富我们的肉蛋奶等食品,改进我国人民的食物结构,使蛋白质的需要趋向于满足,营养水平才会显著提高,体质将大为增强,吃饭问题才能从根本上得到解决。并希望重视发展南方山区的畜牧业,以促进农业早日过关。可惜这些意见未能被接受,直到 1983 年,西北广大地区和南方山区种草种树、发展畜牧,上述意见才被认可。这时,距他提出建议之时已过了整整二十年。

在 1973 年的全国兽医规划会议上,盛彤笙独具慧眼,根据我国生产、生活情况及世界畜牧业发展的趋势,在会上提出了八十年代应重视发展城市畜牧业,在城镇周边建立较大型的奶牛场、养猪场、养鸡场等,特别是发展生长期短、肉质增长速度快的养禽业,增加食物中肉蛋奶的比重,改善人民生活,提高身体素质。改革开放后畜牧业的蓬勃发展,特别是以城镇为中心的养殖业的兴起,无一不证明盛彤笙当年的真知灼见。

进入改革开放的新时期,针对我国发展畜牧业的问题上存在的思想阻力,他以巨大的理论勇气,挑战传统的"以粮为纲"的基本国策,公开提出畜牧业产值达不到农业总产值的 50％以上,不可能实现农业现代化。同年,在中国科学院学部大会上,盛彤笙指出,我国发展畜牧业的潜力很大,现在远远没有地尽其利,物尽其用。他反对当时流行的"粮食过了关再发展畜牧业"的说法,力排众议,认为中国人的动物性食品消费量属于世界最低行列,而粮食消费量属于世界最高行列,粮食越吃越多,而乳肉越来越少,陷于恶性循环。因此,在树立"大农业"和"大粮食"的观点的同时,还应当树立"大畜牧业"的观点,力主加快畜牧业的发展。他的这些前瞻性的战略思想和理论观点,在我国农业现代化进程中产生了和继续产生着深远的影响。

情操高洁　为霞晚岁

以盛彤笙在学术界的地位和影响,以他孜孜以求的工作精神,完全能在发展国家的畜牧兽医事业上有一番更大的作为,谁知 1957 年夏,情况发生了意想不到的变化,他的人生道路上出现了一个重大转折点。这年5月,《光明日报》派记者到兰州来点火,盛彤笙抱着帮助党的良好愿望,直话直说地谈了对一些问题的看法和疑惑,却被当成"大毒草",多次遭到批斗。最终,被戴上"右派"帽子,西北畜牧兽医学院院长、中科院西北分院筹委会副主任、中科院学部委员、全国人大代表等职务职称也被撤销,工资由科研一级降为科研三级。1957年10月,盛彤笙随同他所创建的兽医研究室,从中科院西北分院分出,并入中国农科院西北畜牧兽医研究所,第二年,又到新成立的中兽医研究所工作。在"文革"中,盛彤笙再次受到冲击,被批斗、关进牛棚,被反复审查,受尽屈辱。

坎坷的岁月没有动摇盛彤笙对祖国、对事业的赤诚,他忍着心中的苦楚,以常人难以想象的意志和顽强的毅力,默默奉献,在艰难岁月里留下了坚实的足迹。从1959年起,尽管他当时头上还顶着个"右派"的帽子,连自己的著述都不能署名,但在夫人邹东明的帮助下,开始了翻译德文兽医经典名著《家畜特殊病理和治疗学》。在兽研所一座潮湿阴暗的土坯小院里,在昏黄的灯光下,常常是盛彤笙口译,邹东明笔录,夜以继日,历经数年,终于将这部卷帙浩繁的大作译成中文,上卷名为《家畜传染病学》,下卷名为《家畜内科学》,这是盛彤笙对我国兽医学的一大贡献。"文革"期间,盛彤笙尽管关"牛棚",挨批斗,仍翻译了贝尔等合著的《家畜的传染病》一书以及上百万字的文献资料,其中一部分在兽研所编辑出版的《兽医科技资料》上刊载,为全国的畜牧兽医工作者提供了最新的参考书籍和信息,这在思想禁锢的年代,的确意义非凡。他的书稿因渊博的学识、深厚的文字功底、流畅的文笔为同行和出版家所称道。

1979年,盛彤笙调任江苏省农科院研究员,错划"右派"的问题得到改正,政治名誉得以恢复,他的学部委员职务也被中科院恢复,并被聘为国务院学位委员会学科评议组成员兼小组召集人。1985年,中共中央组织部还批准他"按副省长级待遇"。此时他虽然体弱多病,但非常珍惜这一宝贵的工作机会,向组织表示"俾能奋其余生,为四化尽其绵力"。1979年,他主持编纂《中国大百科全书》农业卷兽医学部分。同年,他还主编了《中国畜牧兽医辞典》。同时,审校了《德汉动物学词汇》。为了确保著作的质量,他翻阅了大量中外资料求证,逐字逐句地推敲。在审核稿件时,必须找到各个词条的原文,一一仔细订正,有时为一个字、一个词、一个术语,书信讨论往来竟达七次之多。为了科学术语的准确统一,他唯恐打印工人不熟悉外文及拉丁文,就自己刻蜡板,油印后又亲自到邮局投寄,经常步履蹒跚地行走于家中与邮局之间,前后亲手发出300多份信件。一个中科院院士、一个年逾古稀的老人,就这样以自己博大的胸怀、恢宏的气度,将手中的每一件事都做成经典,做到极致。

盛彤笙一生历经磨难,积劳成疾,于1987年5月9日去世。新华社以"著名兽医学家盛彤笙在南京逝世"为题发专电报道。他的人生谢幕了,但他的精神却长留人间。

凡　例

　　一、资料长编以年为单位，不跨年，每年之下依时间顺序按月、日列出纪事条目，每事下开列所依据的资料或资料摘要。

　　二、尽量不漏年，但查无确切资料的年份，亦不再列出；月份不确的纪事，写为"约某月"或"是年"。

　　三、纪事条目以第三人称现在时行文，行文客观，不带评介，纪事突出具体的事项，力求言简意赅，时间、地点、人物、事件要素齐全。

　　四、纪事条目下的资料，按照史料的可靠性、完整性排序，最原始且完整的资料排列在前，如档案、早年手稿（包括日记、笔记）、信件、照片、证书、报道及其他资料。传记、口述等资料尽量与相关文献配合引用，确无可资佐证者，据此安排纪事。

　　五、所有资料按资料序号加名称依次列出，如"资料一（档案）"；仅有一条时，不编号，如"资料（信件）"，末尾注明出处。

　　六、因搜集资料的时间跨度大，亦因查档困难、机构档案整理等原因，有些档案没有档号，只能暂付阙如。

　　七、科学家所在机构、任职情况的重大变迁与所在学科、专业的重大进展，以及对科学家产生重要影响的历史事件、社会背景、重要人物等，亦酌情纳入。

　　八、所采集资料有相互抵牾、不同者，加脚注说明。原文献中的错别字、异体字,以及行文格式、序号等的错误,径改,不再出校。补充或推断的时间等置于[　]中。

九、附录为科学家年表、自传全文、著译目录。

十、老科学家的年纪,一律用虚岁。引用资料如用周岁,保留原文。

十一、为保留历史资料原貌,原文献一般不予改动。如行政区划、机构名称的变化不出注,与现代汉语规范有异的词句用法和表述尽量保留。

目 录

1911年　　1岁

6月4日,出生于湖南长沙。祖籍江西永新,曾祖盛一朝,祖父盛钟禹,父亲盛嵋孙①,母亲武宁徐友贞。

资料一(传记)　十五世:盛一朝(1831—1886),字松生,号锡吾,28岁咸丰举人,31岁同治进士,官至正四品。十六世:盛钟禹(1862—1911),字琼兆,号小吾,日本东京政法大学留学生,晚清知县。十七世:盛治斌(拔凡),1888—?(妻),武宁徐氏,三子二女。十八世:盛彤笙(太兴),1911.5—1987.5,小吾公长孙。(盛彤笙:《庸碌的一生,平凡的自述》附录《盛氏家谱》,1983年)

资料二(照片)　江西永新上盛村盛彤笙家老屋(见图1,2010年陈贵仁摄)。

图1

---

①　嵋孙:各种文献中又作"眉孙""眉苏"。今据1928年9月盛彤笙的学籍表,统一正之为"嵋孙"。

　　资料三（传记）　盛彤笙，公元 1911 年 6 月 4 日（清宣统三年辛亥农历五月初八日）出生于湖南长沙，老家是江西永新。……盛彤笙的父亲名治斌，又名眉荪，字拔凡，长沙雅礼大学文学系毕业。……妻徐友贞，武宁人。（谭加庆：《中国现代兽医学的奠基人——记中国科学院学部委员盛彤笙》，载罗天祥主编《名人永新》，中央文献出版社，2008 年，第 549—550 页）

　　资料四（照片）　江西永新上盛村的"两盛官厅"（见图 2，2010 年陈贵仁摄）。

图 2

　　资料五（传记）　盛彤笙属于"双进士"中的老二盛一朝这一脉。盛一朝，也就是他的曾祖，有四子二女。其中排行老二的盛钟禺，为盛彤笙的祖父，号小吾，时人尊称小吾公。他早年留学日本东京政法大学，晚清时期在湖南长沙做知县，一直世居长沙。后来因家中出了不肖之徒，连抽带赌，将家乡的田产几乎全部败光，小吾公也被气得精神失常，一病而亡。到了盛彤笙的父亲盛治斌之时，家里已经没有了土地，成了名副其实的贫寒之家，靠当小职员的微薄薪金为生。……土改定成分时，一个曾经偌大的家族，最后还是个"中农"。（胡云安、陈贵仁、赵西玲：《远牧昆仑：盛彤笙院士纪实》，甘肃人民出版社，2011 年，第 8 页）

1915 年　　　5 岁

是年,父亲盛嵋孙任长沙雅礼中学文牍员。

资料一(传记)　1915 年起,任雅礼中学文牍员。治斌行二,兄弟五人,自己有三个儿子,兄弟子侄众多,只靠他一人的薪水维持这一大家人的生活,故极为清苦。(谭加庆:《中国现代兽医学的奠基人——记中国科学院学部委员盛彤笙》,载罗天祥主编《名人永新》,第 549—550 页)

资料二(传记)　由于家道中落,家境困顿,盛彤笙的父亲盛嵋孙(治斌)在湖南长沙的雅礼中学当了名小职员,兼教初中数学,一月三十来元的工资。微薄的薪金要维持十一口大家的生计,自然显得十分拮据。这使盛彤笙从小就尝到了生活的艰辛,自幼聪慧的他五岁即入学启蒙。(胡云安、陈贵仁、赵西玲:《远牧昆仑:盛彤笙院士纪实》,第 9 页)

1917 年　　　7 岁

是年,进入长沙私立幼幼小学读书,后转学,就读于私立修业小学、广益附小。

资料一(档案)　《盛彤笙小传材料》一份,共 65 页,是江苏省农科院根据中共江苏省委组织部通知(1986 年 7 月 26 日)的要求,为赶在 10 月底前撰写好盛彤笙小传而收集抄录的各种资料。其中盛彤笙档案中的《干部履历表》(参加革命前后履历)涉及小学读书者如

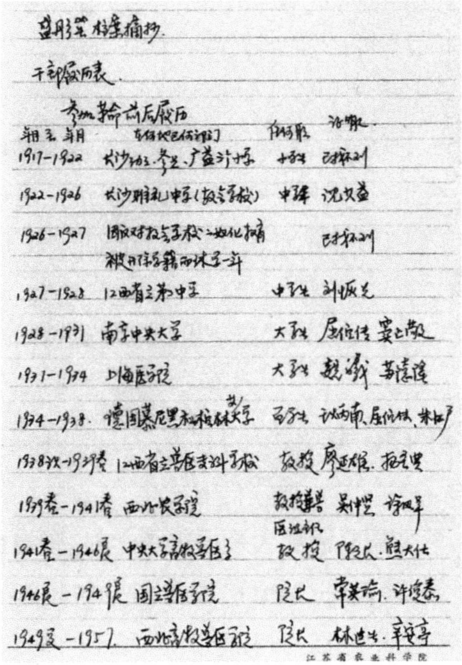

图 3

下：1917—1922[年]，先后就读于长沙幼幼、修业、广益三个小学，证明人已找不到。见图3。（《盛彤笙小传材料》，1986年7月26日，江苏省农业科学院，盛彤笙干部档案）

资料二（其他）　幼幼小学老校园：长沙市天心区幼幼学校历史悠久，取名沿于古训"幼吾幼以及人之幼"，坐落在古城天心阁、白沙古井与劳动广场之间。其前身为长沙私立幼幼学校，清末宣统二年（1910），由留学日本的蒋葆仁女士创办于南门口外，该校"仁爱、诚信、乐学、创新"的精神一直流传至今。与马王街的修业小学、文运街的楚怡小学，成为长沙最古老且至今仍在开办的三所百年小学校。1914年成立学校董事会，其办学规模、设施之全堪称当时长沙之首。（张湘涛主编：《老照片中的长沙》，岳麓书社，2014年，第326页）

资料三（其他）　修业学校是1903年8月由明德学堂十二名退学的学生发起，由湖南教育界三位名人周震鳞、俞蕃同、许直出面呈请政府批准而创办的，周震鳞出任第一任校长。学校刚创办时只有中学部，到1904年8月，迁入肇嘉坪原敬业小学堂旧址，开始设立小学部。周震鳞聘请明德师范毕业生彭汉徽担任第一任小学部主任，当年即招收小学高等和初等各一班学生，当时称为两等小学，相当于现在的完全小学。此后，修业又相继增设了师范部、工专部，到1920年废止中学，开办农业职业学校。其间中学、师范、工专各部时办时停，但小学部却一直没有停止过。即使在1907年，政府补助费停发，修业处于最困难的时期，其他各部一律停办，小学部也坚持下来。这一年，明德师范毕业生彭国钧受聘担任了修业小学部堂长（即校长），他带领全体师生克服困难，终于渡过了难关。（谭仲池主编：《长沙通史·近代卷》，湖南教育出版社，2013年，第580页）

1920年　　10岁

是年，雅礼大学增设中学部，张福良任中学部主任。

资料一（其他）　大事记：1920年，雅礼大学增设中学部，张福良任中学部主任。此时雅礼中学包括三个部分，即中学（四年）、大学预科（两年）和大学（三年）。大学与预科合成雅礼文理学院（College of Arts and Sciences），

包括文科、理科、医预科。（雅礼中学编印：《难忘雅礼——长沙市雅礼中学建校 100 周年》，2006 年）

资料二（其他）　1920 年，学校遵照当时的学制要求，增设中学部，张福良任中学部主任。中学部的教师由雅礼大学的教师兼任。雅礼中学当时开设的课程，如数学、物理、化学等，都采用英文原本教材，教师上课时也适当使用一些英语。英语教师都由美国耶鲁大学毕业的学士教员担任，使用的教材是盖德赖亲自编写的《英语直接教学法》。后来，这套教材经由商务印书馆出版，一度风行全国。国文则全部由中国教员任教，大部分是一些前清翰林和秀才，如汪根甲、黄琴台、周铁山等。雅礼中学还很重视体育，足球更是其强项，校队"蓝白队"多次挫败英国水兵队，并代表湖南参加华中和全国运动会，在当时的湖南和华中地区小有名气。雅礼的教学质量高，很多毕业生考取国内的名牌大学，还有相当一部分被雅礼协会送到美国留学深造。（刘春玲：《雅礼中学办学历史研究(1906—1951)》，湖南师范大学硕士论文，2012 年，第 14—15 页）

资料三（其他）　　雅礼中学老校园：雅礼中学诞生于清光绪三十二年(1906)，为美国耶鲁大学雅礼协会创办于长沙西牌楼，其初名雅礼大学堂，至今也有一个世纪之久了。宣统二年(1910)起开办中学。西牌楼为长沙城内的居民住宅区，人口繁密，街道狭窄，显然不利于长期办学。就在这一年，学校在北门外麻园岭购得一片土地，并开始在此新建校园。经过几年的建设，1916 年，雅礼中学迁入新址。新的校区地势开阔，校舍排列有序，高大明亮，校园内树木葱茏，池塘环绕，顿时为长沙城北增添了一处可供游览的风景区。（张湘涛主编：《老照片中的长沙》，第 330—331 页）

1922 年　　12 岁

9 月，从广益附小毕业后，进入雅礼中学读书，受教于郑业建、黄国璋、左复、劳启祥、应开识等老师。

资料一（传记）　1922 年考入雅礼中学读书，教学严格，除国文和本国史外均用英文课本,用英语教授。教师中有中国人,也有美国人。对我影响较大的老师有郑业建(国文)、黄国璋(地理)、左复(历史)、劳启祥(格致、数学)、应开识(英语)等老师,他们都是毕生致力于教育事业,在湖南享有很高声望的教育家。(盛彤笙:《庸碌的一生,平凡的自述》,第2页)

资料二(传记) 先生于1922年考入雅礼中学。这是一所教会学校,条件较好,教学严格。除国文、中国历史、中国地理外,其他课程均采用英文课本,用英语讲授。从而为先生在外语和文史等方面打下了良好基础,并引导他对自然科学产生了浓厚的兴趣。通过在该校的学习,先生的学业明显进步,成绩优秀;但也对当时主管校务的外国传教士生活特殊和高居于中国民众之上的傲慢态度深为反感。(邹康南:《盛彤笙先生生平》,2009年,第1页)

1926年 16岁

是年,领导雅礼中学学生参加反帝示威游行。雅礼中学停办,他也被开除学籍,未获任何证书。

资料一(档案) 盛彤笙档案中的《干部履历表》(参加革命前后履历)涉及者如下:1926年—1927年,因反对教会学校奴化教育,被开除学籍而休学一年,时为中学生,证明人沈其益。(《盛彤笙小传材料》,1986年7月26日,江苏省农业科学院,盛彤笙干部档案)

资料二(传记) 1926年国民革命军北伐攻克长沙,革命空气高涨,湖南省工会、农会、学生会、教职员联合会等基本上都是由中国共产党领导的。我由于一贯对于学校里的外国传教士心怀不满,他们表面上满口仁义道德、平等博爱,实际上生活特殊,高踞于中国老百姓之上,于是参加了学生会的领导,发起了反对帝国主义文化侵略和奴化教育的风潮。风潮结果:雅礼中学停办,在校学生都发给肄业证书,唯独学生会的几名领导人被开除学籍(记得起姓名的还有罗龙英、毛鸿章等人),不发给任何证件,我也在其中。(盛彤笙:《庸碌的一生,平凡的自述》,第2—3页)

资料三(传记) 1926年7月11日,国民革命军北伐攻克长沙。共产党领导的工会、农会、学生会、教职员联合会等组织开展了声势浩大的反帝运动,要求废除一切不平等条约,撤退外国驻华军队,收回租界,宣布对英、日等帝国主义经济绝交。面对汹涌澎湃的反帝浪潮,雅礼中学的外国传教士有恃无恐,毫不收敛,仍然以优秀人种自居,歧视其他民族,在中国人面前摆出一副高傲的姿态。盛彤笙自小受东方文化的濡染,进了中学以后眼界开阔,虽不以泱泱大国之民自居,把洋人看作夷狄,但他的民族自豪感未减分毫,在外国人面前,毫无卑怯之态。对趾高气扬、作威作福的外国人感到憎恶。他这时读高中二年级,已被选为雅礼中学学生会领导人。除领导同学参加反帝示威游行之外,还发起了反对帝国主义文化侵略和奴化教育的斗争。这些斗争成了大革命巨浪中耀眼的狂涛,冲击着帝国主义在中国办学校的根本目的。帝国主义者来个"釜底抽薪",停办雅礼中学,一般学生发给肄业证书,学生会的几名领导人被开除学籍,不发给任何证件。盛彤笙就是其中一人,还有罗龙英、毛鸿章等。(谭加庆:《中国现代兽医学的奠基人——记中国科学院学部委员盛彤笙》,载罗天祥主编《名人永新》,第550—551页)

1927年   17岁

秋,因雅礼中学停办而随父亲回到南昌,经湖南省教职员联合会出具转学证书,转入江西省立第二中学高中三年级就读。

资料一(传记) 幸亏获得湖南省教职员联合会的同情,代为出具转学证书,我才于1927年随着我父亲的转业回到南昌,转入江西省立第二中学高中三年级,1928年毕业。(盛彤笙:《庸碌的一生,平凡的自述》,第3页)

资料二(传记) 幸亏湖南省教职员联合会对他们深表同情,代为出具转学证书。1927年,盛彤笙跟随因雅礼中学停办而失业的父亲离开长沙,回到江西。父亲另找工作,盛彤笙在南昌转入江西省立第二中学高中三年级,

1928 年夏毕业。（谭加庆：《中国现代兽医学的奠基人——记中国科学院学部委员盛彤笙》，载罗天祥主编《名人永新》，第 550—551 页）

1928 年　　18 岁

7 月，于江西省立第二中学毕业并报考中央大学。

资料一（传记）　我……转入江西省立第二中学高中三年级，1928 年毕业。（盛彤笙：《庸碌的一生，平凡的自述》，第 2 页）

资料二（传记）　1928 年，先生于江西省立第二中学高中毕业，时年 17岁。当年即报考南京国立中央大学理学院动物学系。（邹康南：《盛彤笙先生生平》，第 1 页）

8 月 8 日至 11 日，在中央大学参加入学考试。

资料（其他）　入学规则　（一）资格：以新制高级中学毕业为原则，但旧制中学毕业者亦得应试。（二）学额：至多不逾三百名，男女兼收，不限省籍国籍。（三）考试科目：分通试、选试两项。

子　通试科目：(1) 三民主义；(2) 国文；(3) 外国文（暂以英、法、德、日文为限，但因事实关系，凡以法、德、日文为第一外国文者，须兼试英文为第二外国文）；(4) 算学（代数、平面几何）；(5) 常识（国民史、地理科、博物）；(6) 口试。

丑　选试科目：任选四门，报名时注明。(1) 中国文学史；(2) 论理学；(3) 世界史地；(4) 算学（三角代数及解析几何大意）；(5) 物理；(6) 化学；(7) 生物学；(8) 第二外国文（法文、德文、日文或英文）。

寅　体格检查：于入学时举行，凡身体有传染性疾病，有碍公共卫生者，概不得入学。

（四）考试日程：自八月八日起至十一日止（每日有校备午膳）。

八月八日上午八时至十时：算学考试。十时三十分至十二时三十分：英文。下午二时至三时：三民主义。三时十分至五时十分：国文。

八月九日上午八时至十时：常识。十时三十分至十二时三十分：德、法、日文。下午二时至四时：物理。

八月十日上午八时至十时：算学通试。十时三十分至十二时三十分：世界史地。下午二时至四时：中国文学史。

八月十一日上午八时至十时：化学。十时三十分至十二时三十分：论理学。下午二时至四时：生物学。

（五）考试地点：南京北极阁下本大学。（六）报名日期：自七月十五日起至七月三十一日截止。（七）报名地点：本大学注册组招生股。（八）报名手续：报名时应缴各件分列于下。

（1）报考履历、志愿书（填写时参阅本简章本大学学科系统表以便择定志愿所习之学科）；（2）毕业文凭（审查后发还）；（3）最近四寸半身相片（勿粘于硬纸板相片背面注册姓名、年岁、籍贯、毕业学校校名及通信处）；（4）报名费二元（应试与否概不发还，通信报名者须购邮汇票汇到南京北面桥邮局）。

以上各项手续完备，审查合格，给予报考注册证。在考试前一日（八月七日上午九时至十二时，下午一时至五时）亲到本大学注册，但凭报考注册证换取准考证，非本人亲到，概不发给。

（九）揭晓：录取新生姓氏定于八月二十日至二十二日三天内登上海《申报》《新闻报》及《民国日报》发表。（中央大学编：《国立中央大学一览》，1928年，第31—34页）

8月31日，《申报》公布录取名单，他被理学院生物学系录取。

资料一（报道）　（一）正取生转学二十一名：乔守为、梁尚志、温湘兴……方侃。预科三百九十九（报考本科一年级生在内）：陈源远、高謇、吴昌豫……盛彤笙……朱克俭、黄中坚、刘敏恒、吴有荣、张宗栻、黄培谷、许同庆、许益谦。艺术专修科音乐组八名……艺术专修科图画组十名……体育专修科十三名……（二）（备取生）预科四十四名。（《国立中央大学录取新生揭晓》，《申报》1928年8月31日第2版）

资料二（传记）　1928年，报考南京国立中央大学理学院动物学系被录取。这是我国著名的学府之一，历史悠久，名师荟萃，动物学系为秉志博士创建，有王家楫、蔡堡等著名动物学家和郑兰华、曾昭抡等化学家执教。他从此跨入了自然科学的大门。（邹康南：《盛彤笙先生生平》，第 1 页）

9 月，在中央大学报到注册，进行体格检查后，开始上课，修读普通无机化学、各体文选等课程。

资料一（档案） 盛彤笙的学籍表除记录入学成绩外，还有如下信息：入校年月为 1928 年 9 月。永久通信处及住址是南昌解家厂七号。家长一栏写盛嵋孙。保证人一栏写黄国璋。见图 4。（《国立中央大学学籍表》，1928 年，南京大学档案馆）

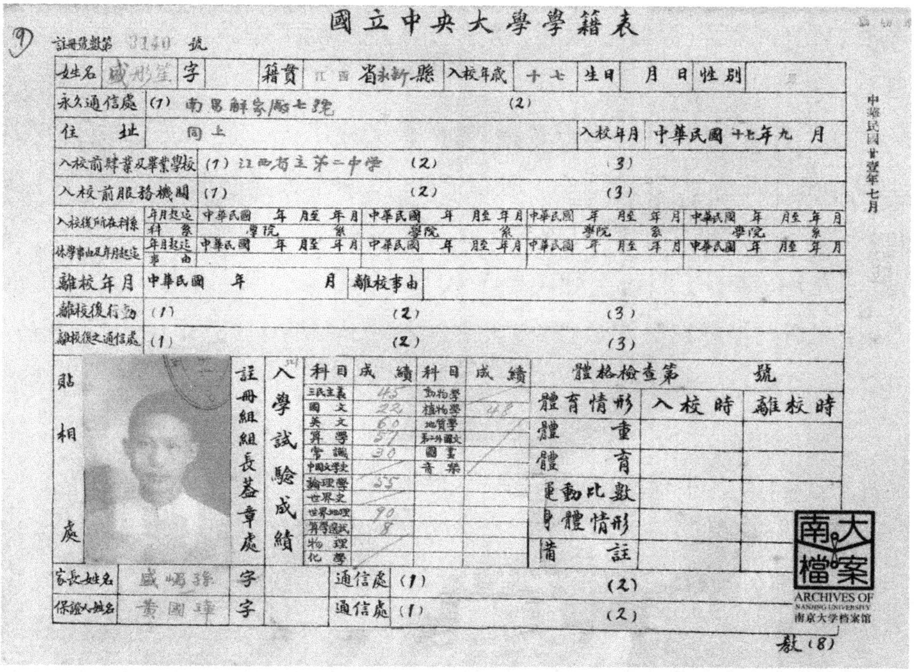
國立中央大學學籍表

註冊號數第 3140 號

姓名 盛彤笙　字　籍貫 江西 省永新縣　入校年歲 十七　生日 月 日　性別

永久通信處 (1) 南昌解家廠七號 (2)

住址 同上　入校年月 中華民國十七年九月

入校前肄業及畢業學校 (1) 江西省立第二中學 (2) (3)

入校前服務機關 (1) (2) (3)

入校後所在科系　年月起迄 中華民國 年 月至 年 月　科系 學院 系

休學事由及年月起迄　年月起迄 中華民國 年 月至 年 月　事由

離校年月 中華民國 年 月　離校事由

離校後行動 (1) (2) (3)

離校後之通信處 (1) (2) (3)

貼相處　註冊組組長蓋章處　入學試驗成績

科目	成績	科目	成績
三民主義	45	動物學	
國文	22	植物學	48
英文	60	地質學	
算學	57	第二外國文	
常識	30	圖畫	
中國文學史		音樂	
論理學	55		
世界史			
世界地理	90		
算學選試	8		
物理			
化學			

體格檢查第 號

體育情形	入校時	離校時
體重		
體育		
運動比數		
身體情形		
備註		

家長姓名 盛嵋孫　字　通信處 (1) (2)

保證人姓名 黄國璋　字　通信處 (1) (2)

中華民國廿壹年七月

教 (8)

南大檔案 ARCHIVES OF NANJING UNIVERSITY 南京大学档案馆

图 4

资料二（其他） 中央大学校门，见图 5。（南京农业大学动物医学院编：《中央大学农学院畜牧兽医系纪念册》，1997 年）

资料三（其他） 入学规则　（十）开学日期：九月一日开始注册。（十

图 5

一）入学手续：入学时应缴各件分列如下。

　　子　入学志愿书。

　　丑　保证书(保证人须在南京附近或通信便利之处)。

　　寅　缴费：(1) 学费,每学期二十元；(2) 体育费,每学期一元；(3) 医药费,每学期一元；(4) 讲义费,每学期五元(每学期终结算,有余退还,不足补缴)；(5) 凡有实验及实习之学程,约缴费自一元至十元,由各院另订之。

　　以上手续完备后即予注册,发给入学证,凭证上课。

　　附学生自理各费：(1) 制服费,冬季约二十元,夏季约十元；(2) 膳宿费,每年约一百元；(3) 书籍费,每学期约二十元至四十元。

　　(十二) 修业年限：本大学为补救目前各地中学生升学之程度不齐,暂设预科,其年限为一年。(中央大学编：《国立中央大学一览》,第34—35 页)

　　资料四(档案)　盛彤笙 1928 年 9 月入校。1928 年 9 月至 1929 年 1 月为十七年度上学期,课程为普通无机化学、预科算学、本科英文、各体文选等。以下依次为每学期修读课程情况。见图 6。(《国立中央大学学业成绩表》,南京大学档案馆)

　　资料五(传记)　1928 年秋考入南京中央大学动物学系,开始进入自然科学的大门。除学习本系的各种必修课外还选修了化学系、物理系,甚至哲学系、外语系、经济系的一些选修课程,这是求知欲最旺盛的一段时期,只用三年的时间便读完大学四年应读的学分数。这一阶段给我影响较深的老师

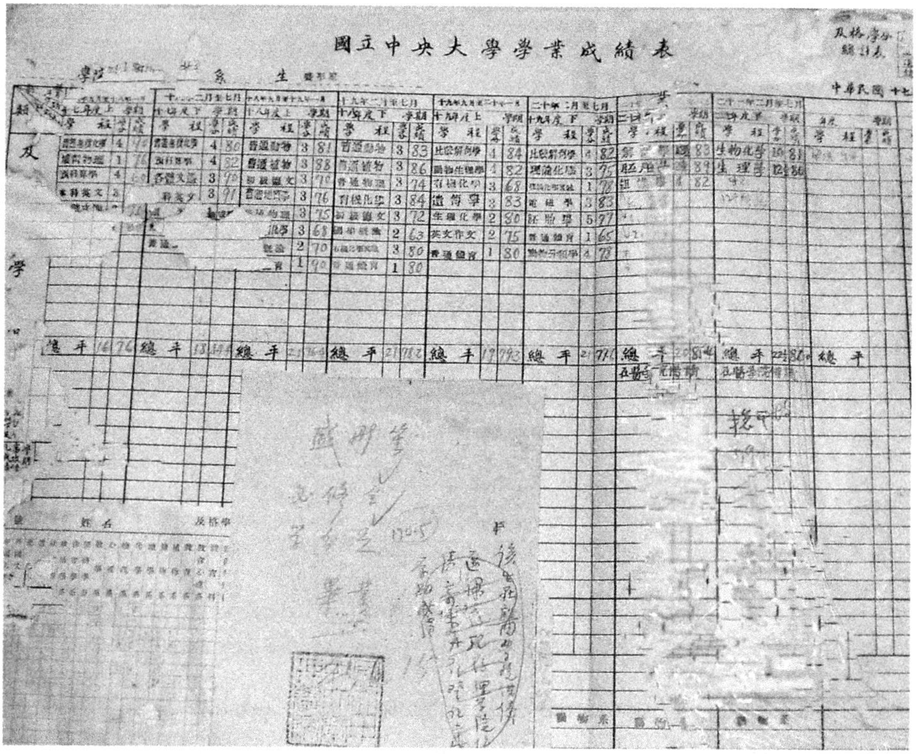

图 6

有王家楫(动物学)、蔡堡(比较解剖学、胚胎学)、许骧(遗传学)、徐善祥、郑兰华(普通化学)、曾昭抡(有机化学)、周君适(高等数学)等。在学习的过程中,已经暴露了我对数学的禀赋不够,限制了我日后在学术上的向深度发展。(盛彤笙:《庸碌的一生,平凡的自述》,第 3 页)

10 月 10 日,在上海《开明》杂志发表处女作《〈孩子们的音乐〉书评》。

资料(论文) 此书以故事的体裁输入儿童音乐上基本的知识,易于引起儿童们的兴趣,可算最上的教育方法。书中将西洋几个音乐名家的身世和在青年时候的努力详诉我们,能激发我们发奋的雄心。这书又告诉我们音乐剧罗安格林的很有趣的故事和其他许多重要的智识。最后一章告诉我们音乐是一种伟大的艺术,而不是一种娱乐品,千万不可忽视。在中国这种书可说是合于全体人的,因为在知识上,哪个不是孩子!尤其是关于音乐的常识。可惜这本书,我们的孩子们不能直接阅读,希望子恺先生能再写一本供我们的孩子们自看自读,想必收效更大。(盛彤笙:《〈孩子们的音乐〉书评》,《开明》1928年第4期,第225页)

1929年　　19岁

2月,进入十七年度下学期,继续上学期的课程。

资料(档案) 1929年2月至7月为十七年度下学期,课程为普通无机化学、预科算学、本科英文、各体文选等。(《国立中央大学学业成绩表》,南京大学档案馆)

7月,中华自然科学社第二届年会在南京召开,经助教杨浪明介绍,加入该社,成为第41名社员。

资料一(其他) 十八年七月,第二届年会仍在南京举行,到社员三十二人。十八年以后,已有一部分社友服务社会,一部分社友留学海外,所以社的范围更加广大,社务也有大进展。十九年,社友五十七人,学术研究增设农、工、医三组。(沈其益:《本社简史》,《中华自然科学社社闻》总第70期,1947年8月,第2页)

资料二(其他) 一、史略:十七年在南京举行第一届年会,社员二十六人……十八年七月在南京举行第二届年会,社员四十二人。(中华自然科学社编:《中华自然科学社概况》,1940年,第1页)

资料三(其他) 普通社友:化学组、生物组、医药组

社号	姓名	籍贯	学科	现在通信处
一	李秀峰	四川泸县	化学	四川大邑邮局蓝局长转
二	徐光吉	四川江津	生物	
三	郑集	四川南溪	生理化学	成都中央大学医学院生物化学系
四	赵宗燠	四川荣昌	工业化学	重庆磁器口综庐
一一	杨浪明	湖南长沙	动物生理	成都华西坝中央大学医学院

(续表)

社号	姓名	籍贯	学科	现在通信处
四一	盛彤笙	江西永新	兽医	成都浆洗街四川家畜保育所中央大学畜牧兽医系
四二	王正朝	四川梁山	农业化学	四川内江㧟木镇四川酒精厂

(中华自然科学社组织部编:《中华自然科学社社友录》,1941年,第13、25、63页)

资料四(传记) 说起"中华自然科学社",我得在此略加叙述。这个团体原是中央大学一些青年学生于二十年代中期发起的,我是于1929年在中大理学院学习时由助教杨浪明先生介绍加入的。它的宗旨一方面在于普及科学,另一方面则是幻想靠科学救国。它主要办有两种刊物:一种是科普性质的《科学世界》,另一种是报道社内情况和消息的《社闻》。这个团体随着时间的推移,社员逐渐成长,又邀请了一些比较知名的科学家加入,社员总数达到过一千余人,在许多地方都设有分社,成了一支颇有影响的科学力量。在复杂的旧社会中,各种政治恶势力不免时时垂涎,想谋为御用,其中尤以"CC派"为最甚。幸亏在总社中先后有一批比较正直和进步的社员如杨浪明、汪楚宝(季琦)、谢立惠、屈伯传[①]、涂长望等(其中有的是地下党员)掌握着大方向,所以未被他们所利用。(盛彤笙:《庸碌的一生,平凡的自述》,第16页)

9月,进入十八年度上学期,生物学系一分为二,蔡堡代理院长并任动物学系主任。在动物学系学习,修读王家楫教授的普通动物、普通植物等课程。

资料一(档案) 1929年9月至1930年1月为十八年度上学期,课程为普通动物、普通植物、初级德文、普通地质学、普通物理、国学概论、普通体育等。(《国立中央大学学业成绩表》,南京大学档案馆)

资料二(其他) 十八年秋,生物学系之动、植二门,均独立成系。十九年一月,由校务会议议决,地学系改称地质学系。计分算学系、物理学系、化学系、地质学系、动物学系、植物学系、心理学系等七系,开设八十四学程。

---

① 即屈伯川,见下文注释。

院长胡刚复,十七年夏辞职,以孙洪芬继任,孙未到职时,代理院长蔡堡。(秘书处编纂组编印:《国立中央大学沿革史》,第38页)

资料三(其他) 动物学系概况 六、学程纲要:普通动物学,一年学程,每周讲演三小时,实验三小时,六学分。农、医、动、植、心理必修。纲要:此课以动物之类别为经,自原生动物至哺乳动物,各就其形态、解剖、生理、生殖、分类等重要事实及问题循序阐发,又于适合之时讲动物学上之原则穿插其中而补充其说,讲授与实验互相衔接。(理学院编:《国立中央大学一览 第三种 理学院概况》,1930年,第14页)

资料四(其他) 动物学系概况:一、动物学系教员一览表

姓名	号	职务	经历
蔡堡	作屏	系主任兼副教授,任比较解剖学、动物生理学及实验形态学	北京大学理科毕业,美国耶鲁大学、哥伦比亚大学及纽约自然历史博物馆研究生,上海复旦大学动物学教授兼生物学科主任
王家楫	仲济	副教授,任普通动物学、组织学	美国本薛文尼大学哲学博士、耶鲁大学动物系研究员、韦斯特生物研究所研究学者
吴福桢	雨公	兼任副教授,任普通昆虫学、昆虫解剖学	美国伊里诺大学科学硕士,曾任美国昆虫局技术员、广东中山大学教授,现任江苏省昆虫局总务科长
陈义	宜丞	助教	厦门大学学士,浙江省立第一中学生物学教员一年
童第周	蔚荪	助教	复旦大学生物学科毕业
蒋天鹤	云一	助教	复旦大学生物学科毕业
吴功贤	希卿	助教	东南大学肄业,中央大学理学士

(理学院编:《国立中央大学一览 第三种 理学院概况》,第1页)

秋,掩护地下党员朱理治。

资料一(档案) 窦止敬1987年6月2日述:1929年秋,盛彤笙和我均在中大读书时,我俩住南京成贤街三楼宿舍,盛和我住隔壁,相处较密,盛思想较进步。有一天朱理治同志来中大看我还没有谈到话,楼下二楼发生了国民党反动派大搜捕,这是为了朱的安全起见,我把朱带到盛彤笙处,请他把老朱安置下来,盛欣然地接受了这个任务。后来楼下国民党反动派未上

楼搜查。盛彤笙亲自将朱理治安全地送往火车站走了。(《盛彤笙小传材料》,1986 年 7 月 26 日,江苏省农业科学院,盛彤笙干部档案)

资料二(传记) 在此期间曾协助最要好的同学窦止敬,掩护过地下党员朱理治(朱理治于前数年病逝,去世时任河北省委书记兼全国人大常委会委员)。(盛彤笙:《庸碌的一生,平凡的自述》,第 4 页)

资料三(照片) 中央大学学生宿舍,见图7。(中央大学编:《国立中央大学一览》)

图 7

是年始,课余阅读鲁迅的小说、杂文等。

资料一(传记) 除学校的正规功课之外,还喜欢看些文艺书籍和刊物,特别是喜欢读鲁迅先生的作品,如《野草》《呐喊》《彷徨》等,以及常载有鲁迅先生杂文的《语丝》《莽原》等杂志。我对鲁迅先生的《野草》是如此爱好,甚至在我后来赴德国留学时,除了一本《德华大字典》之外,《野草》是我携带的唯一一本中文书。我没有读过多少古书,我中文只能勉强写得通顺,得力于鲁迅先生的文笔不少。(盛彤笙:《庸碌的一生,平凡的自述》,第 3 页)

资料二(照片)　中央大学图书馆,见图8。(中央大学编:《国立中央大学一览》)

图8

是年始,与窦止敬、屈伯川等人多次参加学生运动。

资料(传记)　由于出身贫寒之家,又受鲁迅先生著作的影响,所以不免在我的思想里种下了一种"叛逆"的种子,在中大读书时最要好的同学有窦昌熙(止敬)、屈伯传(伯川)、常伦(伯华)、郭宗璞等人,大家都是对国民党政权不满的。每遇学校发生风潮时,必定少不了屈、常、郭和我等人参加,其目的只是为了在国民党首都所在之地把学校闹得鸡犬不宁而已。(盛彤笙:《庸碌的一生,平凡的自述》,第3—4页)

1930 年　　20 岁

2 月,开学后新选有机化学实验课。

资料(档案)　1930 年 2 月至 7 月为十八年度下学期,课程为普通动物、普通植物、普通物理、有机化学、初级德文、国学概论、有机化学实验、普通体

育等。(《国立中央大学学业成绩表》,南京大学档案馆)

4月,父亲盛嵋孙在中央大学医学院任文书员兼注册员。

资料(其他)　本院职员名录：朱家骅　校长;颜福庆　院长;赵运文　文书主任兼事务主任;盛嵋孙　文书员兼注册员;顾建勋　会计员;盛泽斌　簿记员;曹文彬　庶务员;张汝堃　缮校员;潘圣一　图书馆管理员;虞鸣皋　缮校员;赖斗岩　校医。(中央大学医学院:《国立中央大学　第九种　医学院概况》,1930年,第1页)

5月8日,与丁鉴民、李崧仙等347名学生共同上书中央大学校长,要求振兴学校体育事业。

资料(其他)　1930年5月8日,丁鉴民、李崧仙、倪达书、李孟萍、王志樑①、许寿华、王维均、盛彤笙、杨锡龄等347人上书校长张乃燕(字君谋)、戴超(字志骞),认为近两年来学校体育不振,球赛每战败北,皆因体育科主任吴蕴瑞庸碌无能、尸位素餐所致,请求去其职。(《丁鉴民等要求振兴学校体育事业函》,见《南大百年实录》编辑组编《南大百年实录　中央大学史料选》上,南京大学出版社,2002年,第344—345页)

9月,开学后修读蔡堡的比较解剖学、动物生理学,许骧的遗传学,曾昭抡的有机化学等课程。

资料一(档案)　1930年9月至1931年1月为十九年度上学期,课程为比较解剖学、动物生理学、有机化学、遗传学、生理化学、英文作文、普通体育等。(《国立中央大学学业成绩表》,南京大学档案馆)

资料二(照片)　盛彤笙在中央大学理学院上实验观察课。(见图9)

资料三(其他)　动物学系概况　六、学程纲要　脊椎动物比较解剖学,一年学程,每周讲演二小时,实验六小时,八学分。预修学程:普通动物学,动物系必修。纲要:此课以各类脊椎动物直接剖为根基,而比较其异同之

_____

① 本书中其他文献皆作"王志梁"。

点,以求其孰为"同种",孰为"同用",而阐明其如何演化之理。讲授以解剖系统为主,实验以动物类别为主。动物生理学,半年学程,每周讲演三小时,实验三小时,四学分。预修学程普通动物、普通生理,动物系必修。纲要:此课以高等动物各机官之生理为经,以物理化学之原则阐明其理,讲授与实验互相衔接。遗传学,半年学程,每周讲演三小时,三学分。预修学程普通动/植物学,动物系选修。纲要:此课授以生物遗传之原理事实而明其大要,并授以关于研究上应备

图9

之工具,讲授与实习相辅而行,讲授与实验互相衔接。(理学院编:《国立中央大学一览 第三种 理学院概况》,第15、19页)

资料四(传记) 教动物学的王家楫教授、解剖学与胚胎学的蔡堡教授、遗传学的许骧教授、普通化学的徐善祥和郑兰华教授、有机化学的曾昭抡教授等,无论在做人和做学问方面都给以他很深的影响,甚至到晚年,他还能清晰地记起这些老师的名字。(胡云安、陈贵仁、赵西玲:《远牧昆仑:盛彤笙院士纪实》,第14页)

1931年　　21岁

2月,开始修读动物分类学、胚胎学等课程。

资料一(档案) 1931年2月至7月为十九年度下学期,课程为比较解剖学4学分、理论化学3学分、理论化学实验1学分、电磁学3学分、胚胎学5学分、普通体育1学分、动物分类学4学分。(《国立中央大学学业成绩表》,南京大学档案馆)

资料二（其他） 动物学系概况 六、学程纲要：动物分类学,半年学程,每周讲演二小时,实验六小时,四学分。预修学程：普通动物,动物系选修。纲要：此课程据动物之解剖、胚胎生活等事实而详论分类根本之点,以及各家所以不同之处,材料以脊椎动物为主。胚胎学,半年学程,每周讲演二小时,实验九小时,五学分。预修学程：组织学,动物系必修。纲要：此课自受精卵起至各器官之完成止,教材以脊椎动物为主,于适当之时以"重现定律"分说其间而明进化之理,并授以制造胚胎切片之技术,讲授与实验互相衔接。(理学院编：《国立中央大学一览 第三种 理学院概况》,第14、16—17页)

资料三（传记） 先生在动物学系学习期间,除学完本系的必修课程外,根据需要还选修了化学、物理、哲学、外语、经济等系的一些课程,并且只用三年时间便读完了按规定为四年的课程。(邹康南：《盛彤笙先生生平》,第2页)

9月初,进入二十年度第二学期,在中央大学上海医学院借读,修读张鋆教授的解剖学、组织学、胚胎学等课程。

资料一（档案） 1931年9月至1932年1月为二十年度上学期,课程为解剖学13.5学分、胚胎学2.5学分、组织学4学分,并备注为在医学院借读。(《国立中央大学学业成绩表》,南京大学档案馆)

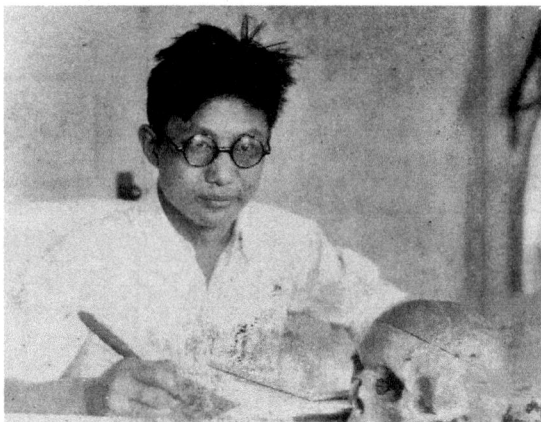

图10

资料二（照片） 盛彤笙在上海医学院学习。(见图10)

资料三（传记） 我由于只用三年便学完了大学四年的功课,但按规定还不能发给毕业文凭,因此最后一年转入了设在上海的中央大学医学院(即上海医科大学的前身)的本科一年级。当时医学院的学制为预科二年或三年,本科五年,但实际上许多同学是取得理学士学位后才进入医学院本科的。我则是读完医学本科一年级以后才拿到理学院毕业文凭的(理学士,1932)。(盛彤笙:《庸碌的一生,平凡的自述》,第4页)

资料四(传记) 上海医学院当时的教授多是国内知名学者,如张鋆、蔡翘、林国镐、周诚浒、高镜朗、李振翩、谷镜汧、应元岳等均曾给予盛彤笙颇深的教益。特别是微生物学家李振翩教授,系湖南湘乡人,其方言师生多难听懂,唯独盛彤笙能够和他交谈,因而接触较多。从接触中得知,李振翩先生早年在湖南读书时与毛泽东同是新民学会会员,以后决心学医,才未继续参加革命活动。在李教授的熏陶下,盛彤笙也选定微生物学为专业。(邹康南:《盛彤笙先生生平》,第2页)

资料五(其他) 解剖学科:张鋆、王有琪。本科之必修学程:解剖学、组织学、胚胎学及神经解剖学。授以人体结构之要旨。高级科则专为研究本科各门之特别问题而设。解剖学、组织学于第二学年内授完。普通胚胎学则于第二学年第二学期授之,神经解剖学于第三学年第一学期授之。

必修科

解剖学一 解剖学:此科授以人体结构之基本知识,专就尸体解剖习得之。每学生须解完人体之半,每次实习之前,讲解当日所习部位之情况。凡学生不易理解,或在尸体解剖上不易明了之处,尤详加解释。时用模型、标本、挂图及幻灯以助理解,且注重尸体解剖学,俾学生能将其尸体上习得之知识,应用于活体。

解剖学二 组织学:此科授以人体细胞形态排列及各器脏组织之微细结构。尤注重于结构与功用之关系。有讲演及实习,对于各种组织,除用染色切片观察外,尤注重新鲜材料之实习。第二年第二学期,解剖学及组织学合并授课,每周讲课八小时,实习二十四小时。

解剖学三 胚胎学:此科授以妊卵发育至成完全个体间所经历之变迁状况。除讲演外,用鸡胎及猪胎之连续切片实习之。第二年第二学期,每周讲演一小时,实习三小时。

解剖学四 神经解剖学:此科授以神经系统之肉眼的及显微镜的结构,

其目的在解释中枢神经系统各部之连络相互关系,以为学习神经生理及神经病理学之预备。第三学年第一学期,每周讲演一小时,实习三小时。(上海医学院编:《国立上海医学院一览》,1933 年,第 20 页)

9 月 18 日,"九·一八"事变爆发,政府的不抵抗政策引发民众不满。冬,与同学乔树民、李鼎权等赴南京参加请愿示威游行。

资料一(传记) 1931 年参加全国爱国学生在南京国民政府前的示威、游行、请愿,要求团结抗日。(宋保田:《盛彤笙》,载卢嘉锡主编《中国现代科学家传记 第三集》,科学出版社,1992 年,第 505 页)

资料二(传记) 当时医学院的功课极为紧张,教学都是用英文课本英文讲授和对答,要求非常严格,每天上课和自习平均都在十一小时左右,留级和退学者很多,因此几乎没有时间阅读文艺和其他方面的书籍。在这一时期只参加过两次爱国活动:一次是 1931 年冬天与同学乔树民、李鼎权(泰钧)等赴南京参加过全国学生对伪总统府的示威游行请愿,要求团结抗日。(盛彤笙:《庸碌的一生,平凡的自述》,第 4 页)

1932 年   22 岁

1 月 28 日,淞沪抗战爆发,参加上海医学院组织的医疗救护队,奔赴沪北前线救治伤员。

资料(传记) 另一次是 1932 年淞沪抗日战争时参加过上海医学院组织的医疗救护队,赴沪北前线救护过负伤战士。此外在这一阶段还结识和掩护过地下党员吕骥(当时名展青),他在上海音专学习,每遇上海反动当局搜捕地下党员时,他即逃到我的宿舍,与我同榻而眠,待到风声平静后,才又回音专去学习(吕骥现任中国音乐家协会主席兼全国人大常委会委员)。(盛彤笙:《庸碌的一生,平凡的自述》,第 5 页)

2 月,进入二十一年度第一学期,修读蔡翘教授的生理学和林国镐教授

的生物化学等课程。

资料一（档案） 1932 年 2 月至 7 月为二十年度下学期，课程为生物化学 10 学分、生理学 12 学分，并备注为在医学院借读。（《国立中央大学学业成绩表——盛彤笙》，南京大学档案馆）

资料二（其他） 生物化学课科：林国镐、李亮。本科教授生物化学概要，并从事研究工作。本科对于教授上，注意下列三点：（甲）理论与实用并重。（乙）视生理化学为研究生命机能之科学。（丙）发展学生之科学上正确观念，养成思想与工作之良好习惯。必修科：生物化学一、生物化学初步，此课注重生物化学之原则，讲授与实习并重，如碳水化物、蛋白质、脂肪及其他物质之化学，原浆之物理的性质及其物理化学定例、细胞新陈代谢中之力与物的变化等现象，均加讨论。此外再加以诵读与参考，共占全部时间三分之一。实习与指示，约占三分之二。学生实习，不当以但得良好结果为自足，而以养成科学化的概念及工作之习惯为归依。凡试验仅为证明原理者，用指示法教授，以节省时间与经济。第三学年第一学期，每周十二小时。（上海医学院编：《国立上海医学院一览》，第22—23页）

6 月 15 日，经中央大学理学院鉴定，修完所学课程并取得学分。

资料（档案） 所附便条上题"盛彤笙，学分足 170.5，必修全，毕业，21.6.15"，并钤有"中央大学理学院"的印章。（《国立中央大学学业成绩表》，南京大学档案馆）

7 月，毕业于中央大学理学院动物学系，获理学学士学位。

资料一（其他） 第五届毕业同学（二十年度）……理学院……动物学系：曲桂龄（廿一年一月），盛彤［笙］、倪达书（廿一年七月）。（中央大学：《中央大学二二级毕业纪念刊》，1935 年，第 386 页）

资料二（传记） 盛彤笙 1928 年考入中央大学，1932 年 7 月，毕业于中央大学理学院动物学系，获学士学位。（《盛彤笙》，见顾树新、张士朗主编《南京大学校友英华》，南京大学出版社，1992 年，第 332 页）

资料三（传记） 先生提前一年读完了四年制的全部课程，但该校规定必须学习满四年才能颁发毕业证书,于是第四年转入设在上海的本校医学院本科继续学习。一年后即1932年,在中央大学理学院动物学系正式毕业,获得理学士学位。(邹康南:《盛彤笙先生生平》,第2页)

8月,上海医学院独立设置①。他继续在医学院修读李振翩教授的微生物学课程,学习细菌的分离、病毒的研究、疫苗的研制和血清的制作等,并选定微生物学为研究方向。

资料一(其他) 上海医学院成立于十六年,初属东南大学,复易今名。江苏省立医专停办,移交本院接收。经国民政府拨定吴淞镇前国立政治大学校址为校址,占地三十余亩。廿一年八月,部令改为独立学院,更名国立上海医学院,与中央大学分立。因吴淞院舍毁于"一·二八"之役,乃在上海海格路购地二亩,连院舍以为授学之所。毗连中国红十字会总医院,即学生实习医院也。(《"国立"上海医学院图书馆》,载陈祖怡编《上海各图书馆概览》,世界书局,1934年,第30页)

资料二(传记) 在上海医学院学习期间,对我影响最深的有张鋆(解剖、组织、胚胎学)、蔡翘(生理学)、林国镐(生物化学)、李振翩(微生物学)、谷镜汧(病理学)、应元岳(内科学)、周诚浒(眼科)、高镜朗(小儿科)等教授。他们在基础医学或临床医学方面的高深造诣和丰富经验给了我极大的教益。特别是李振翩先生……由于他是一位微生物学家,我在他的熏陶之下,后来也以微生物学为专业。(盛彤笙:《庸碌的一生,平凡的自述》,第5页)

资料三(其他) 细菌学科:李振翩、应元岳(寄生虫学)、杨叔雅。本科设系统细菌学、免疫学,暂时兼授寄生虫学,教授方法除讲解复习及示例外,尤注重实习。必修科:细菌学一。系统细菌及免疫学,细菌学之教授方法系由简及繁,将细菌之形状、类别、生殖及培养方法等循序教授,并将各传染病症及致病之源,分门别类,详加讨论,并添授免疫学,论病后体质之变迁及拒

---

① 1932年7月22日的国民政府行政院第51次会议上,教育部朱家骅部长提案称:查京、沪两地国立各校所设院系,颇多重叠,亟应总核统筹,以谋发展。……国立中央大学医学院、商学院均拟令独立,分别改为国立上海医学院、国立上海商学院。决议通过。(《行政院会议通过整顿全国教育令摘录》,载上海财经大学校史研究室编《国立上海商学院史料选辑》,上海财经大学出版社,2012年,第255页)

病之方法。第三学年第二学期每周十二小时。细菌学二。应用细菌学,凡遇有可供研究之病症,各学生得轮流研究,将所疑致病之菌分析清楚,并证明该菌与该病症之关系。(上海医学院编:《国立上海医学院一览》,第22—23页)

1933 年　　23 岁

2 月 20 日,翻译昆虫学家兴斯顿《几种伶俐的昆虫:关于本能和智慧底问题》一文,刊于《科学世界(南京)》,编者赞其译笔峭动。

资料(论文)　兴斯顿市长……为美之昆虫学家,对本能与智慧一问题,尤有特别兴趣。本文载美国自然杂志……对此问题虽不能即予解决,然颇资参考。……编者按:……好在这篇文章的内容还有趣,译笔又峭动,特此登载,供献读者。(兴斯顿著,盛彤笙译:《几种伶俐的昆虫:关于本能和智慧底问题》,《科学世界(南京)》1933 年第 3 期,第 195—200 页)

4 月,父亲盛嵋孙在上海医学院任注册员。

资料(其他)　本院职员名录

姓名	学历	职务	专任或兼任
颜福庆	美国雅礼大学 M. D 哈佛大学 D. P. H 英国利物浦大学 D. T. M.	院长兼实习 医院院长	专任
方子川	复旦大学文学士	文书	专任
盛嵋孙	长沙广益学校毕业	注册	专任
顾建勋	复旦中学毕业	会计	专任

(上海医学院编:《国立上海医学院一览》,第 1 页)

9 月 7 日,教育部公布各省市考选国外留学生的复试办法。

资料(其他)　教育部复试各省市考选国外留学生办法:教育部第九一五二号部令公布(二二、九、七)。一、教育部根据国外留学规程第七条第二款之规定,组织各省、市考选国外留学生复试委员会,办理复试事宜。二、复试委员会委员,由教育部部长于每届复试时指派及聘请专门人员若干充任,并以主管司司长为主任委员。三、审查各省、市呈送初试考取生各项成绩及复试命题阅卷等事宜,由复试委员会办理审查。初试考取生各项证件由生管司办理。四、复试成绩由复试委员会评定后,送请教育部部长核定。五、复试日期、地点及科目,由复试委员会登报公布之。六、本办法由教育部公布施行。(《教育部复试各省市考选国外留学生办法》,见教育部编《教育法令汇编　第一辑》,商务印书馆,1936 年,第 459 页)

10 月 22 日,与乔树民、苏德隆等社员发起组织中华自然科学社上海分社。

资料一(传记)　我在中华自然科学社中虽未在总社担任过负责职务,但每到一处,必在当地发起组织分社。如在上海医学院学习时曾与乔树民、苏德隆等社员发起组织上海分社。(盛彤笙:《庸碌的一生,平凡的自述》,第16 页)

资料二(传记)　先生是该社的积极参与者和组织者,每到一处都争取在当地组织分社。在上海读书时曾与乔树民、苏德隆等组织上海分社,在德国时与屈伯传等组织了欧陆分社,并将反帝大同盟中学自然科学的同学如刘文华、陆达、姜达衢、陈其骧、孙振先等 20 多人介绍入社,意在将欧陆分社办成反帝大同盟在留德科学界的"外围"。以后在武功、成都和兰州等地也都组织了当地的分社。在成都担任《社闻》编辑时,曾执笔撰写过一些社论,主张团结抗日,反对分裂和内战;主张民主,反对独裁;倡导科学应为广大群众谋福利。这些活动当时在科学界有一定的影响,而且每期都寄给在延安的屈伯传社友。(邹康南:《盛彤笙先生生平》,第 9 页)

资料三(其他)　据附表二《中华自然科学社社友分布概况》,上海分社成立于 1933 年 10 月 22 日,是抗日战争前成立的组织,分布于上海各高等院校及各研究所。(杨浪明、沈其益:《中华自然科学社简史》,载中国人民政治协商会议全国委员会文史资料研究委员会编《文史资料选辑　第三十四辑》,文史资料出版社,1963 年,第 91 页)

约是年,利用课余时间,在一家报馆进行文稿审校工作,贴补日常费用。

资料(传记)　上海医学院的学费与生活费均高于南京。为了贴补费用,盛彤笙还在一家报馆找到一份利用课余时间进行文稿审校的工作,虽然辛苦,却熟悉了文稿的校对、排版和印刷过程。所以,后来他写的论文和文章,交稿时,不但字迹端正,而且已将字体、字号以及标点符号等一一注明,非常规范,可以直接送去排版。(胡云安、陈贵仁、赵西玲:《远牧昆仑:盛彤笙院士纪实》,第17页)

1934 年　　24 岁

3月,报名参加江西省教育厅欧美公费留学生考试。

资料一(其他)　高等教育:考取欧美公费留学生八名呈部复试。一、总纲:查本省欧美公费留学生之考选,业于本年二月间公布办法及招生简章;所有本届考选初试事宜,亦于本月依期举行,自应将录取人员,呈部复试。二、进行情形:本届留学考试,自公布招考后,截至三月底止,计报考者凡二十五人。(《江西省教育厅二十三年四月份行政报告》,《江西教育旬刊》1934年第2期,第59页)

资料二(其他)　一、名额　五名(初试加倍录取)。二、留学国别及录取科系　德国或美国工科二名(电气工程、机械工程、土木工程)三科中选取一名,化学工程(造纸)一名,英国或美国工商管理一名,德国兽医一名,法国或美国农艺化学一名。三、应考资格……四、报名手续　报名时除呈缴毕业证书及最近四寸半身相片二张、报名费二元外……五、报名日期及地点　民国二十三年三月一日起至三十一日止,在江西教育厅报名。(《江西省教育厅招考欧美公费留学生简章》,《江西教育旬刊》1934年第1—2期,第65—66页)

4月5日,在南昌省立医学专科学校参加体格检查。8日至14日,在省教育厅分别参加普通科目及专门科目的考试,被兽医科录取,由教育厅报教

育部复试。

资料一（其他） 于四月五日举行体格检查,八日至十四日,分别考试普通科目及专门科目,实际应到者二十人;考试结果,计录取土木工程系刘恢先、罗石卿二名,机械工程系纪士宽一名,电气工程系余瑞璜一名,化学工程系周庆祥一名,工商管理系贺治仁、游春懋二名,兽医系盛彤笙一名,共计八名。已将各生成绩证件呈送教育部复试。(《江西省教育厅二十三年四月份行政报告》,《江西教育旬刊》1934年第2期,第59页)

资料二（其他） 六、考试科目、地点及时间:(一)初试　甲、检验体格 四月五日上午九时至下午四时止,在省立医学专科学校举行,体格不及者不得与考。乙、笔试　在江西教育厅举行

(1)普通科目:

时间	四月八日		四月九日	
	9—11时	1—3时	9—11时	1—3时
科目	党义	国文	本国史地	留学国国语(作文、翻译、会话)

(2)专业科目:

科目　　时间 系别	四月十三日		四月十四日	
	9—11时	1—3时	9—11时	1—3时
兽医	动物生理学	组织学	家畜病理学	家畜解剖学

(《江西省教育厅招考欧美公费留学生简章》,《江西教育旬刊》1934年第1—2期,第67页)

资料三（传记） 1934年夏,我已在上海医学院读完本科三年级,碰上我的故乡江西省招考公费留学生,其中有一个前往德国学习兽医的名额,我返回南昌应试,侥幸录取。(盛彤笙:《庸碌的一生,平凡的自述》,第6页)

资料四（传记） 中央大学医学院(即以后的上海医学院)的学制为8年(预科3年,本科5年),课程繁重,教材为英文原版书,讲课和问答都用英语,要求十分严格。先生于1931年进入该院本科学习。……1934年夏,江西省招考公费留学生,其中有一名赴德国学习兽医的名额,他前往南昌应试,以第二名被录取。(邹康南:《盛彤笙先生生平》,第2页)

7月7日,教育部公布各省考选留学生的复试结果,他被录取为留德兽医公费生。

资料一(其他)　复试:自七月一日起至十五日止在教育部举行。七、考试成绩计算法:以普通科目中之党义、国文及本国史地共占总成绩分数百分之二五,留学国国语占百分之二五,专门科目占百分之五十。八、公费生给费标准……九、留学年限　规定三年,并得实习一年。(《江西省教育厅招考欧美公费留学生简章》,《江西教育旬刊》1934年第1—2期,第67页)

资料二(报道)　教育部举行第一届各省市考选国外留学生复试,所有皖、赣、鄂、豫四省初取录取生复试成绩,业由复试委员会分别评定,经部覆核,计共录取正取生二十六名、备取生十二名。录取各生姓名、科别及留学国别,分别公布如下。计皖省:高潜——水利电机工程(美),胡晓园——水利工程(美),殷之润——土木工程(美),张家蔚——农作物(美),吴绍骙——农作物(美),许传经——水利工程(美),右正取生六名;孙黻——电机工程(美),杨德翘——农作物(美),张炯——水利工程(美),右备取生三名。赣省:刘恢先——土木工程(美),贺治仁——工商管理(美),盛彤笙——兽医(德),罗石卿——土木工程(美),周度祥——化学工程、造纸(美),右正取生五名;纪士宽——机械工程(美),游春懋——工商管理(英),右备取生二名。鄂省:李镇南——水利工程(美),戴礼智——钢铁金属(英),叶明升——水利工程(英),涂其权——土木工程(美),喻锡璋——农业(美),右正取生五名;陈大囗——水利工程(美或英),周诗津——土木工程(美),右备取生二名。豫省:李春昱——地质(英),崔宗培——土木工程(德),胡乾善——物理(英),刘同——医学(德),刘德熹——土木工程(比),金宝桢——土木工程(德),王传曾——经济法,李荫桢——林学(美),林庆丰——法律(日),王跻熙——农学(美),右正取生十名;夏一图——医学(德),徐砚田——化学工程(德),王泽汉——数学(英),崔步瀛——采矿冶金工程(比),黄增祥——教育(法),右备取生五名。正取各生须于七月十日下午二时至四时至部具领文件,正取生须于三个月内出国,逾期者取消其资格,即由备取生递补。(《教部录取国外留学生　正取二十六名备取十二名》,《申报》1934年7月8日第3版)

资料三（报道） 六、各省考选留学生复试。民国二十三年七月七日公布本部第一届各省考选国外留学生复试录取姓名、科别及留学国别，记录取：（一）安徽省。正录取生六名……（二）江西省。正取生五名……盛彤笙，兽医，德……上列各正取生应各发及格证书，并发还体格检验表，仰于七月十日下午二时至四时来部具领。正取生须于三个月内出国，逾期者取消其资格，即由备取生递补，但备取生资格仅在本届有缺额时为有效。（刘真主编：《留学教育》第四册，编译馆，1980年，第1826—1828页）

7月20日，在中华麻风救济会举行的第二届铲除麻风有奖征文中，以《麻风为公众卫生问题》一文获得一等奖，奖洋五十元。

资料一（论文） 文章论述了麻风之危害已久，分布广泛，并对以往各国救济工作做了比较，提出了今后努力之方向及措施：筹募经费、训练人才、调查分布、麻风治疗、解决疯人生活及子女问题。（盛彤笙：《麻风为公众卫生问题》，《麻风季刊》1934年第3期，第20—32页）

资料二（报道） 本埠博物院路一三一号中华麻风救济会发起之悬奖征文，旨在征求国人对于铲除麻风之意见，俾收集思广益之效，诚法良意美也。实行以来，颇为各界注意，并因前五名有现金奖励之规定，故每届举行，无不踊跃参加，非常热烈。而本届且有陕西、云南、福建、汕头、厦门、潮州等处亦纷纷来函应征，其盛况可想见一斑。该会为郑重计，特延聘上海市卫生局李廷安局长，中华医学会总干事朱恒璧博士暨《华年》周刊主笔潘光旦博士等三闻人为评判员，故取舍极为公允。闻本届征文各卷业经审核完毕，以成绩最优之盛彤笙为第一名、黄杏标第二、黄广生第三、方于罋第四、文郁章第五，除由该会备函分别通知外，并已正式登报揭晓。（《麻风会征文揭晓》，《申报》1934年7月20日第14版）

资料三（其他） 本会为唤起知识阶级注意麻风问题起见，例有悬奖征文之举。此次已属第二次。各界人士之投稿者，极为踊跃……原定六月一日揭晓，只因稿件较多，审核需时。以致迟至七月二十日，始行甄别完毕。登载上海《申报》及《新闻报》正式公布，兹将得奖人台衔列后：第一名盛彤笙，奖洋五十元；第二名黄杏标，奖洋三十元……（《铲除麻风悬奖征文揭

晓》,《麻风季刊》1934年第3期,第130页)

资料四(其他) 中华麻风救济会举行铲除麻风有奖论文活动。第一次是在1930年,题目为《铲除中国麻风之方案》,由潘光旦、王志仁、朱少屏担任评判员,于1930年1月公布获奖名单。依照教育部注册中等以上学校之名单,中华麻风救济会共发出987件公函,结果仅收到21篇文章,可谓出师不利。应征学生多处于麻风最盛区域如广东、福建及江北,应征文章几乎所有材料均取自《麻风季刊》,邬志坚颇为感叹,由此而"知道吾国人士——连向为社会运动领袖之学生在内——对于吾国一个绝大的社会问题,尚无相当的认识和研究"。第二次征文在1933年。此次征文题目为:一、麻风与公众卫生问题;二、文化与麻风;三、我国救济麻风运动与各国之比较;四、吾乡之麻风状况及应救济之方法。参赛者由四题中任选一题作答。凡中国国籍之中等以上男女学生及其他各界人士,皆可参赛。参赛文章以中文为主,英文亦可,体裁不拘,要求新颖清晰、注重实际,篇幅在2 500字以内。此次的筹备与宣传比较充分,投稿者极为踊跃,陕西、云南等边远省份也有应征,因为稿件众多,原定于6月1日揭晓的获奖名单延迟至7月20日才甄别完毕,公布获奖名单。第一名盛彤笙,奖励50元;第二名黄杏标,奖励30元;第三名黄广生,奖励15元;第四名方于幄,奖励10元;第五名文郁章,奖励5元。获奖的5篇作品,材料多是来自作者的亲身经历与观察,观点也多有独到之处,与第一次征文相比不啻天壤之别,由此可见中华麻风救济会宣传的成效。征文第一名的《麻风为公众卫生问题》,观点鲜明,切中肯綮,且资料翔实、论证有力;第三名的《吾乡之麻风状况及应救济之方法》根据亲身经历,记述了河北省中部白洋淀西北隅的麻风状况,纠正了"河北无麻风"的不正确认识。(范铁权:《近代科学社团与中国的公共卫生事业》,人民出版社,2013年,第183—184页)

9月,离沪,赴德留学,第一学期在慕尼黑大学兽医学院学习。

资料一(照片) 盛彤笙赴德留学前与父母及弟妹合影。前排左起:大弟彤伟、母亲、二弟彤文、父亲盛治斌、二妹佩芝;后排左起:表妹衡芝、盛彤笙、大妹英芝。(见图11)

图 11

资料二（传记） 于当年九月与我在中大时的最好同学屈伯传（伯川）同船离沪赴德。德国大学全是国立，学制完全相同，他们自来的传统，鼓励学生频繁转学，以便接近各校教授的不同风范，聆听他们的不同学术观点。我和屈伯川同学到德后第一学期是在慕尼黑度过的。（盛彤笙：《庸碌的一生，平凡的自述》，第6页）

资料三（传记） 盛彤笙和好友屈伯传于1934年9月一同坐船离开祖国前往德国，随身只带了两本中文书——《德华大字典》和他最喜爱的鲁迅先生的文集《野草》。（邹康南：《盛彤笙先生生平》，第3页）

资料四（信件） 你四月份到慕尼黑时，请代我向那里的兽医学院致意，我曾于1934年秋至1935年春在那里学习过一个Semester，那时该院的生理学教授是Prof Pächtner，解剖学兼产科教授是Prof Stolg，动物学教授是Geheirunat Prof Dehmel，其余教授们的姓名则记不清了。当时我是住在土耳其人街的一个私人家里的，不知这条街名尚在否？（《盛彤笙致陆承平关于在德国当地游学开阔眼界并代为向慕尼黑兽医学院致意的信》，1982年

1月21日）

　　是年寒假及每年假期,在欧洲各国游历,参观文物风光,开阔眼界,培养兴趣。

　　资料一(照片)　盛彤笙在阿尔卑斯山游览。(见图12)

　　资料二(照片)　1934年12月,盛彤笙在阿尔卑斯山中留影。(见图13)

图12

图13

　　资料三(信件)　我当年留学德国时,就到过德国的名城不下二十余处,此外我还游历了英、法、德、比、瑞士、奥地利、捷克斯洛伐克、荷兰等许多国家,参观过许多著名的博物馆和画廊,至今留有深刻的印象。(《盛彤笙致陆承平关于在德国当地游学开阔眼界并代为向慕尼黑兽医学院致意的信》,1982年1月21日)

　　资料四(传记)　在留德这四年中,我除不断地节余公费,汇回接济家用外，还借假期之便，游历奥地利、捷克斯洛伐克、意大利、瑞士、法国、荷兰、比利时、英国等国家和德国的许多名城，饱览他们的文物风光，其中特别是巴黎凡尔赛宫和罗浮宫以及罗马教皇博物馆的艺术珍藏，大大开阔了我的眼界，使我流连忘返，毕生难忘。德国和奥地利又都是音乐之乡，在耳濡目染之下，也使我多少养成了一点对德、奥古典音乐的嗜好，成了我后来年老时唯一的娱乐和享受。（盛彤笙：《庸碌的一生，平凡的自述》，第9页）

资料五（传记） 在攻读兽医专业的两年中，还利用寒暑假期与同学、助教一道驱车去欧洲各地游历……他甚至在晚年还能够大段背诵歌德的作品。（邹康南：《盛彤笙先生生平》，第4页）

资料六（信件） 回忆我当年在德国的时候，你现在所游历的有些地方如 Nüinlung、Köln、Leverkusen 的 Bayer 化工厂，Düsseldorf 等地，我也是去过的，但都是孑然一人的独游，除了 Bayer 化工厂有人引导参观和解说外，其余都只能靠旅行指南的简单说明按图索骥地去观赏。……不过话又说回来了，一个兽医难道不能同时成为一个文学家吗：我记得德国的大文豪歌德好像就担任过一个兽医学校（当时称作 Tierarzneischule）的校长的，这好像是我当年参观 Weimar 的歌德的故居时，纪念馆的解说人员向我介绍的，可惜当时没有把它当作一回事而慎重笔记下来，现在已无法查考了。……说到这里，我就想索性请你费心就近在德国代我做点"考古"工作（包括查阅歌德的传记和轶事之类的书籍以及向德国人士请教），替我把这件"史实"弄清楚一下，也可以为我们兽医界抬高抬高"身价"吧。（《盛彤笙致陆承平关于当年留学游览及代为查询有关德国兽医资料的信》，1982 年 9 月 16 日）

资料七（信件） 闻你曾畅游巴黎鲁佛宫（亦有译作罗浮宫者）和凡尔赛宫，唤起了我许多毕生难忘的回忆，两个宫中的艺术珍藏……皆是稀世的瑰宝啊！关于歌德曾任 Jena 兽医学校校长一事，你居然已经查出，幸甚！（《盛彤笙致陆承平关于在所寄兽医学书目中选取部分撰写介绍条目收入〈大百科全书〉及回忆留学往事的信》，1982 年 12 月 21 日）

1935 年　　25 岁

春，转学到柏林，继续学习医学专业，并旁听兽医课程。

资料一（照片）　盛彤笙在德国柏林大学校园留影。（见图14）

资料二（传记）　第二学期便一同转学到了柏林。留德四年期间，使我有机会聆听许多名教授的讲课和手术表演，大大开阔了视野和眼界，至今印象最深的，医学方面有柏林大学病理学教授 Rössle 的精湛讲授，外科学教授 Magnus 的课堂大手术表演和耳鼻喉科教授 Von Eicken 的课堂治疗示范等等，在当时都是令人叹服的绝技。（盛彤笙：《庸碌的一生，平凡的自述》，第8页）

图14

春，在柏林加入中国共产党的外围组织反帝大同盟，资助共产党在巴黎出版的《救国时报》。

资料一（传记）　我和屈伯川同学到柏林之后不久，即与我的一个同乡远亲朱江户表兄（现任北京林学院教授）联系上了，倾谈之下，政治观点完全相同，即由他介绍认识了王炳南、江隆基、乔冠华等人，他们都是中共地下党员。当时正是希特勒统治德国的时期，共产党是无法公开活动的，他们只得依靠党的一个外围组织——反帝大同盟进行半公开的活动。我是于1935年春天同屈伯川同学一同在柏林大学加入反帝大同盟的，参加过［同］盟的各种秘密会议,还多次用国民党政府发给我的节余公费捐赠给共产党在巴黎出版的《救国时报》。捐款多是通过朱江户和陆达(原名陆宗华,前冶金工业部副部长)转寄巴黎的。假如说我和屈伯川同学在中央大学阶段参加历次风潮是出于一种自发的反叛性质,在德国的活动便已经是在党的领导下进行的一种有组织行动了。(盛彤笙:《庸碌的一生,平凡的自述》,第6页)

资料二(传记) 留学德国期间,参加由王炳南、江隆基、乔冠华等同志领导的中共外围组织"反帝大同盟",并将节省下来的公费资助中共在巴黎出版的《救国时报》。(宋保田:《盛彤笙》,载卢嘉锡主编《中国现代科学家传记 第三集》,第505页)

9月22日,与屈伯川等在柏林发起组织中华自然科学社欧陆分社。

资料一(传记) 我在中华自然科学社中虽未在总社担任过负责职务,但每到一处,必在当地发起组织分社。……在德国留学时曾与屈伯传(伯川)社友等发起组织欧陆分社,后来在武功、成都、兰州工作时也都曾发起组织当地分社。(盛彤笙:《庸碌的一生,平凡的自述》,第16页)

资料二(传记) 在德国时与屈伯传等组织了欧陆分社,并将反帝大同盟中学自然科学的同学如刘文华、陆达、姜达衢、陈其骧、孙振先等20多人介绍入社,意在将欧陆分社办成反帝大同盟在留德科学界的"外围"。(邹康南:《盛彤笙先生生平》,第9页)

资料三(其他) 中华自然科学社乃抗日战争前成立的组织,欧陆分社成立于1935年9月22日,分柏林、明兴、莱茵、南锡等区。(杨浪明、沈其益:《中华自然科学社简史》,载中国人民政治协商会议全国委员会文史资料研究委员会编《文史资料选辑 第三十四辑》,第92页)

1936 年　　26 岁

1月开始,陆续发表《细菌战的可能性》《毒气战中之军马》等文章,提醒当局重视未来之细菌战、毒气战及军马之防毒等问题。

资料一(论文) 文章指出,未来之战争将为细菌战争,双方利用细菌,造成疫疠,摧毁敌人,值得我们弱国国民检讨。细菌战的工具为飞机、炮弹、曾受传染的动物、间谍与侦探等;可选择的细菌一为由肠胃传入的疾病,二为动物传染的疾病,三为由伤口传入的疾病。当前细菌战虽言之过早,但利用细菌造成大的流行病,扰乱敌后,却有很大的可能。(盛彤笙:《细菌战的可能性》,《科学世界(南京)》1936 年第 1 期,第 39—41 页)

资料二(论文) 文章有预见性地关注未来运动战中军马之安全,对毒气种类及作用,军马防毒、除毒及相应治疗提出了对策。(盛彤笙:《毒气战中之军马》,《江西教育》1936 年第 15—16 期,第 126—131 页)

5 月,通过论文《有关应用洋地黄后负荷提高问题的研究》的答辩,获柏林大学医学博士学位,继而转往汉诺威兽医学院学习兽医学。

资料一(手稿) 医学博士论文:《有关应用洋地黄后负荷提高问题的研究》(Ein Beitrag zur Frage der Leistungssteigerung nach Digitalisierung),论文论证:心脏健康的人在重体力劳动后应用洋地黄,对血液循环与物质交换有明显作用。1936 年 5 月 14 日。(见图 15)

资料二(传记) 柏林大学的医学院和兽医学院恰好设在同一条街上,而且是正对门,相距甚近,这就给了我同时在两个学院选读功课的方便。由于我在国内已读完医学院三年级,上海医学院的严格训练得到德方的承认,所以在柏林大学只用了两年时间读完在国内未学的功课,并完成一篇论文(同时在兽医学院听课),即于1936 年通过答辩,获得柏林大学

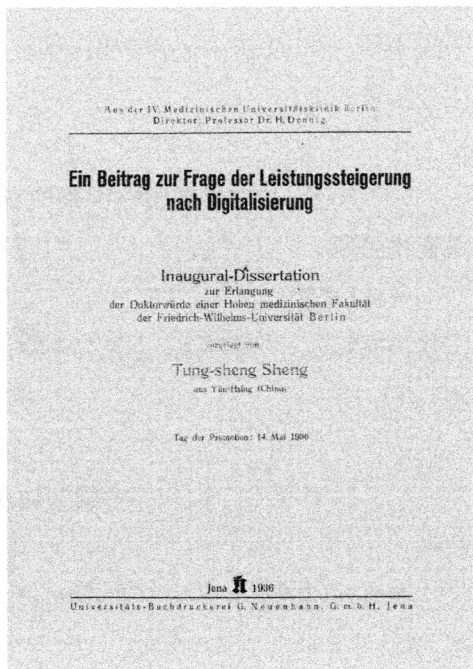

图 15

医学博士学位。这三个学期是我学习生活中最紧张的一个时期。……在柏林取得医学博士学位后,我曾转学到汉诺威兽医学院完成兽医方面的功课和博士论文。(盛彤笙:《庸碌的一生,平凡的自述》,第6—7页)

资料三(传记) 1936年获医学博士学位,博士论文为《有关应用洋地黄后负荷提高问题的研究》(Ein Beitrag zur Frage der Leistungssteigerung nach Digitalisierung),阐明洋地黄对心脏健康的人在重体力劳动后,对血液循环和物质交换有明显的作用;当时一般认为洋地黄对健康心脏是无作用的。(宋保田:《盛彤笙》,载卢嘉锡主编《中国现代科学家传记 第三集》,第504页)

资料四(传记) 先生在国内已经读完医学本科三年级,上海医学院的严格训练得到德方的认可,校方根据他的学历,建议应该首先读完医学专业,并准予免修部分课程。先生经过两年苦读,每天学习、实验都在12小时以上。学完了在国内未学的专业课,还选读了著名教授 Rössle 博士的病理学,Magnus 博士的外科手术和 Von Eicken 博士的耳鼻喉科治疗示范等课程。1936年夏通过博士论文《有关应用洋地黄后负荷提高问题的研究》的答辩,获得柏林大学医学博士学位。然而他是以学习兽医名额留学的,公费期限为4年,所以又转往汉诺威兽医学院学习兽医学。(邹康南:《盛彤笙先生生平》,第3页)

5月25日,与在德国柏林考察的江西省政府委员兼建设厅厅长龚学遂谈畜牧问题。

资料(其他) (五月)二十五日上午九时,本省官费生盛彤笙君来,谈了一些畜牧问题。(龚学遂:《欧美十六国访问记》,商务印书馆,1936年,第208页)

7月24日至31日,代表中国参加在德国莱比锡举行的第六届世界家禽会议。

资料一(其他) 第六届世界家禽会议:业于七月二十四日,在德国莱城,举行开幕典礼,各国参加之代表十分踊跃,德国政府要人均莅临志训,同时并举行家禽展览会,盛极一时。兹悉该会已于七月三十一日举行闭幕礼,

此次集会,结果甚为圆满云。(《第六届世界家禽会议盛况》,《鸡与蛋》1936年第 8 期,第 58 页)

资料二(传记) 在德国留学期间,我还曾代表我国参加过 1936 年在莱比锡举行的第六届世界家禽会议。(盛彤笙:《庸碌的一生,平凡的自述》,第 9 页)

资料三(传记) 在此期间,曾于 1936 年代表我国参加在莱比锡举行的第六届世界家禽会议。(宋保田:《盛彤笙》,载卢嘉锡主编《中国现代科学家传记 第三集》,第 504 页)

10 月,在上海医学院学习期间参与翻译的《惠嘉二氏内科要览》由中华医学会出版。

资料(译作) 全书十八章,附索引。前半部主要为孟合理医师担任翻译;后半部分即第十一章至十八章为张昌绍、苏德隆、盛彤笙、方侃在上海医学院教务长朱恒璧带领下翻译。见图 16。(Wheeler、Jack 著,孟合理、张昌绍、苏德隆、盛彤笙、方侃译述:《惠嘉二氏内科要览》,中华医学会编译部,1936 年,第 342—930 页)

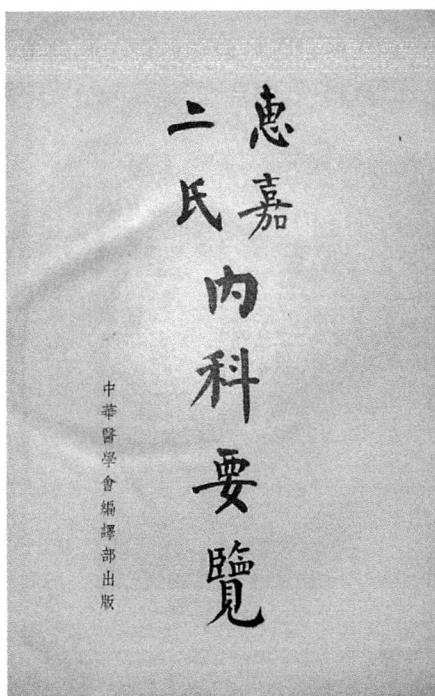

图 16

是年,父亲盛嵋孙辞去上海医学院注册员一职。

资料(其他) 上海医学院医科职员表(二十五年度)

姓名	学历	职务	专任或兼任
颜福庆	美国雅礼大学医学博士 利物浦大学研究	院长	专任
方子川	复旦大学文学士	文书主任	专任

（续表）

姓名	学历	职务	专任或兼任
顾星若	复旦中学毕业	会计主任	专任
张壬	湖南私立群治法致专门学校毕业	注册员	专任

（上海医学院编：《国立上海医学院一览》，上海医学院，1937年，第69页）

是年，在汉诺威兽医学院，婉言拒绝加入蓝衣社。

资料一（照片） 盛彤笙在德国汉诺威的照片，照片背面有盛彤笙签名及拍摄于汉诺威的信息。（见图17）

图 17

资料二（传记） 当年在德国留学期间，正值希特勒当政，中国驻德武官为桂永清，是蓝衣社（即复兴社）"十三太保"之一，大环境很适合于他们的活动，所以在留德学生中，蓝衣社的活动极为猖獗，许多留学生都加入了他们的组织。中共则处于地下状态，只能靠外围组织反帝大同盟进行一些秘密活动，但开会时总有二三十人，只得在柏林的一些较偏僻的咖啡馆中进行，日久不免被复兴社分子所侦悉，知道哪些人是中共的"外围"。后来我转学到汉诺威（当时只是一个中等城市）之后，中国留学生只有四五人，周末有时聚在一起叙叙乡情，谈谈国内的情况。我发现他们几人的言论都是"一个政府，一个主义，一个领袖"和"攘外必先安内"那一套，知道他们必都是蓝衣社社员，我亦很少同他们辩论，没有暴露我的思想。这样经过大约半年以后，忽一日，其中一位沙××果然向我提出，他们几人都是蓝衣社社员，想介绍我也加入蓝衣社，被我婉言拒绝。后来沙××先我回国，路过柏林时了解到我原是反帝大同盟的盟员，大为懊恼，自悔不该把他们和他的同伙政治身份暴露于我，对我怀恨在心。（盛彤笙：《庸碌的一生，平凡的自述》，第12页）

1937 年　　27 岁

11月至12月，与留德同学关注英报论评，了解国内抗战情形。

资料一（其他）　11月1日　至杨君处取报，得向君所寄英报论评数则，谓我军在上海之战争，其道德之价值将永不磨灭；又谓我誓死不退，据守闸北之数百勇士实与九国公约会议一教训，不可以维护正义相号召之国家，反不如中国一士兵云云。得向君及静如书。夜作书寄盛君彤笙，以英报论评附寄与阅。（南京博物院编：《曾昭燏文集　日记书信卷》，文物出版社，2013年，第1—2页）

资料二（其他）　11月4日　得盛君书并寄还英报论评，即以寄还向君（向达），并作片与之。至Rathaus[大会堂]领买牛油券。归作书寄恺姐。至学生会阅报。我军有收复娘子关之讯，不知确否？得伦敦所出战报，我据守闸北货机之三百余勇士奉令退入租界，沿途中外人士欢呼不绝。（南京博物院编：《曾昭燏文集　日记书信卷》，第1—2页）

资料三（其他）　12月24日　晨至温君处，问盛君彤笙地址。并至店中买物。得雅夫人书，及所寄Rust所著发掘报告一本。……12月27日　晨盛君彤笙来谈。下午杨君来，邀往其家。为商约呈文稿及信稿，夜十一时余方归。得信颇多……12月29日　敌军于芜湖、南京之间炸沉美舰……及三油船。美国竟以道歉诸轻松条件为满意而默尔而息。盛君彤笙来略谈。（南京博物院编：《曾昭燏文集　日记书信卷》，第7—8页）

1938 年　　28 岁

1月底，中正医学院师生从吉安迁到永新，父亲盛嵋孙带病在校任注册员。

资料一（其他） 从南昌迁永新：这天是十二月十四日，我们先生学生、男生女生，一同乘了十几只大帆船，沿着赣江上溯；风摇水荡，渐渐的离开江岸，从此我们的脚步离开了大都市，渐向乡村里踏来，同时我们的生活也展开新的局面。……原来我们迁移的目的地是江西西南部的一个小县永新，但是因为时间关系，校址的修整未能如期竣事，所以我们就决定在吉安县暂停，十二月廿三日船到达了吉安，就暂借吉安中学校舍的一部即时的继续第一学期未完的课程。……吉安县一个多月的逗留，第一学期的课程结束了，我们就于一九三八年一月廿二日启程向永新县进发。坐船的坐船，步行的步行，好山的赏山，好水的玩水，不到十日，全部师生都到了目的地永新县，在这里的校址是我们预先借定了的县立中心小学的一部，并且加以修理和改造。（邢光御：《国立中正医学院》，载《抗战中的学生》，1942年，第375—377页）

资料二（其他） 学院迁江西永新县：一九三八年初学院到达永新，医预课教师全部离去，王院长去长沙从湘雅医学院借来了解剖学教授王肇勋、组织胚胎学讲师张威，仍由汪西林教英语，另开一门文课，就这样不分学年，不分寒暑假，连续六个月学完了上述二门主科。（杨锡寿：《抗日战争时期的国立中正医学院》，载中国人民政治协商会议贵州省委员会文史资料研究委员会编《贵州文史资料选辑 第二十六辑》，1987年，第134页）

资料三（传记） 我父亲中年即患肺结核，早已转移到右腿筋腱穿孔排脓，只能靠双拐行走，但仍在中正医学院（当时亦迁至永新）任注册员，靠微薄的收入养活全家。（盛彤笙：《庸碌的一生，平凡的自述》，第10页）

夏，通过论文《弗氏流感杆菌与猪流感杆菌和仔猪流感杆菌的比较研究》的答辩，获得柏林大学兽医学博士学位。

资料一（手稿） 兽医学博士论文：《弗氏流感杆菌（注：人流感杆菌）与猪流感杆菌和仔猪流感杆菌的比较研究》（Vergleichende Untersuchungen über das Pfeiffersche Influenzabakterium, das Schweineinfluenzabakterium und das Ferkelgrippebakterium）。论文确定二十世纪三十年代发现的三种细菌与病毒混合感染引致流感，说明其作为继发感染病原的意义，探讨人流感与动物流感的关系。（见图18）

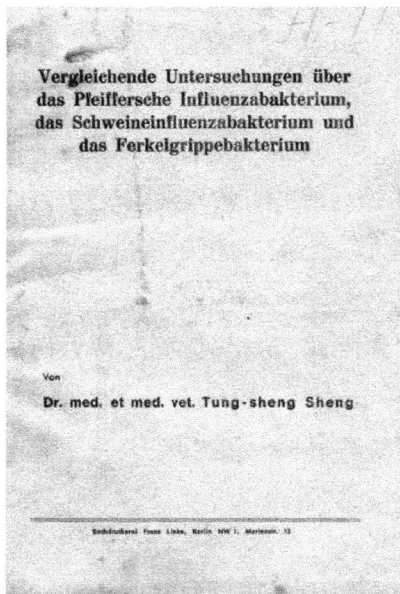

图 18

图 19

资料二（照片） 盛彤笙在德国留学时的照片。（见图 19）

资料三（传记） 在兽医方面，Dobberstein 教授（柏林）和 Cohrs 教授（汉诺威）在病理学方面，Neumann-Kleipaul 教授（柏林）和 Oppermann 教授（汉诺威）在内科学方面，Henkels 教授（汉诺威）在外科学方面，Goetze 教授（汉诺威）在产科学和牛病学方面的讲授和手术表演，也都是有极高水平的。特别是指导我的博士论文的 Miessner 教授（汉诺威，是 R. 柯赫的二传弟子）和主持我的论文答辩的 Dahman 教授（柏林）都是当时世界兽医微生物学方面的权威，他们的严谨治学精神和对我不厌其烦地教诲，使我至今感激难忘。（盛彤笙：《庸碌的一生，平凡的自述》，第 8 页）

资料四（传记） 1938 年获兽医学博士学位，论文题目为"弗氏流感杆菌（人流感杆菌）与猪流感杆菌和仔猪流感杆菌的比较研究"，上述 3 种细菌是20 世纪 30 年代发现的，而且已确定与病毒混合感染引致流感。这一研究不仅在于说明其作为继发感染病原的意义，更重要的是探讨人流感与动物流感的关系。（宋保田：《盛彤笙》，载卢嘉锡主编《中国现代科学家传记 第三集》，第 504 页）

资料五(传记)　由于有坚实的医学和动物学基础,仅用了两年的时间便以优秀成绩顺利完成了兽医专业的学习,于1938年夏返回柏林大学兽医学院,通过论文《弗氏流感杆菌与猪流感杆菌和仔猪流感杆菌的比较研究》的答辩,获得兽医学博士学位。在德留学期间,先生聆听和亲见了德国医学界、兽医学界许多著名教授的讲课和手术表演,开阔了视野。(邹康南:《盛彤笙先生生平》,第3—4页)

约是年夏,接受辛树帜寄发的西北农学院教授兼畜牧兽医系主任的聘书。

资料(传记)　我回国前原已由友人杨浪明学长介绍,接受武功西北农学院院长辛树帜先生的聘书,聘为该院教授兼畜牧兽医系主任。(盛彤笙:《庸碌的一生,平凡的自述》,第11页)

8月21日至27日,与陈超人参加在瑞士苏黎世举行的第十三届世界兽医会议,并在开幕式上发表演讲,强烈谴责日本的侵略行为,呼吁各国兽医界对我国的兽医事业给予支援。

资料一(发言报告)　第十三届世界兽医会议于1938年8月21日至27日在瑞士Zurich及Interlaken二城举行,兽医学界权威荟萃一堂,讨论近年来兽医学上各种重要问题。时作者正留欧陆,有近道之便,乃过往参加,考察世界兽医学术现在之大势及将来之走向,并为我国兽医界作国际之宣传,与会七日,所获良多。在大会所作报告中指出战争殃及无辜,胜瘟疫之百倍。"七七事变"以来,日军侵华奉行杀戮之道,与"医者仁术"相去南辕而北辙。在侵略者无情炮火攻击之下,中国各种教育学府及研究机构均遭破坏与牺牲,处境堪忧。呼吁各国同道对中国兽医事业给予支持,捐助经费重建中国兽医学术机关,捐助图书、仪器及其他教育用品以补充各兽医学校之设备,筹设奖学金名额使遣派学生赴各国研究兽医学术。(盛彤笙:《参加第十三届世界兽医会议报告》,《畜牧兽医季刊》1940年第1期,第22—29页)

资料二(传记)　1938年与陈超人同学一道参加过在瑞士苏黎世举行的第十三届世界兽医会议,并在闭幕式上发表过讲演,谴责日本帝国主义者对我国的侵略和破坏,呼吁各国兽医界对我国兽医事业给予支援,受到与会者的热烈鼓掌欢迎(但后来在该次会议的会刊中,这个讲演的原文受到了编者的篡改)。(盛彤笙:《庸碌的一生,平凡的自述》,第9页)

资料三(传记) 1938年8月21日—27日,与陈超人一道参加在瑞士苏黎世举行的第13届世界兽医会议。……1938年夏在第13届世界兽医会议的开幕式上他用德文和英文发表演讲,强烈谴责日本帝国主义者对我国的侵略,呼吁各国兽医界对我国兽医事业给予支援,受到与会代表的热烈欢迎。(宋保田:《盛彤笙》,载卢嘉锡主编《中国现代科学家传记 第三集》,第504—505页)

资料四(其他) 1938年国际兽医会议在瑞士召开第十三届会议。此时正值抗战初期,我国由尚在欧洲的盛彤笙博士出席,陈超人亦参加了此次会议。会议于8月21日开始到27日胜利闭幕。会议期间盛彤笙博士频繁与各国代表接触,广泛交谈。各国学者极为关注中华民族抗击日本帝国主义侵略战争的形势。在闭幕式上盛彤笙博士用英、德两国语言发表了激昂的爱国演说。首先介绍:日本侵略军对中国无辜平民的大屠杀及严重破坏教育、研究机构,中国兽医界付出了很大损失和牺牲,此种损失亦是世界兽医界的损失。最后,呼吁与会各国政府予中国以真诚的援助,要求捐助经费重振中国各兽医学术机构,捐助图书、仪器及教学、科研用品,设置奖学金使能资助派遣学生赴各国学习和研究兽医学术等。大会闭幕后,盛彤笙以我国代表身份,将上述讲演内容以书面形式正式递交国际兽医会议常务委员会。(四川畜牧兽医学会主编:《四川畜牧兽医发展简史》,四川科学技术出版社,1989年,第34页)

9月,经由马赛乘船回国,从香港登陆,辗转回到家乡江西永新农村,与逃难回乡的家人团聚。

资料一(其他) ○五、屈伯传呈教育部请发留德生盛彤笙归国购汇证明——民国二十七年九月八日。屈伯传呈……兹有敝同学盛彤笙君在德国研究医学多年,现已将学业结束获得博士学位,拟回国效力。唯仍缺少回国旅费,而家庭复因抗战影响不能供给,故曾嘱贷款接济,现已将款项筹妥,特呈请发给留学外汇证书,将伊旅费兑至德国,以便伊早日回国服务。此呈。工科博士 屈伯传谨呈。……〇七、教育部令江西省教育厅:该省留德公费生盛彤笙如已呈准回国,应由该厅即将该生回国旅费汇发。民国二十七年九月十六日。训令 第〇七一三九号。令江西省教育厅:案据屈伯传呈称,留德学生盛彤笙学业结束,拟即回国,现因该生缺乏旅费,已代为筹妥,请发给购买外汇证明书以便汇寄等情;查该生系该省民国二十三年派遣赴德研习兽医之公费留学生,据称学业结束一节,如已呈报该厅,应径由该厅核发回国旅费。仰即遵照办理,并饬该生知照。此令。〇八、教育部高等教育司函复屈伯传关于江西省留德公费生盛彤笙回国旅费。民国二十七年九月十六日。教育部高等教育司 笺函 第〇七一四〇号。径启者:九月八日呈部文已悉。查盛彤笙为江西省民国二十三年赴德之公费留学生,其留学费用系有江西省教育厅供给。兹已由部令饬江西省教育厅查照,如该生已呈准回国,应即将该生回国旅费汇发,并径饬该生知照。原附件发还。此致屈伯传君。教育部高等教育司 启。(林清芬编:《抗战时期我国留学教育史料 第二册 各省考选留学生》,"国史馆",1995年,第77—79页)

资料二(传记) 1938年秋,我的公费满期,抗日战争的烽火已经燃遍全国,我出于爱国心的驱使,于九月间经由马赛乘船回国(同船回国者,记得起来的有李述礼、赵九章、张毅夫妇等人)。当时上海、南京、武汉已经沦陷,我的父母弟妹都已逃回老家江西永新,我即在香港登陆,辗转回到永新见到阔别四载的家人,悲喜交集。(盛彤笙:《庸碌的一生,平凡的自述》,第10页)

9月,开始在江西省立兽医专科学校任教。

资料一(传记) 但我又是由江西省公费派送出国留学的,有回省工作的义务,何况我回国后已先回到江西,省方闻讯后坚留不放,只得在江西省立兽医专科学校任教半年。(盛彤笙:《庸碌的一生,平凡的自述》,第11页)

资料二(传记) 盛彤笙先生回国之前就已经接受了西北农学院辛树帜院长的聘请,但江西省坚持要求他留在江西省立兽医专科学校任教。一学期后日军逼近南昌,学校停课。(邹康南:《盛彤笙先生生平》,第5页)

资料三（其他） 江西省立兽医专科学校校徽。见图 20。（《江农珍藏版校徽亮相 114 周年校庆！》，搜狐网）

图 20

12 月 9 日，《国风日报》发布他被聘为西北农学院畜牧兽医系主任的消息。

资料（报道） 国立西北农学院，自奉教部令筹备以来，进行顺利，一切已告就绪，内部组织，除农专原有之森林、水利、园艺、农业经济、畜牧、兽医各系外，另加入西北联大农院之农化系，而农艺、农经及新添病虫害组合称农学系。各系主任已分别聘定，计林学系主任曾济宽、农学系主任周建侯、园艺系主任谌克忠、农业水利系主任沙玉清、畜牧兽医学系主任盛彤笙、农化系主任王志鹄。所有旧农专及联大农院学生，均已依时报到。教部分拨该校之一年级新生，虽大半由蓉渝一带录取，亦皆不避险阻，远道来校，自本周起新旧各生一律正式上课。此后联大农院学生得有充分之设备，益见方便，并闻该院全体学生，将于最近举行联欢大会，以示联谊迎新之意。又日前该院举行开学典礼时，前农专筹备委员张溥泉先生亦亲临训话，并对前农专辛校长果敢之精神与卓越之成绩，称颂备至云。（《国立西北农学院筹备就绪正式开课　各系主任已分别聘定》，《国风日报》1938 年 12 月 9 日第 3 版）

1939 年　　29 岁

1 月 28 日，父亲盛嵋孙随中正医学院师生从江西永新迁到云南昆明。

资料一（其他） 从永新迁昆明：到了一九三八年的冬季，广州失守了，武汉三镇也因战略的关系放弃了……十二月六日我们就忍痛的离别了江西。在一九三九年一月廿八日,全部的平安到达我们的目的地——云南昆明。到了昆明,我们立刻到租界基督教青年会的课室开始我们第四学期的课程。同时我们在昆明的郊外选定了白龙潭为我们的校址,立刻就开始建筑茅草房子,工程很简单,工作几个月的工夫,大致已经完成。三月廿五日全校搬到白龙潭的新校舍去,但是我们是成长在乡间的,并且也是准备到乡村去服务的,所以我们也正是需要在乡村里的茅草屋里来造成我们。四、与上海医学院的合作:……我们到了云南来,已经整整一年半了。开始我们三家的合作生活,也整整的一年了。(邢光御:《国立中正医学院》,载《抗战中的学生》,第 380—382 页)

资料二(传记) 后来还曾带着较大的一个弟弟,随同学校迁往贵州、云南,最后又迁回永新,受尽颠沛流离之苦。(盛彤笙:《庸碌的一生,平凡的自述》,第 10 页)

3 月,日军攻陷南昌,江西省立兽医专科学校迁至吉安。至是年春,一直在该校任教。

资料一(档案) 据盛彤笙的《干部履历表》,1938 年秋—1939 年春,他在江西省立兽医专科学校任教授,证明人是廖延雄。(《盛彤笙小传材料》,1986 年 7 月 26 日,江苏省农业科学院,盛彤笙干部档案)

资料二(传记) 在江西省立兽医专科学校任教半年。(盛彤笙:《庸碌的一生,平凡的自述》,第 11 页)

资料三(其他) 1939 年初,日军进攻南昌。……省府机关及学校团体纷纷南迁泰和。3 月下旬,南昌大撤退,日军攻陷南昌。江西兽专迁至吉安敦厚镇(后又迁泰和)。(彭友德:《八十年来江西高等教育概况》,载中国人民政治协商会议江西省委员会文史资料研究委员会编《江西文史资料选辑 总第十五辑》,1985 年,第 102 页)

春,应辛树帜聘约,辗转至陕西武功西北农学院担任教授兼畜牧兽医系主任。

资料一(手稿) 盛彤笙在西北农学院任教时制作的教学卡片。(见图 21)

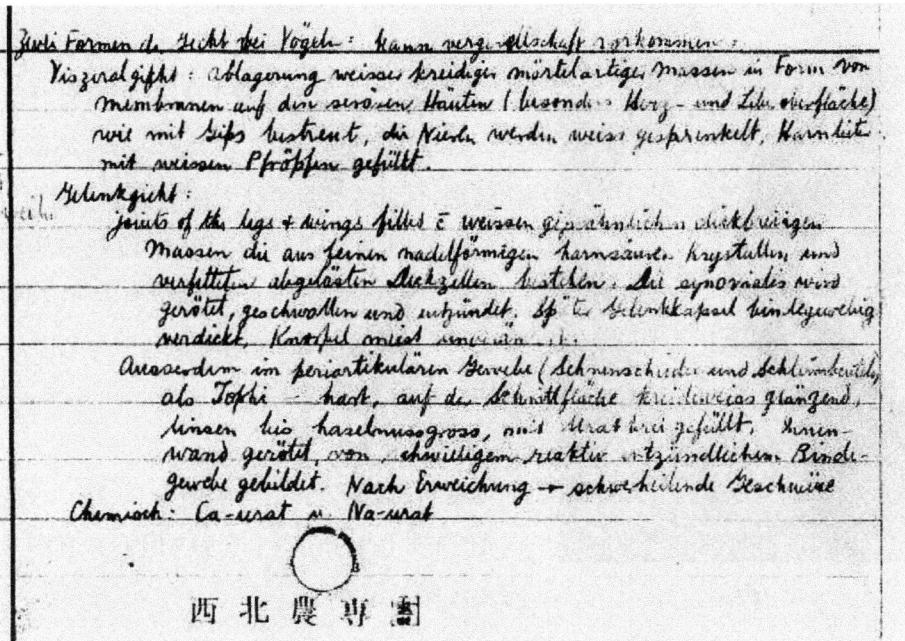

图21

资料二(传记)　西北农学院函电纷至，催促迅速赴任，只得辞别故乡及老母弟妹，辗转经由衡阳、桂林、贵阳、重庆，于1939年到达武功任教。（盛彤笙：《庸碌的一生，平凡的自述》，第11页）

资料三(其他)　1939年曾任国立西北农学院教授，兼畜牧兽医学系主任。在兽医科学、微生物学的科学研究和兽医学教育工作中，为国家造就了一批优秀的畜牧兽医科技人才，为发展我国畜牧兽医教学、科研、畜牧生产做出了重大贡献。（西北农林科技大学档案馆编：《民国西农纪事 1932—1949》，西北农林科技大学出版社，2015年，第83—84页）

4月，西北农学院筹备期满，正式成立，辛树帜出任院长。

资料一(其他)　西北农学院的组建：一九三八年六月，国立西北联合大学农学院、河南大学农学院畜牧系与国立西北农林专科学校合并，组建为国立西北农学院。同年七月，西北农学院筹备委员会成立，辛树帜为筹备委员会主任委员，国民党教育部农业教育委员会委员曾济宽、原国立西北联合大学农学院院长周建侯为委员;十月,国民党政府又增派教育部农业教育委员会委员张丕介为西北农学院筹备委员会委员,并确定以原西北农林专科学校校址作为西北农学院院址。一九三九年四月,筹备工作结束,西北农学院(以下简称西农)正式成立。任命原西北农林专科学校校长辛树帜为院长,曾济宽、张丕介分别为教务长和训导长。(关联芳主编:《西北农业大学校史1934—1984》,陕西人民出版社,1986年,第11页)

资料二(传记) 辛树帜(见图22)。(胡云安、陈贵仁、赵西玲:《远牧昆仑:盛彤笙院士纪实》,第66页)

图22

冬,国民党举行高级知识分子的集体入党仪式,他成为"特别党员",但未参加国民党的任何活动。

资料(传记) 事有凑巧,沙××先我回国后也到了西北农学院任教,于是在校中散布流言,说我是共产党的"尾巴""赤色分子"等等。当时武功西北农学院地处关中平原要冲,属胡宗南管辖范围内,又常是进步青年暗度陈仓,取道进入陕北边区的中转站,无论军统和中统都密切注视这所学校,校中特务密布,进步学生暗遭逮捕之事时有所闻。沙××散布的这项流言对我是很不利的。我当时上有老病的双亲和一个早寡的姑母,下有五个幼弱弟妹,都有赖我和拖着跛腿工作的父亲的微薄薪金维持生活,我如失业,就意味着全家的灾难。恰好此时国民党举行高级知识分子的集体入党,辛树帜先生硬拉我入党,我为了转移国民党当局的注意,免受失业甚至图圄之祸,遂接受了他的介绍,于1939年冬集体加入了国民党。事后发下党证一张,介绍人一栏内填的竟是张继、戴季陶二人的名字,这两个人都是国民党的"元老",我根本连面都没有见过。这批党员都称作"特别党员",党证的编号都是"特"字号,无非是对高级知识分子一种怀柔笼络之意。"入党"以后,我从未到任何"党部"去报过到，从未交纳过"党费"，从未参加过党的活动。后来国民党多次举行党员重新登记，我也从未去登记过。1939 年我还曾向曾经到过延安、后来又返回西北农学院畜牧医学系学习的学生买永彬说过，将来的天下，必定是共产党的天下，劝他学好俄文，将来必有大用。但我之加入国民党，总不免是一生中的一个污点。（盛彤笙：《庸碌的一生，平凡的自述》，第 13 页）

1940 年　　30 岁

1 月 26 日，《申报》发布辛树帜辞职、周伯敏继任西北农学院院长的消息。

资料一（报道） 国立西北农学院院长辛树帜辞职，遗缺教部改聘周伯敏继任。又湖北省立农业专科学校校长，前由湖北省府咨请教部聘任程鸿书继任，教部已照聘，该员业已视事。（《教部聘两校长》，《申报》1940 年 1 月 26 日第 7 版）

资料二（传记） 西北农学院所在地武功地处关中平原，是进步青年进入陕北边区的中转站之一，学校里特务甚多，进步学生被秘密逮捕者时有耳闻，此种环境对先生非常不利。同时又遇上伪教育部长陈立夫挑起的驱逐辛树帜院长的风潮，意在安插其亲信周某。风潮持续了一年多，最后以辛树帜被免职而结束，对此，先生十分气愤。（邹康南：《盛彤笙先生生平》，第 6 页）

夏，为使畜牧兽医得以独立自由发展，将西北农学院畜牧兽医系一分为二，任兽医组主任，改进、重整教学工作。讲授兽医细菌学、病理学等课程。

资料一（档案） 1939 年春—1941 年春，在西北农学院，任教授兼兽医组主任。（《盛彤笙小传材料》，1986 年 7 月 26 日，江苏省农业科学院，盛彤笙干部档案）

资料二（报道）　国立西北农学院畜牧兽医学系,系承袭前国立西北农林专科学校畜牧兽医组之旧。后鉴于畜牧兽医学系课程繁多,四年之学习时间,殊感迫促;又依事实之需要,故于民国廿九年夏季,由院方请示教部,改畜牧兽医学系为畜牧及兽医二组。聘盛彤笙先生为组主任。添授专门学科,俾便学子得专心致志,习其所好,展其所长,造成一专门熟练之高等技术人员。后盛氏南去,组务由徐凤早先生及吴信法先生暂为代理。至本年夏,则由院方聘定中央大学教授胡祥璧先生主持组务;并增聘邝荣禄、李佩林、张鼎芬诸先生来院任教。该组已毕业之学生计有廿余人,分布于西南及西北各畜牧兽医机关。现在校学生计有五十余名。组中所存图书:计西文书籍五百余册,中文书籍一百余册,中西文杂志三百余册。而仪器之重要者;计有高倍显微镜十架,照相机全副、解剖器械全副、外科器械全副、诊疗器械全副,高压蒸汽灭菌器一座,电器干热灭菌箱、干燥箱及孵化箱各一个。此外改组有鉴于对外合作事业之重要,特与陕西省农业改进所商讨合同,创办兽疫血清制造厂。(《国立西北农学院兽医组概况》,《中央畜牧兽医汇报》1942年第2期,第231页)

资料三（其他）　动物科学与动物医学院:1936年设畜牧兽医组,1938年设畜牧兽医学系,1940年分设畜牧组、兽医组。系主任:李林海1936—1938;盛彤笙1938—1940。动物科学系:1940年设畜牧组,1952年合并到农学系,1957年恢复畜牧系。主任路葆清1940—1943。(张景书主编:《西北农林科技大学组织机构沿革(1934—2004年)》,西北农林科技大学,2004年,第80—81页)

资料四（传记）　在武功的这两年是我初出茅庐,进入社会的两年,亲身体察到旧社会政治之黑暗、旧知识分子阵营之复杂、有些文人之无行和卑鄙恶浊。而我则尽力教好我所担任的几门功课,在学生中赢得了一些声望。(盛彤笙:《庸碌的一生,平凡的自述》,第11页)

资料五（传记）　西北农学院的两年间,深刻体会到当时知识分子队伍之复杂,目睹一些人无德、卑劣的行径,但迫于环境,又无策以对。乃埋头教学,专心讲授兽医细菌学、病理学和诊断学等课程,并努力办好畜牧兽医系,以抒发内心的愤懑。由于学识渊博和教学严格,在学生中享有很高的声望,

特别是利用其地位保护学生而深受爱戴。(邹康南:《盛彤笙先生生平》,第6页)

资料六(传记)　他提出系内分之为畜牧、兽医两个专业,各自独立,让它们有自由发展的机会。他的提议得到教师们的一致赞同,在辛树帜的支持下,西农的畜牧兽医系一分为二,他负责兽医专业,畜牧学家路葆清负责畜牧专业,两个人都全力以赴地投入到专业建设中去,从课程设置、教材编写、实验室组建、教学安排等方面做了改进重整,一时间干得顺风顺水。(胡云安、陈贵仁、赵西玲:《远牧昆仑:盛彤笙院士纪实》,第30页)

9 月,父亲盛嵋孙随中正医学院师生迁往贵州镇宁。

资料一(其他)　中正医学院在贵州镇宁的一年:一九四〇年昆明白龙潭院址被炸,上海医学院决定迁往重庆,中正医学院决定迁往贵州镇宁县城。(杨锡寿:《抗日战争时期的国立中正医学院》,见中国人民政治协商会议贵州省委员会文史资料研究委员会编《贵州文史资料选辑　第二十六辑》,第137页)

资料二(传记)　后来还曾带着较大的一个弟弟,随同学校迁往贵州、云南,最后又迁回永新,受尽颠沛流离之苦。(盛彤笙:《庸碌的一生,平凡的自述》,第10页)

资料三(其他)　民国二十九年:八月二十四日,奉教育部电令饬本学院迁移黔西一带地区。九月一日,王院长率秘书刘宴江、讲师王志均自昆明白龙潭出发,向黔西一带觅地迁院,旋决定迁设贵州镇宁县城。(刘宴江:《国立中正医学院大事记》,《国立中正医学院院刊》1942 年第 1 期,第 21—22 页)

10 月 27 日,中华自然科学社第十三届年会在重庆中央大学举行。

资料(其他)　中华自然科学社于 1940 年 10 月 27 日在重庆中央大学举行第 13 届年会时,社员达 1 200 余人;同年,出版了约十五万字的《中华自然科学社西康科学考察报告》,报告中附有精确的地理图片;同时,举行西康

文物展览会。(韩建娇:《中华自然科学社研究》,河北大学 2010 年硕士论文,第 5 页)

　　冬,被"三青团"中央团部任命为"三青团"西北农学院直属分团筹备会干事,借故未参加筹备工作。后被直属分团聘为兽医系支队指导员,但未过问其事。

　　资料(传记)　1940 年冬,"三青团"中央团部任命了一批人为"三青团"西北农学院直属分团筹备会干事,不知出于何人的"见爱",竟把我也列入在内(也许是我在学生中还享有一点威望吧),但任命书中将我的名字误写作"盛彬笙",我便借此推脱说任命的不是我,从未参加过该团的任何筹备工作。后来这个直属分团又聘请我为兽医系支队的指导员(所有系主任都被聘为各该系支队的指导员,乃是一种客卿的名义,同解放军中的政治指导员是完全不同的)。我实在无法推脱,勉强出席了支队的成立大会,发表了简短的讲话,强调全国上下要团结抗日,勉励团员要学好功课,以图报效国家。到 1941 年 4 月下旬西安的《西京日报》上登载一条消息,说"三青团"西北农学院直属分团将于五四青年节举行正式成立大会,在筹备干事中仍然列有我的名字,其实我早已于当年春节前离开武功到达成都中央大学畜牧兽医系任教了,根本没有过问过这回事情。(盛彤笙:《庸碌的一生,平凡的自述》,第 14 页)

1941 年　　　31 岁

　　1 月,离开西北农学院,赴成都中央大学畜牧兽医系担任教授,并兼任齐鲁大学医学院微生物学教授。

　　资料一(报道)　西北农学院兽医组主任盛彤笙氏近应中大畜牧兽医系之聘担任教职,盛氏已南下到蓉。(《畜牧兽医界消息》,《畜牧兽医月刊》1941 年第 5—6 期,第 190 页)

　　资料二(其他)　中央大学借用四川家畜保育所成都浆洗街教学楼。

见图 23。(南京农业大学动物医学院编:《中央大学农学院畜牧兽医系纪念册》)

资料三（传记） 到达武功后,恰好遇上中统特务头子、伪教育部长陈立夫挑起一场驱逐辛树帜先生的风潮,意在安插他的亲信。我既系由辛树帜先生的聘往,又激于反对中统特务的义愤,在风潮中自然是站在辛树帜这一方的。风潮持续近一年,结果辛树帜终于被伪教育部免职,陈立夫派其亲信周伯敏继任院长。我因与周不能合作,遂于 1941 年春初离开武功,后至成都中央大学畜牧兽医系任教授。……我早已于当年春节前

图23

离开武功[①]到达成都中央大学畜牧兽医系任教了,根本没有过问过这回事情。(盛彤笙:《庸碌的一生,平凡的自述》,第 11、14 页)

资料四（传记） 然而终因环境的极端不利,被迫于 1941 年辞职。在离开西北农学院时,学生代表王武亭、买永彬等还追到西安竭力挽留,经说明真情后才作罢。先生随后即往成都国立中央大学畜牧兽医系担任教授,并兼任齐鲁大学医学院微生物学教授。至此,生活才稍得安定,有机会专心致力于教学和科研工作。当时的成都是后方医学教育中心,有包括协和医学院在内的四所大学的医学院,名家云集。从 1941 年至 1946 年夏的五年间,先生勤奋地做了大量工作,初步展示了他的才华与效率。(邹康南:《盛彤笙先生生平》,第 6 页)

资料五（其他） 一九三八年由德国归来的盛彤笙教授在一九四一年受

---

① 1941 年春节自 1 月 27 日始,立春为 2 月 4 日。上文"春初离开武功"为笼统之称谓,与"春节前离开武功"之时间不相抵牾。

聘到我系任教家畜微生物学及家畜病理学,从此这两门学科有了专人负责。(陈之长:《抗战时期中央大学畜牧系在川办学情况》,载《四川畜牧兽医史料》,1985年,第2页)

资料六(其他) 1941年初,盛彤笙教授由西北农学院来该系,主讲微生物学和病理学。该系在蓉部分有兽医教授6人,畜牧教授6人,讲师2人,助教6人。由于专任教师人数增多,原家畜保育所之兽医院又得以充实,每日下午门诊或出诊。从此临床兽医诊疗实习课又走上了正轨,学生可分批到兽医院进行临床实践。(四川畜牧兽医学会主编:《四川畜牧兽医发展简史》,四川科学技术出版社,1989年,第29页)

资料七(其他) 这时期,中大畜牧兽医系师资力量空前强大,学生人数有所上升。由于抗战迁校的关系,很多高校云集四川,四川当时成了人才聚集之地,中大畜牧兽医系也能聘到外校学有专长的教授兼课,如郑集、徐丰彦、熊大仕、汤湘雨、朱先煌、杨兴业等。中大原有师资也受聘于外校:陈之长、罗清生、许振英等为四川省农业改进所名誉技师和四川大学农学院兼任教授。1941年汤逸人、盛彤笙教授担任家畜微生物学和家畜病理学教授,胡祥璧分别担任畜牧和兽医有关课程教授。到了1940年的时候,中大畜牧兽医系的本科学生每个年级已经有了20人左右,专修科的学生一般每个班也要有10—15人左右。(李妍:《国立中央大学畜牧兽医系史研究 1928—1949》,南京农业大学2013年硕士论文,第25页)

6月,中华畜牧兽医出版社改选职员,当选为理事,担任编辑主任。

资料(报道) 本社成立于去年四月,至今年四月已及周年,照章应改选职员一部分,前经印发选票邮各地,近已陆续收回,顷在蓉开票,结果盛彤笙、杨兴业、熊德邻三人当选为理事,与连任之陈之长、罗清生二人合计为五人。汪启愚、张松荫二人当选为监察,与连任之熊大仕合计仍为三人,除编辑主任改由盛彤笙担任外,其余总务会计两职任由杨兴业、陈之长连任。(《本社动态及畜牧兽医界消息》,《畜牧兽医月刊》1941年第9期,第260页)

是月,与陈之长发表《改进我国畜牧兽医教育之商榷》一文,称畜牧兽医

教育亟待改造,应从农学院下解放畜牧兽医学系,使它独立发展。

资料(论文) 文章指出,近年我国畜牧兽医界有一极大矛盾现象,即畜牧兽医教育之振兴,未能与畜牧兽医事业之推进取得同一步骤,平行发展。自国民政府成立以来,因各方重视,新兴畜牧兽医事业机关蓬勃发展。但因各方事业之长足进展,遂使人才之需要亦更见其迫切,畜牧兽医教育之现况难与事业之发展相适应。畜牧兽医教育多附于农学院之下,或设一系,或设一组,与国外大学相较,规模诚难比拟,且经费、设备等亦不足。当前应从农学院下解放畜牧兽医学系,使成独立之机构以自由发展之机会。畜牧兽医专校之倡设,国民参政会数次大会均有议案通过,可见已为全国人民之普遍要求,实不容再加忽视。近闻中华兽医学会及畜牧学会又曾建议政府,请就各地环境之需要,将原有较完善之一二畜牧兽医学系加以扩充,成立畜牧兽医专科学校一二所,或为独立学校,或仍附设于大学之下,大量造就人才。希望政府采纳此项建议,使畜牧兽医专科学校之设立可以早日实现。文章后附《中华畜牧兽医学会呈政府请设国立畜牧兽医专科学校议》,有详细的设置畜牧兽医专科学校的办法。(盛彤笙、陈之长:《改进我国畜牧兽医教育之商榷》,《畜牧兽医月刊》1941年第9期,第233—236页)

7月,中央大学农学院畜牧兽医系的余国粹等十九名学生毕业,朱晓屏留校担任助教。

资料一(其他) 畜牧兽医系:余国粹、阮维祥、赵鸿森、朱晓屏、李登元、逯振瑜、夏国佐、吴思孝、章台华、张永昌、李光煜、王鹏、郭显嘉、夏隆埙、王宪楷、吴子镌、朱善佐、尚树德、陆涣宝(以上三十年七月毕业)(中央大学教务处编:《国立南高东大中大毕业同学录(民国六年至三十四年)》,1945年,第82页)

资料二(传记) 朱晓屏,福建厦门人,1941年国立中央大学畜牧兽医系毕业,留校任盛彤笙的助教。(胡云安、陈贵仁、赵西玲:《远牧昆仑:盛彤笙院士纪实》,第92页)

9月,发表《畜牧兽医对于国计民生之关系》一文,指出畜牧兽医对人类

健康、文明进步的重要意义,希望农界同仁予以深切关注并热烈提倡。

资料(论文) 文章指出,畜牧兽医虽被认为农学的一部门,可是普通农界人士对它多欠注意。检讨畜牧兽医对于国计民生的关系,可以分成畜牧和兽医两方面来讲。

畜牧方面:畜产对于人生的关系极为密切,以日常生活而论,人类的衣、食、住、行、器用五项,没有一项不要靠畜产品的供给。但是家畜对于人类的贡献尚不止此,至少在军事方面和农业方面还有其特殊的功用。在军事方面,骑兵的组成却少不了马匹,就是在炮兵、辎重兵中,骡马也占有很卓越的地位。在农业方面,则畜牧和它的关系更加密切,不可须臾分离。世界各国的畜产品大都比其他农产品的产量高得多,我国出口货物之中,畜产品常占四分之一左右;抗战以来,畜产品在出口贸易和换取外汇上的地位比以前更重要了。战后我们有许多外债要偿还。城市要建设,农村要复兴,资源要开发,这些款项都是要靠拓展我们的外贸资源才能得到的。在农业方面,我们已经有了几千年的历史,改进的可能性较小,发展已受限制,而在畜牧方面,却还有西北、西南的许多处女地待我们去开发,前途的希望是无穷的。

兽医方面:兽医和畜牧的关系密切,兽医没有畜牧便没有对象,畜牧没有兽医也失却了保障,二者唇齿相依,不能缺一。兽医对于畜牧事业的帮助,在消极方面,可以防治家畜的疾病,免除损失。在积极方面,兽医是发展畜牧事业最有力的推动者。在直接方面,兽医对于人类的贡献也很大,普通一般人以为兽医的任务只不过是治疗患病的家畜而已,殊不知兽医还是人类健康的保护者:因为家畜的许多疾病,不但可以侵犯家畜,同时也可传染于人类而为极严重的疾害。此外,兽医在动物性食品生产上的地位也是非常重要的,兽医对于人医也有过很重要的贡献。因此,兽医实在不单是专司医治家畜疾病的技术,而是直接关系人类健康的科学。畜牧对于人类福利文明进步的贡献更重更大,超过普通农业以上。(盛彤笙:《畜牧兽医对于国计民生之关系》,《畜牧兽医月刊》1941年第12期,第337—340页)

11月,父亲盛嵋孙随中正医学院师生回迁到家乡永新。

资料一(其他) 民国三十年:七月十四日,奉教育部电令,嘱王院长赴赣与江西省政府洽商迁院事宜。十五日,王院长自镇宁赴赣。教务主任赵以炳留镇宁,主办迁院事宜。二十六日王院长抵泰和,主持迁院事宜。九月四日,迁往江西第一批车出发。本学院第四、五年级学生设班泰和院舍,第一、二、三年级学生设班永新院舍。总办公处亦设永新。十一月:员生及公务迁赣,陆续到达。永新院舍新建大楼落成,即以纪念江西省政府主席熊天翼先生颜曰天翼科学馆。十七日三十学年度第一学期开始上课。(刘宴江:《国立中正医学院大事记》,《国立中正医学院院刊》1942年第1期,第21—22页)

资料二(其他)　一九四一年初,院长王子玕到重庆,经刘峙牵线去见蒋介石,名义上是请蒋介石题赐院训,实际是他要拨钱增加设备,借他的名得点好处。不料事与愿违,蒋介石没有给学院半点甜头,反而王院长受到一顿训斥。蒋介石说:"什么院训,礼义廉耻是所有学校的院训。"又说:"以我的名字为院名,为什么要迁出江西躲到西南,江西还有地方,应该马上搬回去。"就这句话,又引起了全院的骚动,只得由镇宁迁回江西永新。一九四一年暑假,学院开始搬迁。院部设在永新旧址,后期四、五年级将省立医院作为实习基地,地址在泰和(时江西省政府所在地)。(杨锡寿:《抗日战争时期的国立中正医学院》,载中国人民政治协商会议贵州省委员会文史资料研究委员会编《贵州文史资料选辑　第二十六辑》,第139页)

11月30日,中华自然科学社第十四届年会在重庆大学召开,增选为学社第十五届理事。

资料(其他)　本社第十四届年会于三十年十一月三十日假重庆沙坪坝重庆大学开会。上午举行大会,除由总裁颁发训词外,并由陈部长立夫、朱部长家骅亲临演讲(演讲词见各报),继有各部负责人报告社务,下午宣读论文,商讨社务,兹将年会决议案录下。

出席:郑衍芬、陈邦杰、胡焕庸、王文瀚、吴亭、黄其林、谢立惠、李旭旦、王剑、杨纫章、胡豁咸、邹钟琳、袁见齐、沈其益、朱炳海、刘智白、秦子青、朱浩然、孙熊、周怀衡、程式、邵铂、曾石虞、黄玉珊、邓宗觉、潘瑛、马叔文、陈桂升、杜长明、姜贵恩、陶天性、王庭芳、谢立文、林国恩、李学清、邱鸿章、邱静中、周绍濂、胡筠、程潞、张更、卢浩然、王德宝、金锡如、戈定邦、吴功贤、梁树权、赖琏、张洪沅、王文华、辛树帜、赵宗燠、顾敬心、黄肇兴、欧阳翥、邓静华、周鸿经、管光地、胡光熹、吴任沧、叶学哲、宋煟章、赵瑛、王恒守、王汉曾、黄厦千、姚开元、江志道、俞建章、翁之龙、郝景盛、吴襄(郝代)。

来宾：朱部长家骅、陈部长立夫、中央党部吴秘书长代表张渊若、社会部代表卜灵孟、宣传部代表高荫祖、国立编译馆长陈可忠、中山大学校长张云。

主席团：胡焕庸、张洪沅、杜长明。

议决案：(一)社务会提，自本年度起每年增加理事二人，增加三年后适为十五人，即为本社理事之法定人数，每年改选五人案。议决通过。……理事选举结果，下列社友当选。沈其益87票、盛彤笙79票、杜长明43票、杨浪明36票、朱炳海30票。(附注)郑集社友与朱炳海社友同票，抽签结果为朱炳海社友当选。附连任理事名单：胡焕庸、李锐夫、吴襄、赵宗燠、童第周、曾昭抡。(《第十四届年会记录》，《中华自然科学社社闻》1942年第1期，第3—5页)

12月21日，中华自然科学社在中央大学召开第十五届第一次社务会，被推选为《社闻》编辑。

资料(其他)　第十五届第一次社务会记录。时间：三十年十二月二十一日。地点：中央大学。出席：沈其益、杨浪明(沈其益代)、盛彤笙(黄其林代)、杜长明、朱炳海、吴襄(高叔哿代)、李锐夫(周伯平代)、胡焕庸、曾昭抡(杜长明代)、赵宗燠(谢立惠代)。

议决案

1. 选举社长开票结果：胡焕庸七票(当选)、杜长明一票，曾昭抡一票。

2. 推举各部主任结果：(1)沈其益社友为总务部主任。(2)谢立惠社友为组织部主任。(3)杜长明社友为学术部主任。(4)吴襄社友为社会服务部主任。

3. 学术部主任提李锐夫、朱炳海社友为学术股干事，主编"国防科学丛书"。周鸿经、章涛社友为研究股干事，主编论文摘要。议决通过。

4. 总务部提，文书——黄其林社友、胡豁咸社友。会计——朱浩然社友、谢立文社友。事务——邓宗觉社友、王文瀚社友。议决通过。

5. 组织部提,调查股——杨浪明社友,社闻编辑股——盛彤笙社友。议决通过。

6. 社史整理社物保管委员会推杨浪明、朱炳海、陈邦杰三社友负责。

7. 核定下年度经费预算:(1)《科学世界》,每二月出版一次,暂定二千元,共合全年一万二千元。(2)《社闻》每二月一次,每次二百五十元,全年一千五百元。(3)寻常社务开支每月一百五十元,全年一千八百元。(《第十五届第一次社务会记录》,《中华自然科学社社闻》1942年第1期,第14—15页)

1942年　　32岁

1月25日,担任社闻编辑后的第一期《中华自然科学社社闻》出版。

资料一(其他) 《中华自然科学社社闻》封面。(见图24)

资料二(传记) 在成都工作时,由于距总社所在地重庆较近,还曾担任《社闻》的编辑工作数年。《社闻》虽然主要是一个报道社内消息和社友动态的刊物,但在每一期的篇首必有一篇约三四百字的社论。在我主编阶段,主要是由我执笔,多是鼓吹团结抗战,反对分裂和内战;主张民主,反对独裁;主张科学应为广大群众谋福利,反对由少数人垄断等等。在当时的政治形势下,是只能

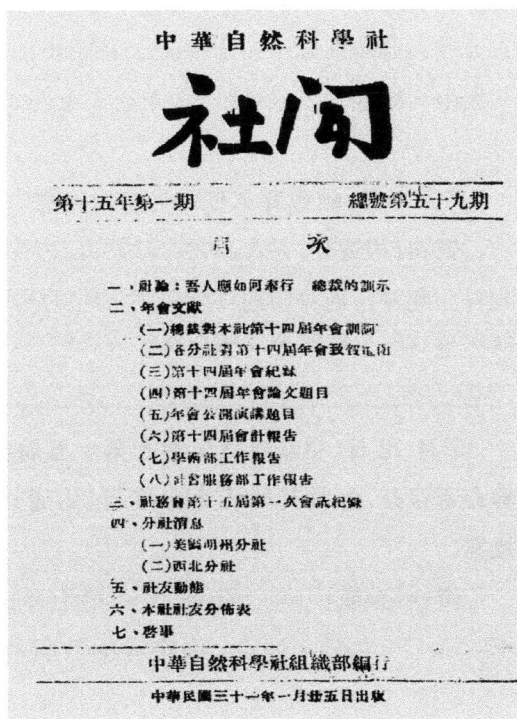

图24

讲到这个分寸的,但在科学界已经起到过一定的影响。(盛彤笙:《庸碌的一生,平凡的自述》,第 16—17 页)

资料三(传记)　先生早在 1929 年就参加了中华自然科学社。该社办有《科学世界》杂志和《社闻》两种刊物,其宗旨:前者是普及科学知识和倡导科学救国,后者是报道社内情况。……在成都担任《社闻》编辑时,曾执笔撰写过一些社论,主张团结抗日,反对分裂和内战;主张民主,反对独裁;倡导科学应为广大群众谋福利。这些活动当时在科学界有一定的影响,而且每期都寄给在延安的屈伯传社友。(邹康南:《盛彤笙先生生平》,第 8 页)

2 月,中央大学农学院畜牧兽医专修科的汪绍裘、佘长年等十六名学生毕业。

资料(其他)　畜牧兽医专修科:汪绍裘、夏逊、权居义、张计舒、陈守仁、郑发儒、曹振华、佘长年、张禄荣、史建章、聂华棣、郭三光、袁文明、叶式增、方大受、刘锡增(以上三十一年二月毕业)。(中央大学教务处编:《国立南高东大中大毕业同学录(民国六年至三十四年)》,第 88 页)

7 月 1 日,被教育部任命为四川省推广繁殖站股长。

资料(报道)　兹派蒋杰、柯象寅、盛彤笙、李荫桢为四川省推广繁殖站股长。此令。部令章总四字第六二〇〇号,卅一年七月一日。(《命令》,《农林公报》1942 年第 7—9 期,第 8 页)

7 月 12 日,中华自然科学社第十五届第四次社务会在中央大学教职员集会所召开,由黄其林代为出席,讨论通过推定司选委员会人选等十三项提案。

资料(报道)　总社社务:一、第十五届第四次社务会纪录。时间:七月十二日上午九时。地点:中央大学教职员集会所。出席:朱炳海、李锐夫(谢立惠代)、盛彤笙(黄其林代)、沈其益、吴襄(高叔哿代)、胡焕庸、童第周(谢代)、赵宗燠(沈代)、杜长明、曾昭抡(杜代)、杨浪明(吴功贤代)。主席:

胡焕庸。记录：黄其林。讨论事项：(1)组织部提请通过新社友案。议决通过(名单另录)。(2)推定司选委员会人选案。推定李翰如、朱应铣、邵铂、吴功贤、鲍觉民、夏坚白、黄其林七位社友为司选委员会,推吴功贤社除召集人。(3)决定选举日期案。议决:九月底候选人提名截止,十一月底选举票收齐,十一月三十日开票。……(13)本社西北科学考察团报告与地理学会合印本社计得120本应付印刷费若干案。议决以西北科学考察团余数771元抵付。各区通讯干事:成都——盛彤笙,重庆——谢立惠、李庄、杨浪明……(《中华自然科学社第十五届第四次社务会记录》,《中华自然科学社社闻》1942年第3期,第3—4页)

7月,中央大学农学院畜牧兽医系的罗仲愚等十一名学生毕业。

资料(其他)　畜牧兽医系:陈寿余、许宗岱、黄伟业、杨湘平、罗仲愚、恽肇权、张立教、钱定宽、方国玺、黄恒生、俞渭江(以上三十一年七月毕业)。(中央大学教务处编:《国立南高东大中大毕业同学录(民国六年至三十四年)》,第88页)

9月,编写我国第一部《兽医细菌学实习指导》,经助教朱晓屏先行试验一遍后,出版发行。

资料一(专著)　中国兽医问题以传染病之防治为最重要,而防疫工作又必赖细菌学以为基础,故细菌学一科在兽医课程中实宜特别注重,其实习尤须力求充实。坊间细菌学实习指导类皆专供人医之用,兽医界早有教本缺乏之憾。因此作者将年来在中央大学畜牧兽医学系担任细菌学课程中所作各种实验编辑成册,供各校教学之助。篇中所载实验力求易于实行,除少数例外,均以家畜疾病之病原为材料,如逐一照作,足使学生对兽医细菌及免疫学之原理得一明晰之概念;全程可供一学期每周三次(每次三小时)之实习,如每周实习两次,则一部分须作示例,以节时间,如每周实习一次(如专科学校或专修科之课程),可将实习前作有 * 号的省略。又实习之繁复者可分两次或三次做完,其简易者每次可数种并进,指导者可斟酌各校情形自行排定日程。为顾及战时设备之缺乏,常于同一实验下列举数种不同之方

獸醫細菌學實習指導

盛彤笙編

中華畜牧獸醫出版社發行
1942

图 25

法,可供选择。该书绪言写于三十一年九月。该书封面见图 25。（盛彤笙编：《兽医细菌学实习指导》,中华畜牧兽医出版社,1942 年）

资料二（传记） 抗战时期中央大学本部设于重庆,只有医学院和农学院的畜牧兽医系设于成都。当时除中大医学院外,还有齐鲁大学医学院、华西大学医学院和协和医学院也都迁设于成都,构成后方一个医学教育的中心,名家云集,可以切磋请教。尽管兽医书籍非常缺乏,但医学图书、设备也比较完全,对于兽医教学和研究还是很有帮助的。但是说来也可怜,几所著名的医学院,竟没有一只合乎实验用的小白鼠!所以尽管这几年前方抗日战争烽火连天,我却躲在这个"象牙之塔"里潜心于教学、研究和编译工作,直到 1946 年夏复员时为止。（盛彤笙：《庸碌的一生,平凡的自述》,第 14—15 页）

资料三（传记） 盛师编写了我国第一本《兽医微生物学实验指导》[①]。解放前,我国少有自编的兽医教材:我在江西省立兽专念书时,是油印讲义,实际是日本教材的中译本;到国立中央大学念书时,专业课记笔记,盛彤笙教兽医微生物学时,虽有盛译自英文的《克氏兽医细菌学》,但仍是记笔记。实习时有盛编的《兽医细菌学实验指导》,初稿完成后,盛要求其第一任助教朱晓屏先做一遍才付印,1942 年出版发行,可见盛师治学之严。我做学生时用它,在国立中央大学做三年助教时也用它,助教时代在该《指导》上密密麻麻地添上了自己的心得。（廖延雄：《缅怀恩师盛彤笙》,载江西省立南昌二中天津校友联谊会编《江西省立南昌二中校友志稿 第二集》,2004 年,

---

① 此即《兽医细菌学实习指导》。

第 130 页）

　　资料四(传记)　　当年国内自编的专业教材不多,为了传播国外兽医先进知识和技术,他利用晚上时间,一个人蹲在暗室里将从德国留学带回的显微胶卷,译出 Kelser 教授所著《兽医细菌学》,作为畜牧兽医专业教材；他还编写了我国第一部《兽医细菌学实习指导》和《家畜尸体解剖技术》,使教师教学和学生实习有章可循,解决了几所大学微生物学的教材问题。(胡云安、陈贵仁、赵西玲：《远牧昆仑：盛彤笙院士纪实》,第35—36页)

　　10月11日,中华自然科学社第十五届第五次社务会在中央大学教职员集会所召开,由黄其林代为出席,讨论通过刊行《科学纪新》及新社友等三项提案。

　　资料(报道)　　第十五届第五次社务会纪录。时间：三十一年十月十一日上午九时。地点：中大教职员集会所。出席：胡焕庸、盛彤笙(黄代)、曾昭抡(朱代)、沈其益、李锐夫(沈代)、杨浪明(沈代)、朱炳海、赵宗燠(谢代)、童第周(谢代)。列席：吴功贤、黄其林、谢立惠、胡豁咸。主席：胡焕庸。记录：黄其林。

　　报告事项：(一)主席报告：国父实业计划研究会主办之蒙新考察团函请本社派地理及气象方面社友二人参加。拟请徐尔灏(气象)、周立三(地理)两社友参加。(二)司选委员会主席吴功贤社友报告本届理事选举票及候选人名单已全部寄出。(三)沈其益社友报告美西分社组织情形。

　　讨论事项：(一)美西分社成立,请予备案。议决通过。(二)本社拟刊行《科学纪新》以介绍交换中外科学消息案。议决原则通过。(三)组织部提请通过新社友。议决通过(名单另录)。(《中华自然科学社第十五届第五次社务会记录》,《中华自然科学社社闻》1942年第3期,第5页)

　　10月31日,中国畜牧兽医学会在成都复会,当选为监事,负责主编《畜牧兽医月刊》。

资料一（其他） 我国畜牧兽医专家虞振镛、蔡无忌、程绍迥、罗清生、崔步瀛、盛彤笙等为研究畜牧兽医学术，推进畜牧兽医事业，于民国廿九年筹组中国畜牧兽医学会，并于卅一年十月卅一日召开成立大会于成都，到会会员四十三人，对于今后畜牧兽医之发展，有极详尽之规划，并决定设会址于成都浆洗街上街血清厂内。嗣国内畜牧兽医事业，一方面于政府之积极提倡，同时亦为社会迫切需要，虽在战时极度困难期间，仍能逐渐发展，今该会会员人数已达四百廿四人，自政府迁都归京后，大部已到京、沪各地，该会复假农林部中央畜牧实验所大礼堂召开会员大会，选出虞振镛……十五人为理事，程绍迥、盛彤笙、罗清生三人为监事，并公推虞振镛为理事长，现该会出版书籍，计有……《兽医细菌学》……《马匹的重要传染病》等等。（《中国畜牧兽医学会现况》，《中华农学会通讯》1947 年第 79—80 期，第 28 页）

资料二（其他） 恢复中国畜牧兽医学会，发行畜牧兽医书刊。中国畜牧兽医学会创始于一九三六年，选举了蔡无忌教授为会长。并将中大畜牧兽医系于一九三五年创办的《畜牧兽医季刊》转为学会刊物。学会工作及季刊都因抗战而停止。一九四二年恢复了畜牧兽医学会的活动，在成都召开了会员代表会议，重新产生了机构，选举理事会，由陈之长、罗清生、盛彤笙、许振英、汤逸人、胡祥璧等组成，推选了陈之长为理事长，推举了盛彤笙主编《畜牧兽医月刊》及《会讯》。筹组了中国畜牧兽医出版社，出版畜牧兽医书刊。在书籍方面出版的计有：《兽医细菌学》……这些译著作为教材，减少了学生随堂做笔记和阅读参考书的困难。一九四六年学会随中大畜牧系迁回南京，由于国民党再度发动内战，学会活动被迫停滞下来。（陈之长：《抗战时期中央大学畜牧系在川办学情况》，载《四川畜牧兽医史料》，第 4 页）

资料三（传记） 此外，在解剖学助教谢铮铭君的协助下，我还负担着《畜牧兽医月刊》《中国畜牧兽医学会会讯》和《中华自然科学社社闻》三种刊物的编辑发行工作，全部审稿、编辑、校对、订阅、寄发都是由我们二人业余进行的，稿件不足时，还得自行撰写或者翻译来凑数。当时《月刊》的发行量虽不过一千余份，且都是用粗劣的黄草纸印刷的，但是上述这些手续一项也不能少,我们二人干起来倒也觉得其乐陶陶,并不以为苦。在抗战时期畜牧兽医读物匮乏的情况下,为大家提供了一个发表研究结果和交流国内外科学情报的园地。(盛彤笙:《庸碌的一生,平凡的自述》,第15页)

资料四(其他) 1940年国民政府在重庆设立农林部,任命学会理事、中央农业实验所畜牧系主任程绍迥博士为渔牧司司长。1941年秋,程来成都视察工作之际,向学会在蓉理事成员陈之长、罗清生、许振英等教授反映了大多数会员的近况及迫切要求恢复学会活动的愿望,经商讨并征得学会会长蔡无忌的同意,积极筹备后,于1942年在成都召开了学会代表会议,重新选举了理事会。理事会一致推选陈之长为理事长。(四川畜牧兽医学会主编:《四川畜牧兽医发展简史》,第33页)

10月,中央大学畜牧兽医系主任陈之长休假,他暂代系主任。

资料(其他) 农学院:畜牧兽医系

编号	部分	职别	姓名	别号	性别	年龄	
448	畜牧兽医系	教授兼主任	陈之长	本仁	男	44	部定休假
166	畜牧兽医系	教授	汪德章	启愚	男	51	
664	畜牧兽医系	教授	罗清生		男	44	
142	畜牧兽医系	教授	吴文安		男	47	
397	畜牧兽医系	教授代主任	盛彤笙		男	31	
901	畜牧兽医系	教授	汤逸人		男	32	
1243	畜牧兽医系	教授	熊大仕		男	42	
640	畜牧兽医系	讲师	濮成德		男	35	
1265	畜牧兽医系	讲师	熊德邻	友仁	男		
370	畜牧兽医系	助教	张鼎芬		男	31	
982	畜牧兽医系	助教	蒋次升		男	28	
657	畜牧兽医系	助教	魏培君		男	28	
838	畜牧兽医系	助教	朱晓屏		男	25	
1274	畜牧兽医系	助教	罗仲愚		男	27	

（续表）

编号	部分	职别	姓名	别号	性别	年龄
933	畜牧兽医系	助教	谢铮铭		男	26
1240	畜牧兽医系	助教	俞渭江	伟江	男	24
1172	畜牧兽医系	教员兼事务员	钱敏		女	25

（中央大学编：《国立中央大学教员名录》，1942年，第18—19页）

11月1日，在负责编辑的《中华自然科学社社闻》开篇发表社论，呼吁政府给予科学家以研究的便利，改善生活待遇，培植国家科学的元气，为战后建设做好准备。

资料一（论文） 社论指出，一个国家的强弱胜败，完全要看它的科学水准而决定，这已经是举世公认的铁则，平时如此，战时尤其如此；所以欧美国家在战时比平时还更注重科学，提倡科学，不是没有原因的。

要科学家能各展所长贡献国家，至少有两项先决条件：第一是要有充足的仪器设备，以便研究的进行；第二是要使科学家有安定的生活，得以专心工作。现在看看我们中国的情形怎么样呢？自从抗战以来，各学术机关忙于迁徙，困于流离，原来一点有限的仪器设备或已毁于炮火，或则损于运输。致使大部分的科学家都变成了赤手空拳，没有用武之地；市面上尽管各种洋货奢侈品应有尽有，却独缺乏一个落后国家所急需的科学仪器，在这样的畸形状况之下，科学家们无法进行他们的研究，不能发挥他们的技能，他们在精神上的痛苦是异常难堪的。

再就生活方面来说，年来物价高涨，最受影响的就是全国的科学家们，以大学教授为例，平均每人每月收入不及千元。比之中学教员固然不及远甚，甚至连一个小学教员都不如，结果入不敷出，大家被迫典质书物，寻觅兼差，牺牲宝贵的研究时间，廉价出卖自己的劳力，甚至因此而丧生者亦有之，这是何等痛心的事实！自从物价高涨以来，举世皆习于投机取巧，以逐厚利于商场。只有全国的科学家们还没有变更他们的风节，仍旧傲然地站在自己的岗位上承受着这民族生死存亡的厄运。这种精神在科学家们固然值得自豪，在政府尤其应当重视。因为一个国家的兴衰究竟不是靠那些商人市伢们所能肩负,而战后的建设工作尤有赖科学家的共同努力,这是非从现在起就培植国家科学的元气不可的。像目前这种情形,科学家在工作上、精神上既不能得丝毫的便利和安慰,在生活上则甚且欲求一饱亦不可得,身心交困,痛苦万端,其恶劣结果恐将影响到战后的十年二十年还不得恢复苏息。为着预防这种恶果,培养国家的国力,我们非请政府给予科学家以研究的便利,改善科学家的生活待遇不可!(丹①:《为全国科学家向政府呼吁》,《中华自然科学社社闻》1942 年第 3 期,第 1 页)

资料二(其他) 《中华自然科学社社闻》总第 61 期(1942 年第 3 期)封面(见图 26)。封面载本刊通讯处为:成都浆洗上街 63 号盛彤笙社友转。

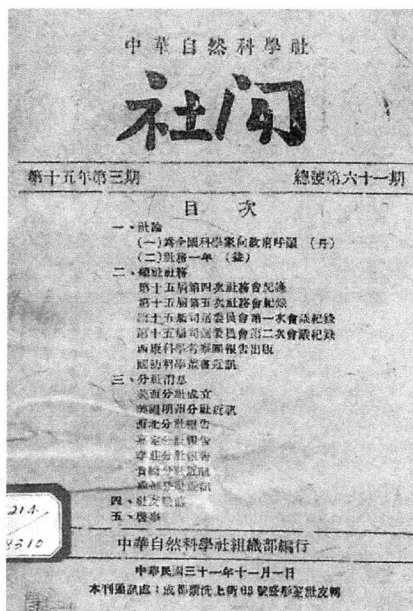

图26

是年,与畜牧兽医系教师共同承担中央政治学校附属边疆学校畜牧兽医科的教学与实习任务。

资料一(其他) (三)中央政治学校附属边疆学校畜牧兽医科。该校地址在重庆南温泉,畜牧兽医科的学制为三年。学生的基础课在南温泉开设。二、三年级学生则在蓉借用四川农改所血清厂(今省牧厅所在地)房舍。业务课由中央大学牧医系负责,管理生活等则由班主任教师斋敬亭先生负责。教学内容和要求,基本与中大牧医专修科一致,担任教学与实习及诊疗之教师为盛彤笙、罗清生、吴文安、陈之长、杨兴业(兼职)、汤逸人、朱晓屏、魏培君。毕业学生一班约 20 人,毕业后有的从事畜牧兽医的科研工作(如现在任上海畜牧兽医研究所所长粟寿初)。(四川畜牧兽医学会主编:《四川畜牧兽

---

① 即盛彤笙。

医发展简史》,第 30 页)

  资料二(照片) 中央大学畜牧兽医系代办边疆学校畜牧兽医专修科合影。前排左起:盛彤笙、罗清生、吴文安、裔敬亭(班主任)、陈之长、杨兴业、汤逸人、朱晓屏、魏培君。二排左起:梁朗春、郭主毅、粟寿初、吴华芬、赵天禄、李奠邦、尤润波、陈德模。三排左起:邱明亮、刘庆扬、郭世雄、徐绍征、石存新、黄守先、李盛林。(见图 27)

图 27

  是年,父亲病逝于永新。自此独立承担起全家老幼的生活和教育费用。

  资料(传记) 我父亲中年即患肺结核,早已转移到右腿筋腱穿孔排脓,只能靠双拐行走,但仍在中正医学院(当时亦迁至永新)任注册员,靠微薄的收入养活全家,后来还曾带着较大的一个弟弟,随同学校迁往贵州、云南,最后又迁回永新,受尽颠沛流离之苦。只因伪币不断贬值,即令我回国后增加了一份收入,仍不易维持。他工作认真负责,至今受到曾在中正医学院工作过的教职员(例如学部委员王志均教授)等的称赞。但终因贫病交加,于我回国后第四年(1942)病逝于永新。……在成都这五年(1941—1946)期间,是国民党政治最黑暗的时期,伪币不断贬值,物价一日数涨,我父亲于1942年去世后,全家老幼的生活和教育费用都只得靠我一人的微薄薪金维持,实在困难以极。我的一件黑呢大衣,从出国穿到回国,从武功穿到成都,袖子磨破一个大洞,真是"捉襟露肘"。在不得已的情况下,只得出卖我由德国带回的心爱原版书籍。其中医学书籍很易脱手,只托友人在李庄同济大学医学院贴出一张出售的书目,立即抢购一空。唯独一部德文《兽医畜牧百科全书》(共十大卷)不易找到买主。恰好当时伪陆军兽医学校在兰州成立一个分校,我估计他们参考书籍一定非常缺乏,便去函向他们兜售,果然他们不惜高价购去,可惜等到我将书寄去,他们将书款汇来时,已经贬值到不抵几文了。(盛彤笙:《庸碌的一生,平凡的自述》,第10、18页)

1943 年　　　33 岁

2月,中央大学农学院畜牧兽医专修科的张思敏等十一人毕业。

资料(其他) 畜牧兽医专修科:张思敏、李涛、杨东明、阎季明、孟庆波、郭麟宵、周建邦、刘兴明、黄谷诚、谢有泉、王成志(以上三十二年二月毕业)。(中央大学教务处编:《国立南高东大中大毕业同学录(民国六年至三十四年)》,第94页)

3月,撰成《军马与家畜之防毒》一书,普及毒气与毒气战知识以及军马与家畜之防毒、除毒方法。

资料(专著) 全书共分六章,讲述毒气与毒气战、糜烂性毒气、窒息性毒气之作用、病理与治疗,刺激性毒气与泪气之作用以及相应的防毒、除毒。其《前言》云:"抗战六年,敌人在各战场虽有施放毒气之暴行,然范围尚不扩大,预料在残敌崩溃之前夕,必更将逞其兽性,利用毒气以做最后之挣扎,故吾人于防毒之方法,实仍有研究、宣传、普及之必要。关于人类之防毒,坊间专著已多,唯军马与家畜之防毒书籍,则尚阙如,作者不敏,草成斯篇,补此缺憾,盖亦宁滥勿缺之意云尔。书中所述理论与方法,亦可供人类防毒之参

图28

考，唯舛误之处，在所难免，如蒙贤达进而指正，则幸甚。作者 三十二年三月于重庆。"封面见图28。（盛彤笙：《军马与家畜之防毒》，商务印书馆，1946年）

5月，《中国畜牧兽医学会会讯》在成都创刊，负责编辑发行工作。

资料一（其他） 《中国畜牧兽医学会会讯》，成都中国畜牧兽医学会编行，1943年5月创刊。（四川大学图书馆等编：《四川省各图书馆馆藏中文旧期刊联合目录（初稿）1884—1949》第二卷，1959年，第549页）

资料二（传记） 此外，在解剖学助教谢铮铭君的协助下，我还负担着《畜牧兽医月刊》《中国畜牧兽医学会会讯》和《中华自然科学社社闻》三种刊物的编辑发行工作。（盛彤笙：《庸碌的一生，平凡的自述》，第15页）

7月，中央大学农学院畜牧兽医系的廖延雄、夏祖灼等十三人毕业。

资料（其他） 畜牧兽医系：甘永祥、廖延雄、郝振国、夏祖灼、李邦杰、姜德生、杨洵士、钱树人、朱维溶、张爱平、冀锡霖、蔡希岳、申葆和（以上三十二年七月毕业）。（中央大学教务处编：《国立南高东大中大毕业同学录（民国六年至三十四年）》，第94页）

是年，回江西奔母丧，在中正大学农学院兽医系短期教学。

资料一（传记） 次年（1943）我勤劳辛苦一辈子的文盲母亲也以肺结核病逝于永新。终年都不满五十五岁（由于记录父母生年的笔记本于"文革"

中被抄走,我甚至记不清二老确享的寿龄,实在不孝极矣!)。(盛彤笙:《庸碌的一生,平凡的自述》,第 10 页)

资料二(报道) 1942[1943]年奔母丧重返江西,应中正大学农学院邀请在兽医系作短期教学。1974[1947]年 4 月,我随同王沚川先生去贵州西北兽疫防治处工作,路过南京时与盛先生相遇,两位兽医专家一直留兰州创办西北兽医学院。盛先生任院长兼兽医微生物教授,我曾在该院旁听,获益极大,对盛先生光明磊落的人格、严格的教学态度、译事负责的精神、孜孜不倦的教诲留下极其难忘的印象,现记数事,以表深切悼念。(杨圣典:《卓越的业绩 沉痛的悼念——记盛彤笙先生二三事》,《江西畜牧兽医杂志》1987 年第 3 期,第 58—59 页)

资料三(其他) 李元放《赠正大教授盛彤笙博士》:早闻独占两鳌头,杏岭识荆赏宿谋。奋卷帐帷临朔漠,笑看桃李满神州。青衫带缓一身爽,名著风行六畜瘳。声誉曾招坎接恨,深明倚伏乐悠悠。(李元放:《赠正大教授盛彤笙博士》,见中正大学南昌校友会编《赣水悠悠(中正大学校友诗词集萃)第二集》,1997 年,第 118 页)

1944 年　　34 岁

2 月,与助教朱晓屏完成实验,发表《胺苯磺醯胺族药物对于马鼻疽杆菌作用之初步试验报告》。在国际上尚属首次报道。

资料一(论文) 证实三种胺苯磺醯胺族药物对于马鼻疽杆菌在试管中之生长均有显著之抑制力,其作用以 Sulfathiazole(磺胺噻唑)为最强,Sulfapyridine(磺胺吡啶)次之,Sulfanilamide(氨苯磺胺)又次之。三种药物对于光滑型鼻疽杆菌之抑制力强于对粗糙型之抑制力。此三种药物在较高浓度时(50 mg% ~ 300 mg%)对于光滑型鼻疽杆菌且有杀菌力。虽接种大量细菌,此类药物在较高浓度时对马鼻疽杆菌仍有抑菌力及杀菌力。(朱晓屏、盛彤笙:《胺苯磺醯胺族药物对于马鼻疽杆菌作用之初步试验报告》,《畜牧兽医月刊》1944 年第 2—3 期,第 27—32 页)

资料二（传记） 马鼻疽病（Glanders）是一种严重的传染病。二十世纪四十年代以前尚无治疗方法。欧洲各国采取扑杀政策以阻止其传播，因而发病率不高，所以无人进行治疗方法的研究。但此病在我国发病率很高，农民对症状较轻或隐性病例多舍不得扑杀而继续饲养使用，因而蔓延甚广。先生有鉴于此，在氨苯磺胺类药物刚问世不久就开始进行对鼻疽杆菌的抑菌试验，获得了可喜成果。他证明三种药物——磺胺噻唑（Sulfathiazole），磺胺吡啶（Sulfapyridine）和氨苯磺胺（Sulfanilamide）对鼻疽杆菌均有显著抑菌作用。在药物浓度达到 50 mg％～300 mg％ 时都能杀死光滑型鼻疽杆菌。论文《磺胺族药物对马鼻疽杆菌之效用》于 1944 年发表，为使用此类药物治疗本病提供了科学依据。这又是国际上首次报道。国内在检疫后将阳性病马集中管理使役，并对急性病例进行治疗，大大降低了本病的死亡和蔓延。国际上类似的研究直至七年以后才发表（Deyhimi 和 Katai，1951）。我国一般不采取扑杀而能够有效地治疗和控制此病，深受群众欢迎，先生之功劳大矣。（邹康南：《盛彤笙先生生平》，第 7 页）

3 月 27 日至 31 日，在成都中央大学畜牧兽医系参加全国兽医会议，做专题报告，介绍国内兽医教育概况并与国外兽医教育情况比较，建议政府扩充设立兽医学院一所。

资料一（报道） 农林部兽医讨论会报告。

会议日期：民国三十三年三月二十七至三十一日

地点：成都浆洗街川农所血清厂

主席：蔡无忌

出席者：童立夫、陈之长、罗清生、熊大仕、盛彤笙、陈超人、寿标、胡祥璧、马闻天、吴文生、叶仰山、杨兴业

记录：英文，胡祥璧；中文，杨兴业

一、各地兽医情形报告……（《农林部兽医讨论会报告》，《中央畜牧兽医汇报》1945 年第 2 期，第 48—49 页）

资料二（论文） （二）兽医教育 报告者盛彤笙先生

（甲）国外兽医教育情形

a. 各国兽医学院数目：美 10 所，英、法各有 5 所，德、意、瑞士及印度各为 3 所，苏、波各为 2 所，捷、匈、荷、土、比、丹、葡、保、澳洲、瑞典、西班牙、罗马尼亚、南斯拉夫及菲律宾等各为 1 所。

b. 各国兽医学院已毕业之兽医人数（下列材料系于二年前自各方收集，最近情况不明）

国别	已毕业人数	国别	已毕业人数
俄国	20 000	法国	4 000
美国	12 000	意大利	4 000
德国	5 000	中国	1 000

c. 各国兽医教育与我国不同点：

1. 均设立兽医独立学院，我国则在农学院内设畜牧兽医系或组，或学校畜牧系或兽医系；

2. 全部兽医课程为五或六年制，我国则为畜牧兽医四年混合制；

3. 着重并多给毕业生以进修及研究之机会。

（乙）我国兽医教育情形

a. 历史

1. 陆军兽医学校于一九○四年成立；

2. 中央大学畜牧兽医系于一九二一年设立；

3. 上海兽医专科学校于一九三一年设立，仅毕业学生二班后即停办；

4. 江西省立兽医专科学校设立于一九三六年；

5. 其他各大学或学院内之畜牧兽医系或组均为最近数年内所设立。

b. 近况

1. 独立学校

子、陆军兽医学校设于贵州安顺，并与兰州设立分校，约有学生五百人，教员十人，三年毕业；

丑、江西省立兽医专科学校设立[于]江西泰和，有学生三十人，教员四人内兽医二人，生物学一人，化学一人，三年毕业。

2. 大学或学院内之系或组(均为四年毕业)

子、国立中央大学畜牧兽医系设于重庆及成都,有兽医教授四人及讲师一人,畜牧方面另有数人。除四年毕业之正科外,另有二年毕业之专修科,共有学生九十人;

丑、国立广西大学畜牧兽医系设于广西柳州,教员有兽医二人、细菌学者一人,共有学生约计四十五人;

寅、国立中山大学畜牧兽医系设于广东砰石,教员有兽医一人,学生约四十人;

卯、岭南大学畜牧兽医系设于广东砰石,教员有兽医一人,学生约十五人;

辰、国立西北农学院兽医组设立[于]陕西武功,教员有兽医二人,病理学及生理学各一人,学生约三十人。

巳、国立中正大学畜牧兽医系设于江西泰和,教员有兽医一人,学生约四十人;

午、国立四川大学畜牧兽医组设于四川成都,兽医教授一人,学生约二十人,大多专攻畜牧;

未、铭贤农工学院畜牧兽医系设于四川金堂,教员有兽医一人,学生约三十人。

3. 技艺专科学校畜牧兽医系

子、国立西北技艺专科学校畜牧兽医系设于甘肃兰州,无兽医教员,学生约六十人;

丑、国立西康技艺专科学校畜牧兽医系设于西康西昌,教员有兽医一人,学生数未详。

4. 职业学校畜牧兽医系

子、甘肃夏河职业学校畜牧兽医系情况不详;

丑、四川松潘职业学校畜牧兽医系情况亦不详。

c. 现行教育制度之困难及缺点

1. 缺乏集中机构;2. 缺乏师资、图书、仪器及经费;3. 缺乏一施教全部兽医课程之高级机构;4. 无兽医研究机构以供毕业生之进修;5. 大学课程年限之不适当;6. 课程应求充实,例如生理、解剖等基本课程之欠注重,组织病理等必修科之忽略。

（丙）今后改进兽医教育意见

a. 如何确定我国兽医教育方针

1. 应集中现有人力、财力办一较完备之兽医学院，战后再增设一二处，并聘外籍教授；2. 并注意质与量二者并重；3. 畜牧、兽医课程应分开授课，取消现有畜牧兽医系制度；4. 学校课程应注意防疫与诊疗并重，为达到此目的，应充实基本科学及诊疗实习；5. 兽医教育应注意下列三种：（子）传染病防治（丑）普通疾病诊疗（寅）肉品及畜产品检验。

b. 大学教育

1. 现有之畜牧兽医系应扩充成独立学院；2. 现有较完备之畜牧兽医系应扩充成独立学院，较差者应由教育部令其限期结束，各大学及学院不能再成立新畜牧兽医系或兽医系，农学院内仅可办畜牧系；3. 第一个兽医学院设于大学内；4. 训练期间暂定四年，以后视情形而延长；5. 课程如下：……6. 以后新兽医学院所聘教员必须依照审定标准，并建议教育部令各大学不得越级聘任。

c. 高级训练及进修

1. 延请外国教员：第一年：解剖及生理各一人；第二年：寄生虫、病理、细菌及药理各一人；第三年：内科（包括传染病）、外科、肉品检查及血清制造各一人。

2. 请童立夫先生与美国陆军接洽，待战争结束后择优者留华讲学。

3. 派遣留学生赴国外进修。子、数量与目的：视需要而定；丑、资格：在国内畜牧兽医系或专科学校毕业工作三年以上者方得选派；又向政府建议改善现派公费生资格，必须习兽医或畜牧者方可参加公费考试内之兽医或畜牧科。

4. 国内进修：进修或研究部应设在兽医学院内，在兽医学院未成立之前由中大、学会、顾问三方面向教育部建议，在中央大学畜牧兽医系内设研究部，其经费如不敷，请求农林部补助之。

5. 兽医职业教育：子、短期兽医职业学校可任其存在；丑、训练班应否存在视需要情形而定。

6. 民众兽医教育：子、函教育部，请在小学教材及乡村师范学校教材加入有关家畜疾病材料；丑、函保护动物会，请加强组织恢复活动，并与中国畜牧兽医学会密切合作，臻进家畜健康。

7. 教育机构与农林部合作问题：子、向农林部建议请资助畜牧兽医学生之奖学金、研究生之补助金及教员之研究金；丑、由学校向农林部请求分配一部在租借法案项下取得之有关兽医物品；寅、各校毕业生有优先入农林部服务之义务；卯、各校教授有接受农林部委托研究之义务。（盛彤笙：《在农林部兽医讨论会上关于兽医教育的报告》，载《农林部兽医讨论会报告（续）》，《中央畜牧兽医汇报》1945年第3—4期，第67—72页）

资料三（报道） 农林部……近又以美籍兽医顾问童立夫氏在华之便，特再召集全国兽医检讨会，因成都方面人数较多，故即假成都中央大学畜牧兽医系为会址，于三月廿七日起开幕，迄四月四日闭会，会期共计九日。开会时适沈部长出巡在外，程司长又卧病请假，故由中央畜牧实验所所长蔡无忌氏主持召集，被邀参加者除美籍兽医顾问童立夫氏外，尚有中大全体兽医教授、西北农学院兽医组主任、铭贤农工学院兽医教授、中畜所兽医组主任、广西省家畜保育所所长、自流井监场兽疫防治所所长、四川省农业改进所血清厂厂长及防疫督导团团长等。在整个会期中，每日开会常在六个小时以上……会议程序共分下列四部：一、各地兽医情形报告。二、兽医教育问题，由盛彤笙氏提出报告。三、战时防疫问题之讨论。四、战后兽医事业之建设问题……

兹将大会之议决案择其最重要者列举于下：一、关于兽医教育者——建议政府于短期内至少将国内现有最完备之畜牧兽医系扩充为兽医学院一所，并令各大学不得再添设兽医系或畜牧兽医系（畜牧系不在此列），兽医学院之授学年限暂定为四年，并附设研究部，以造就高深人才。今后兽医教育之方针应以质量并重，课程则以防疫、治疗及食品检查三项并重，为达此目的，必须充实基本科学之训练及诊疗实习。（《农林部兽医检讨会纪要》，《畜牧兽医月刊》1944年第4—5期，第104—105页）

资料四（报道） 全国兽医检讨会在蓉举行，农林部为乘美籍兽医顾问童立夫氏来华之便，特召集全国兽医检讨会，假成都中大畜牧兽医系举行，由本所所长蔡无忌氏负责召集,出席者有美籍兽医顾问童立夫、蔡无忌、马闻天、寿标、陈之长、罗清生等十数人,大都为国内兽医机关之主管,或为硕学之专家,集群英于一堂,对于过去兽医之实施作详尽之检讨,对于未来政策作精密之计划,所得结果,颇称圆满。(《畜牧兽医简讯》,《中央畜牧兽医汇报》1944 年第 3 期,第 48 页)

4 月 2 日下午,参加中国畜牧兽医学会在成都召开的改选监理事会议,当选为常务理事,兼出版部主任。

资料一(报道) 中国畜牧兽医学会近讯:本会监理事大部分散处各地,此次农林部在蓉举行兽医检讨会,本会新旧理监事集中成都者达十七人之多,实为成立以来所未有之盛况,因特于四月二日午后二时假成都少城公园举行监理事联席会议,对于会务有周详之讨论,兹将其要点记录于下:

出席人:蔡无忌、罗清生、熊大仕、盛彤笙、吴文安、杨兴业、汤逸人、胡祥璧、熊德邻、许振英、张松荫、蒋次升、寿标、吕高辉、唐翘燊、陈万聪、程绍迥(病假)。

列席人:马闻天、陈超人、叶仰山、陈志平。

主席:陈之长 记录:杨兴业。

报告:

(一)主席报告:本会成立经过及过去工作情形以及此次理监事联席会之难得。

(二)学术部主任熊大仕报告各会员研究情形。

(三)出版部主任罗清生报告刊物维持之困难,不在稿件之缺乏,而在经费之短绌,待印之新书甚多,而皆无法付梓。

(四)会计汤逸人报告现有存款不过数千元,而月刊每期印费即需一万至二万元,售价虽一再增加,仍只能收回成本之半;出售书籍,原以服务为目的,定价亦甚低廉,无利可获,故经济极为困难。

(五)筹募基金委员会主任委员盛彤笙报告办理筹募基金之经过情形,现已收到之款项约为一万余元,已经募得而尚未汇到者约三万元,距理想数目仍极远,希望各会员继续努力。

讨论及决议事项:

(一)改选结果:本会成立已逾一年,照章应该选理监事三分之一,前曾印就选举票,附于第二期会讯之中,分发各会员普选,近已将选举票陆续收回,当场开票结果,下列各人当选为新理监事:

理事:唐翘燊、吕高辉、寿标、刘行骥、陈万聪。

监事:罗清生。

(二)分配职务:理事互选结果,下列五人当选为常务理事:陈之长、盛彤笙、熊大仕、汤逸人、吕高辉。

又由各常务理事分配职务如下:理事长兼总务部主任——陈之长。会计——汤逸人。出版部主任——盛彤笙。学术部主任——熊大仕。

(三)本会月刊已与中央畜牧实验所蔡无忌所长商定,与该所之《畜牧兽医汇报》暂行联合出版,双方刊物名义仍旧保存,经费共同担任,编辑由本会出版部负责,但由中畜所指派职员一人协助编辑及发行事宜。

(四)决议草拟战后畜牧兽医建设计划,以供政府之参考,交常务理事会办理。

(五)年会问题暂时保留。

(六)童立夫氏带来之图书、影片,由学术部将其自录油印,分发各地会员,如有需要其中任何文献者,可函本会用打字机打就寄去,但打字费需由各会员自行负担。

(七)各地会员在十人以上者得设分会。(《中国畜牧兽医学会近讯》,《畜牧兽医月刊》1944年第4—5期,第106页)

资料二(其他) 六、中国畜牧兽医学会改选监理事 中国畜牧兽医学会乘此全国兽医检讨会在蓉开会之便,各主干汇聚一堂,机会难逢,特于四月二日下午三时,假少城公园开会,欢迎远道赴会之各会友,并改选本届之监理事云。(《畜牧兽医简讯》,《中央畜牧兽医汇报》1944年第3期,第49页)

5月,翻译的《兽医细菌学》上册由中国畜牧兽医学会出版。

资料一(报道) 本会前曾请盛彤笙教授将Kelser氏所著之《兽医细菌

学》第三版译成中文,正译印之间,又得美国兽医顾问童立夫博士带来原书1943年改订之第四版,故译稿悉照新版修正,实为不可多得之新书。篇幅增加,定价仍旧,唯因修改费时,出版期或不免须较原定略迟,兹将预约价目列下:

	定价	出版期	预约截止期	预约优待
上册	100元	本年五月底	本年四月底	会员八折,非会员九折,外收挂号费每册十元。
中册	150元	本年七月底	本年五月底	
下册	150元	本年九月底	本年六月底	

(新版《兽医细菌学》,《畜牧兽医月刊》1944年第4—5期,封三)

资料二(专著) 该书译序指出:细菌学为医学中最重要之一科,尤为传染病学及血清疫苗制造之基础,我国兽医问题既以传染病防治为最急,则细菌学之重要盖无待赘言;顾今日各地兽医对细菌学之训练殊嫌不足,书籍缺乏当不失为其原因之一。译者有见及此,爰将Kelser氏所著《兽医细菌学》第三版译为中文,以飨同道。正当译印之时,又得美籍兽医顾问童立夫博士带来本书第四版之图书、影片,系1943年所改订者,故译稿亦悉照新版加以改正,使得合时,殊为幸事。上册为全书第一至十九章,主要内容为细菌及其形态、生理与分类,细菌学之方法,传染及免疫,细菌变异及裂殖菌纲之病原菌。中册为全书第二十至四十三章,主要内容为裂殖菌纲之病原菌、致病之微菌及原生虫。下册推迟至1946年5月在南京印行,为全书第四十四至四十九章。内容主要为滤过性毒及立克氏体、血清学、血学、兽医生物药品之制造、牛乳细菌学、牛乳之消毒及水之检查。该书上、中、下三册的封面见图29。(Raymong A. Kelser、Harry W. Schoening著,盛彤笙译:《兽医细菌学》,中国畜牧兽医学会出版部,1944年)

资料三(传记) 为了提高细菌学和病理学的教学质量,他利用夜间,在暗室里从显微胶卷上翻译了Kelser著《兽医细菌学》,并编写了我国第一部《兽医细菌学实习指导》。他是国内第一个开讲兽医病理学的教师,除指定R. A. Runnelle氏著《兽医病理学原理》一书为参考书外,还编写了我国第一本《家畜尸体剖检技术》,使学生有书可读,实习有法可依。先生为我国兽医学科教材建设带头作出了榜样。《兽医细菌学实习指导》出版后也广泛被医

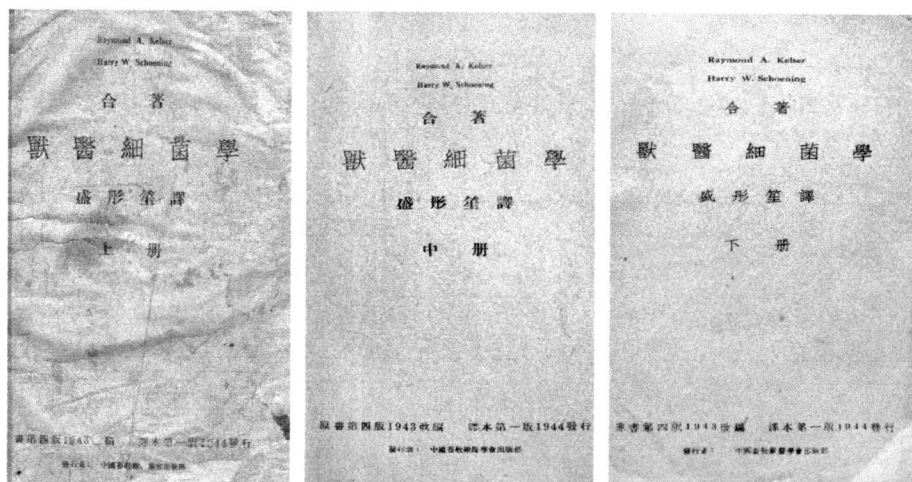

图 29

学院采用。(邹康南:《盛彤笙先生生平》,第 6 页)

资料四(传记)　在此期间,我曾译出 Kelser 氏所著《兽医细菌学》一册(是于夜间在暗室中从显微胶卷译出的),自编《兽医细菌学实习指导》一册,这样才使得后方学生们于学习微生物时有书可读,实习时有法可循。(盛彤笙:《庸碌的一生,平凡的自述》,第 15 页)

7 月,中央大学农学院畜牧兽医系的陈振旅、刘瑞三、邹介正等十七人毕业。

资料一(其他)　邓翀、严炎、邹介正。(中央大学教务处编:《国立南高东大中大毕业同学录(民国六年至三十四年)》,第 101 页)

资料二(其他)　农学院畜牧兽医系:李忍益、陈振旅、徐礽绵、陈芳禄、刘震乙、钱维襄、梁祖铎、邓翀、黄以理、施成文、李容桦、严炎、刘瑞三、王开元、马清献、邹介正、黄大器。(《三十二年度下学期各学院应届毕业生名单》,《国立中央大学校刊》1944 年第 13—14 期,第 7—8 页)

8 月,廖延雄接替朱晓屏,任兽医微生物助教。

资料一(其他)　廖延雄:1939 年又考入国立中央大学农学院畜牧兽医

系,1943年毕业,获农学学士。毕业后在四川省自贡市旭川中学任生物、英语教师一年。1944年8月起任国立中央大学农学院畜牧兽医系的兽医微生物助教,受盛彤笙教授指导。(《廖延雄》,载中国科学技术协会编《中国科学技术专家传略　农学编　养殖卷2》,中国农业出版社,1999年,第292—293页)

资料二(传记)　二、盛师对学生要求严,善于培养人。第三次我与盛师相处是1944—1947年,我任盛彤笙教授的助教,主要是兽医微生物本科班及专科班的助教,够忙的,头一天上班,盛师将老工人俞全雍也叫过来,当着我的面说:"俞全雍,实习全由廖延雄准备,实验动物也全由他喂管。"头一年我这个助教,每天工作都在十小时以上,包括实习的预做,只有晚上才有时间看书到深夜。通过头一年的助教,我对微生物学的基本功、基础理论、实际操作、实习准备,以及实验动物(小白鼠、兔、天竺鼠)的饲养、繁殖等,可以说是掌握了。……盛师育人以严称,他来中央大学后第一个助教朱晓屏,三年后考取公费留英,我是接替朱晓屏的。我刚接班时,朱已不拿工资要到英国去了。星期六下午,恰有一死鸡要检验,该我做的,朱说他做,我在旁边当助手,病变典型,细菌染色是结核菌,朱认为该留下做标本,我说我收拾,朱说他收拾并叫我去吃饭,为他留下一份,我先走了。星期一上班,盛师发现想留做标本的鸡材料未泡在福尔马林中保存,将我臭骂一顿。等盛师骂完了,我承认错误,并将星期六的情况简单说明了一下,盛师又将朱晓屏叫来批评一顿。其实,朱晓屏被认为班上好学生,三年来是个出色的助教。我私下想,朱快走了,我认错了,还这样对我们严格要求。现在回过头回忆,盛师不只是对朱、对我要求严格,对所有学生、对盛师第三个助教袁昌国,也都是同样严格。严格有好处,不仅盛师的助教,朱、我、袁昌国都先后考取公费留学,在英、美获得博士学位。经盛师及中央大学兽医专业这些名教授教出来的,抗战时期的学生中,在国外获得博士学位的还有吴思孝、罗仲愚、杨湘平、杨泃士、李振钧、徐礽绵、路国华、谢铮铭等多人。还有在国内诸多兽医教学、科研、生产、管理上起骨干作用的人极为众多。有盛师教诲之功,同时也有当时诸多名教授共同培育之劳,如罗清生、熊大仕、陈之长、胡祥璧、吴文安等名教授,基础课的罗宗洛、陈义等名教授及兼职的徐丰彦、汤湘雨等名教授,均是从国外获博士学位的报效祖国的学者。独木不成林,言之有理。(廖延雄:《缅怀恩师盛彤笙》,载江西省立南昌二中天津校友联谊会编《江西省立南昌二中校友志稿 第二集》,第129—130页)

资料三(其他) 管理中英庚款董事会第八届留英公费生考试,今年春初在渝、蓉、昆、桂、赣、陕等处分区举行,试卷评阅完竣,按照成绩录取三十名,另有备取六名。至该批公费生何时出国,目前尚未能定,□俟另行通知。录取名单如下……畜牧:杨诗兴、姚钟秀。兽医:林[朱]晓屏、林家[朱宣]人。(《庚款留英生考试已发榜》,《中央日报(贵阳)》1944年9月4日第2版)

1945 年　　　35 岁

2月,与朱晓屏等完成调查实验,发表《磺胺族药物对出血性败血症杆菌之作用》一文。

资料一(论文) 通过试验,在磺胺族药物中,SN(Sulfanilamide 氨苯磺胺)、SD(Sulfadiazine 磺胺嘧啶)及ST(磺胺噻唑 Sulfathiazole)对家畜出血性败血症杆菌均有显著之抑制力,其作用以ST及SD为较强,SN次之。三药物对鸡出血性败血症杆菌之抑制力较对牛及水牛为强。(盛彤笙、朱晓屏、黄以珪、李容桀:《磺胺族药物对出血性败血症杆菌之作用》,《畜牧兽医月刊》1945年第1—2期,第11—17页)

资料二(传记) 先生还带领助教和学生朱晓屏、廖延雄、王树信等对重庆和成都地区的牛布氏杆菌病做了调查(1945),还研究了磺胺类药物对出血性败血病杆菌的抑菌作用(1945),获得了明显效果。(邹康南:《盛彤笙先生生平》,第6—7页)

是月,中央大学农学院畜牧兽医专修科的十六名学生毕业。

资料(其他) 畜牧兽医专修科:赵培根、马瑞章、吴旭昭、马珩、李扬逊、刘应明、杨文长、刘禄之、陶志豪、阳启荣、贲正坤、胡谷成、刘炳超、王瀛洲、吕纯仁、谢承善(以上三十四年二月毕业)。(中央大学教务处编:《国立南高东大中大毕业同学录(民国六年至三十四年)》,第108页)

5月,助教朱晓屏赴英国留学,至10月方乘船到达英国。

资料(其他) 1945年,随着二战的结束,英国又恢复接受中国留学生的政策。那年5月,朱晓屏以优异的成绩考取"庚款奖学金",赴英国剑桥大学深造。那时从成都去英国,要乘小型直升机经云南到印度,再乘船到英国。朱晓屏一行六人赴英留学生都是清一色的小伙子,求学心切,性子又急,硬是鼓动直升机飞行员在大雾弥漫下迎雾起飞。小型直升机飞不高,在云雾中时隐时现的云贵高原山峰中,一会儿直竖而起,一会儿调头转弯,朱晓屏他们心惊肉跳,晕头转向。飞机好不容易着陆了,朱晓屏他们正要舒口气,却发现飞行员瘫倒在驾座上,半天说不出一句话来。经历了飞行之险,在云南和印度的高温下,朱晓屏他们总算汗流浃背地到了印度。在印度等了21天后,被通知他们将在印度无限期等待,因为他们将要乘坐的那条去英国的船要去香港、菲律宾去接难民。前不着村,后不着店,语言不通,经费不够,人生地不熟,朱晓屏他们一下傻了眼。好在有关方面安排他们住进孟买的几户人家。晓屏他们白天去附近的学校听课,顺带学印度语。5个月后,1945年10月,朱晓屏终于踏上赴英国的航船,穿越印度洋,横跨地中海,过英吉利海峡,历时15天,到达英国。那年,朱晓屏27岁。(洪卜仁、詹朝霞:《鼓浪屿学者》,厦门大学出版社,2011年,第111—112页)

6月,与助教朱晓屏完成实验后发表《磺胺族药物对于马鼻疽杆菌之效用Ⅱ.Sulfadiazine 对于马鼻疽杆菌之效用》一文。

资料(论文) 1943年秋完成磺胺族药物中 Sulfanilamide、Sulfapyridine、Sulfathiazole 对马鼻疽杆菌有显著抑制力之试验。是时 Sulfadiazine(磺胺嘧啶)之应用尚未普遍,在国内无法购得,故未能用以参与试验。年来 Sulfadiazine(磺胺嘧啶)应用日广,其对多种细菌之效力在其他磺胺族药物之上,通过试验,证实了 Sulfadiazine 在浓度达到 10 mg%～15 mg% 以上时,

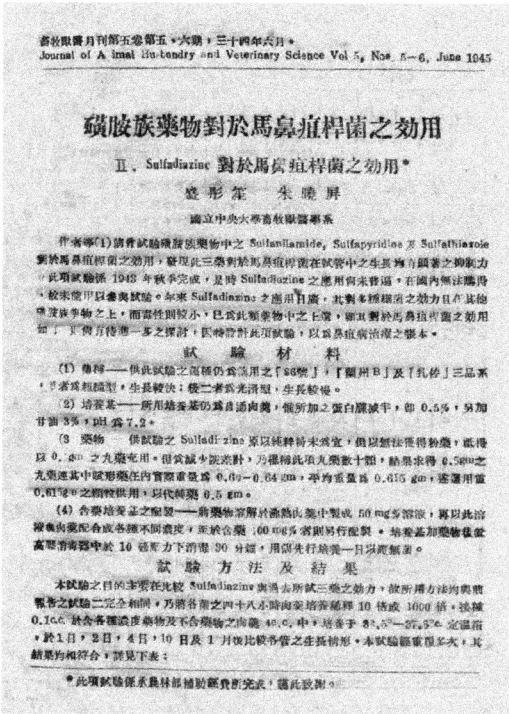

畜牧獸醫月刊第五卷第五·六期，三十四年六月
Journal of Animal Husbandry and Veterinary Science Vol 5, Nos. 5—6, June 1945

磺胺族藥物對於馬鼻疽桿菌之效用

II. Sulfadiazine 對於馬鼻疽桿菌之效用*

盛彤笙　朱曉屏

國立中央大學畜牧獸醫系

图30

可以长期抑制马鼻疽杆菌之生长，其效果较氨苯磺胺（Sulfanilamide）、磺胺吡啶（Sulfapyridine）及磺胺噻唑（Sulfathiazole）均较强，但与磺胺噻唑之差异不甚显著。见图30。（盛彤笙、朱晓屏：《磺胺族药物对于马鼻疽杆菌之效用Ⅱ.Sulfadiazine 对于马鼻疽杆菌之效用》，《畜牧兽医月刊》1945 年第 5—6 期，第 58—61 页）

7月，中央大学农学院畜牧兽医系的袁昌国、李振钧、王树信等十一人毕业。

资料（其他）　畜牧兽医系：李忍益、薛锡全、路国华、李永强、袁昌国、李振钧、宋览海、库荣熙、张赓正、董俊国、王树信。（以上三十四年七月毕业）。（中央大学教务处编：《国立南高东大中大毕业同学录（民国六年至三十四年）》，第 108 页）

8月，与助教朱晓屏、学生王树信发表《渝蓉牛传染性流产调查报告》。

资料（论文）　1945 年 4 月至 5 月，1944 年 6 月至 1945 年 8 月，利用美籍兽医顾问 Tunnicliff 氏 1944 年春带来之美国畜牧局制造含菌 11% 之抗原，采取加速玻璃板试验法，以牛传染性流产之平板凝集试验分别检查重庆及成都之乳牛，结果土种黄牛全属阴性反应；乳牛中仅一犊呈可疑反应，再度检查为阴性反应；一牛呈阴性反应，再度检查为可疑反应。再度检查，结果有 5 头呈可疑反应，余仍呈阴性反应。调查显示，四川土种黄牛未受流产杆菌之传染，乳牛中其存在颇为可疑，尚无确切证据。故战

后向国外购买牛只时,应注意防止此病输入。(盛彤笙、朱晓屏、王树信:《渝蓉牛传染性流产调查报告》,《畜牧兽医月刊》1945年第11—12期,第131—135页)

9月,获中华文化教育基金会科学研究甲种补助金六万元。

资料(报道) 中华教育文化基金董事会前开会,议决给予科学研究补助金三十七名,计甲种二十七名,乙种十名。甲种系给予大学或研究所教授,每名金额六万元;乙种给予大学或研究所助理员,每名金额四万元。兹将各研究员之姓名、学科及研究地点志次:(一)甲种:何琦,医学,中央卫生实验院;潘铭紫,医学,中央大学医学院;朱壬葆,生理学,同上;吴襄,生理学,同上;李瑞轩,生理学,同上;郑集,生物化学,同上;陈朝玉,生物化学,四川大学;王仁葆,化学,浙江大学;高济宇,化学,中央大学;吴大猷,物理学,西南联合大学;钱临照,物理学,北平研究院;钟盛标,物理学,同上;华罗庚,数学,西南联合大学;李仲珩,数学,复旦大学;孙泽瀛,数学,重庆大学;朱浩然,植物学,云南农林植物研究所;吴燕生,地质学,地质物理研究所;朱炳海,气象学,中央大学;邹钟琳,农学,同上;欧世璜,农学,中央农业试验所;徐冠仁,农学,中央大学;盛彤笙,兽医学,同上;戴代智,钢铁冶金学,重庆大学;艾伟,教育心理学,中央大学;敦福堂,心理学,西南联合大学。(二)乙种:陈德明,生理学,清华大学研究所……又闻该会设立之科学研究补助金,原分国内、国外两种,自太平洋战事发生后,因交通不便,国外研究补助金即就已在国外之研究院选补,目下战事结束,俟交通恢复,即有选派出洋研究之可能。(《中华教育基金会提倡科学研究 给予各研究员以补助金甲乙两种共计三十七名》,《大公报》1945年9月25日第3版)

秋,安排助教廖延雄在金陵大学进修英语,在华西大学学习近代生物技术等。

资料(传记) 一年后[1945],盛师又将老工人俞全雍叫过来:“俞全雍,廖延雄叫你干什么你就干什么。”这样一来,大量的实习准备工作以及实验动物的管理就可以交给老工人，但对我增加了一个班的兽医病理学助教的工作，使我提高了病理生理、生理、病理解剖、解剖、病理组织及组织学方面的水平。同年，盛师还联系好让我去金陵大学英语系做旁听生以进修英语，还安排我每周三下午去华西大学生物系张老教授处学习近代生物技术。（廖延雄：《缅怀恩师盛彤笙》，载江西省立南昌二中天津校友联谊会编《江西省立南昌二中校友志稿　第二集》，第 129 页）

10 月 16 日，中华自然科学社十九届年会在重庆召开，大会发表声讨附逆科学界人员的宣言。

资料（报道）　中华自然科学社于去年十月十六日在重庆开十九届年会时，发表了声讨附逆科学界人员的宣言，其中说："科学工作者的任务，在于认识真理，服务人民，要是从事科学工作的人能觍然事敌，他早就丧失了科学工作中必备的判断能力，那就更谈不上真理的认识了。他要是背叛祖国，为虎作伥，那就更难希望他们能服务人民，所以科学工作者要是有了附逆的行为，是更无法可想的。"（《中华自然科学社十九届年会发表声讨附逆科学界人员的宣言》，《科学知识》1946 年第 1 期，第 19 页）

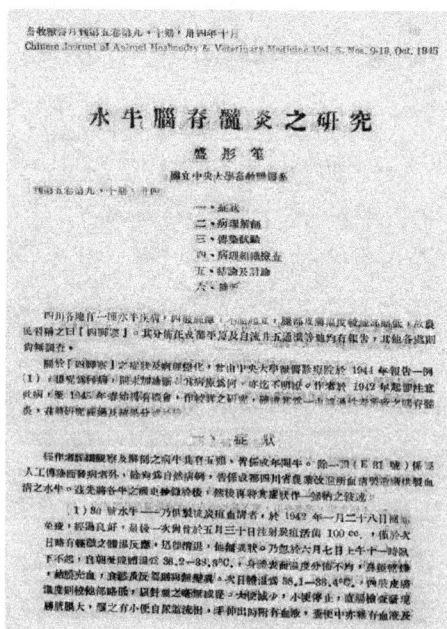

图31

10 月，经过实地调查和研究，发表《水牛脑脊髓炎之研究》一文，在世界上首次研究出：四川西部一带水牛流行的所谓"四脚寒病"是由一种病毒所致的脑脊髓炎。

资料一（论文）　在我国四川省西部一带水牛流行的所谓"四脚寒病"，是由一种病毒所致的传染性脑脊髓炎，这是世界上关于水牛患此种疾病的最早发现和报道。见图 31。（盛彤笙：《水牛脑脊髓炎之

研究》,《畜牧兽医月刊》1945年第9—10期,第95—108页)

资料二(传记)　在经费非常困难、条件很差的情况下,还做了一些研究工作,发表过几篇报告,如《水牛脑脊髓炎的研究》(证实它是一种由病毒所致的脑脊髓炎,这在全世界是首次报道)、《磺胺药物对于马鼻疽杆菌的作用》(证实SD在50 mg%的浓度以上对马鼻疽杆菌有杀菌作用,并对豚鼠的实验性急性鼻疽有治疗作用,可惜后者的研究结果于胜利复员时散失,未曾发表)等。在此期间,我的三位助教(其中一人兼研究生),都先后考取公费,分赴英、美两国留学。(盛彤笙:《庸碌的一生,平凡的自述》,第15页)

资料三(传记)　1941年盛彤笙在抵达成都后不久就得知当地的水牛历来流行一种不能站立、四肢麻痹、腿部皮肤温度较低的疾病,没有正确病名,农民称之为"四脚寒"。一旦染病,必死无疑,给养牛农户造成损失。他非常重视,查找国内外资料,均无此病记载。于是从实地调查和病例分析开始,通过病理学研究明确了本病是脑脊髓炎,但病因不明。又经过各种细菌学试验,反复研究,终于证明是滤过性病毒。这是国际上首次证实由病毒引起的水牛脑脊髓炎病,在家畜疾病中填补了一项空白。论文《水牛脑脊髓炎之研究》(Virus Encephalomyelitis in Buffaloes)在国际权威杂志《科学》(Science)上发表,受到世界兽医学界和微生物学界的广泛关注。(邹康南:《盛彤笙先生生平》,第6—7页)

资料四(其他)　四川各地的水牛,在每年春寒季节,春耕正忙之际,常有"四脚寒"疫病突然发生。患病水牛四肢麻痹、僵直,不能直立,反刍停止。体温大多正常。病牛病程短,一般在感染后2—3天死亡,死亡率高达100%。为弄清病因,中大畜牧兽医系教授盛彤笙博士立题研究,并由农林部补助部分经费,协助研究的有朱晓屏、张思敏等。解剖病死水牛尸体5头,观察病理变化,其神经系统有损伤,即脑脊髓膜下血管明显充血,腰部及荐部脊髓有小点出血,内脏出血性肠炎较显著,肺部充血,心内膜有小点出血,从症状、病理剖解及流行情况看,疑似传染性脑脊髓膜炎。经血液及神经系统的培养检查,无任何细菌存在,又疑为某种滤过性病毒,经接种实验动物(水牛、绵羊、山羊、兔、鸽、天竺鼠及小白鼠等计 50 头），发病极快，有的竟骤然死亡。由此证实水牛"四脚寒"确为一种滤过性病毒所致的脑脊髓膜炎。关于水牛脑脊髓膜炎，国内尚无任何报道，当时查阅国外有关滤过性病毒所致的各种动物的脑脊髓炎报告，也没有关于水牛脑脊髓炎的报道。盛彤笙博士为确定四川水牛"四脚寒"的病原及病名（Buffalo Encephalomyelitis），在其助手协助下，做了大量的实验及深入的工作。认定在病状、病理、流行方式及对实验动物的感染性方面，其重要特征皆与人的昏睡状脑炎（Encephalomyelitislefhargica）、马的脑脊髓炎、绵羊的跳跃病（Loupingill）、猪的传染性脑脊髓炎（Teschendisease）及散发性牛脑炎（Spuradic Borine Encephalitis）全然各异，因而是水牛的一种特异性疫病。四川水牛脑脊髓炎的发现及盛彤笙的研究报告，填补了当时国内、国际家畜传染病学的一个空白，是当时我国的一大发现。（四川畜牧兽医学会主编：《四川畜牧兽医发展简史》，第93 页）

12 月 4 日，行政院召开第 723 次会议，决定组建兰州大学。

资料一（报道） 中央为便利甘、宁、青等省青年深造，树立西北学术基础，决定将国立甘肃学院、国立西北师范学院及国立西北医学院，合并为国立兰州大学，业由教育部提请行政院例会通过，明年暑假可望成立。见图 32。（《国立兰州大学政院例会决议明年成立》，《大公晚报》1945 年 12 月7 日第 1 版）

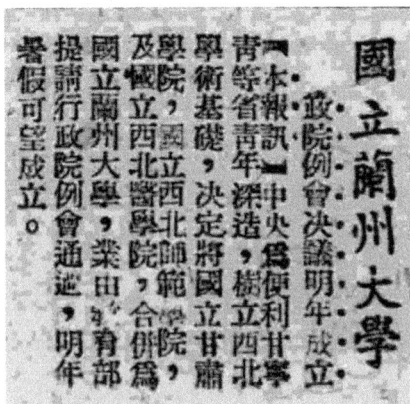

图32

资料二（其他） 1945 年 12 月4 日，行政院召开的第 723 次会议上做出决议，将兰州原有的三所国立大专院校——甘肃学院、西北师范学院、西北医学院兰州分院，合并组建国立兰州大学。此举在于避免因战后大批外省籍教师、学生的返乡和国立北平师范大学复校东进返，给兰州各高校造成大的影响，以稳定、发展甘肃乃至西北地区的高等教育事业。(张克非:《兰州大学校史上几个重要问题的考辨》,《兰州大学学报(社会科学版)》2009 年第 4 期,第 3 页)

是年,与助教谢铮铭编写的通俗读物《马匹的重要传染病》由中国畜牧兽医学会出版。

资料(专著)　本书简单叙述了对马危害最大的各种传染病,如鼻疽、腺疫、破伤风、炭疽、疥疮等病原病状和传染方式。该书封面见图 33。(盛彤笙、谢铮铭编:《马匹的重要传染病》(畜牧兽医浅说第三种),中国畜牧兽医学会,1945 年)

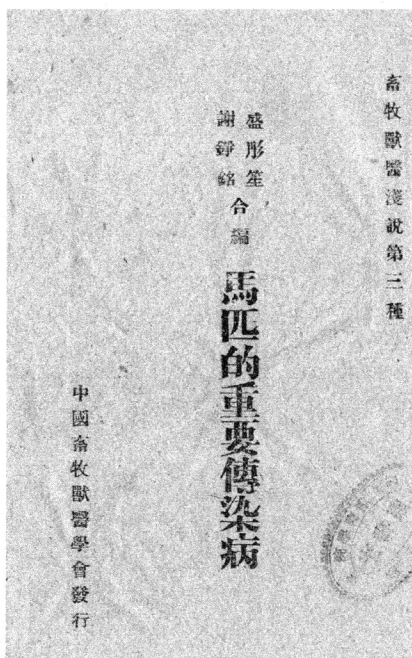

图 33

1946 年　　36 岁

3 月 15 日,Virus Encephalomyelitis in Buffaloes(《水牛脑脊髓炎之研究》)一文在 *Science*(《科学》)发表。

资料(论文)　In the western part of the Szechuan province, China, there is a disease among water buffaloes known as "Sze-giao-han" (meaning "four-legs-cold") to the farmers. The author believes the disease to be an encephalomyelitis caused by a filtrable virus.[1](T. S. Sheng, Virus Encephalomyelitis in Buffaloes. *Science*, March 15, 1946, Vol.103, No.2672: 344, 346.)

---

① 即前文所述《水牛脑脊髓炎之研究》的英文版撮述。

3月26日,宋子文召开例会,任命辛树帜为兰州大学校长。

资料一(报道) 行政院二十六日上午例会,宋院长主席。外交军事报告外,……任免事项:……(四)任命程绍迥为农林部中央畜牧实验所所长。(五)任命辛树帜为国立兰州大学校长……(《行政院昨例会通过有关税务条例多案 任辛树帜掌国立兰州大学》,《西北文化日报》1946年3月28日第2版)

资料二(报道) 辛树帜任兰州大学校长。见图34。(《行政院例会 顾翊群为国际货币基金执行干事 沈元鼎为国际银行执行干事 辛树帜任兰州大学校长》,《大公报(天津版)》1946年3月28日第3版)

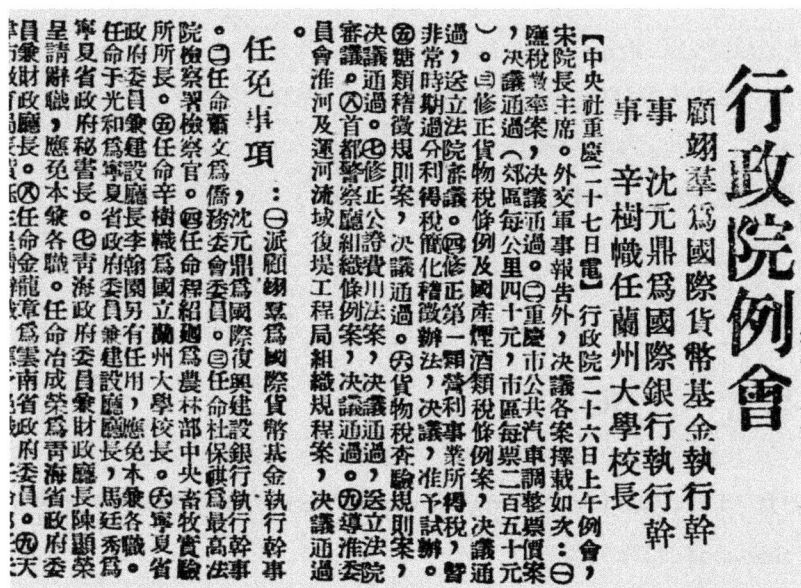

图34

4月15日,与中央大学畜牧兽医系全体师生合影留念后离蓉,随学校回迁南京。

资料一(照片) 1946年4月15日,中央大学畜牧兽医系全体师生离蓉前合影。第一排(自左至右):熊大仕夫人杨疏非、熊大仕、盛彤笙、陈之长、汤逸人、冼子祯、路步高、徐晓;第二排:罗清生夫人王潜昭(左一)、罗清生

（左二）、李振钧（左五）、廖延雄（左六）；最后一排：张思敏（左二）、谢铮铭（左三）。（见图 35）

图 35

资料二（传记） 抗日战争胜利后，先生于 1946 年夏随中央大学从成都迁回南京继续任教。（邹康南：《盛彤笙先生生平》，第 9 页）

资料三（传记） 盛先生做事严谨认真是出了名的。1946 年我在南京中央大学听盛先生讲微生物学，他用整理好的卡片授课，条理清楚，逻辑严密，语言精练，学生把听他讲课作为一种享受。尤其盛先生的板书透着王羲之的笔意。但课堂纪律极严。他准时进教室，上课铃声一响，他就把门关上，迟到的人想进来先得敲门，说明原因。（任继周：《学为宗师，人为楷模——盛彤笙先生逝世 20 周年纪念》，载中国畜牧兽医学会、中国农业科学院兰州畜牧与兽药研究所编《一代宗师盛彤笙：盛彤笙先生学术思想研讨会文集》，2008 年，第 6 页）

夏，助教廖延雄参加教育部公费留美考试，录取为兽医公费生。

资料一（传记） 第三年助教时逢教育部公费留美考试，全国选拔，其中有兽医的名额,同事们就私下议论,廖延雄有望。我考取公费留美后,非常感谢盛师的栽培,盛师也很高兴。同事们都说,名师出高徒。(廖延雄:《缅怀恩师盛彤笙》,载江西省立南昌二中天津校友联谊会编《江西省立南昌二中校友志稿　第二集》,第 129—130 页)

　　资料二(其他)　1946 年夏教育部在全国范围内考选公费留学生,廖延雄考取留美生。(《廖延雄》,载中国科学技术协会编《中国科学技术专家传略　农学编　养殖卷 2》,第 293 页)

　　5 月 17 日,在联合国善后救济总署中国分署兽医主任史亨利(Henry J. Stafseth)①博士的倡议下,政府发布成立兽医学院的手令。

　　资料一(档案)　本院系奉蒋主席三十五年五月十七日手令,并经行政院第七百六十一次例会通过,设于甘肃兰州市,原定为兰州大学四学院之一。见图 36。(《国立兽医学院简史》,1947 年,甘肃农业大学档案馆)

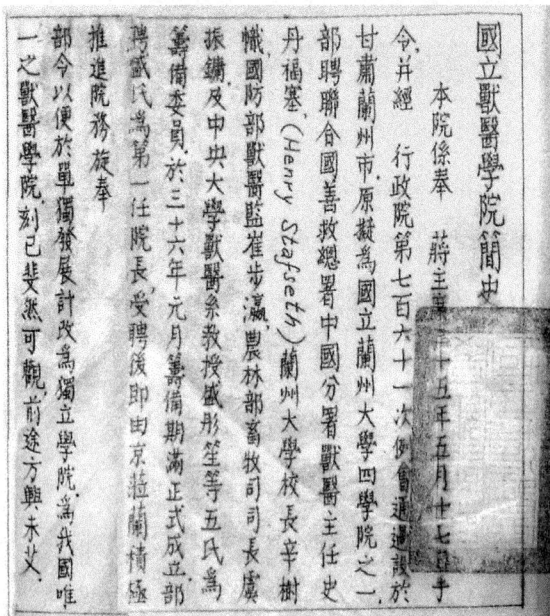

图 36

---

　　①　《教育部公报》将 H. J. Stafseth 翻译为"斯推福斯",《蒙藏月报》译为"史丹佛斯",今以《国立兽医学院校刊》翻译之"史亨利"为准。

资料二（其他）　该院系奉蒋主席卅五年五月十七日手令,经同年十月一日行政院第七百六十一次例会通过设立者。(《国立兽医学院筹备经过及概况》,《畜牧兽医月刊》1947年第5—7期,第33页)

资料三（传记）　1946年春,国民政府与联合国善后救济总署联合组成的科学考察团来西北地区考察,其中的兽医专家史亨利博士看到这片广袤的草原、肥美的土地后,极为兴奋。考察结束后,立即向宋美龄女士写了一封建议信,提出如果在西北设立一所独立的畜牧兽医教育机构,培养专门人才来开发大西北的草原资源,发展畜牧业,对国防和民生都有重大意义。史亨利还承诺联合国善救总署可以从日本投降所遗留的物资中调拨一些仪器、药品,资助办学。宋美龄女士见信后十分重视,遂向国民政府倡议设立兽医学院,并将史亨利的信批给国民政府主席办公厅,让他们转嘱教育部具体经办。1946年5月2日,国民政府从重庆还都南京。当月17日,仅时隔半月,蒋中正就颁布手令,设立兽医学院。……2008年,我们在搜集校史资料时,走访了盛彤笙原所在单位中国农科院兰州兽医研究所,该所在1980年负责落实知识分子政策……时,曾查看过盛彤笙的档案,发现其中有这样的记载:为支持学院的兴办,宋美龄捐出金条20根。(胡云安、陈贵仁、赵西玲:《远牧昆仑:盛彤笙院士纪实》,第53—54页)

6月22日,辛树帜与朱家骅在南京详商兰州大学的扩充方案。26日,辛树帜拟定《主办兰州大学计划大纲》上报教育部,提出兰州大学由法学院、医学院及增设的文学院、理学院与特设兽医学院等五院组成。

资料一（报道）　新任国立兰州大学校长辛树帜,由汉抵京,二十二日谒朱部长,详商兰大扩充计划,拟日内谒蒋主席请示后,即飞兰履新。据辛氏讲记者:兰大将就甘肃学院及西北医学分院原有规模合,并增设文理二院,至西北师范学院是否合并,教部尚在考虑中。除原有教授外,并拟约聘国内各教授前往执教。该校将于本年秋季在武汉、北平等地招考新生,预定十一月初开学。(《国立兰州大学秋季在汉平等地招生》,《华北日报》1946年6月24日第3版)

资料二（其他）　教育部为造就兽医人才,决设立兽医学院,计划业经行政院核准,该院将设立于国立兰州大学内,由兰大校长辛树帜负责筹备,定明年二月正式成立,闻该院兽医教学药械之供给及外籍专家之延揽,联总已允尽力合作协助云。(祺:《兰州大学筹设兽医学院》,《教育通讯》1946年复刊第5期,第18页)

资料三(传记) 2008年,我们在南京国家第二档案馆浩如烟海的馆藏中,查到这样一份档案:1946年6月,教育部长朱家骅在向行政院长宋子文呈送当年7月份的简明工作月报中,称:"本月新成立院校科系经核定者有国立安徽大学、兰州大学、北平铁道管理学院并筹划增设兽医学院。"(胡云安、陈贵仁、赵西玲:《远牧昆仑:盛彤笙院士纪实》,第54页)

资料四(其他) 西北诸省为我国古文化发祥之地,亦今后新国运发祥之所。承先启后,继往开来,国防价值于今尤重;复兴文物,开发资源,实目前数年最重要之工作。中枢此时,特设兰州大学,意义盖极深远。树帜奉命出长斯校,怀责任之重大,爰特约专家,审度时势需要,拟定办理兰州大学计划大纲如次:

谨按钧部命令,兰大系就现在兰州之国立甘肃学院(内分法律系、政治系、经济系、政经系、银行会计系等)、国立西北医学院分院、国立西北师范学院,合并编成。唯树帜与西北师范学院院长黎锦熙及各方专家研究,佥以复兴西北文化,其要犹在充实与提高其中小学校之程度,而大量优良师资之培养,则为达成此目的之第一条件;故西北师范学院,实以保持现有独立规模为宜。帜昨已将此意面陈,业蒙允准西北师范学院,仍独立设置;故兰大今日规模,拟即就甘肃学院改并之法学院,与西北医学分院改并之医学院,并按大学规程调整增设之文学院、理学院,与特设之兽医学院等五院而成。其各院系别,拟订如次:

法学院,政治系、经济系、银会系、法律系,共四系。

医学院,不分系。

文学院,哲学系、中国文学系、外国文学系、历史系、地理系,共五系。

理学院,数学系、物理系、化学系、植物学系、动物学系,附设水利工程系,共六系。

兽医学院,解剖学系、生物化学系、生理学系、药理学系、细菌学系、病理学系、寄生虫学系、内科学系、外科学系(包括产科)、卫生学系、畜牧学系,共十一系。

树帜以为兰大各院系,除求一般平均发展外,为适应当地环境,拟特重于兽医学院之发展。防治家畜疾病及进而改良其品种,以期有裨助于西北经济、国防。至甘院原有附属中学,拟扩为兰大附中。

基于上述,树帜拟按下列各要点实施之:

一、兰州交通不便,各种近代产品缺乏;在今后数年内,所有教学用品、图书纸张均需自京、沪、平、津购办,此一巨大运输费用数字,当为其他各地大学所无者。且当地甚少平行发展之科学研究机构,各种大小设备,势必自办;故本校开办费及每年经临费,拟请按通例增加数成,俾应事机。至兽医学院为国内首创,其规模拟力求宏远,开办费、临时费,并恳特拨专款。

二、校舍拟暂以甘肃学院房舍为中心,新增各院房舍之建筑,拟求宏伟朴实,所有建筑详细计划,俟后另文呈核。

三、拟恳就联总拨济我国之图书、仪器及□设器材,各拨发一整套,以充实本校军备。

四、拟请转函行总及军政部,就联总及美疗及接受日军物资器材中兽医材料,拨发多套,以便本校兽医学院能迅速奠立基础,并恳利用国际文化合作办法,源源自外国取得新式器材、图书,务使兽医学院能成为全国甚至东亚兽医学之重镇。

五、为便于延揽人才,安定教职员生活,拟恳教育复员会议决议之奖励边地各级学校教员服务办法实行,又最近改订之公教人员待遇,京、沪、平、津区与兰州区相差过远,并肯设法,酌予提高。

以上所陈,均本年度工作之初步计划大要,至办理兰大分年度详细计划,如农工学院之筹设等项,俟后另文呈核。辛树帜。三十五年六月二十六日。(《辛校长树帜上教育部签呈:主办兰州大学计划大纲》,《兰州大学校讯》1947年第1期,第2页)

7月3日,甘肃省政府主席谷正伦签署请教育部在兰州筹设畜牧兽医学院的电报。

　　资料(档案)　甘肃省政府呈请国民政府教育部在兰筹设畜牧兽医学院的电报一份,共2页。1946年6月27日拟稿,6月28日由教育厅长宋恪、建设厅长张心一呈甘肃省政府主席谷正伦核判,7月3日谷正伦批复照判,并请电呈蒋主席。其内容如下：查畜牧事业关系西北经济建设至为重大,自非设有专门学术机构,不足以培育需要人才。前以东南非畜牧地区,研究、实习,诸多不适,曾向行政院一再呈请,将国立中央大学畜牧兽医系迁兰办理,仍隶中大或改设独立学院,并将中央研究院畜牧、兽医两研究所一并移兰,或在兰设立分所,延揽人才,宽筹经费,充实教材设备,俾资改进中国畜牧事业及蒙、藏、回胞经济生活,均未蒙邀准。美国蒋森、菲立浦、童立夫等到甘考察时,亦曾建议设立畜牧兽医学院,培植斯项人才,拟电教育部适应西北建设需要,迅即在兰筹设畜牧兽医学院,籍资培育专门人才,发展畜牧事业,当否,理合连同电稿一并签请核判。见图37。(《甘肃省政府呈请教育部在兰筹设畜牧兽医学院的电报》,1946年7月3日,甘肃省档案馆)

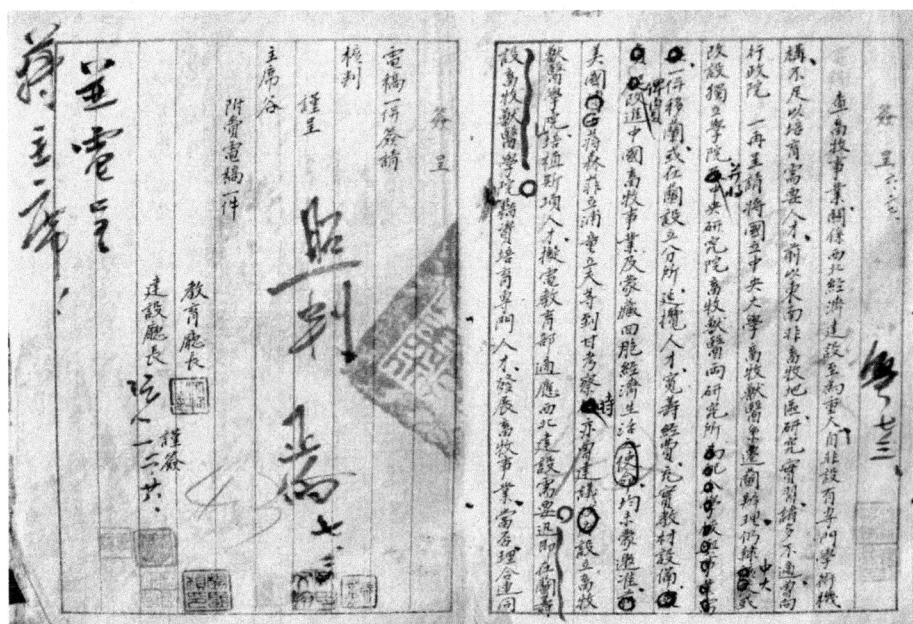

图37

7月15日，教育部回电辛树帜，准设文、理、法、医学院，兽医学院则俟奉准设置后划归兰州大学办理。

资料（其他） 国立兰州大学辛校长：本年六月二十六日签呈悉。兹核示如次：1. 该校准设文理、法、医三学院。……至兽医学院，俟奉准设置后，再划归该校办理。……又西北师范学院仍继续独立设置，不再并入该校。并饬知照，教育部印。（《教育部代电》，《兰州大学校讯》1947年第1期，第3页）

7月24日，在南京代辛树帜出席教育部举行的高等教育讨论会。

资料（报道） 教育部为谋目前国内高等教育之改进，同时为求集思广益起见，爰于七月二十四日召集在京之数大学校长，并聘请国内教育专家多人，在该部会议室举行高等教育讨论会。计出席程天放、吴有训、竺可桢、周鲠生、辛树帜（盛彤笙代）……及该部次长朱经农、杭立武，高等教育司司长周鸿经，总务司司长贺师俊等三十余人，由朱部长亲临主持。会议自七月二十四日上午九时开幕，于廿六日下午六时圆满结束，举凡有关高等教育各种问题，均于会议中详加讨论，并决议要案多种，兹杂志其重要者如次：（一）关于训导长制及导师制应否继续推行一案。（二）关于校务会议应如何组织？亦为会议中讨论最为热烈之议案。……（《高等教育讨论会纪要》，《教育通讯》1946年第1期，第21页）

7月25日，辛树帜在兰州接受记者采访，公布已聘定盛先生为兽医学院院长。

资料一（报道） 【中央社兰州二十五日电】兰州大学校长辛树帜，二十四日乘机来兰。据语记者，兰大决于今秋招生，设文理、法商、医学、兽医四学院。就中兽医学院为适应西北需要而设，院长一职已聘定盛彤笙担任。见图38。（《兰州大学将设兽医学院》，《大公晚报》1946年7月26

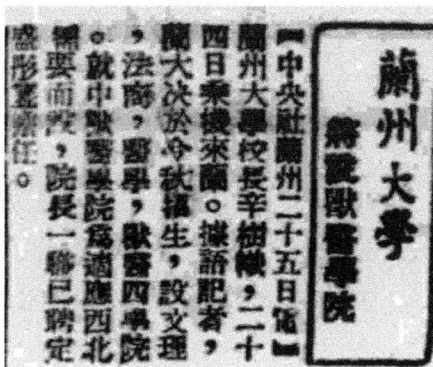
图38

日第1版)

资料二(传记)　1946年夏从成都复员回到南京时,遇到辛树帜先生,他正受伪教育部的委任,筹办兰州大学,其中有一个兽医学院,为我国政府系统中的第一个兽医学院(部队系统早有陆军兽医学校之设),是联合国救济总署上海分署创议设立的,并应允在仪器、设备方面有大量的支持。辛先生聘我为院长,筹划其事。(盛彤笙:《庸碌的一生,平凡的自述》,第19页)

8月1日,兰州大学成立,分文理学院、法学院、医学院、兽医学院。出任兽医学院院长。

资料一(其他)　教育部前为提高西北文化水准起见,业经承奉行政院核准,就国立甘肃学院、西北医学院兰州分部,合并改组为国立兰州大学。兹悉该校院系,已由部核定如次:(一)文理学院——中国文学系、历史系、数学系、物理系、化学系、动物系、植物系、地理系。(二)法学院——法律系(前甘肃学院之政治系、经济系、银行会计系,自三十五学年度起,停止招生,逐年结束。)(三)医学院——医本部(前西北医学院之医学专修科,自三十五学年度起,停止招生,逐年结束。)(四)兽医学院——俟奉行政院核准设置后,即划归该校办理。(振:《国立兰州大学院系核定》,《教育通讯》1946年第11期,第21页)

资料二(报道)　国立兰州大学已于八月一日成立,同时发表沈其益为文理学院院长,李镜湖为法学院院长,于光元为医学院院长,盛彤笙为兽医学院院长。兰大四院中,除将国立甘肃学院改为兰大法学院,国立西北医学院改为兰大医学院外,文理学院及兽医学院,均系新设者。见图39。(冰子:《盛彤笙为兽医学院院长》,《申报》1946年8月17日第9版)

8月3日,辛树帜上书朱家骅,报告兰州的办学情况,谷正伦对兰州大学设置兽医学院及院址选择等事极为关心。

资料(其他)　辛校长上朱部长书(三十五年八月二日):骝先部长我兄鉴:弟上月二十四日,乘中航机来兰。兹已过一周,谨将兰大开办情形及来兰后见闻,简述于次,以释我兄系念。

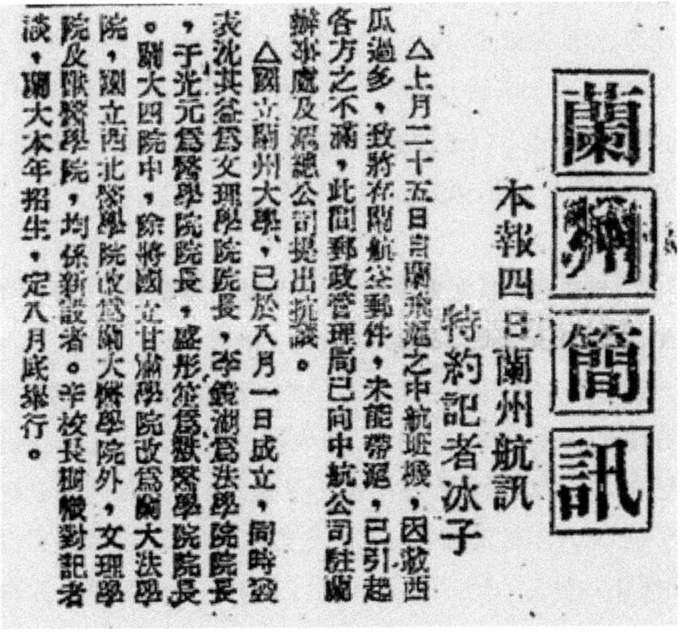

蘭州簡訊

本報四日蘭州航訊 特約記者冰子

△上月二十五日自蘭飛滬之中航班機，因載西瓜過多，致將所附航空郵件，未能帶滬，已引起各方之不滿，此間郵政管理局已向中航公司駐蘭辦事處及滬總公司提出抗議。

△國立蘭州大學，已於八月一日成立，同時發表沈其益為文理學院院長，李鏡湖為法學院院長，于光元為醫學院院長，盛彤笙為獸醫學院院長。蘭大四院中，除將國立甘肅學院改為蘭大法學院，國立西北醫學院改為蘭大醫學院外，文理學院及獸醫學院，均係新設者。辛校長樹幟對記者談，蘭大本年招生，定八月底舉行。

图 39

一、师院独立设置，西北人士对之极有好感。

二、兰大设置兽医学院，谷主席对之极喜。彼之见解如次：(一) 吾国经营西北，自汉、唐以来，近二千年；而仍不能解决此一大问题者，以吾为农业民族，而不惯过畜牧生活；东北之经营，不及五十年，而有大成功者，因东北亦为农业区也。(二) 以左宗棠之魄力，经营西北，而无法使吾民族与畜牧生活相适，亦不能解决西北问题。(三) 今若以近代之兽医学为主，能解决西北马、牛、羊、骆驼之疾病……同时进行皮毛工业，又将湘茶尽量供给彼等。彼等在生活上与吾息息相关，西北自无问题矣。此种合逻辑之见解，深堪钦佩！此次因吾兄不顾一切，先在兰大办兽医学院，彼喜极欲狂；以为数十年之心愿达矣，故弟来此，其帮助不遗余力。谷主席又称邝荣禄君(美国留学生，昔年兄主持中山大学时之农院生)，已将西北牛瘟治疗问题(即用英人在印度发明之山牛血注射)求得初步解决；中央研究院之邓叔群君将西北森林问题详尽分析，及袁翰青君对陕西商人之假冒湘茶之化学鉴定，皆有功西北者……

六、兽医学院地址,谷主席极关心;彼谓为吾国首先建立之新学院,且为解决边疆问题之唯一武器,规模不宜过隘。俟盛彤笙先生来后,详细规划(今年新生在大学本部听讲)。谷主席言久慕盛彤笙先生之名,且曾屡邀请其来兰,而不可得者也。(《辛校长上朱部长书(三十五年八月二日)》,《兰州大学校讯》1947年第1期,第3—5页)

8月7日,与辛树帜呈文朱家骅,兽医学院已筹备成立,请允许先行招收一年级新生,并预拨开办费5亿元。

资料一(档案) 辛树帜与盛彤笙呈教育部,指出兽医学院前蒙教育部部长朱家骅面允,在行政院未核准以前先行筹备,鉴于西北兽医之重要,决定遵照指示先行成立兽医学院并招收一年级新生。该件附有辛树帜致朱家骅的急电手稿,云:"本校兽医学院已遵令先行招生,院址及各项设备尚付阙如,务恳预拨开办费五亿元。"见图40。(《辛树帜与盛彤笙呈教育部先行成

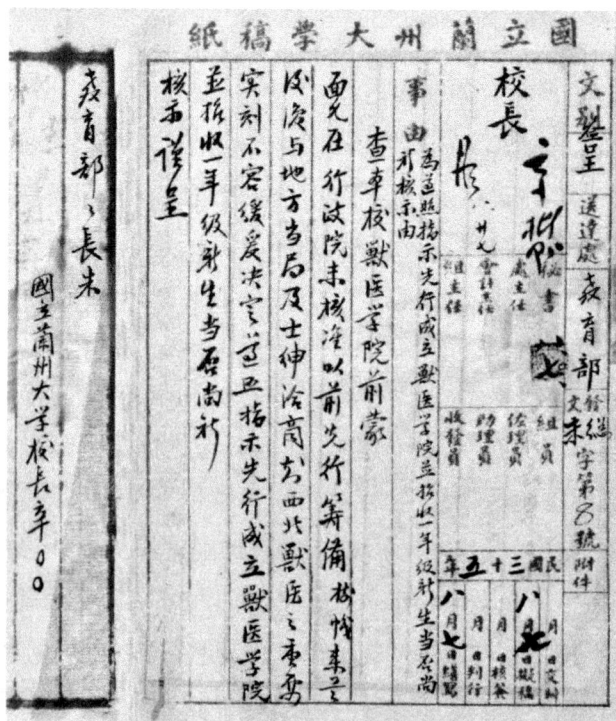

图40

立兽医学院并招收一年级新生的报告》，1946 年 8 月 7 日，甘肃农业大学档案馆，伏羲堂卷宗秘类第六档）

资料二（报道） 辛校长树帜对记者谈，兰大本年招生定八月底举行。（冰子：《盛彤笙为兽医学院院长》，《申报》1946 年 8 月 17 日第 9 版）

8 月 11 日，在甘肃广播电台做题为“有志青年请学兽医”的学术演讲。

资料（报道） 甘肃广播电台第二次学术讲座，于今日下午十二时分举行，由国内兽医学权威兰州大学兽医学院院长盛彤笙博士做学术演讲，讲题为“有志青年请学兽医”。（《盛彤笙氏广播演讲》，《甘肃民国日报》1946 年 8 月 11 日第 3 版）

8 月 14 日，兰州大学呈请农林部派西北防疫处处长胡祥璧偕同兽医学院院长赴京、沪接洽教师及设备事宜，获农林部准允。

资料（档案） 1946 年 8 月 14 日，兰州大学呈请农林部派西北防疫处处长胡祥璧偕同盛彤笙赴京、沪接洽教师及设备事宜，并请准予给假。1946 年 9 月 5 日，农林部同意并准假十五日。见图 41。（《批准借调胡祥璧协同盛彤

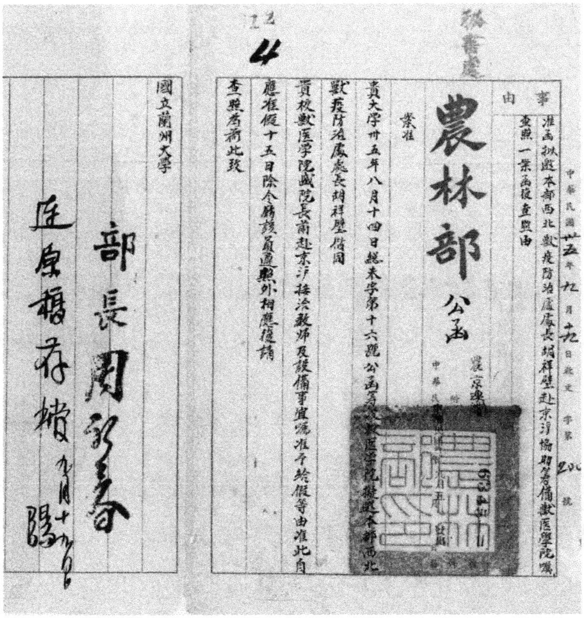
事由 准函拟邀本部西北兽疫防治处处长胡祥璧赴京沪协助筹备兽医学院嘱查照一案函复查照由

农林部 公函

紧准
贵大学卅五年八月十四日总木字第十六号公函为拟邀本部西北兽疫防治处处长胡祥璧偕同
贵校兽医学院盛院长前赴京沪接洽教师及设备事宜请准予给假等由准此自应准假十五日除令饬该员遵照外相应复请
查照为荷此致
国立兰州大学
部长 周诒春

图 41

笙赴京沪筹备兽医学院的函》,1946 年 9 月 5 日,甘肃农业大学档案馆,伏羲堂卷宗秘类第六档)

8 月,陪同联合国善后救济总署史亨利来兰州勘察兽医学院院址,决定收购前西北防疫处之牧场为临时院址。

资料(论文)　本人受任筹备此中国历史上第一所兽医学院,深感荣幸,曾于八月间陪同史亨利氏来兰视察,决定收购前西北防疫处之牧场为临时院址,合约已经签订,最近即可接收。明春再行建筑永久院舍。(盛彤笙:《兽医学院筹备经过:盛院长彤笙在纪念周报告》,《国立兰州大学校讯》1947 年第 1 期,第 2 页)

9 月 19 日,教育部长朱家骅训令兰州大学,文理、法、医三学院占地至少一千亩以上,兽医学院及附属家畜医院必须与大学同在一处,所需院址基地更宜广阔。

资料(其他)　教育部训令(高字第二〇四九〇号,民国三十五年九月十九日):查该校校址基地,文理、法、医三学院,至少须一千亩以上;兽医学院及该院附属家畜医院,必须与该大学同在一处,所需院址基地,更宜广阔,尚需另筹。此外国立西北图书馆,亦须设置大学附近,且有在市区以内之必要。至西北农业专科学校,亦不宜离该校过远,因该校将来不再增设农学院,故筹勘该校校址,应将其他院校馆址,一并统为规划,在市区内选适当地址,造成一文化区,俾能相得益彰,以利教育。除咨请甘肃省政府协助指拨基址,并分令国立西北农业专科学校知照外,合行令仰知照,并径行洽办,具报此令。部长朱家骅。(教育部训令,《兰州大学校讯》1947 年第 1 期,第 6 页)

10 月 1 日,行政院第 761 次例会正式通过,决定设立兽医学院。教育部拟定暂时附设于兰州大学内,开办费用为 20 亿元。

资料一(其他)　民国卅五年夏天,政府鉴于西北畜产之重要,攸赖于兽医事业者綦夥,乃决定创办我国之第一所兽医学院,旋经十月一日行政院第

七百六十一次例会正式通过,设于兰州,命名为国立兽医学院。(《建院史略》,《国立兽医学院校刊》1949年第1期,第2页)

资料二(报道)　教育部为遵照主席指示,造就兽医人才,拟定兰州设立国立兽医学院之计划,业经行政院核准。该院将设于兰州大学内,由该校长辛树帜负责筹备,定明年二月正式成立。开办费暂定二十亿元,经常、临时费,俟拟定后再呈行政院核准。(《行政院任命》,《中央日报(贵阳)》1946年10月4日第1版)

资料三(报道)　政院七六一次例会,一日上午举行,宋院长主席。出席各部会长官翁文灏、王世杰、白崇禧、俞鸿钧、王云五、朱家骅、谷正纲、徐堪、谢冠生、罗良鉴、蒋廷黻等。列席彭学沛、金宝善。外交、国防报告外,决议各案择载如次:讨论事项(一)荣誉军人职业保障办法案,决议修正通过;(二)设立国立兽医学院案,决议通过。见图42。(《昨行政院会议通过设立国立兽医学院　郑杰民继任闽民政厅长》,《华北日报》1946年10月2日第2版)

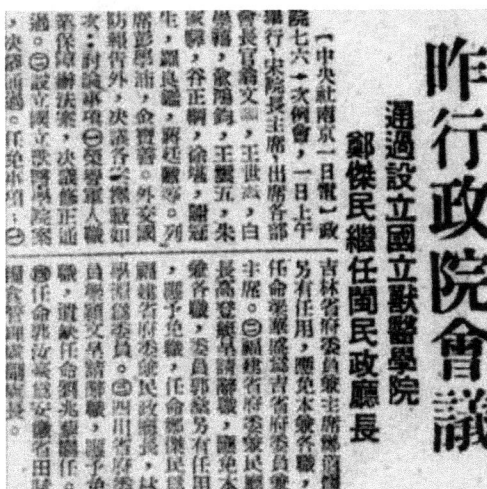
图42

图43

10月22日、12月22日,与中央大学美术系学生、邹钟琳教授之女邹东明互赠照片,开始交往。

资料一(照片)　邹东明送给盛彤笙的单人照。盛彤笙亲笔于照片后题曰:"一九四六年十月廿二日于南京,东明时廿三。"后盛彤笙于12月12日,将自己在德国留学时在阿尔卑斯山的游学照赠给邹东明。(见图43)

资料二（照片） 盛彤笙单人照。与前邹东明照片皆有"国际艺术人像"凸文标识。（见图 44）

图 44

资料三（其他） 盛彤笙夫人邹东明在中央大学美术系的国画习作。（见图 45）

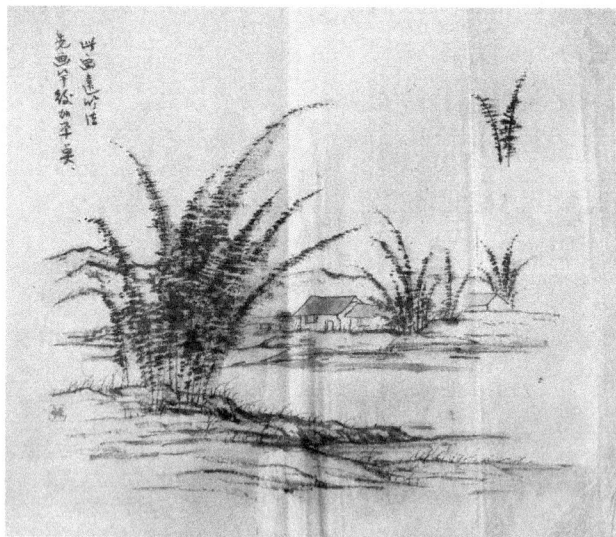

图 45

10 月 29 日,教育部复电甘肃省政府,兽医学院已由兰州大学办理,并请给予协助。

资料（档案）　1946 年 10 月 29 日，电云："筹设兽医学院一案，本部前经拟定计划，呈奉行政院核准，由国立兰州大学办理，现该院业已招生，即可开学。尚祈贵省府惠于协助，共谋西北畜牧事业之发展。"见图 46。（《教育部复甘肃省政府兽医学院已由兰州大学办理希惠于协助的电令》，1946 年 10 月 29 日，甘肃省档案馆）

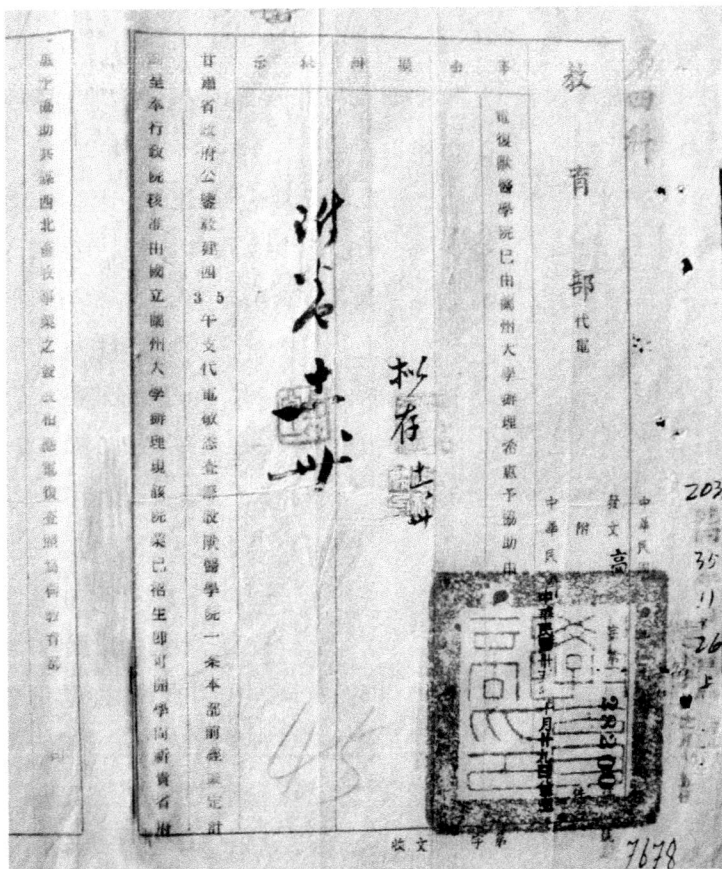

图 46

　　10 月底，应西北区因交通困难而未及参加入学考试的学生要求，兰州大学医学院、兽医学院举行续招考试。

　　资料（报道）　国立兰州大学近以西北区学生因交通困难，未及参加上次之入学考试，纷纷来函请求续招新生一次，该校当局经考虑，认为文、法各系学生人数过多,无法再使增加,兹决定医学院、兽医学院及文理学院之数学、物理、化学、动物、植物与地理各系,再在兰续招新生一次,成绩稍差者一律取入先修班,唯报考资格仅限于高中或与高中同等级之学校毕业学生,同等学力之学生概不收受,考期约在本月底举行。见图46。(《国立兰州大学将续招新生 仅限于医学院、兽医学院及文理学院之数学、物理、化学、动物、植物与地理各系》,《甘肃民国日报》1946 年 10 月 7 日第 3 版)

11 月 1 日,与辛树帜、史亨利(H. J. Stafseth)一同被教育部聘为兽医学院筹备委员。

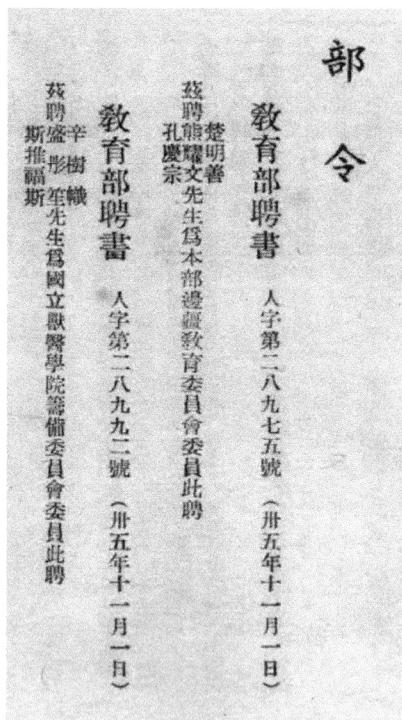

资料一(报道) 部令 教育部聘书 人字第二八九二号(卅五年十一月一日):兹聘辛树帜、盛彤笙、斯推福斯先生为国立兽医学院筹备委员会委员,此聘。见图47。(《教育部聘书》,《教育部公报》1946 年第 11—12 期,第 4 页)

资料二(报道) 教育部为发展西北各省畜牧事业起见,遵奉主席之指示,在兰州筹设国立兽医学院,业已聘定国立兰州大学校长辛树帜、教授盛彤笙、农林部畜牧司司长虞振镛、国防部陆军兽医学校高级研究班主任崔步瀛及美籍专家 H. J. Stafseth 等五氏为筹备委员,以辛校长任筹备主任,闻不日即在京举行筹备会议云。(陈:《教育部聘辛树帜等为国立兽医学院筹备委员》,《教育通讯》1947 年第 9 期,第 24 页)

图47

资料三(报道) 国内大事记 中央政情:伍、教育。教部筹设兰州兽医学院。西北为我国畜牧之中心,为谋畜牧之发展,兽医教育之提倡,实为当务之急。教育部遵蒋主席指示,积极筹设国立兽医学院,院址设兰州,并聘国立兰州大学校长辛树帜为筹备主任,兰州大学教授盛彤笙、农林部渔牧司司长虞振镛、国防部陆军兽医学校高级研究班主任崔步瀛、美籍专家史丹佛斯等为筹备委员,积极进行中。(《教部筹设兰州兽医学院》,《蒙藏月报》1947年第1—2期,第13—14页)

资料四(其他)　由教育部分别聘请联合国救济总署中国分署兽医主任史亨利(H. J. Stafseth)、国立兰州大学校长辛树帜、国防部兽医监崔步瀛、农林部畜牧司司长虞振镛及国立中央大学兽医系教授盛彤笙等五氏为筹备委员,规划其事。(《建院史略》,《国立兽医学院校刊》1949年第1期,第2页)

11月12日,与辛树帜从重庆转机到兰州。

资料(其他)　卅五年十一月十二日,星期二。今天放假,但是仍旧可以办手续,我们缴了体格检查表及证件,注册组吉主任要我去要文凭,之后发给我们保证书及志愿书、注册证,还缴了四千块钱学费……辛校长和盛院长今天已从重庆坐飞机来兰州。(赵纯塘:《赵纯塘日记》,1946—1950年,第45页)

11月18日,兽医学院四十一名①新生开始上课。

资料一(其他)　卅五年十一月十八日,星期一。今天开始上课,还没有打起床钟就起来了,去看他们上早操,我们没有参加。八至十上动物,是杨先生教,十点开纪念周,下午实习没有上。卅五年十一月廿三日,星期六。新生学号已公布,我是1358,兽医学院从1347起到1387止,共四十一人。(赵纯塘:《赵纯塘日记》,第56页)

资料二(发言报告)　对于学生升降进退的规则也定得过分严格。例如我们兽医系第一班学生在四年前入学的时候,共有三十八人,到毕业的时候却只剩了八人,仅及原来的人数五分之一强。其原因虽然是在解放以前兽医职业的出路太坏,所以我们采取了宁缺毋滥的方针,但是从现在来看,国家需要畜牧兽医人才如此迫切,而我们当年却是如此严格,未免太缺乏远见了。(盛彤笙:《四周年纪念的回顾与前瞻》,《国立兽医学院校刊》1950年第4期,第5页)

---

①　盛彤笙《四周年纪念的回顾与前瞻》中说"兽医系第一班学生在四年前入学的时候,共有三十八人",与此数目不一致,或因后有学生转系所致。

资料三(口述) 我是 1946 年 11 月来校的。当时一年级要上解剖学,盛院长请的解剖学教授还在岭南大学,叫胡祥璧,曾在西北农学院教书,我的解剖学就跟他学的。他把我推荐给盛先生,让我到兰州先上课,一直上到过年。(《陈北亨访谈录1》,2008 年 1 月 31 日)

11 月 21 日,甘肃省教育厅厅长宋恪和建设厅厅长张心一呈文省政府主席郭寄峤,拟将甘肃省畜牧兽医研究所并入兰州大学兽医学院。

资料(档案) 兰州大学兽医学院成立后,拟将(一)该所基金及设备材料等资产连同现有技术人员一并移交该院,继续研究。唯基金永久保存,仅动用子息。(二)该所原设基金管理委员会仍行保留,并拟加聘兰大辛校长树帜及盛院长彤笙为该会委员。郭寄峤批示"如拟"。见图48。(《将甘肃省畜牧兽医研究所并入兰州大学兽医学院的呈文》,1946 年 11

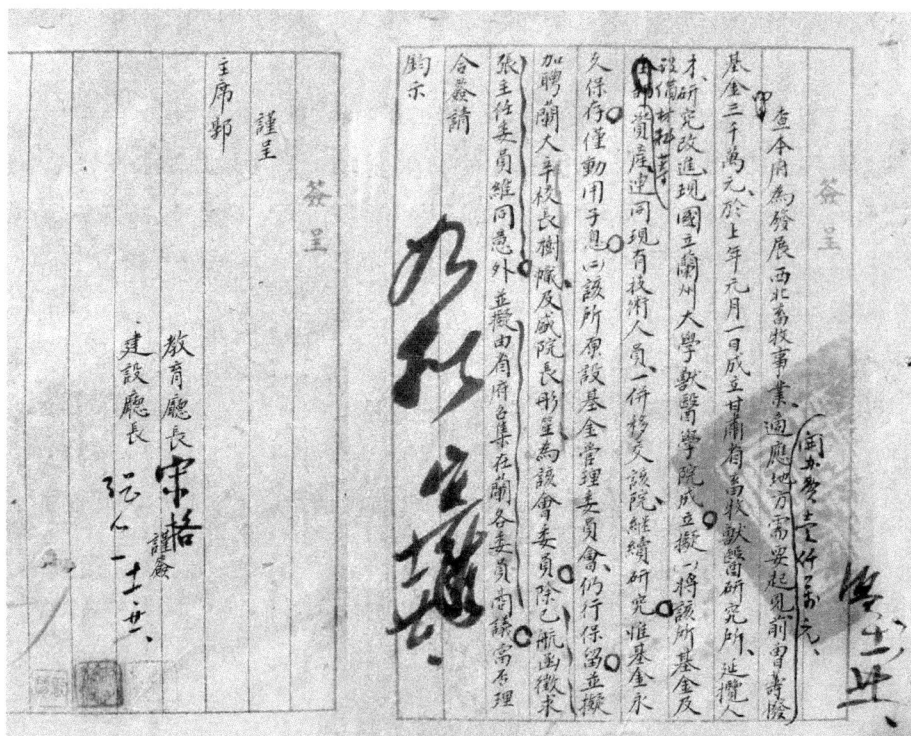

图48

月 21 日,甘肃省档案馆)

11 月 25 日,在兰州大学纪念周为学生做报告,讲述畜牧兽医对国计民生之关系,勉励大家要有骆驼的精神,负重默默前行,为振兴中国的畜牧兽医事业及人才培植而努力奋斗。

资料一(其他) 卅五年十一月廿五日,星期一。十点钟下课时拿了英作文去开纪念周,是盛伯伯讲演,他讲世界上最早的是法国在 1723 年创办的兽医学院,后兴的美国现在也有十所兽医学院,最近又准备添设两所,最早的一所是 1846 年创立的,现在 1946 年我国创立兽医学院,比美国恰好迟一百年,就拿还不能完全独立的印度来说,也有三所之多。兽医对于国家社会间接的关系有三:一为人民的衣食住行需仰赖畜牧兽医;二为国家经济需赖畜牧产品羊毛、猪鬃、鸡蛋之出口换取机器;第三国防亦直间接赖畜牧兽医,直接者为军马军犬之需用,间接者为西北边疆问题即民族问题,也即民生问题,而以成都、太原、承德三地作一直线以西以北主要者为畜牧,故从畜牧兽医着手为解决西北边疆国防问题之捷径。兽医直接影响人类者三……他又讲我国现在兽医人才不多,已从外国学成回国者不到十二个,现在国外者有十个左右,他们都愿意回来任教,要振兴中国的畜牧兽医事业及培植此种人才,工作非常艰巨,我们要有骆驼的精神,负着重担一声不响地前进。(赵纯塾:《赵纯塾日记》,第 58 页)

资料二(发言报告) 兽医为畜牧事业之保障,直接臻进人类健康,间接裨益国民生计,故欧美各国极为重视。美国第一的兽医学院,创立于一八四六年,距今恰为一世纪,现已有兽医学院十二所,德国有五所,即印度也有三所,而我国独付阙如。今年四月蒋主席因联总兽医主任史亨利氏之建议,手令教育、军政及农林三部创设兽医学院,由教育部主持其事,教育部奉令后,更将其设于西北,划归本校办理,由上述三部及联总与本校合组筹备委员会策划进行,并令本校先行招生,明年三月正式成立。……

本院组织拟分为 1. 解剖、2. 生物化学、3. 生理药理、4. 病理寄生虫、5. 细菌卫生、6. 诊疗及 7. 畜牧等七系。本院开办费定为廿亿元,已于十月中之行政院例会中通过,唯尚待催发,联总为本院之倡议人,原拟补助大批仪器、药品,惜因受规章之限制,联总之兽医药材均须经由行总转交农林部统筹分配,不能直接赠予,而农林部兽医方面负责人则谓此项器材均已分配无余,未能拨给本校,实属憾事。现拟俟本院开办费发下后,即行向美国订购图书、仪器,预料恐须明夏方能运到兰州。

兽医学院最大之困难厥为师资之缺乏,我国过去研究兽医学者极少,能任大学教授者总计亦不过十余人,除胡祥璧、舒叔培两先生已允分别担任本院诊疗系及细菌卫生系主任外,余多已有固定职位,虽仍在继续敦聘中,但恐一时不克分身。所幸本院今年只一年级新生一班,皆系普通功课,专门兽医功课须至后年方渐增繁多,而近年来政府遣派出国研究兽医者不少,多数皆与本人有友谊或师生关系,已允于回国时来本校任教,计明年可以回国者有程新强先生一人(现在加拿大研究),后年可以回国者有朱晓屏、龚建章(在英国),蒋次升、罗仲愚(在美国)先生等,故师资当可无虞,学院前途亦当光明也。见图49。(盛彤笙:《兽医学院筹备经过:盛院长彤笙在纪念周报告》,《国立兰州大学校讯》1947年第1期,第2—3页)

图49

11月26日,发起组织中华自然科学社兰州分社。

资料一(传记) 我在中华自然科学社中虽未在总社担任过负责职

务……后来在武功、成都、兰州工作时也都曾发起组织当地分社。(盛彤笙：《庸碌的一生，平凡的自述》，第 16 页)

资料二(其他) 兰州分社：1946 年 11 月 26 日，分布于兰州大学、西北兽医学院、西北师范学院及科学教育馆。(杨浪明、沈其益：《中华自然科学社简史》，载中国人民政治协商会议全国委员会文史资料研究委员会编《文史资料选辑　第三十四辑》，第 93 页)

11 月，购置卫生署兰州小西湖西北防疫处牧场为兽医学院院址。

资料一(档案) 1946 年 11 月 5 日，兰州大学兹洽购卫生署兰州小西湖以北硷沟沿牧场一座，以为本校兽医学院院址，计购价八千万元，并商定第一期先付半价四千万元，相应检送合约一份，阅后请退还本校，俟副本签盖后再行补送存案，并烦惠饬主管人员在汇款单内盖章，以便汇支价款，至感公谊！此致审计部甘肃省审计处。校长辛树帜。批示为"此件奉总务长、秘书长，谕另拟去函"。见图 50。(《兰州大学价购卫生署牧场检送合约的函》，1946 年 11 月 5 日，甘肃农业大学档案馆，伏羲堂卷宗秘类第六档)

资料二(档案) 1946 年 11 月 7 日，辛树帜与盛彤笙去函审计部甘肃省审计处，拟购置卫生署兰州小西湖以北牧场以为兽医学院院址，请派员指导并先付定金以为保证。见图 51。(《兰州大学拟价购卫生署牧场以为兽医学院院址、请派员指导并先付定金以资保证的函》，1946 年 11 月 7 日，甘肃农业大学档案馆，伏羲堂卷宗秘类第六档)

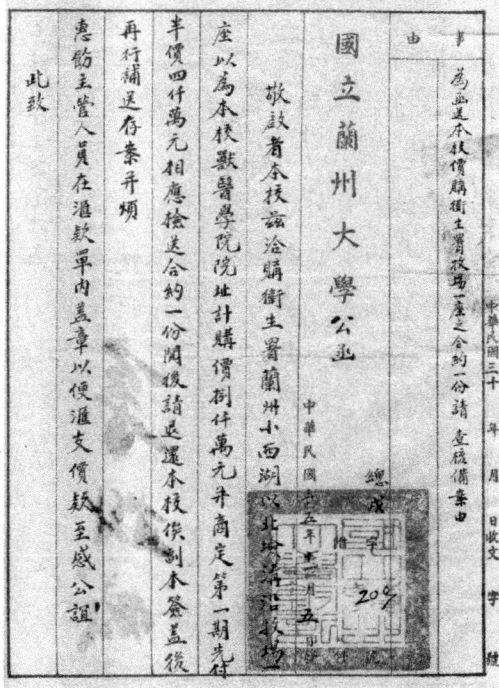

图 50

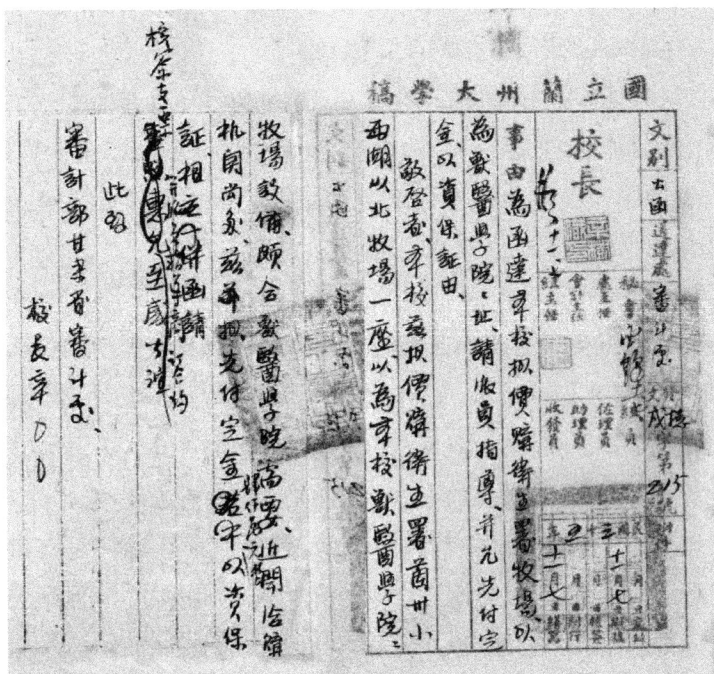

图 51

资料三(发言报告) 学校创办伊始,首先是收购院址,建筑校舍,就这初步的工作,已经是困难重重,梗阻百出。兰州市区的面积本来比较狭小,在市区以内很不容易找到大面积的现成空地。幸好正当我们成立的时候,有前西北防疫处坐落兰州市西郊的一片牧场,因为业务结束,预备出售,我们就将它买了下来,这就是我们现在的院址。但这片牧场的面积只有三十三亩,不独不足供将来的发展,就连当时的需要也是不敷应用的,但是院址附近还有许多空着的民地,因此我们就想进一步进行收购,而阻力也就从此开始。(盛彤笙:《四周年纪念的回顾与前瞻》,《国立兽医学院校刊》1950年第4期,第1页)

12月3日,教育部聘虞振镛为兽医学院筹备委员。

资料(其他) 部令 教育部聘书 高字第三六二九二号(卅五年十二月三日):兹聘虞振镛先生为国立兽医学院筹备委员,此聘。(《教育部聘书:

虞振镛》,《教育部公报》1947 年第 1 期,第 21 页)

12 月 4 日,中华自然科学社第十九届第三次理事会议在中央大学举行,会议议决,准他辞去常务理事一职,由郑集继任。

资料(报道)　第十九届第三次理事会议记录

日期:三十五年十二月四日　地点:中大生物楼

出席者:朱章赓、朱炳海、郑集、任美锷、李方训、涂长望、杨允植(陈邦杰代)、杨浪明(郑代)、沈其益、曾昭抡(沈其益代)、盛彤笙(李振翩代)

主席:朱章赓　记录:蒋祖榆

报告事项:(一)主席报告:1.《科学世界》在沪筹备出版情形。2. 科学广播电台及上海化验所募启内容及募款办法。3. 本社基金保管之情形。(二)李振翩社友报告中国科学促进委员会筹备经过及一再易名原因,朱章赓社友补充该会性质及工作内容。(三)郑集社友报告组织部及各地分社情形。

议决事项:(一)关于《科学世界》编辑发行等移沪办理应如何决定案。……(二)本社与中国科学社合组中国科学促进委员会应如何决定案。议决:本社与中国科学社合组之"中国科学促进委员会"应予成立,该委员会会章可照草案通过,本社应有委员十人,推定朱章赓、李方训、郑集、沈其益、陈邦杰、李国鼎、涂长望、任美锷、杜锡桓、桂质廷等十社友担任。……(十)盛彤笙社友辞常务理事职。议决:准予辞常务理事职,请郑集社友继任本社常务理事。(《中华自然科学社第十九届第三次理事会议记录》,《中华自然科学社社闻》1947 年第 2 期,第 4—5 页)

12 月 14 日,教育部聘陆军兽医学校高级研究班兽医监主任崔步瀛任兽医学院筹备委员,至此,筹备委员达五人。

资料一(档案)　12 月 14 日,教育部电,国防部指派陆军兽医学校高级研究班同中将待遇兽医监主任崔步瀛兼任兽医学院筹委会委员。见图 52。(《指派崔步瀛任兽医学院筹委会委员》,1946 年 12 月 14 日,甘肃农业大学档案馆,伏羲堂卷宗秘类第六档)

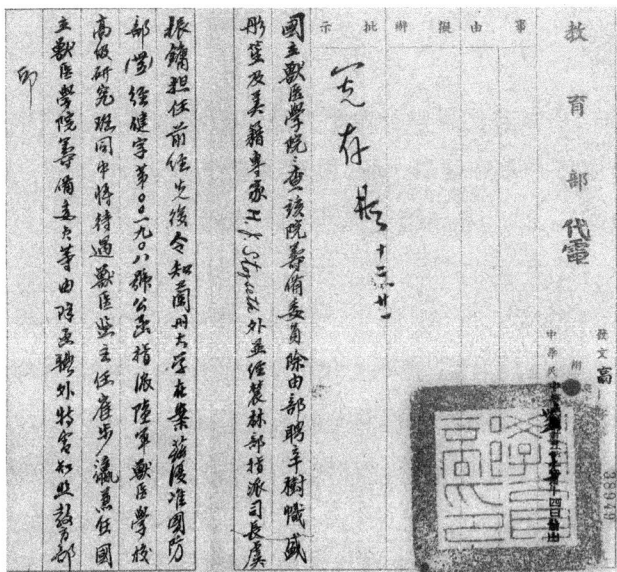

图 52

资料二(其他)　部令　教育部聘书　高字第三八九五一号(卅五年十二月十四日)：兹聘崔步瀛先生为国立兽医学院筹备委员,此聘。(《教育部聘书：崔步瀛》,《教育部公报》1947年第1期,第21页)

12月20日,朱家骅发出训令,令兽医学院独立设置,暂与兰州大学合作办学,并聘盛先生为院长。

资料一(档案)　1946年12月20日,教育部核拨兽医学院开办费用五亿元,1946年9月至1947年1月为筹备期。为便利计,两校合作办学,部聘盛彤笙为院长,请拟定校院合作办法报核。见图53。(《教育部关于兽医学院经临费及员工名额的训令抄录》,1946年12月20日,甘肃农业大学档案馆,伏羲堂卷宗秘类第六档)

资料二(信件)　令国立兽医学院院长盛彤笙：查该院应为独立设置,关于经、临各费及员工名额,已令知国立兰州大学在案。但为便利教学计,仍与国立兰州大学密切合作。该院长并受兰州大学校长之指导,出席该大学校务等会议,除分令外合行令,仰知照此令。见图54。(《朱家骅致盛彤笙关于兽医学院独立设置并与兰州大学合作办学的信》,1946年12月20日)

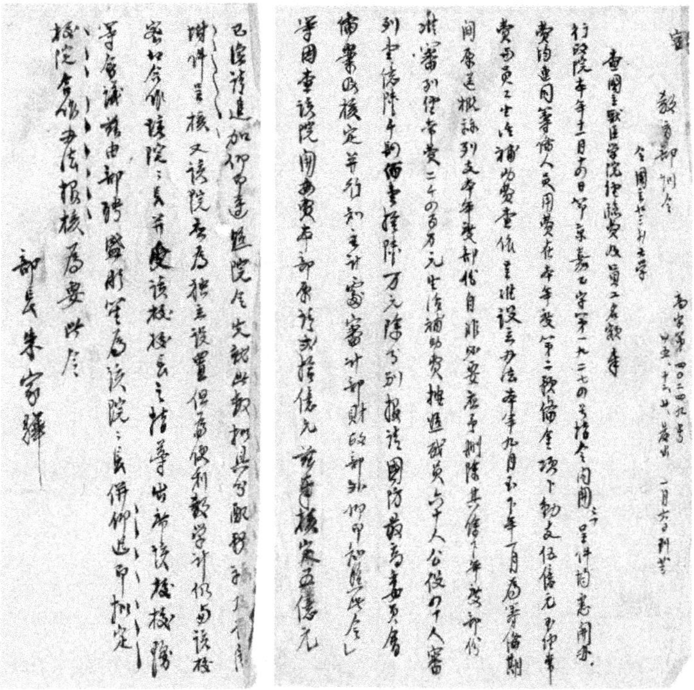

图 53

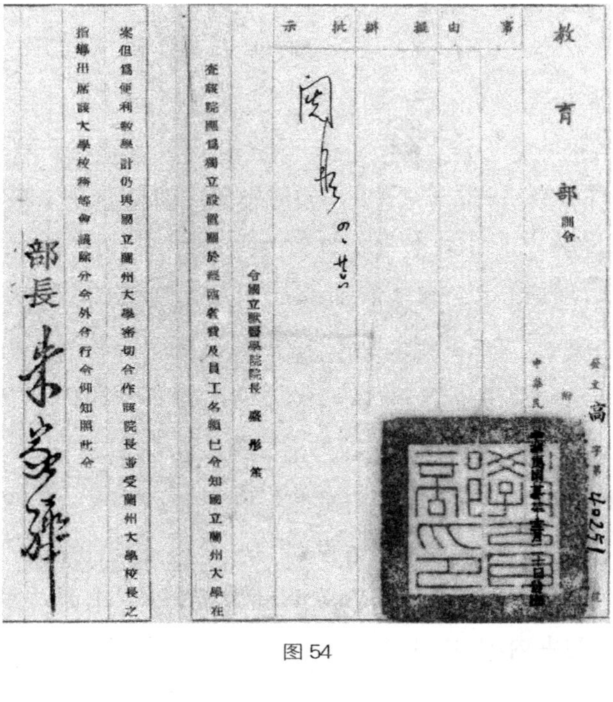

事由 擬辦 批示

教育部訓令

發文高字第40251號

令國立獸醫學院院長盛彤笙

查該院應為獨立設置關於經常費及員工名額已令知國立蘭州大學在案但為便利教學計仍與國立蘭州大學密切合作該院長並受蘭州大學校長之指導出席該大學校務會議除分令外合行令仰知照此令

部長 朱家驊

图 54

12 月底,中国科学服务社在南京成立,与李振翮、曾昭抡等十二人出任董事,董事长杭立武,社长沈其益。

资料(其他) 中国科学服务社组织章程草案:第一章 总纲 第一条 本社由中国科学社及中华自然科学社会同组织定名为中国科学服务社。第二条 本社以提倡科学研究普及科学设施以促进人民生活科学化为宗旨。第三条 本社设总社于首都,全国各大都市得视需要情形设立分社。

第二章 组织:第四条 本社设董事会以董事九人至十一人组织之,由董事互推常务董事三人,并就常务董事中选举一人为董事长。……(编者按:根据定名、宗旨、社址等推测,当与"中国科学促进会"成立日期——1946 年 12 月 21 日大致同期。约成立于 1946 年底—1947 年)(藏中国第二历史档案馆,档案全宗号 529,案卷号 24)

中国科学服务社名誉董事、董事、监察、社长名单:(一)名誉董事(以笔画多少为序):王云五、司徒雷登、朱家骅、宋子文、周贻春、俞大维、翁文灏、黄绍竑、费慰梅、蒋梦麟、刘鸿生、钱昌照、钱新之、罗士培、顾翔群。(二)董事(以笔画多少为序):任鸿隽、朱章赓、李方训、李振翮、沈其益、杭立武、孙洪芬、陈邦杰、盛彤笙、曾昭抡、郑集、卢于道。(三)董事长:杭立武。(四)社长:沈其益。(五)副社长:金有巽。(藏中国第二历史档案馆,档案全宗号 529,案卷号 24)

中国科学服务社工作大纲:(一)调查登记及介绍我国科学技术人员。(二)搜集整理科学资料。(三)供应及编辑国民教育之科学教材(小学及民众连环画)。(四)供应电化教育之科学资料。(五)主办科学展览。(六)特约科学研究。(七)主办科学生活训练。(八)选拔科学天才儿童。(九)主办科学问题咨询处。(十)科学文献之交换及流通。(十一)发行民主科学期刊及丛书。(十二)提倡推进民生科学之实施。(藏中国第二历史档案馆,档案全宗号 529,案卷号 24)(《中国科学服务社》,载何志平、尹恭成、张小梅主编《中国科学技术团体》,上海科学普及出版社,1990 年,第 221—223 页)

是年,为费理朴(R. W. Phillips)、崔步青等编的《中国适用外种家畜图谱》作序,介绍图书内容、作者及编撰始末。

资料(其他)　美国农部畜产局费理朴(Ralph W. Phillips)博士,专研家畜遗传及育种,并任美国家畜科学杂志主编,学问渊博,著作丰富,为彼邦有数之畜牧学者。民国三十二年由美国国务院遴选来华,任国府畜牧顾问,留华一年,过游西北西南各省,对我国畜产情形考察周详,并于同年秋在荣昌召开畜牧检讨会议,邀集我国专家,荟萃一堂,对于我国畜产改进各种问题,均有精密之讨论与规划,而费氏意见莫不切中肯要,闻者折服。会议结果除由费氏著为《中国畜牧改良计划》一书外,复于归国后就其与我国专家研讨结果编成《中国适用外种家畜图谱》一册,计分马、牛、绵羊、山羊等四篇;对于我国畜产改进之各问题及应采之外国品种,再作扼要之论述与简明之介绍,允为我国畜产改进之南针及从事牧业者必备之宝钥。本会因特请汤逸人、吕高辉两先生将其译成中文,刊行问世。各篇作者除费氏外,尚有下列各位先生:崔步青先生,军政部句容种马牧场场长;沙凤苞先生,农林部武功役马繁殖场场长;蔡无忌先生,农林部中央畜牧实验所所长;吕高辉先生,华西协和大学教授;汤逸人先生,国立中央大学教授;许康祖先生,农林部西北羊毛改进处处长。书中插图乃由美国国务院文化联络司所印赠,正文印刷费一部分则系承重庆牛奶场场长陈敦川先生所捐助,高谊均极可感。兹当脱梓之日,爰记始末,以代序言。盛彤笙序于中国畜牧兽医学会出版部。(盛彤笙:《中国适用外种家畜图谱》序,载费理朴、崔步青等编《中国适用外种家畜图谱》,中国畜牧兽医学会,1946 年)

1947 年　　　37 岁

1月16日,收到被教育部聘为兽医学院院长的消息后,立即致信朱家骅,以年轻、缺乏经验和体弱不堪重任为由三次力辞,推荐更有资望者出任,朱家骅回信极力挽留劝勉。

资料一(信件)　骝公部长钧鉴:顷接兰州方面抄示,赐发聘书,辱蒙委任为兽医学院院长,隆情渥遇,曷胜惭感。此院拟独立设置,并与兰州大学密切合作,俾开办费及经常费得稍充裕,彤及兽医界同仁均极表赞同。唯院长一职,彤以年事太轻,经验太少,实感无力负担,加之自幼体弱,亦不克任此繁剧,若勉强从事,将来必致贻误教育,遗害青年,有负部长提倡兽医教育之至意。为特肃函恳辞,拟请另简贤能,早日发表,俾此国内唯一兽医学院得以顺利发展,不胜感祷之至。愚意现任中央大学畜牧兽医系主任陈之长先生及农林部中央畜牧实验所所长程绍迥先生,一则终身从事兽医教育,一则主持兽医行政多年,经验与资望均在彤百倍以上,因敢冒昧推荐,如蒙择一聘任,必能胜任愉快。至于筹备工作,彤仍当以筹委名义照常进行,正式成立以后愿在院中任一教授或系主任,专心教学研究工作。区区苦衷,尚祈赐谅,临书迫切,敬请铎安!盛彤笙谨上。一、十六。聘书俟由兰州寄来,即当呈请注销。见图55。(《盛彤笙致朱家骅关于请辞兽医学院院长并推荐由陈之长或程绍迥出任的信》,1947 年 1 月 16 日)

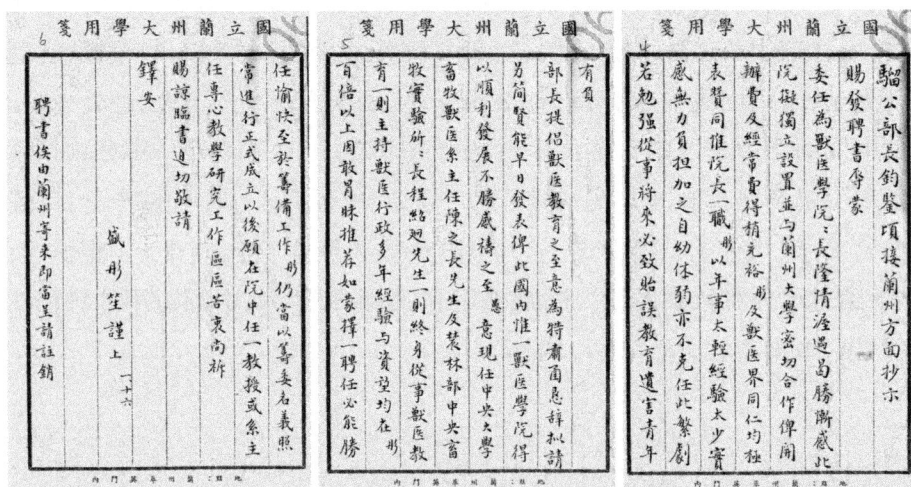

图 55

资料二(信件) 彤笙先生大鉴:接奉本月十六日手札,具聆谦抑之怀,循诵感叹。此次本部于兰州独立设置兽医学院一所,关系西北牧畜事业前途甚巨。院长人选非有学邃行茂、年富力强者不足以当此。故曾多方考虑,敦聘台端主持其事,且已明令发表,务请顾念兽医教育之重要及开发西北之迫切,赐允屈就,勉为其难,并希早日赴兰视事,公私均感。耑复布臆,顺颂教祺！弟朱家骅顿首。见图56。
（《朱家骅致盛彤笙劝勉他就任院长的信》，1947年1月17日）

资料三（信件） 骝公部长钧鉴：接奉赐书，谬蒙奖饰，中心感愧，莫可言宣。兽医学院关系西北牧业至巨，单独设校尤足见政府重视之决心，本当勉策愚驽，以报知遇。实以行政才能过于缺乏，不足担任较为独立性之工作。加以自幼羸弱多病，稍事烦劳即感身体不支，若不慎之于始，必将贻误付托，有负我公之厚意于后。日考虑再三，仍觉不敢受命，特再肃函恳辞，务乞俯念下情，准予所请，另简贤能早日发表，临书不胜惶恐感激之至。专此，敬请崇安。不一。盛彤笙谨启。一、廿。见图57。

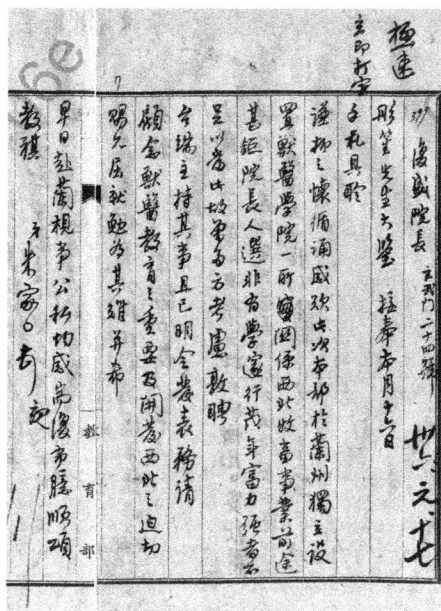

图56

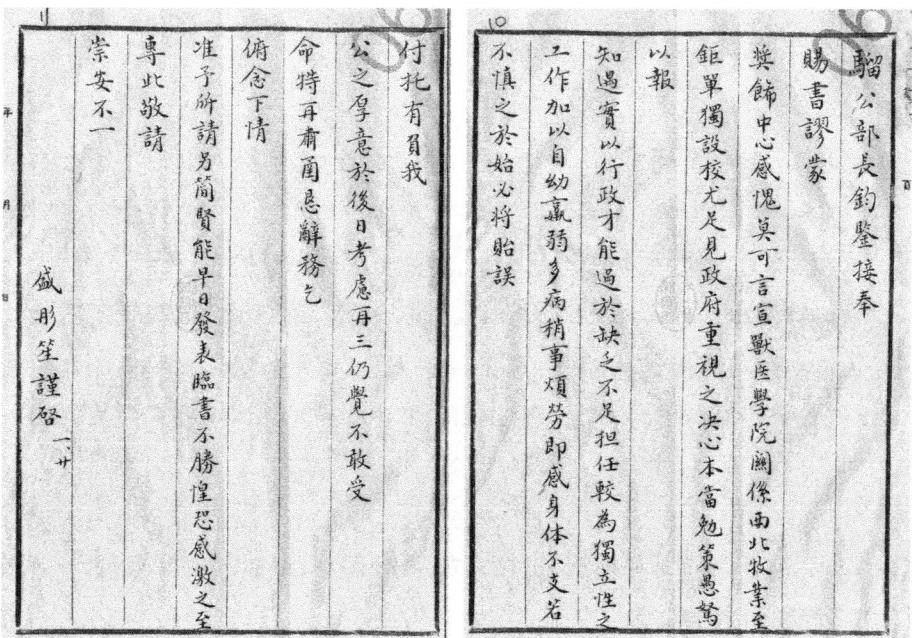

图57

（《盛彤笙再次致朱家骅请辞兽医学院院长的信》，1947 年 1 月 20 日）

资料四（信件） 彤笙先生大鉴：接获本月二十日手书，敬已诵悉，既佩谦光，转深怅怅。当此国家建设之际，百端待理，西北牧业尤为重要，正须借重专家全力以赴，何况台端对于兽医教育造诣特深。值此开发西北时会，绝非贤者逸豫之时，无论如何，仍祈勉为其难，早往视事。特再布臆，务请屈就，公私均感。耑复，顺颂教祺！弟朱家骅。（《朱家骅再次致盛彤笙请他就任院长早往视事的信》，1947 年 1 月 21 日）

资料五（信件） 骝公部长钧鉴：日昨自沪返京，知兽医学院院长尚未蒙另简贤能，不胜惶恐。关于该院筹备工作，彤决负责至本月底为止，务乞早日任命正式院长，俾院务得以继续进行，不胜感祷之至。又彤之聘书因辛主委树帜扣留于兰州，不允寄来，致不能呈缴注销，合并陈明，并祈鉴察。专此，敬请崇安！盛彤笙谨启。二月六日。见图 58。（《盛彤笙致朱家骅关于卸任兽医学院筹备委员的信》，1947 年 2 月 6 日）

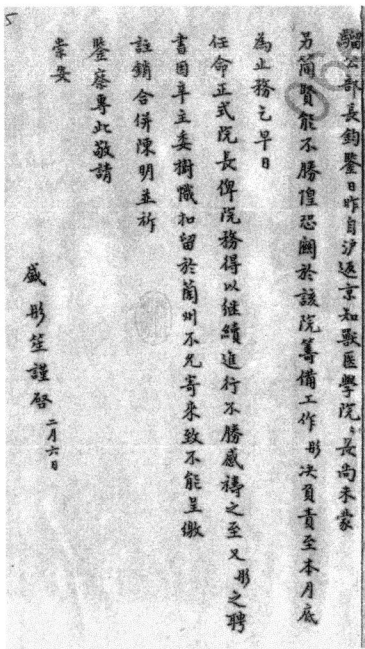

图 58

1 月 20 日，教育部致函兰州大学，聘他为兽医学院院长。

资料（档案） 1947 年 1 月 20 日，教育部致兰州大学，兽医学院应独立设置，本部已聘盛彤笙为院长，开办经费五亿元另令拨交该院使用。见图 59。（《教育部给兰州大学关于兽医学院独立设置并聘盛彤笙为院长的函》，1947 年 1 月 20 日，甘肃农业大学档案馆，民国档案）

2 月，兽医学院筹备期满，正式成立，共分解剖、细菌卫生等七科，一年级新生仍在兰州大学上课。

资料一（信件） 兰州西北行辕副主任钧鉴：案奉主席蒋卅五年五月十

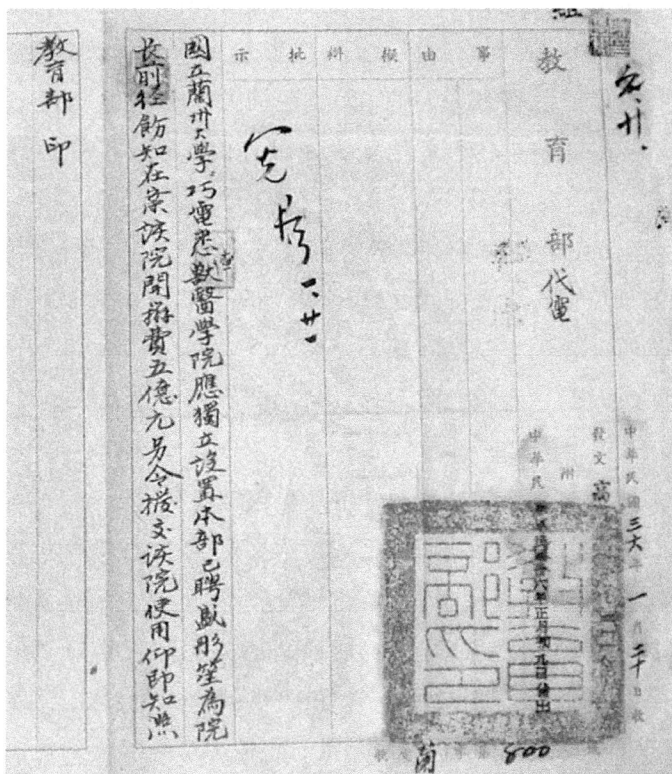

图 59

七日手令，创设国立兽医学院。本年二月筹备竣事于兰州，正式成立。(《盛彤笙致西北行辕副主任陶峙岳关于兽医学院已经成立的信》，1947 年 4 月 27 日)

资料二(其他) 该院……由教育部聘联总兽医主任史亨利(H. J. Stafseth)、兰州大学校长辛树帜、国防部兽医监崔步瀛、农林部畜牧司司长虞振镛及国立中央大学兽医系教授盛彤笙等五人为筹备委员，于卅六年一月筹备期满，正式成立，由教育部聘盛彤笙氏为第一任院长。

该院已于去年正式招生，第一年级功课系采取与兰州大学合作性质，在兰大上课，暑假以后即有二年级学生。

该院组织计分(1)解剖(2)生物化学(3)生理医药(4)病理寄生虫(5)细菌卫生(6)诊疗(7)畜牧等七科，但学生并不分科。师资方面已聘定胡祥璧氏为解剖科主任,郑集氏为生理化学科主任,吴信法氏为细菌卫生科主任,周荣条氏为畜牧科主任,盛彤笙氏兼任病理寄生虫科主任,常英瑜为畜牧科副教授兼总务长,其他在国外研究兽医已经预约于回国时赴兰任教者有朱晓屏、蒋次升及罗仲愚等氏,其他各科教员亦正在遴聘中。

该院之设乃我国兽医畜牧界多年以来奔走呼号之结果,亦为政府重视兽医,我同道地位提高之表征,故希望全国兽医畜牧界同志直接间接多予援助,俾此国内唯一兽医学院得以顺利发展,实则国家之幸也。(《国立兽医学院筹备经过及概况》,《畜牧兽医月刊》1947 年第 5—7 期,第 33 页)

是月,派陈北亨到武汉购置教学用品与建筑材料。

资料(口述) 过完年后①,学校决定要办大,要购置教学仪器。因为只有我一个年轻人,盛院长便派我去武汉购置。另外在上海也买好了一些设备,和兰大的一起先运到汉口。我到汉口,盛先生事先请好了三个印刷厂的工人,我们四人把教学用品、建筑材料等从汉口运到兰州,到兰州已是八月份。中间耗时很长,原因是兵荒马乱,国民党散兵游勇到处闹事、开枪。国民党兵一开枪,车站人员就赶紧钻到桌子下面,我们就躲在车厢里。到西安后,我们换汽车,将物资运回兰州。(《陈北亨访谈录 1》,2008 年 1 月31 日)

3 月 6 日晚,至梅园新村为中共和谈代表、留德同学王炳南送行。

资料一(传记) 在 1946—1947 年还有一件事情值得一记:当时国共两党正在南京进行"和谈",王炳南同志为和谈中共代表和代表团发言人,常驻南京,我们从德国分别以后,又得在宁聚首,常相过从,有时同上馆子小吃。1947 年 3 月下旬的一天,伪《中央日报》头版头条突然以大字标题发表一项消息"和谈破裂②,政府驱逐中共代表团于明晨飞返延安",我当时怀着不知

---

① 若以正月十五之后计算,则 1947 年"过完年后"为 2 月 6 日之后。

② 此回忆中之三月下旬当为三月上旬。据历史,国共和谈破裂,中共代表于 3 月 7 日返回延安,则盛彤笙去梅园新村送别王炳南当为 3 月 6 日晚。

何日才能再见的心情于傍晚前往梅园新村送别,意欲为他饯行。当时梅园新村静悄悄地,和往日无别,他见到我后骇然说:"你好大胆子,今晚还能吃小馆子么? 特务都将我们包围满了! 我要设法送你出去。幸亏有两位澳大利亚记者在楼上采访,等他们辞去时,你坐在他们吉普车的后面混出去吧。"他上楼与两位澳国记者讲妥后即下楼来同我交谈了一会子。当我问道他估计何日可以再见时,他满怀信心地说:"很快! 国民党一定要同我们打嘛,他们士气一点都没有了,我们很快就可以重见的。"辞出这时,吉普车刚好开出办事处的大门,便有特务五六人包围着车子,他们对两位外国记者是无可奈何的,只集中盘问我的姓名、身份和来访的目的等,并要我在他们的笔记本上亲笔写下,我当时即据实说明与王炳南是留德的同学,听说他明晨即将飞回延安,我是来向他送行的等等。事后还受到过他们的长期盯梢和监视。而时局的发展,也果然不出王炳南同志的预言——两年之后,南京即告解放。1950年冬我到北京开会,又与王炳南同志(还有乔冠华、陆达等同志)重逢了。(盛彤笙:《庸碌的一生,平凡的自述》,第21—22页)

资料二(其他) 三月七日:中共代表董必武及京、沪两地中共代表团办事处及《新华日报》社全体人员发表启事:"政府当局既不惜最后决裂关死和谈之门,必武等唯有撤退一途,当此小别前夕,回念各方友好,过去热烈支持,近日殷勤慰问,必武衷心铭感,誓在和平民主前线殚精竭力以图报答。唯因行前时间匆促,行动不便,未能一一走辞,敬请曲予鉴宥,当此世界趋向和平,国人厌战已极之际,必武等虽与各方友好暂时暌隔,再见之期,当不在远。"

中共代表团及《新华日报》留京、沪人员董必武、钱之光、童小鹏、王炳南、梅益、华岗、潘梓年、陈家康、刘昂等七十四人于晨八时乘美军飞机四架飞返延安,政府代表张治中、邵力子,民盟代表罗隆基、叶笃义,美方代表柯义上校及中外记者数十人前往机场送别。(中共代表团梅园新村纪念馆编:《中共代表团南京谈判大事记(1946年5月3日—1947年3月7日)》,南京出版社,1989年,第183—184页)

3月7日,启用"国立兽医学院钤记"印章。

资料(档案) 1947年3月7日,因学院正式关防及长官官章尚未颁下,

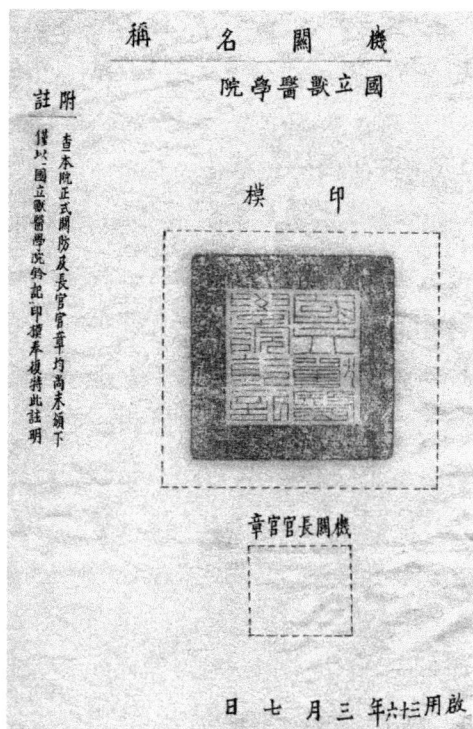

图60

先行启用"国立兽医学院钤记"印章。见图60。(《"国立兽医学院钤记"启用通知》,1947年3月7日,甘肃农业大学档案馆,民国档案)

3月7日,在中央大学出席中华自然科学社第十九届五次理事会议,讨论议决本届理事会改选等案。

资料(报道) 第十九届五次理事会会议记录

时间:三十六年三月七日下午四时。

地点:国立中央大学生物馆312号。

出席者:杨浪明(陈邦杰代)、盛彤笙、朱章赓、郑集、朱炳海、涂长望、程宇启(邓宗觉代)、李方训、沈其益。

列席者:汪德和、李振翮 主席:朱章赓。

报告事项

总务部主任沈其益社友报告

经费:本社请教育部补助之事业费,社教司五千万元已发给,用途由本社支配,连复员费在内,高教司五千万元尚待接洽。本社基金拟存久大精监公司生息。

社址:中大生物馆旁房屋一时不易腾让,拟自行购地二亩建筑社址,经费不敷,尚须另行设法。

电台:资委会无线电器材厂借给本社电台机件,但政府对京、沪电台订有限制办法,上海十五台,南京十台,公营、民营、半公营须由教育部出面办证,但应先得交通部认可,且地址及经费亦有问题,公营电台不能收登广告,将来维持费亦甚巨。

讨论事项：

1. 总务部拟请汪德和社友担任本社文书，郭祖超社友担任本社会计，请公决案决议，通过。

2. 团体社员入社办法应如何规定案。决议：团体社员得分为甲乙两种，甲种为学术机关，乙种为事业机关。学术机关须团体协助本社推行科学事业。事业机关团体社员协助本社经费，本社可负责其业务技术上之咨询，《科学世界》并可为其登载广告。由沈其益、郑集两社友依上述原则查照社章拟定办法行之。

3. 通过赞助会员案。决议通过，上海分设请将捐款人略历开送理事会，以便提交年会通过。

4. 继续出刊《中国科学》(*Acta Brevia Sinensia*)案。决议：仍请李方训社友负责主持并另设委员会。

5. 本社编辑自然科学丛书应如何办理案。决议：请裘家奎先生主编拟订科学丛书编辑计划并推荐编辑委员会数人协助编辑。

6. 整理社籍案。决议：由组织部积极办理。社闻——请陈邦杰社友负责编订。调查——请朱炳海社友负责。收复各地分址——各地社友在十人以上者应恢复分设，请组织部负责通知恢复。南京分社尽先成立。

7. 本届理事会改选应如何办理案。决议：原任理事因复员期间未改选者现已延长任期一年。本届理事会改选理事十人即两届任期满足年限者一并改选。

8. 本社二十一届年会应如何举行案。决议：第二十一届年会暨二十周年纪念大会可致函中国科学社，邀请参加联合举行，由本社致函中国科学社联络。会期订于三十六年十月四日，地点拟定在杭州。

9. 建筑本社社址案。决议：请朱章庚社友负责设计图样，请沈其益社友接洽购地。建筑费暂定五千万元，不足再议。

10. 何琦社友请辞社会服务部主任可否照准案。决议：何琦社友辞职照准，社会服务部主任请李国鼎社友担任。（《中华自然科学社第十九届五次理事会会议记录》，《中华自然科学社社闻》1947 年第 2 期，第 7—9 页）

3月11日,致信朱家骅,申请兽医学院建筑设备经费10万美元。

资料(信件)   参见"4月9日"条资料一(信件)。

3月19日,在上海领到财政部颁发的护照,采购显微镜十八架并运往兰州。

资料(档案)   1947年3月19日,兽医学院在沪采购显微镜18架,由沪运至兰州时,教育部协调财政部给予免税,"仰沿途关所遵照,一经验明照货相符,即予免税放行"。附表为盛彤笙填写的购买教育用品(显微镜)请领护照表(见图61)。(《护照》,1947年3月19日,甘肃农业大学档案馆,科学仪器卷宗总事类第教八号)

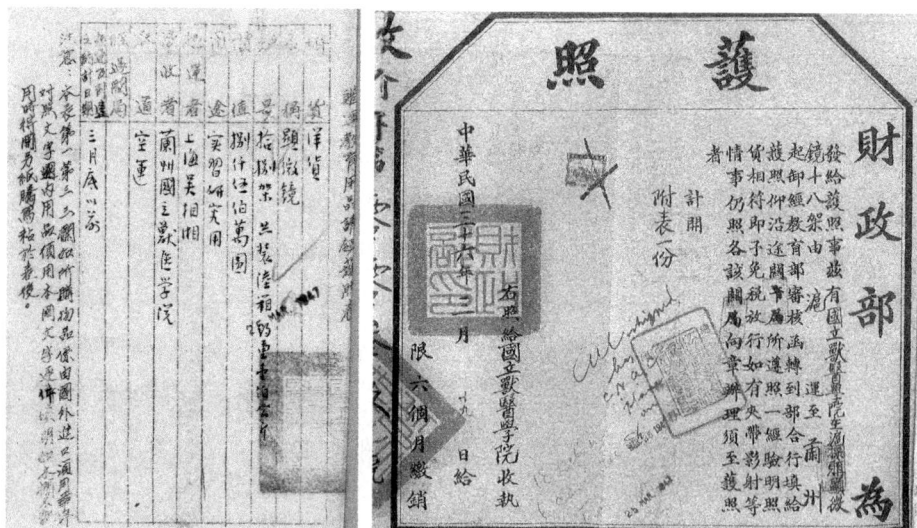

图61

3月28日,教育部函复甘肃省政府,同意将畜牧兽医研究所并入兽医学院。

资料(档案)   1947年3月28日,教育部部长朱家骅批复,兽医学院独立设置,同意将甘肃省畜牧兽医研究所并入该院。见图62。(《教育部同意甘肃省政府将畜牧兽医研究所移并兽医学院的批复》,1947年3月,甘肃省档案馆)

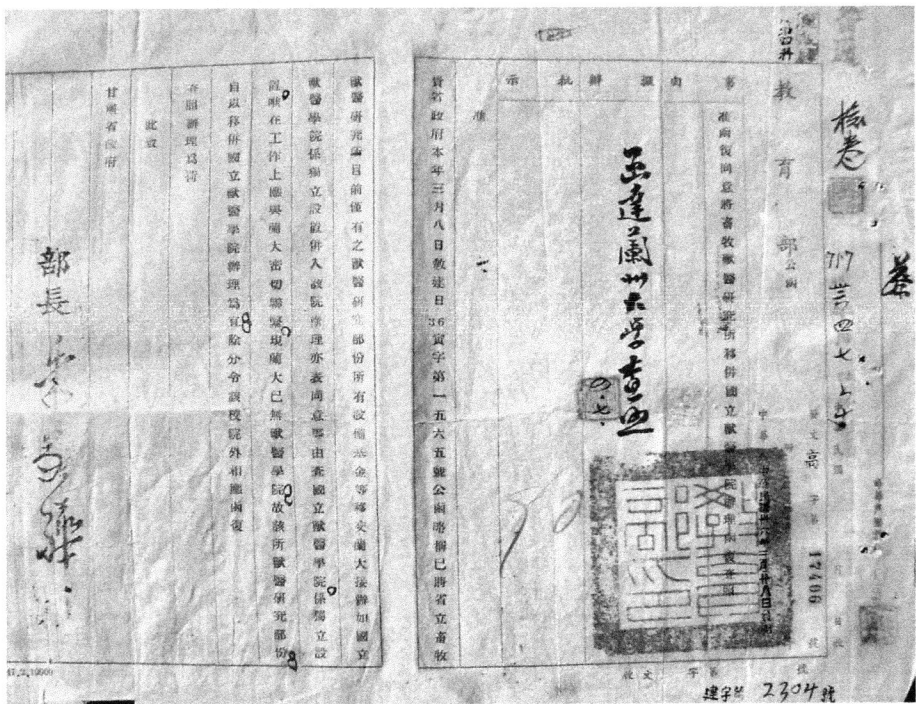

图 62

　　3 月 29 日，在南京举办的中国科学工作者协会第二届年会上，与欧阳翥提案"请政府改变外汇政策，便利科学仪器、图书进口"。

　　资料(其他)　中国科学工作者协会第二届年会因复员关系迟至本年 3 月 29 日假南京四牌楼中央大学生物馆举行。……本届年会通过之提案如后(原提案另附)。1. 向政府查问抗战期间历年为各大学及研究机关所购图书、仪器下落案。……提案：(与第六提案合并讨论)盛彤笙、欧阳翥提。案由：请政府改变外汇政策，便利科学仪器、图书进口。理由：我国复员之后，各机关学校需用科学仪器、图书极为急切，乃受外汇影响，采购极为不易，影响研究建设工作至巨，应请政府改变外汇政策，对于科学仪器、图书之进口减少限制，加以鼓励俾科学得有充分之工具，进行工作。……原载《科学新闻》1947 年第 5 期。(中国科学院心理研究所、中国心理学会编：《潘菽全集　第八卷》，人民教育出版社，2007

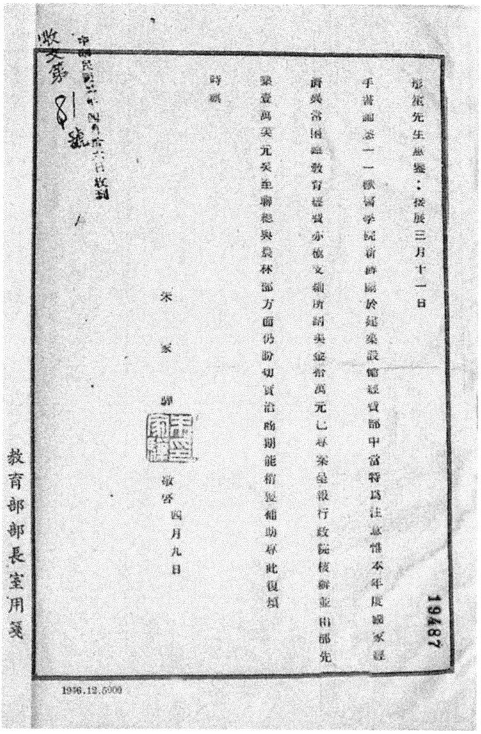
收文第81號 中華民國三十六年四月十六日收到

彤笙先生惠鑒：接展三月十一日

手書祗悉一一。獸醫學院新辦關於建築設備經費部中當特為注意，惟本年度國家經

費異常困難，教育經費亦極支絀，所請美金拾萬元已專案呈報行政院核辦，並由部先

墊壹萬美元，至聯總與農林部方面仍盼切實洽商，期能稍獲補助。專此復頌

時祺

朱家驊 敬啓 四月九日

19487

教育部部長室用箋

1946.12.5000

图 63

年，第 291—295 页）

4 月 9 日，朱家骅回信，由教育部先行垫支一万美元，在国内外订购图书仪器。

资料一（信件） 回复盛彤笙 3 月 11 日关于兽医学院建筑设备经费的函，所需十万美元已报行政院核办，先垫支一万美元，并与联总及农林部洽商，期能获得补助。见图 63。（《朱家骅致盛彤笙关于暂拨款一万美元建筑设备经费的信》，1947 年 4 月 9 日）

资料二（其他） 该院开办经费原定二十亿元，今年又由教育部增拨十五亿元，共为三十五亿元。该院院址系购得兰州市小西湖卫生署前西北防疫处牧场旧址，除原有少数房舍外，现正兴工建设兽医馆楼房一座，其他各家畜病院、畜牧场及员生住宅宿舍等亦正计划修建中。

图书仪器方面，除已在上海购得一批外，并由教育部拨发美金一万元，正向国外订购中。又联总捐赠我国之教育仪器设备，其中兽医部分指定该院有最优先获得权。闻此项仪器设备可于今秋运到应用。农林部方面亦曾就其所接收之美军剩余兽医器材拨出一部分赠与该院。前联总兽医主任史亨利氏并已在美国为该院募得图书、仪器若干，现正设法运华，预计在一二年内，该院设备即可充实。（《国立兽医学院筹备经过及概况》，《畜牧兽医月刊》1947 年第 5—7 期，第 33 页）

4 月 24 日，聘请以常英瑜为主任的建筑委员十人，筹划小西湖校舍的建设事宜。以原西北兽疫防治处交谊厅为办公地点。

资料一（信件）　常英瑜为主任委员，委员为戴竞、买永彬、王志梁等。见图64。（《盛彤笙聘请兽医学院建筑委员的信》，1947年4月24日）

资料二（报道）　据该院院长盛彤笙语记者称：该院独立，系教部已拨设备建设费十七亿元，现正准备在距离兰州三公里小西湖建立校舍，仪器亦由美购到一部。（《兰州成立兽医学院》，《华北日报》1947年4月24日第5版）

资料三（照片）　兽医学院故址内交谊厅前盛彤笙塑像见。（见图65）此建筑原为中央卫生署兰

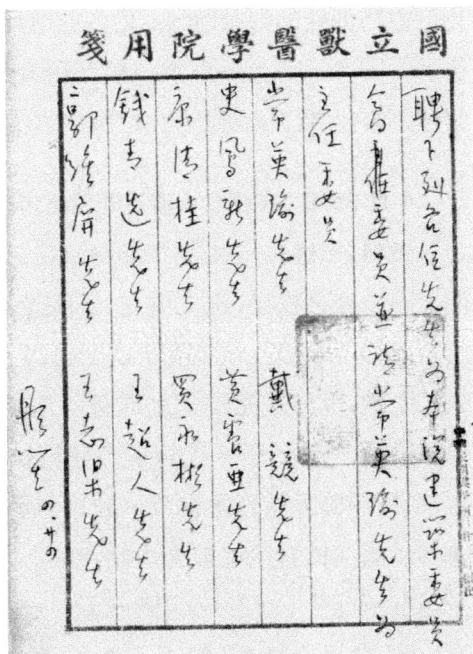

图64

图65

州卫生防疫处的办公地点,又名交谊厅,建院初期,曾为学院办公之用。现位于中国农科院兰州畜牧与兽药研究所内,保存完好,连同盛彤笙像,皆列为兰州市重要工业遗产。(2015 年 6 月 8 日,王陇平摄)

4 月 29 日,在西北大厦召开兰州市新闻界记者招待会,报告兽医学院概况。

资料(报道) 兽医学院经教部核准改为独立学院后,[立]刻就小西湖西北防疫处之牧场,正式成立,唯院址占地现仅三十余亩,与该院将来教学所需[断]不敷用。该院院长盛彤笙,为树立该院将来之基础,现于附近地区收购民地,以与兴建校舍之准备。至该院开办费,业经教部核拨十五亿元,但以物价之连续上涨,闻仅勉敷建筑校舍之用。至于美国方面,以该院之设立,系我国兽医教育之初步试验,闻极重视,将来或可于设备上界以相当之协助。盛院长以该院创立伊始,昨(二十九日)午十二时特于西北大厦招待[本]市新闻界,报告该院概况云。(《盛彤笙招待记者 报告兽医学院概况》,《西北日报》1947 年 4 月 30 日第 4 版)

4 月,兽医学院正式脱离兰州大学,独立设置,他亦履新院长之职,开始大力延揽师资,要求教师"重师必先师自重,育人先要正己"。甘肃畜牧兽医研究所师资设备等并入学院。

资料一(报道) 原属于国立兰州大学之兽医学院,顷已奉准独立为国立兽医学院,直属教部。据该院院长盛彤笙语记者称……中国兽医人材奇缺,向无专校之设立,西北为出产牛羊之区域,该院之设立对西北畜牧前途大有裨益,在该院师生努力之下,不难成为中国唯一兽医学术机构。(《兰州成立兽医学院》,《华北日报》1947 年 4 月 24 日第 5 版)

资料二(档案) 记录表登记盛彤笙的姓名、年龄、学历、经历、现任职务等信息。见图 66。(《盛彤笙在兽医学院的教师登记表》,1947 年,甘肃农业大学档案馆,主要人员调查表卷宗总文类人档第五号)

资料三(传记) 当时愿意赴西北工作的人是很少的。我采取的罗致办法有如下几种:(1) 在国内尽力设法延揽。(2) 与正在国外留学研究兽医的同道通讯预约。(3) 1947 年伪政府举办自费留学考试,我有四个学生被录取,但无力购买外汇,我遂从学校经费中拨出一部分款项为他们结购出国的旅费和半年的学费,并应允以后陆续购汇,其条件是他们回国后必须到兽医学院任教。(可惜后来伪币不断贬值,外汇价格一再猛涨,到1948年即已无力为他们继续汇款,他们只得在国外半工半读来维持学业;一人不幸患脑炎病逝美国,另一人迄未回国,已成为著名的美籍华裔药理学及毒理学家,其余二人则皆如约回校任教。)(4) 在中央大学1947届毕业生中选拔优秀,在国内就地培养,从名师学习,三年后到校以讲师名义聘用,其中最为成功者为任继周同志,现已成为全国最知

图 66

名的草原及牧草学家之一。(盛彤笙:《庸碌的一生,平凡的自述》,第20—21页)

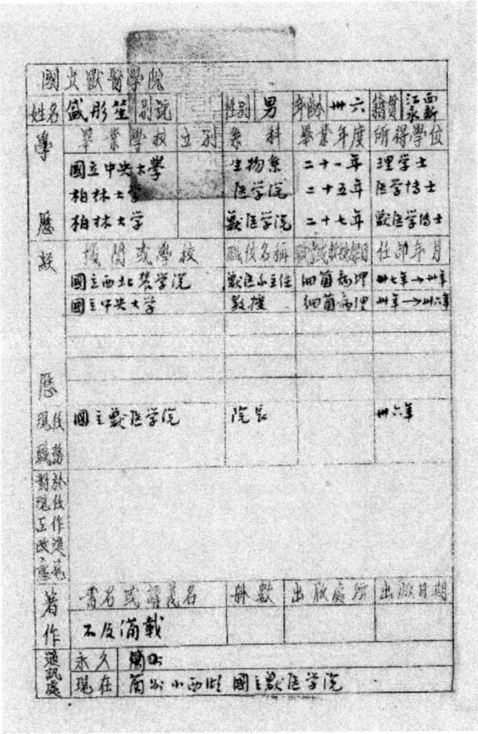

资料四(照片) 盛彤笙与兽医学院教师在学校交谊厅前合影。第一排:王超人(左一)、盛彤笙(左三)、常英瑜(左四)、买永彬(左五);第二排:李如鈇(左二)、王尔相(左三);王肇西(后排左立)。(见图67)

资料五(口述) 胡祥璧,四七年春来校,常英瑜,四七年来校。买永彬是到校的第二个教师,我是第三个。他是地下党员,六四年审查了他,六五年他就走了,去了天津环境保护研究所,"文革"后他来过学校。(《陈北亨访谈录1》,2008年1月31日)

资料六(口述) 在请来很多留洋博士的同时,盛先生也很注意从大学毕业生里选人,我就是这样来到兽医学院的。我1949年从中央大学毕业,那时东北招聘团很有吸引力,他们的招聘也很有煽动性。我应了他们的招聘,并将行李捎到了哈尔滨。后来西北解放,盛先生写信让我来兰州,我就过来了。我是他一名学生,他是老师,但我一到兰州,就被他的热情所感动。他

图 67

提前到我的宿舍,查看窗户纸有没有糊好,水缸里的水有没有打满,煤和柴有没有备够。提前至少去了三次,发现问题赶紧弥补,做事非常细致。他的这种态度在其他人身上是不多见的。(《任继周访谈录》,2008 年 9 月 20 日)

资料七(其他) 艰难之际,甘肃省政府也举手相援,助了一臂之力。1945 年 1 月,省府为发展西北畜牧事业,曾拨开办费 1 000 万、基金 3 000 万元,成立了甘肃省畜牧兽医研究所。……第二年四月,技术人员王超人、李如鈜、王尔相、王肇西及李永发等员工共八人,3 000 万元基金,以及德国制显微镜一架、189 份寄生虫标本、上百册图书等一并移交国立兽医学院,这在一定程度上缓解了新学院的燃眉之急。其中的王超人、李如鈜二位老先生均于1943 年毕业于陆军兽医学校兽医科,又同分到甘肃省府任畜牧兽医视察员,后为畜牧兽医研究所研究生,也就是研究人员,合并到兽医学院后,李如鈜为助教兼文书组主任,王超人为助教兼事务主任。他们以此为开端,数十年如一日辛勤教书育人,终身服务于甘肃农业大学。(胡云安、陈贵仁、赵西玲主编:《图说甘肃农业大学 70 年》,甘肃人民出版社,2016 年,第 64—65 页)

资料八（传记）　盛先生还经常抽空和学生一起听教师讲课,根据教师讲课的优缺点,帮助教师改进教学方法和教课内容。他对教师说:"一个班学生文化水平有高有低,对讲的课程内容理解程度不一,我们讲课不仅应当从全班学生的整体考虑,因材施教,而且要照顾到少数,不能像倒核桃枣子,把所有的知识一下子灌输给学生,一定要循序渐进地进行教学。"他不仅认真地帮助教师改进教学方法,还特别注意培养教师的优良品德作风。王肇西教授曾在盛先生手下任助教多年,并且带过从大一到大四的所有实习课,他讲:"盛先生常要求我们'重师必先师自重,育人先要正己'。作为一名教师,不仅应该有合格的业务水平,而且必须要有一定的政治思想觉悟、良好的道德修养和为人师表的风范。"(张德寿:《纪念盛彤笙先生——写于中国农科院兰州畜牧与兽药研究所成立 50 周年之际》,载中国畜牧兽医学会、中国农业科学院兰州畜牧与兽药研究所编《一代宗师盛彤笙:盛彤笙先生学术思想研讨会文集》,第 51 页)

5月,畜牧兽医界、教育界同仁及政界人士许康祖、水梓、孙汝楠等①相继来函来电,祝贺他荣膺院长,对发展西北兽医事业寄予厚望。

资料一（信件）　甘肃省立兰州高级工业职业技术学校校长王绍文致贺电:荣膺新命,希望为国育才,发展西北畜牧兽医事业。(《王绍文致盛彤笙就任兽医学院院长的贺信》,1947 年 5 月 6 日)

资料二（信件）　农林部西北羊毛改进处处长许康祖致贺函云:"贵院于鸿筹之下正式成立,无任欢欣。吾国以农立国,而畜牧事业乏科学之改进,兽医人材尤极缺乏,今幸贵院成立,造育专材,振兴畜业,端兹是赖。尤以吾兄造极蜚教,实力弥纶,故能苦心综覆,蔚然兴起。"见图 68。(《许康祖致盛彤笙就任兽医学院院长的贺信》,1947 年 5 月 15 日)

资料三（信件）　兰州市市长孙汝楠致贺电云:"荣膺部聘宣勤,以兽医之专家掌院务之重任,行见陶成畜牧人材,茂草之牛羊茁壮;拓展国防教育,边疆之铁骑纵横。"(《孙汝楠致盛彤笙就任兽医学院院长的贺信》,1947 年 5 月 15 日)

---

① 发来贺信的还有陈宜生、张桂海、陈湘藩、王士俊、罗时宁、姚光虞、闫若珉、关民权、周可涌、胡子恒、李厚征等。

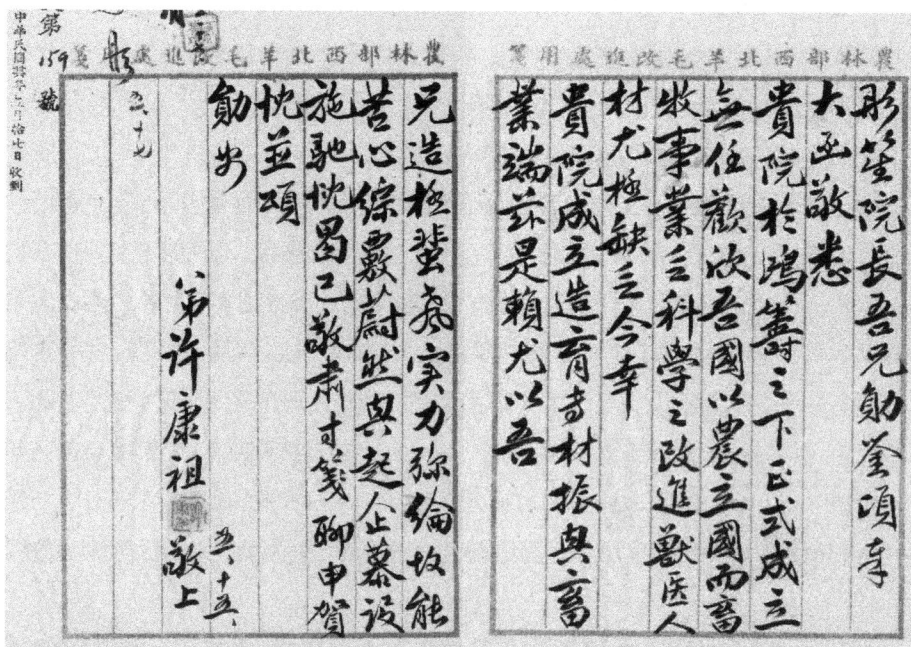

图68

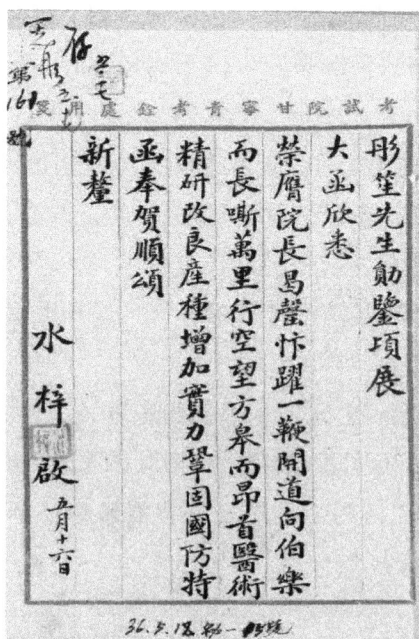

图69

资料四（信件）　考试院甘宁青考铨处处长水梓致贺函云："欣悉荣膺院长，曷罄忭跃。一鞭开道，向伯乐而长嘶；万里行空，望方皋而昂首。医术精研，改良产种，增加实力，巩固国防。特函奉贺，顺颂新禧。"见图69。（《水梓致盛彤笙就任兽医学院院长的贺信》，1947年5月16日）

资料五（信件）　农林部中央林业实验所所长韩安致函恭贺就职，云："以盘盘大才，就斯要职，措施裕如，当可预卜，此后我国兽医日起，有功牲畜之繁殖，利我国民多矣！"（《韩安致盛彤笙就任兽医学院院长的贺信》，1947年5月20日）

资料六（信件） 审计部甘肃省审计处处长王籍田致贺电云："际兹兽医学府创办伊始，经纬万端。我兄荣膺嘉命，综理院务，必能计划周详，积极推进，培育群英，发皇医务，西北广原，实利赖之。特电伸贺，并颂勋绥。"见图70。（《王籍田致盛彤笙就任兽医学院院长的贺信》，1947年5月）

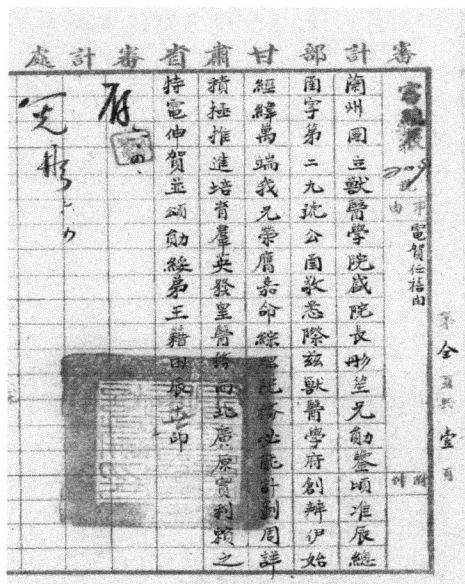

图70

6月，就兽医学院院址狭小一事致函朱家骅，请郭寄峤、马鸿逵等予以协助解决。

资料（档案） 盛彤笙亲自拟就的给郭寄峤、张维、慕少堂、水梓、马鸿逵等的函电，见图71。（台湾"中研院"近代史研究所：《兽医学院卷宗》，第22页）

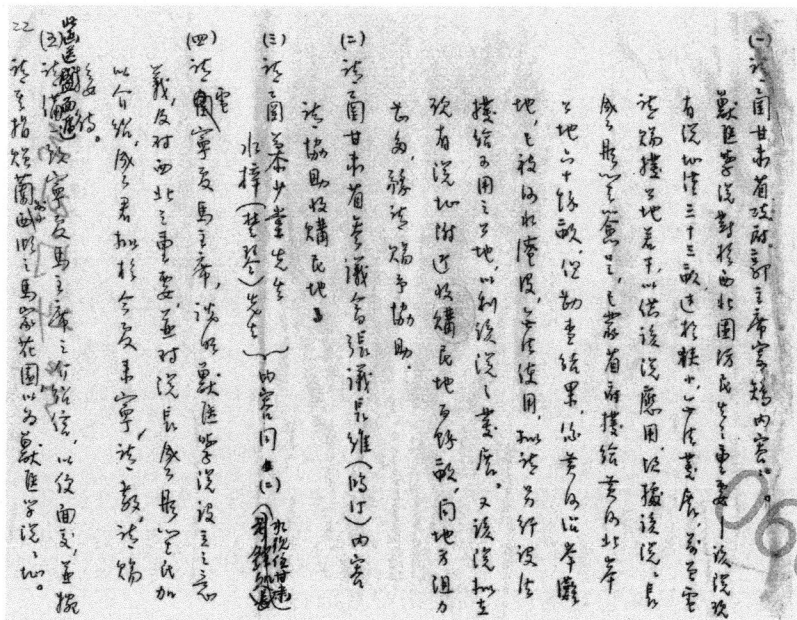

图71

7月1日,朱家骅分别致电郭寄峤等人,请他们协助解决兽医学院院址的问题。

资料(档案) 1947年7月1日,因兽医学院院址狭小,影响发展,朱家骅分别致电时任甘肃省政府主席的郭寄峤,以及甘肃省参议会议长张维、甘肃考铨处处长水梓及慕少堂,请协助征地。

致郭主席:寄峤先生勋鉴,国立兽医学院对于西北国防、民生各方面均极重要。该院现有院址仅三十三亩,过于狭小,无法发展。前曾电请赐拨公地若干以供该院应用,顷据该院院长盛彤笙兄签请,已蒙贵省府拨给黄河北岸公地六十余亩,但经勘查结果系黄河沿岸滩地,已被河水淹没,无法使用。拟请鼎赐设法另拨可用之公地以利该院之发展。又该院拟在现有院址附近收购民地百亩,确有必要,闻地方阻力甚多,亦请赐予协助,曷胜感幸。专此奉恳,顺颂勋祺。弟朱家骅。致张维、慕少堂、水梓者为同一信,文字略简。(见图72)

图72

致马主席:宁夏马主席少云兄,国立兽医学院对于国防、民生各方面均极重要,院长盛彤笙兄为国内有名之兽医专家,渠拟今夏赴宁请教,特电先届时敬请赐予接待是感。弟朱家骅。

并另备一书,送盛彤笙面递,内容略同前,外尚有:"请惠予捐赠兰州小西湖之马家花园以为该院院址。先生提倡教育不遗余力,倘蒙鼎赐,则于西北畜牧事业嘉惠实多。"(台湾"中研院"近代史研究所:《兽医学院卷宗》,第19—23页)

7月4日,马鸿逵复电表示欢迎来宁商讨。

资料(档案) 马鸿逵7月4日复电,表示对盛彤笙惠宁无任欢迎。(台

湾"中研院"近代史研究所:《兽医学院卷宗》,第23页)

7月18日,在沪致电朱家骅与谷正伦,请马鸿逵捐赠兰州小西湖之马家花园为兽医学院院址。

资料一(信件) 南京教育部朱部长钧鉴:报载宁夏马主席抵京,彤笙因公在沪,拟于日内赶回往访,恳先为介绍并请其捐赠兰州小西湖之马家花园为兽医学院院址。国际饭店607室彤笙发。(《盛彤笙致朱家骅关于将马家花园作为兽医学院院址的电文》,1947年7月18日)

资料二(信件) 交通部电信局真迹电报。原来号数29号,流水号数SN－2。发报局:上海,发报日期:七月十八日15时40分。南京中山北路人和街十九号谷部长赐鉴:报载宁夏马主席抵京,彤因公在沪,拟于日内赶回往访,恳先为介绍并代请其捐兰州小西湖之马家花园为兽医学院院址。除已另电朱部长外,特此奉恳。盛彤笙叩。国际饭店607室彤笙发。见图73。(《盛彤笙致谷正伦关于将马家花园作为院址的电文》,1947年7月18日)

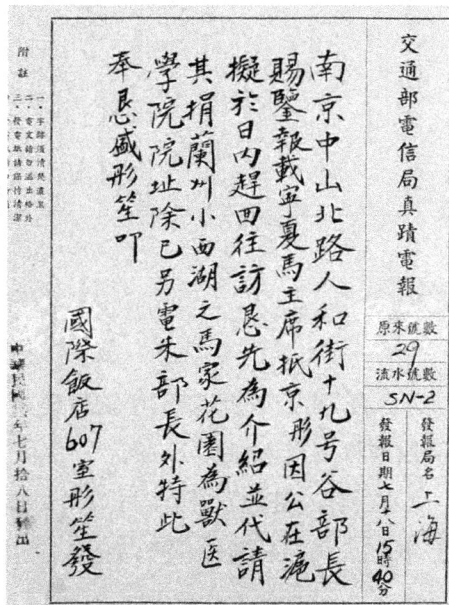

图73

7月19日,朱家骅复电请速往西宁拜访马鸿逵。

资料(档案) (1)朱家骅收到盛彤笙电报后,1947年7月19日即致电马鸿逵,言盛彤笙适在上海,即将赶回南京奉谒而承教,其人现为发展该院起见,拟请先生之兰州小西湖马家花园捐赠该院作为院址之用云云。见图74。(2)7月19日朱家骅给盛彤笙复电云已为介绍,马鸿逵日内返宁,请速往拜访。(台湾"中研院"近代史研究所:《兽医学院卷宗》,第25—26页)

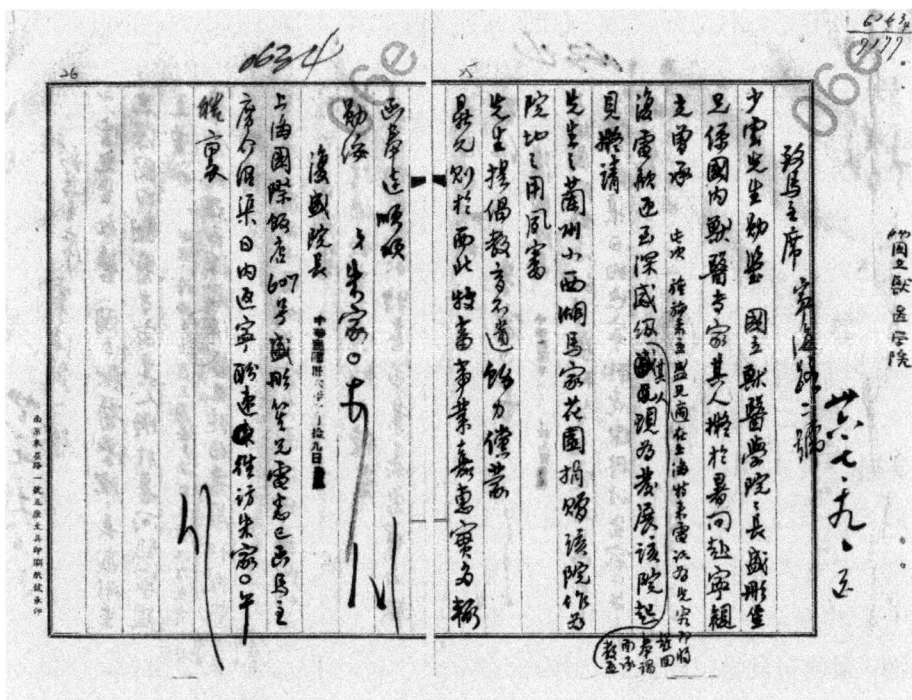

图 74

　　7月，几经波折，兽医学院教研办公实习中心大楼开工建设，对大楼每一处细节都周详考虑。

　　资料一（其他）　国步方艰，疮痍未复，库帑弥绌，撙节常支，甫能于兰州西郊市地三十三亩，复数月方克略鸠工购材，兴建伏羲堂大楼于院址之北，为教学、研究、办公之所焉。建筑之间，厄于度支，竭蹶者屡，堂成之日，巍然壮观，董其事者，本院总务主任常英瑜等诸君也。韶光倏忽，不觉二稔有余矣。（《建院史略》，《国立兽医学院校刊》1949年第1期，第2页）

　　资料二（照片）　盛彤笙（中）与总务长常英瑜（左）及教师谢铮铭（右）合影。（见图75）

　　资料三（发言报告）　在校舍的建筑方面，困难也是无比的。首先是经费太少，盖得了教室实验室就盖不了宿舍，盖得了宿舍又盖不了教室实验室，左右为难，进退维谷。经过我们慎重考虑和缜密研究之后，认为学校当以教学为第一，其他究属次要，才决定把仅有的少数开办费大部分都投资在教室和实验室的建筑上。学校虽系于四六年十月成立，但是因为反动政府做事的颟顸，第一批经费延至四七年三月间才发下来。当时正值伪法币急剧贬值，物价激烈波动，建筑公司顾虑赔累，很多都裹足不前；加之市场整个为投机倒把的风气所笼罩，正规商业无利可图，所以建筑材料也极缺乏，工程极难掌握，这中间不知经过多少周折，到七月间作为我们教学、办公、研究、实习中心的大楼才开始动工，又因兰州冬季天寒

图 75

水冻，工程必须中止，所以延至四八年六月才告落成。（盛彤笙：《四周年纪念的回顾与前瞻》，《国立兽医学院校刊》1950 年第 4 期，第 1 页）

资料四（传记） 他在建设设计方面亦才华出众，中国科学院兰州分院的研究员住宅房屋的图纸、甘肃农业大学教授住宅图纸，都是他设计的。对建设设计很注意外观及细节，如西北畜牧兽医学院的伏羲堂楼门前的几个大石柱子和家畜病院的外观，从上空看是飞机状的；对门窗亦很仔细，如门上的窗活页在窗扇下方固定，以免开窗风吹到人身上，门下外侧有一环，开门的门角上有一钩固定门，以免风吹而门被关闭等。（肖尽善：《回忆和怀念盛彤笙先生有感》，载中国畜牧兽医学会、中国农业科学院兰州畜牧与兽药研究所编《一代宗师盛彤笙：盛彤笙先生学术思想研讨会文集》，第 67 页）

夏，完成在中央大学所承担的教学任务，正式脱离中央大学。

资料（传记） 我在南京所担任的微生物学和病理学两门课程尚未结束，故我实际完全脱离中央大学的时间为 1947 年夏。（盛彤笙：《庸碌的一生，平凡的自述》，第 20 页）

　　夏,与刚从中央大学师范学院艺术系毕业的邹东明在兰州结婚,婚礼在兰州山字石教堂举行。

　　资料一(传记)　1947年夏,我与邹东明在兰州结婚,此时我年已36岁,距回国时已经九年。弟妹们与我的年龄差距很大,此时仍多未成年,甚至有的才初中毕业,仍有待我的扶持,我的寡姑则不久后在老家去世,不需我赡养了。(盛彤笙:《庸碌的一生,平凡的自述》,第22页)

图76

　　资料二(照片)　盛彤笙与邹东明的结婚照。1947年7月拍摄于上海。(见图76)

　　资料三(传记)　1947年夏,盛彤笙与邹东明女士从南京来到兰州,结婚成家,更显示了他献身西北畜牧兽医事业的决心。虽然人地两疏,手中房无一间,将无一员,加之封建军阀势力的猖獗,经费的困难,物价飞涨,交通阻隔的境地,摆在面前的难题很多。但盛彤笙和同道们筚路蓝缕,惨淡经营,从招收学生、设置课程、厘定章则,到筹措经费、修建校舍、购置仪器等,各项事务都开始在极度艰难中进行。(胡云安、陈贵仁、赵西玲:《远牧昆仑:盛彤笙院士纪实》,第59页)

　　资料四(口述)　她如果不离开南京,一直搞专业的话,也是个了不起的人了。二十世纪四十年代末,婆婆随父亲从南京到了兰州,当年兰州的生活条件与南京有着天壤之别,但是,为了父亲能在艰苦的大西北开创出一番畜牧兽医事业来,她完全牺牲了自己的一切,特别是自己的专业也放弃了,很多人为她感到惋惜。……我母亲和父亲年龄相差12岁,外祖父看重的是父亲的才华和他能够成就一番事业的潜质,才把女儿嫁给了他。(《盛天舒、马晓琳访谈录》,2009年10月11日)

　　资料五(口述)　嫂子邹东明1923年出生,要比哥哥小12岁,他们刚开始见面的时候,她叫我哥叔叔。她是中央大学的校花,人长得很漂亮,她本人是搞美术的,专业上也学得好,有造诣。为了哥哥的事业她做出的牺牲很多,她的家境很好,父亲邹钟琳是中大教授、我国著名的昆虫学家,是他看上了哥哥这个人,才把女儿嫁给他的。(《盛佩芝访谈录2》,2009年11月6日)

资料六(传记) 1947年,邹东明女士辞别江南,离开故乡和亲人,来到兰州与先生完婚,因为学校当时还没有像样的礼堂,婚礼只好定在兰州市山字石天主教堂,大家为他俩操办了一个简单而又时尚的婚礼,这个婚礼没有按照中国礼俗大摆宴席,而是按照西方仪式,绅士风度的新郎和婚纱委地的新娘手执手走进教堂,在上帝面前互相承诺,"无论是富有还是贫穷、无论是健康还是疾病……"。他们觉得这是不言而喻的,不需特别说出他们共同志向,对人生的共同理解,是语言上的海誓山盟无法表达的。他们没有度蜜月,这不仅因为他们囊中羞涩,更是因为他们珍惜一分一秒,他们不愿把黄金般的年华浪费在卿卿我我的爱河之中。所以先生将夫人安排好,匆匆又投入紧张而亟待继续的工作中。(苏普:《缅怀随笔——恩师盛彤笙百味人生》,载中国畜牧兽医学会、中国农业科学院兰州畜牧与兽药研究所编《一代宗师盛彤笙——盛彤笙先生学术思想研讨会文集》,第73—74页)

8月2日,中华自然科学社兰州分社第一次理监事会议在兰州大学召开,由杨浪明代为出席,讨论今后分社的工作,介绍新社友。

资料(报道) 兰州分社第一次理监事会议记录

地点:国立兰州大学接待室,三十六年八月二日下午三时

出席人:盛彤笙(杨代)、王德基、杨浪明、张怀朴、程宇启、买永彬

列席人:程溥　主席:王德基　记录:买永彬

讨论:(一)今后本分社工作应如何推进案。议决:1. 兰州科学教育馆最近拟出版一刊物,本分社当尽力协助之。2. 本分社应随时敦请科学界名人讲演。3. 凡有关于西北方面之科学考察团体,本分社社友应尽量参加之。4. 本分社社友当竭力设法推广社刊《科学世界》,以各机关学校为推广目标。5.《中国科学汇刊》及《科学世界》两刊物,本分社社友应踊跃投稿。6. 科学广播:由王德基社友向兰州广播电视台接洽,每半个月广播一次。广播社友次序如下:1. 戈福祥,2. 王德基,3. 许继儒,4. 王雏文,5. 张怀朴,6. 盛彤笙。

(二)新社友介绍:此次经本分社提名之新社友共有十位,其姓名、专攻学科及通讯处如下:程溥,化学,经济部兰州工业试验所;李诗豪,物理,国立西北师范学院;许继儒,化学,国立甘肃科学教育馆;王雏文,化学,甘肃省政府建设厅;刘宗鹤,数学,国立兰州大学;李良乐,土木工程,同上;徐五福,地理,同上;王长仕,数学,同上;常英瑜,畜牧,国立兽医学院;陈北亨,兽医,同上。(《兰州分社第一次理监事会议记录》,《中华自然科学社社闻》1947年第2期,第16—17页)

8月6日,《甘肃民国日报》以《兽医学院新生中》为题,报道学院大楼的基建、规模,以及学生寝室、师生上课等情形。

资料(报道) 一进门,夹道迎人的是马路两旁的洋槐和扁柏,马路的尽头是块圆圆的花圃,现在正是花苗枝叶招展、含苞欲放的时候。大楼兽医馆已经开工,土方正在加紧赶工中,据云将来竣工之日,这座长八十一公尺的兽医馆在建筑艺术的观点上说来,在兰州恐怕是绝无仅有的。寝室虽是旧房子改的,却倒也堂皇富丽;同学们认为美中不足的一点就是:窗子太高了一点;假若窗子摆在合适的地方,那可说是很考究的洋房了。寝室里面粉白的四壁配上银灰色的门,在色彩上格外显得调和、幽雅。提到教室里的情形,那是蛮有趣味的:当你一踏进教室门,会使你悚然缩步的就是墙角上的那个马的骨骼架子,肋骨棱棱可数,四肢虽然被连缀得七歪八扭,可是还持保着马的特形。教室里挨着墙根的书架上,琳琅满目的不是书籍古玩,而是皙皙的马牛的骨骼标本。每天,刚一响预备上课铃子的时候,工友们就会气喘吁吁地扛进个庞然大物来,那是剥了皮的浸在药水池子里的驴子;虽然强烈的药味刺着人们的鼻孔、眼球,可是同学却以愉悦的眼光看着驴子躺在解剖台上。上完第一节课的时候,助教先生就拿解剖用的刀子、钳子来;一等到工具拿到之后,同学们按着划好的解剖区动起手来。依肌肉的起止、位置和肌纹辨认着每个肌肉;神情至为专注,全国解剖权威胡祥璧博士,这时口角烟丝缠绕,神情至为飘逸。校内的空地,都被木料、砖、瓦占着了。袒胸裸臂的工人,忙碌着自己的工作;锄铲的地,斧锛清脆平着木料,……一切的声音融合成一片悠扬肃穆的交响曲。马车轻快地跑着,监工的眼睛到处溜动着;办公室的人员浸润在严肃工作的气氛里,一切一切都是说明兽医学院在新生中。(黄石:《兽医学院新生中》,《甘肃民国日报》1947 年 8 月 6 日第 4 版)

8 月 14 日,郭寄峤复电表示学院自行选择公地后函知省政府核拨。

资料(档案) 8 月 14 日郭寄峤复电摘由笺,言拨给公地应由兽医学院自行选择函知本府核拨,至征购民地,该院递呈行政院核办,俟奉令后照办。签批为已函知盛彤笙。(台湾"中研院"近代史研究所:《兽医学院卷宗》,第 29 页)

8 月,寄言即将留学美国的助教廖延雄:"君子不忘其本,到时回来,为祖国效劳。"

资料一(其他) 经一年准备,于 1947 年 8 月赴美国堪萨斯州立大学(Kansas State University)研究生院深造,主科为兽医微生物学,副科为兽医病理学。在 L. D. Bushnell(布什内尔)教授指导下,从事鸡新城疫病毒研究,于 1951 年 1 月获博士学位。在美期间,廖延雄曾任堪萨斯州立大学中国同学会主席两年(1948 年 8 月至 1950 年 7 月),1949—1950 年任中国科学工作者协会美国分会堪萨斯州区会秘书,并于 1950 年被美国荣誉农业社团 Gamma Sigma Delta 邀请加入该社。(《廖延雄》,载中国科学技术协会编《中国科学技术专家传略 农学编 养殖卷2》,第 293 页)

资料二(其他) 1950 年,我准备回国。那时……抗美援朝刚开始。台湾的……程天放先生亲笔写了一信,希望我去台湾,待遇优厚。我没回信,如回信不去,怕引起麻烦……美国有些研究单位如生物药品厂以及学校,都希望我去工作,有的教授也劝我留在美国。他们劝我说:"回国,工作条件不如美国;留下,一年的节余可购一部小卧车,再过几年,可购一幢小别墅。"但我却牢牢记住两位长者的话。一位是我出国时的中央大学校长吴有训先生(……后任中国科学院副院长、学部委员,也是江西人,他在美国的老师是诺贝尔奖获得者康普顿教授),他准备回国时,其师劝其留下,吴说:"毕竟我是中国人。"我出国前向吴校长告别时,吴校长最后的一句话是:"廖延雄,你别忘了你是中国人,学成之后,要归国。"另一位是恩师盛彤笙,他说:"君子不忘其本,到时回来,为祖国效劳。"(廖延雄:《陇原上度过我最好的年华》,载甘肃省政协文史资料委员会编《陇原创业的人们》,甘肃人民出版社,1994年,第18页)

8月28日,致信朱家骅,邀请他参加学院新建大楼伏羲堂的奠基仪式。

资料(信件) 骝公部长钧鉴:本院所建大楼经多方努力,业已开工,拟定名为伏羲堂,以垂永久。盖伏羲为传说中我国畜牧兽医始祖,又系本省人,今以人名名堂,于本院之创置、先圣之纪念,似含有勉励追远之意。谨函附呈伏羲堂铭乙纸,敬请鉴示。现此堂开工伊始,拟请钧座奠基,以昭郑重。倘不克亲临主持,请指定代表参加为祷。专肃奉恳,敬请道安!附呈:伏羲堂铭乙纸。盛彤笙 谨启 八月二十八日。见图77。(《盛彤笙请朱家骅出席伏羲堂奠基仪式的信》,1947年8月28日)

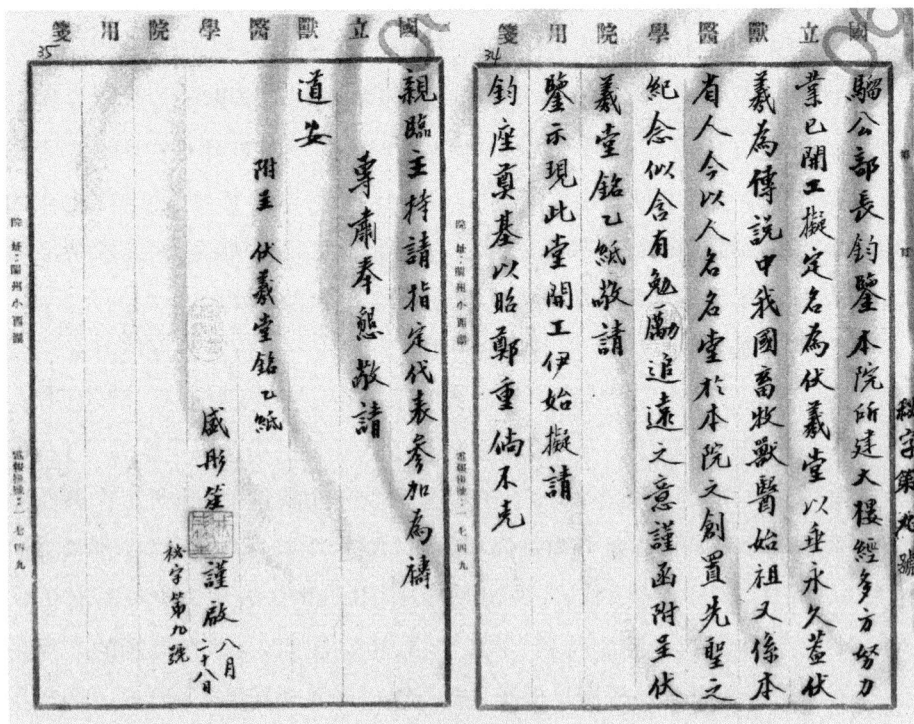

图77

9月9日，朱家骅回函告知因道阻无法参加伏羲堂奠基仪式，已请辛树帜代为出席。

资料(信件)　朱家骅告知盛彤笙伏羲堂奠基之事，因道阻不克参加，已函请辛树帜代为参加，并书就伏羲堂基铭寄上。见图78。(《朱家骅致盛彤笙告知不能赴兰为伏羲堂奠基的函》，1947年9月9日)

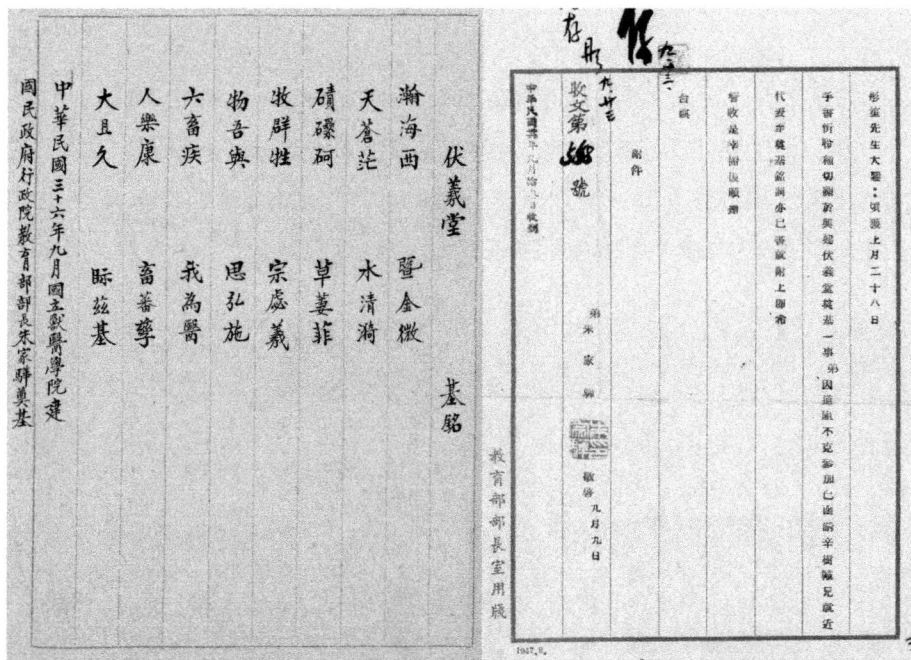

图78

9月，与辛树帜拟定兰州大学与兽医学院三十六学年合作办学办法，并呈教育部备案。

资料(档案)　根据教育部1946年12月20日的训令，1947年9月，辛树帜与盛彤笙签署合作办学办法，内容如下：

一、乙方一年级学生由甲方代为训练其基础功课，在甲方受业。

二、乙方补助甲方教授二人、助教一人，由乙方聘任之，但得由甲方加致聘函，补助职员二名办理教学上之事务，另补助工友二名。

三、乙方一年级学生在生活及教学上得与甲方学生享受同等待遇。

四、上述乙方补助甲方之教职员及眷属均住甲方,由甲方供给生活上一切便利,唯其到职旅费及特种福利均由乙方负担。

五、乙方一年级学生应遵守甲方一切规章,如有逾越,得由甲方按章惩处。

六、双方图书得相互借阅,其办法另定之。

七、乙方学生在甲方化学实习所耗损之药品、仪器由乙方购买偿还甲方。

八、本办法如有未尽事宜,得由双方随时商定之。

九、本办法自双方签订之日起生效,并由双方会同呈部备案。见图79。(《兰州大学和兽医学院三十六学年合作办学年度办法》,1947 年 9 月,甘肃农业大学档案馆,伏羲堂卷宗秘类第六档)

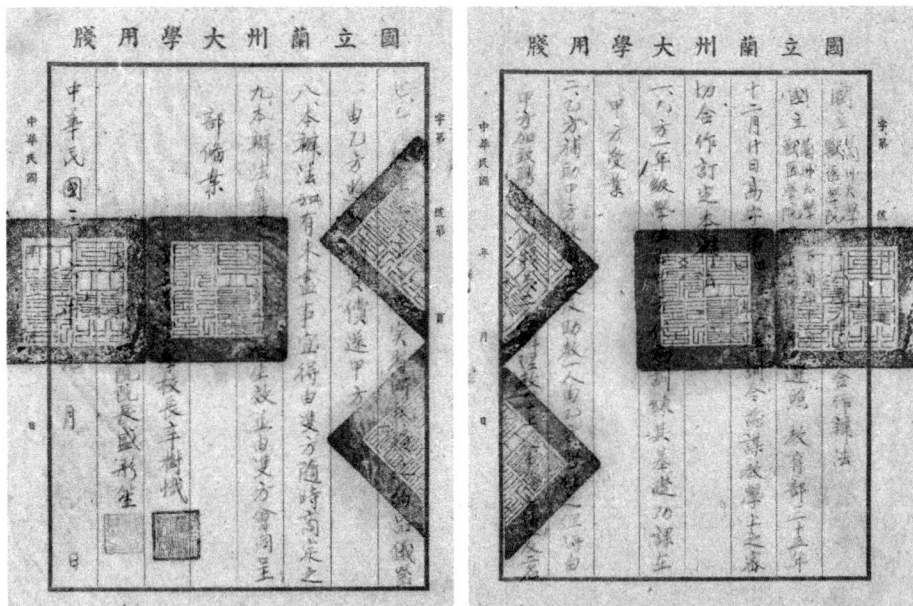

图 79

10 月 10 日至 14 日,甘肃省第一届运动会在兰州红山根体育场举行,他派学生代表兰州市参加比赛,并为大会题词纪念。

资料一(其他) 甘肃省第一届运动会:民国三十六年(1947 年)10 月

10日至14日在红山根体育场举行。全省10区1市：一区（岷县）、二区（酒泉）、三区（庆阳）、四区（天水）、五区（临夏）、六区（武威）、七区（平凉）、八区（武都）、九区（临洮）、直辖区（皋兰）和兰州市共11个体育代表队，1 002人（运动员872人，领队、教练、职员130人）参加大会。兰州市组成289人（运动员260人，领队、教练、职员29人）的体育代表队，参加全部竞赛项目。经过五天的比赛，夺得田径团体总分第一名、足球（男高组、男中组）、篮球（男高组、男中组、女高组、女初组）、排球（男高组、男中组）、垒球（男中组、男初组）4项10组冠军。（兰州市地方志编纂委员会、兰州市体育志编纂委员会编纂：《兰州市志第六十卷　体育志》，兰州大学出版社，1998年，第225页）

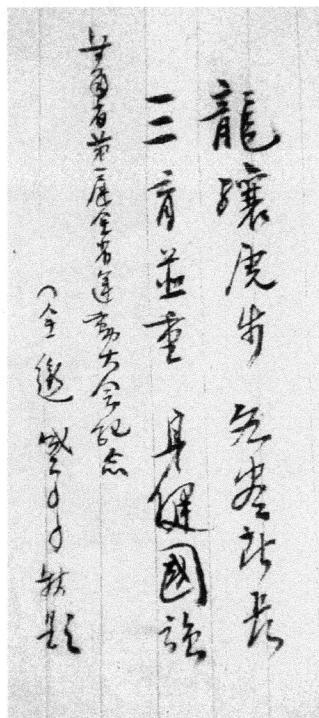

图80

　　资料二（手稿） 1947年，盛彤笙为甘肃省第一届运动会题词："龙骧虎步，各尽所长。三育并重，身健国强。"见图80。（《甘肃省第一届运动会的题词》，1947年10月）

10月，与夫人邹东明在学院交谊厅前合影留念。

　　资料一（照片） 1947年10月，盛彤笙夫妇新婚后在兽医学院的交谊厅前合影。（见图81）

　　资料二（口述） 1947年，嫂子到兰州来完婚，她到大西北来真是吃苦来了。兰州当年没有交通车，出行很不方便。冬天天气寒冷、滴水成冰，我在师大上学时，冬天从小西湖到十里店，是从冰上走过去的。吃水要靠马车到黄河去拉，回来后用明矾沉淀后才能用。根本没有什么好东西吃，能吃上大米饭，都是很稀罕的事，能有青海的冻鱼吃，已经很不错了。嫂子到兰州以后，把专业丢了，也没有工作。兰州解放前几年，社会上很乱，外出做事不安全，所以哥不让嫂子出门。（《盛佩芝访谈录2》，2009年11月6日）

图81

11月12日,中国农业科学研究社在上海举行成立大会,他被聘为顾问。

　　资料一(其他)　　小史:中国农业科学研究社简称"中农"社,是在一九四七年夏天一群农科职业青年发起的。当初是想集合一些朋友谈谈如何在离开学校以后能够继续学习上进并把职业上的工作做得很好。经过了几次漫谈以后,大家觉得把学习和工作弄好也不单纯是为了自己,更重要的倒是如何能配合建设我国的科学事业。于是大家又觉得几个人的力量是不够的,应该有一个社,在社的周围,农科青年可以团结起来做一点事情。即着就开始征社友,拟社章,呈请社会部审核备案,一切工作都非常迅速地进行。十一月十二日国父诞辰的一天,陕西南路中国科学社礼堂里到了一百多位舍友,三十多位顾问和来宾,开了一次热烈的成立大会,从早晨到下午三时,通过了社章,选出了理监事和理事长,"中农"社就在这严肃愉快的空气中诞生了。……特色:"中农"社的第二个特色是有一个顾问团,农业界的前辈、专家学者,凡是爱护这个社的和喜欢指导着一群青年的,"中农"都愿意聘请他们为顾问,"中农"是一个实干的团体,但他们也非常尊敬前辈们和他们的研究。(《中国农业科学研究社: 农业工作者们之家》,《农业展览会特刊》1948 年 4 月,第 15 页)

资料二(报道) 名誉赞助人: 方治、杜月笙等 8 人;赞助人: 李叔明、何尚平、蔡无忌等 12 人;顾问(以笔画多少为序): 朱雄(金陵大学农学院教授)、汪国舆(清华大学教授)、马保之(农林部司长)、许康祖(中央畜牧实验所副所长)、盛彤笙(兰州小西湖国立兽医学院院长)、程绍迥(中央畜牧实验所所长)、陈之长(国立中央大学兽医系教授)、邝荣禄(中央畜牧所细菌部主任)、罗清生(国立中央大学农学院院长)等 47 人。(《首次农业展览会名誉赞助人、赞助人及顾问名录》,《农业展览会特刊》1948 年 4 月,第 4 页)

11 月 19 日,复旦大学原校长李登辉病逝,撰写挽联悼念。

资料(其他) 祭悼纪念文辞: 四十年献身教育,争羡桃李门墙,复旦英才满天下;七千里遥望铭旌,犹忆春风皋比,半床文稿拂烟云。盛彤笙敬挽。……(六) 各地追悼会志要: 十一月二十一日为追悼李老校长之一日,全国哀悼,除南京于该日由于右任、邵力子校友专程来沪参加外,各地同学会均在各地展开肃穆之追悼礼。……兰州由西北文协、兰大、师院、农专、科学教育馆及同学会七团体合组在青年会举行,由兰大训导长段子美主祭,由中信局经理管照微校友报告,嗣由考铨处水处长楚琴、甘教厅长宋恪等致词。(李老校长纪念工作委员会编:《李登辉先生哀思录》,1949 年,第 58、79 页)

11 月 27 日至 30 日,中国畜牧兽医学会第五届年会暨中国农业界各专门学会于南京召开,与程绍迥、罗清生、许康祖等当选为学会下届理事。

资料(其他) (一)开幕典礼: 中国畜牧兽医学会第五届年会暨中国农业界各专门学会于三十六年十一月二十七日上午九时,假南京黄浦路励志社大礼堂,举行联合会。至十一月三十日各会员分组参观南京有关农业机器后闭幕。……(二)预备会议……(三)专题讨论与宣读论文……(四)提案讨论……四、请政府增设东北、东南、西南兽医学院案。议决: 缓议……(五) 本会第五届年会会务会议记录。地点: 南京小行镇中央畜牧实验所会议室。时间：三十六年十一月廿九日下午四时。参加者许康祖、杨守绅、虞振铺等六十二人。主席：虞振铺。记录：陶履祥。……丁、选举下届监理事。选举结果——计选出程绍迥、罗清生、许康祖、盛彤笙、杨守绅、崔步青、陈之长、郑庆瑞、卢润孚、熊德邻、濮成德、马闻天、刘行骥、邝荣禄、虞振铺为下届理事。郑庚、陈超人、王栋为下届监事。（陶履祥：《会议纪要》，《畜牧兽医月刊》1948年第4—5期，第21—23页）

11月，撰《伏羲堂记》，刻石以为永久纪念。

资料一（档案）　中华民国卅五年秋，国民政府以西北畜牧生产事业有待于兽医科学者綦夥，乃于兰州创立兽医学院。俾肩兹重任，国步方艰，疮痍未复，库帑弥绌，学院撙节常支，积累数月，甫能就皋兰西郊市地为院址。复数月，方克略鸠工与材，作此一堂，为永久院舍。伏羲者，传说中吾国畜牧兽医之祖，故名堂曰"虙羲"①，用追前烈。建筑之间，厄于度支，竭蹶者屡。堂成日，谨溯经营始末，刊石以示来兹，庶知创业艰难，乃朝乾而夕惕，思所以报国之厚惠焉尔。中华民国卅六年十一月　国立兽医学院院长盛彤笙谨记。见图82。

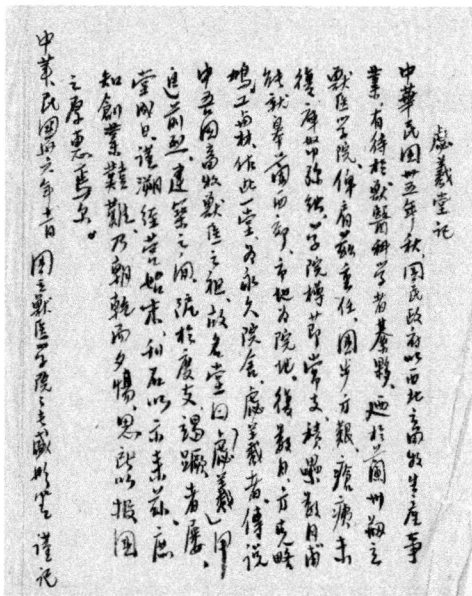

图82

（《伏羲堂记》，1947年11月，甘肃农业大学档案馆，伏羲堂卷宗秘类第六档）

资料二（手稿）　《伏羲堂记》拓片，见图83。原刻石现存甘肃农业大学校史馆。

----

① 虙羲，即"伏羲"。

图83

1948 年　　38 岁

1月1日，《科学世界》第 17 卷第 1 期出版，聘为兽医科特约编辑。

资料一（其他）　中华自然科学社编印《科学世界》（三十七年一月号）各科特约编辑：天文（张钰哲），算学（陈省身），物理（钱临照），原子物理（卢鹤绂），无线电（孟昭英），化学（曾昭抡），物理化学（卢嘉锡），植物（陈邦杰），动物（伍献文），地质（李庆远），气象（李炯），心理（潘菽），航空（曹鹤荪），土木（王之卓），测量（陈永龄），水利（陈克诚），造船（辛一心），矿冶（孙德和），电机（张钟俊），化工（陈彬），纺织（钱宝钧），卫生工程（王岳），农艺（蒋彦士）；园艺（章文才），森林（郑万钧），昆虫（黄其林），畜牧（汤逸人），兽医（盛彤笙),农化(吴亭),植物病理(魏景超),药学(张昌绍),生理(徐丰彦),细菌(魏曦),药理(张昌绍),传染病(乔树民),药学(孙云焘),水产(薛芬),海洋(唐世凤),新闻(姚国珣)。(《〈科学世界〉各科特约编辑》,《科学世界》1948年第 1 期,封三)

资料二(其他) 编辑委员会:丁瓒、王大珩、方俊、吕大元、任美锷、李方训、李国鼎、余瑞璜、俞调梅、范谦衷、唐世凤、涂长望、黄异生、黄瑞采、张昌绍、张钟俊、曹仲渊、曹鹤荪、陈邦杰、陈省身、陈彬、陈岳生、裘家奎、樊庆笙、钱临照、薛愚、钱明、姚国珣。(《科学世界》编辑委员会:《中华自然科学社编印〈科学世界〉 三十六年十二月号》,《科学世界》1947 年第 12 期,封三)

2 月 18 日,著名学者、传记作家许寿裳在台北寓所遇害身亡,他撰诔词以悼念。

资料(手稿) 季茀先生千古:耆贤硕德,文苑主司。洪都敷教,海隅钦迟。何物盗跖,肱篚劫持。星沉北斗,士失经师。金城遥奠,拜献诔词。盛彤笙敬撰。(见图 84)

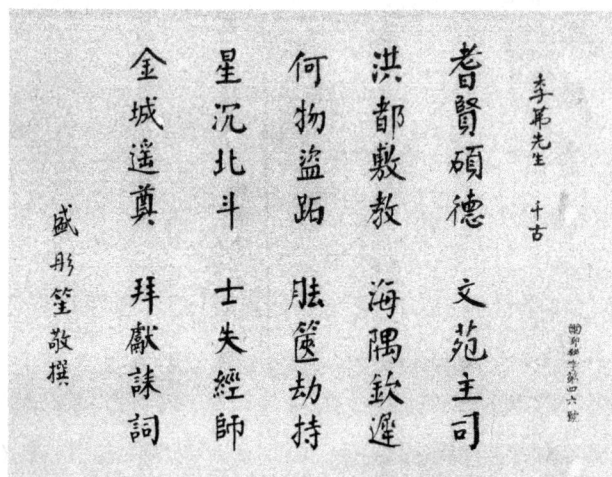

图 84

2 月 25 日,签署亲自拟定的征求院歌启事,撰校歌歌词一首。

资料一(手稿) 盛彤笙手书《国立兽医学院征求院歌歌词启事》1 份,共

1 页。见图85。(《国立兽医学院征求院歌歌词启事》,1948 年 2 月,甘肃农业大学档案馆,校歌卷宗文类第五档)

资料二(档案) 《为悬奖征求本院校歌歌词请踊跃应征以便评议致酬谢的启示》1 份,共 1 页。2 月 25 日拟稿,经盛彤笙签字,于 26 日发文。(《为悬奖征求书院校歌歌词请踊跃应征以便评议致酬谢的启示》,甘肃农业大学档案馆,校歌卷宗文类第五档)

资料三(手稿) 盛彤笙手书《校歌歌词》一份,共 1 页。其词曰:"西面高耸着昆仑,北面蜿蜒着长城,黄河从我们旁边流过,波浪奔腾;这儿是中华民族的发祥地,永生着伏羲和神农的灵魂;这儿屹立着我们的校舍,荟萃着后起的精英。浩浩乎天山瀚海大无垠,风吹草低,牛羊成群,驼铃阵阵,牧马长鸣;在这大西北的原野上,正好任我们驰骋;我们要以青天为幕,大地为营,风餐露宿,不避艰辛;我们要手脑并用,深入农村,广施仁术,泽被苍生,看百兽率舞,寿域同登!"见图86。(《校歌歌词》,1948 年 2 月,甘肃农业大学档案馆,校歌卷宗文类第五档)

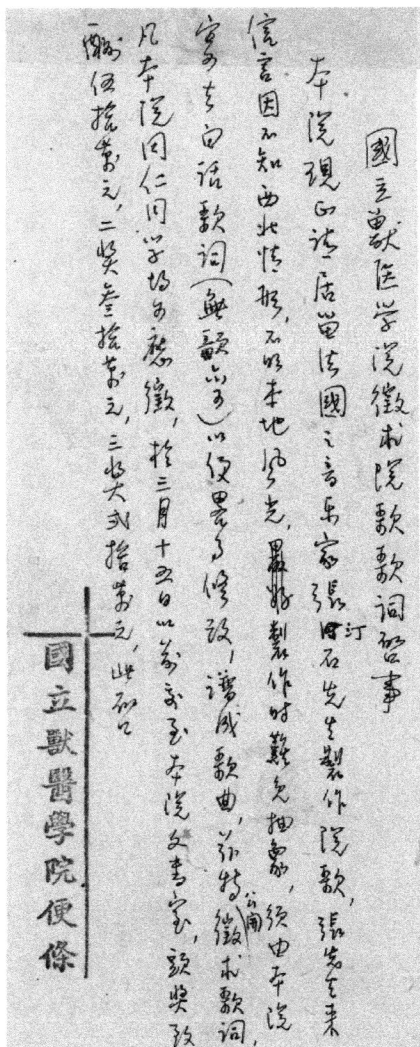

图85

约 2 月,为兽医学院设计校徽及公函封。

资料一(其他) 盛彤笙为兽医学院设计的校徽(校友根据回忆制作的校徽见图87)。

资料二(传记) 盛彤笙亲自设计了校徽,倒三角形,蓝底黄边,中间是

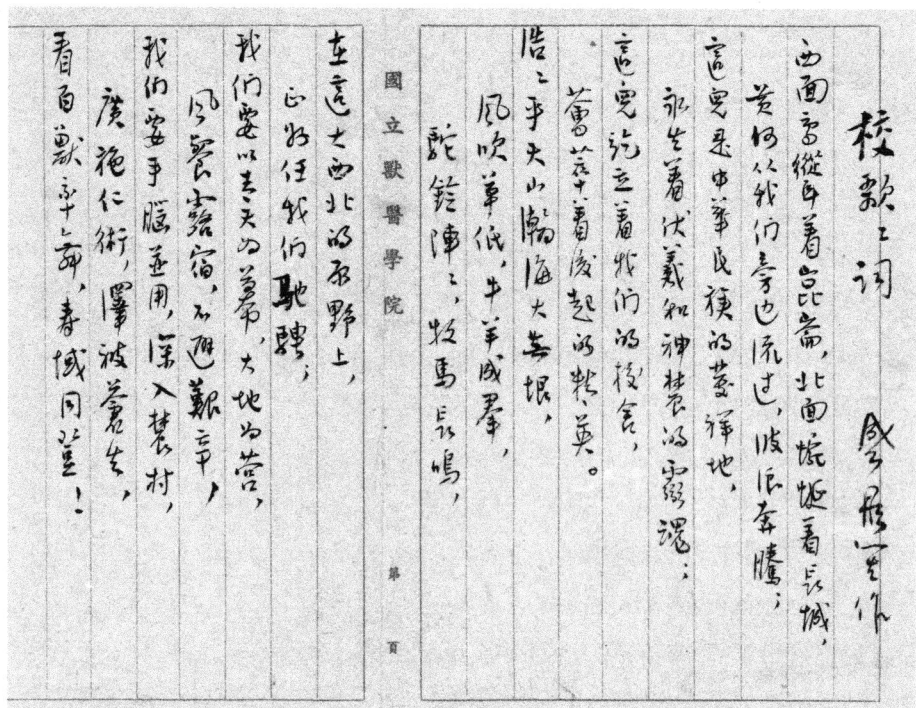

校歌之词　盛彤笙作

西面宫城竦着崑崙，北面堆堆着长城，
黄河从我们家乡流过，坡派奔腾，
言之是中华民族的蒙祥地，
永生着伏羲和神桀农冯霉瀔，
蓄发看着我们的校舍，
蓄蒙中看废起的荣美。
阶之手天山临海大荒眼，
风吹草低，牛羊成群，
骆铃阵阵，牧马长鸣，
主意大西北的原野上，
正将任我们驰骋；
我们要以志天为幕，大地为营，
风餐露宿，不避艰辛，
我们要手脑并用，深入农村，
广施仁术，泽波著生，
看百献平章，寿俄俄同莹！

國立獸醫學院
第　頁

图86

图87

两条缠绕在宝剑上的蛇，寓意着长剑斩毒蛇，这也是现代兽医的标志，很有特点，增强了学生的自豪感。我们遍访早年的校友，想征集这一校徽，看一看兽医学院昔日的风采，但谁都没有保存，终未如愿。据有的校友回忆，当年兽医学院声誉较高，戴上校徽在兰州进体育场、剧院、茶馆都可免费。为避免流入社会，有人利用其做影响学校声誉的事，一般在学生毕业时，学校将校徽收回，所以大家手头上都难以找到。（胡云安、陈贵仁、赵西玲：《远牧昆仑：盛彤笙院士纪实》，第206—207页）

　　资料三（其他）　盛彤笙亲自设计的带有校徽标识的兽医学院公函封。（见图88）

图 88

2月26日,在兰州三爱堂参加张治中离开西北前的文化界联谊会,认为当前全国最大的问题是觅致全面和平。

资料(报道) 张文白先生离西北前,举行了一次文化界联谊会,……昨天,明朗的星期日,从早上十时起,三爱堂前便陆续到了许多文化界的嘉宾……张长官提出一个问题向"各界先生请教":"我还是留在西北,为西北保全、安定与进步努力呢? 还是遵照中央命令继续去奔走全面和平呢?"……兽医学院院长盛彤笙氏一鸣惊人,慷慨陈词,认为"当前全国最大的问题是在觅致全面和平,如果此事必须张长官尽力而可以达成,则西北人民忍受一种短期的牺牲也可"。掌声淹没了这一位科学教育者的语声,张说:"这算是领教了!"(《张治中行前一声雷——那是郁郁的雷,有苦闷,有牢骚》,《新闻杂志》1948 年第 11 期,第 9 页)

3月18日,校歌评奖结果公布,第一至三名分别为袁石民、秦和生、王肇西。自撰校歌未参与评奖,作为正式校歌送往南京音乐学院、上海音乐专科学校谱曲。

资料一(档案) 《为悬奖征求校歌歌词揭晓》1 份,共 2 页,1948 年 3 月 17 日由盛彤笙签署,18 日发文。文中称收到稿件七份,盛彤笙却酬,余则评出第一名至第三名,分别为袁石民、秦和生、王肇西。见图 89。(《为悬奖征求校歌歌词揭晓》,1948 年,甘肃农业大学档案馆,校歌卷宗文类第五档)

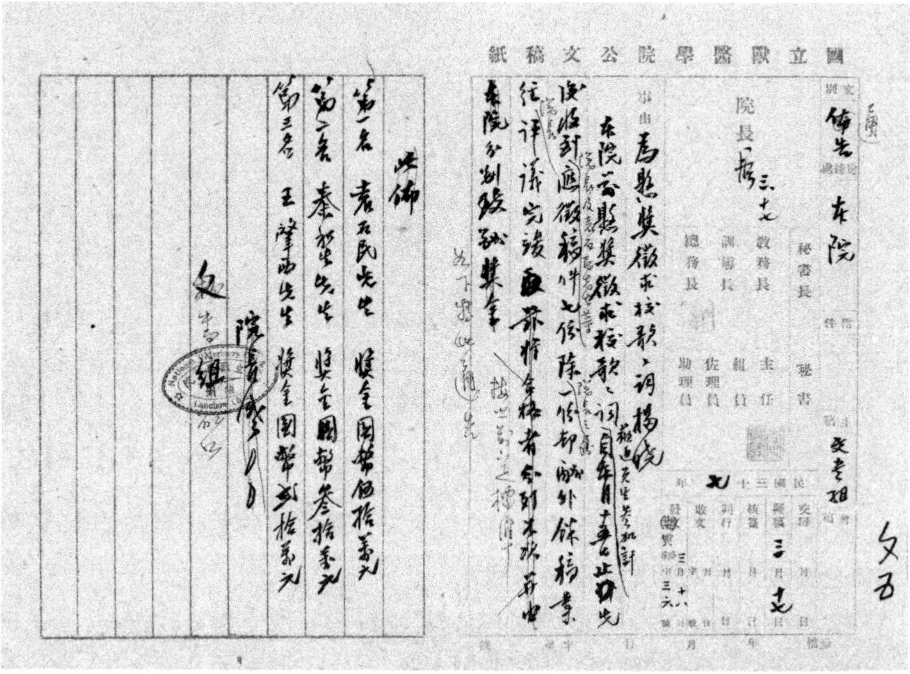

國立獸醫學院公文稿紙

图 89

资料二(档案) 请南京音乐学院、上海音乐专科学校为校歌谱曲的公函,共 3 页,附重新誊写盛彤笙所作校歌一首。(《公函》,1948 年,甘肃农业大学档案馆,校歌卷宗文类第五档)

3 月,与朱晓屏合编的《兽医细菌学实习指导》第二版被列为"国立兽医学院丛书第一种"出版发行。

资料一(专著) 盛彤笙三十七年三月序指出:本书初版问世未及半载即告售罄,可见我兽医界对于此类教本需要之迫切。数年来应用之结果,深感需加修改补充之处甚多,久欲订正再版,今始如愿。新版之中主要修改,乃将染色剂及染色法、培养基制备法、培养基反应滴定法、生物化学试验法等改编为附录六章,列于卷末,以便检查;又于每试验之后,各附问题若干则,以助学生之温习思考,他如牛流产病之玻板凝集试验,乃兽医上常用之技术,在我国亦日渐重要,青霉菌素为细菌学上新近之重要发明,亦于补入,其他细微之修改,不及备举。增订工作多承朱晓屏君协助,故以后改由二人

之名义发行。该书封面见图90。（盛彤笙、朱晓屏:《兽医细菌学实习指导》第二版,兽医学院出版组,1948年）

资料二（传记） 第二版是根据朱晓屏走时留下的补充稿由盛师修改而成,所以第二版的编者是盛彤笙、朱晓屏。（廖延雄:《缅怀恩师盛彤笙》,载江西省立南昌二中天津校友联谊会编《江西省立南昌二中校友志稿 第二集》,第130页）

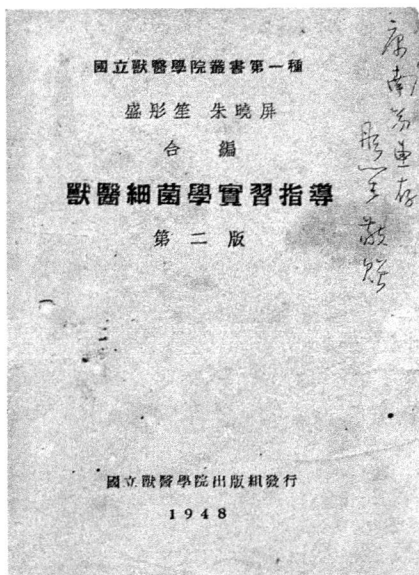

国立獸醫學院叢書第一種
盛彤笙 朱晓屏
合 編
獸醫細菌學實習指導
第 二 版

國立獸醫學院出版組發行
1948

图90

4月11日,应兰州广播电台之邀,做题为"谈谈细菌战"的广播演讲。

资料（报道） 国立兽医学院院长盛彤笙博士应兰州广播电台之请,将于今（十一）日十三时三十分至十四时于该台做学术广播演讲,讲题为"谈谈细菌战",届时该台将以中波、短波联合播送。（《盛彤笙播讲细菌战》,《甘肃民国日报》1948年4月11日第2版）

4月21日,以《水牛脑脊髓炎之研究》一文获得教育部第六届学术奖励应用科学三等奖。

资料一（报道） 教部学术审议委会,于一日晨九时续开大会,到竺可桢、王星拱等十余委员及专门委员李德裕等廿余人,朱部长主席,重要事项如下:（一）决选卅五、六年度申请奖励之著作发明及美术作品,计一等奖一件,二等奖十六件,三等奖十八件,给予奖助金者二件,送请专家复审授权常会决定者四件,奖金数额定为一等奖三千万,二等二千万,三等一千万。（二）决议美术教员送审资格之作品,应以人物构图为标准,请求担任图画教员者,以此为重要参考标准。（三）追认四次常会所审定资格之教授二〇一人,副教授一五五人。兹将会议通过第六届学术奖励得奖人姓名录下:（一）文学 二等杨树达,三等徐复。（二）哲学 二等张西堂。（三）社会教

学　二等马学良、施之勉、刘铭恕、印古。(四)经籍研究　三等胡朴安、杨明照。(五)自然科学　一等王福春,二等何景、卢鉴,三等吴达璋、周尧、郑励孔。(六)应用科学　二等林国镐、蔡金涛、沈家楠、管相垣、涂敦鑫、柏实义、康振黄、王清和、王志鹄、蔡方荫,三等唐耀、余浩、谌湛溪、盛彤笙、钟盛标、王仁权、陈椿庭。(七)工艺制造　二等郑重知、郑咸熙。(八)绘画　二等邓白,三等俞海阶。奖助者都冰如。(《朱教长主持会议　杨树达等人获奖》,《申报》1948年4月22日第2版)

　　资料二(其他)　4月21日,星期三……晨七点起。九点乘森森车至中央研究院,遇余又荪与罗宗洛二人。罗亦为本届学术审议会会员,遂相偕赴教育部。此次为第三届委员第一次会议,尚系第一次大会。……通过本届(卅五、六年)著作奖金计一等三千万元,二等二千万元,三等一千万元。文学二等杨树达……自然科学一等奖王福春(《三角级数之收敛理论》)为本届唯一之头等奖,二等何景《兰州植物志》……三等奖唐耀、余浩、谌湛溪、盛彤笙、钟盛标、王仁权、陈椿庭。(竺可桢:《竺可桢全集　第11卷》,上海科技教育出版社,2006年,第93页)

　　资料三(其他)　三十五、六年度(第六届)……(5)自然科学类……三等奖七人……盛彤笙《水牛脑脊髓炎之研究》(沈云龙主编:《近代中国史料丛刊三编第十一辑　第二次中国教育年鉴》,文海出版社,1986年,第872页)

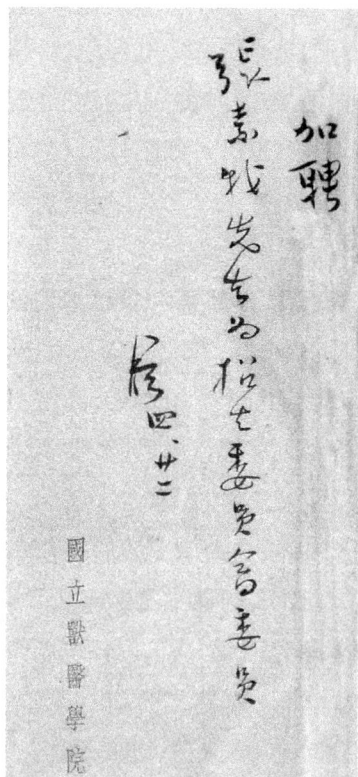

图91

　　4月22日,聘张治中之女张素我为兽医学院招生委员会委员。

　　资料(手稿)　盛彤笙加聘张素我为招生委员会委员的便条一份,共1页。1948年4月22日。见图91。(《加聘便条》,1948年4月22日,甘肃农业大学档案馆)

4 月 24 日,中国农业科学研究社在上海举办首次农业展览会,由他担任顾问。

资料一(报道) 顾问:盛彤笙 兰州小西湖国立兽医学院院长。(《首次农业展览会名誉赞助人、赞助人及顾问名录》,《农业展览会特刊》1948 年4 月,第 4 页)

资料二(其他) 中国农业科学研究社,近鉴于农业问题,为朝野人士集中注意,特举办首次农业展览会,已于 4 月 24 日—5 月 2 日在沪市复兴公园举行。展览会内容分展览、陈列、比赛、服务四部分,着重在介绍农林知识,指出农工配合之必要及农业建设之远景等。并以实物、模型、图照予观众以生动具体之印象,虽春雨连绵,而观众络绎不绝,实为盛会。(《农业展览会》,《科学》1948 年第 6 期,第 182 页)

资料三(其他) 本年四月廿四日,中国农业科学研究社假上海复兴公园举办农业展览会,专以绍介农业增产方法及改善农民生活为目的。陈列部门计分农产、畜牧、水产、林产,以及各种新式机械农具等,五花八门,品目繁多。会期共九日,参观者甚众,本报特选刊数帧,以飨读者。(《农业展览会》,《新中国画报》1948 年第 9 期,第 16—17 页)

4 月,与夫人及部分教师到安宁仁寿山赏桃花。

资料(照片) 1948 年 4 月 [①],盛彤笙和部分教师在仁寿山合影。左起:秦和生、邹东明、盛彤笙、金文炘、常英瑜。(见图 92)

5 月 18 日,西北行辕主任张治中到院做"兽医畜牧对于世界科学及人类社会之使命"的演讲。

资料(报道) 西北行辕张主任于前日到国立兽医学院演讲,该院全体师生集合伏羲堂内听讲。张主任以"兽医畜牧对于世界科学及人类社会之使命"为题,做一小时四十分之讲演,首述兽医科学在世界科学中之高度地

---

① 兰州安宁桃花盛开在 4 月份左右,金文炘于 1948 年 5 月抵美留学,故观赏桃花当在 4 月份左右。

图 92

位,次论兽医畜牧在世界之重要,在西北尤其是迫要。而从事兽医及畜牧之人员,在社会上有其崇高之地位,希望诸生努力学术,迎头赶上,珍视自己职业的神圣与重要,为国家民族而努力。演讲毕,与该院盛院长及教授多人谈话,对该校务垂询甚详。于晚九时始离该院。(《张主任前日下午在兽医学院演讲,讲毕后垂询院务极详》,《和平日报》1948 年 5 月 20 日)

5 月,经两个多月的跋涉,中央大学校友高行健到校任教,聘为教授兼生化科主任。

资料一(传记) 当年的畜牧兽医和其他各科人才屈指可数,说是延揽,其实有时也互挖"墙脚",就看谁更有诚意,谁更能吸引人才。兽医专业的基础课中,生物化学是一门非常重要的课程,当时兰州没有合适的师资,盛彤笙想到了中大校友、后到贵阳医学院任教授兼理化科主任的高行健。他一再写信,邀请来兰。高行健感到盛情难却,答应帮一段时间。但要从贵阳到兰州谈何容易,过去大西南、大西北都不通火车,只有坐汽车一段一段地走。1948 年 3 月,盛彤笙先寄去 5 000 元路费,一路上经重庆、成都、绵阳、广元,每到一地,就电报联系,委托熟人接待,提前安排好住处和往前方去的车辆,关心程度几乎到了三国时期曹操厚待关云长的地步。高行健抵达宝鸡后,因西兰公路不通,又汇去生活费,让他在当地静候,同时打听道路修复情况;路通,又去电报告知。到兰州后,盛彤笙亲自将高行健接到学校,吃喝安排在家中。就这样,盛彤笙关于安排高行健来兰在路上走了两个多月,前后电报往来13次之多,其情之真、其意之切,令人感动。高行健于5月到校,任教授兼生化科主任。(胡云安、陈贵仁、赵西玲:《远牧昆仑:盛彤笙院士纪实》,第91页)

　　资料二(手稿)　盛彤笙与高行健教授联系时的电报手稿。见图93。(甘肃农业大学档案馆:三十六年教员聘书卷宗教类聘档人二号)

　　资料三(档案)　1948年7月,兽医学院聘高行健为教授兼生物化学科主任,聘期自1948年8月至1949年7月。见图94。(《兽医学院给教师的聘书》,

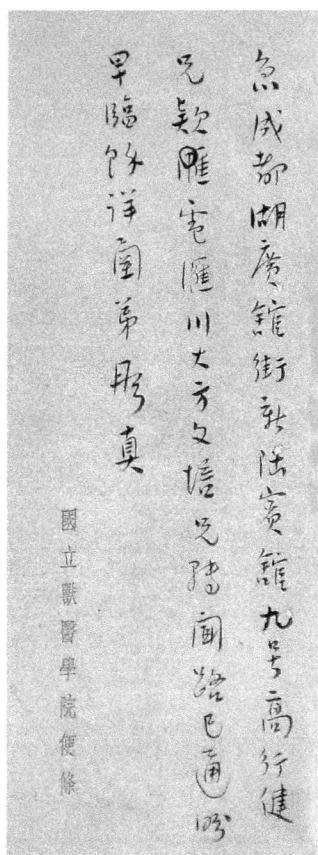

图93

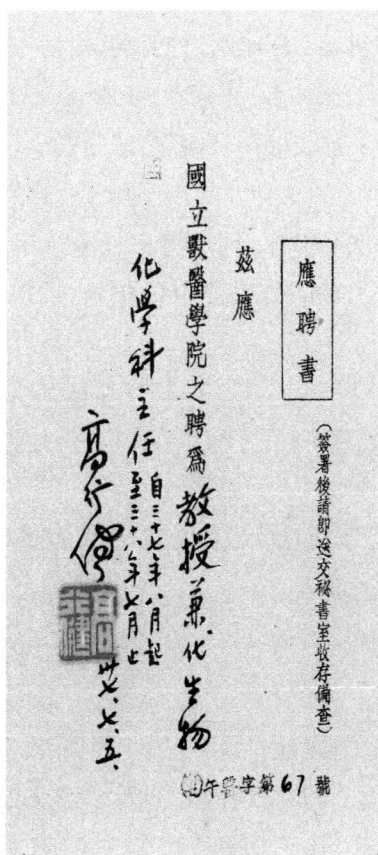

图94

1948年7月,甘肃农业大学档案馆,三十六年教员聘书卷宗教类聘档人二号)

6月11日,恰为农历端午节,女儿出生,取名小端。

资料(其他) 盛小端,女儿,1948年6月11日生,因出生在端午节,故取名小端。(盛天舒:《盛彤笙家属概况》,2018年,第1页)

6月17日,《和平日报》兰州社理监事会正式成立,众人公推张治中为理事长,水梓为监事长,他与孙汝楠、刘国钧等出任理事。

资料一(报道) 本社理监事名单:

理事长:张治中。副理事长:陶峙岳、郭寄峤、黄少谷。名誉副理事长:马鸿逵、马步芳、马鸿宾、麦斯武德、张维。

常务理事:夏维海、刘孟纯、辛树帜、上官业佑、易价、宋恪、丁宜中、寇永吉、□□□、柴木兰、张素我、王次青、易君左。

理事:孙汝楠⋯⋯谢超、段子美、汪如川、胡国钰、程知耻、盛彤笙、刘国钧⋯⋯

监事长:水梓。副监事长:宋希濂。名单见图95。(《本社理监事名单(附签名)》,《和平日报》1948年6月18日)

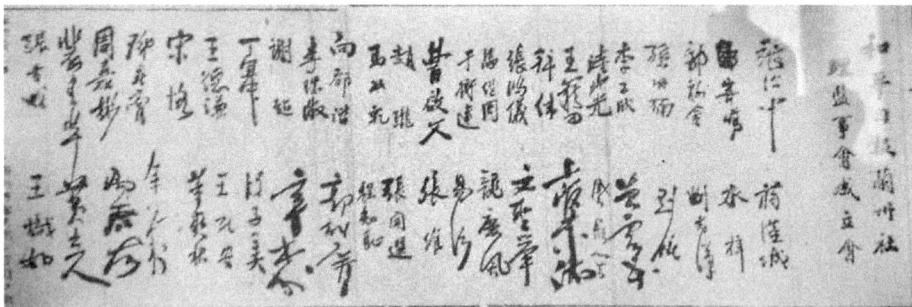

图95

资料二(其他) 抗日战争结束后,和平将军张治中接任西北行辕主任,驻节兰州。当时全国性的工人、学生及公教人员的和平请愿、示威游行高潮迭起,而皋兰山下却是一块偏安之地,被誉为"和平公园"。兰州版《和平日报》于1946年11月12日发行,配合宣传张将军的和平主张,由于经费日竭,难于维持,乃由官办改为团体共办,希望得到外界的经济支持。1948 年 6 月 17 日,《和平日报》兰州社理事会、监事会正式成立,公推张治中为理事长,水梓为监事长,西北各省军政首脑均列名为理事、监事,其中有尚未离任的新疆省主席麦斯武德、新疆警备总司令宋希濂等,丁宜中是常务理事,列名人多,出钱人少,其左支右绌,仍未改观。(唐昭防:《和平诗社杂忆》,载中国人民政治协商会议兰州市委员会文史资料和学习委员会编《兰州文史资料选辑 第 17 辑》,兰州大学出版社,1998 年,第 204 页)

6 月,学院中心大楼伏羲堂落成①,请中央大学教授陈柏青、程潜将军题写堂额。最后采用陈柏青书"伏羲堂"三字。

资料一(其他) 建筑方面:本院伏羲堂大厦于 1947 年 7 月开始建筑,次年 6 月落成,在兰州市可说是最壮观实用的一座大建筑,计楼上楼下大小房间 57 间,全院办公、教学、实习、阅览、研究均在其中。此外还有临时家畜门诊部、员生宿舍、交谊厅、公共食堂等大小十五幢房舍。(《本院概况》,《国立兽医学院校刊》1950 年第 1 期,第 9—10 页)

资料二(其他) 伏羲堂外景。(见图 96)

图 96

资料三(发言报告) 又因兰州冬季天寒水冻,工程必须中止,所以延至四八年六月才告落成,为纪念我国传说中的畜牧始祖,特命名曰伏羲堂。这

---

① 1958 年西北畜牧兽医学院迁往武威后,伏羲堂成为兰州中兽医研究所办公用房,1992 年因修建小西湖立交桥被部分拆除,2002 年因消防隐患而全部拆除。

一年中间,总务处的同仁们日夜辛劳,苦心焦虑,张罗照料,监督工程的进行,才使建筑上没有发生挫折,学校得以奠定了一个初步的基础,是我们应当永远铭感不忘的。(盛彤笙:《四周年纪念的回顾与前瞻》,《国立兽医学院校刊》1950 年第 4 期,第 1 页)

资料四(传记) 大楼落成前,盛彤笙还致信国民政府考试院长吴稚晖以及有关中央大员,请求为"伏羲堂"题写堂额和学院院额。其后仅收到时任湖南省政府主席、国民党第一战区司令长官、代总参谋长、一级陆军上将程潜将军用隶书所写的"羲皇堂"三字,其他均无下文。那最后伏羲堂门楣上的"伏羲堂"三字是何人所书呢? ……后经盛彤笙内弟、兽医学院当年的教师邹康南证实,为中央大学教授陈柏青题写。他回忆说当时因种种原因,所征堂额多告落空,盛彤笙转请其岳父、中央大学教授邹钟琳题写,邹写得一手隽秀的小楷,但自觉难以胜任斗方大字,遂请老友陈柏青题写。所见到的"伏羲堂"三个大字,有一米见方,拙朴有力,庄重大气,与整个建筑协调和美,浑然一体。(胡云安、陈贵仁、赵西玲:《远牧昆仑:盛彤笙院士纪实》,第85—86 页)

资料五(口述) 他请我父亲为伏羲堂题写堂额,父亲平日里的小楷写得很漂亮,写斗大的堂额他怕自己写不好,就找到了常州中学的一个好友陈柏青,请他题写了"伏羲堂"三个大字,父亲见到字以后非常满意。(《邹康南访谈录》,2008 年 8 月 6 日)

资料六(照片) 中央大学教授陈柏青所书"伏羲堂"堂额。(见图 97)

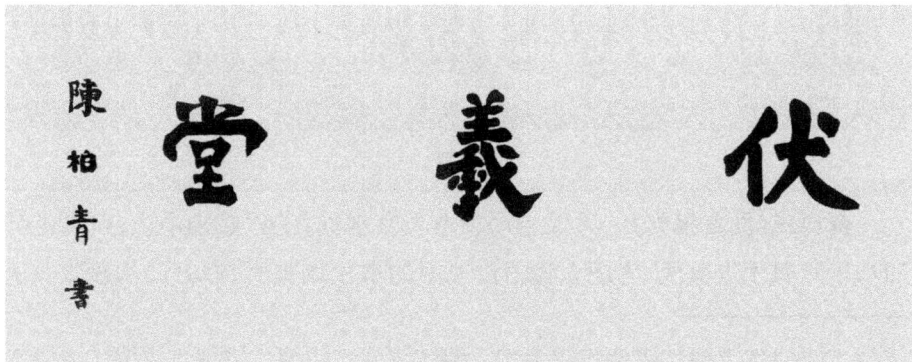

图97

资料七（照片） 程潜将军为"伏羲堂"题写的堂额。（见图98）

图98

是月，国防部马政司副司长崔步青与美国军事顾问团上校兽医尤礼博士来校参观，分别发表演讲。

资料（报道） 崔步青先生及尤礼顾问——崔步青先生为国防部马政司副司长，曾于前年赴美考察马政，并购回种马四十四，分发全国各军牧场及种马场繁殖，于去年六月间偕同美国军事顾问团上校兽医尤礼博士（Col. Yule）来兰视察，并至本院参观演讲，尤礼顾问讲题为"兽医职业之前途及兽医师应备之条件"，崔先生之讲题为"美国之畜牧及马政概况"，对于本院同学极多鼓励。（《名人专家相继来院参观演讲》，《国立兽医学院校刊》1949年第1期，第6页）

是月，致电教育部和英国文化委员会，请求分配兽医学院的赴英留学生名额，未果。

资料（传记） 1948年6月，盛彤笙从友人处得知这样一则消息："英国政府赠予中国留英奖学金10名。"他连忙给朱家骅部长写报告，请求给兽医学院至少1个名额。当教育部答复"非政府所为，系由英国文化委员会办理的奖学金"后，又赶忙致电该会，请求分配名额。同年，在《中央日报》上有一则非常小的报道：《澳设奖学金欢迎我学生》，说澳大利亚政府准备每年给中国培养留学生4—5名。他一见报道，连忙剪了下来，并致电教育部："澳洲之学术素以畜牧兽医、养羊、毛纺最著，请给本院留澳奖学生至少2名。"后教育部解释此为澳国教育代表团访华时的提议,未成事实时,方才作罢。(胡云安、陈贵仁、赵西玲:《远牧昆仑:盛彤笙院士纪实》,第85—86页)

7月26日,闻朱家骅将来兰州视察,特致电邀请主持伏羲堂落成典礼,后因朱氏未能成行作罢。

资料(档案) 《盛彤笙请朱家骅莅兰主持伏羲堂落成典礼的电报》一份,共3页。电报云:本院伏羲堂已告竣工,欣闻钧座来兰视察,拟恳主持落成典礼,乞电示。见图99。附件朱家骅电复"西北之行一时难以定期,请勿等候"摘由笺一份,1948年7月31日。(盛彤笙请朱家骅莅兰主持伏羲堂落成典礼的电报,1948年,甘肃农业大学档案馆,三十六年伏羲堂创始类秘四号)

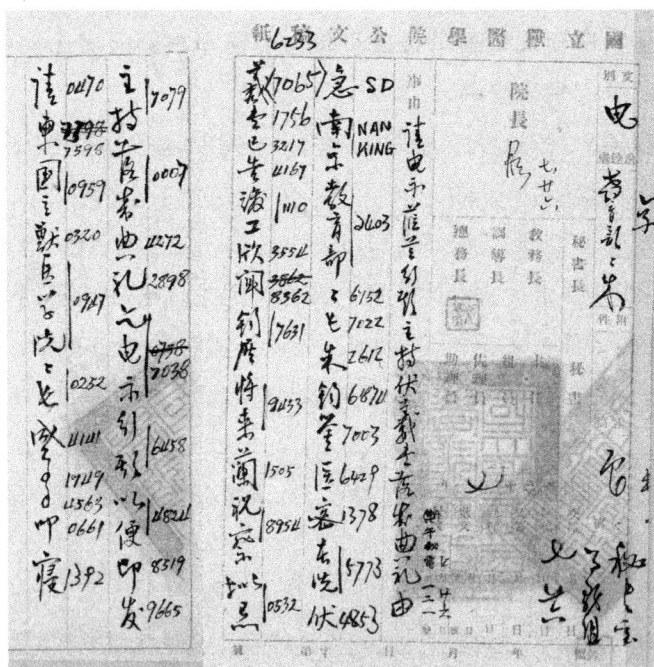

图99

7月,为便利维吾尔族青年入学,学院请教育部批准设立兽医人员训练班,修业期限为两年。

资料一(其他) 兰州国立兽医学院因新疆军政当局,拟选维族青年入院受训,唯念语文不同,须设特班,已经教部核准,另设兽医人员训练班收容,修年期限两年。(《便利维族青年入学,兰兽医学院设特班》,《申报》1948年7月3日第2版)

资料二(其他)　兰州国立兽医学院,以新疆军政当局,拟选送维族青年,入该院受兽医科学训练。该院以维族学生,语文不同,若与一般学生同级受业,殊惑困难,特呈教部,请准另设兽医人员训练班,予以收录,修业期限定为二年,教部已予照准。(《兽医学院将设兽医人员训练班》,《教育通讯》1948年第10期,第31页)

8月9日,来兰州大学任教的顾颉刚至兽医学院讲《中国历史与西北文化》,此后多有交往。

资料一(其他)　八月九号星期一(七月初五):与树帜、毓南、仲勤乘马车到兽医学院,讲《中国历史与西北文化》,历一小时半。讲毕,为该院同人写字约四十件。到盛彤笙家吃饭。……今午同席:树帜、王志梁、常英瑜、高行健(以上客),盛彤笙夫妇及彤笙之妹盛佩芝(主)。(顾颉刚:《顾颉刚日记　第六卷　1947—1950》,联经出版事业公司,2007年,第325—326页)

资料二(其他)　七月三号:参加教联会之宴于太平洋餐厅。……今午同席:刘熊祥、树帜、盛彤笙……(顾颉刚:《顾颉刚日记　第六卷　1947—1950》,第306页)

资料三(其他)　七月十九号星期一(六月十三):四时返城,到兽医学院,与盛院长谈,与钟督学谈。六时,到太平洋餐馆赴宴。……今晚同席:树帜、易静正、盛彤笙……刘衡如(主)。(顾颉刚:《顾颉刚日记　第六卷　1947—1950》,第313页)

资料四(其他)　十二月四号星期六(十一月初四):彤笙来。树帜、子美、爽秋来。(顾颉刚:《顾颉刚日记　第六卷　1947—1950》,第384页)

暑假,兽医学院从兰州大学搬至小西湖校址独立办学。开学后师生在新落成的伏羲堂大楼上课。

资料一(口述)　1948年10月,盛彤笙千辛万苦建成的伏羲堂成为兰州的三大名楼之一,非常气派豪华。伏羲堂的建筑风格有点中西合璧的味道,大楼的正门是四个水刷石的圆柱,这与盛彤笙在中央大学和留学德国的经历不无关系,中央大学的大礼堂正门有四个柱子。他1934年赴德国留学,前两年很苦,要过语言关,1936年就拿到了医学博士学位,两年之后又拿到了兽医学博士学位,学完人医学兽医对他来说很轻松。这时,他有机会到欧洲的许多国家去学习考察,欧洲的建筑风格给他留下了深刻的印象。伏羲堂落成后,畜牧界的会议都要跑到兽医学院来开。这时候,学院的学生也从兰大搬到了小西湖,开始了真正的独立办学。(《邹康南访谈录》,2008年8月6日)

资料二(口述) 我是1947年考入兽医学院的,刚开始在翠英门兰州大学上课,兰大当时有文学院、医学院、理学院。给我们上基础课的都是兰大的教师,兽医学院的教师也给医学院的学生上课。医学院二年级的微生物课在兽医学院上。1948年的暑假,兽医学院搬到了小西湖,那时候已经有了伏羲堂,我印象中搬过去我们就在伏羲堂上课。(《张秉彝访谈录》,2010年8月17日)

9月,邀请郑集来学院讲学。

资料一(照片) 盛彤笙夫妇与郑集、谢念难在小西湖家中院内。左起:郑集、谢念难、盛彤笙、邹东明。(见图100)

图100

资料二（档案） 1947 年 9 月,被兽医学院从南京邀请来兰的郑集教授,因机票涨价特致电盛彤笙,请求再汇 200 万。电报见图 101。(《郑集因机票涨价请盛彤笙汇款的电报》,1947 年 9 月,甘肃农业大学档案馆,三十六年教员聘书卷宗教类聘档人二号)

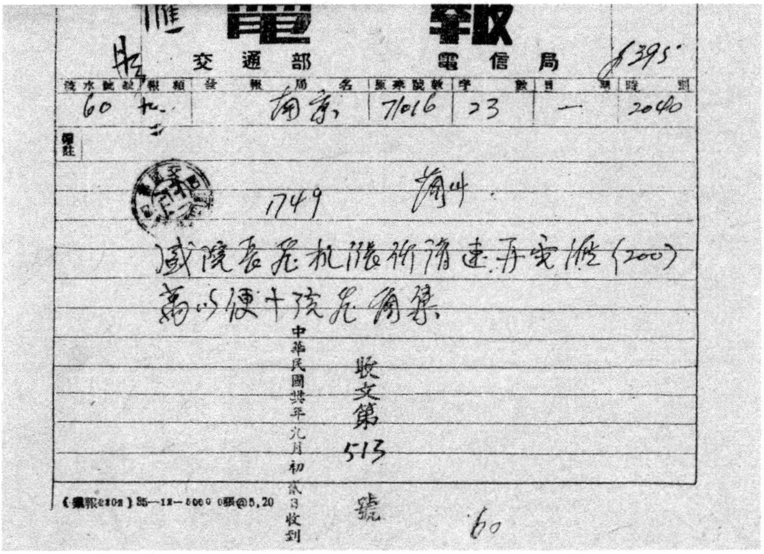

图 101

是月,刘瑞恒、金宝善及美国医药援华会会长葛古森(Dr. Gregerson)参观学院,称赞学校设备即美国多数学校亦所不及。

资料(报道) 刘瑞恒、金宝善及葛古森三位医师——前卫生部长刘瑞恒、次长金宝善及美国医药援华会会长葛古森三位先生于去年九月间来兰视察医学教育,曾至本院参观。按刘氏前夏亦曾来兰视察,对于本院一年来之进步极表惊喜,葛古森(Dr. Gregerson)氏为美国著名生理学家,现任哥伦比亚大学医学院生理学教授。据葛氏云,本院之设备即美国多数学校亦所不及云。(《名人专家相继来院参观演讲》,《国立兽医学院校刊》1949 年第 1 期,第 6 页)

10 月 1 日,在伏羲堂主持西北家畜及饲料改进协会成立大会,并致开

幕词。

资料一(报道)　甘肃建设厅发起筹组之西北家畜及饲料改进协会即将于十月一日正式成立,特于日前在建设厅会议室举行最末一次之筹委会,决议会议由兽医学院盛彤笙院长主持,全体同学参加。(《家畜及饲料改进协会定下月一日成立　在西北从事农牧兽医者可申请为该会个人会员》,《和平日报》1948年9月26日第3版)

资料二(报道)　西北家畜及饲料改进协会昨日举行成立大会,陕甘宁青新五省均有代表参加,盛彤笙致开幕词强调畜牧第一。见图102。(《西北家畜及饲料改进协会昨日举行成立大会　陕甘宁青新五省均有代表参加盛彤笙致开幕词强调畜牧第一》,《兰州日报》1948年10月2日第4版)

图 102

资料三(发言报告)　讲话指出:陕、甘、宁、青、新五省省政府、建设厅、农改所和其他有关农牧兽医的机关学校,以及实际从事畜牧的民众,鉴于西北畜牧事业之重要,联合起来有"西北家畜及饲料改进协会"之组织,并定于三十七年十月初在兰州举行成立大会,这不单是西北五省一桩大事,也是全国生产界的一种创举,在复兴农村、增加生产的声浪中是值得大书特书的。……在这个巨大的畜产之中,西北当然又占全国首要的位置。例如绵羊和骆驼的数目,西北五省几占全国总数三分之二,牛只几占全国三分之一,马匹约占全国总数五分之一,可见西北畜产蕴藏之富。而且,这还是未经开发改进的情形,若是我们能够稍加改进,则西北牧地的载畜量再增加一倍,畜产品的总值再增加两倍,应当是没有多大困难的。我们还能够不承认西北畜牧的重要和改进的急需吗?所以西北家畜及饲料改进协会的成立,正反映着时代和地理的迫切要求。

西北家畜及饲料改进协会的组织有两项重要的特点,是国内其他机关团体所没有的:第一,在横的方面,它包括着西北的五个省份,为着一个共同的目标而努力,这实在是全国各省之间技术合作的一个好榜样。第二,在纵的方面,它不单包括了五省的最高行政组织——省政府,而且透过许多农牧机关学校而达于最基层农牧民众,这将一扫过去政府与民众脱节、政治与学术脱节的缺点,将使人民与官厅在一种最自然最无拘束的方式下联系起来,同向发展西北牧业这一个目标而迈进。

唯其有着这样两个特点,因此我们对协会也特别有着两点希望:第一,中国人是素来缺乏合作精神的,希望这次五省的合作要真能彻底,不要只是一种表面的合作,更不要貌合神离。西北五省在畜牧方面的问题,例如畜种的改良、草原的保护、饲料的储藏、产品的运销等,都有着共同的特点;在兽医防治方面,更是休戚相关,利害相共;假若联合起来,则解决和改进都比较容易;否则各自为政,谁也不免事倍而功半。第二,希望协会的工作真能深入牧区,造福民众,不要犯上官僚主义或者学院主义的毛病,与牧民的痛痒不生关系。(盛彤笙:《祝贺西北家畜及饲料改进协会成立》,《兰州日报》1948年10月2日第2版)

资料四(报道) 联合国粮食农业组织牧草专家麦康基博士于去夏来甘、青两省考察,因感西北畜牧事业之重要,曾建议甘肃省政府联合陕甘宁青新五省组织西北家畜及饲料改进协会,经兰州方面各有关畜牧兽医机关学校数月之筹备,遂于去年十月一日上午在本院伏羲堂正式成立,到五省代表与兰州各农牧兽医机关人士及本院师生一百六十余人,由本院盛院长主席,甘肃省政府郭主席亦亲临致词。是日又适为本院成立二周年纪念日,到会人士均对本院表示热烈之祝贺。(《西北家畜及饲料改进协会在本院成立》,《国立兽医学院校刊》1949 年第 1 期,第 7 页)

10 月 8 日,在省政府参加西北家畜及饲料改进协会的第一次理事会议,负责召集理事会六组主任,拟订五年畜牧事业计划纲要。

资料一(报道) 西北家畜及饲料改进协会理事会,于昨(八)日下午二时在省府后花园船厅举行第一次理事会议,出席甘肃省府建设厅骆厅长、兽医学院盛院长、甘农改所张所长等十余人,由该会理事长(甘省郭主席)亲自主持……决议:一、理事会设常务理事三人……二、理事会共设六组……三、由六组主任组织起草委员会,并以盛院长为召集人,拟订五年畜牧事业计划纲要。(《家畜饲料改进会理事会议草拟五年计划纲要》,《兰州日报》1948 年 10 月 9 日第 4 版)

资料二(报道) 闭幕典礼后继续讨论提案,对于西北各项畜牧兽医问题均有极详细之检讨,会期二日,精神始终贯彻。最后选举理事,结果由陕甘宁青新五省省政府、陕西省农业改进所、宁夏省农林处、西北马政局、西北兽疫防治处、西北羊毛改进处、西北农业专科学校及本院等十五机关当选为理事,甘肃省政府、西北羊毛改进处及本院为常务理事,甘肃省政府郭主席为第一任理事长,并聘请西北军政长官张治中先生为名誉理事长,费理朴、蒋森、麦康基、史亨利和四位外国专家为名誉会员。该会会务除已于大会期中受西北军政长官公署之委托,草就河西畜牧改进计划纲要,即将付诸实施外,并拟起草西北畜牧改进五年计划,内容共分八章,由在兰之各机关分别担任,并由本院盛院长汇集整理,约可于最近完成。该会明年年会拟于农历六月六日牧民赛马时在青海草地举行云。(《西北家畜及饲料改进协会在本院成立》,《国立兽医学院校刊》1949 年第 1 期,第 7 页)

10 月 12 日,在伏羲堂参加迎新大会,师生同乐。

资料(报道) 本院同学因本学期到校新教员甚多,曾于去年十月十二日晚在本院伏羲堂举行欢迎大会。到师生及眷属百余人,由三年级女同学赵仕清主席致欢迎词,各位新师长均有训词,语意极为恳切,会场空气异常欢洽。会后进行余兴,其中尤以朱教务长夫人之平剧,会文元同学之朗诵诗,二年级同学之"阿米巴运动"等最为精彩,博得掌声不少。盛院长在兴高采烈之情绪中,亦高歌德国民歌一曲,洵为本院空前之盛况云。(《迎新大会纪盛》,《国立兽医学院校刊》1949年第1期,第7页)

10月下旬,与来院参观的世界卫生组织防痨专家劳礼讨论家畜结核病的问题。

资料(报道) 世界卫生组织防痨专家劳礼博士……于去年十月下旬来兰推动防痨工作,曾至本院参观,并与盛院长及朱教务长讨论家畜结核病问题达三小时之久。据劳礼博士称,以后拟与本院合作研究中国家畜之结核与防痨问题云。(《名人专家相继来院参观演讲》,《国立兽医学院校刊》1949年第1期,第6页)

10月20日,兽医学院首次教师学术讨论会在伏羲堂会议室举行,确定以后每周三下午例行召开。

资料(报道) 本院同仁之学术讨论会于每星期三下午七时在会议室举行,自去年十月二十日起迄今已举行十一次,每次均由一人主讲,继以热烈之讨论,对于同仁之进修裨益极多云。(《学术讨论会已举行十一次》,《国立兽医学院校刊》1949年第1期,第6页)

10月25日,参加学院经费稽核委员会第一次会议,通过办事细则。

资料(报道) 本院经费稽核委员会已遵照部章正式成立,于第六次院务会议中推定盛彤笙、常英瑜、周中规、许绶泰、朱宣人、秦和生六位先生为委员,所余委员缺额一人,拟俟新聘教授到院后续行推定。去年十月二十五日下午三时举行第一次会议,通过办事细则,并公举周中规先生为常务委员,处理经常会务云。(《本院经费稽核委员会成立》,《国立兽医学院校刊》1949年第1期,第6页)

10 月,汤飞凡参观兽医学院,并做报告。

资料(报道) 汤飞凡博士——汤先生现任卫生部中央防疫实验处处长,为我国有数之细菌学专家,十月间来兰筹设兰州分处,曾至本院参观并演讲,讲题为"兽医与人医之关系",引证渊博,语意诙谐,听者均极感兴趣。(《名人专家相继来院参观演讲》,《国立兽医学院校刊》1949 年第 1 期,第 6 页)

11 月 1 日,兽医学院举行月会,许绶泰教授发表演讲。

图 103

资料一(其他) 去年十一月份曾于十一月一日晨七时在本院大教室举行,到教职员学生百余人。许绶泰教授演讲,对于兽医人员应具备之人生观有极详尽之阐述。(《月会纪略》,《国立兽医学院校刊》1949 年第 1 期,第 6 页)

资料二(其他) 许绶泰工作照。见图 103。(胡云安、陈贵仁、赵西玲主编:《图说甘肃农业大学 70 年》,第 97 页)

11 月 5 日,法国驻蓉领事贺伟烈(Auvynet)参观兽医学院,拟赠法文兽医书籍杂志。

资料(报道) 成都法国领事贺伟烈氏于去年十一月十五日至本院参观,对于本院工作极感兴趣,并拟赠本院法文兽医书籍杂志云。(《名人专家相继来院参观演讲》,《国立兽医学院校刊》1949 年第 1 期,第 6 页)

11 月 16 日,原甘肃省农业改进所所长汪国舆病逝,负责其子女教育基金在兰州区的筹募事宜。

资料(报道) 次堪先生籍隶江西兴国,系我国畜牧界先进,清华大学毕业,美国普渡大学硕士,专攻畜牧,历任江西农专校长、浙大中大农学院教授、云南畜牧改良场场长、甘肃省农业改进所所长、中央畜牧实验所北平站主任等职。二十五年与程绍迥先生创立四川省家畜保育所,时中央大学畜牧兽医系在蓉开课,先生兼任该系家畜育种学教授。二十八年南去昆明,就任云南省畜产改进所所长。三十年北上,任甘肃省农业改进所所长及畜牧兽医研究所所长。抗战胜利,出长中央畜牧实验所北平工作站。毕生为畜牧兽医事业与教育人才而奋斗,始终不渝。先生患鼻癌几及一载,前闻已见好转,讵料竟于去年十一月十六日因医治无效,病殁于北平北大医院。噩耗传来,兰市友好及弟子,莫不哀悼,并深为我畜牧兽医界遭受偌大损失而痛惜也。北平方面之友朋因先生卧病年余,积蓄用罄,其子女今后教育颇成问题,已成立“次堪先生子女教育基金委员会”,开始募捐,并已函请本院盛院长负责兰州区筹募事宜云。(《汪次堪(国舆)教授病逝北平》,《国立兽医学院校刊》1949年第1期,第8页)

冬,制定《国立兽医学院信条》十则,以为工作理想和前进目标。

资料(其他) 本院曾于去冬制定信条十则(全文见后),作为我们工作的理想和前进的目标……附兽医学院信条:1. 我们相信兽医教育是一种尊严的科学教育,必须努力追求真理,严格服膺真理。2. 我们相信兽医教育是一种崇高的职业教育,必须学习最精深的医术,养成极高尚的医德。3. 我们相信最好的教学方法是手脑并用,身体力行,从实际工作中去体验和学习。4. 我们相信最好的训导方法是以身作则,启发诱导,从师生密切的联系中来熏陶。5. 我们相信教学的范围应从学校扩大到社会,从课堂扩大到田野。6. 我们相信农牧同胞是国家的主体,为农牧同胞服务是最伟大的工作。7. 我们相信从事兽医工作必须深入农村牧野,与农牧同胞共同生活。8. 我们相信要获得农牧同胞的信仰,必须真能解除他们的痛苦,增进他们的幸福。9. 我们相信要发扬伟大的人类爱,应该先从爱护家畜开始。10. 我们相信环境愈艰苦,我们更应该有同心协力披荆斩棘的创造精神。(盛彤笙:《释本院信条第十条——勉全体员工同学》,《国立兽医学院校刊》1949年第2期,第1—2页)

12月18日,中央畜牧实验所技正郑庆端参观兽医学院并做演讲。

资料(报道) 郑庆端博士——郑先生现任中央畜牧实验所技正,于去年十月底由京飞兰转赴青海进行各种牛瘟疫苗效力试验工作,在兰曾勾留三日,即下榻于本院,并对各部分作详细之参观,对本院图书室所有之四十余种有关畜牧兽医西文杂志尤感兴趣。自青海返兰后又于十二月十八日在本院做公开演讲,题为"牛瘟之防治",极为生动,听者皆感兴趣。(《名人专家相继来院参观演讲》,《国立兽医学院校刊》1949年第1期,第6页)

12月,教授楼、教职员暨学生宿舍等次第落成,家畜病院及畜牧场亦在筹建中。新聘教师陆续到院任教,师资日趋完备。

资料一(其他) 今者院舍则自伏羲堂而教授住宅、教职员暨学生宿舍等次第落成,他如家畜病院及畜牧场亦在筹建之中,唯院址狭迫,湫溢不堪,虽于万难中卅三亩而蜗进于四十余亩,然距理想之程度尚远,幸全院师生凛于创业之不易,体时会之多艰,莫不和衷共济,悬的以赴,要未敢虚掷寸晖,辜负民力,是则可以告慰于爱护本院之社会人士者也。(《建院史略》,《国立兽医学院校刊》1949年第1期,第2页)

资料二(照片) 盛彤笙设计修建的教授楼(现在中国农业科学院兰州畜牧与兽药研究所院内,见图104,陈贵仁摄)。

图104

资料三（其他） 本院新建之教授住宅为西式之小楼房,每家有上房五间,下房四间,楼上楼下尚各有凉台一个,墙中附有壁橱,设计极为精致舒适,于去年五月间动工,近已落成,教授已分别移入。又修理之单人教职员宿舍,最近亦已完工云。(《本院经费稽核委员会成立》,《国立兽医学院校刊》1949年第1期,第7页)

资料四（其他） 本院成立之始,对于教授之延聘,即极注意,去夏应聘之教授有高行健、周中规、张素我、周维琢、朱宣人、许绥泰、蒋次升、罗仲愚、朱晓屏诸先生。除蒋、罗两先生因美国船员罢工,须俟复工后即可启程回国,朱晓屏先生因须至今夏研究工作结束后方能回国外,其余各先生均已先后到院任教,兹简略介绍如下:

高行健先生为国立中央大学理学士,历任贵阳师范学院及贵阳医学院教授及理化科主任等职,著述极丰,又擅书竹,乃一多才多艺之科学家。现任本学院教授兼代生物化学科主任。

周中规先生为复旦大学理学士,历任西北农学院及兰州大学等校教授,现任本院生物学教授。先生文质彬彬,殊不知其于八一三事变时,曾亲率复旦大学学生军一千五百余人,奋战于江湾、闸北一带,出生入死,屡挫顽敌,固一科学界之抗战英雄也。

张素我先生为张治中将军之长女公子,毕业于金陵女子大学后,曾留学英、法等国,精通英、法、德三国语言,而于英文文学尤有极深之造诣,现任本院英文副教授。

周维琢先生为国立北京师范大学体育系毕业,历任西北农学院及西北师范学院副教授,现任本院副教授兼体育卫生组主任。周先生体格强健,精神蓬勃,到院以后,学生运动空气为之益振云。

朱宣人先生为中央大学畜牧兽医系毕业,曾任中大及西康技专助教讲师等职,于卅四年考取庚款公费留英,在爱丁堡大学及皇家兽医学院研究家畜病理学凡三年,得有哲学博士学位,于今年①九月间回国,现任本院病理科主任兼教务主任,平日好学不倦,极为同人同学所钦敬。

---

① 指1948年。

　　许绶泰先生为中央大学畜牧兽医系毕业,毕业后即赴菲律宾,在明他那俄地方经营牧场,旋入菲律宾大学兽医学院,于三十四年获得兽医学博士学位后,又续留校研究寄生虫学,前面始行归国抵港。去秋毅然抛弃香港之优裕生活来兰任教,故全院同仁同学莫不感佩。许先生留菲先后十年,对于该邦之畜牧兽医事业,均曾亲身参加,故经验极为丰富。现任本院教授兼寄生虫科主任,将来对于教学研究,定有无限之贡献也。(《新聘教授陆续到院》,《国立兽医学院校刊》1949 年第 1 期,第 5 页)

　　资料五(其他)　朱宣人在英国爱丁堡大学。见图 105。(胡云安、陈贵仁、赵西玲主编:《图说甘肃农业大学 70 年》,第 101 页)

图 105

　　资料六(口述)　他(盛彤笙)大我 16 岁,且因为他前面一直上学,我和他在一起的时间很少,但在兰州一起生活过。对他印象最深的是他的严于律己,治学严谨,对待事业十分认真专注。在兽医学院我和兄嫂一起生活的两年中,我看到他对知识分子非常尊重。那时兰州十分荒凉,条件很差。学院请一个老师很不容易。当时哥哥请来的教师,即使是一名讲师,他也要亲自到机场迎接。他对老师十分爱护,新老师到学校还未安家时,就请到我们家来吃饭,一直到正式安家为止。他除了教学上非常严格外,对自己做人做事方面要求也十分严格。学校刚成立时条件差,盖了一栋二层的楼,他让朱宣人教授、廖延雄教授和黄席群教授等四家人住进去,他自己住的是平房。(《盛佩芝访谈录1》,2007年10月13日)

是年,应邀赴著名学者张维的家宴,与兰州文化教育界人士聚谈半日。

资料(其他) 值得纪念的一次,1948年先生在小客厅便餐邀请在兰的知名教授李蒸、顾颉刚、刘国钧、辛树帜、盛彤笙、何乐夫等十余人,聚谈半日。临行时,鸿汀先生亲自向各位客人奉赠上所著《陇右金石录》及著名的东汉碑《西狭颂》(黄龙碑)拓片,并观赏先生所藏的西北各地方志及金石、拓片,一时传为文坛佳话。(张令瑄:《张维先生兰州故居》,载张维《还读我书楼文存》,生活·读书·新知三联书店,2010年,第429页)

是年,为学生讲授细菌学课程。

资料(传记) 盛院长给我们讲授细菌学,往往在授课前五分钟,给每个学生发个小纸条,要学生回答过去讲过的一个问题,要学生将自己的名字写上,答案写上就行了,问题可以不写,五分钟之内交卷。这样,学生上课前,对过去讲过的知识经常复习。盛院长虽然工作很忙,但对讲课总是做充分的准备,当时没有教科书,上课时他只拿一张卡片,一面看一面讲,一直讲到下课。我们静静地听着、思考着、记录着。总觉着他讲得概念明确,思维全面。下课后,整理笔记,就是一篇清晰而完整的文章。(沈斌元:《怀念盛彤笙院长》,载中国畜牧兽医学会、中国农业科学院兰州畜牧与兽药研究所编《一代宗师盛彤笙:盛彤笙先生学术思想研讨会文集》,第65页)

1949年　　39岁

1月1日,《国立兽医学院校刊》创刊,亲题刊名并撰创刊词,阐明学院性质、使命及创刊目的,认为学府之必要条件有三:完备之图书仪器、良好之师资、优美之学风。

资料（其他） 创刊词指出：盖闻人文丕兴，实由学术之共鸣；是以先秦呈百家之大观，希腊臻一时之鼎盛；中世纪后，西方则斯文堕废，号称黑暗时代；东亚则定于一尊，循至各家湮没。其后欧洲文艺复兴，凡诸学科，乃恢复其畴昔之光华而益精进以灿备，近世自然科学之突飞猛晋，良有以也。

原夫科学之发达，由于分工，文化之交响，盖亦由斯；而人类之进步，莫不自粗而精，自疏而密焉；分工细则其学也专，精而密则其交融也和；学专而文化昌明，和谐而矛盾以去，人类文明之幸福基于此，科学真谛之原则亦肇于斯。

自然科学之声、光、电、化，动、植、舆、地，其传入我中国也较早；而凡此诸学，其在欧美之植基，固匪伊朝夕矣；取法于人，必自其新，迎头追上，始克有济，然则新兴格致之学，倘亦为我国人之所乐闻乎！

兽医科学，其列自然科学之词林，史实较浅，迨夫成熟，已迄十九世纪之末叶，实为并世各种学科之较新兴者，递入我国，为学府之科系，越二十年已；若云科学之阙新且近者，则其为学弥精而弥笃，则斯学之设，亦其俦夫。

大地资源，阙分上下，地上产业，端赖人工培植，曰动物性之繁育，曰植物性之栽培；凡现代国家，胥以是二种生产，等其比值；然则家畜之于人类经济生活，亦綦大矣。抑有进者，兽医科学之对象，固不仅囿于治兽，其于人医学上直接间接之贡献，迥非浅鲜；矧使细菌学科，卓然于生物范畴中跻动植而鼎立，为近世学术焕其异彩，昌大科学之领域。懿欤夐矣！

民国三十五年秋，政府以西北畜牧生产事业，有待于兽医科学者綦夥，乃于兰州创立兽医学院，俾肩兹重任。国步方艰，疮痍未复，库帑弥绌，而个人承乏斯校，适逢此时，溯其缔立，盖仅二禩也，而中间筚路蓝缕，惨淡经营，虽经同仁艰苦努力，然距预期之理想与进度尚远。以最新诞生之宏舍，承启最新之学术，而其遭遇之艰厄，方之国内外大学，殆罕其俦。

间尝以为学府之必要条件有三：完备之图书仪器其一，良好之师资其二，优美之学风其三，重辅以宽敞之校址、恬适之环境，庶克有济；悬的以求，凡个人智能所达，靡不悉力以赴，成败利钝，所不计及，道远任重，有志竟成；耿耿信念，所以自矢，借亦以与我同仁同学共勉；生于忧患，不我欺也。

方校刊初创之际，追述所怀，庶明乎本院之性质、使命与前途，借乾惕焉。斯刊之设，要在报导教学、研究各项消息，载录我校措施与动向，辄用检讨策动于吾人,并兹乞教就正于高明。敬希校内同仁、远方同道,常赐珠玑,不吝指示;俾本刊得继续茁长繁滋,克达其所负之理想任务,则幸甚! 见图106。(盛彤笙:《创刊词》,《国立兽医学院校刊》1949年第1期,第1—2页)

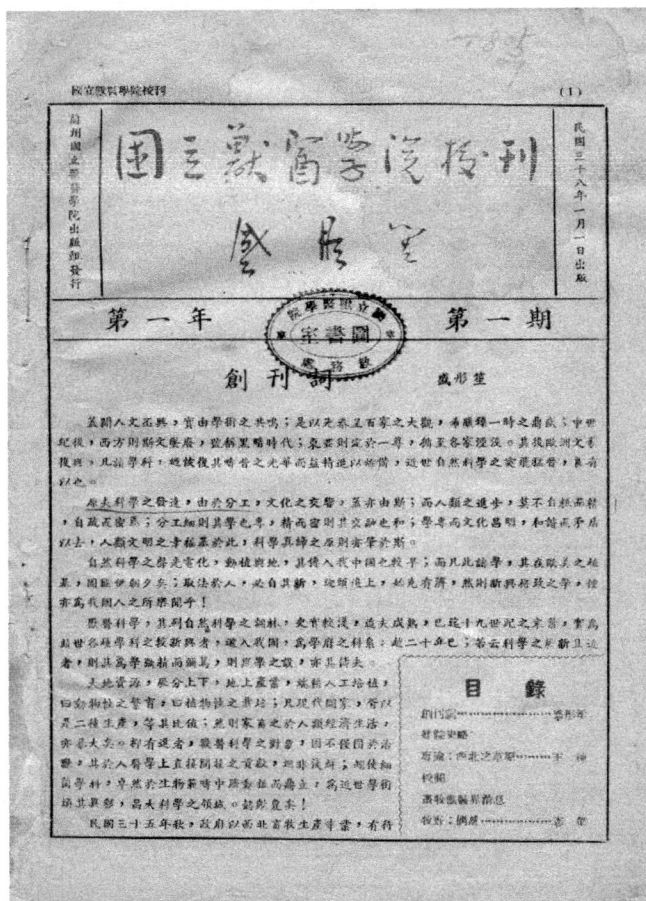

图106

2月,在伏羲堂举行全体员工、学生的团拜活动。

资料(其他) 旧历年即景——旧历除夕,本院教职员之有眷属在校者曾分别邀请家不在兰之同事、同学及工友团年,每家四五人或六七人不等,所有菜肴乃为主客之共同创作,席间觥筹交错,餐后并有京剧及桥牌等余兴。使异乡远客略获家庭生活之调剂;次晨元旦又在伏羲堂楼上大教室举行全体员工、学生团拜,亦烽火声中生活之小点缀也。(《课外活动点滴》,《国立兽医学院校刊》1949 年第 2 期,第 7 页)

3 月 7 日,家畜病院临时门诊处开业,暂由朱宣人、许绥泰、秦和生等主持。

资料(其他) 本院家畜病院原定今春兴建,终以时局困难,经费尚未凑足不果。为应教学及社会之急切需要起见,特就原有房舍中划出一部,先行设立临时门诊处,已于三月七日开诊。在家畜病院主任蒋次升博士未到校以前,诊务暂由教务主任朱宣人博士、寄生虫科主任许绥泰博士及副教授秦和生先生等主持。在开幕期间两个月以内,所有挂号、治疗、手术等费一概免收,来诊家畜极为踊跃,三年级学生实习得益甚多云。(《家畜病院门诊部开幕》,《国立兽医学院校刊》1949 年第 2 期,第 5 页)

3 月 12 日,国防部西北各种马牧场及军牧场的场长借在兰州参加马政会议之便来院参观。

资料(其他) 国防部西北各种马牧场及军牧场场长王善政、石庭桂、朱俊杰先生等,曾乘在兰举行马政会议之便于三月十二日来院参观,本院并曾设宴招待,借以答谢各场平日对本院实习材料之供应与协助。(《最近来院参观之人士》,《国立兽医学院校刊》1949 年第 2 期,第 5 页)

3 月中旬,美国经济合作总署中国分署专员蓝士英(J. P. Grant)及西北办事处主任萨汉民(H. Sarkisian)亦先后来院参观交流。

资料(其他) 外宾方面,共计有美国经济合作总署中国分署专员蓝士英(J. P. Grant)及西北办事处主任萨汉民(H. Sarkisian)两位先生,于三月中旬先后来院参观。蓝氏表示愿对本院现存沪、渝器材之运输加以协助,萨氏即该署与本院合作进行定远营、景泰两地兽疫防治工作之发动人也。(《最近来院参观之人士》,《国立兽医学院校刊》1949 年第 2 期,第 5 页)

3 月中旬,兽医学院成立员工福利委员会。

资料(其他) 自时局急变以来,员工生活日益艰苦,本院同仁、工友为谋自助互助,求取共同之福利起见,特于三月中旬成立员工福利委员会,并推举朱宣人先生为主任委员,周中规先生为业务部主任,常英瑜先生为总务部主任。(《课外活动点滴》,《国立兽医学院校刊》1949年第2期,第7页)

4月16日,员工自助餐厅启用。

资料(其他) 该会第一项重要设施乃为成立员工自助餐厅,于四月十六日开幕,所供膳食不独清洁卫生,且极经济省费,员工莫不称便。其他福利事业亦正在计划进行之中云。(《课外活动点滴》,《国立兽医学院校刊》1949年第2期,第7页)

4月24日,兽医学院全体员工至安宁堡之十里桃林踏青。

资料(其他) 春季远足——兰州市东郊安宁堡之十里桃林,不独为西北之壮观,亦为全国之奇景,最近桃花盛开,本院特举行全体员工春季远足,计参加者一百二十余人,于四月廿四日上午前往野餐,至日晡始尽兴而返。(《课外活动点滴》,《国立兽医学院校刊》1949年第2期,第7页)

5月1日,在《国立兽医学院校刊》发表《释本院信条第十条》,阐释"我们相信环境愈艰苦,我们更应该有同心协力、披荆斩棘的创造精神"的含义,与全体同仁同学共同信守,互相勉励。

资料(其他) 第十条原文为:"我们相信环境愈艰苦,我们更应该有同心协力、披荆斩棘的创造精神。"阐释指出:在我们这事事落后的中国,兽医教育还是一种新兴的科学,兽医工作也还是一种新兴的事业。任何一种新兴事业,它的远景虽充满着无限光明,但它的过程却常须经历无比的困难,更何况是在这艰虞的时代和交通困难、物质条件缺乏的西北!

但是,任何一种事业的创造原无神来的奇迹。爱迪生说得好,所谓天才创造,至多只有百分之一得自神来,其余百分之九十九要靠汗水。所以只要我们不断地努力,世间只无不可克服的困难、不可创造的事业。

孟子说:"天将降大任于斯人也,必先苦其心志,劳其筋骨,饿其体肤,空乏其身行,拂乱其所为,所以动心忍性,增益其所不能。"太史公说:"西伯拘羑里,演《周易》;孔子厄陈、蔡,作《春秋》;屈原放逐,著《离骚》;左丘失明,厥有《国语》;孙子膑脚,而论《兵法》;不韦迁蜀,世传《吕览》;韩非囚秦,《说难》《孤愤》。"可见艰苦的环境,有时反可助我们学问事功的成长,只要看我们努力的程度如何罢了。

再看本期校刊中罗仲愚先生所辑《兽医名人小传》,叙述威廉蒂克大师之缔造爱丁堡兽医学院,其披荆斩棘、艰苦卓绝的精神,是如何地值得我们的敬仰和效法!因为他这种数十年如一日的信守,终得使爱丁堡兽医学院成为今日世界最优良兽医学府之一,人才辈出,遍传宇内。回顾我们今日的环境虽然艰苦,经费虽然困难,但比之当年的蒂克大师,却已优越得多了;追念先贤,我们能无奋勉!

而然,我们对于困难的环境,究竟应当采取怎样的态度去应付它呢?我认为最要莫过于下列各点:

第一,我们要用科学的态度去研究环境的问题。我们环境中所发生的各种问题既极复杂,又常充满着各种矛盾;我们应当用科学方法来分析它,研究它,以求出其症结所在,并提出假设,用实验的方法去试行解决,这样,我们的经验必将日益丰富,能力必将日益坚强。

第二,我们要以自主的态度去改变环境。环境中有些部分是我们自己造成的,还有些部分虽非我们自己所造成,却是我们的力量可以改变的;因此我们除了适应环境中之不能改变的部分之外,必须常常以自主的态度去转变环境中能改造的部分,以期合于我们的目标。

第三,我们要以作战的态度去克服环境的困难。环境之所以困难,是因为它有时很顽强,有时却神出鬼没,不可捉摸;所以我们在心理上必须时时提高警觉,在行动上必须力求迅速确实,有时宜稳扎稳打,有时宜出奇制胜,才能克服环境的困难,而不致被迫向环境投降。

第四,我们要用艺术的态度去欣赏环境的曲折。环境之艰苦处即是曲折处,亦即是兴味处。如世态有炎凉,人情有冷暖,有时一事之来如迅雷震耳;有时一物之去如云散天青,若能以艺术的态度去欣赏,则任何困难的环境都可以视作一篇惊险的小说、一首委婉的史诗、一幅幽邃的图画、一章哀怨的乐曲,不独不觉其苦,反而可以算是人生愉快的经历。如"颜回在陋巷,一箪食,一瓢饮,人不堪其忧,而回也不改其乐",就是最能以艺术的态度来欣赏人生和克服困难的例子。

最后指出:世变方殷,疮痍满目,前途正还有更大更多的困难在等待着我们,希望大家更加团结,提高奋斗的情绪,以同心协力、披荆斩棘的创造精神,来克服一切困难,缔造我们的学校,以期将兽医学院四个大字辉煌地写在中国大西北的地图上,写在世界学术之林的史页上,愿全体同仁同学共勉之!(盛彤笙:《释本院信条第十条——勉全体员工同学》,《国立兽医学院校刊》1949年第2期,第1—2页)

5月24日,马步芳从西宁赴兰州就任西北军政长官,对兰州的高等学校进行监视。

资料一(其他) 1949年5月上旬,马步芳与宁夏马鸿逵在民和县享堂会晤。5月18日,国民党政府发表马步芳代理西北军政长官。24日从西宁赴兰州就任。(《马步芳大事年表》,载全国政协、青海省政协文史资料研究委员会本书编辑组编《青海三马》,中国文史出版社,1988年,第292页)

资料二(发言报告) 解放以前的工作,除须克服上述这些无穷尽的困难之外,还需要不断地和西北的特殊环境作斗争。解放以前的西北大部分地区都是为高度的封建思想所笼罩着的,对于新兴的畜牧兽医科学既缺乏了解,对于新来的事物又总是抱着敌意和不合作的态度的,除掉前面已经说过我们在收购院址的时候所遭遇的封建阻力外,甚至还有一些劣绅和官僚经常地专与我们为难作梗,阻碍我们的工作,破坏我们的计划,也须费去我们不少的时间和精力,来和他们周旋。到了去年五月底以后,马匪步芳就任了所谓的西北军政长官,西北又加上了一层最残暴的法西斯统治,更变成了暗无天日的残酷世界,尤其几个高等学校更为他的狗腿们所注意和监视的目标,人人都有朝不保夕的危惧。六月间他倡办夏令营,想把几个院校的学生集中起来去当炮灰。(盛彤笙:《四周年纪念的回顾与前瞻》,《国立兽医学院校刊》1950年第4期,第3页)

8月11日,马步芳命令学院迁往西宁,15日,又令改迁往武威,均拖延未迁。教育部派专机来兰州接四院校负责人前往广州,亦拒绝前往。

资料一（发言报告） 八月间，解放大军迫近兰州，他又强令本院迁往青海；幸亏全体同仁、同学精诚团结，沉着应付，都被我们抗拒过去了。（盛彤笙：《四周年纪念的回顾与前瞻》，《国立兽医学院校刊》1950年第4期，第3页）

资料二（档案） 兽医学院：查目前西北军事吃紧，为配合军事需求，所有中央驻兰机关学校应即克日加紧疏散，借以加强战斗力量。兹指定该院迁往西宁。……长官马步芳。民国卅八年八月十一日。（《将兽医学院疏散到西宁的紧急命令》，1949年8月11日，甘肃农业大学档案馆，民国档案）

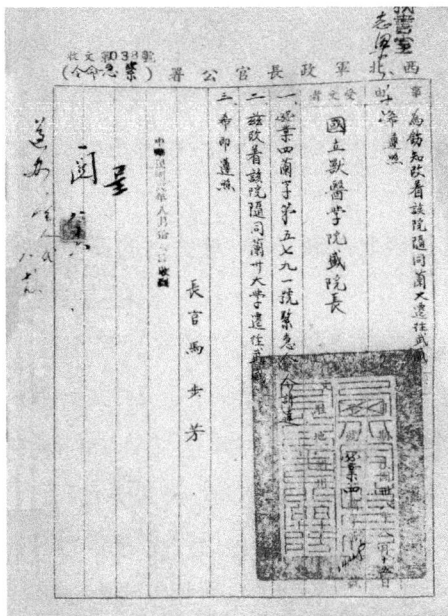

图 107

资料三（档案） 国立兽医学院盛院长：兹改着该院随同兰州大学迁往武威，希即遵照。长官马步芳。民国卅八年八月十五日。见图107。（《将兽医学院疏散到武威的紧急命令》，1949年8月15日，甘肃农业大学档案馆，民国档案）

资料四（传记） 解放前的半年是学校最为困难的一段时期，伪币贬值之速，日泻千里，学校经费及员工、学生生活艰辛万状。原西北军政长官张治中先生是国民党的开明派，对兰州的四个院校（兰州大学、西北师范学院、兽医学院、西北农林专科学校）自来是非常爱护的，他于春间离兰，担任国民党和平代表团团长，前往北平，所遗西北军政长官一缺由青海恶魔军阀马步芳继任。马匪到兰不久，即胁迫四院校迁往河西走廊。四院校员工、学生眼见国民党政府和军队总崩溃即在眼前，且对马匪统治青海之暴戾凶残本来切齿痛恨，更不愿为其效劳殉葬，何况当年之河西走廊荒凉贫瘠，员工、学生及眷属数千人一旦前往，不但容身无地，且将食不果腹，故均不愿迁校。四院校负责人面对马匪威胁，初则阳奉阴违，虚与委蛇，然马匪之压迫亦日益加厉。四院校负责人肩负学校事业之完整及数千员工之安危，其日夜焦思苦虑之情，实非言语所能名状。此时国民党政府已迁往广州，伪教育部虽派一督学乘一专机来兰，迎接四院校负责人前往广州，四院校负责人无一人愿追随前往，该专员只能怏怏空机而返。

国民党甘肃省党部又曾召集会议，命令各校成立应变委员会，我们兽医学院虽"遵旨"成立，由我担任主任委员，教务长及总务长担任副主任委员，组织青壮年员生成立护校队，其目的乃在防范马匪溃败时散兵游勇对学校之抢劫破坏。应变委员会每晚在我家中开碰头会一次，交流从各方了解到的战事情况，研究应付的对策。全校员工所热烈盼望者，乃兰州的迅速解放。当有一晚在碰头会中讨论到万一在兰州市区发生拉锯战，我们如何应付的问题，总务长常英瑜发言说"那我们就一边倒，倒向共产党一边"，得到大家的一致同意。

临解放前一些日子，我们夫妇二人每日深夜必在家偷听延安的广播，虽曾几次听到延安电台向我和胡祥璧先生广播，要我们分别保护好兽医学院和西北兽疫防治处，完整交还人民（胡祥璧早已于抗战胜利后离开兰州，延安方面的同志误以为他尚在兰州担任兽疫防治处处长）。这一广播给予了我很大的力量。

临解放前数日，马匪黔驴技穷，仍图最后挣扎，召集四校负责人前往其"长官公署"，再次胁迫四院校迁往河西走廊，如不迁校，则必须在他的拟就的(一)《反共宣言》(二)《告四院校学生书》(三)《致广州国民党政府请求空运枪支弹药的电报》等三个反动文件上签字，以为交换条件。四院校负责人明知其覆灭败亡乃指日间事，这三个文件对他起不到一根救命稻草的作用，却可以使我们免吃眼前亏，甚至[免]遭到杀身之祸。在他的淫威之下，只得被迫在他所拟就的文件上签字，此虽为我生平又一污点，但我完全是按照延安电台对我的指示，为保存学校的完整而不得已为之的，也许可曲蒙党和人民的谅解。

在四院校中，马匪最恨的是兽医学院，因为他的部队以骑兵居多，最需要兽医为其服务，我们虽于解放前半月左右在兰州市内设立一处军马救护站，为他医治伤病马匹，但终不肯随同他转徙迁移，故他对我们怀恨最切。延安电台对我的广播，估计他的特工人员亦必听到。（盛彤笙：《庸碌的一

生,平凡的自述》,第 22—25 页)

8 月 14 日至 16 日,学院录取十九名新生。

资料(其他)　本年暑假第一次新生考试系于八月十四日至十六日举行,当时兰州已在解放军大包围之中,所以考生较少,仅取新生 19 名。(《本年暑假两次招生》,《国立兽医学院校刊》1949 年第 3 期,第 7 页)

8 月 24 日,马家军以有碍作战为由,扬言要拆毁伏羲堂,师生连夜将仪器、药品等转运至兰州大学。

资料一(传记)　故在解放前两日竟然诡称我们兽医学院的主楼有碍他的炮兵作战视线,扬言将派人前来拆除。我们只得连夜将图书、仪器装箱运往城内兰州大学寄存。所幸解放大军进军神速,兰州于 1949 年 8 月 26 日晨全部解放,马匪仓皇逃窜,阴谋未能得逞,我们的校舍得以保存完整。交还人民,欢庆新生,在解放前的三年中,校中从未设立过国民党党部、"三青团"团部和"防奸保密小组",这在蒋管区的机关学校中,恐怕是绝无仅有的。到快解放的那几天,他又扬言我们学校的房屋有碍作战,须加拆毁,全体同仁、同学于愤恨之余,只得将所有的仪器、药品和其他公物连夜运进城内,寄存兰州大学,大部分员生和眷属迁居兰大暂避,以免万一拆屋时候的仓皇无措;只留下少数同仁同学守居校内,保卫校产。(盛彤笙:《庸碌的一生,平凡的自述》,第 25 页)

资料二(传记)　解放前几天,马步芳的军队突然提出兽医学院主楼"伏羲堂"有碍炮兵视线,要派人前来拆除。先生只得紧急动员全体师生连夜将图书、仪器装箱运进西关萃英门内兰州大学寄存,全院家属也随往躲避。(邹康南:《盛彤笙先生生平》,第 10—11 页)

资料三(文章)　到快解放的那几天,他又扬言我们学校的房屋有碍作战,须加拆毁,全体同仁、同学于愤恨之余,只得将所有的仪器、药品和其他公物连夜运进城内,寄存兰州大学,大部分员生和眷属迁居兰大暂避,以免万一拆屋时候的仓皇无措;只留下少数同仁、同学守居校内,保卫校产。(盛彤笙:《四周年纪念的回顾与前瞻》,《国立兽医学院校刊》1950 年第 4 期,第 3 页)

8月26日,兰州解放,在全校师生的努力下,兽医学院保存完好。

资料一（其他） 兰州的围城战主要系在四郊山中进行,自八月廿一起仅仅经过五天的战斗,即将匪军主力击溃,于廿六日清晨全获解放,市区亦得保持完整。在解放以前,伪长官公署曾经三番几次命令本院迁往河西,威吓胁迫,无所不至,总算被我们用种种方法拖延过去了。当战事最剧烈的两天,又声言本院大楼和其他房屋有碍作战,须予拆毁,全院员工同学于痛恨之余,又连夜将全部图书、仪器和公物抢运进城,寄藏于兰州大学。幸赖解放军进军的英勇神速,匪军逃命都来不及,更来不及将本院破坏,也没有经过真空时期,所以本院校舍、器材、人员得以毫无损失。解放以后,即将全部公物搬回学校,迅速恢复秩序,并如期于九月十五日开学,十九日上课,全院员工、同学莫不欢欣鼓舞,衷心感谢解放军的恩赐。（《兰州荣获解放　本院如期开学》,《国立兽医学院校刊》1949年第3期,第6页）

资料二（著作） 幸赖解放军进军的英勇神速,兰州的解放较预期的提早了几天,匪军于仓皇溃退、狼狈遁逃的时候,既没有来得及将我们的校舍拆毁,即他们的原定计划,要杀光集中在兰州大学的各校员生,也因为临解放时自顾逃命之不暇,没有来得及下手,大家的生命和学校的财产才得以完整地保存下来了;至今回想起来,那三个月的日子,真是充满了无穷的恐怖、无限的血腥,是我们每一个人永远也不能忘记的。（盛彤笙:《四周年纪念的回顾与前瞻》,《国立兽医学院校刊》1950年第4期,第3页）

9月2日,兰州市军事管制委员会任命辛安亭为军代表,接管兽医学院。师生积极配合,交接顺利。

资料一（档案） 1949年9月2日,兰州市军事管制委员会主任张宗逊将军,副主任张德生、吴鸿宾、韩练成、任谦等发布命令:"依据中国人民解放军总部颁布之约法八章,兽医学院应在接管之列,兹特任命辛安亭同志等人为本会军事代表前来负责接管。从此该校即属人民所有,该校一切人员应在辛安亭代表指示之下各守原职,负责保护校内一切资财、图表、账册、档案,尽速恢复工作。"见图108。（《兰州市军事管制委员会关于任命辛安亭为军代表并接管兽医学院的命令》,1949年9月,甘肃农业大学档案馆）

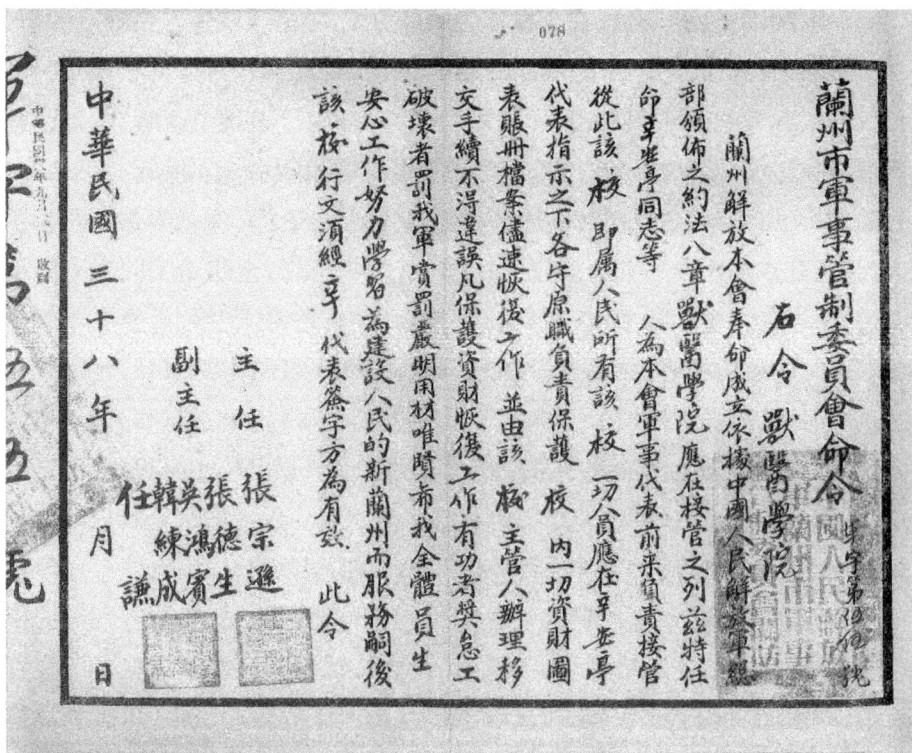

图 108

　　资料二（其他）　兰州解放后，军管会即派教育处辛安亭处长为接管本院的军事代表，辛处长曾两次到院向全体员工、同学讲话，解释军管会的政策和接管的意义，并嘱教员和学生各推代表四人，职员和工友各推代表二人，组织协助接管委员会，由周中规教授和刘尔年同学分任正副主任委员，按照院方所造校产清册，分组进行清点，工作极为认真，已于日前顺利完成。（《兰州荣获解放　本院如期开学》，《国立兽医学院校刊》1949 年第 3 期，第 6 页）

　　资料三（其他）　1949 年 8 月 30 日，兰州市军管会发布 53 号令，正式接管兰州大学，继之，又陆续接管了西北师范学院、兽医学院和西北农业专科学校。在接管过程中，兰州大学和西北师范学院的接管工作遇到障碍。由于缺乏经验和方法不当，引起了一些师生的不满，西北师范学院还发生了师生要求代院长辞职的事件。但这些问题很快就得到解决，同时对校政进行了初步改革。兰州大学组建了以辛安亭为主任委员,陆润林、徐褐夫为副主任委员,由教授、学生代表参加的校务委员会;西北师范学院由徐劲就任院长。兽医学院的接管工作,由于院长盛彤笙的积极配合,进行得比较顺利。(王劲等:《甘肃通史 当代卷》,甘肃人民出版社,2013年,第339页)

9月11日至17日,学院积极参与庆祝解放的活动。

资料(其他) 兰州解放后,全市欢欣若狂;本院员工同学从最黑暗、最反动、最专制、最残暴的统治之下被解救出来,从此可以不必担心匪徒们的集训、征调、抽丁、破坏和种种迫害,而得安心工作学习,其愉快的心情真是不能以言语来形容。因此,在九月十一日到十七日的庆祝解放后的各种活动中,本院都表现得无比热烈。我们的标语、墙报和漫画贴满了街头,秧歌队扭过了全市和本院附近的村庄,博得了观众不断地喝彩。十七日下午在东校场举行的庆祝兰州解放大会和会后的游行是狂欢的顶点,我们全体员工、同学的行列以巨幅油画和飘扬的校旗为前导,以不断的欢呼和口号为进行曲,更表现得雄壮和活泼。在募集慰劳品方面,我们的献赠也非常踊跃,共计献出面粉千余斤,银元廿余枚,各种日用品如毛巾、汗衫、肥皂等一大筐,以人数的比率讲,我们的成绩也是非常可观的。(《本院热烈参加庆祝兰州解放》,《国立兽医学院校刊》1949年第3期,第6页)

9月19日,兽医学院开课。

资料一(其他) 国立兽医学院通告:二、三、四年级学生定于九月十五日入学注册,十九日上课。新生定于九月二十四日至二十六日入学注册,十月三日上课。院长:盛彤笙。见图109。(《国立兽医学院通告》,《甘肃日报》

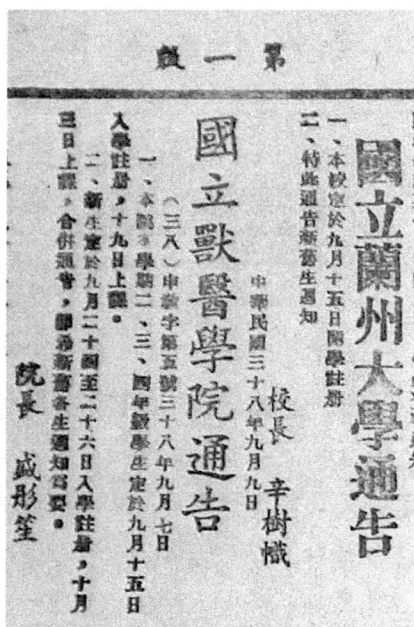

图109

1949年9月9日第1版）

资料二（其他）　本院本学期新聘教员已到校者计有王雏文、刘文林、张树藩三位先生。王雏文先生为中央大学化学系毕业，曾在美国路易西安那大学研究三年，现任本院生物化学科教授兼代主任。刘文林先生为北师大体育系毕业，原任西北师范学院体育系副教授，现任本院体育副教授。张树藩先生为长春畜产兽医大学毕业，曾在东京帝大研究一年，现任本院细菌科讲师。已经由美返国者有诊疗科主任蒋次升教授，抵达湖南后即因交通困难，未能来兰，现湖南和兰州均已解放，目前蒋先生来电说：路途稍靖即行首途，想不久当可到达。此外尚有朱晓屏、罗仲愚两位教授也即将分别由英、美起程返国，可能于年底以前到校。（《新聘教员源源回国先后来校》，《国立兽医学院校刊》1949年第3期，第7页）

9月22日至25日，兽医学院续取十五名新生。

资料（其他）　解放以后乃呈准军管会教育处举行第二次招生，于九月廿二日至廿五日考试，续取新生15名，两次合计共34名。预计明年的招生当可在全国各地普遍举行，录取的名额也可以大大增加了。（《本年暑假两次招生》，《国立兽医学院校刊》1949年第3期，第7页）

9月25日，中华自然科学社兰州分社第三届年会在兰州大学召开，兰州区社友共商新中国成立后建设西北大计。

资料（其他）　本分社于一九四九年九月二十五日假兰州大学举行第三届年会，集兰州区社友于一堂，并各界代表参加共商解放后建设西北大计。是日又适为苏联大生理学家巴甫洛夫氏诞生一百周年纪念前夕，特借年会以来庆祝。兹将本社概况、本分社进行方针及社友名录刊为手册，俾使社内外人士明了本分社之动向及今后之使命。

本分社进行方针：A. 协助文教会普及西北科学教育。B. 继续刊编科学生活及举办科学讲演。C. 组织西北科学考察团。D. 协助西北人民政府从事工、农、畜牧、卫生等项建设。E. 设立科学咨询设计机构，解答各方面之科学问题及设计事项。F. 建议人民政府在西北充实并设立科学研究机构。

G. 接受各方委托,介绍科学人才。H. 举办科学座谈会。

本分社社友录(姓名按笔画多少排列)

姓名	专门学科	现任职务	通讯处
王德基	地理	国立兰州大学地理系主任	国立兰州大学
王雏文	化学	国立兽医学院教授	小西湖国立兽医学院
孔宪武	生物	国立西北师范学院博物系主任	十里店国立西北师范学院
朱宣人	兽医	国立兽医学院教授兼教务主任	小西湖国立兽医学院
周中规	生物	国立兽医学院教授	小西湖国立兽医学院
盛彤笙	兽医	国立兽医学院院长	小西湖国立兽医学院
高行健	化学	国立兰州大学化学系教授	励志路甘肃科学教育馆
张培棪	医学	国立兰州大学医学院副教授	国立兰州大学
栗作云	生物	国立西北农业专科学校副教授	西果园国立西北农业专科学校
秦和生	兽医	国立兽医学院副教授	小西湖国立兽医学院
常英瑜	畜牧	国立兽医学院副教授兼总务长	小西湖兽医学院
买永彬	兽医	国立兽医学院助教	小西湖国立兽医学院
许绶泰	兽医	国立兽医学院教授	小西湖国立兽医学院
章道彬	兽医	国立兽医学院讲师	小西湖国立兽医学院
乔树民	医学	国立兰州大学医学院院长	国立兰州大学
杨浪明	生理	国立兰州大学理、医两院教授兼图书馆馆长	国立兰州大学
戴重光	生化	国立兰州大学医学院教授	国立兰州大学
谢念难	兽医	国立兽医学院教授	小西湖国立兽医学院

(中华自然科学社兰州分社编:《中华自然科学社兰州分社第三届年会手册》,中华自然科学社兰州分社,1949年,第1、11—19页)

10月1日,在校刊上发表《新时代中应有的新努力》,指出在祖国即将迎来的经济、文化建设高潮中发挥学院作用,全心全意为祖国及农牧民同胞服务。

资料(其他) 文章指出:今年十月一日是本院成立三周年的纪念日,适值兰州初获解放,全国的解放即在目前,政协隆重举行中华人民共和国的开国大典,这许多划时代的大事接二连三地在中国演出,在世界演出;中国人民从此摆脱几千年的封建枷锁,自做主人,掌理国事;中华民族从此解除一百年来国际帝国主义的压迫,堂堂地站立起来了,以光荣的自由独立的姿态出现于世界,这真不是一个平常的日子,不是一个平常的时代! 而我们恰好在这样一个时候举行我们的校庆,也就具有特别不平常的意义!

在这以前,我们全院的员工、同学虽然也曾同心同德,不避艰苦,辛勤努力地工作了三年,建立了本院目前这个初步的基础,在快解放的时候,我们又曾用尽种种方法和借口,抗拒了伪当局给我们的迁移命令,将校产保全了下来,完整地交献给了人民;但是,回顾我们三年来的工作,除了上述建立了一点基础,保存了这一点基础,训练了一些学生之外,究竟和人民大众有过多少一点接触? 替人民大众做过多少一点事情? 仔细地分析一下,用人民的天平来评价一下,我们实在不能不惭愧,不能不内疚,更不能徒以"环境不允许"的理由来掩饰我们的失职!

因此,在今年的校庆纪念日,面对着这样一个崭新的形势,这样一个伟大的人民的世纪,我们应当反省,应当自责,尤其应当勇于改正错误。

要改正错误,首先要改正我们的思想,改变我们的脑筋。我们兽医学院同事、同学们的职责,正如本院信条中所列举的,原在服务农牧同胞,解除他们的痛苦,增进他们的幸福;但是,不幸我们自己多半出身于小资产阶级,因此我们都不免带有小资产阶级的缺点(例如高傲、偏狭、自私等),带有封建制度的遗毒,带有旧社会的坏影响和坏习气;这些特性决定了我们每一个人,自以为高高在上,皎皎独立,不容易和人民接近,不能向人民靠拢,因此就难于以兄弟般的亲切,手足般的情谊,来和农牧同胞打成一片,真心真意地为他们服务。今后要做一个新社会里的新人,非要彻底摆脱这些旧影响,根绝这些坏习性,扫除这些恶渣滓不可。要达到这一个目的,除掉要加紧学习新的理论来改造我们的思想,武装我们的头脑之外,尤其要以实践来配合理论,不使理论成为空言,而这实践正是最不容易的事情。因此希望同仁同学们互相勉励,互相规劝,更希望同仁同学们常给我这个关在象牙之塔里做了几年院长,四体不勤的人以督责。有了这一个基本的改造,我们才能谈到进一步的工作。

随着人民共和国的诞生,无疑地即将掀起一个经济建设的高潮和一个文化建设的高潮。以作为全国唯一兽医学院的本校而论,在这两个建设高潮中间,都是负有极重大的使命的。

从教育方面说,我们的学校将不再是为统治阶级装饰门面,为旧社会做花瓶的机关了,也不能徒以每年训练了一班大学毕业生为已足;必须将畜牧兽医的科学知识普及到每一个农村和牧野,使每一个农牧同胞都真正能受到它的实惠。同时针对农村牧野的实际需要,随时进行各种研究工作,来替农牧同胞解决实际的问题;换句话说,就是要遵照毛主席的指示,把提高和普及互相区别而又互相联合起来。在这一方面尤其要配合政府的民族政策,注意到边疆的游牧少数民族的利益,帮助改善他们的生活,提高他们的文化水平。

从经济方面说,我国原来拥有极丰富的畜产资源,可惜技术落后,缺乏整理和改进,所以畜牧生产事业至今还停留在半原始的状态;如何组织牧民,化游牧为定牧;改良品种和饲养管理,增加产量;防治疾病,保障畜产的安全;发展畜产工业,提高畜产品的经济利用;使每个同胞都能有乳卵肉食的营养、毛呢皮革的衣着,来享受近代人应过的生活,这实在是我们当前最重要的任务,也是我们可以贡献于祖国的伟大工作。

这些工作在过去反动政府统治之下,我们即令有此理想,也无由实现;有此抱负,也无由施展。现在,许多先烈替我们开辟了一条坦途,一个真正代表大多数人民利益的政权产生了,客观的条件具备了,剩下的就是看我们自己如何努力了。同仁同学们,让我们携手迈进吧! 一个富强、康乐、高度文明的祖国的远景正在召唤着我们!(《新时代中应有的新努力》,《国立兽医学院校刊》1949 年第 3 期,第 1—2 页)

10 月 1 日,举行"国校同庆"活动,兰州市军管会主任张宗逊将军和教育处长辛安亭出席并讲话。师生们为全市各中等学校学生、农牧同胞表演和讲解兽医科学技术,共有四千多人来院参观。

资料一(其他) 本院今年的校庆正值兰州初获解放,政协隆重举行和中华人民共和国的开国大典,真是喜上加喜,庆上加庆,因此决定热烈举行庆祝,以示欢迎这一伟大时代的降临。事先曾由教员、职员、学生、工友组织筹备委员会,分组担任工作。庆祝共分两日进行(详细程序见本刊底封面),第一日整天有展览和学术表演,第二日也就是真正的校庆纪念日则有庆祝典礼,而歌咏、话剧、秧歌、电影、平剧、球赛等游艺和运动节目则分排在两日之中。邀请的来宾有党政军各界首长,各农牧兽医和卫生机关的同道,各学校的主要负责人和学校,本院的邻居民众,兰州市各牧场的牧民等。为便于城内各中等学校学生来院参观展览和表演起见,特备有专车接送。欢迎各界光临指导。(《校庆筹备工作简述》,《国立兽医学院校刊》1949年第3期,第7页)

资料二(**其他**)　去年十月一日是本院成立的三周年纪念日,又逢中华人民共和国开国大典,本院曾于九月卅日起扩大隆重举行校庆两天,后来又延长了两天。庆祝节目有典礼、学术展览和表演、秧歌、球赛、话剧、平剧和电影等,并以学术展览和表演为中心。四天中除举行典礼的时间外,全部实验室、预备室、研究室、仪器室、图书室和家畜病院门诊部等都整日开放,全部仪器、设备都陈列了出来,并有各种表演和解释,欢迎市民和农牧同胞参观。事先并出有校刊专册一期,又油印有各展览室内容的说明书,以作参观者的向导。九月卅日是预庆,专门招待全市各中等学校的学生和农牧同胞,由全体教员和高年级学生分别表演和讲解各种兽医科学技术,每一种表演都能深入浅出,使不识字的人也能了解。下午举行球赛,晚间由学生演出群猴话剧和歌咏招待附近邻居人民。十月一日是正式的校庆日,校门口搭有牌坊,全院都穿上了壮丽的新装,除学术表演照常进行外,早晨有学生和小朋友们的秧歌表演,上午十时举行庆祝典礼,到各界来宾和本院全体员工、学生三百余人,出席讲话的有兰州市军管会主任张宗逊将军和教育处辛安亭处长及其他来宾多人;会后在本院公共食堂举行聚餐,做了一个简约的招待。下午教职员学生演出平剧,晚间演放科学电影;竟日仍有学术表演,参观的人至晚仍络绎不绝,如是才决定延长学术表演两天,以飨市民。在这四天之中记者愿意总结的报道:第一,本院经过三年的艰苦奋斗,一旦获得解放,大家欢欣鼓舞的心情都充分地表现在这次校庆纪念中,可以说是自成立以来所未有的一次盛会。会中员生合作的密切,尤其有充分的表现。第二,四天参观者除曾签名的有二千余人之外,与未签名的合计共有四千多人,可见社会对本院的兴趣和注意。《甘肃日报》的记者刘焕文先生曾作竟日的参观和笔记,在报上有专文记述,溢誉甚著,可见舆论对于本院的重视。第三,政府各机关多于事先惠赠锦旗等类礼品,事后又予以多方的鼓励和奖饰,使本院同仁增加无限的鼓舞,都认为以后更当加倍努力,以不负大家的期望。(《三周年校庆志盛》,《国立兽医学院校刊》1950 年第 1 期,第 12 页)

资料三(传记) 兰州四院校的绝大部分师生都是以极其兴高采烈的心情迎接解放的。我们兽医学院在解放前就是规定以十月一日为校庆日的,与后来的国庆日巧合。我们于接管后经过约一个月的筹备,举行了盛大的"国校同庆"纪念,连续三天,展出各种标本模型,进行了各种教学实验和手术表演,学生表演了秧歌舞,演出了自编的庆祝解放的话剧,甘肃省党、政、军首长和各界人士以及群众莅临参观者极为踊跃,给了我们以很大的鼓舞。(盛彤笙:《庸碌的一生,平凡的自述》,第 25—26 页)

10 月 6 日,与全院员工、学生、眷属二百余人共度中秋月光晚会。

资料(其他) 去年的中秋恰好在本院校庆后数日,大家经过校庆纪念大会的一阵忙碌,多少都感到一些疲劳,共度佳节,兼示慰劳。参加的有全院员工、学生和眷属以及小朋友们二百余人,月华初上的时候,都集坐在伏羲堂前的花坛旁边,皎洁的月色照亮了每个人的心情,大家吃着甜甜的月饼,欣赏着晚会的各种节目,不时有锣鼓的声音来增加大家的情趣,连平日生活严肃的院长、教授和老太太们也都扭起秧歌来了。一夕狂欢,直至深夜始兴阑始散。(《欢愉的中秋月光晚会》,《国立兽医学院校刊》1950 年第 1 期,第 12 页)

10 月 12 日,同意常英瑜辞去总务主任的职务,聘请周中规教授继任。

资料(报道) 本院总务主任一职自成立之始即系由常英瑜先生担任,就职以来,披荆斩棘,营建擘画,处理最艰苦麻烦的总务事宜,真是竭尽心力,三年有如一日,全院员生无不折服感谢。常先生近因奉派赴沪洽运器材,将来回兰后又拟参加甘肃行署农林处所组织的畜牧兽医工作团,担任团长,出发外地从事调查和实际工作,因此已经学校同意解除其总务主任职务,并由校政改革讨论大会一致公推生物学教授周中规先生继任,决定后即由盛院长亲诣聘请,经过多方敦促已于去年十月十二日慨允就职。周先生在本院任教已一年半,平日为人谦和,教学认真,办事负责,故极为同仁所敬佩,学生所爱戴,此次出任总务主任,全院莫不深庆得人。(《周中规教授继任总务主任》,《国立兽医学院校刊》1950 年第 1 期,第 12 页)

10 月 16 日,甘肃行署农林处在兽医学院召开兰州市畜牧兽医界座谈会,他与路葆清、孙晋一共同主持,对西北畜牧工作方针做了详尽讨论,提议在西北人民政府中设立畜牧部。

资料(报道) 解放以后,本院同仁因感大规模建设工作即将开展,而在西北建设工作中,畜牧兽医事业又居首要,因特建议甘肃行署农林处于十月十六日在本院召开兰州市畜牧兽医界座谈会,到全市各畜牧兽医机关学校技术人员和本院高年级学生八十余人,由本院盛院长、西北羊毛改进处路葆清处长和农林处孙晋一同志担任主席团,会议自上午九时开始,至下午六时散会,到会人员都曾热烈发言,对于今后西北畜牧工作的方针和推进,都做了详尽的讨论和决议,分别向中央和地方政府建议举办;最重要的建议案有下列各项:(1)请在西北人民政府中设立畜牧部,西北各省人民政府设立畜牧厅,各县人民政府设立畜牧科。(2)请建立兽医警察制度及设置兽疫防治网。(3)请公布外销畜产品之标准,并举办外销畜产品之检查。(4)请在西北增设毛纺厂,或令津、沪毛纺厂迁来西北。(5)请于西北主要牧区组织羊毛运销合作社,促进羊毛之外销。(6)请筹设乳肉罐头工厂及冷藏运输机构。(7)请厘定各种畜牧兽医法规。(8)请召开全国畜牧兽医业务及教育会议。(9)请规定牧民节。(10)请在甘肃增设洗毛厂及洗絮厂。其中向中央建议的事项已由本院朱教务长携往北京,向全国农业会议提出,向地方建议的已分别缮交西北局和甘肃行政公署。见图110。(《兰市畜牧兽医界在本院举行座谈会》,《国立兽医学院校刊》1950 年第 1 期,第 15 页)

國立獸醫學院校刊

畜牧獸醫界消息

1. 蘭市畜牧獸醫界在本院舉行座談會

解放以後本院同仁因感大規模建設工作即將開展，而在西北建設工作中，畜牧獸醫事業又居首要，因特建議甘肅行署農林處於十月十六日在本院召開蘭州市畜牧獸醫界座談會，到全市各畜牧獸醫機關學校技術人員和本院高年級學生八十餘人，由本院盛院長、西北畜牧改進處路葆清處長和農林處孫督一同志組任主席團，會議自上午九時開始，至下午六時散會，到會人員都曾熱烈發言，對於今後西北畜牧獸醫工作的方針和推進，都作了詳盡的討論和決議，分別向中央和地方政府建議舉辦；最重要的建議案有下列各項：（1）請在西北人民政府中設立畜牧部，西北各省人民政府設立畜牧廳，各縣人民政府設立畜牧科。（2）請建立獸醫警察制度及設置獸疫防治網。（3）請公佈外銷畜產品之標準，並舉辦外銷畜產品之檢查。（4）請在西北增設毛紡廠，或令津滬毛紡廠遷來西北。（5）請於西北主要牧區組織羊毛運銷合作社，促進羊毛之外銷。（6）請籌設乳肉罐頭工廠及冷藏運輸機構。（7）請厘定各種畜牧獸醫法規。（8）請召開全國畜牧獸醫業務及教育會議。（9）請規定牧民節。（10）請在甘肅增設洗毛廠及洗療廠。其中向中央建議的事項已由本院米教務長攜往北京，向全國農業會議提出。向地方建議的已分別轉交西北局和甘肅行政公署。

2. 新疆省人民政府設立畜牧廳

批准後即可實施……極為詳盡，實行的……所以本院今年度的……

4. 東……

東北的獸醫……瀋陽的一個最大……可惜都已被燬……畜防疫所的基礎……隸屬於東北行政……任本院教授胡輝……

東北的獸醫……獸醫大學，可惜……一所東北獸醫專……立，去年夏天才……舊址為校址，有……十一月初曾有本……密切聯繫。（以上……

5. 華……

華東幾省的……部領導，正在……獸醫院四處，防……省擬於今年訓練……作，經費預算為……血清藏和畜牧場……安徽、福建三省……中央畜牧實驗所……林水利部接管。……以上根據組級……

图 110

　　10 月 17 日开始，兽医学院举行全体师生参加的校政改革讨论大会，对学院制度、机构、课程、人员等，进行详尽商讨，并得出具体结论。

　　资料一（报道）　本院全体员工、学生的校政改革讨论大会，于去年十月十七日开始，经过六整天和一个半天的会议，已经圆满结束。会中对于本院制度、机构、课程、人员以及其他各种问题，都做了详尽的商讨和具体的结论，并奉军管会核定，已经次第开始实行。结论中最重要的有院务会议和经费稽核委员会的改组，使学生和工友也能参加学校行政；取消因功课不及格而退学的办法,废除毕业考试,推进荣誉考试制,使教育制度尽量合理化;添设推广和调查研究两种委员会,开办各种性质的训练班等;此外对于本院民主精神的培养,员生工友间感情的增进,也都做了详细的讨论和决定。六天半的会议中,大家的发言热烈,精神始终如一,是记者感觉值得特别报道的。(《校政改革讨论圆满结束》,《国立兽医学院校刊》1950 年第 1 期,第 12 页)

资料二(其他) 记得解放以后不久,本院曾经举行过一次历时七天半的校政改革讨论大会,全体员工学生都曾热烈参加,对于本院的制度、机构、课程、人事各方面应兴应革的事曾经做过一番详细的讨论;大会的结论除一部分限于客观的条件不够,还未能实行外,其余大部分都已付诸实施。(盛彤笙:《继续努力不断改革校政》,《国立兽医学院校刊》1950 年第 3 期,第 3 页)

10 月 20 日下午,接待由黄正清将军父子率领的五十余位夏河藏族同胞,带他们参观学院,介绍学院简史、现况及与藏区的密切联系。

资料(报道) 去年十月十二日下午一时有祁连山藏胞四十五人由军管会代表陪同来院参观,当由常英瑜、王志梁两先生招待,先在会议室茶叙,然后分别参观各科室,每室都由负责人详加说明解释,由他们的翻译人员译为藏语,直至四点多钟才依依不舍而去。同月二十日下午又有夏河藏胞五十余人由黄正清将军父子率领来院参观,由盛院长亲自接待,首先介绍本院简史和现况及与藏区的密切联系,继即参观本院各部分,藏胞们都表示极浓厚的兴趣,至四时半参观完毕,由黄正清将军亲书藏文横额一幅留赠本院,以表示藏胞对本院的关切,然后在伏羲堂前摄影而别。(《藏胞先后来院参观》,《国立兽医学院校刊》1950 年第 1 期,第 12 页)

10 月,兽医学院仪器设施、师资力量渐趋完备。暂代细菌卫生科主任。

资料一(传记) 1949 年 10 月 1 日,兽医学院全体师生以万分兴奋的心情迎接国庆与校庆。拖延数年的校址收购问题迅速得到解决,存放在上海和滞留中途尚未运回的仪器、药品等也一一运回。部分预先约请的教授(蒋次升、陈北亨、谢铮铭、杨诗兴、廖延雄等)和一批青年教师(任继周、陈士毅、顾恩祥、谢念难、邹康南、万一鹤等),于1949年前后陆续到校,加上原有的许绶泰、朱宣人、秦和生等教授和李如铽、王超人等教师,各科师资逐渐齐全。(邹康南:《盛彤笙先生生平》,第11页)

资料二(照片) 盛彤笙在做实验。(见图111)

图111

资料三(其他) 本院位于兰州小西湖,一进校门,就可以看见那座大楼——伏羲堂,是我们教学研究和办公的中心。里面藏着许多宝贵的图书、仪器和药品:在仪器方面,最重要的有显微镜三十九架、冰箱两只、电力离心机二只、分析天平一具、切片机一具、定温箱三只、显微镜照相机二具,还有许多手术器械、治疗用具,以及大批的化学玻璃器皿等等。在药品方面,本院的存藏,在兰州各机关学校中间恐怕要算首屈一指,不独种类繁多,而且分量丰富。在图书方面虽然还嫌不够,但是重要的教科书都齐备了,而且每一种都常有许多副本,可供每一同学使用;参考书也都每一科目具备一些。

比图书、仪器更宝贵的是一批国内有数的兽医科学家。院长盛彤笙教授是柏林大学医学博士和兽医学博士,抱着兼为人类和家畜造福的宗旨,他于一九四六年夏由东南来到西北,创立了这所学院,于主持院政之余,还兼授细菌学。

教务主任朱宣人博士兼任病理科主任,他和他的助教们除担任演讲实习和研究工作外,还负责制造全院需要的组织、胚胎和病理切片,使学生每人都有一份实习材料。

解剖科讲师谢铮铭先生现在英国爱丁堡医学院进修,约可于明秋回国,目前解剖学暂由许绶泰教授兼任。

许绶泰先生是菲律宾大学的兽医学博士,抗日战争中曾参加过菲律宾的民抗军,做过许多英勇的斗争。现任本院寄生虫科主任,兼教解剖学。教课之余,研究极为努力,研究结果已略志前期本刊。他的实验室里摆满了西北各种家畜的各式各样的寄生虫标本。

生理学是和解剖学一样重要的基础课程,现由兰大医学院副教授张培棪先生兼任。张先生在生理学和药理学方面做过许多研究,现在进行中的有"各种磺胺类药物在天竺鼠循环中浓度之测定",准备进行的有"醉马草的药理",都是和本院病理科合作试验的。生理药理科新聘了一位教授罗仲愚博士,即将由美回国。

生物化学科新聘王雒文教授代理主任,增加了该科不少力量,王先生主讲无机和有机化学,生物化学则仍请兰大教授戴重光先生兼任。

细菌卫生科主任已聘定朱晓屏博士,不久即可由英回国,目前暂由盛院长代理。

畜牧科目前还只有一位副教授常英瑜先生,是研究养羊和羊毛的专家。常先生又兼任本院总务主任,所以平日工作最忙。

诊疗科主任蒋次升博士新自美回国,已经到了湖南,最近即可来校。在家畜病院没有建立以前,暂设了一个门诊处以为学生实习的场所,暂由笔者主持。

生物学也是一门重要的基本课程,由周中规教授主讲,是一位极富教学经验的专家,极受学生的爱戴。

还有许多其他的先生们,平日都是孜孜不倦地工作着的,对于院务和教学都有极大的贡献,因为限于篇幅,恕我不一一介绍了。

三年以来本院虽然有了若干的成就,但是缺乏的东西还多,从家畜病院到畜牧场,从师资到设备,在在都还待添设和充实,除了我们自己努力之外,还希望政府和社会多多给我们以协助。(秦和生:《本院简略介绍》,《国立兽医学院校刊》1949年第3期,第7页)

资料四(口述) 当时教学要求很严,老师一定要很好地备课。助教不能上课,只能带实习。我从1956年当助教,六年以后才上了一个章节的课。当然我们教研室人比较多,有这个条件。那人少咋办? 也不凑合,比方说生理教研组和药理教研组比较缺人,就请医学院的老师给教课。那时兰州市的校际交流非常频繁、兰大医学院的教授过来给我们上课,我们的教师,比如谢铮铭也给医学院的学生上课,每周两次的比较解剖学。我们的生物化学当时很有名气,最早王雏文,后来郝逢绣等也都给医学院的学生上过课。……老师备课非常认真,盛先生国学程度非常好,讲课带些卡片,讲课、讲话都没废话,要记下来就是一篇好的文章。他有时候听课,要是谁讲得不好,他就马上叫回来训你一顿,就批评。所以我们这些小助教每晚12点之前是绝对不敢睡觉的,都大开灯在念书。这个风气在兽医系一直很盛。我们工作的那些年兽医楼每天12点以前不熄灯,教授们也都在,直到教研室主任说大家赶紧回吧,我们这些当助教的才回去。(《肖志国、张志良访谈录》,2008年1月25日)

11月1日,中国科学院在北京成立,行使管理全国科学研究事业的政府职能。郭沫若任院长,竺可桢等任副院长。

资料(其他) [1949年]9月27日,中国人民政治协商会议第一届全体会议一致通过《中华人民共和国中央人民政府组织法》。据此在政务院之下设"科学院",行使管理全国科学研究事业的政府职能。……10月19日,中央人民政府委员会第三次会议,任命郭沫若为中国科学院院长,陈伯达、李四光、陶孟和、竺可桢为中国科学院副院长。……11月1日,中国科学院在北京开始办公,后来即以此日为中国科学院成立日。(樊洪业主编:《中国科学院编年史1949—1999》,上海科技教育出版社,1999年,第2—4页)

11 月 13 日,西北局在给中央的电报中,就西北军政委员会组织机构的问题,建议设立畜牧部。16 日中央回电同意。

资料(其他) 中央关于西北军政委员会组织机构问题的电报(一九四九年十一月十六日)西北局:原电悉。(一)西北军政委员会,目前虽为中央人民政府实行军事管制的代表机构性质,但仍具有大行政区领导机关的作用,一俟西北各界人民代表会议召开,并代行人民代表大会职权,则所选出的西北人民政府,即为大行政区一级的政权机构。(二)西北军政委员会的组织机构,一般同意来电所提的意见,但政法委员会可以不设,因军政委员会主任与副主任即可直接管理民政、公安、司法及民族事务委员会等部门,财经、文教两委可以设立,文教委指导三部(教育、文化、卫生)两处(新闻与出版);劳动部仍应属财经委指导,俾与中央人民政府组织法相合。其余均照来电所提。中央 十一月十六日 根据周恩来修改件刊印。

注释:原电,指一九四九年十一月十三日中共中央西北局就西北军政委员会组织机构问题给中央的电报。电报说:我们认为,军政委员会具有中央政府代表机构性质,根据西北工作需要及中央政府组织法,应设下列各部门:一、政法方面:设民政、司法、公安、劳动四部及民族事务委员会。二、财经方面:设财政、商业、工业、交通、农林、水利、畜牧七部及西北人民银行。三、文教方面:设教育、文化、卫生三部及新闻处、出版处。此外,另设立最高人民检察署西北分署、最高人民法院西北分院及军政委员会办公厅。在各部、会、处之上,设立政务、财经、文教三个委员会,分别联系并统一指导有关部门工作。另设人民监察委员会及西北军区。电报还说:以上仅系初步意见,请中央迅予指示,以便在兰州会议上确定。周恩来在电报上批示总理办公室秘书于刚:"速将东北人民政府各部组织找出予以研究告我,以便拟复。"(《中央关于西北军政委员会组织机构问题的电报》,载中共中央文献研究室、中央档案馆编《建国以来周恩来文稿》第 1 册,中央文献出版社,2008 年,第 547—548 页)

12 月 1 日,在兽医学院月会发表演讲,讲述学习经历,鼓励学生立志勤学。

资料(报道) 十二月会曾于十二月一日晚七时举行,由盛院长演讲,历

述其本人苦学之经过,对同学极多鼓励,听者莫不感动。(《月会纪略》,《国立兽医学院校刊》1949年第1期,第6页)

12月15日,兽医学院教职员学习委员会成立。与许绶泰等九人担任委员。

资料(报道)　自从解放以后,本院教职员就成立了七个学习小组,热烈展开了对革命理论和政府政策的学习;最近为谋更加提高学习的效率,又于十二月十五日召开全体大会,决议成立学习委员会,指定盛彤笙、李友梅、马汝邻、顾恩祥、李元放、王雏文、买永彬、周中规、许绶泰等九位先生为委员,盛彤笙先生为主任委员,并将全体同仁改编为五个学习小组。委员会和各小组每星期开会一次,每周的讨论题目都先由委员拟出大纲,分发各小组讨论;并决定于一九五〇年元旦日起出版学习黑板报,有马汝邻、顾恩祥两位先生负责编辑,又规定每日下午五至六时为学习时间,除非当日必须解决的要事,大家相约避免公务的接洽,以便专心学习。(《教职员学习委员会成立》,《国立兽医学院校刊》1950年第1期,第14页)

12月19日,经前期的招生准备,兽医学院防疫人员训练班开学上课,许绶泰、买永彬分任该班正副主任。

资料(其他)　本院因感今年兽疫防治工作行将大规模开展,为谋培养防疫基层干部。曾根据西北兽疫防治处的需要,呈准军管会教育和农林两处,设立防疫人员训练班,并聘定许绶泰、买永彬两位先生为该班正副主任。于十二月八日至十日招生报名,十二、十三两日考试,计录取学生二十八名,还有余额二十名,系由外县保送,即可陆续到达。该班已于十二月十九日开学上课,训练期为三个半月,结业后由甘肃行署农林处派赴各地担任防疫工作,服务农牧人民。(《防疫人员训练班开学》,《国立兽医学院校刊》1950年第1期,第14页)

12月底,《国立兽医学院校刊》公布学院的师资情况:专任教授五人,副教授四人,讲师及以下十七人,有留学博士学位及研究经历者十五人。

资料(其他)　本院现有专任教授五人,副教授四人,讲师三人,助教十四人,兹将讲师以上教员的姓名、学历、所任职务和课程分列于下:

职别	姓名	学历	目前担任的功课
教授兼院长	盛彤笙	柏林大学医学博士	细菌学、诊断学
教授兼病理科主任兼教务主任	朱宣人	爱丁堡大学哲学博士	病理学、组织学、内科学
教授兼总务主任	周中规	复旦大学生物系毕业	生物学
教授兼寄生科主任	许绶泰	菲律宾大学兽医学博士	寄生虫学、解剖学、外科学
教授兼生物化学科主任	王雒文	美国路易斯安那大学研究三年	化学、物理
副教授	常英瑜	东北大学畜牧系毕业	畜牧学
副教授兼出版组主任	秦和生	中央大学畜牧兽医系毕业	调剂学、[诊]疗学、诊疗实习
副教授兼秘书	王志梁	中央大学毕业	国文
副教授	刘文林	国立北京师范大学体育系毕业	体育
讲师	张树藩	长春畜产兽医大学毕业、东京帝大研究	细菌学、传染病学
讲师	马汝邻	北京大学毕业	英文、政治经济学
讲师	方晨光	莫斯科国家美术学院毕业	俄文

此外已经应聘回国或即将来兰任教者有下列三人:

职别	姓名	学历	备注
教授兼诊疗科主任	蒋次升	美国爱沃华大学兽医学博士	已回国,即将来兰
教授兼生理药理科主任	罗仲愚	同上	即将回国
教授兼细菌卫生科主任	朱晓屏	英国剑桥大学哲学博士	即将回国

此外,本院目前还有下列四位兼任教授:

姓名	现在服务机关	学历	兼任课程
路葆清	西北羊毛改进处处长	美国爱沃华大学畜牧学士	畜牧学
戴重光	国立兰州大学医学院教授	美国威斯康星大学研究	生物化学

姓名	现在服务机关	学历	兼任课程
张培桉	国立兰州大学医学院副教授	北京师范大学毕业	生理学
孙达可	兰州市军管会教育处	北京大学毕业	政治

另外原任本院讲师或助教者四人，曾由本院资助路费和一部分学费，于一九四八年夏季和秋季分别前往英、美进修，预计今秋和明夏可以回国来兰任教，其姓名和进修地点与科目如下：

原职	姓名	进修地点	进修科目
讲师	谢铮铭	英国爱丁堡大学	解剖学
助教	李振钧	美国密西根大学	内科学
助教	陈北亨	同上	外科学
助教	金文炘	美国堪萨斯大学	生理学

（《本院概况》，《国立兽医学院校刊》1950年第1期，第9—10页）

1950 年　　40 岁

1月1日，参加学院的新年同乐会并演讲。

资料（发言） 发言指出，这个新年给予我们更大的责任和使命：从个人方面说，我们必须加紧马列主义和毛泽东思想的学习，因为要不是它们，我们就不可能有今天这个新局面，要没有它们，就不可能将中国引到一个更富强康乐的新境界去。从学校方面说，我们应当建立和应当改造的事还多得很，必须全体员生工友齐心努力，再接再厉地前进，才能使学校更进一步的发展，达到我们理想的目标。……如何增加皮毛乳肉的生产，促进新民主主义社会的经济建设，使全国的同胞都能过丰衣足食的生活，乃是我们今后对于国家的重大责任的另一面，希望大家必须要坚忍勇敢地负担起来的。（盛彤笙：《元旦感言——在本院新年同乐会讲词》，《国立兽医学院校刊》1950年第1期，第1—2页）

1月1日,在校刊发表《严防新的兽疫传入中国》一文,指出应从速制定家畜入口检查法规,设立兽医检疫的机构,严格管制家畜输入,以免新的兽疫传进中国。

资料(论文) 我国目前的家畜传染病,种类已经很多,最重要的有牛瘟、马鼻疽、猪霍乱、羊痘、鸡瘟、各种家畜的炭疽和出血性败血症等,几乎全国无处没有它们的流行;此外如猪丹毒、焦虫病、口蹄疫、牛和山羊的传染性胸膜肺炎等,在某些地区也常引起严重的患害。整个说起来,我国农村每年因兽疫而致的损失是非常庞大可惊的。这些疾病之中的一部分,在许多兽医发达的国家是早已绝迹了的。而在我国,这些疾病的肃清却还有待政府和全国兽医同志们长年的努力。……中央人民政府已经成立,并将次第与各国建立外交和商务关系;在今后的建设工作中免不了还要输入外国的家畜,以供繁殖和改良之用。因此要提请政府从速制定家畜入口检查的法规,在海关和国境要冲普遍设立兽医检疫的机构,严格管制家畜的输入,以免新的兽疫,尤其结核和传染性流产,乘隙传进中国来。各大城市已有的乳牛结核和在东北或尚存在的牛传染性流产也要趁它们还没有扩及全国以前,速谋有计划有步骤地加以扑灭,以确保人类和家畜双方的健康。否则牛瘟、马鼻疽、猪霍乱等病还没有肃清,又传入一些新的疾病,中国的兽疫问题真将永远不得解决了。(盛彤笙:《严防新的兽疫传入中国》,《国立兽医学院校刊》1950年第1期,第4—7页)

1月19日,西北军政委员会成立大会在西安群众礼堂举行,彭德怀任主席,习仲勋、张治中任副主席。

资料一(其他) 1949年12月,西北全境解放,1950年1月19日,中央人民政府委员会批准,在原陕甘宁边区政府的基础上成立西北军政委会。西北军政委员会是西北地区最高政权机关,隶属中央人民政府,下辖陕西、甘肃、宁夏、青海、新疆5个省和西安市人民政府。(缪平均:《西北军政委员会组织始末》,《陕西档案》2013年第1期,第21页)

资料二(其他) 根据中央人民政府的命令,1950年1月19日上午11时,西北军政委员会成立大会暨主席、副主席与全体委员就职典礼在西安群众礼堂隆重举行。彭德怀正式就任西北军政委员会主席，习仲勋和张治中就任副主席(后又增补马明方为副主席)。彭德怀在就职词中指出：西北军政委员会是中央人民政府在西北地区实行军事管制的代表机关，并代行西北人民政府的职权，统一领导西北五省(陕西、甘肃、宁夏、青海、新疆)一市(西安市)的政权工作，其组成包括西北地区各民族、各民主党派、各革命阶级、人民解放军及爱国民主人士的代表，是西北地方性的民族民主联合政府，也是西北历史上前所未有的人民民主专政政权。(《西北军政委员会成立》，载梁星亮、杨洪、姚文琦主编《陕甘宁边区史纲》，陕西人民出版社，2012年，第645页)

1月25日至27日，应甘肃行署农林处委托，召集师生讨论永昌、永登发生的牛瘟的防治问题，派全校54名师生前往两县防治牛瘟。

　　资料一(其他)　1950年1月26日，星期四。昨天晚上，院长召集学校里的很多先生和我们班上的张邦杰、杨文瑞、孙克显、宁浩然和我开会，商讨这次永昌、永登两县发生的牛瘟的防治问题。当甘肃行署农林处得到这两县牛瘟流行的报告后，一方面派了兽防的人去防治，一方面因为血清不敷应用，发了一个电报到北京农林部当局告急……于是农林处今天把院长请了去，要我们学校在人力方面加以援助，院长已经答应了全力支持，除了他和朱先生、王肇西先生留在学校里外，所有学畜牧兽医的教职员先生和我们五个和防训班的全体同学都参加这次的工作，大约有六十几个人。1950年1月27日，星期五。早上起来的相当早，收拾了行李搬到大楼前去等车，防训班的同学早就来了，学校里的人都来送我们出发，显得特别热闹。一直等到十一点汽车才来……十二点开车……到永登时天已经黑了……晚上决定了除许先生外，教职员秦和生、王尔相、张思敏、胡思超四人留永登，防训班同学留永登的十九人，我们班上五个中留下两个……(赵纯墉：《赵纯墉日记》，第99—103页)

　　资料二(其他)　1952年春，西北畜牧兽医学院的防疫队整装待发前往河西防疫牛瘟。见图112。(胡云安、陈贵仁、赵西玲主编：《图说甘肃农业大学70年》，第148页)

图 112

　　资料三（其他）　本年一月二十七日，本院教职员十人、四年级同学五人和第一期防疫人员训练班同学三十九人，共五十四人，配合农业厅兽疫防治处人员十余人，出发到河西防治牛瘟。由兽疫防疫处代处长谢国贤及本院教授许绶泰两先生分任正副团长，在朔风冰雪的栉沐中，在广袤无垠的草野上，经一个多月的努力，基本上已把永昌皇城滩和永登镇羌滩疫区，完成了预防注射的包围圈。在永昌、武威、古浪和永登四个县区属下，共注射九万多头牦牛和黄牛。这是本院继皇城滩工作团之后，又一次和业务机关配合工作的记录，详情请参看本期《甘肃河西牛瘟防治工作总结》一文。（《兰市畜牧兽医界在本院举行座谈会》，《国立兽医学院校刊》1950 年第 2 期，第 7 页）

　　资料四（其他）　去年年底甘肃河西永昌县属的皇城滩以及永登县属的镇羌滩等处有发生牛瘟的报告，兰州兽疫防治处就派了一批防疫人员去防治，到今年正月底，据称疫势还很猖獗，农业厅薛兰斌厅长除下令兽防处尽量出动人员防疫外，并通知本院通力合作，迅速防治河西牛瘟。本院盛彤笙院长当即决定派教授许绶泰、副教授秦和生,助教买永彬、王尔相、王超人、张思敏、吴寿山,职员胡思超、刘成祥、李学儒,四年级同学孙克显、杨文瑞、赵纯墉、张邦杰、宁浩然,以及第一期防疫人员训练班同学三十九人,共五十四人,配合兽疫防治处人员十余人,出发到河西防疫。由兽防处谢国贤任防疫团团长,兽医学院许绶泰任副团长。(许绶泰执笔:《甘肃河西牛瘟防治工作总结》,《国立兽医学院校刊》1950年第2期,第1页)

1月31日起,三次致函霍子乐与惠中权,讨论有关兽医学院开办西北五省(区)畜牧兽医人员训练班事宜。

资料一(信件) 霍厅长、惠副厅长:敝院朱教务长回兰,谈起你们二位对于敝院都非常关心和爱护,使我们无限的兴奋和鼓舞。我们全院的同仁和学生更将加倍的努力,以不负你们的厚望。

关于五〇年西北五省畜牧兽医人员的训练计划,我们已经根据你们的意思,并和薛兰斌处长详细商讨过,现在已经拟好,兹特寄上一份,敬请指正。薛处长方面也已另外送给他一份。

薛处长的意思,这件事最好报告彭主席一下,是否有这样的必要,请你们考虑一下。附上我写给彭主席的一封信,如你们认为有报告彭主席的必要,就请你们连同计划书一并代为转呈。

此项计划如蒙同意,最好请将其中所列开办费的全部和经常费的一部即行拨下,以便着手准备,俾得早日开始训练。事实上第一期已经开始训练一个半月了,经费系由甘肃农林处暂借的,所以极感困难。

关于我们家畜病院、畜牧场和学生宿舍的建筑计划和预算,现正赶印蓝图和计算建筑费中,一俟办好,即当另行寄上。

余容后上,忙候。示复。此致 敬礼! 盛彤笙启 一、卅一。见图113。(《盛彤笙致霍子乐和惠中权关于兽医学院进行西北五省(区)畜牧兽医人员的训练计划的信》,1950年1月31日)

资料二(信件) 霍厅长、惠副厅长:一月卅一日寄上一信和训练计划书两份,想已收到。宁夏省建设厅事先没有来信询问我们训练班的筹备进行情形如何,已于前日派来学生卅人,入训练班受训,只得暂先收容。幸亏我

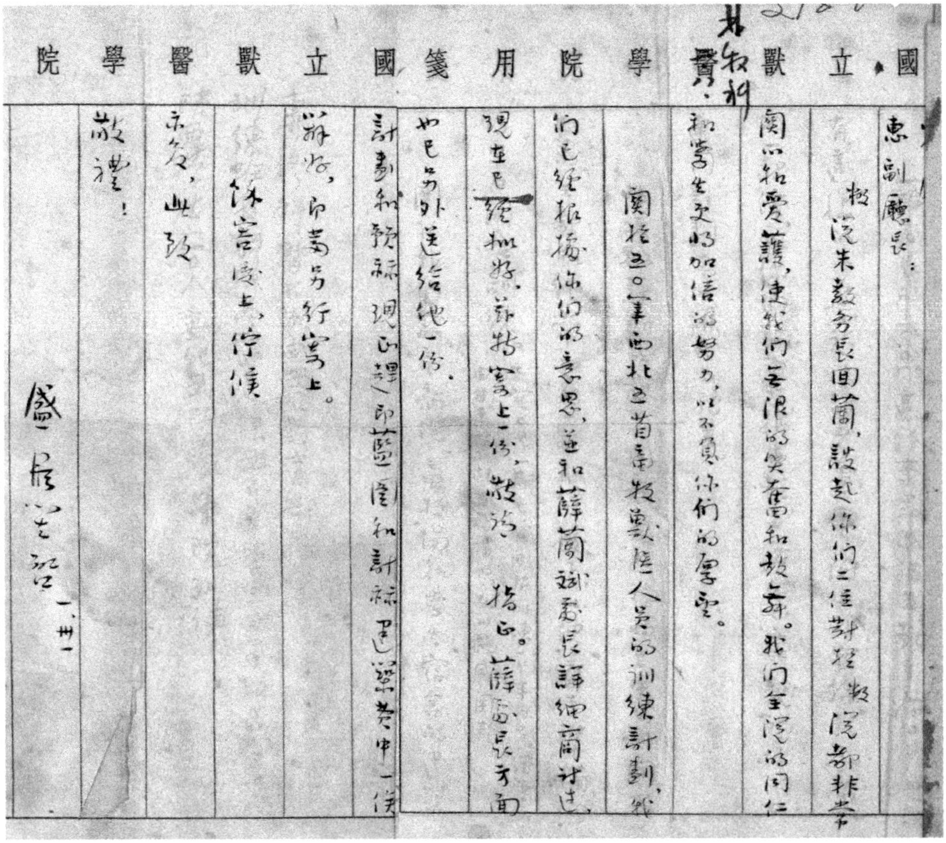

国立兽医学院用笺

惠副厅长：

接读朱教务长来函，谈起你们二佳计划教院部排学……

……因……和爱护，速我们……派的奋兴和鼓舞，我们全院的同仁……

和学生交的……加倍努力，以不负你们的厚望。

关于三〇年西北三省畜牧兽医人员训练计划，我……

你已经报核你的……意思，并和薛……副……长详细商议……

现在已……抓紧，薛……写上一份，敬祈……指正。薛……长方面……

也已另函……他一份。

计划和预算……调理，即……图和计算……

……休言……上，顺候

永久，此致

敬礼！

盛彤笙……

图 113

们目前正替甘肃在办一个训练班，最近因为甘肃牛瘟流行，训练班功课暂时停顿，学生都已派出去协助防疫工作去了。因此宁夏保送来兰的学生正好利用原来训练班学生出外防疫的时间补习功课，等到防疫的学生回兰后，可以合班上课。只是经费困难万分，务请将前次所请的训练班开办费全部和经常费一部急速汇下，不胜盼祷之至！

关于本院今年计划建筑的家畜病院和学生宿舍，已请一野后勤部所办的中华共和建筑公司绘图估价，计家畜病院（不连病房）需小麦 16 564 市石，学生宿舍（能容二百余人）需小麦 18 798 市石，比朱教务长原来所想象的超出一倍。这两项建筑都是我院目前所最急切需要的，因为假若没有家畜病院，教学实习和推广工作都极困难，没有学生宿舍便不能大量招收学生，因此我们诚恳地要求,希望能够以估价的数字批准我们这两项建筑费用,并早日赐拨,以便争取时间,早日动工。附上图样和估价单各二份,敬希鉴察。

我们这两项建筑都是采取二层的楼房,因为兰州市区面积狭小,本院院址尤其不够,采取楼房的方式,在土地的利用和建筑费用两方面都比较经济。两项建筑都留有发展的余地,将来经费宽裕的时候,家畜病院两侧可以加盖住院的病房,学生宿舍可以添盖两翼,以便能更多收容学生。在目前这个阶段,家畜的病房可以暂时利用我院现有的旧房充用。再者:这两项建筑的标准都在中上的水准,因为我们认为教育和建设都是国家百年大计,既然盖房子,就不要盖得太坏,这个原则想必是能获得你们的同意的。专此敬致

敬礼 并盼速复! 盛彤笙 谨启

二、十。见图 114。(《盛彤笙致霍子乐和惠中权请批准并赐拨兽医学院家畜病院和学生宿舍建设经费的信》,1950年2月10日)

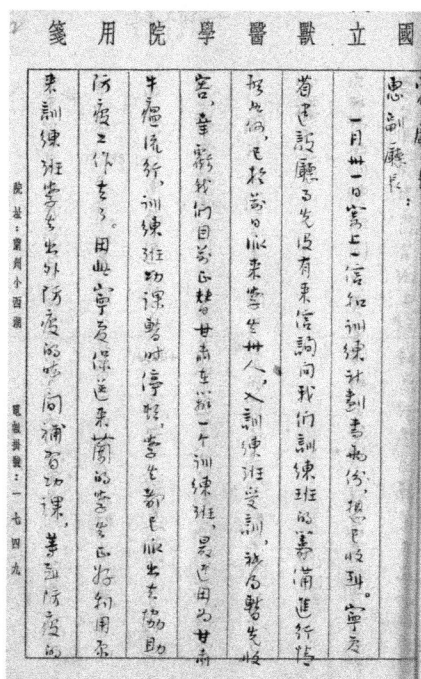

图 114

资料三(信件) 霍厅长、惠副厅长:据薛兰斌处长见告,你们已汇给我院人民币一亿元,大概日内可以收到。此款大概是畜牧兽医人员训练班的经费,因此,我们现正积极筹备开学的事情,并已于昨日与薛处长商定下列各项:

(一)开学日期:三月廿七日

(二)分组和名额:

陕西省　畜牧组廿人　兽医组四十人

甘肃省　畜牧组卅人　兽医组四十人

宁夏省　畜牧组〇人　兽医组三十人(已经到兰)

共计一百六十人(青海省等下次开班时再请他们派人来,陕西省这一次

暂先训练六十人,下期再训练六十人)。你们对于此项办法如有意见,请速示知,如蒙同意,请即由陕西省保送学生六十人,于三月廿七日以前来兰州。资格要初中毕业或同等程度,年龄在十八岁到廿五岁之间,女生不收(因为恐怕下乡防疫时吃不了苦)。

以前寄上的训练计划是否批准了?请速示知。如已批准,请将所请开办费全部寄下,经常费也请寄下一部分,才好着手工作。

又我院的建筑计划和经费预算如蒙同意,也请将款项早日赐寄,以便筹备开工。

那位姓杨的美国人夫妇是否到了西安,可否允许他们到我院来工作?也请示复为祷,此致 敬礼! 盛彤笙谨启 二、廿三。见图 115。(《盛彤笙致霍子乐和惠中权关于畜牧兽医人员训练班各省名额分配及开学报到的信》,1950 年 2 月 23 日)

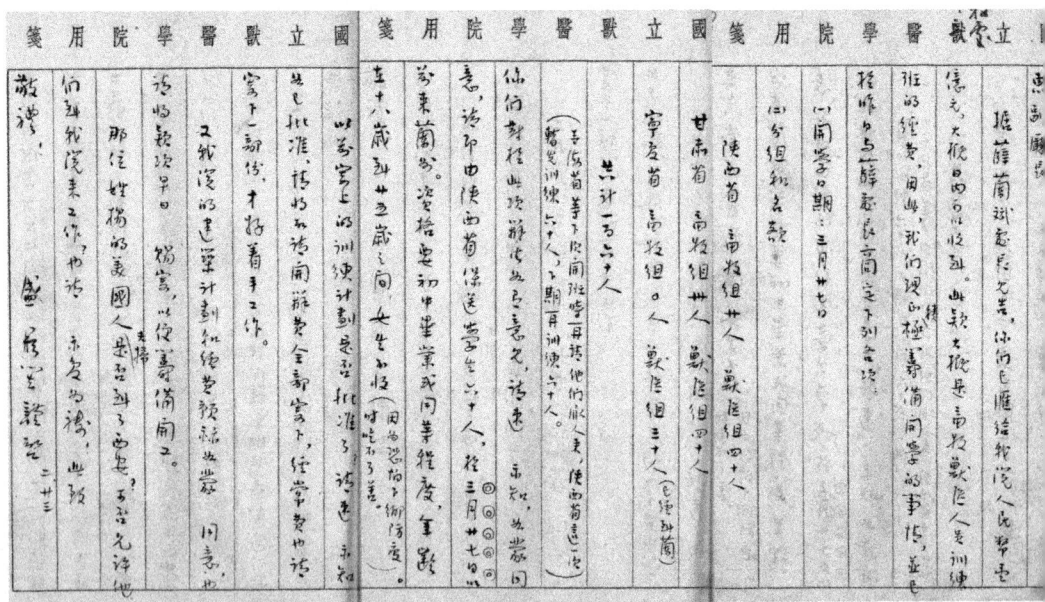

图 115

3 月 7 日,霍子乐回函,答复畜牧兽医人员训练班开办等事宜。

资料(信件) 盛院长:先后函电暨附件均敬悉,当时以专修科属于西北教育部职权内,开办与否,应请教部决定。训练班为减少开办费及往返旅费计,陕西学生权就近委托武功农学院训练。

贵院只训练青海六十人、宁夏五十人、甘肃一百三十人,(较原计划增十人)共二百四十人,首期训练四十人,二期、三期各训练一百人,尽量利用学院设备,撙节开办费,不发制服,随即备文送交西北财委会,请其迅予核准,并将上次所谈补助家畜病院、学生宿舍、畜牧场修筑费一万七千石,亦提请迅予核准。因西北全部经建事业费尚未确定,迄今尚未批复,仅口头同意开办训练班。二月二十三日尊函所提陕西送六十名学生一节,可即作罢,本期请即就甘、宁两省学生一百人开学所需经费,前汇去一亿元,谅已收到,以后经常费、开办费方面,请就近商同薛厅长设法多方撙节为荷,至家畜病院、学生宿舍补助费能获允准与否,以后再函告。美国人杨早夫妇前次来省开会,拟调其赴武功役畜繁殖场工作,彼即表示在陕北半年,未获成效,不愿离开陕北,看此情形,恐难应命。专此奉复。即致 敬礼! 霍子乐 三月七日。见图116。(《霍子乐回复盛彤笙关于畜牧兽医人员训练班开办意见的信》,1950 年 3 月 7 日)

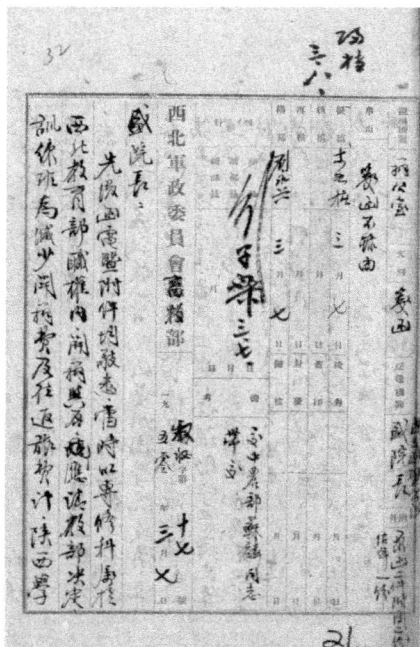
图 116

3 月 10 日,中央人民政府政务院第二十三次会议通过决议,任命他为西北军政委员会畜牧部副部长。

资料(报道) 中央人民政府政务院第二十三次会议通过任命的名单如下:(一)西北军政委员会:

秘书长 常黎夫;副秘书长 谈维煦。

办公厅主任 鹿鸣;副主任 陈必赆、雷荣。

财政经济委员会主任 贾拓夫(兼);副主任 张宗逊(兼)、白如冰(兼)。

……

农林部部长：惠中权；副部长：白海风(兼)、蔡子伟。

畜牧部部长：霍子乐；副部长：张中、盛彤笙。

（《政务院任命名单——第二十三次政务会议通过》，《吉林日报》1950年3月14日第3版）

3月24日，致信霍子乐，婉辞副部长一职，请另觅贤能充任。

资料(信件) 霍部长：任继周君在途中走了廿天才到兰州。转示各事除关于吴信法先生及西北农学院畜牧兽医系二项前已奉复外，即再将其余各项奉答于次：

（一）训练班的家具等在收到前次汇下之一亿经费后，即已定制160套，订有合同，日来交涉，厂商不肯减少。

（二）调人至畜牧部工作事，因我院目前教员已极感缺乏，高级教员尤感不够，以后当代为留意物色。至于中级干部则比较容易，因各地请求来西北工作的大学或专科毕业生很多。

（三）青海确有牛瘟发生，发生地区据闻主要为门源县一带，因治安情形不好，工作人员不能进去，故详情如何不得而知，亦无法前往进行防治。将来如需我院协助时，自当尽力帮忙。

（四）家畜病院及学生宿舍建筑费若不能按三万六千石的预算拨款，则盼能按一万七千二百石的预算，并按西安小麦市价拨款，并请早日汇下，以便争取时间，早日开工。如将原建筑计划稍形缩小，或者当可完成两项建筑。

（五）兽医药品不但我院需要，即甘、青、宁、新四省也都需要。各省设立防疫站时，必须附带做些治疗工作，方易取得农牧人民信仰，□□治疗药品是非常需要的。但关于此点任继周君□□说得太清楚。究竟详情如何，请函示。如需列所需药□□单，即当开上。但不知中央能容许西北买多少份药品。

（六）顾谦吉先生想早已抵达西安，不知曾与相晤否？□□身体太坏，他知道得非常清楚，绝非托词，故副部长职务□□转呈上级，另觅贤能，不胜感激之至！□意不能自外面□□专人，则在西北方面的人以路葆清先生最为适当。

（七）我院存定远营的一批防疫实习器材被宁夏建设□□留，是很没有理由的，详情想常英瑜先生已经奉告，此□□请费心向西北军政委员会解释和交涉，仍旧发还我院，以免训练和实习工作蒙受影响，不胜感祷之至！余容后上　顺致　敬礼！盛彤笙上　三、廿四。见图 117。（《盛彤笙致霍子乐关于学院事务及请辞副部长的信》，1950 年 3 月 24 日）

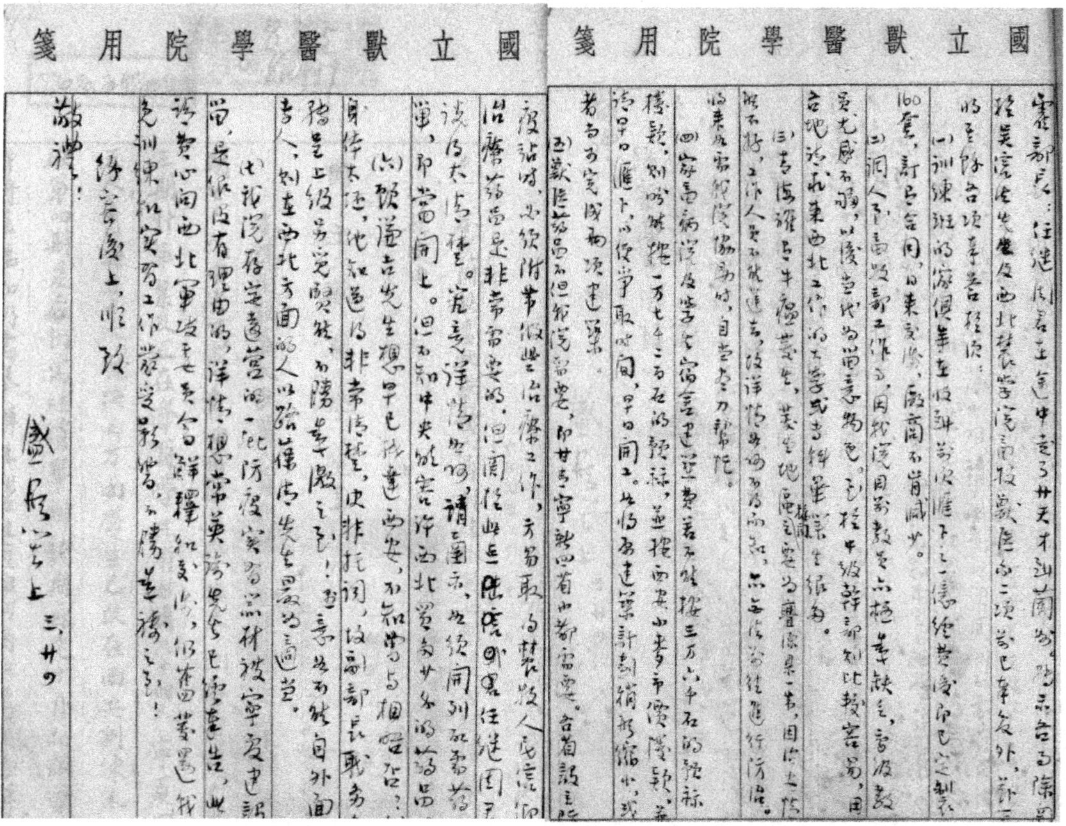
國立獸醫學院用箋

國立獸醫學院用箋

图 117

3 月 27 日，在南京大学进修的任继周、陈士毅进修期满，返回兰州。赴沪、宁两地洽领器材等事务的常英瑜历时四月，抵达西安。

资料（其他）　本院畜牧系副教授常英瑜先生前赴沪、宁两地，洽领本院器材并协助西北军政委员会接受华东区拨给西北的药械，曾志前期校闻,历时四月,已返抵西安,不日可以到校。又我院前派驻国立南京大学进修的牧草学助教任继周、生理学助教陈士毅两先生本年进修期满,押运我院前存南京钢筋水管等器材七吨,已在三月二十七日安抵兰州。(《常英瑜、任继周、陈士毅先生先后返校》,《国立兽医学院校刊》1950 年第 2 期,第 8 页)

3 月,赴永昌、永登防治牛瘟的师生分批返校。

资料(其他) 一月二十七日从兰州出发,三月内分批回兰,最久的共在河西防疫五十四天。所做的主要工作,是把永昌皇城滩牛瘟疫区和永登镇羌滩疫区做包围圈,实行兔化牛瘟疫苗预防注射。在永昌、武威、古浪和永登四个县区内一共注射了九万多头牛。……本文取材主要是四月四日与五日兽医学院工作人员所举行的防疫总结会议记录,同时参照四月七日农业厅召集兽防和兽医学院全体防疫工作人员的总检讨会上所反映的意见。(许绶泰执笔:《甘肃河西牛瘟防治工作总结》,《国立兽医学院校刊》1950 年第 2 期,第 1 页)

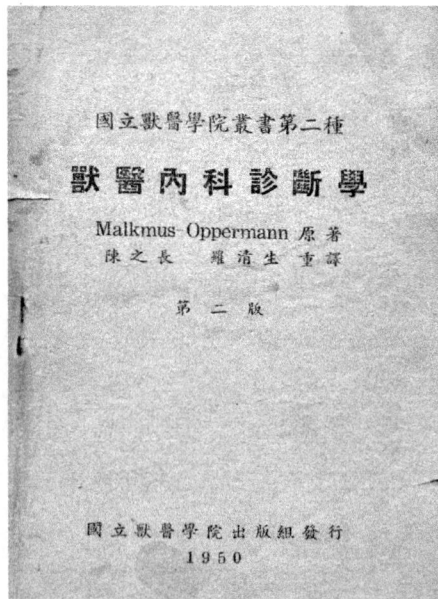

图 118

春,根据德文原著,重译陈之长、罗清生从英译本转译的《兽医内科诊断学》一书,列入"国立兽医学院丛书第二种"出版。

资料一(传记) 在这一时期,先生除承担行政和教学任务外,还根据德文原著,重译了陈之长、罗清生在抗战时期从英译本转译的 Malkmus-Oppermann 所著《兽医内科诊断学》一书,并补全插图。该书封面见图 118。(邹康南:《盛彤笙先生生平》,第 10—11 页)

资料二(译作) 兽医学院出版

委员会所作《序》指出：德国 Malkmus、Oppermann 二氏所著兽医临床内科诊断学一书，简明扼要，乃兽医文献中之世界名著；惜由 Eichhorn、Mohler 二氏译成英文时，错误太多，实属一大憾事。兹为正确起见，特于今版中译本问世时，按照德文原书加以修正，故内容迥不相同，冀后之学者以为受益焉。原书插图限于物力，仍未附入，只得择其中较重要而易于制版者十余幅付印。一九五○年春。（陈之长、罗清生、盛彤笙重译：《兽医内科诊断学》，国立兽医学院出版组，1950 年）

4月1日，兽医学院的畜牧兽医人员训练班开学，共有各分区县政府在职干部学员五十余人。

资料（其他）　本院第二期短期训练班，遵照农业厅薛兰斌厅长的意见，添加畜牧课程，并改名为畜牧兽医人员训练班，计划中以后要举办的各期训练班，也将以畜牧与兽医联合训练的方式举办。这期训练班报到的学员有临夏、庆阳、定西、平凉、天水，武都和岷县各分区属下的县政府保送来的五十余人，他们都是各地县政府内具有初中程度以上的在职干部，自从四月一日开学，十日正式上课后，他们都已在积极学习中。（《短期训练班第二期开学》，《国立兽医学院校刊》1950 年第 2 期，第 7 页）

4月3日，根据甘肃省文教厅的通知，西北农业专科学校畜牧科并入兽医学院，学院以此为基础设立畜牧系，由他暂代系主任。

资料一（报道）　国立西北农业专科学校奉命与国立西北农学院合并，其畜牧科则留兰并入本院。计有教员崔堉溪、栗作云、程悦卿、郭松乔、王万寿、王霁光等六位先生，另有助理员二人，一年级学生二十一人，合并手续已于四月初完成，并即成立畜牧系，暂由院长兼带该系主任，全院师生曾于四月八日举行盛大晚会欢迎云。（《兰市畜牧兽医界在本院举行座谈会》，《国立兽医学院校刊》1950 年第 2 期，第 7 页）

资料二（档案）　1950 年 4 月 3 日的通知指出：国立西北农业专科学校已奉令并入武功西北农学院，为适应需要，决定将畜牧科并入兽医学院。见

图119

图119。(《甘肃省人民政府文教厅关于将西北农业专科学校畜牧科并入兽医学院的通知》,1950年,甘肃农业大学档案馆)

4月9日,赴西安向西北军政委员会及教育部请示办理学院师资、经费、设备等事宜。

资料(报道)　本院盛院长因师资、经费、设备诸方面,均须向军政委员会及教育部请示办法,当于四月九日由兰赴西安。在离校期间,院务经由军事代表批准,请教务主任朱宣人先生代理,盛院长返院日期当在本月初云。(《盛院长因公赴西安》,《国立兽医学院校刊》1950年第2期,第8页)

4月9日,面辞畜牧部副部长一职,未蒙允准,遂协助霍子乐和张中部署部务。

资料(报道)　本院盛院长于四月九日赴西安,原拟面辞畜牧部副部长一职,未蒙政府允准,在留西安期间,除协助畜牧部霍、张两部长部署部务外,曾为本院向教育部接洽各项公务。(《盛院长公毕返兰》,《国立兽医学院校刊》1950年第3期,第6页)

4月11日,中央人民政府委员会第六次会议通过决议,任命他为西北军政委员会畜牧部副部长、西北财经委员会委员,兼任兽医学院院长。

资料一(证书)　1950年4月11日,毛泽东主席签发西北军政委员会畜牧部副部长的任命通知书。(见图120)

222

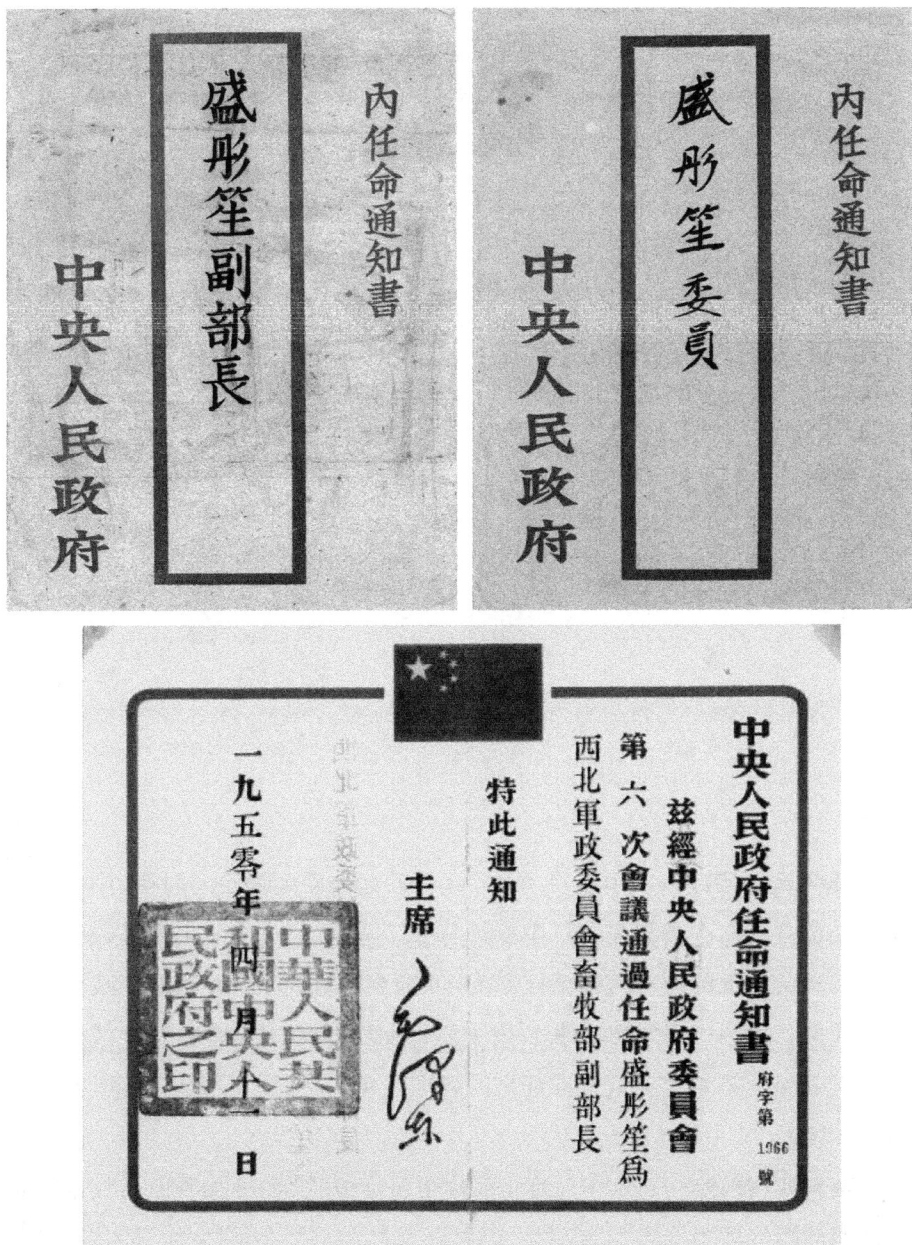

图 120

资料二(证书)　1950 年 4 月 11 日,毛泽东主席签发西北军政委员会财政经济委员会委员的任命通知书。(见图 121)

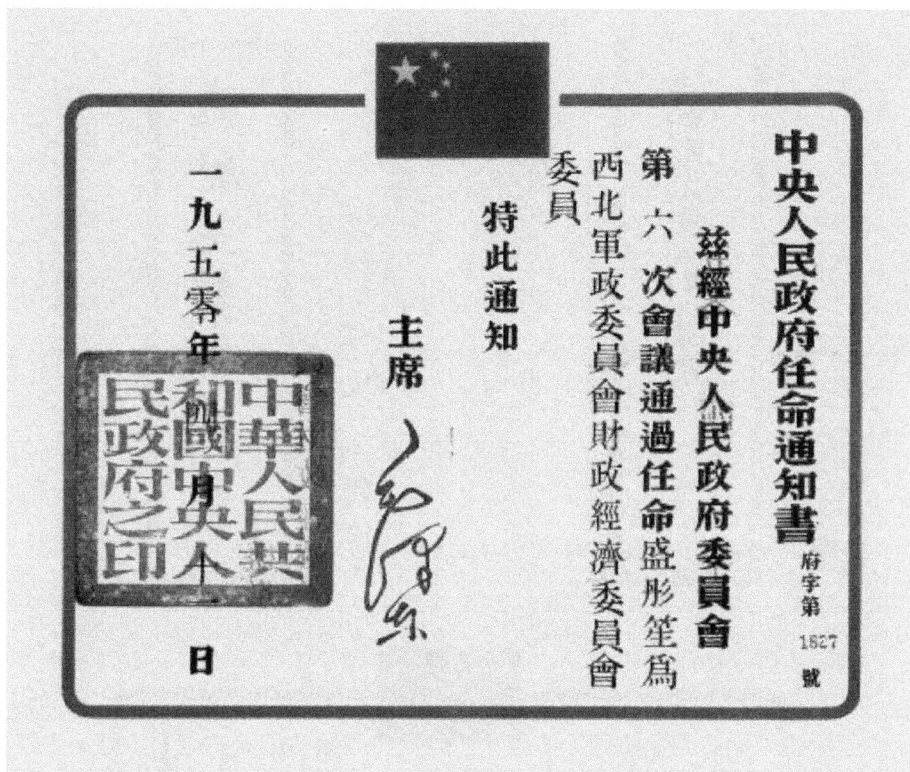

中央人民政府任命通知書　府字第 1527 號

茲經中央人民政府委員會

第六次會議通過任命盛彤笙爲

西北軍政委員會財政經濟委員會

委員

特此通知

主席 [签名]

一九五零年　　月　　日

图 121

资料三（报道）　1950 年 4 月 11 日下午七时半至晚十一时半，中央人民政府委员会第六次会议在北京中南海怀仁堂举行。……中央人民政府委员会第六次会议批准政务院提请任命的 30 项名单如下：18. 西北军政委员会工作人员名单……畜牧部部长：霍子乐；副部长：张中、盛彤笙。（《中央人民政府委员会第六次会议批准任命的各项名单》，《人民日报》1950 年 4 月 14 日第 4 版）

资料四（传记）　1950 年，西北军政委员会成立，我被加委以畜牧部副部长及西北财经委员会委员等职务，仍兼任学院院长。初则来往于西安、兰州两地之间，后来长驻西安，学校事务多由教务长（后升任为副院长）主持。1952 年西北军政委员会改组成为西北行政委员会，我被提升为行政委员会委员，仍兼西北财经委员会委员和西北畜牧局副局长及学院院长等职务。

在这几年中,我曾赴新疆和青海考察畜牧业,赴青海指导羔羊病疾的研究工作,赴陕西汉中地区指挥防治牛的口蹄疫,并在党的领导和部(局)同志们的合作下,提倡在疫区划区轮牧,储草备冬,改良畜种等,对西北地区畜牧业的发展起到过一定的作用。(盛彤笙:《庸碌的一生,平凡的自述》,第27页)

4月11日,学院学委会改选,当选为委员。

资料一(报道) 本院自从学委会成立后,曾发动师生共同学习"青年修养",彭主席的《关于目前西北地区工作任务的报告》和建团文辑。为了帮助学习,又出版了黑板报,每周两期,已出版了二十八期,内容专以学习消息、问题解答、短小的论文为主。又本届学委会已经改选完毕,由盛彤笙、朱宣人、许绶泰、王雏文、王志梁、顾恩祥、李元放、胡思超、李宝镜、杨文瑞、吴友善、曾文元、刘金坡、李维新、王士奇、王瑞麟等十六位先生、同学当选为委员,会中各部分工作亦经四月十一日第一次会议分派决定。(《学习动态》,《国立兽医学院校刊》1950年第2期,第8页)

资料二(档案) 该同志一九五○年至一九五四年十月曾任西北军政委员会畜牧部副部长,工资级别为国家行政八级,按中组发〔1984〕4号文件的有关规定,可享受副省级待遇。(《甘肃省委致江苏省委关于盛彤笙可享受副省级待遇的函》,1985年6月16日,江苏省农业科学院,盛彤笙干部档案)

4月17日,兽医学院第十五次院务会议决定成立生产委员会,选举常英瑜等十一人为委员。

资料(其他) 为响应政府生产号召,并从劳动中求得改造,经第十五次院务会议议决,组织生产委员会,主持其事,已于四月十七日全院员工大会上决定生产委员会的组织及人选等问题,当经决议设委员十一人,其中教职员三人,学生五人,工友二人,妇女一人;并经选出常英瑜、周中规、尚善式、梁兆年、刘尔年、袁世永、杨雨崇、王维学、赵富基、曹俊德等十一人为委员。(《生产委员会成立》,《国立兽医学院校刊》1950年第2期,第9页)

4月24日,西北军政委员会农业部副部长蔡子伟,甘肃省农业厅副厅长

黄正清、陆为公、马丕烈等来院参观。

资料(其他) 西北军政委员会农业部副部长蔡子伟先生于四月二十四日莅院,由教务主任朱宣人先生陪同参观各科室及家畜病院临时门诊处。与蔡副部长同来参观者尚有甘肃省农业厅副厅长黄正清、陆为公、马丕烈等三位先生。(《农业部蔡副部长莅院参观》,《国立兽医学院校刊》1950 年第 2 期,第 9 页)

4 月 27 日,兽医学院青年团支部正式成立。

资料(其他) 本院建团工作自今春积极发动筹备以来,已于四月廿七日正式成立支部。现有正式团员李维新等十二人,候补团员王瑞麟等六人,并由沈斌元任支部书记,田伦任宣讲干事,李宝镜任组织干事。成立以来,曾积极响应和参加学生会所号召之一切工作。(《本院青年团支部正式成立》,《国立兽医学院校刊》1950 年第 3 期,第 7 页)

6 月初,接西北教育部转中央教育部电令,学院改由西北教育部及西北畜牧部共同领导。

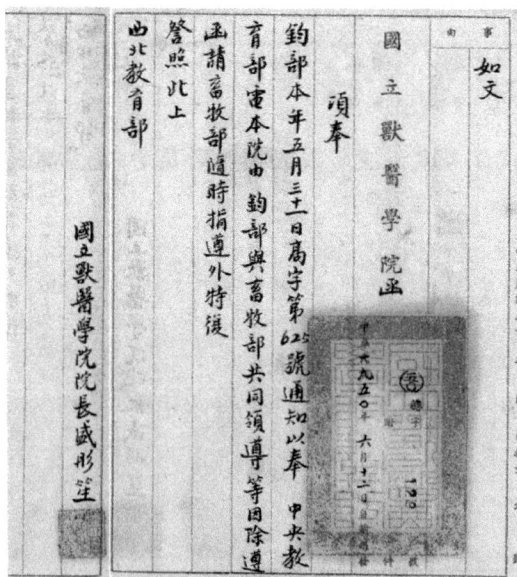

图 122

资料一(档案) 1950 年 6 月 12 日的函件指出:"顷奉钧部本年五月三十一日高字第 625 号通知以奉中央教育部电,本院由钧部与畜牧部共同领导。"见图 122。(《兽医学院遵照由西北教育部和畜牧部共同领导的公函》,1950 年 6 月 12 日,陕西省档案馆凤县后库,档案号 37 - 1 - 184)

资料二(其他) 本院于六月初奉到西北教育部转示中央教育部电令,自六月起改由西北教育部及西北畜牧部共同领导,预料今后本院在建教合一之原则下,对于教育及推广必能发挥更大之作用。本院奉令后已分别呈复教育、畜牧两部,忠诚接受两部共同领导。(《本院改由教育部及畜牧部共同领导》,《国立兽医学院校刊》1950年第3期,第6页)

6月初,学院成立清库小组,清点财产,造册上报。

资料(报道) 本院为响应政府清点仓库号召,于六月初成立清库小组,以院长及总务主任为当然委员,并聘请王雒文教授等十余人组织协助清点委员会。于六月十日通过学委会发动全院员工生停课一日,将全部财产点验清楚,又经复查、核对及估价,现正赶造清册,大约一周内即可呈报教育部。(《组织清库小组清查财产》,《国立兽医学院校刊》1950年第3期,第6页)

6月11日,在西安公毕,返回兰州。

资料(报道) 本院盛院长……已于六月十一日遄返兰州。又本院畜牧系教授常英瑜先生于五月间由宁、沪公毕返西安后,曾因慢性盲肠炎,入医院疗养两次,亦已随同盛院长返兰。(《盛院长公毕返兰》,《国立兽医学院校刊》1950年第3期,第6页)

6月19日,在全体员生大会上做报告,报告校政改革的成绩和不足,呼吁大家继续努力,不断改革校政,负起建设西北畜牧兽医事业的伟大任务。

资料(发言报告) 本文为六月十九日盛彤笙在全体员生大会上报告的一部分。报告指出,解放以后不久,本院曾经举行过一次历时七天半的校政改革讨论大会,过去十个月中在校政改革工作上取得的成绩主要为:在政治思想上进行了学习,使员工、学生对于马列主义和毛泽东思想有了初步的认识;在学校行政方面扩大了民主的基础,使学校变成了员工、学生共同领导的学校;在课程方面做了初步的精简和调整,使理论和实际有了进一步地结合;在教学方法上做了初步的改进,由注入式的教授法走上了互助讨论和集体学习的途径。存在最重要的缺点如下:

第一，和群众的联系不够。整个教育方针距离全心全意为人民服务的目标还是很远的。第二，全面观点不够。国家是一个整体，部分的利益必须服从全体的利益。我们学校既然是全国唯一的兽医学院，对于全国的畜牧兽医事业就负有带头的作用和推动的使命，要想负起这种使命，就非大家、首先是我自己，革除狭隘的本位主义，建立全面的观点不可。只有与各兄弟机关学校和谐无间地通力合作，才能把西北的建设事业搞好的。第三，政治觉悟不够。最后指出，校政改革是一种经常的、长期的工作，必须抱着锲而不舍的精神，不断地努力，才能使学校达到"苟日新，日日新，又日新"的境地，负起建设西北畜牧兽医事业这个伟大的任务的。（盛彤笙：《继续努力不断改革校政》，《国立兽医学院校刊》1950 年第 3 期，第 1—3 页）

6 月 30 日，经院务会讨论票决，完成学院整编工作，计有教员二十九人，职员二十五人，工友二十九人，报教育部备案。

资料一（档案） 在"一、整编工作进行的经过"中指出：院务会议最后票决：学校收到学委会的建议案后，于六月卅日下午召开院务会议。因整个政变工作已进行三周之久，且各出席人均曾参加小组讨论，教、职、工、生曾分别会议表决，一切都已到达成熟阶段，所以会议中不需很多的讨论，便可进行表决。在"二、整编前后员工人数的比较"中指出：整编前本院原有教员三十三人，职员三十四人、工友四十五人，共计一百一十二人。将近整编时，因调职（调往畜牧部）、辞职及请长假离院者计教员四人、职员三人，共七人，这些教职员中有一部分是自知有编余的可能而离职离院的。在此次整编中被编余者计职员六人、工友十六人，共二十二人。连同整编前离院者合计二十九人，较整编前减少员工百分之二十五·九。整编后尚余教员二十九人、职员二十五人、工友二十九人，共八十三人。（《国立兽医学院整编工作总结报告》，1950 年 7 月 22 日，甘肃农业大学档案馆）

资料二（报道） 本院整编工作，因盛院长公出两月，未能如期进行，延至六月初始通过学委会发动员工生学习小组酝酿讨论，先确定各部门人数，继讨论具体人员之去留，最后由学委会根据多数小组的意见，将人数及具体人员提请院务会议讨论,经决定编余职工六人,工友十六人,现尚有教员二十九人,职员二十五人,工友二十九人,详细经过正由院长室总结具报教育部备案。(《本院整编顺利完成》,《国立兽医学院校刊》1950年第3期,第6页)

7月5日,签发聘请朱宣人等二十九人为本院教师的文件。

资料(档案)　1950年7月5日,盛彤笙签署聘请二十九人为学院教师的文件,聘朱宣人、周中规、许绶泰、蒋次升、罗仲愚、王雏文、常英瑜等七人为教授,聘崔堉溪、秦和生、郝逢绣、刘文林、栗作云等五人为副教授,聘张树藩、王万寿、程悦卿、方晨光四人为讲师,聘王尔相、李如鈢、谢念难、赵文深、买永彬、陈士毅、顾恩祥、张思敏、王超人、王肇西、任继周、王霁、宋恺等十三人为助教。聘期自1950年8月至1951年7月底止。见图123。(《朱宣人等廿九先生聘书》,1950年7月5日,甘肃农业大学档案馆)

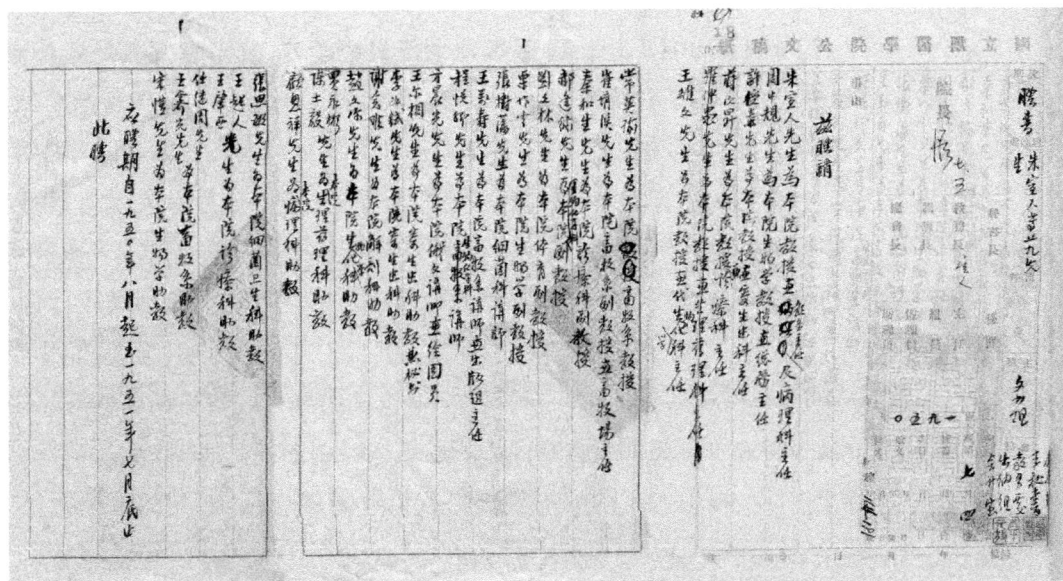

图 123

7月14日,学院欢送畜牧兽医人员训练班第二期学员毕业,返回原单位工作。

资料一(其他)　本院附设畜牧兽医人员训练班第二期自四月十日始业

迄今,已达三月,经于本月十一日起举行毕业考试,并按第一学期办法,用民主方式评定等级。本期学生多为本省各县在职干部,毕业后即将返回原来工作岗位,为西北人民的畜牧兽医事业努力。(《畜牧兽医人员训练班第二期学生结业》,《国立兽医学院校刊》1950 年第 3 期,第 7 页)

资料二(其他)　本院学生会以畜牧兽医训练班第二期同学已届毕业,曾于十四日晚举行晚会,并邀扶轮小学来院演出《王秀鸾》秧歌剧,表示欢送,同时招待第五区第三街农民参观,以资联欢。(《学生会举行欢送晚会》,《国立兽医学院校刊》1950 年第 3 期,第 7 页)

7 月 15 日,来自青海、宁夏的第三期学员正式开课。

资料(其他)　又第三期学生七十名原定由青海省保送五十名,宁夏省保送二十名,大部已抵兰报到,并于十五日起正式上课。(《畜牧兽医人员训练班第二期学生结业》,《国立兽医学院校刊》1950 年第 3 期,第 7 页)

7 月 24 日至 8 月 23 日,兽医学院举行集中学习,甘肃省文教处处长兼学院军事代表辛安亭驻院领导,制定学院组织规程、教学通则和课程标准。

资料(其他)　今年暑假本院会于七月廿四日至八月廿三日举行集中学习一个月,由甘肃省文教处处长兼本院军事代表辛安亭先生驻院亲自领导。参加学习的共有员工、学生 137 人。学习的内容包括第一次全国高等教育会议的各种文件、土地法、青年修养、劳动观点、民主集中制、反美运动等,而以高教会议的各种文件为主要对象,并联系实际,对于本院的组织、课程和教学方法的改革做了详尽的讨论,制定了本院的组织规程、教学通则和课程标准,正呈候中央教育部批准后施行。经过这次学习后,校政的改革又步入了一个新的阶段,对于大家的政治思想也有了普遍地提高,尤其是在反帝、反封建和反教条主义三方面使大家有了更明确的认识。(《暑假举行集中学习》,《国立兽医学院校刊》1950 年第 4 期,第 35 页)

8 月 18 日至 24 日,中华全国第一次自然科学工作者代表会议在清华大学举行,他与丁西林、袁翰青等五十人当选为中华全国科学技术普及协会第

一届全国委员会委员。会后,与在京畜牧兽医界人士提出筹组恢复中国畜牧兽医学会的建议。

资料一(报道)　中华全国自然科学工作者代表会议自八月十九日在北京开会,历时七天,已于廿四日胜利闭幕。在这个大会上,成立了两个全国性的科学组织,其中一个就是"中华全国科学技术普及协会"。八月二十三日,经科代会议全体代表的投票选举,并产生了"科普协会"的第一届全国委员会委员。八月二十五日,委员会的第一次会议上通过了组织和人选,以开展工作。(《庆祝"中华全国科学技术普及协会"的成立》,《科学时代》1950年第3—4期,第1页)

资料二(报道)　1950年8月18日,中华全国第一次自然科学工作者代表会在北京召开会议,决定成立中华全国科学技术普及协会(简称科普),主持全国的科学普及工作,下面是科普协会第一届全国委员会委员的名单:丁西林、袁翰青、卢于道、李四光、竺可桢、周焕章、马典别克、梁希、宋名适、高士其、温济泽、沈其益、钦巴图、周建人、彭庆昭、佟城、董纯才、张孟文、涂长望、朱兆祥、王俊岑、买树桐、刘仙洲、才巷台、沈其震、罗登义、蒋一苇、盛彤笙、夏康农、裴文中、朱弘复、李本周、秦元勋、魏兆麟、曲正、陈凤桐、杨肇燫、王永焱、茅以升、鲁方安、任康才、高济宇、陆志韦、徐眉生、曹日昌、于绎、周同庆、何成均、尹赞勋、蔡邦华。(《中华全国科学技术普及协会》,《科学世界》1950年第6期,第264页)

资料三(其他)　中华全国科学技术普及协会全国委员会委员名单——一九五〇年八月二十三日第五次大会选举产生:丁西林、袁翰青……蔡邦华。(《中华全国科学技术普及协会全国委员会委员名单》,载中华全国自然科学工作者代表会议筹备委员会编《中华全国自然科学工作者代表会议纪念集》,人民出版社,1951年,第90页)

资料四(其他)　大会地点在北京清华大学礼堂,会期七天,兹将大会进行程序按日略记于后。8月17日(预备会议):下午三时开会,预备会议。推筹备会常委十四人任临时主席团。执行主席竺可桢。修正通过下列各项:一、大会会场规则,二、大会议事规程,三、会程,四、提案审查办法,五、主席团名单,六、大会工作人员名单,七、提案审查委员会名单。大会副秘书长卢于道报告收到提案问题件数及整理分类结果。……8月23日(第五次大会):上午,第五次大会。主席陆志韦、程孝刚、李宗恩、刘鼎。执行主席前半陆志韦、后半刘鼎。(一)大会副秘书长卢于道做关于提案及问题分组讨论结果之报告。(二)通过关于提案及问题处理的决议。(三)通过全体代表抗议美国帝国主义侵略朝鲜……宣言。(四)自由发言。少数民族代表三位首先发言,发言代表计十一位。(五)进行"科联"及"科普"两全国委员会之选举。下午,开票。由上午大会选出之全体监票委员出席。8月24日(第六、七次大会):上午,第六次大会。执行主席陈康白。(一)继续自由发言。发言代表计十位。(二)程孝刚报告"科联"及"科普"全国委员会选举结果。(三)通过请吴玉章先生为"科联"及"科普"名誉主席。(四)曾昭抡做大会总结报告。(五)临时动议:通过向清华大学致谢、向大会工作人员致谢、向清华统一膳团致谢。(六)照相。下午,第七次大会。执行主席梁希。(一)周恩来总理向大会做报告。(二)梁希致闭幕词。(三)宣布大会闭幕。翌日,政务院宴请全体代表。(《中华全国自然科学工作者代表会议日记》,载何志平、尹恭成、张小梅主编《中国科学技术团体》,第496—497页)

资料五(传记) 解放以后,中华自然科学社受到了党的承认,与中国科学社和延安自然科学院等同为发起召开第一次全国自然科学代表会议的三个团体之一,我被邀为特约代表,当选为第一届全国科联理事和全国科协理事[①]。(盛彤笙:《庸碌的一生,平凡的自述》,第17页)

资料六(其他) 1950年8月18日到24日在北京召开了全国第一次自然科学工作者代表大会,中华全国自然科学专门学会联合会和中华全国科学技术普及协会成立。参加会议的畜牧兽医界代表在大会提出的"全国科学工作者大团结"的号召下,会后及时组织座谈,在京的畜牧兽医界人士提出了筹组恢复中国畜牧兽医专门学会活动的建议。(中国畜牧兽医学会编:《中国近代畜牧兽医史料集》,农业出版社,1992年,第339页)

8月28日,欢送原总务主任常英瑜出任西北羊毛改进处副处长,欢迎兽

---

① 据材料,盛彤笙只当选为中华全国科学技术普及协会委员(即传记所谓"全国科协理事"),并未当选全国科联(全称"中华全国自然科学专门学会联合会")委员。

医系主任兼诊疗科主任蒋次升等七位新聘教师到校。

　　资料一（其他）　学习结束以后又曾于八月廿八日举行了一次盛大晚会,借以松弛一个月以来的紧张生活,附带欢迎新教职员的到校、周总务长的回校和欢送常英瑜教授出任羊毛改进处副处长。(《暑假举行集中学习》,《国立兽医学院校刊》1950年第4期,第35页)

　　资料二（其他）　本院畜牧系教授常英瑜先生近由西北畜牧部委任为羊毛改进处副处长,已于八月前往该处就职。羊毛改进处是西北的一个重要畜牧机构,预计常先生加入了该处的领导工作以后,处务是会更加发展的。(《常英瑜教授调任羊毛改进处副处长》,《国立兽医学院校刊》1950年第4期,第35页)

　　资料三（其他）　本院今年暑假新聘的教职员计有蒋次升、戴重光、马国荣、赵焕之、魏元忠、朱清韵、章世贤等七位先生。蒋先生于去年春天回国,因为交通关系未能来兰,曾在南京大学任教一年,七月底才辞去南大教职来到兰州,现任本院兽医系主任兼诊疗科主任。生物化学教授戴先生系应邀来本院短期讲学。马先生曾任同济大学、商船学校、国立上海商学院等校数理副教授,现任本院数理副教授兼秘书。赵焕之、魏元忠两先生现分任本院生化科讲师助教,朱清韵先生现任本院图书室主任,章世贤先生任员工子弟小学教员,都已先后到校就职。(《新聘教职工先后到校》,《国立兽医学院校刊》1950年第4期,第35页)

8月,学院与西北兽疫防治处合办家畜病院临时门诊部,蒋次升担任院长,防治处门诊撤销。

　　资料一（其他）　当时的兰州小西湖,还有西北军政委员会下属的兰州兽疫防治处办有兽医门诊,但规模很小。大家感到不如集中人力、物力,办好一处家畜病院,发挥的作用会更大些。1950年8月,两家签订了合办协议:撤销兽防处门诊,加强兽医学院家畜病院,主要设备和开支由学院负责;兽防处负担小米25万斤,作为补充,增加了王超人、王肇西二人。他们既要看门诊,又要带学生实习,常常是"两眼一睁,忙到熄灯"。当时教师们编了个顺口溜:"兽医学院谁最忙,三王一李顾恩祥。"这里,三王指的是王超人、王肇西、王尔相，一李是李如铁。此时，蒋次升正好留学回国，来校担任兽医系主任兼家畜病院院长，兽防队也派出毕业于中央大学的邹康南、万一鹤以及陈秉正等三名技术员，协助诊疗工作，前两人在一年多以后也正式调入西北畜牧兽医学院。病院分诊疗、药物调剂、临诊检验、器械保管和药费保管等五部分，24小时对外开放，有门诊、出诊和住院治疗。力量一加强，发挥的作用就大了，据病院主任蒋次升在一份总结中的统计，仅1950年8—12月，就诊治病畜1 200头次。在解放初期，病院还组织防疫队参与扑灭了兰州的牛瘟、猪肺疫等烈性传染病，挽回损失一亿五千万元以上。（胡云安、陈贵仁、赵西玲主编：《图说甘肃农业大学70年》，第216页）

资料二（其他）　兽医学院教师邹康南在兽医学院家畜病院临时门诊部前，见图124。（胡云安、陈贵仁、赵西玲主编：《图说甘肃农业大学70年》，第216页）

图 124

10 月 1 日,兽医学院全体员生参加兰州市国庆大会。

资料(发言报告) 今年十月一日是本院四周年的校庆,也是……第一次国庆,全体员工、学生将于是日参加兰州市的庆祝国庆大会。(《国校同庆》,《国立兽医学院校刊》1950 年第 4 期,第 36 页)

10 月 1 日,在校刊发表《四周年纪念的回顾与前瞻》,回顾学校发展的艰辛历史,展望美好的未来。

资料(发言报告) 在学校四周年校庆之际,盛彤笙在校刊发表纪念文章,分析过去的优点和缺点,借以确定今后努力的目标:

一、解放以前缔造的艰虞。在收购院址、建筑校舍、设备的购运和充实、罗致师资等方面困难重重,还需要不断地和西北的特殊环境做斗争。

二、解放以前的优点和缺点。优点如校政的民主,师生的团结,工作的积极,教学的认真,思想教育方面的听任自由发展,教育方针之确定理论与实践的结合、学校与社会和群众的结合、为农牧同胞服务观点的培养等,需进一步地提高和发扬光大。缺点表现在:在学生的思想教育方面,听其自由发展,没有积极引导教育,对革命工作贡献较少。其次是在教学方面,和实际结合不够,和农牧人民大众的接触不够,对西北畜牧兽医事业更没有尽到推动的责任。第三,课程基本上是抄袭国外,许多地方不合于中国的需要;学生升降进退的规则过分严格。

三、解放后一年来的院务。(一)在行政方面,首先是扩大了校政的民主基础。其次是在机构方面,取消训导处,在教务处下设体育卫生组,增设普及组。今春起,前国立西北农业专科学校的畜牧科与学院畜牧科合并为畜牧系。复次,在人事方面,六月奉令整编进行缩减。最后,六月起学院改由西北教育和畜牧两部共同领导。(二)教学方面,一是业务的教学方面,根据第一次全国高教会议的精神,精简和调整了课程,改进了教学方法;修改了学则,放宽了学生进退升降的尺度。二是在政治学习方面,解放后增设了政治课,组织成立了学习小组和学习委员会。但也存在对政治学习意义没正确认识,不够重视,发言没有深刻的争辩、领导政治学习经验缺乏等问题。(三)推广普及方面:在训练方面,开办了畜牧兽医人员训练班,对于各省的畜牧兽医事业,都起了相当的协助作用。在出版方面,继续出版校刊和丛书,对于本院消息的报导、畜牧兽医知识的交流,以及教材的供应上都发挥了很大的效果。在防疫方面,曾于今春出动师生五十四人,协助兰州兽疫防治处防治河西的牛瘟,完成了西北近年来最大规模的一次防疫运动。在治疗方面,八月起,家畜病院与兰州兽疫防治处合办,人员、设备都有充实,就诊家畜日有增加。正式家畜病院获西北畜牧部的资助,正兴工修建。在展览方面,曾于去年三周年校庆纪念中,举办了三天的科学表演和展览,参观者众。今年三月、六月、八月又在兰州、西安、北京等地进行了预展和正式展览。

四、今后努力的目标。在进一步的改革方面,首先是要加强员生的政治学习。其次是在业务教学方面,努力使理论与实际密切结合,教学和群众密切联系。最后是在推广普及方面,尤其要注重在兄弟民族中间开展工作。在发展方面主要从以下几个方面努力:扩充院址;兴修牧场,充实种畜和设备;增筑容纳三百人的学生宿舍和二十家的教职员宿舍;增设专修科;开展研究工作。(盛彤笙:《四周年纪念的回顾与前瞻》,《国立兽医学院校刊》1950年第4期,第1—8页)

10月2日,举行校庆典礼,欢迎新教职员和学生。

资料(其他) 次日上午在校内举行校庆典礼,同时欢迎新教职员和学生。(《国校同庆》,《国立兽医学院校刊》1950年第4期,第36页)

10月2日下午,参加学校工会的成立大会并致辞,勉励全体会员积极学习工人阶级的优秀特性,怀抱伟大目标和理想,为广大人民谋取些幸福。

资料一(其他) 下午成立工会,晚间放映电影。四日晚预备举行一个晚会,再次演出《牧地春光》歌剧。按,《牧地春光》为本院同学集体创作的一个剧本,前已公演几次,由三幕增加为六幕,比以前更为精彩。除四日晚在本院演出外,还打算在甘肃省人民代表会议开会期间(十月一日至十二日)公演一次,招待全省人民代表。(《国校同庆》,《国立兽医学院校刊》1950年第4期,第36页)

资料二(发言报告) 盛彤笙在学院教育工会成立大会上发表讲话,指出,经过几个月的筹备,教育工会正式成立。从学校来说,工会的任务主要是搞好业务,也就是搞好教学。从个人来说,从今天起,都成了工会的正式会员,被划在工人阶级的队伍里了。但要想名副其实地真正成为工人阶级的一分子,必须经过一个学习和改造的过程的。工人阶级至少有下面五种特性:创造性、集体性、热情和积极性、现实性、牺牲精神。而这些特性,新加入工会的知识分子一般都是非常缺乏的。一、创造性:全国解放以后,有些人厌恶西北的环境,想到其他生活享受较好的大城市去工作,多少就是坐享其成,缺乏创造性的一个表现。二、集体性:这是知识分子一般都很缺乏的一个性格。三、热情:知识分子中间固然有不少是抱有对人民和祖国事业的高度热情的,但也有很多人是很缺乏热情的。(一)冷漠:对于任何事都提不起兴趣,不热心,不积极。(二)热衷:这种人也可能表现相当地热心,但他所热心的是他自己的名利。(三)温情:这是知识分子的一种典型性格,经不起挫折,受不了批评。四、现实性:很多知识分子比起工人阶级来,现实性是非常缺乏的。喜欢留恋过去,却不想如何努力来改造现实。五、牺牲精神:知识分子一般的牺牲精神多是很不够的。通常怕多做了一点事,多负了一点责,少拿了一点钱,少享受了一点权力。最后倡议广大教师,放弃专为个人打算的观念,把胸襟放宽一点,眼光放远一点,怀抱一个伟大一点的目标和理想,共同努力,为广大的人民谋取些幸福,为子孙后代创造一个光明的前途。(盛彤笙:《在本院教育工会成立大会上的讲话》,《西北兽医学院校刊》1951 年第 1 期,第 2—3 页)

10 月 6 日,向西北畜牧部呈报首届八名毕业生的工作分配计划,张邦杰、赵纯塽等留校任教,勉励青年教师"对待教学要像对待学术研究那样,要一步一个足印地走,要做一点一滴的工作"。

资料一(档案) 1950 年 10 月 6 日,兽医学院呈文西北畜牧部,提出今年毕业八名学生的工作分配计划,其中留校任助教四人,请西北畜牧部与教育部会商批复。见图 125。(《兽医学院呈报西北畜牧部关于首届毕业生拟分配计划的请示》,1950 年,甘肃农业大学档案馆)

资料二(传记) 1951 年以前,兽医学院教师短缺,许多青年教师刚步入教学工作。盛先生经常勉励这些教师:"千里之行,始于足下;不积小流,无

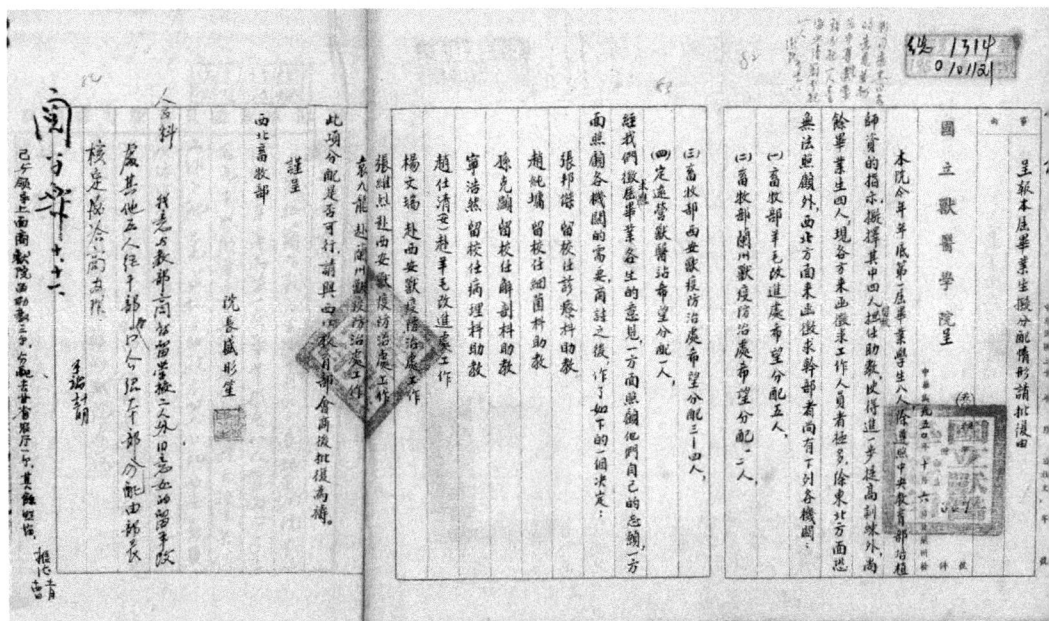

图 125

以成大海。对待教学要像对待学术研究那样,要一步一个足印地走,要做一点一滴的工作。"据张邦杰先生讲:"盛先生鼓励我们大家要亲自动手编写教学讲义,从编写讲义中去学习、去积累、去提高。"在盛先生的关心、教诲和热情的帮助下,一批年轻教师进步很快,在教学中深受学生的欢迎和尊重。各门课程的教学都取得了良好的效果。(张德寿:《纪念盛彤笙先生——写于中国农科院兰州畜牧与兽药研究所成立 50 周年之际》,载中国畜牧兽医学会、中国农业科学院兰州畜牧与兽药研究所编《一代宗师盛彤笙:盛彤笙先生学术思想研讨会文集》,第 51 页)

资料三(传记) 由此更加激励了师生的教学热情,任课教师不仅认真地为学生传授国际兽医科学最先进的理论知识,讲师还努力锻炼他们的实际操作技能,比如设置的每门实习课程,学生必须在上课前认真阅读实验指导,了解实验目的和操作要领,方可进入实验室,否则助教不会让不认真学习的学生上实验课程,实验之后还要求认真撰写实验报告,要求实事求是,不能弄虚作假。讲师负责批阅下发,由于如此严格、严谨的教学要求,西北兽医学院培养出的第一批毕业生只有八名,剩余学生都未能通过毕业考试,或者中途退学。这八名学生被大家称为八大金刚,金刚者,优秀也。他们不仅专业知识过硬,外语水平、操作技能、思想品德皆可做人楷模,这就是当时校方高标准培养人才,宁缺毋滥,大浪淘沙,筛选出来的尖子学生。(苏普:《缅怀随笔——恩师盛彤笙百味人生》,载中国畜牧兽医学会、中国农业科学院兰州畜牧与兽药研究所编《一代宗师盛彤笙:盛彤笙先生学术思想研讨会文集》,第75页)

10月下旬,兽医学院附设畜牧兽医人员训练班第三期学员毕业,分赴甘、宁、青参加工作。

资料一(其他) 本院附设的畜牧兽医人员训练班前已毕业学生两期共118人,现在第三期正在紧张学习期中,本月底即可毕业。这一期共有学生71人,包括有汉、蒙、回、藏、土五个民族,其中五十人系由青海所选送,二十人系由宁夏所选送,一人系由甘肃所选送,毕业后仍将各回原省服务。至于第四期则定于十一月初开学,已由西北畜牧部通知甘、宁、青三省各保送卅人来兰学习。训练班主任一职近已改请张树藩先生担任。(《训练班的近况》,《国立兽医学院校刊》1950年第4期,第36页)

资料二(其他) 本院附设畜牧兽医人员训练班第三期于去年十月下旬毕业后即分赴甘、宁、青三省参加工作。(《普及和提高》,《西北兽医学院校刊》1951年第1期,第12页)

11月4日,赴西北畜牧部处理部务,并与各有关部门接洽兽医学院的事务。在处理部务时,十分重视公文的行文规范。

资料一(报道) 本院院长兼西北军政委员会畜牧部副部长盛彤笙先生因公于去年十一月四日飞西安,处理畜牧部公务并与各有关部门接洽本院事务。(《盛院长公出 朱教务长代行院务》,《西北兽医学院校刊》1951年第1期,第12页)

资料二(传记) 计划处一位高级工程师拟了一份公文及材料,报部(局)长审批。盛部长拿着公文到办公室对这位工程师说:"是你拟的吗?我们搞专业的不能忽视文字的畅通与字体的端正。要让人认得,看得懂才好,请你重写以后送来。"这位高工当时面红耳赤,但心底佩服。盛先生对公文或材料要求不仅言简意赅,文字通顺,且应标点准确。一次一位办公室的同志去盛部长处取审批拟发公文。盛部长批评说,你拟的这份公文怎么一逗到底? 你学过标点符号吗? 领导机关行使公文,标点不清会出问题的。看似小事,却反映出盛先生对事认真,一丝不苟的作风。(邓诗品、张歆:《我所知道的盛彤笙先生》,载中国畜牧兽医学会、中国农业科学院兰州畜牧与兽药研究所编《一代宗师盛彤笙:盛彤笙先生学术思想研讨会文集》,第 29 页)

11 月 29 日,经两次招生,兽医学院附设畜牧兽医人员训练班第四期的八十名学员正式上课。

资料一(其他) 本院附设畜牧兽医人员训练班……至于第四期则定于十一月初开学,已由西北畜牧部通知甘、宁、青三省各保送卅人来兰学习。训练班主任一职近已改请张树藩先生担任。(《训练班的近况》,《国立兽医学院校刊》1950 年第 4 期,第 36 页)

资料二(其他) 本院附设畜牧兽医人员训练班……第四期原定学生九十人,由甘、宁、青三省分别报送三十名,后以报到学生名额不足,经呈准畜牧部于十一月下旬在兰招生一批。十一月廿九日正式上课,共计学生八十名,内有汉、满、蒙、回、藏各兄弟民族。又第一、二、三期训练班毕业的甘肃学生九十余人,于胜利完成了甘肃五〇年畜牧兽医计划所赋予的任务后,经甘农林厅决定调回兰州,一方面总结经验和教训并举行评功,选举劳模,另一方面再由本院予以提高训练。将于本月开始,为期六周至八周。(《普及和提高》,《西北兽医学院校刊》1951 年第 1 期,第12 页)

11 月,家畜病院开始建设。

资料(其他) 在党和政府的关怀下,1950 年 11 月,学院开始筹建新的家畜病院。西北军政委员会畜牧部补助小米 177 万斤,当时每斤小米折合旧币 8 000 元,总价值为 14 亿多,相当于新币 14 万多元——在解放初,这是一

笔不小的数目。(胡云安、陈贵仁、赵西玲主编:《图说甘肃农业大学 70 年》,
第 218 页)

12 月 3 日,在高标准办学要求下,学院第一届学生最后只有八名顺利毕
业并在伏羲堂举行毕业典礼,甘肃省政府主席邓宝珊出席会议,盛先生因在
畜牧部处理部务而未能参加。

资料一(照片)　1950 年 12 月 3 日,兽医学院举行第一届学生毕业典
礼。第二排: 邓宝珊(右十四)、朱宣人(右四)。(见图 126)

图 126

资料二(口述)　我于 1948 年来到兽医学院上学。我们那一届报考学生
有 500 人,录取 15 人,录取率为 3%。我当时恰好考了第 16 名,因为前 15
名中有一人没来,我得以入替。我进校时全校师生有四十多人,小巧玲珑。
学校主体建筑伏羲堂在兰州很有名气,是兰州"三堂"之一,其他两个是至公

堂、三爱堂。伏羲堂铺了红色的木地板,平时用毛巾擦得很干净,外面来人往往要参观伏羲堂,对国外友人开放,也算是兰州的一个文化中心。学校有一栋二层小楼,住的都是教授,教师们穿着讲究、洋气,出行有汽车。新中国成立前学院共有八辆车,而兰大等好多部门都还没有车。还有一辆独特的马拉车,在兰州市很惹眼。新中国成立后军管会成立,还调走了学校的汽车,因为那时汽车非常少。学生们也很注意仪表,多穿西装。学校是本着高标准、高条件办的,伙食很好,考试时会供应四菜一汤,毕业后学生可以出国,学校吸引力很强。当时用的教材全部是英文原版,桌子、椅子、厕所等也都用英文标识。对学生要求很严格,两门课不及格会留级,一门课不及格可以补考,补考不及格也会留级。因为兽医学院最早是作为兰州大学的四个学院之一,因而与兰州大学以及其医学院联系紧密,我们的病理课等课程是与兰大医学院的学生一起上的。(《王锡祯访谈录》,2008 年 1 月 24 日)

资料三(口述) 到了学校,我们的一些高年级同学说,新中国成立前,这些老师上课都是抱着外文书,拿外文讲,因此外文要求很高。当时第一届学生四十多人入校,最后淘汰,剩下八个了,好大一部分人是外文跟不上被淘汰了。还有一个情况,当时我们一进校,我们的学长就介绍说,这个学校严格得很,如果你进了伏羲堂大声说话,盛院长就要狠狠训你一顿,所以我们都会静悄悄的。当时穿的皮鞋都是牛皮、硬底的,伏羲堂是木地板,如果脚步声大了也要挨训斥。再一个是不要随地吐痰,如果盛院长碰到,一定会把你训一顿,还要让你擦掉。我们的学长们就是这样介绍学校严格的要求和老师们的认真负责。记得蒋次升教授有一次给我们上课,我们班只有二十几个人,所有同学的动作他都能看见。有一位同学打了个哈欠,他就说你站起来,这么做对人没礼貌,对那个同学进行了批评。我的意思就是说当时的老师教育人就达到这个程度了,你的一举一动都在注意,哪里表现不好,他就指出来了。再比如谢教授上课,因为刚回国,湖南口音重,讲课听不大懂。有个助教打瞌睡(因为当时助我们要先听老先生讲的课),谢教授看到以后就指出了。他连助教都批评,我们当学生的就感到这太严格了。可见当时教师都以身作则,对学生即便是生活小节,只要不合适的,他都要指出来,很严很细。(《肖志国、张志良访谈录》,2008 年 1 月 25 日)

12月8日，兽医学院经中央教育部核准改为西北兽医学院，并启用新印章。

资料一（档案） 1951年1月3日[①]，《兽医学院给甘宁青邮政管理局关于启用圆章的通知》内容有二：（1）本院奉令改为西北兽医学院，所有新领之木质方印及长戳印模业往函送。（2）本月八日启用橡皮椭圆形圆章，请分别通知兰州各分支局，并附印模五份。见图127。（《兽医学院给甘青宁邮政管理局关于启用圆章的通知》，1951年1月3日，甘肃农业大学档案馆）

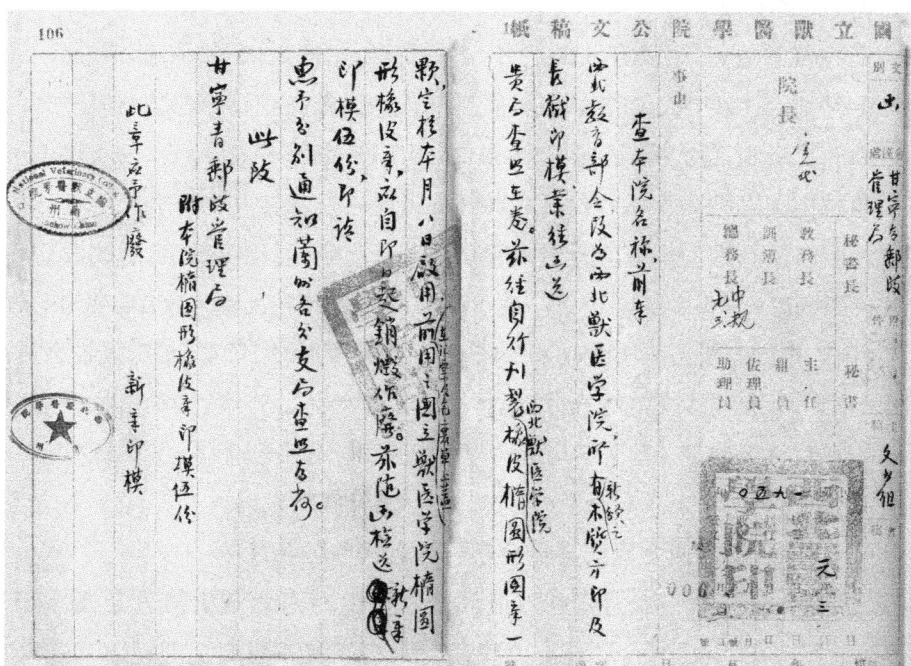

图127

资料二（其他） 本院接奉西北教育部十二月八日办字第341号令，本院名称经奉中央教育部核准改为西北兽医学院，本刊自本期起亦改称"西北兽医学院校刊"，敬希鉴察为荷。西北兽医学院出版委员会谨启。（《启示二》，《西北兽医学院校刊》1951年第1期，第14页）

---

① 原档案印章下有"一九五〇"及"元月三日"字样，考西北兽医学院于1950年12月8日改名的实际，此当为1951年1月3日事。

12 月 16 日,西北军政委员会秘书长常黎夫一行三人来院参观,关切学院的发展前途。

资料(其他) 十二月十六日西北军政委员会常黎夫秘书长一行三人亦曾于百忙中莅院参观,对本院发展前途极表关切。(《各界人士和学生相继来院参观》,《西北兽医学院校刊》1951 年第 1 期,第 12 页)

12 月,经内务部批准,中国畜牧兽医学会筹委会在北京成立,推选任抟九为筹委会主任。

资料(其他) 1950 年 12 月经内务部批准,由熊大仕、程绍迥、汤逸人、许康祖、马闻天、张仲葛、朱先煌、吴仲贤等八人组成筹备组,后来又聘请任抟九、王洪章、崔步瀛、贾大瀛、还振举、涂友仁、郑丕留、熊德邻、崔步青、倪有煌等十人,推选中国人民解放军军委总后勤部畜医局局长任抟九为筹委会主任。筹委会工作很积极努力,经常利用夜间和星期日开会,讨论工作,当时的思想认为学会工作应在业余时间进行。地点则借用熊大仕和汤逸人家中,常为七时到十时。中国畜牧兽医学会在筹备期间,积极开展活动,草拟会章,吸收会员,出版书刊,开展学术交流等,团结全国广大畜牧兽医工作者,推动畜牧兽医事业的发展。(中国畜牧兽医学会编:《中国近代畜牧兽医史料集》,第 339 页)

12 月底,出席西北军政委员会第一届畜牧兽医会议。

资料(报道) 十二月底并就近代表本院出席西北畜牧兽医会议,将于本月中旬转往北京一行,预计本月底或二月初返院。在离院期间,院务暂由朱教务长代行。(《盛院长公出 朱教务长代行院务》,《西北兽医学院校刊》1951 年第 1 期,第 12 页)

是年底,学校已颇具规模,各科师资齐全。

资料一(传记) 解放以后,兽医学院改称西北畜牧兽医学院,由于党的重视,工作立即改观:拖延三年未能解决的收购校址问题,迅速得到解决。解放前存放在上海以及运至中途而未能运回学校的仪器、药品,蒙兰州军管会拨给卡车数辆,均陆续运回兰州。最难得的是,由学校派赴英、美留学或预约回国后来兰任教的四位教师因回国旅费无着,无法起程,我向西北军政委员会申请每人发给旅费外汇美金五百元(共两位),立即获得批准,他们于1950年均先后到校任课。从现在来看,国家外汇储备,数以百十亿美元,两千美元不过九牛一毛!但当时全国还有一些地方尚未解放,遍地疮痍,百废待兴,两千美元何止,价值连城!还有一位内科学教师提出要建立一所家畜病院,作为来兰任教的条件,西北财经委员会立即批给小米二百八十万斤,家畜病院迅即建成,而当时大家每月的工资平均不过三五百斤小米而已。由于党的如此重视,所以在1949—1950这一年中,学校的进展,实为解放前三年的数倍有余。到1950年底,学校已建成校舍和设备颇具规模,各科师资相当齐全的一所兽医学院了。(盛彤笙:《庸碌的一生,平凡的自述》,第26—27页)

资料二(其他)　本院附设家畜病院经与兰州兽疫防治处合办以来,即建立分工合作的工作制度,内分内科、外科、药物调剂、临床检验、药械保管各部门。由于人力和物力的加强,业务日渐开展,教学上因实习材料增多,也更见充实。去年八至十一四个月中初诊和复诊病畜共达1 221头,平均每月诊治病畜325头,每日约10头。全体工作人员发挥了高度的合作互助精神,不计假日,不分昼夜,努力为人民服务。新家畜病院业已动工,预计今年暑假可以落成。又该院在沪、穗所购大批药械已陆续运到,故设备更臻完善。(《家畜病院业务日渐开展》,《西北兽医学院校刊》1951年第1期,第12页)

是年,组织西北畜牧兽医考察团,开展为期一年的畜牧兽医调查。

资料一(传记)　盛先生通过西北军政委员会,1950年组织了西北各省(区)师生及专业人员,组建了庞大的考察团,下属四个考察队,对西北四省(区)做了为期一年的畜牧兽医调查,这是我国西部历史上第一次畜牧兽医全面考察。这次考察摸清了家底,积累了资料,培养了人才。我本人参加了甘肃省(当时包括宁夏)考察队,受到启发教育,至今受用不尽。……1950年我参加西北畜牧兽医考察团的时候,他把全校仅有的一架德国制蔡斯相机借给我用,他亲自教我如何使用、保养。在甘南草原上,我骑的马受惊狂奔,当时我刚从南京来到西北,马术很差,我第一个念头是不要把相机摔坏,而不是自己落马受伤。也许就是这个念头的支撑,居然坚持到马跑累了,停了下来,平安下马。(任继周:《学为宗师,人为楷模:盛彤笙先生逝世 20 周年纪念》,载中国畜牧兽医学会、中国农业科学院兰州畜牧与兽药研究所编《一代宗师盛彤笙:盛彤笙先生学术思想研讨会文集》,第 6、10 页)

资料二(传记) 盛先生担任西北畜牧部副部长时仍兼任西北兽医学院院长,担子很重,但他对工作一丝不苟。1950、1952 年两次组织调查组,分赴西北五省(区)进行畜牧兽医全面综合调查,掌握较翔实的第一手资料。(邓诗品、张歆:《我所知道的盛彤笙先生》,载中国畜牧兽医学会、中国农业科学院兰州畜牧与兽药研究所编《一代宗师盛彤笙:盛彤笙先生学术思想研讨会文集》,第 28 页)

1951 年   41 岁

1 月初,继续参加畜牧兽医会议,西北军政委员会副主席习仲勋在会上强调西北要注重发展畜牧业。

资料一(其他) 十二月底并就近代表本院出席西北畜牧兽医会议,将于本月中旬转往北京一行,预计本月底或二月初返院。在离院期间,院务暂由朱教务长代行。(《盛院长公出 朱教务长代行院务》,《西北兽医学院校刊》1951 年第 1 期,第 12 页)

资料二(其他) 习仲勋十分重视西北地区畜牧业的发展。在筹备建立西北军政委员会时,他就提出了设立西北畜牧部的意见。之后各省市县都相继设立了畜牧业管理机构。习仲勋对干部说:"这个机构除内蒙古外,其他大行政区是没有的。而西北大行政区再一成立,畜牧这个机构就占了很重要的部分,这说明西北各地畜牧事业在人民生活里占有很重要的地位。"(习仲勋:《在畜牧兽医会议上的讲话》,《群众日报》1951 年 1 月 11 日)

资料三(其他) 一九五〇年七月,在西北军政委员会第二次会议上,少数民族委员达理札雅等提出发展畜牧业,设立兽疫防治站和种畜场的提案。会后,习仲勋要求西北军政委员会畜牧部及有关部门认真办理达理札雅的提案,甘肃、青海和新疆等地很快设立了兽疫防治站和种畜场,并组建了兽疫巡回防治队(西北军政委员会畜牧部关于呈复前奉提案及决议本年实施情形请鉴核由,1951年2月4日)。一九五一年初,西北军政委员会召开了第一次畜牧兽医会议。会议总结了一九五〇年畜牧业工作,分析了存在的问题,明确了发展方向和任务。习仲勋参加会议并做了重要讲话。他说,关于这样的会议在西北来讲是第一次,过去从来没有哪一个政府专门开会来研究畜牧业。西北有好几个民族的广大人民都是以畜牧业为生的,因而要发展经济必须在发展工业和农业的同时,注重发展畜牧业。人民政府要把发展畜牧业作为重点,要"人旺畜旺""人财两旺""牛羊成群""槽头兴旺"。(《习仲勋传》编委会编:《习仲勋传 下卷》,中央文献出版社,2013年,第130—131页)

1月,畜牧部陕西省兽疫防治人员训练班第二期学员毕业。为同学录题词。

资料一(其他) 《同学录》序指出,"畜牧部卓见及此,乃于西安设立短期训练班,以防疫为主,治疗为辅,分配各主要课程,联系实用技术,培养初级兽疫干部,期满后进行防疫工作。第一期在各种客观困难的条件下七月十五日开班……十月十五日结业。……第二期于十月二十四日开课……已将结业。为了联络我们两期同志,交流经验,相互学习起见,合印同学录一册,以便易于联络。"(《畜牧部陕西省兽疫防治人员训练班同学录》,1951年)

资料二(手稿) 盛彤笙和畜牧部部长霍子乐、副部长张中给畜牧部陕西省兽疫防治人员训练班同学录题词。见图128。(《畜牧部陕西省兽疫防

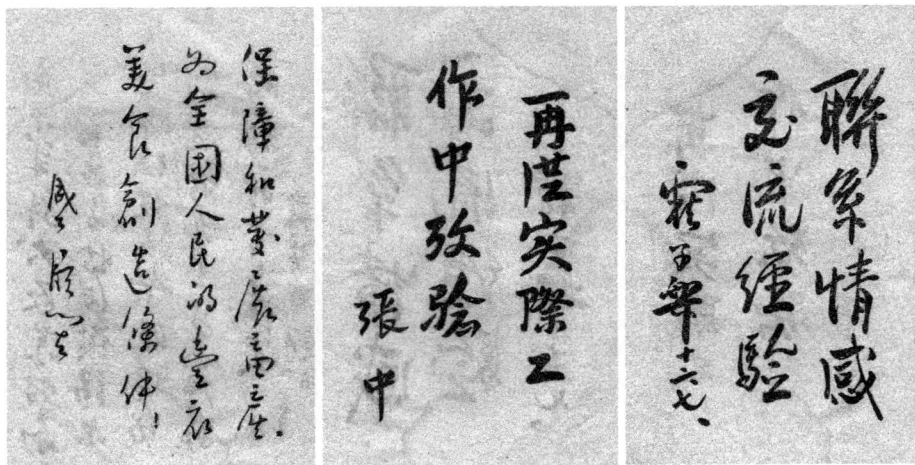

图 128

治人员训练班同学录》,1951 年)

2月1日,与霍子乐、张中共同向西北军政委员会的三位主席呈报《为请号召各级行政干部领导兽疫防治工作以期迅速扑灭兽疫的报告》。

资料(档案) 1951 年 2 月 1 日,畜牧部部长霍子乐、副部长张中、盛彤笙向西北军政委员会的三位主席呈送报告,指出:"经这次西北区畜牧兽医会议,各省各地防疫工作的同志一致认为:要做好防疫工作,除了要有足够的防疫干部、充分的器械和生物药品以外,更重要的就是行政领导的重视。"见图 129。(《请号召各级行政干部领导兽疫防治工作以期迅速扑灭兽疫的

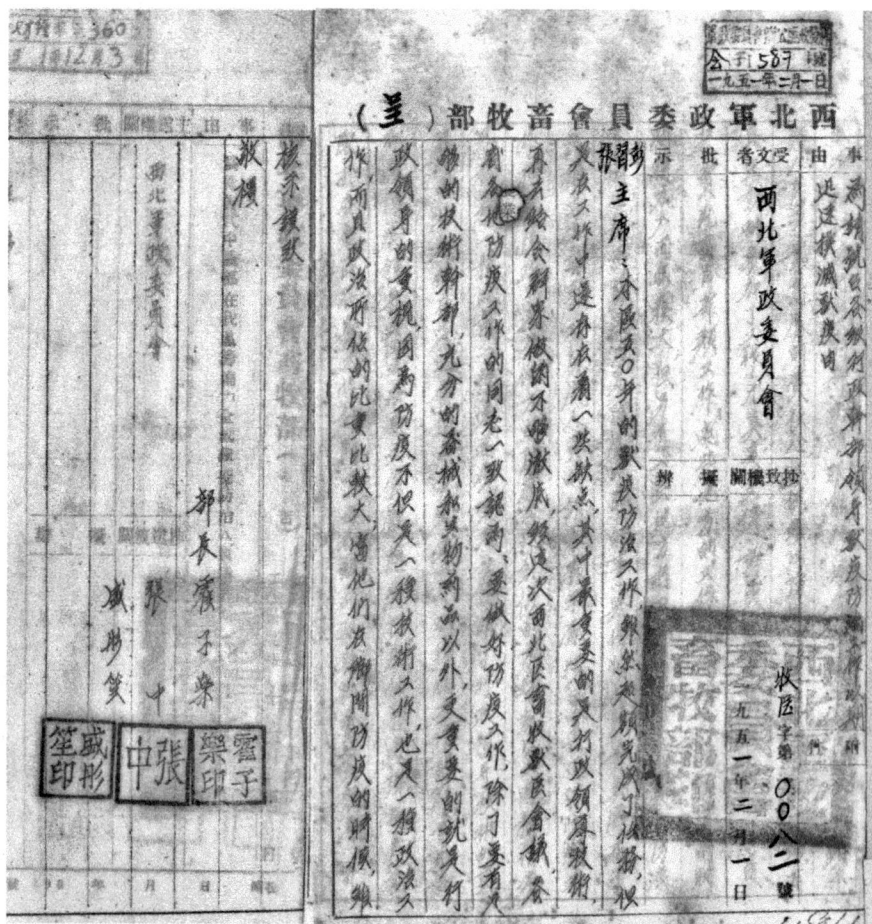

图 129

报告》,1951年,陕西省档案馆凤县后库,
档案号1-2-320)

2月2日,经中央人民政府政务院第
七十次政务会议通过,他被正式任命为西
北兽医学院院长。

资料一(证书) 1951年2月2日,经
行政院第七十次政务会议通过,由周恩来
签发西北兽医学院院长的任命通知书。
(见图130、131)

资料二(报道) 顷奉西北教育部本
年二月二十四日通知,中央人民政府政务
院第七十次政务会议通过,任命盛彤笙先
生为本院院长,朱宣人先生为本院副院
长,全院员工、学生听到此项消息,莫不欢

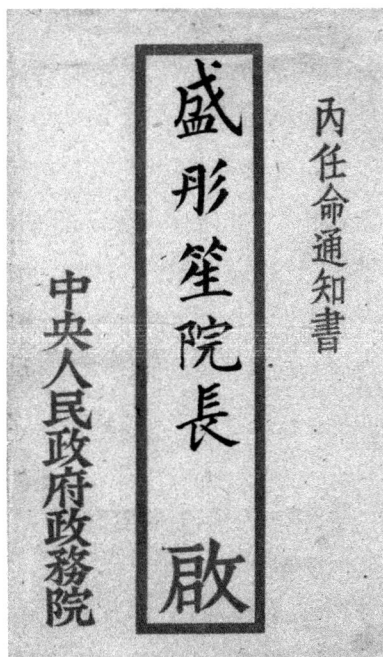

图 130

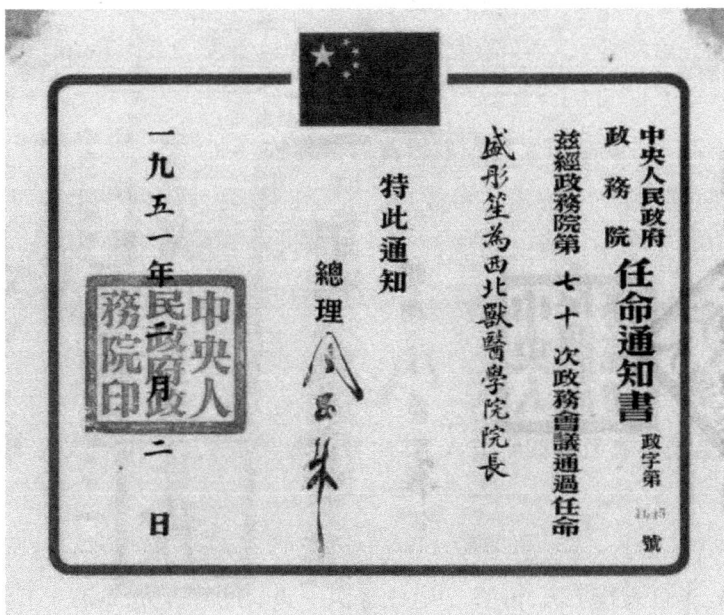

图 131

欣鼓舞,深庆得人。按,本院系于一九四六年十月成立,在成立前的计划筹备以及成立后的经营发展,都是盛彤笙先生亲手主持,所以本院有现在这样良好规模,完全是他数年来苦心孤诣、始终不懈的具体成就。朱先生在一九四八年的秋天,即就任本院教授兼教务长,协助院务,领导教学和研究工作,贡献甚大。此次政府正式任命他们为本院正副院长,不单是驾轻就熟,能够把本院教学工作搞得更好,同时对于整个西北畜牧兽医事业发展,也将有很大的帮助,因此大家一致坚决表示,愿意在他们贤明的领导下努力迈进,来完成政府给予我们的任务。(《中央人民政府正式任命盛彤笙朱宣人两先生为本院正副院长》,《西北兽医学院校刊》1951 年第 2 期,第 14 页)

3 月 17 日,甘肃农林厅委托学院的防疫人员调训班结束培训,学员返回原地服务。

资料(其他) 甘肃农林厅委托本院举办之防疫人员调训班于一月十六日集中,除从理论了解和实验证明将实际工作中所遭遇之困难求得解答外,并在原有基础上在病理、诊疗各方面都提高了一步。受训期共六周,已于三月十七日胜利结束,所有学员已返回原地。(《学好本领献身祖国 调训班与训四期先后结业》,《西北兽医学院校刊》1951 年第 2 期,第 16 页)

3 月 21 日,新聘语文科副教授黄席群到校。

资料(其他) 本院语文科教授,自王志梁、马汝邻两先生辞职他就后,迄未请得专人继任。顷已聘到黄席群先生担任本院语文科副教授,已于三月廿一日到校。(《畜牧兽医两系新聘教授陆续到校》,《西北兽医学院校刊》1951 年第 2 期,第 14 页)

春,全校共有教师四十五人,其中专任教授五人,副教授八人,兼任教授两人。

资料(其他) 五一年春季学期有专任教授五人,副教授八人,讲师四人,助教十九人,兼任教授二人,讲师二人(内校医一人),助教五人,共四十五人。另有教授三人、讲师一人已经应聘,可于五一年暑假到校。此外时常约请专家做短期讲学,今夏已约定牧草学专家、南京大学畜牧系主任王栋教授来院讲授牧草及草原管理。兹将讲师以上教员的姓名、学历、所任职务和课程等表列于后:

现任职务	姓名	年龄	性别	籍贯	学历	所授科目	备注
院长	盛彤笙	四一	男	江西永新	柏林大学医学博士、兽医学博士	细菌免疫学	
副院长兼教务长	朱宣人	三五	男	江苏宜兴	英国爱丁堡大学家畜病理学哲学博士	病理学 传染病学	
教授兼寄生虫科主任	许绶泰	三五	男	江苏吴县	菲律宾大学兽医学博士	寄生虫学	
教授兼兽医系主任、诊疗科主任及家畜病院主任	蒋次升	三七	男	湖南湘乡	美国爱沃华州立大学兽医学博士	外科学 内科学 外科手术 诊疗实习	
教授兼解剖科主任	谢铮铭		男	湖南	爱丁堡大学兽医解剖学哲学博士	解剖学 组织学	暑假后到校
教授兼畜牧系主任	杨诗兴	三九	男	湖北	爱丁堡大学畜牧学哲学博士	饲养学 选育学	同
教授兼细菌科主任	朱晓屏	三四	男	厦门	剑桥大学兽医细菌学哲学博士	细菌学	同
教授	廖延雄	三〇	男	江西南昌	美国堪萨斯州立大学兽医学院硕士、博士	细菌免疫学 乳肉卫生学	南昌大学借聘
兼任教授	高诚斋	四七	男	陕西米脂	国立北京大学毕业	政治	
兼任教授	杨浪明	四一	男	湖南长沙	国立中央大学毕业 美国明尼苏达州大学医学院生理科研究	生理学	
副教授兼秘书	马国荣	四一	男	湖南湘潭	国立中央大学物理系毕业	物理学 生物统计学	
副教授兼秘书	黄席群	四三	男	江西九江	金陵大学文学士 燕京大学研究	英文	
副教授	秦和生	四三	男	山东泰安	国立中央大学畜牧兽医系毕业	外科学 外科手术 乳肉卫生学 诊疗实习	
副教授兼畜牧场主任	崔埒溪	三七	男	山东日照	国立西北农学院畜牧兽医系毕业 美国爱沃华州立大学研究	家畜管理学	

（续表）

现任职务	姓名	年龄	性别	籍贯	学历	所授科目	备注
副教授	栗作云	四三	男	平原沁阳	国立北平师范大学生物系毕业	动物学 植物学 新遗传学	
副教授	郝逢绣	四一	男	山西崞县	国立清华大学化学系毕业 协和医学院研究	有机化学 生物化学	
副教授	刘文林	四四	男	河北无极	国立北平师范大学体育系毕业	体育	
副教授	陈北亨	三〇	男	山东青岛	国立西北农学院毕业 美国密歇根州立大学兽医学院研究	解剖学 外科学 外科手术	
讲师	张树藩	三六	男	辽西锦州	长春畜产兽医大学毕业 日本东京帝大研究	细菌免疫学 生物药品制造学	
讲师	刘震乙		男		国立中央大学兽医系毕业	畜产加工学	暑假后到校
讲师兼出版组主任	王万寿	三七	男	河北衡水	国立西北农学院畜牧系毕业	畜牧学	
讲师兼绘图	方晨光	三六	男	山东青岛	莫斯科国立第三美术学院毕业	俄文	
讲师	赵焕之	三九	男	河北玉田		普通化学	
兼任讲师	马汝邻	四二	男	齐齐哈尔	国立北京大学毕业	国文	
兼任讲师	金则斗	三〇	男	沈阳	辽宁辽阳医科大学毕业	校医	

（秘书室编：《本院简介》，《西北兽医学院校刊》1951年第3期，第4页）

3月28日，兽医学院附设畜牧兽医人员训练班第四期的七十七名学员结业。

资料（其他） 附设畜牧兽医人员训练班第四期，原定去年十一月初开始训练，后以学生到达不齐，呈准招生一次，延至十一月二十九日才正式开课。进行至本年元月底，因感于政治学习的重要，由甘肃省人民政府农林厅邀请兰市党政各首长做专题报告，共历时二周。参加者除本院训练班外，尚有农业、森林及防疫人员调训班等四班。原定三月中旬结业计划无法实现，延至三月二十八日始行结束。本期毕业学生共计七十七人：按地区统计，计甘肃四十七人,宁夏三十人;按族别统计,计汉族六十二人,满族一人,蒙[古]族二人,回族八人,藏族四人。(《学好本领献身祖国　调训班与训四期先后结业》,《西北兽医学院校刊》1951年第2期,第16页)

3月31日,在西安接洽院务完毕后返回兽医学院。

资料(报道)　本院院长兼西北畜牧部副部长盛彤笙先生,因接洽院务和处理部务,特于去年十一月四日离院前赴西安转往北京,各情已志本刊前期校闻栏内。现盛院长已于三月中旬由京回到西安,院务亦已接洽就绪,已于上月卅一日返院。(《在西安北京公毕　盛院长业已返兰》,《西北兽医学院校刊》1951年第2期,第14页)

4月2日,到校视事。

资料(档案)　盛彤笙4月2日批示:"除通告外,令呈报西北教育部于四月二日到职视事。"(《西北军政委员会教育部通知》,1951年,甘肃农业大学档案馆)

4月6日,儿子天舒出生。

资料(其他)　盛天舒,儿子,1951年4月6日生。(盛天舒:《盛彤笙家属概况》,第1页)

4月初,派牧场主任崔垲溪等前往会川着手牧场等实习场地的接收与扩建工作。

资料(其他)　本院牧场今年因经费困难,不能在兰州进行大规模建设,遂改向兰州外围着手分场的扩建工作。四月初曾由牧场主任崔垲溪先生前往会川进行勘查,除将前西北农专移交给本院的会川牧儿山牧场产权加以整理外,又蒙会川县政府给城南约三四里的扎磨河滩二百余亩,本院已派刘延祯先生于四月下旬前往会川,筹设本院畜牧场会川分场,拟在牧儿山举办绵羊场,扎磨河滩举办养猪场,各项工作正在积极进行中。(《本院牧场筹设会川分场》,《西北兽医学院校刊》1951年第3期,第24页)

4月19日,受西北畜牧部委托,许绶泰等赴宁夏阿拉善旗研究骆驼"蝇疫"的病原和防治方法。

资料一(其他) 本院家畜寄生病研究所主任许绶泰教授受西北畜牧部委托,偕同助教王尔相先生等四人于四月十九日离兰赴宁夏阿拉善旗研究骆驼"蝇疫"的病原和防治方法,到达宁夏省城银川市以后,又因临池县绵羊大批死亡,受宁夏建设厅之请,前往调查,曾解剖死羊53头及死牛4头,结果知为冬季饲料不足及内寄生虫联合所致,已由许教授写成初步报告,建议于每年冬季淘汰老弱,治疗内寄生虫,补给精料,开展所谓"抢救乏羊运动",以资减少损失。许教授等于临池调查结束后已于五月下旬由定远营出发,赴克贝尔巴格从事蝇疫研究工作,预计九月间当可返兰。又本院家畜寄生病研究所奉准成立后,已将规程拟就,分别呈报西北教育、畜牧两部,拟俟批准后于今夏招考第一班研究生。(《许绶泰教授等赴宁夏研究骆驼及绵羊疾病》,《西北兽医学院校刊》1951年第3期,第24页)

资料二(其他) 一、阿拉善霍硕特旗一九五一年夏调查:西北畜牧局(前称畜牧部)一九五〇年三月间接到宁夏省电报称:"阿拉善旗东北部发生骆驼'蝇疫',死亡两千余头。"当时局方一面电请中央指示,一面派出郭恩源同志等组织了调查队,在同年六月初做了四十余日的实地调查。调查结果使局方了解疫情严重,因此一九五一年四月局方派出本研究队,赴阿旗工作。本队从兰州出发后,一九五一年五月二十二日离宁夏阿拉善旗巴音浩特(前称定远营),开始深入该旗吉兰泰、克贝尔、哈罗那等巴格(蒙古地方行政单位,相当于区或乡)工作,八月十三日返巴音浩特,共计在阿旗沙漠地区工作八十日左右,最后又留队工作人员的一部分在巴音浩特观察试验骆驼达一百余日。同年十二月我们写出工作报告呈局。……我们建议畜牧局通知阿旗政府严防该疫可能再从邻省传入,并转知各巴格群众继续在虻蝇季节率骆驼避开蝇区进行放牧,并鼓励群众尽量采用已有的经验,如在身体上毛少的部分涂油或加蓝麻布以避免或减少虻蝇刺蜇。我们又建议进一步研究阿旗虻蝇的一种天敌鼻高蜂,看将来能否进行人工培养的"生物防治"。(许绶泰、王肇西、张思敏、王尔相、胡思超:《宁夏省骆驼"蝇疫"疫情调查及病状与病变的观察——宁夏省骆驼"蝇疫"研究队工作报告之一》,《中国畜

牧兽医杂志》1953年第3期,第71—72页)

5月7日,全国科联兰州分会筹委会成立,任副主任委员。

资料一(报道) 兰州科联分会筹委会已于1951年2月4日正式成立①,并选出陈时伟为主任委员,盛彤笙、孙建初为副主任委员。段子美、杨浪明为正副秘书处长。卢寿栅、胡克成为正副宣传部部长。任震英、买树桐为正副组织部部长。(《兰州科联分会筹委会成立》,《科学通报》1951年第5期,第554页)

资料二(其他) 一九五一年五月,全国科联兰州分会筹委会成立。委员45名。主任委员陈时伟,副主任委员盛彤笙、孙建初。据一九五三年统计,有学会20个。甘肃省科学技术普及协会于一九五一年五月成立筹委会。委员45名。筹委会主任委员曲正、副主任委员马济川。据一九五三年年底统计,会员289人。建立起玉门市支会1个,五人以上科普工作组11个,五人以下科普工作组10个。(《甘肃省科学技术协会》,载《中国科学技术协会》编辑委员会编《中国科学技术协会》,当代中国出版社、香港祖国出版社,2009年,第641页)

资料三(其他) 1951年5月7日 省科技群众团体甘肃省科学技术普及协会筹委会和中华全国自然科学专门学会联合会兰州分会筹委会在兰宣告成立。"兰州科联"委员45人,陈时伟任主任委员,盛彤笙、孙建初任副主任委员。(兰州市地方志编纂委员会、兰州市科学技术志编纂员会编:《兰州市志 第五十六卷 科学技术志》,兰州大学出版社,1999年,第13页)

资料四(其他) 历届省科协主席、副主席名录:3. 陈时伟 1951年5月7日至1958年9月任省科联分会主任委员。4. 盛彤笙 1951年5月7日至1958年9月任省科联分会副主任委员。5. 孙建初 1951年5月7日至1957年1月任省科联分会副主任委员。(《历届省科协主席、副主席名录》,载甘肃省地方史志编纂委员会、甘肃省科技史志编纂委员会编纂《甘肃

---

① 关于兰州科联分会筹委会的成立时间,唯《科学通报》1951年5月15日第2卷第5期所载《兰州科联分会筹委会成立》的报道中称为2月4日,其他文献中皆为5月7日,综合考察,暂据5月7日编排有关资料。

省志　第六十卷　科学技术志》,甘肃文化出版社,1995年,第960页)

资料五(其他)　1951年:5月7日　根据全国第一次自然科学工作者代表会议精神,我省科技群众团体"甘肃省科学技术普及协会筹委会"和"中华全国自然科学专门学会联合会兰州分会筹委会"在兰州宣告成立。"省科普"委员45人,曲正任主任委员,马济川任副主任委员。"兰州科联"委员45人,陈时伟任主任委员,盛彤笙、孙建初任副主任委员。(甘肃省科技史志编纂部编纂:《甘肃科技志·大事记》,甘肃科学技术出版社,1989年,第18页)

5月至6月,西北畜牧部副部长张中两次视察学院并发表讲话,对学院各项工作多有指示。

资料(其他)　西北畜牧部张中副部长于五月二十二日由西安来兰视察工作,曾于次日来院视察,六月十九日曾莅院讲话,对于本院各部分工作多所指示。张部长在兰工作一月,已于六月二十一日继飞新疆检查工作。(《西北畜牧部张副部长来院视察》,《西北兽医学院校刊》1951年第3期,第24页)

夏,与朱宣人等倡议,在西北兽医学院成立中国畜牧兽医学会兰州分会筹备委员会。

资料(其他)　1951年夏,盛彤笙、朱宣人、齐长庆等倡议,在兰州国立兽医学院成立中国畜牧兽医学会兰州分会筹备委员会,负责人为朱宣人、崔堉溪等。(《畜牧兽学会》,载甘肃省地方史志编纂委员会、甘肃省畜牧志编辑委员会编纂《甘肃省志　第二十一卷　畜牧志》,甘肃人民出版社,1991年,第444页)

夏,西北区七院校第一次统一招生。西北兽医学院经过两次招生,共录取新生三十七名。

资料(其他)　西北区七院校五一年夏第一次统一招生在西安、兰州、南郑设立三个考区,因今年暑假西北各校高中毕业人数不多,考生较少。结果各处考取本院者三十五名。嗣又举行第二次统一招生,考取本院者二名。截至本刊付印时,实际报到注册者仅二十一名(另休学者一名),内兽医系十二名,畜牧系九名。(《今夏两次招考新生》,《西北兽医学院校刊》1951年第4期,第38页)

7月1日,在校刊发表《和新生谈谈畜牧兽医——兼送兽医系第二届毕业生走上工作岗位》一文,勉励新生认真学习畜牧兽医科学,报效祖国和人民。

资料(发言报告) 文章指出,学院的任务是培养畜牧兽医的高级建设人才和研究畜牧科学,进入本院的新生将要分别学习畜牧学或兽医学。畜牧学的目的乃是讲求家畜的饲养、管理、繁殖、改良以及畜产品的产销制造等等,兽医学的目的则是研究家畜疾病的预防和治疗以及卫生的改进等等,二者都是以家畜为其主要对象的。家畜对人类的衣、食、住、行、器用各方面的关系至为密切,人类是不能一日脱离家畜而单独生存的。从整个国家来说,畜产是一宗重要的财富;从人民的生活来说,畜产品又是最好的衣食资源。因此发展畜牧、增加畜产、防治家畜疾病、增进人畜的健康,不但已成为我们今后建设工作中的重要经济任务,也将为整个革命工作中的重要政治任务,是需要我们来大力推进的。

要推进这项工作,目前是具备着极其优越的条件的。首先我们有着亿万勤劳的农牧人民,他们有着传统的爱护家畜的美德和几千年饲养家畜的丰富经验,渴望改进农牧技术,发展生产,提高生活水平。其次,我们有着广大的草原和牧地可供开发利用。复次,自从人民政府成立以来,从中央以至地方无不对发展畜牧事业寄予极大的重视。以西北为例:彭德怀主席在迭次的报告中都曾指出,西北的经济建设当以发展农业和畜牧为主;习仲勋副主席也曾昭示,民族工作和畜牧事业是西北最重要的两大实际问题。在西北军政委员会之下,还特别设立了有史以来全国的第一个畜牧部,主持整个西北的畜牧改进事宜和兽疫防治工作,就充分可以表示政府对于西北畜牧事业的重视,也为西北畜牧业的发展开辟了广阔无际的前途。

目前最大困难之一,就是畜牧兽医技术人才的缺乏,大大地影响了整个畜牧兽医事业的推进。作为全国唯一兽医学院而分设有畜牧、兽医两系,受到政府极大的注意,尽力扶助发展。在此情况下进入学院学习,所择定的是一项最能报效祖国和最为人民所需要的伟大事业,同时也是一种极其艰巨的事业:首先,畜牧兽医科学乃是一种广博精深的学问,学习这两项科学的人除须具备相当的文化水平和科学基础之外,还须要有坚强的学习毅力。其次,学习这两项科学的人将来学成之后,多半是要到环境极其艰苦的农村和牧野去工作,去和自然做无情的斗争的,因此,比相当的文化水平和科学基础更重要的,是要有吃苦耐劳,不怕困难,不计个人利害得失,全心全意为人民服务的精神,才能担当祖国和人民所给予我们这项无比光荣的使命的。(盛彤笙:《和新生谈谈畜牧兽医——兼送兽医系第二届毕业生走上工作岗位》,《西北兽医学院校刊》1951 年第 3 期,第 1—4 页)

7 月 13 日,牧草学专家、南京大学农学院畜牧系主任王栋教授应邀来校讲学。

资料一(其他) 南京大学畜牧系主任、牧草学专家王栋先生应本院的特约,定于六月底离宁来兰,在本院讲授牧草学八星期,并将赴河西牧区调查草原情况。西北草原的破坏是一个极其严重的问题,王先生此次来兰讲学,一定可以提供许多宝贵的意见,而有助于西北草原的改进。(《本院特约教授王栋先生今年暑假来院讲学》,《西北兽医学院校刊》1951 年第 3 期,第 25 页)

资料二(其他) 我国牧草学专家、南京大学教授、畜牧系主任王栋教授,暑期应本院之聘,来兰教学,七月十三日抵兰,八月六日讲授结束。(《王栋教授来兰讲学并赴河西考察草原》,《西北兽医学院校刊》1951 年第 4 期,第 36 页)

7 月 19 日,细菌卫生科教授、美国堪萨斯州立大学兽医微生物学博士廖延雄携眷抵院。

资料一(其他) 细菌卫生科教授廖延雄博士四月间已应本院之聘,嗣因返赣省视,曾由南昌大学借聘一学期,现借聘期满,已于七月十九日携眷抵院。(《廖延雄、杨诗兴、谢铮铭三教授到校》,《西北兽医学院校刊》1951 年

第 4 期,第 36 页)

资料二(传记) 1951 年廖延雄在西北兽医学院。见图 132。(胡云安、陈贵仁、赵西玲:《远牧昆仑:盛彤笙院士纪实》,第 44 页)

图 132

资料三(其他) 1951 年 2 月廖延雄离美返国,同年 3 月任南昌大学农学院畜牧兽医系教授。1951 年 8 月,廖延雄应其师盛彤笙院长的邀请,赴兰州西北兽医学院任兽医微生物学教授,1952 年起兼兽医微生物学教研室主任,1956—1957 年还兼过兽医系系主任,1958 年学校改为甘肃农业大学,1979—1980 年他兼学校科研处处长,1980 年 9 月,离开甘肃,调回江西。(《廖延雄》,中国科学技术协会编《中国科学技术专家传略 农学编 养殖卷 2》,第 293 页)

资料四(其他) 夫妻双双奔兰州。回南昌、去上海很顺利,只有定去向最难。父母亲要我留南昌大学省牧兽医系任教,母校中央大学希望我回原校,广州岭南大学也在邀请,我爱人一家都在上海,当然希望我在上海工作。我自己却想去兰州的兽医学院。其原因有二:第一,学兽医,西北大有可为,"天苍苍,野茫茫,风吹草低见牛羊",景象多么壮丽而富有吸引力!第二,兽医学院院长盛彤笙不仅是我的恩师,而且知人善用。我说服了我的父母、我爱人及其一家,最后确定去兰州。兰州闻讯立即寄来旅费上千元,火车经株洲转车,出站时遇检查者,发现我带现款两千,就审查我,怀疑我是逃亡地主或反革命分子,我拿出西北军政委员会的证明也不行,乃发生争吵。军代表来了解情况后向我道歉,说留用人员未教育好,请原谅。此后一路顺风,经郑州转车到西安,由西北军政委员会交际处接待,乘飞机到兰州,那时兰州还没火车。一到小西湖兽医学院,住房、炭、米面俱备,水缸中水满满的(当时没自来水,要用水车拉黄河水)。说是"小西湖",实是"骚泥泉",天晴三寸土,下雨满足泥,然我不以为苦。(廖延雄:《陇原上度过我最好的年华》,载甘肃省政协文史资料委员会编《陇原创业的人们》,第20页)

7月26日,学院举行兽医系第二届毕业生毕业典礼,甘肃省文教厅副厅长马济川及南京大学王栋教授等讲话。

资料(其他) 本院兽医系第二届毕业生毕业典礼于七月二十六日上午举行,来宾有甘肃省文教厅马济川副厅长及南京大学王栋教授等讲话。正午留校同学聚餐欢送,下午二时学校举行座谈会,邀请毕业同学对母校普遍地作了极宝贵的临别赠言,并一致表示服从组织的统一分配,保证在实际工作中完成人民兽医事业的光荣任务,来报答母校四年来的培养和希望。在校教职员对各项意见极为珍视,除详细记录,留为今年工作的参考外,同时又保证与毕业同学经常联系,交流经验和解答问题,同时搞好教学和实际工作,会中充满了亲爱团结的气氛,历四小时始毕。晚间工会、学生会放映电影招待毕业同学。二十七日晚毕业生复以茶会话别教职员工和同学。二十八日下午工会全体会员欢宴毕业同学。(《兽医系第二届毕业典礼　学校、工会和同学们分别欢送》,《西北兽医学院校刊》1951年第4期,第36页)

7月底,生理科教师买永彬在北京协和医学院进修期满返院,任总务长。

资料(其他) 本院前总务长周中规免职后,所遗职务由庶务组主任胡植榜代理一个时期。七月底生理科买永彬先生在北京协和医学院进修期满返院,自八月一日起总务长职务即改由买先生代理。(《买永彬先生代理总务长》,《西北兽医学院校刊》1951年第4期,第36页)

暑假,派兽医系三年级学生十二人分赴平凉、康乐、金塔等地参加防疫工作。

资料(其他) 本院为使学生平日所学理论能与实践相结合,特商得甘肃省农林厅同意,利用暑假将兽医系三年级学生十二人分派至平凉、康乐、金塔等地参加防疫工作,已于九月中工作完毕返校。(《兽医系三年级学生利用暑假参加防疫》,《西北兽医学院校刊》1951年第4期,第36页)

8月5日,英国爱丁堡大学畜牧学博士杨诗兴抵校任教,聘为教授兼畜牧系主任。

资料一(其他) 新聘畜牧系教授兼主任杨诗兴博士已于八月五日由英国抵兰,旋复代表本院出席西北区第一届高教会议。(《廖延雄、杨诗兴、谢铮铭三教授到校》,《西北兽医学院校刊》1951年第4期,第36页)

资料二(口述) 我(杨诗兴)是1951年来校的。畜牧业对于西北历来很重要。国民党时期不重视畜牧教育,直到1946年盛彤笙先生来到兰州,创立了中国首所兽医学院。当时有许多爱国人士思想很新,一心要发展大西北,而发展畜牧兽医事业就是其中的重要一环。那时兰州条件很差,许多人不愿意来。所以办学只好通过朋友关系,和志同道合的人一道把这件事做起来。1948年朱宣人来校,做了教务长。当时我在国外,盛先生写信请我回来,让我做畜牧系的主任。兽医方面还约了蒋次升,学院慢慢地在畜牧和兽医两个基本点上巩固了下来。(《杨诗兴、彭大惠访谈录》,2007年10月14日)

资料三(传记) 1945年,杨诗兴考取中英庚款第八届公费留英畜牧学研究生,赴英国爱丁堡大学深造,1948年获博士学位后在英国汉纳乳牛研究所任研究员。……虽然英国有着优越的生活和研究条件,但杨诗兴始终胸怀祖国,思念亲人。当国立兽医学院院长盛彤笙和教务长朱宣人联名写信邀请他来校任教,请他担任畜牧系主任,并给他寄去了路费时,他毫不犹豫地接受了邀请。为了回国后的教学科研工作,他在英国做着各种准备,购买了300多本畜牧方面的书籍,整整装了十布袋,运到兰州后,赠给了学校图书馆。他还制作了300多张畜牧学方面的幻灯片,以供以后的教学之用。……1950年4月,西北兽医学院成立了畜牧系,盛彤笙院长亲自兼任畜牧系主任,虚位以待心仪已久的杨诗兴。1951年8月,杨诗兴飞抵兰州,即被盛彤笙聘为教授兼畜牧系主任。(杨诗兴在英国爱丁堡大学的照片见图133)(胡云安、陈贵仁、赵西玲:《远牧昆仑:盛彤笙院士纪实》,第111—112页)

图 133

8月6日,王栋教授率由西北畜牧部、羊毛改进处及学院师生组成的考察团赴永昌皇城滩、山丹大马营一带进行草原调查。

资料一(其他) 八月六日讲授结束。旋即率领由畜牧部、羊毛改进处干部及本院教员与畜牧系二年级学生十八人合组之河西草原调查团,赴永昌皇城滩及山丹大马营一带做重点调查,经二十日之艰苦工作,于八月二十九日返兰,不久将撰成详尽之书面报告。王教授已于九月五日离兰返南京工作。(《王栋教授来兰讲学并赴河西考察草原》,《西北兽医学院校刊》1951年第 4 期,第 37 页)

资料二(其他) 1951 年夏应西北畜牧兽医学院邀请,去兰州讲授牧草学及草原管理学,随后又受西北畜牧部委托,组织该校草原调查团,亲率任继周等同志到河西皇城滩、大马营进行草原调查。(梁祖铎:《忆王栋教授》,载南京农业大学动物科学系编《南京农业大学八十周年校庆畜牧科学论文集:畜牧科技进展》,中国农业科技出版社,1994 年,第 2 页)

资料三(传记) 1951 年 8 月,王栋教授率领的西北草原调查团临行前在西北兽医学院合影。一排左起: 任继周(一)、栗作云(四)、王栋(五)、杨文英(七);二排左起: 金巨和(二)、姚发业(三);三排左起: 王敏(一)、杨尔济

（二）、袁世水（五）。见图 134。（胡云安、陈贵仁、赵西玲：《远牧昆仑：盛彤笙院士纪实》，第 279 页）

图 134

8 月 23 日，派朱宣人、蒋次升等八人代表学院出席西北区第一届高等教育会议。

资料（其他） 西北教育部为了讨论各院校课程改革、政治思想教育和行政改革与团结等问题，特召开西北区第一届高等教育会议，会期自八月二十三日起至三十一日止。本院系由朱宣人副院长、兽医系蒋次升主任，畜牧系杨诗兴主任、马国荣教授、高诚斋教授、高时教授、工会李宝镜副主席以及学生会代表何炎武同学等八人前往出席。会毕，朱副院长先行回兰，余均赴武功参观西北农学院，九月十二日返兰。稍事布置，即向全体员工生做了传达报告，并由师生分组学习，讨论五日，大家都做了自我检讨和互相批评，深深地认识到本院课改、学习、工作和团结没有完全搞好，主要是由于政治学习不够，以致思想认识不能一致，同时又是主观努力不足，徒然强调了客观困难。通过这次学习以后，大家的思想可以肯定地说都前进了一步，的确替今后课改等工作做了一个良好的开端,人人都相信一定能把本院办得更好。(《西北第一届高教会议对本院课程改革的影响》,《西北兽医学院校刊》1951 年第 4 期,第 37 页)

8 月 28 日,西北军政委员会副主席习仲勋在财经委员会副主任贾拓夫及文教委员会副主任张稼夫的陪同下,莅院视察,对学院工作做出指示。

资料(其他)　西北军政委员会习仲勋副主席、财经委员会贾拓夫副主任及文教委员会张稼夫副主任八月下旬由西安来兰,廿八日莅临本院视察,对各方面做了很多的指示。(《习仲勋副主席等莅院视察》,《西北兽医学院校刊》1951 年第 4 期,第 35 页)

9 月初,新生开学,在院长训话中鼓励学生要通过自己的努力促进中国畜牧业的发展,让中国人每天都有半斤牛奶,有一件毛衣、一双皮鞋。

资料(口述)　我们几个都是盛先生的学生,我们上学是奔着兽医学院的师资来的。我记得第一课是院长训话,盛先生讲西北包括了中国的五大牧区,我们在这里学习,就是要通过自己的努力促进中国畜牧业的发展,让中国人每天都有半斤牛奶,有一件毛衣、一双皮鞋。所以我们的任务很艰巨,责任很大。这个话我记了一辈子。很多同学也都为此奋斗了一辈子,现在仍念念不忘。(《张志良访谈录》,2008 年 3 月 28 日)

9 月 7 日,为谋名实相符及均衡发展,致函西北教育部,请将"西北兽医学院"改名为"西北畜牧兽医学院"。

资料一(档案)　西北兽医学院致西北教育部请将本院名称改为"西北畜牧兽医学院"的函件指出:"我院任务系训练西北畜牧、兽医两项人才,教学组织亦已设有畜牧、兽医两系。近来考生顾名思义,亦仅以为本院系以兽医学科为主,故报名投考兽医系者多,投考畜牧系者少","为使名实相符及谋平衡发展计",拟请改名。见图 135。(陕西省档案馆凤县后库:《函请将本院名称改为"西北畜牧兽医学院"以符名实祈核事由》,1951 年 9 月,档案号 37 - 1 - 184)

资料二(其他)　1951 年,奉西北军政委员会令,将西北兽医学院改名为

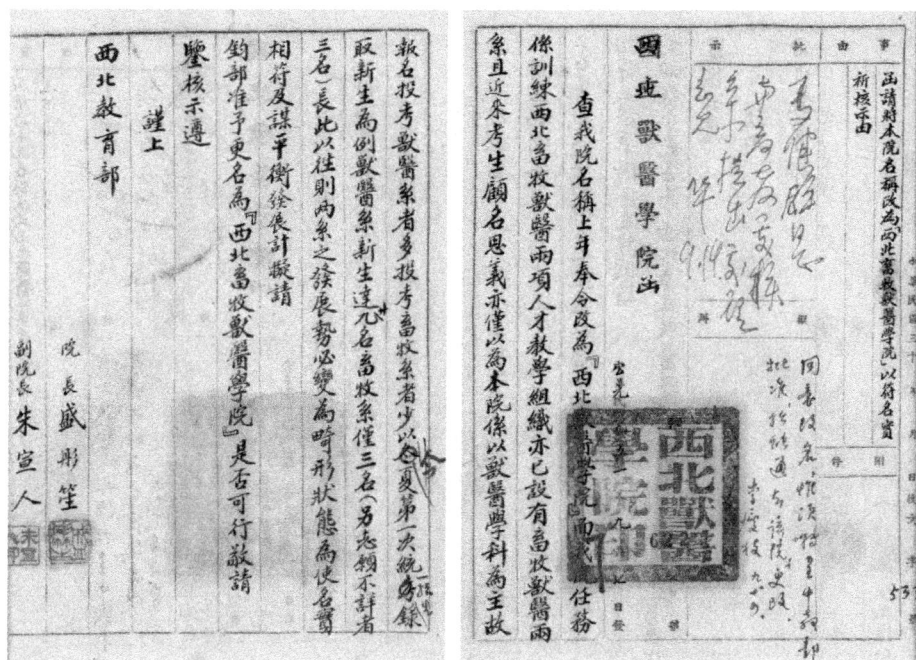

图 135

西北畜牧兽医学院,在校学生 133 人。五十年代,西北畜牧兽医学院为教育部部属院校,实行全国统一招生和分配,在西北乃至全国畜牧兽医高等教育的发展上具有重要影响,发挥了重要作用。(甘肃农业大学校史编委会编:《甘肃农业大学校史》,甘肃科学技术出版社,2006 年,第 7 页)

9 月 26 日,新聘兽医系解剖科教授兼主任谢铮铭博士到校任教。

资料一(其他) 兽医系新聘解剖科教授兼主任谢铮铭博士由英首途返国,经宁接眷,九月十四日抵西安,旋由武功西北农学院邀请讲学一周,九月廿六日到校。(《廖延雄、杨诗兴、谢铮铭三教授到校》,《西北兽医学院校刊》1951 年第 4 期,第 36 页)

资料二(档案) 1951 年 9 月,盛彤笙聘谢铮铭为学院教授兼兽医系解剖科主任。见图 136。(《聘书》,西北兽医学院聘书聘字第 38 号,1951 年9 月,甘肃农业大学档案馆)

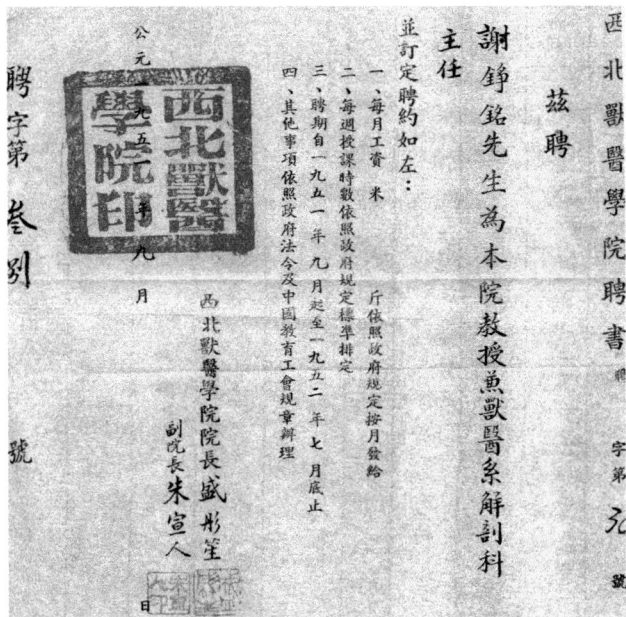

图 136

10月1日,学院迎来五周年校庆和两周年国庆,组织师生参加兰州市庆祝大会和游行。3日,在校举行庆祝活动和迎新大会,并在校刊发表《加强畜牧兽医科学中的爱国主义思想教育——为本院五周年校庆而作》。

资料一(报道)　为了迎接中华人民共和国建国二周年纪念,本院全体师生除在这伟大的节日以前,传达了西北区第一届高教会议和全国第十五次学代会的精神与决定,认真学习高教会议的有关文件,并一致坚决表示积极实行课改,搞好教学,以迎接国庆外,还结合着本院五周年校庆,成立了以院长为首,包括党、团、工会、学生会的国庆校庆筹备委员会,来主持各项庆祝及爱国主义的宣传工作。该会决定组织一次建国两周年来伟大成就的专题报告,两次文件学习和小组讨论,然后于九月二十九、三十两日对附近居民进行宣传。十月一日参加本市庆祝大会和游行,二日举行动员会。三日举行国庆、校庆和迎新大会,并庆祝工会成立一周年。在整个运动中将尽量发动家属参加。晚会欢迎邻近居民参加,并由全体师生捐献慰劳品,招待烈属,借示敬意。(《欢天喜地地迎接国庆和校庆》,《西北兽医学院校刊》1951年第4期,第38页)

资料二（照片）　1951年10月1日,盛彤笙(一排左十三)参加西北兽医学院五周年校庆纪念。(见图137)

图 137

资料三（发言报告）　文章指出:今年十月一日是中华人民共和国开国后的第二次国庆纪念日,又是本院成立以来的五周年校庆纪念日。自从去年十月以来这短短的一年中,我们年轻的中华人民共和国在军事、政治、经济、文化各方面又打了许多大胜仗,获得了超越古今的辉煌成绩。在纪念国庆和校庆之后,就应当更深入地进行爱国主义的思想教育,以争取将来更大的成功和胜利。

爱国主义思想教育除了深切地明了我们的祖国拥有五千年的悠久历史,以及共产党和伟大领袖毛主席的领导外,还必须将爱国主义的思想贯彻到畜牧兽医科学中去,使它与我们的教学、生活和职业的实际密切地结合起来,使它融合成为我们思想意识中间不可分离的一部分,这样,我们的爱国主义教育才不致流于空泛和抽象,才有了更具体的内容,才可以算是深入了一步。(一)深入爱国主义的教育,必须先肃清畜牧兽医教学中的一些非爱国主义的思想,又必须肃清饲养家畜和防治家畜疾病中的封建迷信思想,最后还须肃清畜牧兽医科学中的唯心主义思想,学习运用辩证唯物主义的科学方法,才能使我们的畜牧兽医科学永远向前,不断进步。(二)还应当宣扬我们祖国过去在畜牧兽医科学上的成就和今后畜牧兽医事业的广阔发展前途。我们的祖先世世相传习以农耕为主要生产方式,因此自来就养成了爱好家畜的美德,积累了许多关于家畜保育的宝贵经验,在畜牧兽医两方面是都有过许多光辉的成绩的。(三)还必须将思想变为进一步的行动,在实践中来加以严格的考验。我们的祖国既有着这样丰富的畜产资源和这样广漠的牧野,因此就为我们学习畜牧兽医科学和从事畜牧兽医工作的人准备下了极宽阔的用武之地和极远大的事业前途。我们热爱我们的祖国,必须努力学习畜牧兽医科学的最新成就,随时准备响应祖国的号召,为祖国的建设事业,首先是国防建设而服务。必须发展畜牧来改进我们战士们的营养,繁殖和改良军马并防治军马的疾病,来增进我们人民武装的战斗力,以便更坚强地保卫我们祖国的安全。其次,热爱我们的祖国,必须热爱占国家绝大多数的劳动农牧人民,为使他们的"槽头兴旺,六畜平安",为改进他们的物质生活而努力。第三,本院设于西北,而西北畜牧事业的重要又居全国的首位,因此我们热爱祖国,必须热爱我们的乡土,热爱我们的西北,尤其热爱我们西北的各兄弟民族,为增加他们的畜产收益,减少他们因兽疫而致的损失,为谋他们经济和文化的繁荣以及各兄弟民族间更紧密的团结而努力。(四)畜牧兽医科学中的爱国主义教育还必须是与国际主义相结合的。(盛彤笙:《加强畜牧兽医科学中的爱国主义思想教育——为本院五周年校庆而作》,《西北兽医学院校刊》1951年第4期,第38页)

资料四(传记) 在爱国主义教育运动中,为了把学生培养成为革命者和建设者,盛先生主张:"要把爱国主义的思想教育贯彻到各种课程和各种活动中去。"他说:"爱国主义不是空洞无影的东西,而是涵盖于一切工作和一切业务之中。同时,爱国主义的教育要经常地、持久地抓下去。"另外,在政治思想教育和各种教学中,他要求在学生中很好地提倡正确的思想作风,培养科学的观点和方法;启发其自觉性,充分发挥主观能动性。由此,西北畜牧兽医学院的学生受到了良好的政治思想教育,具有较高的政治思想觉悟。1950年,在抗美援朝运动中,不少人报名参加志愿军。许多毕业生在分配时,响应党的号召,积极报名到祖国最艰苦、最需要的地方去,愉快地走上工作岗位。(张德寿:《纪念盛彤笙先生——写于中国农科院兰州畜牧与兽药研究所成立50周年之际》,载中国畜牧兽医学会、中国农业科学院兰州畜牧与兽药研究所编《一代宗师盛彤笙——盛彤笙先生学术思想研讨会文集》,第52页)

10月19日,中央教育部批复,同意学院改名为西北畜牧兽医学院。

资料(档案) 《西北兽医学院改名为西北畜牧兽医学院的文件》主要包括:(1) 9月26日西北军政委员会教育部报请中央教育部核示西北兽医学院改名的报告。见图138。(2) 10月19日中央人民政府教育部部长马叙伦批复,同意将"西北兽医学院"更名为"西北畜牧兽医学院"的通知。见图139。(《西北兽医学院改名为西北畜牧兽医学院的文件》,1951年9月,陕西省档案馆凤县后库,档案号37-1-184)

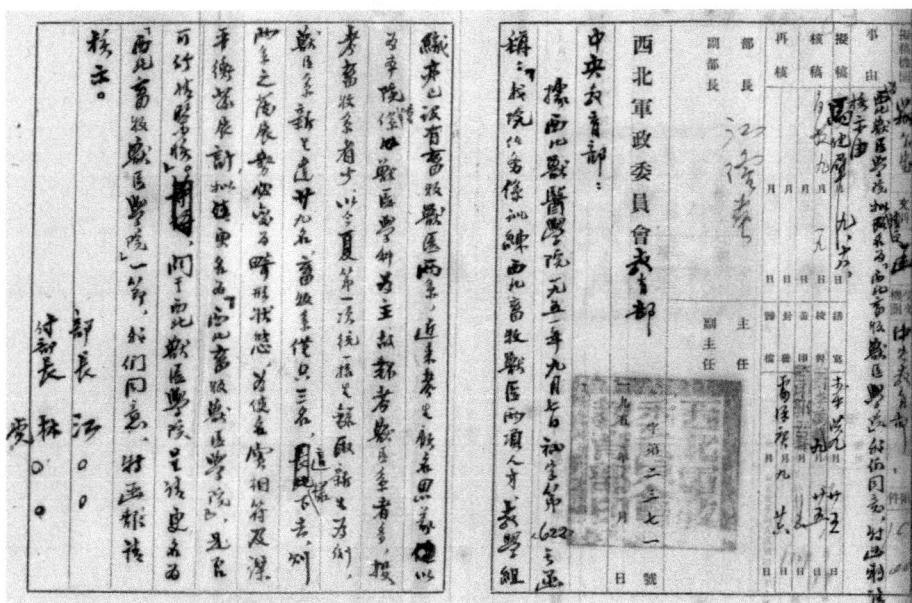

图 138

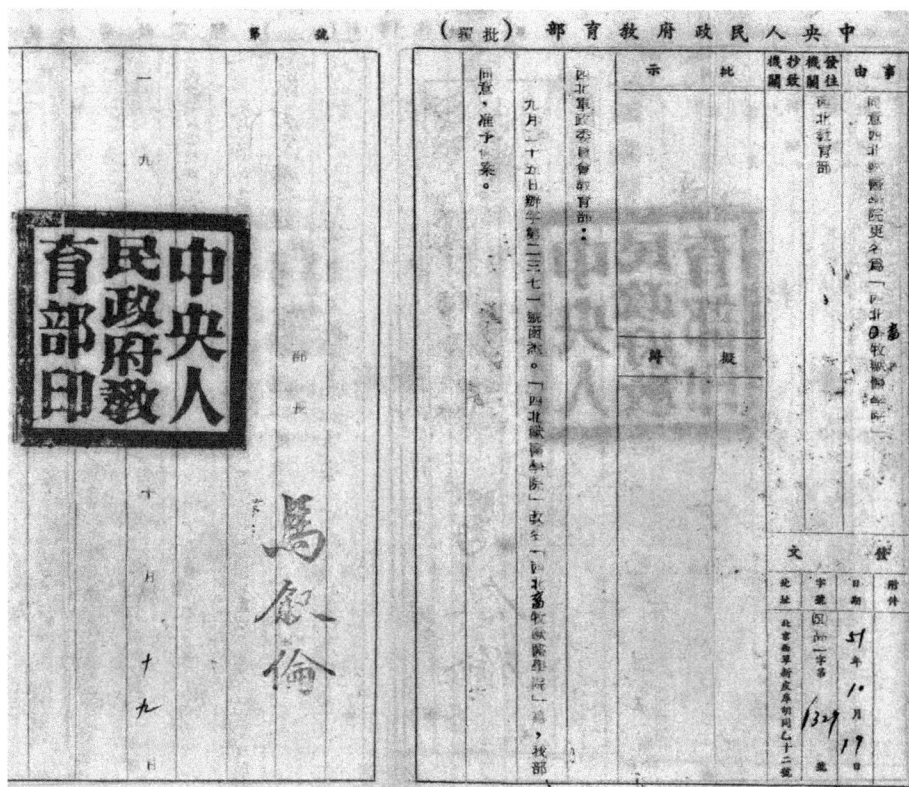

图 139

10 月,兽医系第二届毕业生二十二人分赴西北五省(区)及西藏工作。

资料(其他)　本院兽医系第二届毕业生二十二人,一律服从组织统一分配,除五人留校任助教外,余均分发至西藏及西北各省市工作,除入藏者尚在中途外,余均已到达目的地之工作岗位,兹将其姓名及工作地点表列于下:

序号	姓名	工作地点
1	杨蔚桢	宁夏省兽疫防治处
2	赵玉琪	同上
3	温定一	宁夏贺兰牧场

序号	姓名	工作地点
4	吴友善	新疆迪化畜牧厅
5	苏应瑞	同上
6	郭晓初	新疆军区卫生部兽医科
7	聂士林	同上
8	杨 平	中央卫生研究院华东分院学习寄生虫学
9	黄汐如	西安生物药品制造厂
10	王者治	西安畜牧部兽医处
11	刘尔年	西藏工作委员会驻兰州办事处转交马大队兽力组医疗队
12	董淑平	同上
13	王焕新	甘肃省农林厅兽疫防治处
14	王士奇	青海省兽疫防治处
15	杨雨崇	同上
16	战师斌	兰州生物药品制造厂
17	赵宏烈	同上
18	李兆甲	本院兽医系诊疗科
19	郭民深	同上
20	张秉彝	本院兽医系细菌卫生科
21	沈斌元	同上
22	田九畴	本院兽医系解剖科

（《兽医系第二届毕业生分别到达工作岗位》，《西北兽医学院校刊》1951年第4期，第35页）

11月12日，西北教育部批复学院改名为西北畜牧兽医学院并刊发新印。

资料一（档案）　1951年11月12日，西北教育部批复西北兽医学院改名为西北畜牧兽医学院并刊发新印。见图140。11月20日，黄席群提出拟办意见：（1）公布并通知（最好登报）各有关机机关及呈报启用日期。（2）更换在院一切印信并制定正式校徽。23日，朱宣人签批同意。（《通知》，1951年11月，甘肃农业大学档案馆）

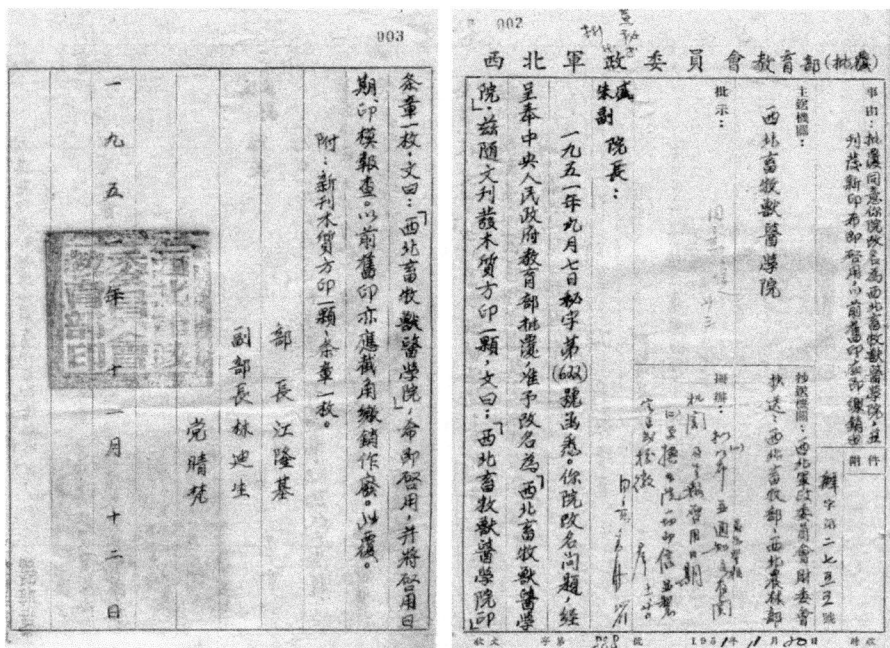

图 140

资料二（其他） "西北畜牧兽医学院"方印和条章。（见图 141）

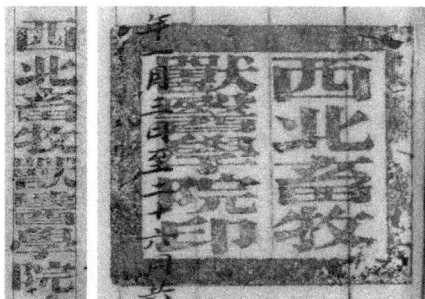

图 141

资料三（其他） 西北畜牧兽医学院校徽。（见图 142）

图 142

是年始,学校因在建校中重视体育工作,师生体育成绩突出,有"西北畜牧兽医体育学院"之称。

资料一(传记) 从办学一开始,学院就建立了体育卫生组,盛彤笙从西北农学院请来了周维琢任副教授兼体育卫生组主任,从西北师范学院"挖"来了刘文林副教授,这两人都毕业于国立北平师范学院体育系,当时就很有名气,每逢省市开运动会,刘文林还担任仲裁委员会主任。学生本来就活泼好动,他们的到来,一下子就将师生们运动的风气鼓动起来,各类球队纷纷成立,有男女篮球队、男女排球队、男子足球队,每个班还有男子篮球甲、乙、丙队,几乎所有的学生都加入其中。以后招收新生面试时,还注意物色一些身体素质好、有一定特长的苗子,像篮球队的主力丁正华、马树毅、王万耀、郭运筹等,都是那个时期进到学校来的。那时学校的院子虽小,但篮球场、排球场、足球场、羽毛球场,样样齐全。西北畜牧兽医学院男子排球队见图143。(胡云安、陈贵仁、赵西玲:《远牧昆仑:盛彤笙院士纪实》,第229页)

图 143

资料二（传记）　盛院长认为,学校是培养人的,除了学好业务外,还要有健康的身体,才能为人民服务。每天下午五六点钟,全校师生员工都自觉去操场活动,按自己的嗜好,有打排球的,有踢足球的,曾拿过兰州市运动会总分第一。袁志兆跑百米,刘兆弼跑万米、五千米,举重胡植榜(总务科科长)。跳高马树毅,最出名的还算篮球、排球运动,马树毅、丁振华任主力,也是甘肃省主力队员。西北畜牧兽医学院篮球队的实力不亚于当时的甘肃队。兰州的兰园一有球赛,只要有西北畜牧兽医学院校队参加,就会座无虚席,所以学校有个响亮的绰号"西北畜牧兽医体育学院"。(沈斌元:《怀念盛彤笙院长》,载中国畜牧兽医学会、中国农业科学院兰州畜牧与兽药研究所编《一代宗师盛彤笙:盛彤笙先生学术思想研讨会文集》,第65页)

12月3日,与畜牧部部长霍子乐、副部长张中向西北军政委员会提交筹备"全国兽疫防治人员讲习会"经过情形的报告。

资料(档案)　彭、习、张主席:奉中央农业部十月十六日电,委托我部在西安代为筹备"中央农业部兽疫防治人员讲习会",除先正担任讲习会授课的苏联专家准备招待事宜外,一般的筹备工作业已办妥。此次中农部在我区所举办的"全国兽疫防治人员讲习会"完全是各大区较高级在职的兽疫防治技术人员,正有一百三十三人现正陆续报道中,在短期内即可开学,学习时间为三个星期,约计十二月底可以结束。西北区为了交流经验,除按照中农部规定选派参加学习廿五人及抽调旁听十五人外,并将上月我区参加察北绵羊人工授精学习的卅三人就便也编入学习,以充实其传染病预防的研究。特此报请备查,此致　敬礼! 部长霍子乐、副部长张中、盛彤笙。见图144。(《报告代中农部在我区筹备"全国兽疫防治人员讲习会"的经过》,1951年12月,陕西省档案馆凤县后库,档案号1-2-320)

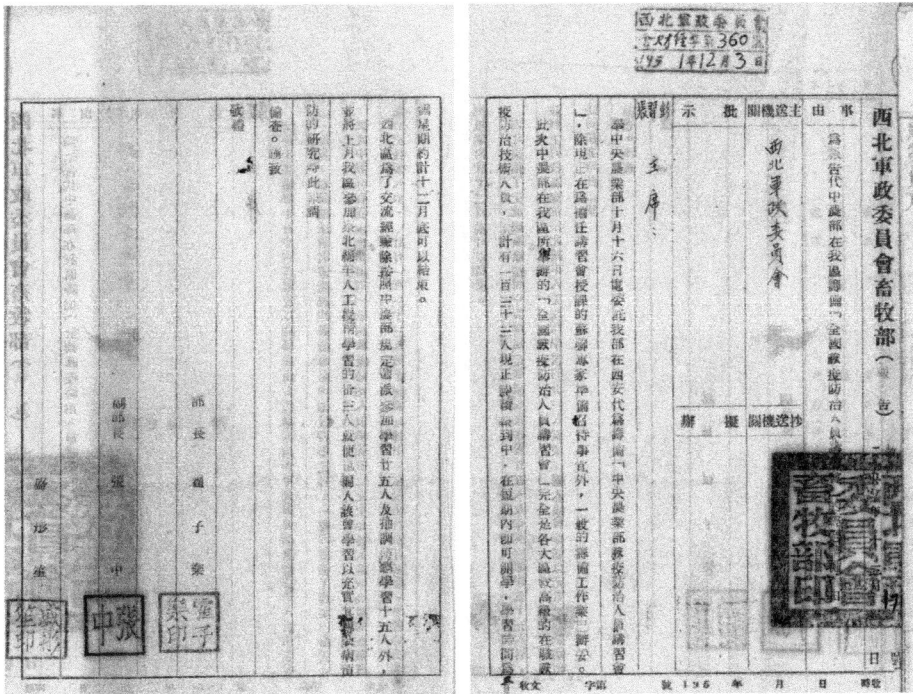

图 144

12 月 25 日,根据西北畜牧部的指示,西北畜牧兽医学院举办的羊病讲习会筹备就绪,许绥泰教授为主任,至月底共有三十六人报到。

资料(档案) 霍、张、盛部长:我院遵照钧部一九五一年十二月一日函示,举办羊病讲习会,业于本年元月三日开始上课,兹将筹备经过及进行情况分报如次:(一)筹备经过——接奉指示后,即召集有关同志座谈,当即聘请许绥泰教授为主任,李如鈇、李学儒、田九畴三同志为教学干事,胡植榜、王尔相两同志为生活干事,着手进行工作,并于五一年十二月二十五日筹备就绪。(二)报到人数:五一年十二月二十七日有学员杨肇福等三十人报到,二十八日有王宗耀等五人报到,三十日有王无怠报到。见图145。(《函报羊病讲习会筹备经过及进行情况由》,1951 年 12 月,陕西省档案馆凤县后库,档案号 9-1-269)

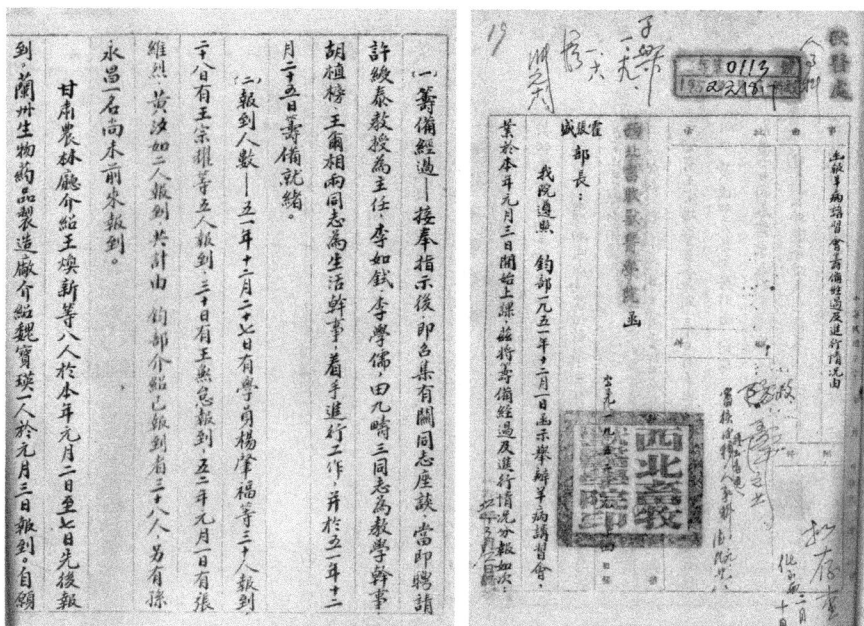

（一）籌備經過：接奉指示後，即各集有關同志座談，當即聘請胡楨榜、王甬相兩同志為生活幹事，著手進行工作，並於五一年十二月二十五日籌備就緒。

（二）報到人數：五一年十二月二十七日有學員楊肇福等三人報到，五二年元月一日有張維烈、黃汝如二人報到，共計由鈞部介紹已報到者三十八人，另有陳……

許緩泰教授為主任，李如鈫、李學儒、田九晴三同志為教學幹事……

甘肅農林廳介紹王煥新等八人於本年元月二日至七日先後報到，自願……蘭州生物藥品製造廠介紹魏寶瑛一人於九月三日報到……永昌一名尚未前來報到。

图 145

12 月，参与译述的《秦氏细菌学》第三版由中华医学会、人民军医社联合出版。

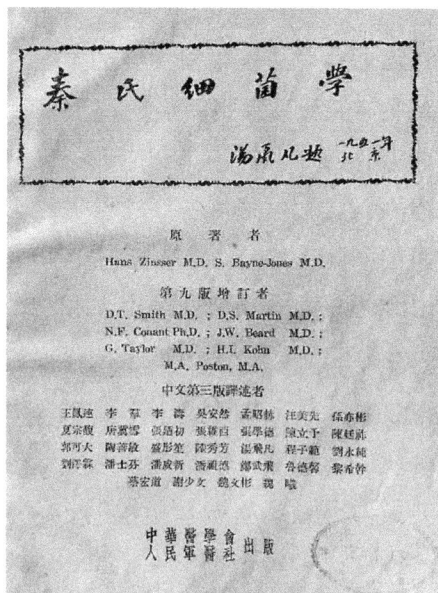

秦氏细菌学

汤飞凡 题　一九五一年 北京

原著者

Hans Zinsser M.D. S. Bayne-Jones M.D.

第九版增订者

D.T. Smith M.D.; D.S. Martin M.D.;
N.F. Conant Ph.D.; J.W. Beard M.D.;
G. Taylor M.D.; H.L. Kohn M.D.;
M.A. Poston, M.A.

中文第三版译述者

王凤莲　李萍　李蓉　吴安恭　孟昭林　汪美先　保赤彬
夏宗敬　所鹭鸣　张蘭初　侯道初　姜学益　独立于　陆建刚
郁万成　陶萍敏　盛彤笙　陈秀芳　温毓兵　程子愿　刘永硕
刘振森　潘士苏　潘庶龄　泥淑恒　郑武乘　骨德裕　黎希年
　　　龚安宜　谢少文　魏文彬　魏　隆

中华医学会 人民军医社 出版

图 146

　　资料（译作）　盛彤笙译述、汤飞凡校订部分为第四编第二十二章《胸膜肺炎类微生物》。本章介绍了胸膜肺炎类微生物的发现、形态和染色、染色法、培养特性、抵抗力、细菌产品、抗原构造，以及一些动物的传染和人类传染的临床表现、治疗和预防。该书封面见图 146。（Hans Zinsser M. D. S.、Bayne-Jones M. D. 著，王凤莲、盛彤笙等译述：《秦氏细菌学（第三版）》，中华医学会、人民军医社，1951 年，第 197—203 页）

1952年　　　42岁

1月3日,西北畜牧兽医学院主办的畜牧部讲习会筹备结束,开始上课。经三周半的学习,学员于月底结业后分批离兰。

资料(档案)　甘肃省农林厅介绍王焕新等八人于本年元月二日至七日先后报到。……进行情况:(1)教学方面:学习期限由元月三日至二十六日共三周半……(2)生活方面:学员伙食与我院学生同灶……学习科目及主讲人:羊病学——朱宣人、廖延雄;羊寄生——许绥泰;虫病学——李如铖。……(五)结业:讲学完毕后举行结业考试,并在一月廿六日举行总结会议及座谈会,除讲习会主讲人及学员外,请我院其他师生参加……附注:二十七日春假休息一天,廿八日曾补讲马蝇幼虫症及蠕虫标本、虫卵标本制作法,学员自二十七日至三十日已全部分批离兰。见图147。(《畜牧部羊病

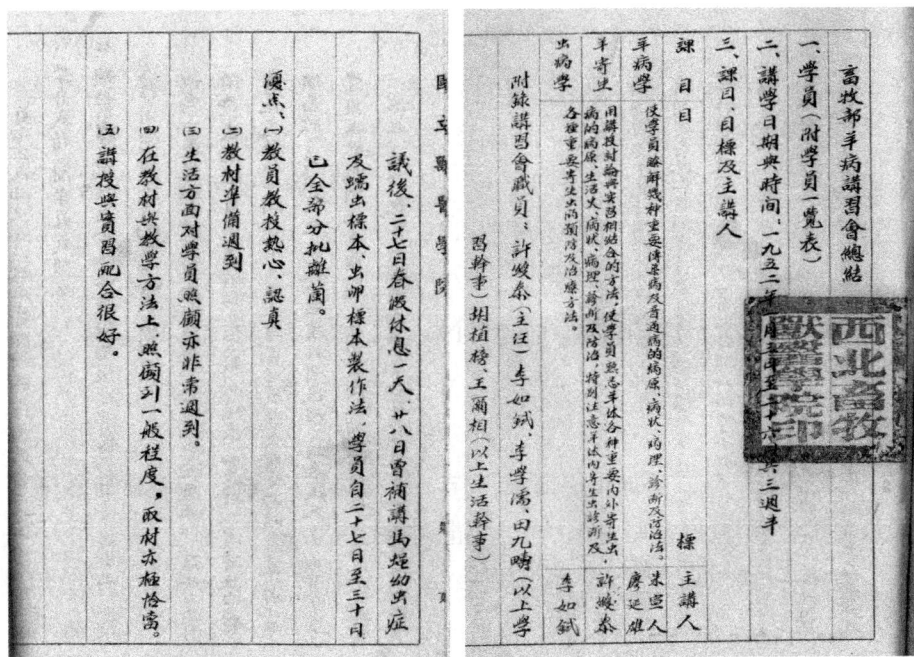

图 147

讲习会总结》,1952 年,陕西省档案馆凤县后库,档案号 9 - 1 - 269)

1 月 25 日,西北军政委员会畜牧部在兰州召开会议,提出西北畜牧兽医的方针是大量增殖牲畜、减少牲畜死亡和提高羊毛品质。

资料(其他) 1952 年 1 月 25 日 西北军政委员会畜牧部在兰召开会议指出,西北畜牧兽医的方针是大量增殖牲畜、减少牲畜死亡和提高羊毛的品质。(甘肃省科技史志编纂部编纂:《甘肃科技志·大事记》,第 19 页)

4 月 16 日,畜牧部向西北军政委员会财政经济委员会提交成立畜牧兽医工作队和畜牧兽医通讯社的报告。

资料(档案) 参见"5 月 3 日"条资料(档案)。

5 月 3 日,西北军政委员会财政经济委员会批复,同意成立畜牧兽医工作队。

资料(档案) 本年四月十六日牧办人字第三二六号报告悉,关于编组畜牧兽医工作队一队并成立"畜牧兽医通讯社"一事,经我们研究,提出以下意见:一、所提交成立畜牧兽医工作队,加强牧区调查、储草、打井、防疫等工作的意见,我们同意……二、为做好文字宣传和交流经验工作,应加强办公室秘书力量,或在计划处内指定专人负责,畜牧兽医通讯社可暂不成立。希查照执行。西北财政经济委员会,1952 年 5 月 3 日。霍子乐、盛彤笙等5 月 6 日签阅。见图 148。(《西北军政委员会财政经济委员会原则同意西北畜牧部成立畜牧兽医工作队的批复》,1952 年,陕西省档案馆凤县后库,档案号 9 - 1 - 342)

6 月 21 日,赴兰参加中层清理工作。西北局先期发出 AAA 级加急电报指示甘肃省委,应实行坚决保护方针,帮助他过关。

资料一(档案) 甘肃省委:盛彤笙本月 21 日赴兰,参加中层清理工作。他在"三反"运动中在畜牧局[部]检讨尚好,到兰州后应实行坚决保护方针,帮助其过关。(《关于盛彤笙"三反"检讨尚好应坚决保护助其过关的指示》,

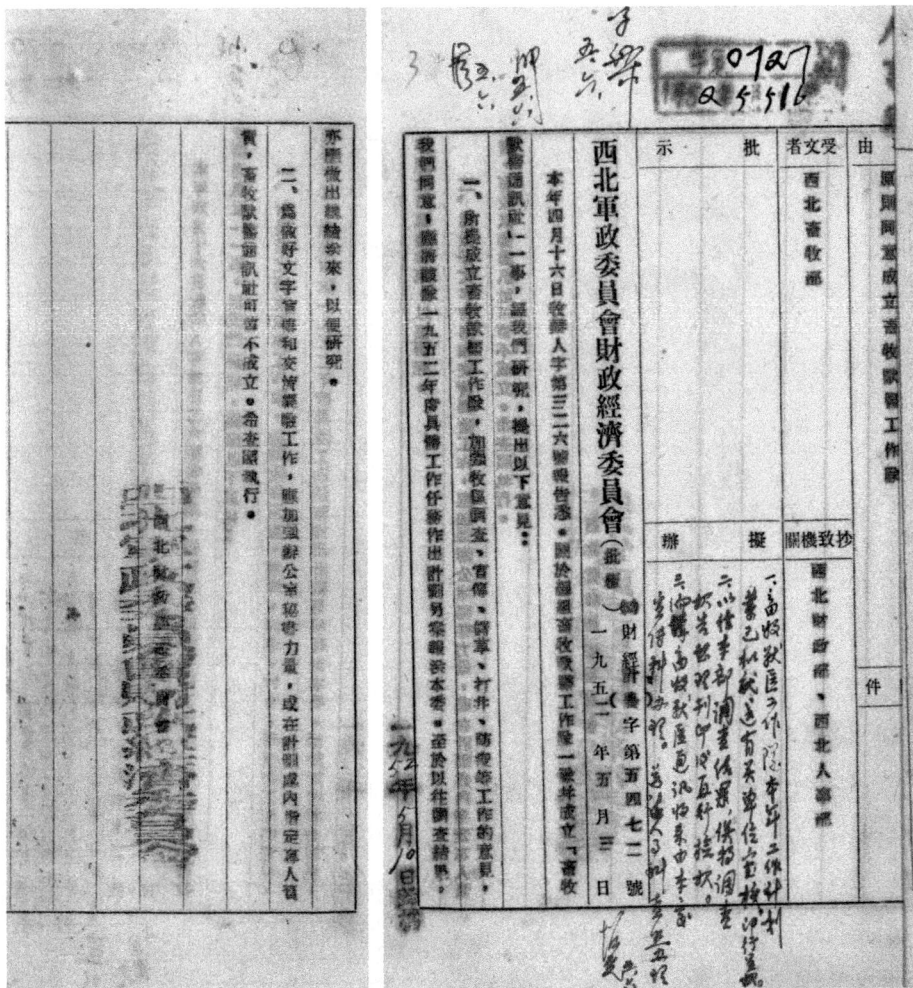

图 148

西北局 AAA 级加急电报 179 号，1952 年 6 月 17 日，甘肃省档案馆）

    资料二（照片）   盛彤笙与夫人邹东明在畜牧部的合影，1952 年①。（见图 149）

------

    ① 原照片背面有盛彤笙亲笔题写的"畜牧局，我三十一岁"。"三十一岁"当为误记，应为四十一岁。"畜牧局"应为 1953 年 1 月西北行政委员会正式成立后统一将原部改称局后的称谓，此前当统称为畜牧部。

图 149

7月24日，中国畜牧兽医学会兰州分会成立，与朱宣人、许绶泰等组成第一届理事会。

资料(其他)　在省科联的领导下，1952年7月24日在西北畜牧兽医学院召开会员大会，正式成立中国畜牧兽医学会兰州分会，选出盛彤笙、朱宣人、许绶泰、孙晋一、姜恒明、齐长庆、谢国贤、姚尔杰、杨林修等组成了第一届理事会。理事会选举朱宣人为理事长，谢国贤、崔堉溪为正、副秘书长。会员129人。理事会的日常工作和一些学术活动都在西北畜牧兽医学院进行。……1957年秋，在西北畜牧兽医学院召开会员大会，改选理事会。选出路葆清、谢国贤、许绶泰、杨诗兴、孙晋一、姜恒明等为理事，组成第二届理事会。路葆清为理事长，谢国贤为秘书。理事会日常工作和学术活动大都在中国农业科学院西北畜牧兽医研究所进行。1957年12月，学会出版《西北畜牧兽医》杂志。1958年经省科学技术协会和中国畜牧兽医学会同意，将中国畜牧兽医学会兰州分会正式改名为甘肃省畜牧兽医学会，并成立黄羊镇分会。(《畜牧兽学会》，载甘肃省地方史志编纂委员会、甘肃省畜牧志编辑委员会编纂《甘肃省志

第二十一卷　畜牧志》,第 444 页)

10 月,第二次组织考察团分赴西北各省(区)实地考察畜牧业的生产情况,亲率畜牧小组赴新疆考察。

资料一(照片)　盛彤笙在西北畜牧部与同事们合影。第一排:路德民(左一)、王济民(左三)、盛彤笙(左四);第二排:常英瑜(左三)、张松荫(右一)。(见图 150)

图 150

资料二(其他)　西北财委新疆工作组在财委狄景襄秘书长领导之下,其畜牧小组系由西北畜牧部盛彤笙副部长、畜牧处黄异生处长、兽医处工程师郭亮及西财委农林水牧计划处李振疆等四人所组成,于五二年十月底到达迪化,至十二月底及五三年一月初先后返回西安,在新疆工作近十星期。(《西北财委新疆工作组畜牧小组报告》,1953 年,陕西省档案馆凤县后库)

资料三(照片)　1952 年 11 月,盛彤笙在新疆巩乃斯种羊场冬窝子考察。(见图 151)

图 151

资料四（照片） 1952 年 11 月，盛彤笙与朱宣人在新疆巩乃斯种羊场冬窝子考察。左起：朱宣人、盛彤笙。（见图 152）

图 152

资料五(传记) 1952年秋,西北畜牧部第二次组织五个组赴西北五省(区)深入调查畜牧生产、兽疫防治等问题。在全所大会上,一位青海组组长(一位处长)汇报时,盛先生多次提问一些关键问题,他总是回答不出,盛严厉批评说:"应该做的回答不出,大家不能浪费时间来听没内容的空话过程,不要汇报了。"此次大会对全部的与会人员都有震撼,大家既佩服盛部(局)长对工作的负责精神,也警诫自己对工作更认真。(邓诗品、张歆:《我所知道的盛彤笙先生》,载中国畜牧兽医学会、中国农业科学院兰州畜牧与兽药研究所编《一代宗师盛彤笙:盛彤笙先生学术思想研讨会文集》,第29页)

资料六(传记) 在这几年中,我曾赴新疆和青海考察畜牧业,赴青海指导羔羊病疾的研究工作,赴陕西汉中地区指挥防治牛的口蹄疫,并在党的领导和部(局)同志们的合作下,提倡在疫区划区轮牧,储草备冬,改良畜种等,对西北地区畜牧业的发展起到过一定的作用。(盛彤笙:《庸碌的一生,平凡的自述》,第27页)

资料七(传记) 盛彤笙组织了由西北各省(区)农业院校的师生及专业人员参加的大规模考察团,下属五个考察队,对西北五省(区)作了为期一年的畜牧兽医调查。这是我国西部历史上第一次畜牧兽医方面的全面考察,1952年又补充进行了一次。两次全面调查考察,摸清了家底,积累了资料,培养了人才,为制定大西北畜牧兽医事业发展规划打下了坚实的基础。(胡云安、陈贵仁、赵西玲:《远牧昆仑:盛彤笙院士纪实》,第248页)

是月,西北农学院畜牧兽医系师生并入西北畜牧兽医学院,师资力量和办学实力增强。

资料一(档案) 院系调整第六条为:"将西北农学院的畜牧兽医系并入西北畜牧兽医学院。"见图153。(《西北军政委员会教育部关于西北区高等学校院系调整方案的通知》,1952年9月30日,甘肃农业大学档案馆)

资料二(其他) 西北农学院畜牧兽医系的并入:1952年9月30日,西北教育部正式下达西北地区高等院校调整方案。经政务院批准,将西北农学院畜牧兽医系并入西北畜牧兽医学院。同时规定了师资、设备和学生的调整合并原则,由两院代表西北农学院康迪和西北畜牧兽医学院买永彬在

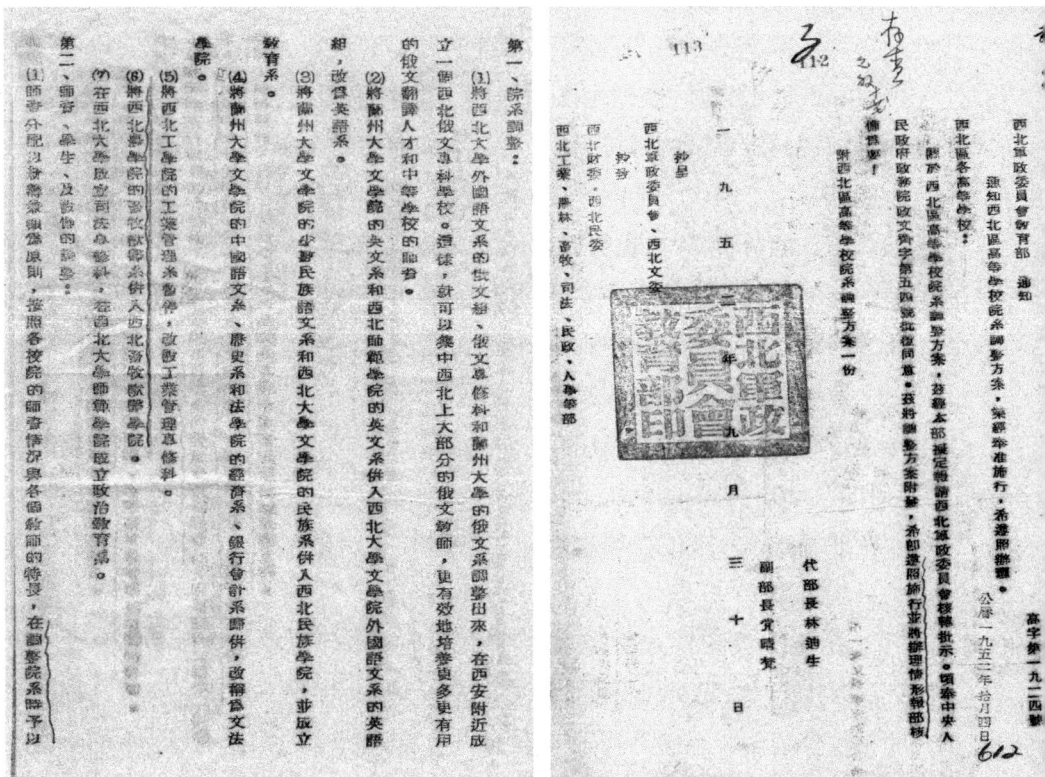

附西北区高等学校院系调整方案一份 抄送各部 兹将本部拟定报请西北军政委员会核转的西北区高等学校院系调整方案附发 希即遵照新行业务办理情形报部核

附於西北高等学校院系调整方案 抄报 中央人民政府政务院政文齐字第五四号批复意见

西北区各高等学校:

抄报
西北军政委员会、西北文委

抄发
西北工委、兰州、畜牧、司法、民政、人事等处

高字第一九二四号

西北军政委员会教育部 通知

通知西北区高等学校院系调整方案 希遵照办理
兹将本部拟定报请西北军政委员会核准施行 希遵照办理

（公历一九五二年拾月四日）

一九五二年
月
三十日

代部长 林迪生
副部长 贺晴光

第一、院系调整:
(1)将西北大学外国语文系的俄文组、俄文专修科和兰州大学的俄文系调整出来,在西安附近成立一所西北俄文专科学校。这样,就可以把集中西北上大部分的俄文教师,更有效地培养更多更有用的俄文翻译人才和中等学校的助教。
(2)将兰州大学文学院的英文系和西北师范学院的英文系并入西北大学文学院外国语文系的英语组,改设英语系。
(3)将兰州大学文学院的少数民族语文系和西北大学文学院的民族系并入西北民族学院,并成立教育系。
(4)将兰州大学文学院的中国语文系、历史系和法学院的经济系、银行会计系均并入西北大学,改设文法学院。
(5)将西北工学院的工业管理系科并入西北农学院,改设工农管理系科。
(6)将兰州大学的畜牧兽医系科的师资设备器材,尽归西北畜牧兽医学院。
(7)西北农学院应接受的畜牧兽医系科器材等。

第二、师资、器材、图书、及教物等:
(1)师资分配以分配调整原则,按照各该院的师资情况与各该新聘师的特长,在调整院系时予以……

图153

西安进行协商,具体确定合并的有关事项。1952 年 10 月,西北农学院畜牧兽医系正式合并到西北畜牧兽医学院,当时由西北农学院并入教师 10 人(教授 3 人,副教授 3 人,讲师 3 人,助教 1 人),技工 2 人,学生 89 人,其中畜牧系三届学生 53 人,兽医系三届学生 36 人。在解放初期做出此项决定是加强和改进西北高等农业教育的一项重要措施,对于发挥两院人力、财力和物力,特别是集中畜牧兽医人才优势,在兰州办好西北畜牧兽医高等教育,发展西北地区畜牧业有着重大的现实意义。西北农学院畜牧兽医系的并入,增强了西北畜牧兽医学院畜牧系、兽医系的师资力量和办学实力。(甘肃农业大学校史编委会编:《甘肃农业大学校史》,第 7 页)

资料三(传记) 1952 年全国高等院校院系大调整,原西北农学院畜牧兽医系和西北农专畜牧科并入兽医学院,扩充为西北畜牧兽医学院,调入了

包括张松荫、粟显倬、崔垴溪、蒋鸿宾等教授在内的多位教师。(邹康南:《盛彤笙先生生平》,第12页)

资料四(其他) 本院畜牧场于十一月下旬由西北农学院运来大批种畜,计有乳用牛:荷兰种公牛一头,大母牛二头,小母牛三头。乳羊计有萨能种小公羊三只,大母羊六只,小母羊十只。绵羊计有陕西同羊公羊二只,母羊五只。猪有乌克兰大白猪、约克猪、盘克猪各一对。鸡有寿光鸡十对,澳洲黑鸡七对,九斤黄鸡四对,洛岛红鸡五队,芦花鸡五对。(《本院畜牧场运来大批种畜》,《西北畜牧兽医学院校刊》1953年第1期,第19页)

12月7日至8日,西北军政委员会第六次会议通过习仲勋所提西北军政委员会改为西北行政委员会的实施方案及干部配备的意见。

资料(其他) 西北军政委员会在十二月七日到八日举行第六次会议。会议主要讨论了在西北区如何执行中央人民政府委员会第十九次会议所决定的关于改变大行政区人民政府(军政委员会)机构与任务的问题。

出席这次会议的有西北军政委员会副主席习仲勋、张治中、马明方及委员二十九人;列席的有西北军政委员会各部、委、局及西北区各人民团体负责人,西安市人民政府市长、副市长等七十多人。

习仲勋在会上做了关于改变大行政区人民政府(军政委员会)机构与任务问题的报告。他指出:为了适应即将开始的全国大规模的统一的有计划的经济建设和文化建设,改变大行政区人民政府(军政委员会)机构与任务的措施,是完全正确和必要的,而且也是符合于实际工作情况和国家利益、人民利益的。习仲勋表示完全拥护中央人民政府这一正确的决定,并且提出了关于改变西北军政委员会机构与任务的实施方案(草案)及各部门主要干部配备的意见,号召各机关在会议结束后迅速进行整编,务须在十二月底完成改编工作。

张治中、马明方在会上发言,表示完全同意习仲勋副主席的报告,并提出了关于一九五三年西北区主要工作任务的意见。

会议一致通过了关于同意习仲勋的报告的决议,并通过了习仲勋所提出的改变西北军政委员会机构与任务的实施方案以及对各部门主要干部配备的意见。(《西北军政委员会举行会议 通过改变机构的实施方案》,《人民日报》1952 年 12 月 11 日第 1 版)

12 月 13 日,接受《群众日报》的记者采访,就如何防治陕西省部分地区发生的牲畜黑腿病进行解答。

资料(报道) 最近陕西省有些地区,耕牛先后发生黑腿病,群众迫切要求解决这一问题,以保证生产。为此,记者就下列问题,访问了西北军政委员会畜牧部负责人。

问:黑腿病是个啥病? 病状怎样?

答:黑腿病又叫气肿疽,是一种地方性急性坏疽性传染病。最宜发生的是三个月至四个月的牛、羊、猪,骆驼也可以感染的。得了这个病的牲畜,体温很快上升到摄氏温度表四十一到四十二度,心脏衰弱,呼吸困难,食欲不振、口渴,有时拉稀,病畜的头、腰、颈、胸等肌肉发达部分发生肿胀。起初肿胀处热而痛,经数小时后即冷厥,失去感觉,用手指按压有捻发音,压下去的指印很久才能消失,肿胀处的皮肤呈黑色或暗黑色,割开时有小米粥似的棕灰色,带有气泡及恶臭气味的液体流出。假如肿胀发生在四肢上,就跛行。病畜普遍经十二小时到四十八小时即死亡,也有的可拖到三天至十天。不经治疗而自然痊愈的很少。

问:黑腿病是怎样发生并传播开来的?

答:黑腿病是由一种顽固的厌气杆菌侵入牲畜身体而引起的。患黑腿病死亡的牲畜尸体,如不立刻烧毁、深埋而抛弃在野外被鸟兽野狼啄食或剥皮吃肉,细菌就随着血、肉、皮、骨沾污在水草及土地上,形成芽孢,有时可以十年不死。这种沾有芽孢的水草及灰尘被牛羊等吃入或沾染在伤口上,就会感染发病,所以这种病最容易发生在放牧季节。许多群众不懂这些原因,将这种病畜剥皮吃肉,乱抛尸体、骨肉,或让病畜乱跑及割破治疗,使渗液到处沾污,都可在该地区造成芽孢的长期存在,经风吹、雨冲、运输携带和牲畜买卖都可逐渐传播。

问:黑腿病有没有免疫和治疗的方法?

答:用气肿疽菌苗实行预防注射,可以在两星期后产生免疫力,免疫期约六七个月。凡常发生黑腿病的区域内,所有两个月至四岁大的牛,都应在每年春季开始放牧前两星期实行预防注射,隔六七个月重新注射一次。在比较严重的疫区,四岁以上的牛须注射。

特效疗法是在患病初期用抗气肿疽血清行静脉、肌肉或腹腔注射。每头牛要注射一百五十到二百公撮,病重的可以重行注射一次。

对症疗法可在肿胀处注射百分之一到百分之二的过锰酸钾、百分之三的结晶石灰酸或千分之一的福尔马林溶液。初病时用冷敷法也有效。同时亦可用强心药、解毒药及肠胃消毒药。

问:听说老乡们用割破或刺破法治疗很有效,我们为什么不加以提倡反而禁止呢?

答:气肿疽杆菌是一种厌气菌,割破或刺破皮肉之后空气虽不能繁殖,容易治好,却会变成芽孢十年不死。这样割破或刺破治疗可以使一头牲畜的病治好,而成万的芽孢就随着破口流出的血水到处散播,随时都可侵入好牲口的身体而繁殖致病。所以我们反对割破、刺破治疗及剥皮吃肉。相反,这种病菌在牲畜的身体里见不到空气,就用上述药品能杀死;已死的牲口掩埋后,当尸体发酵,它即会在几天内被杀死,不能产生芽孢。

问:为很好地防治黑腿病,今后应做些什么工作?

答:经验证明,只靠兽医进行预防注射而不从各方面防止细菌散播,便不能彻底消灭传染病。所以今后在曾经发生黑腿病的地区除连年实行预防注射外,当地各级干部必须大力宣传、发动群众,做好如下几件事:一、在春季开始放牧之前,清理牧场,发动妇女、娃娃捡拾草地上弃置的兽骨残骸,集中深埋或焚毁。二、发生疫病时立即报告政府及附近的防疫机关,将健畜与病畜隔离,禁止鸡犬或闲人与其接近,不要刺破治疗。三、遵守防疫人员的指导,切实把病畜住用过的棚圈饲槽等物进行消毒,喷洒药水或石灰,将病畜接触过的用具煮沸,其他病畜吃残留或污染的草料、粪便等也应一起烧掉。四、病畜及尸体严禁剥皮吃肉,病牛乳不得饮用,尸体必须焚毁或埋在不易被水冲刷、干燥的偏僻地区。五、必要时,封锁疫区的交通,能够感染黑腿病的家畜不许进疫区,疫区草料等亦不得外运。(《西北畜牧部负责人谈如何防治牲畜黑腿病》,《群众日报》1952年12月13日第2版)

12 月 26 日,苏联兽医专家彭达林可和畜牧兽医司司长程绍迥来兽医学院演讲。

资料一(其他) 去年(1952)十二月十六日,苏联兽医专家彭达林可同志和中央农业部畜牧兽医司程绍迥司长同时来本院演讲,下午举行座谈会,讨论与本院有关各项问题。全院员、生、工、警,以无比的情绪,热烈欢迎。此次演讲与座谈的结果,对于同学的学习情绪和本院今后的发展均有莫大的裨益。(《苏联兽医专家彭达林可同志和程司长来院演讲》,《西北畜牧兽医学院校刊》1953 年第 1 期,第 19 页)

资料二(其他) 霍子乐(右)、程绍迥(左)与苏联兽医专家彭达林可(中)在西北畜牧部会议室前合影。见图 154。(陕西省档案馆凤县后库)

图 154

12 月底,完成西北畜牧考察后,提出发展畜牧业的工作方针。

资料一(其他) 见本年"10 月,第二次组织考察团"条资料二(其他)。

资料二(传记) 通过考察……他提出了"保护草原,划区轮牧;青贮饲料,打草备冬;改良畜种,杂交培育;研制疫苗,防重于治"的 32 字综合治理方针。这一方针对我国现代畜牧兽医事业的重建与发展具有里程碑式的意义,它标志着大西北的畜牧业生产开始走向良性互动、科学发

展的轨道。(胡云安、陈贵仁、赵西玲:《远牧昆仑:盛彤笙院士纪实》,第249页)

冬,西北畜牧兽医学院新家畜病院落成。派总务长买永彬、助教邹康南赴上海采购仪器设备。

资料一(照片) 西北畜牧兽医学院家畜病院。(见图155)

图 155

资料二(其他) 到1952年冬,新病院在伏羲堂的东南角建成,为三层大楼,面积2 324平方米,相当于解放前的30倍。底层为病院和阶梯教室,二层为化验室,三层为教室,另外还有七间平房作住院部,可以同时收容十头病畜入院治疗。盛彤笙派出总务长买永彬、助教邹康南前往上海采购仪器设备,准备为病院添置钢质大家畜诊疗架和大动物电动手术台。当年,优质钢材属于特控物资,既难以搞到,造价又很高,后来找到一家小作坊,经谈判协商,愿在保证质量的前提下,利用废料代替。他们从一艘废弃的外轮上,将旧锅炉中完好的无缝钢管锯下来,便是做诊疗架的上好钢材;手术台也利用绞锚用的绞车盘和其他零件装备。三个月后,三台带有吊马装置的大动物诊疗架和由邹康南动手设计的大动物电动手术台运抵兰州,安装到位。一所设备齐全的现代化家畜病院建成了。病院设有诊疗室、外科手术室、检验室、器械室,不但有先进的仪器设备,还有充足的药品器械,可同时供几十个学生实习的需要。学院也大大地充实了病院的力量,诊疗科的全体教师同时也是病院的工作人

员。(胡云安、陈贵仁、赵西玲主编:《图说甘肃农业大学 70 年》,第 218 页)

　　资料三(口述)　　家畜病院是 1952 年建成的一栋三层大楼,建筑面积 2 324 平方米,很大,也很气派,一楼是阶梯教室、门诊、手术室、药房,二楼是教研室、实验室。病院与教研室是平行单位,有三个专职人员负责挂号、收费、药房和清洁工作。1954 年,陆军兽医学院毕业的魏天恭从甘肃岷县马场转业来到兽医学院病院工作,基本上是专职的。系上规定:教师要轮流上门诊,临床上留校的青年教师,必须在病院工作半年到一年的时间。临床课的教师去得多一些,方永祥、万一鹤在病院都待过很长一段时间,王超人主要在门诊和药房。病院是一个教学、实习和科研基地。教师在课堂上讲授之后,要带学生到病院来实践,这样,理论和实际才能有机地结合起来。廖延雄的微生物课,在课堂讲授之后,经常带学生到病院来现场实习。生理课、药理课等一些课程都与临床结合得非常紧密。毕业班学生在病院实习半年的时间,有一套规范的程序。由任课教师和病院值班教师共同带队,前两周,让学生了解、熟悉诊断的程序和方法,第三、四周,进入以教师为主的诊病阶段。……到第五、六周,教师开始放手,让学生自己动手看病了。……经过这样严格的实习阶段,学生既巩固了课堂上学习的理论知识,又提高了实际操作的能力,称得上得益甚多。(《杨致礼访谈录》,2009年 6 月 4 日)

是年,在西北畜牧部分到单间办公室,夫人邹东明到图书资料室工作。

　　资料一(照片)　　盛彤笙任西北畜牧部副部长时的办公照。(见图 156)

　　资料二(传记)　　1952 年至西关后,有了单独办公室,但宿舍与大家一样,在小平房里(邹东明已到图书资料室工作)。(邓诗品、张歆:《我所知道的盛彤笙先生》,载中国畜牧兽医学会、中国农业科学院兰州畜牧与兽药研究所编《一代宗师盛彤笙:盛彤笙先生学术思想研讨会文集》,第 29 页)

是年,西北畜牧兽医学院开办起两年制兽医、畜牧专修科,大量培植人才。

　　资料(传记)　　1952 年办起了两年制的兽医、畜牧专修科,大量培养中级专业人才,招生规模扩大了一倍。(胡云安、陈贵仁、赵西玲:《远牧昆仑:盛

图 156

彤笙院士纪实》,第 216 页)

1953 年　　43 岁

1月1日,《西北畜牧兽医学院校刊》复刊并公布学院各部室负责干部名单。

资料(报道)　院长:盛彤笙。副院长:朱宣人。人事组主任:吕锁昌。教务长:粟显倬。注册组主任:李友梅。出版组主任:秦和生。图书室主任:朱清韵。仪器室主任:周兰先。体育卫生室主任:刘文林。畜牧系主任:杨诗兴。畜牧系副主任:卢得仁。饲管科主任:杨诗兴。生物科主任:栗作云。畜牧场主任:郑子久暂代。畜牧专修科主任:杨诗兴。兽医系主任:蒋次升。兽医系副主任:谢铮铭。解剖科主任:谢铮铭。细菌科主任:廖延雄。寄生虫科主任:许绥泰。生理药理科主任:买永彬。病理科主任:蒋鸿宾。生化科主任:郝逢绣。治疗科主任:蒋次升。家畜病院主任:蒋次升。家畜病院副主任：陈北亨。兽医专修科主任：秦和生。总务长：买永彬。庶务组主任：胡植榜。会计室主任：赵德轩。会计室副主任：孙汝梓。（《本院负责干部题名》,《西北畜牧兽医学院校刊》1953 年第 1 期,第 19 页）

1 月 14 日,中央人民政府委员会第二十一次会议通过决议,他被任命为西北行政委员会委员。

资料一（证书） 1953 年 1 月 14 日,毛泽东主席签发任命通知书（见图 157）,任命盛彤笙为西北行政委员会委员。

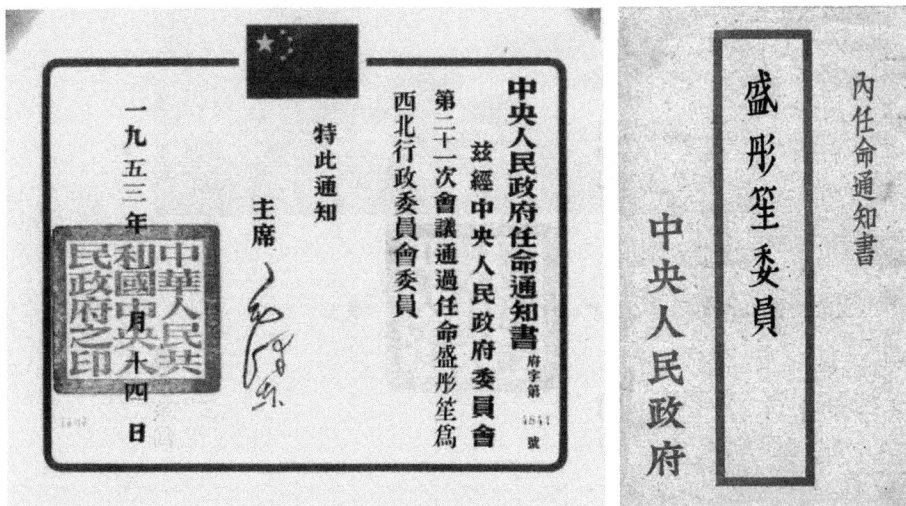

图 157

资料二（传记） 1952 年,西北军政委员会改组成为西北行政委员会,我被提升为行政委员会委员,仍兼西北财经委员会委员和西北畜牧局副局长及学院院长等职务。（盛彤笙：《庸碌的一生,平凡的自述》,第 27 页）

1 月 16 日,他提交的报告得到马明方副主席的批示。

资料（档案） （1）马明方副主席在 1 月 14 日的西北行政委员会第九十二次行政会议上指示："一九五三年西北畜牧工作的方针、任务,原则上都同意,即由畜牧部加以整理补充后用本会名义报告中央并发各省市。盛彤笙副部长视察新疆畜牧工作的报告很好,应即整理写成书面材料送本会研究核办。今年畜牧工作方面应该特别注意以下几点①：第一，加强对各畜牧训练班、校的领导……第二，认真贯彻面向牧区、深入实际的工作方向……轮番深入牧区工作，实际了解牧区的情况和问题。第三，宁夏省农林厅应在正副厅长中指定一人专门负责领导全省的畜牧工作，半农半牧区的专署和县人民政府也应在正负专员和政府县长中指定一人负责领导畜牧工作的专责。至于纯牧区的各级政府，其主要任务就在搞好当地的畜牧生产事业。关于牧区乡政府增设兽医干部问题，可由畜牧部商有关部门研提意见报核。第四，制止青海牛口蹄疫的蔓延和彻底扑灭关中的牛气肿疽病，……畜牧部应抽出负责同志并组织力量亲自到疫区去督促检查……第五，畜牧部应即将西北区三年来的畜牧工作经验加以整理总结，并在此基础上拟定五年建设的轮廓计划。西北军政委员会办公厅，元月十六日。"(2) 1 月 16 日盛彤笙文件批示如下："第一、二、五各点请各处科共同注意研究，第四点着重由兽医处研究办理，第三点由人事科结合五二年五月十四日军政委员会会厅秘财字 146 号通知和这个通知的精神与人事部商讨布置(赴人事部以前，先来和我谈一下)，彤，一、十六。"(3) 盛彤笙亲自拟定的办理事项：一、向人事部交涉者：(1) 趁军政委员会改组之际，抽出一批干部去加强新疆畜牧厅的领导和骨干，尤其请为该厅派办公室主任一人。(2) 根据(53)厅秘 16 号通知的指示，与人事部会同呈复行政委员会，请准将纯牧区及半牧区各县的乡政府中农会主任的名额改作安置一个兽医干部之用(乡政府的编制共有乡长、乡文书、农会主任三人，但在纯牧区无组织农会主任的必要，半农半牧区最好也不组织农会)。二、向西北行政委员会交涉者：西北军政委员会于五二年五月十四日向各省发出(52)会厅秘财字 146 号通知，嘱建立纯牧区及半牧区各级畜牧行政机构后，为使各省贯彻执行，请行政委员会再向各省发一通知，嘱各省对执行情况□□□□□□，抄至西北畜牧部。在通知中请根据马副主席的指示，增加下列一项内容：半牧区的专署和县府应在政府专员、政府县长中指定一人负领导畜牧工作专责，至于纯牧区的各级政府，负责人的主要任务更在搞好当地的畜牧生产事业。(附注：马副主席指示"宁夏省

① 主要摘录盛彤笙红笔勾画者。

农林厅应在正副厅长中指定一人专门负责领导全省的畜牧工作"一节,请改为"陕、甘两省农林厅应在正副厅长中指定一人专门负责领导全省的畜牧工作",因宁夏农林厅目前只有厅长一人,并无副厅长,陕、甘两省的农林厅则多有正副厅长共三人。)本年五月十四日西北军政委员会发出(52)会厅秘财字146号通知,嘱建立各级地方政府的畜牧机构后,陕西省农林厅曾经提出于五三年将陕北三专区及榆林、定边、靖边、吴旗、志丹、安塞等六县的建设科改为农牧科,并曾经陕西省政府通过。此项改制时符合于军政委员会指示的精神的,请予同意。(4)便条有1月17日秘书科请兽医处、畜牧处、人事科按盛彤笙副部长指示将应办事项予以摘录办理的提示,以及各处科1月21—27日办理意见等。见图158。(西北军政委员会关于调整和加强各级畜牧兽医机构加强领导工作的指示意见及畜牧局副局长盛彤笙等的批示拟办举措等,1953年,陕西省档案馆凤县后库,档案号9-1-339)

1月27日,西北行政委员会在西安正式成立,彭德怀任主席。

资料(其他) 1952年底,恢复国民经济的工作完成,各种社会改革运动基本结束,全国大规模的有计划的经济建设和文化建设即将开始。为了加强中央的集中领导,1952年11月,中央人民政府决定撤销大行政区军政委员会或人民政府,成立大区行政委员会,仅作为中央人民政府的代表机关,不再作为地方最高政权机关。……1953年1月27日,根据中央人民政府《关于改变大行政区人民政府(军政委员会)机构与任务的决定》,成立中央人民政府西北行政委员会,西北军政委员会随即撤销。(缪平均:《西北军政委员会组织始末》,《陕西档案》2013年第1期,第21页)

1月,主持撰写《西北财委新疆工作组畜牧小组报告》。

资料(其他) 参见"3月"条资料一(其他)。

3月,以考察报告为基础,在乌鲁木齐做"关于发展新疆畜牧业"的专题报告。

资料一(档案) 据我们十星期中所见所闻,新疆的确具有极其优越的发

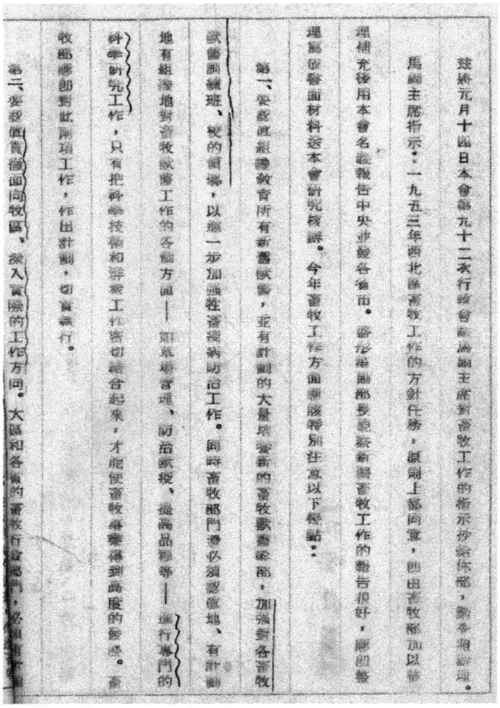

图 158

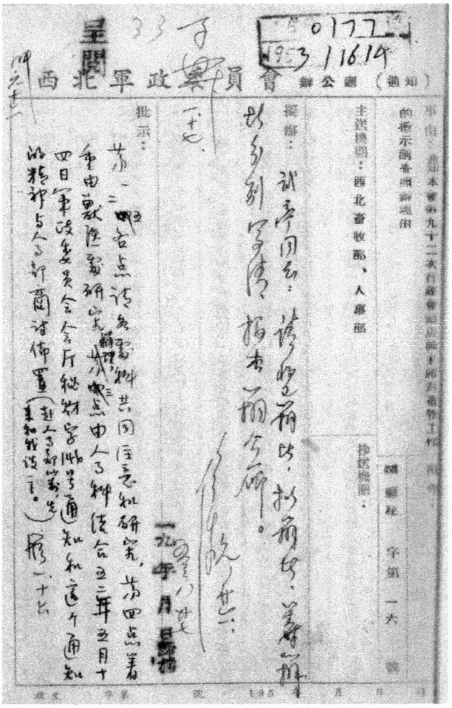

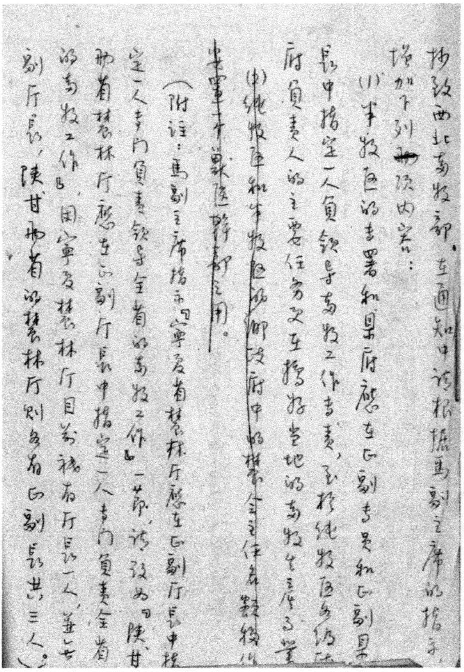

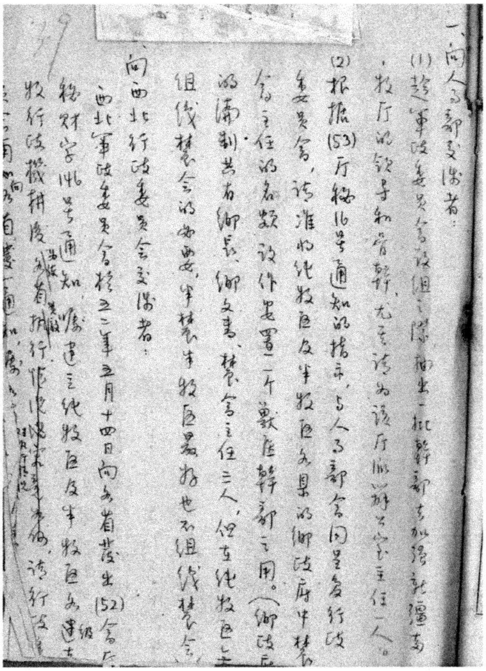

展畜牧业的条件：首先是水草丰美，为西北其他四省所不及；家畜数量，羊只占全西北的一半，马只占全西北的三分之二；家畜品质，除牛、驴不及陕西外，马、羊均较内地为佳；在地理上与友邦苏联接壤，一方面可以就近输出牲畜和畜产品，另一方面便于接受苏联在种畜、器材和技术等方面的协助。

解放后三年多以来，新疆畜牧业在各级党政的领导下已经获得初步的成绩，牲畜数字增加了百分之二十六，达到了一千六百七十三万余头，各族农牧人民的生活已有显著的改善。但另一方面，三年来牲畜的死亡也是很大的，死亡的原因主要是：（一）兽害、特别是狼害；（二）疫病；（三）冬季的风雪灾害；（四）人为的破坏。前面三种原因说明自然灾害仍是新疆畜牧业的主要敌人，今后要发展新疆的畜牧业还应当着重和自然做斗争。……目前存在的问题主要有下列几项，兹就我们短期内的体会，陈述理成的意见于后：

一、草场问题：……因此要想使新疆的畜牧业能够高度的发展，就必须用人力来克服这样自然的限制，那就是大量的修筑棚圈，储备冬草，播种牧草和栽培饲料作物，使畜群在许多原非冬窝子的地方也能过冬，也就是说用人力来造成更多的冬窝子。这应当作为新疆畜牧业的远景，和我们今后努力的方向。只有这样，草场问题才能得到根本的解决。……二、农牧结合的问题：……更重要的是可以逐渐使牧民定居下来，或至少先使一些老弱妇幼定居下来，免于常年游牧的奔波和辛苦，减少死亡，促进人口的繁衍。定居之后，牧民的组织宣教工作和畜牧业的改进工作也要比较容易进行。农作的副产物还可以供作一部分瘦弱牲畜的冬季饲料，保障他们安全越冬。因此牧民兼营农业是应当积极提倡的，而且应当结合牧民的逐渐定居来加以提倡。……三、牲畜和畜产品的贸易调剂问题：在畜牧经营上有一个简单的规律，只要一方面解决了水草饲料的问题，另一方面打开了牲畜和畜产品的销路，中间再做一些修棚搭圈、抗灾防疫等管理保护工作，纵令我们不怎样特别另行繁殖，牲畜也自然会繁殖起来的。……四、牧民群众的几项主要要求。……五、关于组织领导、机构、干部的问题……（《西北财委新疆工作组畜牧小组报告》，1953年，陕西省档案馆凤县后库）

资料二（其他） 一、牧区人工草料基地建设。新疆牧民历来逐水草而居,不习耕作。1953年3月,西北行政委员会畜牧局盛彤笙副局长在《关于新疆畜牧问题》第二部分"农牧生产结合问题"中说:政府应指定适当地点组织牧民定居耕种(可组织定居委员会先选择重点进行试办)。这一地点,除土壤、气候、水利等自然条件适合农业外,最好居于牧区中央,周围可以放牧,附近有大面积的可以贮备足够冬草的草地,但要防止牧民兼营农业后,发生放弃经营牧业为主的思想。部队(兵团)生产方面,今后应按中央指示,向农牧结合的方向发展。将现有牲畜逐步固定在农场内,提高牲畜品质。(新疆维吾尔自治区地方志编纂委员会、《新疆通志·畜牧志》编纂委员会编:《新疆通志 第三十四卷 畜牧志》,新疆人民出版社,1996年,第286—287页)

资料三(其他) (1953年)3月,西北军政委员会畜牧部副部长、兽医专家盛彤笙来新疆调查畜牧业生产,在迪化做"关于发展新疆畜牧业"的专题报告。(新疆维吾尔自治区地方志编纂委员会、《新疆通志·畜牧志》编纂委员会编:《新疆通志 第三十四卷 畜牧志》,第21页)

4月28日,政务院提请中央人民政府委员会批准,免去他的畜牧部副部长职务。

资料(档案) 接中央人事部四月六日(58)中人一字第六六三号函称:"政务院第一百七十二次政务会议通过提请中央人民政府委员会批准免去……霍子乐现任畜牧部部长职,张中、盛彤笙、黄正清现任副部长职……"特此通知,西北行政委员会,一九五三年四月二十八日。见图159。(《为转知政务院通过免去常黎夫等人职务由》,1953年,陕西省档案馆凤县后库,档案号9-1-478)

5月初,西北畜牧兽医学院的新家畜病院开业,师生接触临床诊疗实践,提升业务水平。

资料一(传记) 1953年,兽医学院供教学与诊疗兼用的家畜病院大楼建成。在内、外科诊疗室中安置了带有吊马装置的三个钢质诊疗架及一台自行研制、可以自动摆平和竖立的大动物电动手术台以及各种理疗器械。

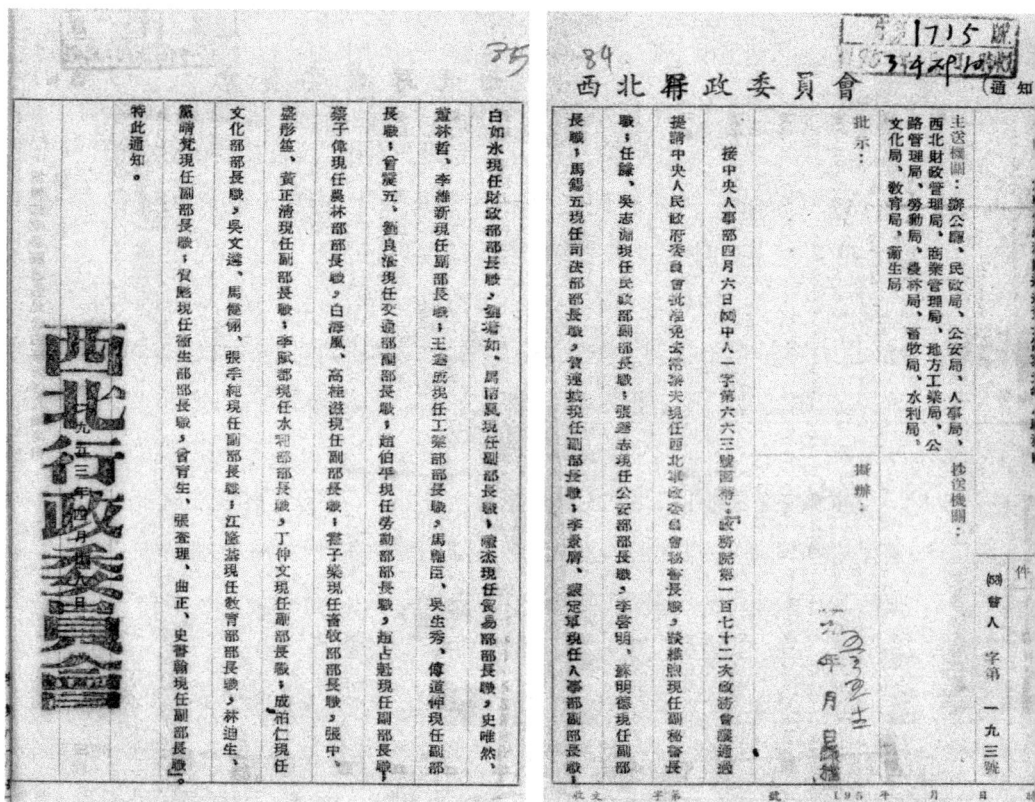

图 159

这是国内最先进的一所兽医院。……家畜病院于五月初开业，就诊病畜纷至沓来，门庭若市，每日门诊病例大家畜达七十头左右，成为师生接触临床诊疗实践、提高业务水平的理想场所。（邹康南：《盛彤笙先生生平》，第12页）

　　资料二（其他）　蒋次升（左）与邹康南（右）在家畜病院诊疗室做尿蛋白检查。见图160。（胡云安、陈贵仁、赵西玲：《远牧昆仑：盛彤笙院士纪实》，第109页）

　　资料三（其他）　家畜病院的医生给当地老乡的马灌药。见图161。（《家畜病院》，《人民画报》1954年第11期，第29页）

　　资料四（其他）　西北畜牧兽医学院学生在家畜病院实习。见图162。（胡云安、陈贵仁、赵西玲主编：《图说甘肃农业大学70年》，第218页）

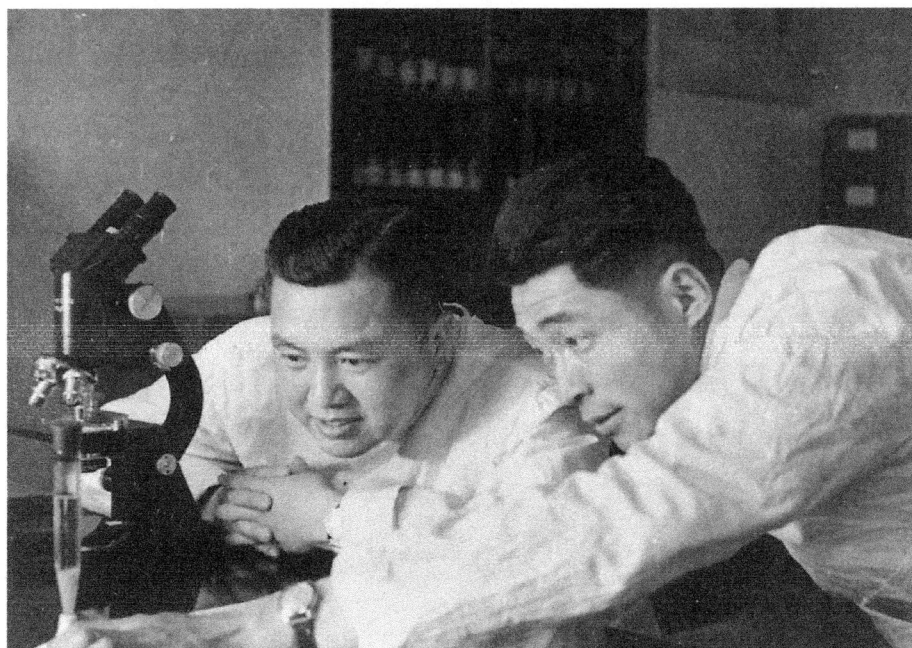

图 160

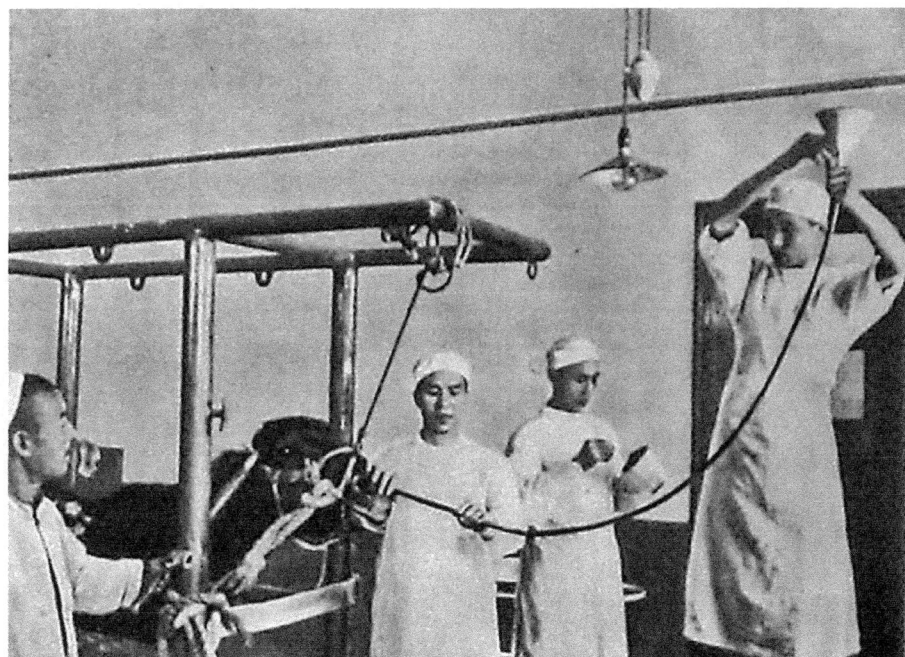

图 161

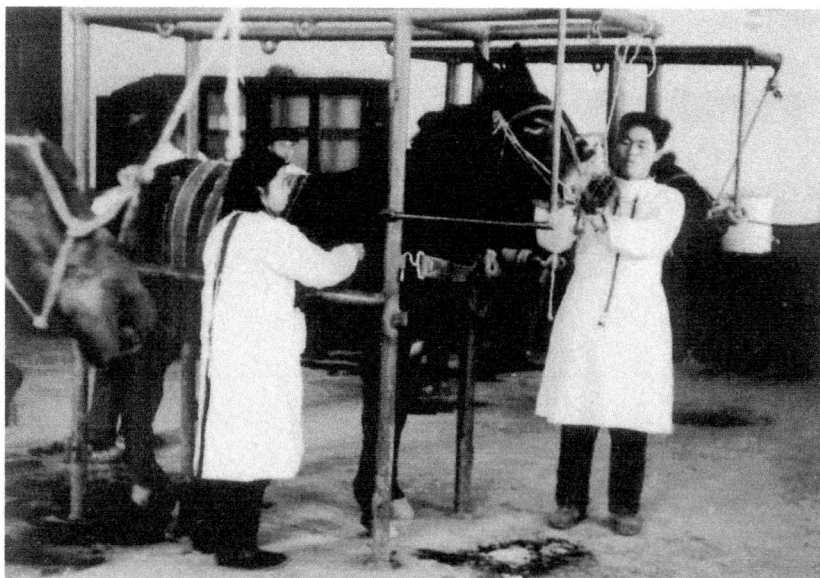

图 162

5 月 15 日,由政务院任命为西北行政委员会畜牧局副局长。

资料一(证书) 1953 年 5 月 15 日,周恩来签发任命盛彤笙为西北行政委员会畜牧局副局长的通知书。(见图 163)

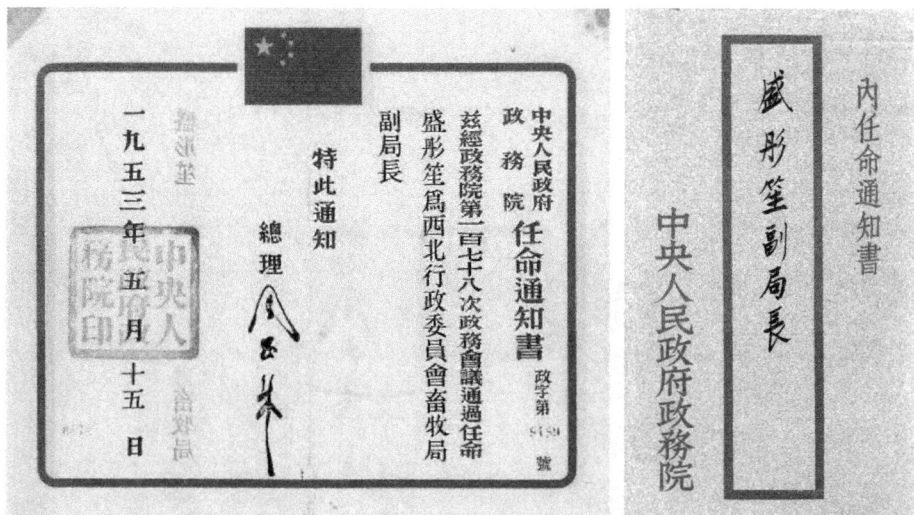

图 163

资料二（报道） 据新华社北京讯：中央人民政府政务院第一百七十八次政务会议通过任免的各项名单：一、西北行政委员会工作人员名单……畜牧局局长：朱敏，曾任中国共产党宁夏省委员会书记。副局长：盛彤笙（兼）；冯治国，曾任西北军政委员会财政经济委员会办公室主任。见图164。（《政务院政务会议通过提请中央人民政府批准和政务院会议通过任免的各项名单》，《群众日报》1953年6月2日第1版）

5月，根据甘肃省农业厅甘坪寺种畜场的建议报告，西北畜牧部正式将"南番马"命名为河曲马。

资料一（其他） 中华人民共和国成立以后，党和国家十分重视河曲马的保种培育，1952年12月由甘肃省农业厅甘坪寺种畜场向西北大区畜牧部提出《南番马更名为河曲马》的建议报告后，1953年5月西北大区畜牧部确定"南番马改名为河曲马"，从此河曲马有了一个科学的名字而名闻国内外。（《玛曲县志》编纂委员会编：《玛曲县志》，甘肃人民出版社，2001年，第965页）

资料二（其他） 河曲马是全国优良马种之一，主要分布在黄河首曲草原地带，包括甘肃的甘南、四川的阿坝、青海的河南等地，以甘南藏族自治州玛曲县的曼尔玛和阿坝藏族自治州的索克藏所产河曲马品质最佳。河曲马俗称"南番马""洮州马""吐谷浑马""乔科马"等，以其身躯高大、体格雄健著称，古有"洮州之马天下闻"的美誉。1954年由西北畜牧部正式定名为河曲马[1]。（甘南藏族自治州地方史志编纂委员会编：《甘南藏族自治州志》，民族出版社，1999年，第351页）

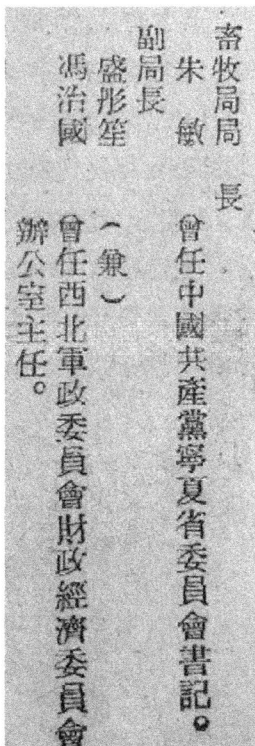

图164

---

[1] 多种文献皆指出西北畜牧部正式定名河曲马为1954年，未找到有关档案，然据《玛曲县志》，先有建议报告，后有正式命名，时间节点清晰，较为可信，今从之。

6月8日,西北行政委员会转中央人事部文,公布任命结果。

资料(档案) 接中央人民政府人事部五月二十一日(58)中人一字第一四三一号函称:"经政务院第一七八次政务会议通过批准,任命姬也力为西北行政委员会办公厅主任,陈必贶、邢子舟为副主任……朱敏为畜牧局局长,盛彤笙、冯治国为副局长……除任命通知书由政务院另发外,特先函达。"特此通知。西北行政委员会,一九五三年六月八日。见图165。(《转知政务院第一七八次政务会议通过任免姬也力等四十五人职务由》,1953年,陕西省档案馆凤县后库,档案号9-1-478)

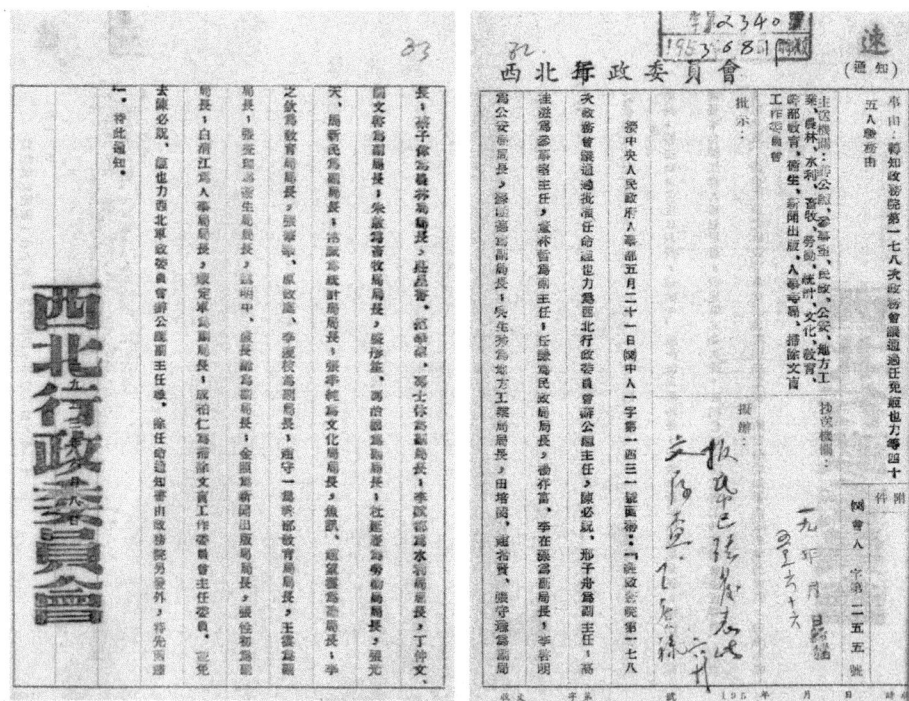

图165

6月,西北行政委员会畜牧局指示畜牧兽医学院派师生至青海协助防治牛瘟,师生分成三个小队分赴共和、玉树、果洛开展防疫工作。

资料一(档案) 西北行政委员会畜牧局关于核拨青海畜牧厅两亿五千万元防疫费并指示西北畜牧兽医学院派出师生四十人前往青海协助防治牛

瘟病的报告,主送西北行政委员会、中农部等。见图166。(《报告》,1953年6月,甘肃农业大学档案馆)

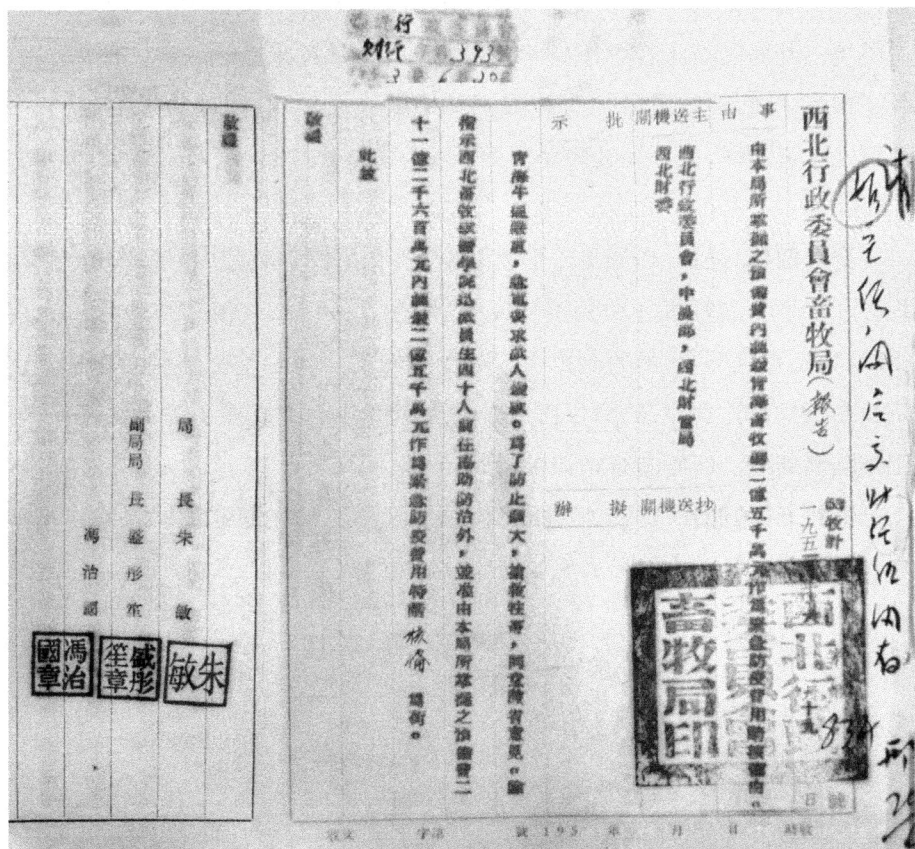

图 166

资料二(其他) 1953年,农业部又从内蒙古、东北调派技术人员支援青海牛瘟防治工作。西北畜牧兽医学院派来兽医系师生45人,同省内技术人员共182人,组成七个防疫工作队,分赴各疫区开展防疫,采取封锁包围,就地制苗,大面积注射疫苗等综合措施,使疫情迅速得到控制。(青海省地方志编纂委员会:《青海省志(十四)畜牧志》,黄山书社,1998年,第176页)

资料三(口述) 1953年我国西藏地区发生了牛瘟疫,这是一种烈性传染病,会导致大量的牛染病死去。为了防止疫情蔓延,西北畜牧部下令兽医学院组织师生前往青海省境内搞防疫工作。学院立刻派蒋鸿宾、沈斌元、张秉彝等教师带二十多名学生赶往青海省畜牧厅接受任务。当时,因为我们的传染病学的课程还没有上,所以,我们先是在厅里的诊断室学习制造绵羊的兔化弱毒疫苗技术。学习一结束,分成三个小分队,立刻赶往共和、玉树、果洛境内开展防疫工作。玉树靠近西藏,从西藏过来的人说,牛瘟很厉害,死了很多牛,有的牧民急得直掉眼泪。果洛靠近四川,共和靠近新疆,三个队就是三道防线,决不能让疫情蔓延开来。(《刘占杰访谈录》,2008年6月3日)

　　资料四(口述)　1953年,青海发生烈性传染病口蹄疫,兽医学院立即组织教师和学生去青海共和县搞防疫,我们在业务上和青海省畜牧厅一直保持着联系,相互配合,最后制止了口蹄疫的传播。当时整个防疫工作都是盛院长在指挥,兽医学院的师生在这次围剿瘟疫斗争中发挥了重大作用,防疫工作圆满结束。(《雒友直访谈录》,2015年9月23日)

　　资料五(其他)　1953年,西北畜牧兽医学院师生在青海防牛瘟。见图167。(陕西省档案馆凤县后库)

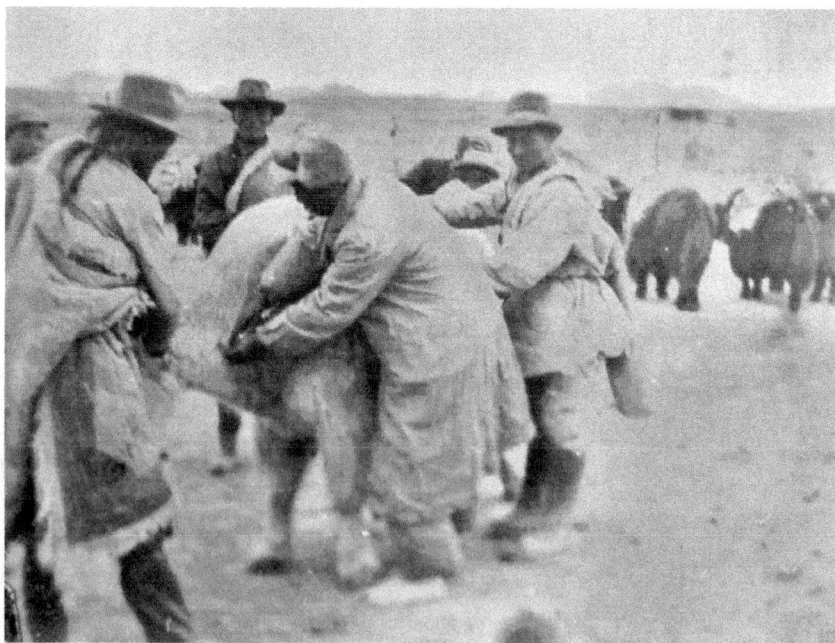

图 167

9月,赴青海视察牛瘟防治工作,在青海省畜牧厅听取共和县小组的汇报,并派司机载学生到塔尔寺参观。

资料一(口述) 9月份,我们共和县这一组完成任务后,在青海畜牧厅汇报防疫工作,有一天,西北畜牧局副局长盛彤笙带人到青海视察牛瘟的防治工作,他听说兽医学院的师生在当地,抽时间乘坐吉普车专程来看望我们,他非常认真地听完了我们的汇报,中间,还不停地仔细询问防疫工作中的许多细节问题和我们的生活情况,他对我们的工作很满意。最后,他关切地问我们,你们还有什么要求吗?在同学们的鼓励下,我大胆地向盛先生提出,"这儿离塔尔寺很近,我们想去那里玩一玩",没想到盛先生当场对他的司机说道,"马师傅,你如果愿意的话,拉上他们玩一趟吧"。这件事给我们的印象很深,在同学们的眼中,他是个令人敬仰的学者,没想到他会这样的平易近人,体察民情。(《刘占杰访谈录》,2008年6月3日)

资料二(口述) 他来青海检查工作,也是很高兴的,他还让他的司机专门开着吉普车把我们几个学生送到塔尔寺游玩了一趟。他说,这是我对你们的奖励。(《雒友直访谈录》,2015年9月23日)

秋,西北畜牧兽医学院首招研究生八人,由蒋鸿宾教授、许绶泰教授、卢得仁副教授担任导师。

资料一(其他) 二十世纪五十年代,西北畜牧兽医学院是全国基础较强的畜牧兽医高等学校之一。学校已形成独具特色的家畜品种改良和育种、动物营养学、兽医科学、家畜疾病防治、草原科学及饲料科学等重点学科;有一批早年留学英、美等国回国任教的教授和学术造诣高的学科带头人。这些都为招收和培养研究生,开展研究生教育创造了必要的条件。1953年,全国只有七所农业院校招收研究生,西北畜牧兽医学院是其中之一,也是甘肃省内所设高等学校中最早开办研究生教育的学校。1953年,西北畜牧兽医学院开始招收研究生,当年共在三个学科招收八名研究生,其中兽医系家畜传染病学蒋鸿宾教授招生三名,寄生虫学许绶泰教授招生两名,畜牧系牧草学卢得仁副教授招生三名。学制均为三年。学院学习苏联经验,仿照苏联的教学计划和教学大纲,1953年曾制定了兽医系家畜传染病学、寄生虫学和畜牧系牧草学的研究生培养计划。培养方法基本上是仿英、美的导师负责制。家畜传染病学、寄生虫学及牧草学三个学科专业连续招生两年。(甘肃农业大学校史编委会编:《甘肃农业大学校史》,第60页)

　　资料二(传记)　1953年,学院首招研究生八人,其中兽医系家畜传染病学蒋鸿宾教授招生三名、家畜寄生虫学许绶泰教授招生两名,畜牧系牧草学卢得仁副教授招生三名。学制均为三年,培养方式仿照英、美的导师负责制。1956年,沈正达、郭博、魏珽、井通海、张汶、李琪、王善治、李逸民等八名首届研究生毕业。迁往河西前,学院共培养研究生16人,是当年全国七所招收研究生的农业院校之一,在大西北开创了研究生教育的先河。(胡云安、陈贵仁、赵西玲:《远牧昆仑:盛彤笙院士纪实》,第216页)

　　11月2日,习仲勋批示同意中国科学院副院长张稼夫《关于筹备建立中国科学院西北分院的初步意见(草案)》,并请科学院提出人选意见。14日,经科学院院务会议讨论通过,并征求西北意见,提议增补他为筹委会副主任委员。

　　资料一(其他)　《张稼夫同志关于筹建中国科学院西北分院给习仲勋信及习仲勋同志的批示》:

　　仲勋同志:兹将筹备建立中国科学院西北分院的初步意见(草案)送上(已征求过西北局李景膺同志的意见,他表示同意),请您审阅并提示意见,以便据以修改后,提交科学院院务会议讨论通过,正式备文呈请文委批准。此致　敬礼!　张稼夫一九五三年十月卅一日。

　　《关于筹备建立中国科学院西北分院的初步意见(草案)》

　　西北是国家工业建设的重要基地,但工业基础很差,科学遗产很少,大部地区均属于空白区,连最基本的科学资料也没有,因而在国家建设上造成不少困难.为了配合国家经济建设的开展,中国科学院在西北筹设科学研究机构并逐步建立分院是非常需要的。

　　根据西北地区的经济状况及国家建设计划的要求,西北分院的主要任务应该是密切配合国家开发西北的计划,首先进行自然资源的调查,积累科学资料,然后逐步建立科学研究工作,解决国家建设中的实际问题。又根据西北区域的自然情况,分院科学研究工作应以水土保持工作为重点,围绕这个重点进行土壤、地质、水利、农林、畜牧、气象、地震等自然条件的调查研究,并在以上这些工作的基础上,逐步建立有关黄土、石油、畜牧等专科的研究机构。

中国科学院西北分院筹备工作应由中国科学院与西北行政委员会(或西北文委)共同负责,拟由杨明轩、张德生、杨钟健、辛树帜、张仲实、丘吉恒、李赋都、董杰、虞宏正、陈时伟、张伯声、朱宣人、冯直等十三位同志组成筹备委员会,以辛树帜、董杰分任筹委会正副主任。西北分院筹备处的政治、行政干部,原则上应由西北负责调配,至于科学技术干部,除部分由西北科学工作人员中设法调集外,其余由中国科学院人员中调配之。

分院院址根据开发西北资源的长远计划以在兰州为宜,但为了便于筹备并能直接取得西北党政机关的领导,分院筹备处拟暂时设在西安,俟兰州的院址建妥后再行迁往。原西安之筹备处可改为办事处或工作站。

为了加速分院的筹备工作,拟于中央批准后即在西安设立分院筹备处,并开始在兰州进行分院的基本建设,预计建筑面积为三千平方米。一九五四年首先在分院筹备处下建立一综合性的研究所,编制人数为一百人,经常费为二十亿,争取一九五六年内能在综合研究所的基础上正式成立分院。一九五三年九月。

同意筹备西北科学分院的初步意见,人选由你们提出意见,经西北局同意后再定。习仲勋 十一月二日 (院档54-1-2)(薛攀皋、季楚卿:《中国科学院史事汇要 1953 年》,中国科学院院史文物资料征集委员会办公室,1996 年,第214—215 页)

资料二(其他) 稼夫同志:张德生同志提议在兰州设立科学院分院的来信和你七月十三日的复函均阅悉(未查到张德生建议及张稼夫7月13日复函)。在西北设立科学院分院,是配合国家经济建设的一项重要措施,是很需要的。分院地址究应设在兰州或西安以及关于干部选定、经费核算、领导关系等问题,均请你们和西北方面商量确定,并于一个月内提出具体方案,报请文委转呈政务院和中央核准。(《习仲勋同志关于筹建科学院西北分院问题给张稼夫的信》,载薛攀皋、季楚卿《中国科学院史料汇编 1953 年》,中国科学院院史文物资料征集委员会办公室,1996 年,第111 页)

　　资料三(其他) 1949 年中国科学院在北京成立后,几近空白的西北科技事业的振兴问题,逐步引起了党中央、甘肃省委和中国科学院的高度重视。1953 年初,甘肃省委书记张德生、省委宣传部部长吴文遴分别向中央建议在兰州设立中国科学院分院,以利于开展西北地区的科学研究和教育工作。1953 年 7 月 11 日,中央人民政府政务院文化教育委员会办公室副主任徐迈进致函中国科学院党组书记兼副院长张稼夫,按政务院文教委副主任习仲勋"关于甘肃省委建议在兰州设立科学分院"事项,请张考虑并提出意见,即早见告,以便转请仲勋同志核定。同年 8 月 18 日,习仲勋副主任致函中国科学院党组书记张稼夫,指出"在西北设立科学院分院,是配合国家经济建设的一项重要措施,是很需要的",请中国科学院和西北方面就院址及干部选定、经费核算、领导关系等事项提出具体方案。中国科学院与西北行政委员会反复磋商后,向中央提出了筹建中国科学院西北分院的意见。(《中国科学院兰州分院》,载王扬宗、曹效业主编《中国科学院院属单位简史(第 2 卷·下册)》,科学出版社,2010 年,第 914 页)

　　资料四(其他) 《关于筹备建立中国科学院西北分院的补充意见》:"关于筹备建立中国科学院西北分院的初步意见"(草案),经第三十八次院务常务会议①修改通过后,曾征求西北意见,他们基本上同意。唯在筹备委员中提议增加盛彤笙(西北兽医学院院长、畜牧兽医专家)、涂治(新疆农林厅厅长、八一农学院院长)、孔宪武(西北师范学院生物系主任、植物学专家)三人;并提议主任委员由张德生担任,副主任增为三人,由辛树帜、盛彤笙、董杰担任。请院务常务会议讨论决定。院档 53 - 2 - 4。(薛攀皋、季楚卿:《中国科学院史事汇　1953 年》,第 175 页)

　　11 月,因预先指示学院制定研究生培养计划,故在高等教育部颁发《高等学校培养研究生暂行办法(草案)》会上,西北畜牧兽医学院代表做交流发言。

　　资料(传记) 盛彤笙先生十分注重学科建设。1953 年 11 月之前,西北畜牧兽医学院预先制定了兽医系寄生虫病学、家畜传染病学及畜牧系牧草

---

　　① 中国科学院第三十八次院务常务会议召开时间为 1953 年 11 月 14 日。

学的研究生培养计划,提交教育部主管部门审议。1953年11月,高等教育部颁发《高等学校培养研究生暂行办法(草案)》时,西北畜牧兽医学院在会上交流了学习苏联的经验。(张德寿:《纪念盛彤笙先生——写于中国农科院兰州畜牧与兽药研究所成立50周年之际》,载中国畜牧兽医学会、中国农业科学院兰州畜牧与兽药研究所编《一代宗师盛彤笙:盛彤笙先生学术思想研讨会文集》,第49页)

12月9日,由中央人民政府委员会任命为西北行政委员会财政经济委员会委员。

资料(证书) 1953年12月9日毛泽东主席签发通知书(见图168),任命盛彤笙为西北行政委员会财政经济委员会委员。

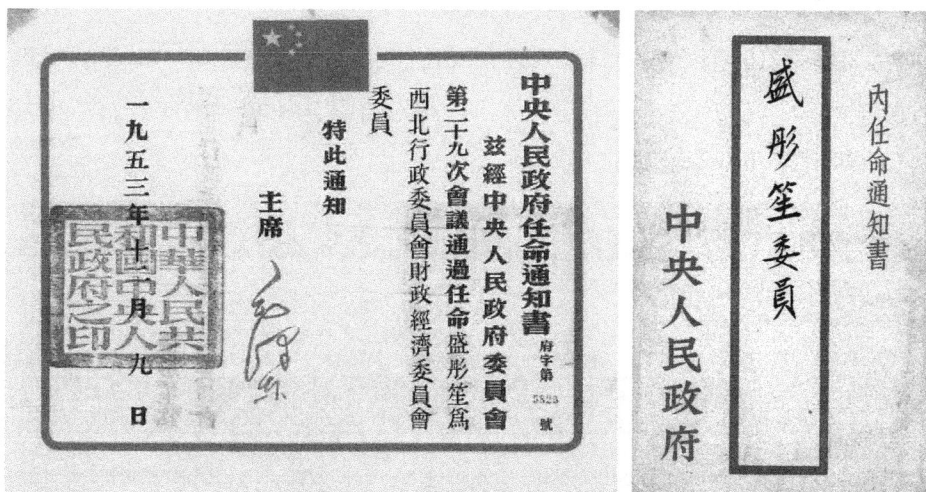

图 168

12月12日,中国科学院召开第四十二次院务常务会议,他被增聘为西北分院筹委会副主任委员。

资料(其他) 第四十二次院务常务会议记录

时间:一九五三年十二月十二日

地点:第二会议室

出席：李四光、张稼夫、竺可桢、吴有训、秦力生、杨钟健、钱三强、周太玄、恽子强。请假：郁文、曹日昌、陈宗器、张庆林、刘咸一。

主席：张稼夫。记录：黄墨谷。

讨论事项：一、关于成立西北分院的问题。会议讨论了西北地方对成立西北分院的意见后，同意增聘盛彤笙、涂治、孔宪武为西北分院筹委会委员，并以张德生任筹委会主任，辛树帜、盛彤笙、董杰任筹委会副主任，应即电复西北同意，并将原意见草案修订后报请文委批准。西北分院第一次筹委会暂定在一九五四年一月间召开。(《第四十二次院务常务会议记录》，载薛攀皋、季楚卿编《中国科学院史料汇编　1953 年》，第 174 页)

12 月 25 日，在西安参加西北行政委员会第一次会议，听取张治中关于我国过渡时期总路线总任务的传达报告。

资料一(照片)　1953 年 12 月 25 日，西北行政委员会第一次会议全体委员合影。一排左六起：赛福鼎、马明方、张治中、杨明轩、马鸿宾。三排右二：盛彤笙。(见图 169)

图 169

资料二（其他） 1953 年 12 月 25 日，西北行政委员会第一次委员会议在西安举行。出席会议的有西北行政委员会副主席张治中、马明方、杨明轩、赛福鼎、马鸿宾以及委员 29 人，列席会议 244 人。马明方主持了开幕仪式。张治中做了"关于我国过渡时期总路线总任务"的传达报告。马明方做了"关于 1953 年工作总结和 1954 年工作任务"的报告。汪锋、白如冰、蔡子伟分别做了"关于西北地区私营工商业社会主义改造问题""国家收购农民余粮问题""农业互相合作问题"等三个专题报告。会议还听取了陕西、甘肃、宁夏、青海、新疆和西安市人民政府的工作报告。（陕西省档案局［馆］编：《陕西档案精粹》，三秦出版社，2012 年，第 295 页）

资料三（其他） 12 月 25 日，西北行政委员会第一次会议在西安举行。西北行政委员会副主席张治中做了关于国家过渡时期总路线总任务的传达报告，副主席马明方做了关于西北地区 1953 年工作总结和 1954 年工作任务的报告，会议 31 日结束。（宁夏农业志编审委员会办公室编：《宁夏农业纪事 1912—1990》，宁夏人民出版社，1993 年，第 54 页）

12 月 30 日，中央人民政府政务院批复，同意中国科学院关于筹备建立西北分院的意见，并要求中科院积极筹备此项工作。

资料（其他） 1949 年中国科学院在北京成立后，几近空白的西北科技事业的振兴问题，逐步引起了党中央、甘肃省委和中国科学院的高度重视。1953 年初，甘肃省委书记张德生、省委宣传部部长吴文遴分别向中央建议在兰州设立中国科学院分院，以利于开展西北地区的科学研究和教育工作。1953 年 7 月 11 日，中央人民政府政务院文化教育委员会办公室副主任徐迈进致函中国科学院党组书记兼副院长张稼夫，按政务院文教委副主任习仲勋"关于甘肃省委建议在兰州设立科学分院"事项，请张考虑并提出意见，即早见告，以便转请仲勋同志核定。同年 8 月 18 日，习仲勋副主任致函中国科学院党组书记张稼夫，指出"在西北设立科学院分院，是配合国家经济建设的一项重要措施，是很需要的"，请中国科学院和西北方面就院址及干部选定、经费核算、领导关系等事项提出具体方案。中国科学院与西北行政委员会反复磋商后,向中央提出了筹建中国科学院西北分院的意见。当年 12 月 30 日,中央人民政府政务院批复政务院文化教育委员会,同意中国科学院《关于筹备建立中国科学院西北分院的意见》,并要求"中国科学院积极进行此项筹备工作"。(《中国科学院兰州分院》,载王扬宗、曹效业主编《中国科学院院属单位简史(第 2 卷·下册)》,第 914 页)

是年,陪同接待到校考察的西藏噶伦阿沛·阿旺晋美一行,并与对方达成开办三年制藏训班的协议。

资料(传记) 1953 年初西藏致敬团来到兰州,专程前往西北畜牧兽医学院参观。……仅隔几个月后,时任西藏噶伦、后任全国人大常委会副委员长的阿沛·阿旺晋美到全国各地参观访问后,也来到学院考察。代表团以西藏王公贵族为主要成员,所以盛彤笙对这次接待工作非常重视,事先做了周密的安排。据当年参加接待的 1950 级畜牧本科学生阎秀英回忆说,"西藏客人来学校时,我们班上几个女生参加接待,他们穿戴都很讲究,男男女女满身珠光宝气、绫罗绸缎,还喷着法国香水,有些贵族子女还在印度留过学,英语讲得很流利。学校用自制的奶酪、肉松、糌粑、冰淇淋接待他们。"在盛彤笙陪同下,代表团了解了学校的教学、科研、防疫治病和学生的生活情况,观看了各教研室、实验室和兽医新技术成果展览。在盛彤笙向代表团介绍了学校的建立和发展情况后,阿沛·阿旺晋美说:"西藏的牧区面积很大,畜牧兽医人才非常缺乏,我们也要办这样的学校,希望你们提供帮助,支持我们。"也就在这次参观访问后,学校和西藏代表团共同达成了为西藏开办三年制藏训班的协议。由西藏在中央民族学院选拔学员,西北畜牧兽医学院负责培训。(胡云安、陈贵仁、赵西玲:《远牧昆仑:盛彤笙院士纪实》,第 222 页)

是年,因学院现有校址规模无法满足发展需求,西北教育部和畜牧部主张另觅新址。

资料(其他) 随着教育事业的发展,学院规模逐步扩大,原有的校址已不能适应发展的需要,迁校成为学校的一个突出问题。当时,西北畜牧兽医学院位于兰州市小西湖,占地仅175亩。四周被铁路、市中心马路、公路和机关学校所包围,面积狭小,环境嘈杂。又无饲料基地,无法扩建。1953年,西北教育部、畜牧部主张另觅新址。(《甘肃农业大学》,载季啸风主编《中国高等学校变迁》,华东师范大学出版社,1992年,第1090页)

约是年,赴肃南牧区考察。

资料(照片) 盛彤笙(右一)在肃南牧区考察时与裕固族群众合影。(见图170)

图 170

1954年　　44岁

1月5日,出席陕西省第三届农业生产会议并发表讲话,分析陕西省畜牧生产之不足,指出畜牧业必须与工、农业发展相适应。

资料一(发言报告) 讲话指出:今年是我们第一个五年计划的第二个年度。根据我国第一个五年建设计划的基本任务,我们应当集中主要力量发展重工业,同时相应地发展农业,其中当然包括畜牧业在内。畜牧业也必须与工、农业的发展相适应,特别应当为农业增产服务,配合发展。但目前在这方面还存在一些问题。首先是全省耕畜还很不够,缺四十万头以上。其次,在肉类、动物油和蛋类的供应上,有些城市已经开始感到不能完全满足需要。因为耕畜缺乏,猪羊也还不够,所以又形成肥料不足的情况,使农业增产受到很大的影响,并造成豌豆、黑豆、菜籽等来做肥料的浪费现象。根据以上情况,可见在各种牲畜的生产方面都还有很大的发展必要,而其中又以耕畜的繁殖最为重要。而影响耕畜繁殖的重要的原因是母畜空怀。究其原因,可以归纳为五点:(一)饲养管理太差,使役太重,放松了配种。(二)种公畜缺乏。(三)对于役畜的调剂工作做得不够,不能刺激群众繁殖牲畜的情绪。(四)配种技术差,配种时间不准,以致受胎率不高。(五)流产严重。针对以上情况,为了减少空腹,增加繁殖,今后应当:(一)大力发展互助合作组织。(二)继续扶持民桩。(三)加强公营配种站的工作。(四)深入进行宣传教育,开展克服母畜空怀运动。同时,要增加牲畜的数量,除加强繁殖外,另一方面还要防治疫病,减少死亡。最后,希望各级党政和与会同志今后加强对畜牧工作的领导,特别要注意纠正许多区政府对于畜牧工作漠不关心的现象。(盛彤笙:《西北畜牧局副局长盛彤笙在会议上的讲话》,《陕西农讯》1954 年第 2—3 期,第 49—52 页)

资料二(其他) 陕西省第三届农业生产会议在一月五日到二十二日举行。会议根据国家过渡时期的总路线和总任务,结合陕西省具体情况,讨论和制定了全省一九五四年的农业生产计划。(《陕西省举行第三届农业生产会议制定今年全省农业生产计划》,《新华社新闻稿》1954 年 1 月,第 911 页)

1 月 15 日,中国科学院批准西北分院筹备委员会组成人员名单,他被聘为筹备委员会副主任委员。

资料一(证书) 1954 年 1 月 15 日,中国科学院聘任盛彤笙为筹备委员会副主任委员。(见图 171)

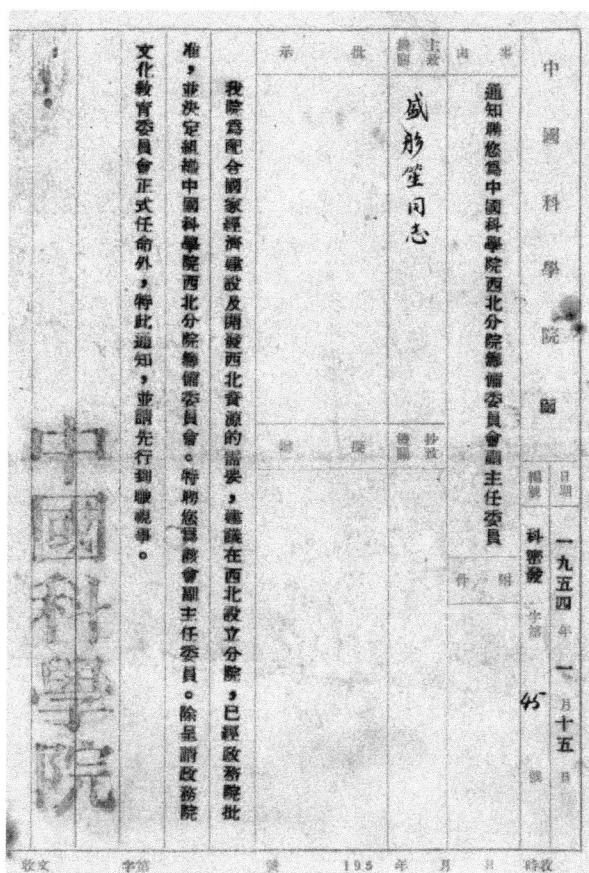

图 171

资料二（其他） 1954 年 1 月 15 日，中国科学院致函张德生及西北行政委员会，业已批准中国科学院西北分院筹备委员会组成人员名单，由甘肃省委书记张德生兼任主任委员（张于 1954 年 6 月由甘肃省委书记调任陕西省委第一书记）；辛树帜、盛彤笙、董杰任副主任委员，杨明轩等十二位为筹委会委员。（《中国科学院兰州分院》，见王扬宗、曹效业主编《中国科学院院属单位简史（第 2 卷·下册）》，第 914 页）

资料三（其他） 西北分院筹备委员会：主任张德生，副主任盛彤笙、辛树帜、董杰。（《中国科学院各单位领导干部名单（一九五四年）》，载中国科学院办公厅编《中国科学院资料汇编 1949—1954》，第 119—120 页）

资料四（传记）　先生深受时任中国科学院院长郭沫若先生的赏识，多次亲临府上探望，并请他主持中国科学院西北分院筹备委员会工作，虽然先生已担任西北[行政]委员会委员、西北畜牧局副局长等职务，肩上的担子已经够重了，为了祖国科学事业的发展，为了西北科学事业的开拓，他又满腔热情，怀着男儿西北有神州的创业情操，开始第二个创业生涯。这时，他已是一双儿女的父亲，贤惠的妻子、聪明伶俐的女儿和乖巧听话的儿子，是他事业的精神支柱和力量源泉，他呕心沥血筹建着中国科学院西北分院，同时又为兽医研究所的诞生搭建平台。1955 年他被中国科学院聘任为中国科学院学部委员（院士），成为我国畜牧兽医界的第一位院士。（苏普：《缅怀随笔——恩师盛彤笙百味人生》，载中国畜牧兽医学会、中国农业科学院兰州畜牧与兽药研究所编《一代宗师盛彤笙：盛彤笙先生学术思想研讨会文集》，第 75 页）

5 月 26 日至 31 日，西北行政委员会畜牧局召开西北区农牧民牲畜改良工作座谈会，总结经验，明确以后的工作任务。

资料（其他）　西北行政委员会畜牧局于五月二十六日至三十一日，召开了西北区农牧民牲畜改良工作座谈会。检查总结了一年来的牲畜改良工作，并研究确定了今后的方针任务。会议认为一年来的农牧民牲畜改良工作是有成绩的。一年来，各省畜牧干部积极努力、改进配种技术，改良了土种绵羊二十四万多只，大牲畜一万九千多头，还改良了土种猪一百七十多头。在工作过程中，有关单位利用各种机会，运用实际事例，进一步同农牧民宣传了改良牲畜的意义和好处，逐步扭转了当地群众不愿改良土种牲畜的思想，使他们相信了科学技术。同时，各省还培养了三百多个人工授精干部，甘肃、新疆两省并给二百六十九个农牧民积极分子教会了人工授精技术，为今后继续进行牲畜改良工作创造了有利条件。（《西北畜牧局召开牲畜改良工作座谈会》，《人民日报》1954 年 6 月 11 日第 2 版）

6 月 15 日，在西安人民大厦与竺可桢等座谈，讨论西北水土保持及科学研究工作，指出西北畜牧干部缺乏中高级人才，希望一些牧草专家来西北

工作。

资料(其他)　6月15日　星期二　下午三点在人民大厦会议室座谈西北水土保持及科学研究工作。由西北分院筹备处出面,辛树帜副主任主(任)[席]。到筹委盛彤笙(西北畜牧局副局长)、杨明轩(西北行政委[员]会副主席兼文委主任,因病迟到即退)、张仲实(西北局宣传部副部长)、岳劼恒、张伯声、虞宏正、董杰……此外水利局关局长、工程局邢宣理、代财经委员会(蔡致为)、李易方等。席间由辛院长致词后,余报告我们三人(竺、崔、萧)这次到西北来是参加黄河查勘工作。特别是注重关于水土保持问题。在二十多天中由内蒙[古]至山西而陕北而陇南。对于水土保持工作增加了一些认识。……次谈科学院筹备分院的任务和方针。请大家发表意见。西北财经委员会首先发言。说西北农林局筹备农业科学研究所已数年。地点在武功。希望能和院综合所合作。为分院组成部分。将来或尚须增设畜牧兽医所。次水利局关副局长说黄河工程局有相当力量可以支援分院综合所。希望能包括研究灌溉问题。……盛彤笙谈西北一千多畜牧干部。副教授阶级只一人。牧草专[家]如贾慎修、王栋。希望他们来西北。综合研究以在武功为宜。岳劼恒提能与大学结合。杨明轩抱病亦到会,但未讲话。散会后在七楼晚膳。(竺可桢:《竺可桢全集　第13卷》,上海科技教育出版社,2007年,第456—457页)

6月17日,西北行政委员会畜牧局在兰州召开西北区农牧民牲畜改良工作座谈会。

资料(其他)　1954年6月17日　西北行政委员会畜牧局在兰召开西北区农牧民牲畜改良工作座谈会。(甘肃省科技史志编纂部编纂:《甘肃科技志·大事记》,第25页)

6月28日至29日,参加西北行政委员会第二次会议。会议通过《关于撤销大区一级行政机构和合并宁夏省、西安市建制的实施方案》。

资料一(照片)　1954年6月28日,盛彤笙与出席西北行政委员会第二次会议的委员合影。一排左起:盛彤笙、范欲立、喜饶嘉措、张治中、马明方、杨明轩、马文瑞；二排左二起：包尔汉、成柏仁、邢肇棠、孙蔚如、师子敬、杨子廉；三排左起：张德生、汪锋、王恩茂、高桂滋、吴鸿宾、马锡五（左七）；四排左起：韩兆鹗、张凤翔、邓宝珊、赵寿山、张仲良、潘自力、白如冰、赵伯平、常黎夫。（见图 172）

图 172

　　资料二（其他）　西北行政委员会第二次会议在六月二十八日到二十九日举行。会议听取了西北行政委员会副主席张治中传达《中央人民政府关于撤销大区一级行政机构和合并若干省、市建制的决定》，并一致通过了西北行政委员会副主席马明方提出的《关于撤销大区一级行政机构和合并宁夏省、西安市建制的实施方案》。

　　会上，相继发言的有西北行政委员会副主席杨明轩，西北行政委员会委员汪锋、包尔汉、赵寿山、邓宝珊、邢肇棠、方仲如、韩兆鹗，宁夏省人民政府副主席马腾霭，西安市人民政府副市长陈式玉等二十六人。他们在发言中一致认为中央人民政府关于撤销大区一级行政机构和合并若干省、市建制的决定，是进一步加强中央统一领导和适应国家经济建设要求的正确措施，一致表示坚决拥护。

会议认为把宁夏省并入甘肃省建制、把西安市并入陕西省建制的措施，将便利于中央对省、市的领导，特别是为了适应国家对经济建设的要求。会议责成陕西省和西安市、甘肃省和宁夏省应迅即就合并的时间、步骤和其他有关问题共同研究提出方案，报经西北行政委员会审核后呈请中央人民政府核准执行。（《西北行政委员会举行第二次会议》，《人民日报》1954年7月2日第1版）

6月，参加学院第二届畜牧系毕业生典礼。

资料（照片） 西北畜牧兽医学院第二届畜牧系毕业院系师生合影。第一排左起：闫凤琴、姬连信、张殿谨、王荫昌、雍致诚、李治文、王瑞芳、闫秀英、郭运筹、王素香、宋英、黄毓魁。第二排左起：朱清韵、郑子久、杜仲叔、全善保、王超人、陈悦珩、卢得仁、王万寿、王普、黄席群、李友梅、李元放、吕锁昌。第三排左起：汶汉、胡治邦、刘文林、栗作云、陈北亨、朱宣人、盛彤笙、粟显倬、李高敏、廖延雄、李林海、蒋次升、谢铮铭。第四排左起：何振东、马学增、罗元芬、王殿兴、崔子文、雷焕章、杨增明、白鹏泳、张秀实、黄守仁、齐鸿瑞、李光武、褚振宇、董秀山、常士鉴、汪鸿儒。（见图173）

图 173

夏，一家四口同游兰州兴隆山。

资料（照片） 1954年，盛彤笙一家四口游兴隆山。前排左起：儿子盛天舒、女儿盛小端。后排左起：邹东明、盛彤笙。（见图174）

图 174

7 月初,中国科学院酝酿推选学部委员。

资料(其他) 酝酿推选学部委员:6 月 3 日,科学院通知筹备建立物理学数学化学部、生物学地学部、技术科学部和社会科学部(后改为哲学社会科学部),由吴有训、竺可桢、严济慈、郭沫若分别任相应学部筹委会的主任委员。7 月初,以院长郭沫若的名义向全国自然科学家发出 645 封信,请他们推荐学部委员人选。入选标准主要有三条,即在学术上的成就、在推动中国科学事业方面的作用和忠于人民的事业。社会科学方面,由社会科学部筹委会向有关专家个别征求意见。依据回收的推荐书等进行综合,11 月 11 日,院务常务会议第一次讨论 165 人的学部委员名单草案,后经向各方面征求意见,又根据中央政治局会议讨论成立学部等问题的精神,推选人数几经变动。翌年 5 月 15 日,院党组向国务院报送 235 人的名单。5 月 31 日,国务院第 10 次全体会议批准其中的 233 人。6 月 3 日,周恩来签发国务院命令,公布学部委员名单,其中物理学数学化学部 48 人,生物学地学部 84 人,技术科学部 40 人,哲学社会科学部 61 人。(樊洪业主编:《中国科学院编年

史 1949—1999》,第 43 页)

7 月 16 日,在西安参加中国科学院西北分院筹备委员会成立大会。17 日,致闭幕词,并参加分院筹委会第一次全体委员会议,讨论研究具体的筹备工作,在西安成立分院筹备处。

资料一(报道) 中国科学院西北分院筹备委员会于七月十六日在西安正式成立;十七日召开了第一次全体委员会议,研究组织机构、基本建设及调查西北区科学工作情况。成立会共开一天半。参加成立会的有筹委会主任委员、中共中央西北局委员张德生,副主任委员西北农学院院长辛树帜、西北畜牧局副局长盛彤笙、西北工学院副教务长董杰和委员十人及陕西省科普协会、西安科联……有关业务机关著名科学工作者代表共七十余人。……会上,西北行政委员会副主席张治中、副主席兼文教委员会主任杨明轩、中国科学院副院长竺可桢都讲了话。……中国科学院西北分院筹备委员会主任委员张德生,副主任委员辛树帜、盛彤笙、董杰,委员杨明轩、孔宪武、朱宣人、李赋都、岳劼恒、武伯纶、涂治、陈时伟、张仲实、冯直、张伯声、杨钟健、虞宏正。(《适应经济建设需要科学研究工作——一九五四年七月十九日西安〈群众日报〉关于中国科学院西北分院筹委会成立大会情况的报道》,载中国科学院西北分院筹备处编《中国科学院西北分院筹备委员会成立大会汇刊》,1954 年,第 72—74 页)

资料二(照片) 1954 年 7 月 17 日,中国科学院西北分院筹备委员会成立大会的与会代表合影。第一排: 左八朱宣人,左十二盛彤笙,左十四竺可桢。(见图 175)

图 175

资料三（发言报告）　各位首长、各位委员、各位同志：我们这次会议承蒙张、杨两位副主席亲临出席，特别是竺副院长冒着恶劣的气候由北京乘飞机赶来西安，三位首长都在会上作了许多重要的指示，又有各位同志的热烈参加，提出了许多宝贵的意见，使我们非常感谢，非常兴奋。这次会议的时间虽然很短，但是经过报告、讲话和讨论，取得了很大的收获，这些收获主要表现在下列四个方面：

一、进一步明确了科学工作应当遵循的方向，特别是更加明确了科学与政治之间的关系、科学与生产之间的关系以及理论与实践之间的关系。在这一方面，杨副主席的许多指示给了我们很大的启发。……

二、明确了分院筹备委员会的方针、任务：张主任委员在他的报告中所提出的分院筹委会的方针是："密切配合西北地区国家建设计划，组织西北地区的科学立项，培养科学研究人材，有重点有步骤地成立科学研究机构，为开展西北地区科学研究工作积极创造条件。"而分院筹委会的具体任务则是："（一）配合西北工业的发展，进行区域性自然条件与资源的调查研究工作，逐步开展有关液体燃料及其他工业化学方面的科学研究工作。（二）配合西北农、林、水利、畜牧业的发展，以黄河中、上游水土保持问题为中心，进行综合性的调查研究。（三）配合建设事业的发展，进行历史文物和考古的科学调查研究，以及开展西北地区少数民族的语言、文字、社会情况和风俗习惯的调查研究工作。"经过讨论之后，大家一致同意并且衷心拥护张主任所提出的这个方针任务，认为这样的方针任务既是完全符合于国家建设事业的需要，又是完全符合于西北的实际情况，因此也是完全正确的，我们必须在今后的工作中坚决贯彻、保证执行，才能使得分院筹委会的工作循着正确的轨道向前推进。……

另一方面也必须承认，我们的人数和力量同国家建设事业对我们的要求比较起来是很不相称的，甚至应当说是非常薄弱的。在这样一种矛盾的情况之下而想要把我们今后的工作做好，我认为我们必须注意下面三个问题：

一、研究计划的制定和研究工作的进行必须是符合国家过渡时期总路线的精神的……

二、在研究工作中必须发挥高度集体主义的精神，提倡集体的综合的研究……

三、深入学习苏联和认真总结群众经验。见图 176。（盛彤笙：中国科学院西北分院筹备委员会闭幕词，1954 年 7 月 17 日）

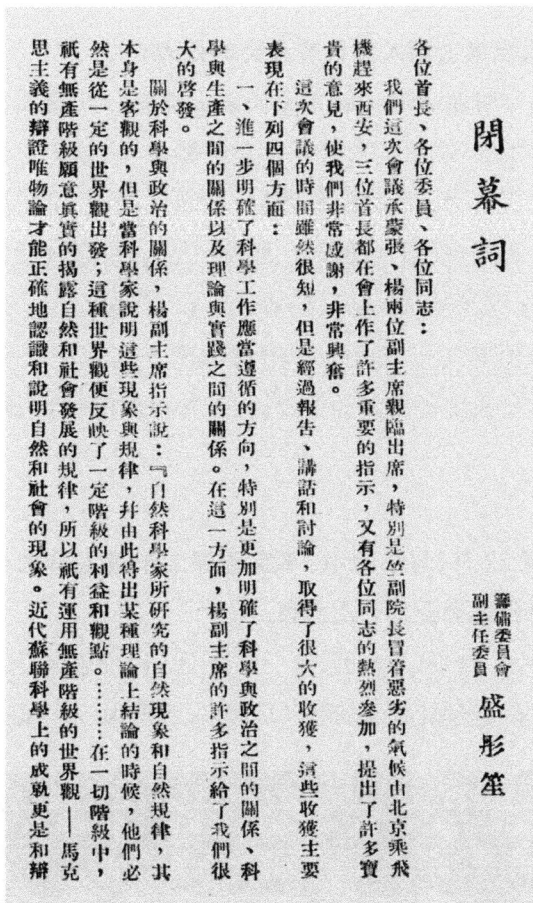

图 176

资料四（其他） 1954 年 4 月 8—18 日，在中国科学院负责同志主持下，拟定了西北分院筹备工作的初步方案并经中国科学院第 18 次常务委员会议讨论通过。7 月 16 日，西北分院筹委会在西安成立后，立即按《关于中国科学院西北分院筹备工作的初步方案》展开了筹备工作。次日，分院筹委会举行第一次全体会议，研究了组织机构、基本建设、调查西北自然资源和支持西北高等学校开展科研工作等问题，并在西安成立了分院筹备处，筹委会副主任委员董杰兼任主任，筹备处下设办公室，内置人事、计划、基建、行政、秘书等科室,负责日常工作。(《中国科学院兰州分院》,载王扬宗、曹效业主编《中国科学院院属单位简史(第 2 卷·下册)》,第 914—915 页)

8 月,当选为出席全国人民代表大会的代表。

资料(其他)　甘肃省第一届人民代表大会第一次会议在八月十六日开始举行。……参加会议的代表,经过反复酝酿讨论,以无记名投票方式选出张德生、张仲良、张治中、邓宝珊、杨明轩、马鸿宾(回)、黄正清(藏)、邢肇棠、霍维德、孙殿才、马腾霭(回)、马锡五、陈成义、达理札雅(蒙)、任谦、郭孟和、杨静仁(回)、盛彤笙、吴鸿宾(回)、杨复兴(藏)、马绍文(东乡)、周有才、薛万祥、郑立斋、杨子恒等二十五人为甘肃省出席全国人民代表大会会议的代表。(《甘肃省举行人民代表大会会议》,《新华社新闻稿》1954 年 8 月 20 日,第 3—4 页)

9 月 15 日至 27 日,与张治中、邓宝珊等二十五人参加中华人民共和国第一届全国人民代表大会第一次会议。

资料一(照片)　1954 年 9 月,第一届全国人民代表大会的甘肃代表合影。前排左起:盛彤笙、达理札雅、杨明轩、马鸿宾、张治中、邓宝珊。(见图 177)

图 177

资料二(其他)　中华人民共和国第一届全国人民代表大会代表名单。……甘肃省二十五人:任谦、吴鸿宾、邢肇棠、周有才、孙殿才、马绍文、马锡五、马鸿宾、马腾霭、张仲良、张治中、张德生、郭孟和、陈成义、盛彤笙、黄正清、杨子恒、杨明轩、杨复兴、杨静仁、达理札雅、邓宝珊、郑立斋、霍维德、薛万祥。(中华人民共和国第一届全国人民代表大会第一次会议秘书处编:《中华人民共和国第一届全国人民代表大会第一次会议文件汇刊》,人民出版社,1955年,第165页)

10月6日,召集西北畜牧兽医科学研究所的筹备会议,强调成立意义,提出办所方针,旨在建成西北地区畜牧兽医科研中心。

资料一(传记)　在西北大区撤销之际,西北畜牧部建议成立西北畜牧兽医研究所,得西北局、农业部批准。1954年10月6日,盛彤笙召集王济民、路德民、陈家庆、邓诗品等开会强调成立西北所的重要意义,并指出办所方针"从无到有,从小到大","边筹建,边研究","出成果,出人才",办成西北地区的畜牧兽医科研中心。(邓诗品、张歆:《我所知道的盛彤笙先生》,载中国畜牧兽医学会、中国农业科学院兰州畜牧与兽药研究所编《一代宗师盛彤笙:盛彤笙先生学术思想研讨会文集》,第29页)

资料二(其他)　经西北畜牧部(局)提出,于1954年10月,农业部、中共西北局批准成立一个以研究西北地区畜牧科学为主的畜牧兽医科学研究中心。所址设在兰州,名称为"兰州畜牧兽医科学研究所",并委派路葆清教授为筹备处主任,负责筹建。……1954年10月,西北行政委员会撤销,西北畜牧局决定在西安市西关畜牧部(局)原址筹建西北畜牧兽医科学研究所,从西北畜牧局抽调职工十二人为筹备处成员,在西北畜牧局原址开始办公。委派王济民、路德民为副主任,负责筹备工作。筹备处以"逐步充实、不断提高","面向牧区、面向生产、面向群众"的方针,坚持"课题结合生产,人员深入实际,以生产带动科研,以科研推动生产"的原则,在王济民副主任的主持下,由兽医师陈家庆、畜牧技术员邓诗品执笔拟定筹备方案,报中央农业部和中共中央西北局审批。1954年10月,西北局通知:鉴于兰州位于陕、甘、宁、青、新五省中心,是新兴工业城市,为大军区所在地,改定所址设在兰州。

（中国农业科学院兰州兽医研究所编：《中国农业科学院兰州兽医研究所志 1954年10月—1996年12月》，1997年，第1—2页）

11月8日，西北行政委员会撤销，他调任中国科学院西北分院筹备委员会第二副主任委员。

资料一（档案） 盛彤笙一九五〇年至一九五四年十月曾任西北军政委员会畜牧部副部长[①]。（《甘肃省委致江苏省委关于盛彤笙可享受副省级待遇的函》，1985年6月16日，江苏省农业科学院，盛彤笙干部档案）

资料二（其他） 11月6日，西北行政委员会举行第47次扩大行政会议，宣布中华人民共和国国务院已批准西北行政委员会11月8日撤销。会议通过了《执行西北行政委员会第二次会议〈关于撤销西北大区一级行政机构和改变宁夏省、西安市建制的实施方案〉的工作报告》。西北局则于12月10日宣布撤销。（范晓春：《中国大行政区：1949—1954年》，东方出版中心，2011年，第338页）

资料三（其他） 1954年6月，中央人民政府为了进一步加强对国家计划经济建设的集中统一领导，直接加强对省、市、自治区的人民政府的领导，减少组织层次和提高工作效率，决定撤销各大区行政委员会。11月，六个大区的行政委员会全部撤销。……1954年12月10日，根据中央人民政府《关于撤销大区一级行政机构和合并若干省市建制的决定》，西北行政委员会撤销。（缪平均：《西北军政委员会组织始末》，《陕西档案》2013年第1期，第21页）

资料四（传记） 1954年大区撤销，我调任中国科学院西北分院筹备委员会第二副主任。（盛彤笙：《庸碌的一生，平凡的自述》，第27—28页）

12月，专程到兰州为中国科学院西北分院选址，确定盘旋路东北侧宁卧庄为院址。

资料（其他） 依据中国科学院关于"分院院址根据开发西北资源的长远计划，以在兰州为宜"的要求，筹委会副主任委员盛彤笙、董杰于1954年

[①] 从正式聘任书来看，盛彤笙于1950年4月被聘为西北军政委员会畜牧部副部长，1953年5月被聘为西北行政委员会畜牧局副局长。

12月专程到兰州选址。甘肃省委第一书记张仲良对在兰州选址建分院非常关心和支持,亲自热情接待筹委会领导和选址人员,并说:"地方早准备好了。一块是泥窝庄(即现宁卧庄),一块是段家滩,由你们挑选。"经过认真选择,最后确定盘旋路东北侧宁卧庄共计1000亩建设用地。(《中国科学院兰州分院》,载王扬宗、曹效业主编《中国科学院院属单位简史(第2卷·下册)》,第915页)

是年,建议在中国科学院西北分院的直接领导下建立一所高水平的综合性兽医研究所。经研究决定,先在分院筹备处的领导下筹建兽医研究室和家畜病院。

资料一(传记) 1954年在他担任中国科学院西北分院筹备委员会副主任期间,为使我国兽医科学快速发展,他建议在中国科学院西北分院的直接领导下建立一所规模大、实力雄厚、人才聚集、技术设备先进、具有我国一流学术水平的综合性兽医研究所。经分院筹备委员会研究决定后,为了向兽医研究所过渡做准备,首先在分院筹备处的领导下筹建了兽医研究室和家畜病院,逐步开展了科学试验研究工作。(瞿自明:《缅怀我国著名兽医学家、兽医教育家盛彤笙先生》,载中国畜牧兽医学会、中国农业科学院兰州畜牧与兽药研究所编《一代宗师盛彤笙:盛彤笙先生学术思想研讨会文集》,第25页)

资料二(其他) 1954年,中国科学院在兰州筹建西北分院,时任中国科学院西北分院筹备处副主任的我国著名兽医学家、微生物学家、兽医教育家盛彤笙教授提出在西北分院的直接领导下,建立一所人才聚集、技术先进、具有一流学术水平的综合性兽医研究所,以促进和保障我国西北畜牧业生产发展的建议,被中国科学院西北分院筹备处采纳。经筹备处认真研究,决定先行筹建兽医研究室及附设家畜病院,为下一步过渡到建立中国科学院西北分院兽医研究所奠定基础。与此同时,根据盛彤笙先生的建议,将时任西北兽医学院兽医系主任、兽医学家、兽医教育家蒋次升教授调入西北分院,负责兽医研究室的筹建和具体业务工作。兽医研究室设行政办公室,下设图书室、仪器设备组、财务组,人事、科研工作由西北分院人事科和科研管理科统一管理。(《中国农业科学院兰州畜牧与兽药研究所所志》编纂委员会编:《中国农业科学院兰州畜牧与兽药研究所所志》,中国农业科学技术出版社,2018 年,第 1 页)

1955 年　　　45 岁

1 月 9 日,与竺可桢商谈西北农业生物所引进人才之事。

资料(其他)　1 月 9 日,星期日。午后董杰、盛彤笙、王育英三人来谈。盛提出要院大力支援农业生物所,要邓叔群、崔友文、钟补求、冯兆林、朱显谟、方正三及林镕。此外,要华中的叶培忠、剑桥的朱晓屏等。(竺可桢:《竺可桢全集　第 14 卷》,上海科技教育出版社,2008 年,第 81 页)

1 月 16 日,与竺可桢谈西北石油所建设事宜。

资料(其他)　1 月 16 日,星期日,晴,风。晨七点半起。上午十点晤吴正之。正之近锐意看俄文、物理学,一切会议可以不到均不到,如此方可有所成就。遇盛彤笙和董杰,谈西北石油所事。西北筹委已在市府获得五百亩地皮,在东门外河以南,但前[提]要派人去建立化工或石油所,只怕抽不出人。(竺可桢:《竺可桢全集　第 14 卷》,第 11 页)

1 月 28 日至 2 月 5 日,中国畜牧兽医学会在北京举行中华人民共和国成立后的第一次会员代表大会并正式复会,通过学会会章。他与王栋、马闻天等二十四人组成理事会,并选举陈凌风为理事长。

资料一(报道)　中国畜牧兽医学会于 1 月 28 日至 2 月 5 日举行第一次会员代表大会,并正式成立畜牧兽医学会,到会代表 41 人,邀请参加学术讨论者 20 人。会上听取了农业部畜牧兽医总局韩一钧副局长关于我国畜牧兽医工作情况的报告。

代表大会通过了学会会章,选举了理事。在第一次理事会中选出了陈凌风、任传九、程绍迥、汤逸人、张仲葛、熊大仕、郑丕留七人成立常务理事会,以陈凌风为理事长,任抟九、程绍迥为副理事长。

学术讨论为此次代表大会的中心内容之一,分着畜牧、兽医二组,在全国科联农林学科各专门学术讨论会的统一领导下进行。(易召仁:《中国畜牧兽医学会成立》,《科学通报》1955年第3期,第39页)

资料二(其他) 中国畜牧兽医学会通过几年的筹备,于1955年1月28日至2月5日在北京农业大学召开第三届全国代表大会,有二十二个省市的六十名代表参加。会议通过酝酿推选二十四人组成理事会,在第一次理事会上推出七人为常务理事,陈凌风担任理事长,任抟九、程绍迥担任副理事长,汤逸人、张仲葛为正副秘书长。

中国畜牧兽医学会第三届理事会名单

理事长:陈凌风　　副理事长:任抟九、程绍迥

秘书长:汤逸人　　副秘书长:张仲葛

理事:王栋、马闻天、许振英、熊大仕、汤逸人、盛彤笙、罗仲愚、任抟九、朱宣人、陈之长、程绍迥、张仲葛、赵庆森、郑丕留、邝荣禄、萨音、陈凌风、张荣臻、罗清生、冯焕文、黄异生、张龙志、王成志、张天翼

常委理事:陈凌风、任抟九、程绍迥、汤逸人、张仲葛、熊大仕、郑丕留

这次代表大会是新中国成立后畜牧兽医工作者一次团结的盛会,也是向科学技术进军的动员会,为开展学术交流提供便利。中国畜牧兽医学会在自然科学专门学会的领导下,归口中国农业部。(中国畜牧兽医学会编:《中国近代畜牧兽医史料集》,第340页)

春,高教部部长杨秀峰、副部长曾昭抡先后来西北畜牧兽医学院视察,同意迁校。经多方选址,确定在兰州大坪建院,并开始筹建工作。

资料一(其他) 西北畜牧兽医学院的西迁:西北畜牧兽医学院位于兰州市七里河区小西湖,最初占地14公顷,1958年为12.35公顷。1953—1955年,曾以学校发展规划无法扩建为由,提出另觅新址。西北教育部、畜牧部和国家高教部部长杨秀峰均持同样的主张。1954—1955年间,起初确定在兰州大坪建院,并开始基建准备工作。(甘肃农业大学校史编委会编:《甘肃农业大学校史》,第9页)

资料二(其他) 1955 年春,高教部部长杨秀峰、副部长曾昭抡先后来学校视察,同意迁校,经与甘肃省委共同商议,把兰州崔家崖的大坪——又称笈笈墩——作为新的院址,也就是黄河南面的台地,上面有晏家坪、彭家坪,地势平坦,视野开阔。当时的兰州市市长孙剑峰带领学院的领导,选了 3 000 多亩的地,开始边征地,边迁坟,边修路,边设计。最终因上水工程费用太大,高教部不同意动用教育经费而处于两难之间。(胡云安、陈贵仁、赵西玲:《图说甘肃农业大学 70 年》,第 253 页)

资料三(其他) 1955 年开始征地,并修通去大坪的道路。(《甘肃农业大学》,载季啸风主编《中国高等学校变迁》,第 1090 页)

5 月 7 日,陪同竺可桢及苏联科学院代表团至西北分院考察。

资料(其他) 5 月 7 日 星期六〔西安〕和 Герасимов、Велоусов、Ковда 到西安,住人民大厦 305 号。在站相接者盛彤笙、董杰,科联岳劼恒,科普侯宗济,农大余迪,副省长赵伯平,市长方仲如,地质局长白耀明、王恭睦,石油管[理]局局长张俊、沈晨、虞宏正,中苏友好协会李傅仁等。

晨六点半起。车已过洛阳,将到陕州。九点早餐。餐后分土壤、地理、地质三组讨论。土壤组由 K 领导,他和马、熊、侯诸人讨论如何编写《中国土壤》,预备写五百面,约十五万至二十万字,于明年五月完成。又谈到土壤室要成立独立之化验室。Г 在地理组,由罗来兴报告去年地形组工作,把南小沟地形图给他看。他认为未见土壤和植被图,不能提意见。实际植被图尚未制,而土壤图亦未完成,因此不能有一个整个规划图。B 谈中国地质书如何编法。(竺可桢:《竺可桢全集 第 14 卷》,第 81 页)

5 月 31 日,经国务院批准,成为生物学地学部学部委员。

资料(其他) 中国科学院学部委员名单 国务院命令:中国科学院学部委员名单共二百三十三人,已由一九五五年五月三十一日国务院全体会议第十次会议批准,现在予以公布。总理 周恩来 一九五五年六月三日。……(二)生物学地学部:丁颖…… 竺可桢、金善宝……盛彤笙……(《中国科学院学部委员名单》,载自然杂志编辑部编《1979 自然杂志年鉴》,

上海科学技术出版社,1980年,第53页)

6月1日至10日,参加中国科学院学部成立大会及主席团会议,当选为生物学地学部常务委员,并报告西北分院的筹备情况。

资料一(其他) 6月1日:中国科学院学部成立大会开幕,中央及政府领导,民主人士,苏联、波兰科学院代表团,捷克、匈牙利等国科学家,本院、各高校及有关部门负责人出席。郭沫若首先致开幕词,说明学部成立的意义;陈毅向大会和中国科学家致贺;全国人大常务委员会副委员长李济深、中国人民政治协商会议全国委员会副主席董必武、中央宣传部部长陆定一在会上讲话;苏联科学院代表团团长巴尔金院士、波兰学院代表团团长维日比茨基院士应邀致词;动物学家秉志、历史学家陈垣、数学家陈建功、化学工程学家侯德榜分别代表生物学地学部、哲学社会科学部、物理学数学化学部、技术科学部四个学部发言。中国科学院学部成立大会主席团名单(以姓名笔画为序):丁颖、李四光、吴玉章、吴有训、竺可桢、秉志、周仁、周扬、茅以升、茅盾、范文澜、胡乔木、侯德榜、马叙伦、马寅初、陈伯达、陈垣、梁希、郭沫若、陶孟和、盛彤笙、庄长恭、许杰、张稼夫、曾昭抡、冯德培、华罗庚、杨献珍、赵忠尧、刘仙洲、潘梓年、包尔汉、蔡翘、钱三强、钱俊瑞、钱崇澍、戴芳澜、钟惠澜、严济慈。中国科学院学部成立大会主席团执行主席名单……六月九日,陈伯达、曾昭抡、盛彤笙。(王忠俊编:《中国科学院史事汇要 1955年》,中国科学院院史文物资料征集委员会办公室,1995年,第45—47页)

资料二(其他) 中国科学院学部成立大会主席团第一次会议记录

时间:一九五五年六月三日上午十一时

地点:北京饭店新三楼二十二号

出席:丁颖、吴有训、竺可桢、秉志、周仁、茅以升、范文澜、侯德榜、郭沫若、陶孟和、盛彤笙、许杰、张稼夫、曾昭抡、冯德培、杨献珍、赵忠尧、刘仙洲、潘梓年、包尔汉、蔡翘、钱崇澍、戴芳澜、钟惠澜、严济慈

列席:秦力生 主席:郭沫若

一、大会进行程序及有关问题

会议听取了郭沫若院长关于大会进行程序及各项问题的报告,同意该

报告,并做出下列几项决定:(一)大会发言人由各学部的分组每组推选一人,发言时间为一刻钟,发言稿尽可能于会前印发;(二)各学部推选常务委员会委员,为便利开会,常务委员人选以在京委员占半数为原则;(三)为使委员能有阅读文件的时间,会议决定在大会期间,一切院外邀请委员参加之活动均留在会后举行。纪录:黄墨谷。(王忠俊编:《中国科学院史事汇要 1955年》,第51—52页)

资料三(其他) 中国科学院学部成立大会主席团第二次会议记录

时间:一九五五年六月七日晚八时半

地点:北京饭店新七楼会议室

出席:丁颖、吴有训、竺可桢、秉志、茅以升、范文澜、侯德榜、郭沫若、盛彤笙、许杰、冯德培、赵忠尧、刘仙洲、潘梓年、包尔汉、蔡翘、钱三强、戴芳澜、严济慈

列席:秦力生、恽子强、童第周、赵飞克

主席:郭沫若

讨论事项:

一、四个学部主任、副主任人选业经国务院通过,会议决定宣布该结果。(附名单)

二、会议提出四个学部常务委员会委员候选名单草案,决定印发各学部,作为选举常务委员会委员的参考。

三、会议修订中国科学院学部暂行组织规程第五条:学部委员会会议每年召开一次,学部常务委员会会议每月召开一次,必要时,学部主任得召开临时会议。(王忠俊编:《中国科学院史事汇要 1955年》,第54—55页)

资料四(其他) 6月7日 星期二 学部成立大会第七天。晨六点起。上午大会继续听取委员发言。今日上午发言者有张大煜、叶企孙、翦伯赞、罗宗洛、冯友兰、蔡翘、王湘浩、盛彤笙、陈望道、王应睐、杨石先、卢嘉锡、李文采等。杨石先指出联系的重要,而首先院应与高等学校联系。学部委员中有九十多名是高等学校同人,占1/3。院研究人员只二千多,而高校则有三万人。组织方法第一步了解研究力量。叶企孙亦提学部委员第一个任务是了解情况,对于高教部设置专门化,学部应可帮助,并举北大物理系与应

用物理所为例。王湘浩建议成立一个科学资料供应机构,尽量搜集科学重要文献。罗宗洛主张接受产业部门的问题,须事先仔细讨论,举华南垦殖局为例。蔡翘主张抓住中心问题,掌握全国研究情况。(竺可桢:《竺可桢全集 第14卷》,第81页)

资料五(报道) 我对于科学院五年计划纲要中以及关于贯彻院长顾问柯夫达同志的建议的报告中所提出的今后将以西北为重点,在兰州、西安、乌鲁木齐建立科学研究基地的决定,尤其表示热烈的拥护。

西北地区习惯上包括陕西、甘肃、青海和新疆四省,面积占全国三分之一强,地上和地下蕴藏着极其丰富的自然资源。为了发展西北地区的科学事业,中国科学院在去年设立了西北分院筹备委员会。一年以来,分院筹备委员会在中国科学院的领导之下,主要进行了兰州、西安、武功三地研究所址的勘定和总体布置的规划,并在武功进行了西北农业生物研究所的筹建,今年还要在兰州、西安、武功三地进行较大规模的基本建设,并正式成立西北农业生物研究所和筹备兰州的西北综合研究所。

听了陈副总理的报告以后,我们西北的科学工作者感到无比的兴奋。我们热烈拥护党和政府在内地和边疆区域建立和发展科学机构的措施,我们认为这一措施不但与我们祖国社会主义建设事业有极其重要的关系,而且也关系着我们子孙万世的繁荣和幸福。我们相信所有爱国的科学家都将会以实际的行动来响应党和政府这一伟大的号召,为内地和边疆的建设事业献出他们的力量。

西北地区是有着极其丰富的研究题材的。在郭院长的报告中所出的科学院在第一个五年计划中的重点研究工作中,除自然区划和经济区划的研究、我国过渡时期经济建设中基本理论问题的研究和中国现代近代史与现代近代思想史的研究,是全国性的问题,自然都与西北地区有关之外,在其余八项重点之中,石油地质和石油问题的研究、地震的研究和黄河流域规划的调查研究等三项,主要都是要在西北地区进行的。

从长远的研究计划来说,西北地区是我国的大后方,兰州和西安是我国后方的重要工业基地,黄河蕴蓄着极其雄厚的水力资源,全部开发以后可以供给相当于九亿人的劳动力的电力,对于我国社会主义建设事业将有不可估量的贡献。西北的农业和畜牧业都有着极其广阔的发展前途。西北还有许多人迹没有到过的处女地有待科学家的探险和勘察,其中存在着许多新的动植矿物等待着科学家去发现和利用。西北曾是我国文化发祥之地,埋藏着许多历史文物可供考古学家的发掘。西北有十几种兄弟民族,他们的风俗和语言,需要加以研究。西北有着晴朗的天空,有利于天文的观测和日光能的利用的研究。对于宇宙线、冰川、黄土等方面的研究,西北也存在着优越的条件。特别是兰新铁路在几年之后就可以通车,将使西北的科学工作者更便于学习苏联和东欧各人民民主国家的先进经验,便于与全国各地科学工作者联系合作,取得他们在学术上的协助。

仅仅以上所讲的这些已经足够说明西北的科学天地是如何无限地辽阔,科学家们在西北将可获得如何广大的用武的园地。(盛彤笙:《在中国科学院学部成立大会上的发言》,《光明日报》1955年6月10日第3版)

资料六(其他) 6月8日 星期三 今晨在院及北京饭店四组各读论文。……晚发表各学部常委候选人名单,计生物地学组二十二人如下:

动物:秉志 陈桢 童第周

植物:钱崇澍 戴芳澜 殷宏章

农学:陈凤桐 丁颖 侯光炯 盛彤笙

医学:黄家驷 沈其震 张锡钧

地质:李四光 侯德封 尹赞勋 杨钟健 许杰 黄汲清[①]

气象:涂长望 竺可桢

讨论至九点散。(竺可桢:《竺可桢全集 第14卷》,第107页)

资料七(其他) 6月10日 星期五 上午学部分组会议座谈检讨胡风集团。下午各学部选举常委。四点闭幕大会。……午后三点生物地学组票选常委,计有六十七人投票,选举得67票者十人,66票者十二人。四点开闭幕大会。有各学部报告票选结果后,通过两个决议后,郭院长做闭幕演讲。(竺可桢:《竺可桢全集 第14卷》,第108—109页)

资料八(其他) 6月10日[星期]五 学部成立大会主席团召开第三

---

① 名单中少一人,据6月11日所记,可能是地质组少了武衡。

次会议,讨论《中国科学院学部成立大会决议》……各学部选举学部常务委员会委员,下午召开全体会议,宣布其结果。全体会议在通过《中国科学院学部成立大会决议》《中国科学院学部成立大会关于建议严惩胡风反革命集团的决议》后,学部成立大会闭幕。(王忠俊编:《中国科学院史事汇要1955年》,第 55 页)

资料九(其他) 中国科学院 1955 年院本部组织机构:生物学地学部主任:竺可桢。副主任:黄汲清、童第周、许杰、陈凤桐、尹赞勋。常务委员:丁颖、尹赞勋、李四光、沈其震、竺可桢、秉志、武衡、侯光炯、侯德封、涂长望、殷宏章、陈桢、陈凤桐、张锡钧、盛彤笙、许杰、黄汲清、黄家驷、童第周、杨钟健、钱崇澍、戴芳澜。委员:丁颖、尹赞勋……顾功叙等八十四人。(王忠俊编:《中国科学院史事汇要 1955 年》,第 132 页)

6 月 11 日,参加生物学地学部常务委员会第一次扩大会议,讨论学部常务委员会的分工及重点发展工作,与陈凤桐共同负责农、林、土壤组的工作。

资料一(其他) 生物学地学部常务委员会第一次扩大会议

时间:一九五五年六月十一日下午三时

地点:北京饭店七楼第一会议室

出席人:竺可桢、许杰、童第周、陈凤桐……丁颖、盛彤笙……

主席:竺可桢

讨论问题

(一)学部常务委员会的分工问题

(1)按照学科分组,由常务委员分工领导:由于生物学地学部所包括的范围相当广泛,有必要在常务委员会中,按照学科性质分成植物,农林、土壤,动物,医学、基础医学、心理,地质、古生物,地球物理、地理六个组,全体学部委员根据所属学科分别参加各该组。每组由常务委员会推定有关常务委员一至二人分工负责领导,协助常务委员会处理和研究各该学科中学术和有关学科的各项重要问题。至学部的日常工作由学部办公室办理。各组负责人如下

动物组：童第周

植物组：钱崇澍、戴芳澜

农、林、土壤组：陈凤桐、盛彤笙

基础医学、医学、心理组：沈其震

地质、古生物组：尹赞勋、侯德封

地球物理、地理组：涂长望

（2）重点和发展工作的分工：根据生物学地学部在第一个五年计划内的重点和发展工作，除黄河和华南热带植物资源开发两项工作由院部和本学部共同筹划组织外，其他各项工作，亦由有关常务委员分工，负责筹划组织。并根据需要，聘请非常务委员(学部委员)参加……

（二）一九五五年重要会议的筹备……(王忠俊编：《中国科学院史事汇要 1955 年》，第 58—59 页)

资料二（其他） 6 月 11 日 星期六 上午院中约请全体学部委员谈话。午后开第一次学部常委[会]。……午后三点开第一次学部常委。到动物组秉志、陈桢、童第周；植物戴芳澜、钱雨农、殷宏章；农陈凤桐、盛彤笙、丁颖；医黄家驷、张锡钧；地质武衡、尹赞勋、许杰、杨钟健；地理竺可桢。推定各组组长为童第周、钱雨农、陈凤桐、盛彤笙、沈其震、尹赞勋、侯德封、涂长望。(竺可桢：《竺可桢全集 第 14 卷》，第 109 页)

资料三（其他） 6 月 11 日 六 召开学部联席会议，陈毅到会讲话，重申科学院应当领导全国科学研究工作，并对院务常务会议领导学部问题做了说明。下午召开第一次学部常务委员会议。(王忠俊编：《中国科学院史事汇要 1955 年》，第 56 页)

7 月 5 日至 30 日，第一届全国人民代表大会第二次会议在北京召开。在 27 日的大会上，与沈其益等提交《请指导农民并研究改进各种油饼的利用案》。同时，还与戴芳澜等提交《加强农业科学研究，贯彻增产的技术措施，以保证增产计划的实现案》。

资料一（发言报告） 提案第一百十九号。提案人：盛彤笙、沈其益、孙德和、虞宏正。案由：请指导农民并研究改进各种油饼的利用案。理由：我国每年生产有大量各种的油饼,共中含有丰富的蛋白质和淀粉等营养料,以豆饼为例,其中含有蛋白质达百分之四十,淀粉百分之三十。

我国农民习惯以各种油饼作为直接上地的肥料,故五年计划草案中计划于五年内供应农民饼肥一千四百五十七万吨。但这是一种很不经济的利用自然的方法。以大豆为例,全国平均产量每亩约一百一十市斤左右,约可榨油十四五市斤,将榨油剩余的豆饼上地,无意于将劳动所得的收获大部分又复归还于土中,这是人力、物力的一种极大的浪费,何况油饼中所含剩余的油脂对于作物还有不利的影响。

我国家畜饲料目前极感缺乏,中央农业部历任总顾问卢森科和巴列金都曾一再强调应当将油饼用作家畜饲料,不应直接用作肥料。前政务院财政经济委员会一九五四年四月《关于发展毛猪生产的指示》和一九五四年八月《关于国营农场及生产合作社发展养猪的指示》中,也都曾指出应当教导农民用油饼喂猪积肥,这样并不减低油饼的肥效。五年计划草案中计划于五年内供应农民饼肥一千四百五十七万吨,即平均每年二百九十余万吨。这些饼肥若用以喂猪,每年约可生产猪肉七十余万吨(按油饼四斤生产猪肉一斤计);如能以此项猪肉外销,可换回钢材三百五十余万吨,或其他同等价值的物资。

我国粮食目前仍不充裕,人的食物中蛋白质也很不够,五年计划草案中计划五年内每年平均增产粮食百分之三点三,即约粮食五百七八十万吨。但另一方面每年却用蛋白质极为丰富的油饼二百九十余万吨去上地,约相当于增产粮食的一半,这是很不合理的。

此外,我国工业原料亦感不足,而大豆中的蛋白质可以制造各种塑料和人造纤维,用豆饼作为肥料也是很可惜的。

办法:(一)教育、指导和协助农民利用各种油饼喂猪积肥,逐渐减少供应油饼作为直接上地肥料。(二)请轻工业和粮食部门会同科学研究机构研究如何利用各种油饼作为食品,如何利用油饼制作各种配合食粮。(三)请轻工业部门会同科学研究机构研究如何利用豆饼制造各种塑料和人造纤维。(盛彤笙等:《请指导农民并研究改进各种油饼的利用案》,载第一届全国人民代表大会第二次会议秘书处编《中华人民共和国第一届全国人民代

表大会第二次会议提案》,1955年,第172—173页)

资料二（其他）　提案第一百〇四号。提案人：戴芳澜、杨惟义、沈其益、盛彤笙、金善宝。案由：加强农业科学研究,贯彻增产的技术措施,以保证增产计划的实现案。理由：五年计划规定的农业增产任务是巨大的,特别是头两年都没有完成增产计划,致使农业发展落后于工业发展的状况更加显著。因此,在今后三年中,必须竭尽一切力量来完成增产任务。科学技术工作赶不上生产的需要,是当前发展农业生产的关键性问题之一。为了迅速改变这种情况,一方面要加强科学工作组织的领导,充分发挥科学人员的潜在力量,解决增产关键问题;同时各级政府领导和农业部门要特别珍视已有科学研究成果,加强推广,把增产技术措施迅速发挥到生产中去。为此,特别提出以下建议。

办法：（一）关于加强科学研究。1.设立全国农业科学研究的领导机构,加强领导力量。有计划地筹设专业研究所,以便通盘筹划,掌握重点,有效地组织研究工作。2.增聘苏联专家,加强对研究工作的指导,以便更快地学习苏联先进经验,提高科学水平。派送水平较高、经验丰富的科学人员赴苏进行短期专业学习。3.加强农业部研究机构、中国科学院各所和高等农业院校之间的密切协作,鼓励和帮助高等院校进行研究工作,发挥它的潜在力量。发挥科联各专门学会的积极作用（可设协调机构）。4.采取措施,有效地提高专县农场技术人员的业务水平。增加必要的设备和试验经费,使能确实担负区域性的试验工作,并发挥其生产示范作用。

（二）关于深入贯彻技术措施。各级政府领导和农业部门要重视科学研究成果,组织力量加以推广,并请注意以下几项工作：1.健全各级良种繁育管理机构,认真做好良种推广和保纯工作。2.健全各级病虫防治和检疫机构,调查全国病虫分布及危害情况,逐步设立预测预报制度,充分供应药械,加强防治和检疫措施。3.健全各级畜疫的预防和治疗。4.提高技术推广站技术人员的业务水平。（戴芳澜、盛彤笙等：《加强农业科学研究,贯彻增产的技术措施,以保证增产计划的实现案》,载第一届全国人民代表大会第二次会议秘书处编《中华人民共和国第一届全国人民代表大会第二次会议提

案》,第143—144页)

7月23日,竺可桢与张稼夫讨论,提议盛先生出任中国科学院西北分院西北综合所所长。

资料(其他) 7月23日,星期六。十一点离院时觉左足小趾的鸡眼疼痛,几不能行。至王府井国际书店,并至附近购照相器材。回后张副院长来谈西北分院事,要盛彤笙、袁翰青为西北综合所正、副所长。(竺可桢:《竺可桢全集 第14卷》,第137页)

7月26日至27日,参加生物学组学部委员座谈会,讨论西北农业生物所的建设方针与任务。

资料一(其他) 7月26日,星期二,晴。上午召集生物组学部委员。下午人民代表大会。晨八点至院。约童第周、许杰、陈凤桐(陈后到)和院中生物地学组学部工作人员见面。工作人员除过兴先、(施雅风)外有宋振能(植物)、薛攀皋(动物、海洋)、沈菊英(真菌、遗传、土壤)、施琼芳(水生、生理、心理)、王明业(地质、地理、古生物)、许孟英(地物)、沈健(古脊椎)九人。有208号。谈二十分钟后即开座谈会。今日到委员四十一人,丁颖、沈其震、秉志、侯光炯、殷宏章、陈桢、陈凤桐、盛彤笙、黄家驷、童第周、钱崇澍、戴芳澜、蔡邦华、刘崇乐、吴英恺、林巧稚、周泽沼、陈世骧、张景钺、张肇骞、汤佩松、俞大绂、梁希、戴松恩、陈文贵、诸福棠、贝时璋、刘承钊、秦仁昌、陈焕镛、金善宝、杨惟义、梁伯强、冯德培、虞宏正、蔡翘、潘菽、王家楫等。(竺可桢:《竺可桢全集 第14卷》,第139页)

资料二(其他) 7月27日,星期三。上午开学部生物学组会议。下午人民代表大会。晨六点起。上午八点至院。与童第周、过兴先、陈凤桐等谈今日讨论节目。八点三刻座谈会讨[论],生物学学部委员卅人左右。首谈华南综合研究所。关于地点方面有不同意见,陈焕镛主张迁广西,也有人赞同其说,因其为华南适中地点。次谈西北农业生物所方针、任务,大家对于以水土保持为中心均赞同。因时间关系未能充分讨论,请丁颖、陈焕镛、张肇骞、吴征镒四人考虑前一问题,邓叔群、盛彤笙、虞宏正、戴松恩考虑后一问题,得结果后再报告学部,并定后日上午开学部常委[会]。(竺可桢:《竺可桢全集 第 14 卷》,第 139—140 页)

7 月 30 日,参加中科院生物学地学部常务委员会第二次会议,讨论下半年的工作,与虞宏正等五位委员领导西北农业生物研究所,共同草拟黄河流域的水土保持方案。

资料一(其他) 中国科学院生物学地学部常务委员会第二次会议记录

时间:一九五五年七月三十日

地点:文津街三号第一会议室

出席:尹赞勋、沈其震、竺可桢、秉志、武衡、侯光炯、侯德封、涂长望、殷宏章、陈桢、盛彤笙、黄家驷、杨钟健、钱崇澍、戴芳澜

列席:过兴先及学部办公室全体同志 主席:竺可桢主任 记录:薛攀皋

报告:

一、各常委分工下重点所检查除地质所已结束,遗传栽培室与昆虫所尚在进行外,其他各单位因开展肃清一切暗藏反革命分子学习运动,暂停或延至九月进行。

二、若干研究单位方针任务问题,根据上次座谈会结果:华南植物研究所发展为华南综合研究所,以华南热带植物资源的开发利用为中心任务,请丁颖、张肇骞、陈焕镛、吴征镒四委员负责草拟筹备意见,西北农业生物研究所以研究黄河水土保持为重点,请盛彤笙、虞宏正、戴松恩、邓叔群、侯光炯五位委员草拟方案。微生物研究所建立问题请戴芳澜、殷宏章、邓叔群三位委员会同汤飞凡、方心芳先生研究提出筹备意见。(王忠俊:《中国科学院史事汇要 1955 年》,第 72 页)

资料二(其他) 7 月 30 日,星期六。上午地学生物组常委开会。下午人民代表大会闭幕。晨八点到院。八点半开(人民代表大会),[地学生物组]常委到黄家驷、武衡、秉志、陈桢、尹赞勋、杨钟健、侯德封、沈其震、侯光炯、涂长望、殷宏章、盛彤笙、钱崇澍、戴芳澜、竺可桢十五人。余报告后,首谈 1955 年工作计划纲要,由过兴先做说明。次谈新设各单位如西北农业生

物所、综合所、西南综合所、新疆分站等。次谈常委如何分工问题。至十二点散。(竺可桢:《竺可桢全集 第 14 卷》,第 141 页)

夏,高教部部长杨秀峰再次来兰与甘肃省委商定学院选址之事,并提出"文化西流"战略。省委书记张仲良提出学院应到河西选址,遂停止大坪基建,最后选定在武威黄羊镇建校。

资料一(发言报告) 同年(1955)杨秀峰部长来兰州视察时与省委商议,决定把学院迁往河西,于是停止了大坪的基建。9 月中下旬,学院主要领导带领有关人员,两次沿兰新铁路向西勘察院址。先后勘察五处,经过分析对比,认为黄羊镇比较适宜。这时甘肃省委决定要把黄羊镇建成十万人口的文化城市,水、电亦可解决。为响应"文化西流"的号召,学院接受了省委关于在黄羊镇建院的决定。(《甘肃农业大学》,载季啸风主编《中国高等学校变迁》,第 1090 页)

资料二(其他) 1955 年夏,高教部部长杨秀峰再次来兰与省委商定选址之事,并提出了"文化西流"战略。省委书记张仲良当即提出西北畜牧兽医学院应到河西寻找新的院址,通知学校停止在兰州周边的选址。8 月,学院组织有关领导到永登、武威、张掖作实地勘察,几经比较,认为武威城南黄羊镇具备建校的若干条件:一是处于农区,靠近牧区,不仅能满足畜牧兽医教学研究的需要,而且可以适应增设农学专业的要求;二是土地广阔,适合发展,能满足数千人的高等农业院校建校址和建农场的需求;三是交通方便,有水有电,具备全体师生在工作、学习和生活上的物质供应的起码条件。(胡云安、陈贵仁、赵西玲主编:《图说甘肃农业大学 70 年》,第 253 页)

8 月下旬,中国科学院西北分院接到科学院的指示,责成分院筹委会自行筹设兽医研究室,同时决定由物理、地质、石油、地球物理等研究所和天文台以及中国科学院图书馆分别在兰州设置研究室、台站和分馆等。

资料(论文) 八月下旬,我们接到科学院的指示,除责成分院筹委会自行筹设兽医研究室外,决定由物理、地质、石油、地球物理等研究所和天文台以及中国科学院图书馆分别在兰州设置研究室、台站和分馆等。这无疑都是西北地区目前最迫切需要的研究和观测机构。科学院的指示同时通知我们将于院务常务会议上讨论西北分院的工作,特别是西北农业生物研究所的方针任务和工作方案以及在兰州建立研究室、台、站和图书馆兰州分馆的方案,因此从九月份起我们便积极进行了准备工作。关于西北农业生物研究所的方针任务和工作方案,经过一年多以来所内的讨论和所外的各方面酝酿和商谈以及院部的指示,已经日益接近成熟,九月中旬由该所写成书面材料,经西北分院筹备处加注意见,报送科学院审核研究,关于在兰州筹建研究机构的方案,经各有关所、馆、台交换意见后,我们也写成了一个初步方案的草稿,报送科学院供作讨论的基础。(盛彤笙:中国科学院学部成立大会及第四十四次院务常务会议的传达报告,1955 年)

9 月,学院的四名毕业生到西北分院筹备处兽医研究室工作,安排他们到高等院校进修学习。

资料一(传记) 1955 年 9 月,我到中国科学院西北分院筹备处报到后,盛先生对我讲,你一辈子做两件事:一是民间阉割术的研究,二是针灸研究。前者是在陈北亨教授的指导下逐步学会了调查研究的设计和调查方向等方法,在三到五年的时间内,就完成调查和实践操作,并编写了《中国民间阉割术》一书,它是中国民间的一项优秀成果,超越了世界水平,如小母猪卵巢摘除技术,只需 24 秒钟即可完成手术的全部过程。技术送上门,不要助手,也不需要手术室及手术台,这是在甘肃省农业展览会上表演的。同时在农业展览会上向苏联兽医专家和畜牧专家做出了同样表演。(肖尽善:《回忆和怀念盛彤笙先生有感》,载中国畜牧兽医学会、中国农业科学院兰州畜牧与兽药研究所编《一代宗师盛彤笙:盛彤笙先生学术思想研讨会文集》,第69 页)

资料二(传记) 盛彤笙先生不但学识渊博,治学严谨,而且对科技人才的培养尤为重视。兽医研究室成立初期,对分配和调入该室的 25 名科技人员和科研辅助人员,根据研究所学科发展的需要和自愿原则,分期分批送往高等院校进修学习,以提高其基础理论知识和实际操作能力,1955 年由西北畜牧兽医学院(甘肃农业大学的前身)毕业分配来室的四名应届毕业生中,一人(张振兴)送大连医学院,在刘思职教授的指导下进修学习,后转至北京留苏预备部学习俄语,为送苏联留学做准备;一人(许登艇)送北京农业大学(中国农业大学的前身),参加由该校举办的苏联专家尼古拉恩格教授主讲的兽医微生物学噬菌操作技术,后转送至中国兽医监察所学习奶牛布氏杆菌病的诊断技术;一人(肖尽善)送甘农大,在陈北亨教授的指导下学习畜禽去势(骟割术)术,后又送河南整骨医院学习中医的整骨、接骨技术,为开展中兽医学的骟割、骨折研究作准备;一人(王应文)送甘农大进修内科学。(瞿自明:《缅怀我国著名兽医学家、兽医教育家盛彤笙先生》,载中国畜牧兽医学会、中国农业科学院兰州畜牧与兽药研究所编《一代宗师盛彤笙:盛彤笙先生学术思想研讨会文集》,第25—26页)

10 月 13 日,赴北京参加科学院第四十四次院务常务会议,报告西北分院筹备委员会一年来的工作。经讨论,同意年底前正式成立西北农业生物研究所,兽医研究室的筹备工作亦由分院筹委会负责。

资料一(其他) 中国科学院第四十四次院务常务会议纪要

时间:一九五五年十月十三日

地点:第三会议室

出席:郭沫若、张稼夫、陶孟和、竺可桢、吴有训、秦力生、武衡、茅以升、恽子强、陈宗器、郁文、赵仲池、盛彤笙、董杰

讨论事项……二、关于西北分院筹备委员会的工作及在西北分院下设置研究机构的问题。会议听取了盛彤笙副主任报告关于西北分院筹备委员会一年来的工作及西北农业生物研究所的方针任务和工作方案,认为西北分院筹备委员会一年来进行了许多工作,成绩是显著的,特别是在基本建设方面和筹建西北农业生物研究所的工作。会议讨论了西北分院筹委会提出的西北农业生物研究所的方针任务和工作方案及生物学地学部对该方案提出的意见,认为西北农业生物研究所的中心任务是从科学理论方面积极支持黄河中游的水土保持工作,这个工作必须结合实际,就规划区有关的基本理论性的问题进行综合研究。会议基本同意该方案和意见,责成生物学地学部会同西北分院筹委会依照今天会上的意见进行修订后执行。会议并同

意在今年年底前正式成立西北农业生物研究所,责成生物学地学部和干部局积极协助调配干部。会议讨论了物理、地球物理、地质、石油等研究所及图书馆提出的在兰州设立研究室、观象台、工作站及分馆的方案,认为西北是国家经济建设的重要基地,各方面都需要科学的支援,因此,有关的研究机构在兰州分设研究单位,并把它逐步扩充健全起来,使之在国家建设中发挥应有的作用是完全必要的。各有关研究机构的负责人对于在兰州设研究单位都表示积极拥护,并根据需要与可能提出自己的方案,会议认为这些方案是可行的,兹决定如下……(五)兽医研究室的筹备工作由西北分院筹委会负责,干部局应积极协助,向高等教育部及农业部商协调配高级研究人员。(王忠俊编:《中国科学院史事汇要 1955年》,第97—98页)

资料二(其他) 10月12日 星期三 晚至北魏胡同看虞宏正、董杰和盛彤笙,遇袁翰青。(竺可桢:《竺可桢全集 第14卷》,第196页)

资料三(其他) 10月13日 星期四 上午四十四次院务常委。西北分院筹备处。……次讨论西北分院农业生物所方针、任务和兰州建所,由盛彤笙做了报告。农业生物所方针以水土保持为重点。主要困难是高级人员缺乏,院中支持不够。院只派遣了浙大农学院的方正三。此外,已经决定的有植物所崔友文、土壤所朱显谟两个副研究员。其次为遗传选种的一部分人,有副研究员姚振镐。此外,在西北招请者有任承统、赵增庸、李鲁航、林逊初、雷清远(肥料)等八人。兰州建所,已在建筑,共二万四千六百方,其中除图书馆五千方尚未着手外,余均动工,于十一月落成。武功今年一万方和西安五千方也可于今年落成。武功去年已落成了两千六百方。(竺可桢:《竺可桢全集 第14卷》,第196—197页)

资料四(传记) 他担任中国科学院西北分院筹备委员会副主任期间,根据他的建议,成立了中国科学院西北分院兽医研究室,作为研究现代兽医科技的专业机构。他对该室的筹建,从选择地址、购置设备、采购图书到选拔人员、确定工作步骤等无一不亲自过问。对一些青年科技人员,除由他和其他专家指导开展一些调查研究外,并选拔部分人员派往具有较高学术造诣的专家、教授处深造,以培养研究骨干。(杨若:《忆盛彤笙先生》,载中国畜牧兽医学会、中国农业科学院兰州畜牧与兽药研究所编《一代宗师盛彤

笙：盛彤笙先生学术思想研讨会文集》，第34页）

资料五(传记)　盛先生订购甚多国外的兽医期刊，并收集国内畜牧兽医书籍，派肖尽善去北京图书馆，把北京图书馆的畜牧兽医书籍及期刊都集中到中国科学院兰州分院图书馆，为畜牧兽医科研奠定了基石。盛先生派我去北京图书馆，写好了介绍信之后，告诉我下火车之后，叫一辆三轮车，把你送到中国科学院招待所住宿……听后，使人感觉很亲切和温暖。(肖尽善：《回忆和怀念盛彤笙先生有感》，载中国畜牧兽医学会、中国农业科学院兰州畜牧与兽药研究所编《一代宗师盛彤笙：盛彤笙先生学术思想研讨会文集》，第68页)

11月，在中国科学院西北分院筹备委员会第二次全体会议上做报告，传达科学院学部成立大会及第四十四次院务常务会议精神，酝酿西北地区科学研究事业的十五年远景计划。

资料(发言报告)

报告(见图178)指出，中国科学院在本年内曾经举行过许多次重要的会议：有全面性的，有学术思想批判性的，有专业学术性的，有行政性的。其中在六月上旬所举行的学部成立大会是一次全面性的会议，对于全国科学研究事业的组织和规划具有深远的影响。十月十三日举行的第四十

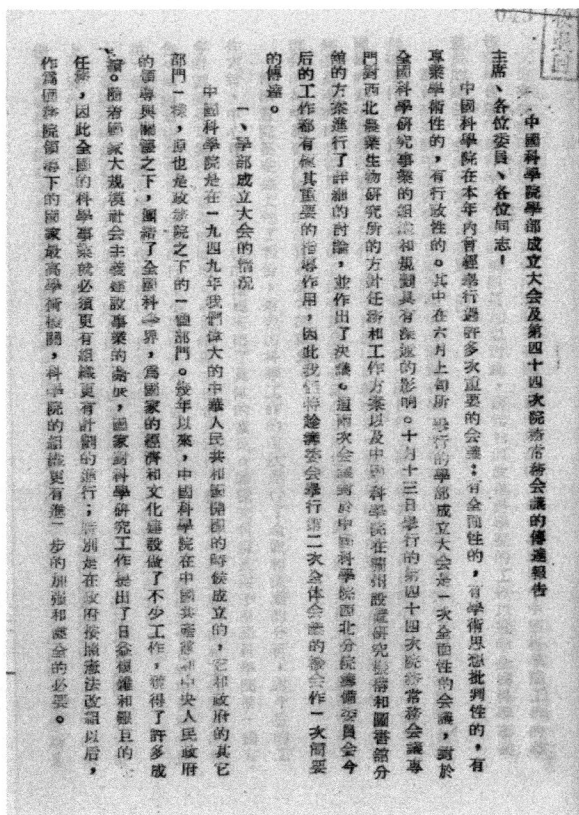

图178

四次院务常务会议专门对西北农业生物研究所的方针任务和工作方案以及中国科学院在兰州设置研究机构和图书馆分馆的方案进行了详细的讨论，并作出了决议。这两次会议对于中国科学院西北分院筹备委员会今后的工作都有极其重要的指导作用，因此我们特趁筹委会举行第二次全体会议的机会作一次简要的传达。

第四十四次院务常务会议的情况和我们的光荣任务：中国科学院学部成立大会的胜利召开给西北分院筹委会的工作提出了极其光荣而繁重的任务。在科学院第一个五年计划的十一项重点工作中，石油、地震、水土保持等三项研究都与西北地区有着极其密切的关系，特别是水土保持的研究更是西北农业生物研究所的中心任务，为了配合治理黄河的迫切需要，必须积极研究如何开始工作。

中国科学院在第一个五年计划期中决定以兰州、西安等地为中心，逐渐在内地和兄弟民族地区建立科学研究工作的基础，使我们感觉非常地兴奋。对于由现有的研究所适当地在内地设置分支机构的原则，我们尤其表示衷心拥护和热烈的欢迎。这些措施都是完全符合国家社会主义建设事业的需要和西北地区的具体情况的。

讨论这两项议程的第四十四次院务常务会议于十月十三日在北京科学院举行，除院务常务会议出席人员外、西北分院筹委会、西北农业生物研究所和将在兰州设置分支机构的各所、馆、台的负责同志也都参加了会议。会议由张稼夫副院长主持，郭沫若院长在会上做了重要指示。

关于西北农业生物研究所的方针任务和工作方案，生物学地学部曾于会前根据西北农业生物研究所提出的草案和西北分院筹备处加注的意见做了详细的研究，提出了宝贵的审核意见。经过讨论，大家的意见一致，最后决定由生物学地学部根据讨论结果将方案进行修正和整理，报国务院核示后执行。在讨论过程中，张副院长曾经着重指出，农业合作化运动的蓬勃开展给水土保持工作带来了极其有利的条件，西北农业生物研究所应该充分利用这一有利条件积极进行水土保持的研究工作。

关于在兰州设置研究机构的问题，除西北分院提出了一个综合性的方案草案外，其他各有关研究所和中国科学院图书馆也分别提出了在兰州设置分支机构的书面意见。各有关所、馆、台负责同志在会上所表现的热忱和积极性,使我们受到很大的感动和鼓舞。经过讨论,会议对于将在兰州设置的各研究机构的方针任务、干部配备、领导关系、筹建步骤等都取得了一致的意见,并做出了决议,会议由科学院学术秘书处加以整理,写成《中国科学院在兰州设置科学研究机构方案(草案)》,连同《中国科学院第四十四次院务常务会议对西北分院筹备委员会工作及在兰州设置研究机构的决议》一并报请国务院核示。(盛彤笙:中国科学院学部成立大会及第四十四次院务常务会议的传达报告,1955年)

1956年   46岁

年初,负责筹建的中科院西北分院的化工楼、物理楼、档案馆以及两栋宿舍相继竣工。

资料(其他) 在兰州市委、市政府的大力支持下,基建工作从规划、征地、搬迁(当时一次性搬迁达 280 户)到施工建设进行得十分顺利。到 1956年初,坐落在这里的化工楼、物理楼、档案馆以及两栋乙丙种宿舍相继竣工。西北第一个新兴的科研区,悄然屹立在皋兰山下、黄河之滨。(《中国科学院兰州分院》,载王扬宗、曹效业主编《中国科学院院属单位简史(第 2 卷·下册)》,第 915 页)

2 月 26 日,出席青年团陕西省委召开的青年知识分子向科学进军大会,讲话勉励青年积极进行科学研究工作。

资料(其他) 陕西省各高等和中等学校的青年教师、厂矿企业的青年工程师和技术员等一千八百多人,26 日参加青年团陕西省委召开的青年知识分子向科学进军大会,纷纷提出今后的研究计划,表示向科学进军的决心……在这次大会上,中国共产党陕西省委员会宣传部副部长张华莘号召青年知识分子在科学研究工作上必须用顽强战斗精神,勤学苦练,并要虚心向前辈老科学家、教授学习。中国科学院生物学地学部常务委员、中国科学院西北分院筹委会副主任盛彤笙,中国科学院物理学数学化学部委员、西北农业生物研究所所长、西北农学院土壤化学系主任虞宏正等也在会上讲了话。他们除勉励青年知识分子要大胆积极地进行研究工作外,有的还介绍了自己的工作经验和提出了在研究工作中应注意的问题。(《陕西省知识分子纷纷提出今后研究计划》,《新华社新闻稿》1956 年 2 月 29 日,第 2 页)

2 月,学院开始在武威黄羊镇征地。

资料(其他) 1956 年 2 月开始在黄羊镇征地,基建工程遂即全面铺开。时隔不久,省委又取消了在黄羊镇建设城市的计划。(《甘肃农业大学》,载季啸风主编《中国高等学校变迁》,第 1090 页)

3 月 3 日,赴京参加学部会议,参与编制十二年科学技术发展远景规划。

资料一(其他) 3 月 3 日,星期六。午后与童第周、尹赞勋等谈。盛彤笙、伍献文等来京。(竺可桢:《竺可桢全集 第 14 卷》,第 299 页)

资料二(其他) 3 月 5 日,星期一。下午三学部讨论学术秘书处中心问题。晨七点起。八点半至院。中午至西郊宾馆,和伍献文、盛彤笙等谈。二点开三学部联席[会],讨论学术秘书处综合小组所拟的重要项目 53 项和基本资料及重要科目。(竺可桢:《竺可桢全集 第 14 卷》,第 300 页)

3 月 13 日,参加学部常委会议,讨论科学院 53 项重要项目。

资料(其他) 3 月 13 日,星期二。上午十人小组综合组报告。下午学部常委会议。晨八点半至西郊宾馆。上午九点参加了十人小组,向 Лазаренко 做解释。午后三点开各学部常委会,报告科学院所拟定的 53 条重要项目。外部到京委员有殷宏章、黄家驷、盛彤笙,尚有不常到会的沈其震。他们对于十人小组综合组的 53 任务和院的 53 重要项目有点纠缠不清。实际院的 53 项早应在二月底通过,现在则十人小组早已应用了院的项目,而院则尚未通过这项目,所以发生了矛盾。(竺可桢:《竺可桢全集 第 14 卷》,第 303 页)

3 月 14 日至 22 日，农业部在北京召开全国畜牧兽医工作会议，研究制定今后十二年发展畜牧业生产的远景规划。

资料（其他） 农业部三月十四日到二十二日在北京召开全国畜牧兽医工作会议。会议研究制定了今后十二年发展畜牧业生产的远景规划。预计到 1967 年，全国每人每年平均可食肉八十多斤，蛋品四百多枚，每七十人可有一头奶牛，羊毛、皮革也可大大增加。会议对今年的畜牧兽医工作也做了具体安排：马、牛等家畜的生产要增加到九千二百多万头，绵羊、山羊和猪要增加到二亿二千九百万多头，其中猪占一亿三千多万头。今年猪的增殖任务实现以后，就可以提前达到第一个五年计划规定的 1957 年的指标。会议还要求今年用优良种畜配种改良马、牛十八万多头，绵羊 230 万只。会议认为要实现十二年的远景规划和完成今年的任务，必须帮助农业生产合作社努力做好各种牲畜配种、保胎、产仔等工作，提高幼畜成活率和建立牲畜饲养、使役、管理制度；继续大力开辟饲料来源，种植高产饲料作物，建立巩固的饲料基地；加速改良畜种，发展国营牧场；还要做好兽疫防治工作，加强畜牧兽医科学技术研究工作，保证在七年或十二年内基本上消灭牛瘟、猪瘟、鸡新城疫、猪囊虫、牛肺疫、口蹄疫、羊疥癣、羔羊痢疾、马鼻疽等危害牲畜最严重的疫疾。（《全国畜牧兽医工作会议制定规划 预计 1967 年平均每人可食肉 80 多斤》，《人民日报》1959 年 3 月 23 日第 1 版）

3 月，根据中国科学院的指示，中国科学院西北分院筹委会撤销分院在西安的筹备处。

资料（其他） 根据 1955 年 10 月 13 日中国科学院第 44 次常务会议决定，1956 年 2 月 22 日在陕西武功成立西北农业生物研究所，并根据中国科学院决定，将植物所西北工作站、南京土壤所西北黄土试验站和北京遗传所栽培室耕作部分并入该所；3 月，根据中国科学院指示，为提高工作效率、减少层次，分院筹委会决定撤销分院筹备处。（何易：《中国科学院西北分院》，载王扬宗、曹效业主编《中国科学院院属单位简史（第 2 卷·下册）》，第 915 页）

4 月 20 日—21 日，签署基建设计和施工合同后，黄羊镇的基建工作渐次

铺开。

资料(其他)　1956 年 4 月 20 日,与省设计院签订了黄羊镇新院的基建设计合同,次日与省第二工程公司签订了施工协议书,总概算 1 521 万元。基建工程即全面展开。时隔不久,省委又取消了在黄羊镇建设城市的计划。(甘肃农业大学校史编委会编:《甘肃农业大学校史》,第 176 页)

4 月 23 日,农业部向国务院提交《关于筹建中国农业科学院问题的报告》,建议由他出任中国农业科学院副院长。

资料(其他)　《关于筹建中国农业科学院问题的报告(摘要)》:国务院七办、总理并报中央……三、建议丁颖(稻作专家、华南农学院院长、东德农科院通讯院士)为院长,陈凤桐、金善宝、盛彤笙(兽医专家、西北兽医学院院长)等三人为副院长。……农业部,一九五六年四月二十三日。(《关于筹建中国农业科学院问题的报告〔摘要〕》,中国农业科学院办公室编《中国农业科学院三十年(1957—1987)》,1987 年,第 241 页)

5 月 6 日,西北分院筹委会从西安迁至兰州,改任第一副主任,具体负责筹建工作。主任由甘肃省委第一书记张仲良兼任。

资料一(其他)　西北分院筹委会于 1956 年 5 月 6 日由西安迁至兰州市宁卧庄办公,在西安保留一个西北分院筹委会西安办事处。与此同时,分院筹委会最重要的工作,就是在西北地区筹建科研机构和调查、组织科技人才队伍。主要的办法就是由中国科学院在北京地区的研究所在西北设立分支机构、研究室和分所,走一条从无到有、从小到大的发展之路。7 月,中国科学院地质研究所西北地质研究室在兰州成立。(何易:《中国科学院西北分院》,载王扬宗、曹效业主编《中国科学院院属单位简史(第 2 卷·下册)》,第 915 页)

资料二(传记)　1956 年西北分院筹备委员会迁至兰州(即现在兰州分院的前身),主任改由甘肃省委第一书记张仲良同志兼任,我改任第一副主任。在这几年中为奠定科学院在西北各省研究机构的基础做出过一定的贡献。(盛彤笙:《庸碌的一生,平凡的自述》,第 28 页)

资料三（口述） 1956年，西北大区撤销，父亲受命筹备中科院西北分院，任分院筹备委员会第一副主任。主任是甘肃省委书记张仲良，第二副主任是董杰。筹备工作非常繁忙，绝不亚于筹建兽医学院。父亲日夜操劳，为分院的建立竭尽全力地工作着。很多事情都要找领导，董杰有点招架不住了，他在自己家的门口贴了一张字条——谈公事请到办公室。父亲对此有些看法，他认为创业时期，工作千头万绪，哪能按部就班呢。于是也在自己家门口贴了字条——草创时期24小时办公。董杰见后，第二天将自己写的字条撕掉了。（《盛天舒、马晓琳访谈录》，2009年10月11日）

资料四（照片） 盛彤笙与邹东明在黄河边合影。（见图179）

图179

5月18日，在北京参加生物学地学部常委会议，听取推荐补充学部委员等事宜。

资料（其他） 5月18日 星期五 上午讨论气象组中心问题。下午学部常委会议。晨七点起。上午参加第四组讨论气候资源的利用说明书。下午二点半开生物地学部常委会，到钱雨农、戴芳澜、尹赞勋、童第周、沈其震、黄家驷、侯德封、盛彤笙、涂长望，列席高尚荫。报告推荐补充学部委员名单。生物地学部共收到请奖论文 190 篇,其中医和动物 92,农林 49,植物 17,地质古生物 26,地理 6。次李声簧报告研究生,1955 年生物地学十二个所招得 30 人,全院 90 人……目前计划十二年要造就人才研究生 6 000 人云。次讨论真菌、植病独立成所或室事。殷宏章提议将微生物加入所中,作为筹备将来微生物所地步,戴芳澜亦赞同。次讨论武汉成立微生物研究室的计划。六点散。(竺可桢:《竺可桢全集　第 14 卷》,第 339 页)

5 月 26 日,周恩来在中南海怀仁堂招待参加全国科学规划工作的科学家。

资料(其他)　周恩来总理在中南海怀仁堂举行盛大酒会,招待参加全国科学规划工作的科学家们。出席酒会的 300 多位参加编制全国长期科学规划工作的科学家们,经过五个多月的辛勤劳动,已经初步提出了五十多项自然科学技术方面的重要任务,其中包括科学中最新的部门。例如计算技术的研究、半导体的研究、电子学和无线电技术的研究,以及自动控制和远距离操纵等。周恩来总理和许多科学家谈了话。他说,我们反对资本主义的政治和社会制度,但对资本主义国家的先进科学技术,则应该虚心学习。酒会上,李富春副总理、郭沫若院长、聂荣臻元帅和国家机关各部门负责人,都同参加酒会的科学家们热烈交谈,祝贺科学家们今后取得更大成就。(新华社北京 5 月 26 日讯)(张应吾主编:《中华人民共和国科学技术大事记(1949—1988)》,科学技术文献出版社,1989 年,第 79 页)

6 月 14 日,与参加拟制全国长期科学规划工作的科学家们受到中共中央领导人的接见并合影。

资料一(其他)　毛泽东主席和中共中央政治局委员周恩来、朱德、陈云、康生、林伯渠、邓小平,接见了参加拟制全国长期科学规划工作的科学家们。(《中共中央领导人接见参加拟制全国长期科学规划工作的科学家》,《新华社新闻稿》1956 年 6 月 15 日,第 5 页)

资料二(报道)　我是西北地区的一个科学工作者,现在担负着筹备中国科学院西北分院的任务,最近又荣幸地参加了全国科学规划工作,受到了很大的教育,感觉非常兴奋。……1954年中国科学院决定筹建西北分院,并于1955年首先在陕西筹设了以研究水土保持为主要任务的西北农业生物研究所,今年还要在兰州建立几个研究机构,这样才开始改变了旧中国科学机构分布不合理的现象。可以预期,在这一次科学规划以后,西北的科学研究事业必将会获得更迅速的发展。(《盛彤笙代表的发言》,《新华社新闻稿》1956年6月26日,第9页)

6月15日至30日,在北京参加中华人民共和国第一届全国人民代表大会第三次会议,并在25日的大会上发言,呼吁共建大西北。

资料(报道) 我是西北地区的一个科学工作者,现在担负着筹备中国科学院西北分院的任务,最近又荣幸地参加了全国科学规划工作,受到了很大的教育,感觉非常兴奋。……西北地区辽阔,蕴藏着丰富的地上和地下资源,工业和农林畜牧业都有着极其广阔的发展前途,是祖国经济建设的重要基地。西北地区有着许多大山须待勘探和开发,许多大河须待综合规划和利用,有着广大的沙漠戈壁须待征服和改造,许多人迹未到的处女地须待科学家去考察和探险。此外,西北地区还有着大量的历代文物可供考古发掘,有着许多兄弟民族的民俗历史和语言文字须待调查研究。由此可见,西北地区无论在自然科学、技术科学或社会科学方面,研究材料都是非常丰富的。但西北地区的科学基础竟是很弱的,缺乏科学工作者特别是能够领导研究工作的高级科学家,另外,基建方面困难较多,希望工程部门今后要对学术机关的特点多加照顾,创造较好的工作和生活条件,迎接先进地区的科学家到内地来进行科学研究。(《西北的科学研究事业将获得迅速发展——盛彤笙代表的发言》,《人民日报》1956年6月27日第5版)

8月29日,欢送学院1956届毕业生,与师生在伏羲堂前合影。

资料(照片) 1956年8月29日,西北畜牧兽医学院欢送1956年毕业同学。盛彤笙在一排左十七。(见图180)

图 180

　　9月3日至11日,农业部在北京召开第一次全国民间兽医座谈会,兽医研究室蒋次升等出席会议。会上,程绍迥、蒋次升等提议在中国农业科学院成立中兽医研究所。会后,安排蒋次升等人研究和调查中兽医诊疗技术。

　　资料一(传记)　周总理 1956 年 1 月签发《国务院关于民间兽医工作的指示》([56]国议字第 3 号)和农业部 1956 年 9 月召开"全国民间兽医座谈会"。盛彤笙等老一辈专家学者积极投身到畜牧兽医业的恢复和发展中。……中国科学院西北分院期间,[盛彤笙]组建了兽医研究室,还分管兽医研究室工作,计划办成国际上有名望的研究机构;他重视培养人才,凡分配到单位的科研人员,先送有关名校名师培养;他还特别重用高级人才,聘请留美的蒋次升教授到兽医研究室研究中兽医。对中兽医进行系统的整理提高及中西结合,是兽医学发展的重要途径。中兽医积累了丰富的经验,与西兽医结合明确机理。西兽医辨病,中兽医辩证,两相结合,诊断时不仅可发挥中兽医望、闻、问、切的长处,而且采用西兽医先进的科学诊断手段,确实查清疾病,然后根据家畜的体质、病因、病程等的不同,决定治法与用药,从而达到中西并举,融会贯通。

　　盛彤笙先生聘请蒋次升先生研究中兽医后,蒋先生无论在兽医研究室和后来的中兽医研究所,把全部精力投入中兽医的研究中。他亲自到具有丰富经验、有"活马王"之称的中兽医崔老先生的乡间住所学习。他重视专业人员中兽医理论学习,开设临床门诊业务,探取中西结合诊断方法,验证方剂疗效,开展疾病病因调查,跟踪分析疾病治疗转归、制作人工病例等。鉴于当时役马是城市运输和农业生产中主要劳动力,机械化程度不高,深入研究了役马的重要多发病、疑难病,具有很好的社会经济效益。通过实践培养提高了专业人员,取得一批有影响的论著,提出了发展畜牧兽医事业的建议。(张科仁:《教育家、科学家盛彤笙先生对我国畜牧兽医事业的贡献》,载中国畜牧兽医学会、中国农业科学院兰州畜牧与兽药研究所编《一代宗师盛彤笙:盛彤笙先生学术思想研讨会文集》,第61页)

　　资料二(其他)　同年[1956]9月3—11日,农业部在北京召开了第一次全国民间兽医座谈会,蒋次升、崔涤僧、肖尽善代表中国科学院西北分院参加了此次会议。会议将中兽医诊疗方法和医学理论的研究列入国家十二年重要科学技术任务的长远规划。会议期间,国务院副总理邓子恢代表毛泽东主席和周恩来总理接见了全体代表。会上,著名兽医学家、中国农业科学院副院长程绍迥教授、中兽医学家于船教授、农业部畜牧局中兽医专家金重冶副处长、中国科学院西北分院蒋次升教授、江西省农业厅中兽医实验室中兽医专家杨宏道高级兽医师联合提出在中国农业科学院的领导下,成立中兽医研究所的建议,并报农业部审批。(《中国农业科学院兰州畜牧与兽药研究所所志》编纂委员会编:《中国农业科学院兰州畜牧与兽药研究所所志》,第3页)

　　资料三(其他)　五十年代中期,毛主席、周总理大力提倡西医学中医,提出中国医药学是一个伟大的宝库,应当努力挖掘加以提高。在国家制订的十二年科学远景规划中,中兽医学也被列入其中。同时,蒋次升在工作实践中特别是在农村调查、治病时体会到，一是目前广大农村，不少地方缺医少药，西兽医人才少，西药供应困难；二是西药价格较高，农民难以承受，而使用中兽医药治病，民间经验丰富，疗效亦佳，还可以就地取材，不存在这些问题。再说他感到自己作为一个中国的兽医，而对本国的东西一无所知，是不应该的。恰好这时负责我国十二年科学远景规划兽医研究项目的盛彤笙教授要求蒋次升能参与中兽医的科研工作，他满口答应了。从此开始在这个新的领域里探索和研究。(谢德铭、方维焕:《为中华民族崛起而不懈奋斗——记著名兽医专家蒋次升教授》，载政协湘潭市委员会学习文史委员会编《湘潭文史　第十四辑》，1999年，第41页)

资料四(传记)　1956年，蒋次升教授赴陕西户县学习总结著名老中兽医专家崔涤僧先生的临床诊疗经验，后调入该室，中兽医研究所成立后担任副所长。……盛彤笙先生在畜牧兽医领域是一位造诣很深的科学家和我国畜牧兽医学的奠基人，同时，也是我国传统动物医学的继承和发展的倡导者和支持者。西北分院兽医研究室建立初期，他就考虑到传统动物医学的研究，他提出我国的中兽医诊疗技术在很多方面都比欧美一些经济发达的国家好，诸如民间广泛流传的家畜去势术，小母猪和公鸡的阉割术，中医的整骨、接骨术，兽医针灸术等都是我国传统动物医学所特有的，应该很好地总结，继承和深入研究。为此，兽医研究室刚建立不久，就派人赴我国养猪业发达、阉割术较好的四川、湖南、湖北、广西、浙江等省对母猪及公鸡的阉割术进行调查和深入研究，并采取了走出去请进来的学习总结方法，在较短的时间就基本掌握了阉割术(民间称大、小桃花)的要点，通过数百例系统实验观察和研究，对其阉割术的手法、手术器具和消毒方法进行了改进，从而使阉割术更趋完善，在此基础上撰写出版了图文并茂的《家畜阉割术》一书，在全国推广应用。(瞿自明:《缅怀我国著名兽医学家、兽医教育家盛彤笙先生》，载中国畜牧兽医学会、中国农业科学院兰州畜牧与兽药研究所编《一代宗师盛彤笙:盛彤笙先生学术思想研讨会文集》，第26页)

9月13日，参加世界兽医学会议。

资料一(照片)　盛彤笙(右三)出席在德国召开的世界兽医学会议。(见图181)

图 181

资料二（其他） 13 日,中科院西北分院副主任委员盛彤笙赴民主德国参加兽医学会议。(甘肃省地方史志编纂委员会、甘肃省人民政府外事办公室编纂:《甘肃省志　第五十六卷　外事志》,甘肃文化出版社,2006 年,第 48 页)

资料三（照片） 盛彤笙(右一)出席在德国召开的世界兽医学会议。(见图 182)

9 月下旬,回国途经苏联,在莫斯科兽医学院看望中国留学生。

资料一（其他） 9 月 28 日　星期五　七点半和刘、李、田、尤及 Шашлов 坐院车至西南郊机场,至已八点半,Герасимов 院士及其女、Пустовалов 均在此相送,并送礼。遇戴松恩、盛彤笙方来莫京。(竺可桢:《竺可桢全集　第 14 卷》,第 421 页)

资料二（照片） 盛彤笙参加世界兽医学会议后在莫斯科兽医学院与留学生合影[①]。盛彤笙(前排左二)、熊大仕(前排左三)。(见图 183)

---

① 此照片背面题:"赠给彤笙老师留念,生永彬,一九五六年十月,摄于莫斯科兽医学院第一宿舍。"据竺可桢 9 月 28 日的日记,言"盛彤笙方来莫京",故此照片当为九月所摄。

图 182

图 183

秋,学院三年制藏训班正式设立,来自中央民族学院的三十八名藏族学生到校学习。

资料(传记) 1956 年秋,38 名藏族男女青年从中央民族学院自愿报名,来到了兰州,开始畜牧兽医科技知识的学习。离开北京时,国家农业部、西藏工委的负责人亲自到车站送行,叮嘱他们"排除万难,努力学习,为迅速发展西藏畜牧事业做出贡献"。西北畜牧兽医学院对这几十名藏族青年给予了无微不至的关怀。他们中既有许多当地贵族、头人的子女,而更多的是穷苦牧民的孩子,许多人在家没有念过书,文化基础很差,到中央民院才学习了一两年的文化,一般只有小学三、四年级甚至一、二年级的文化程度,汉语和汉文的水平更差。为了让这些牧区的孩子能掌握现代兽医知识,教师专门为他们编写了简明讲义。上课时,大部分人听不懂讲授的内容,教师往往不是一遍两遍,而是十遍,甚至十几遍地反复讲;对一般的词汇都加了详细的注释,一些生字还加注了拼音字母。学院选派了长期担任训练班班主任的党委委员任玉西任班主任,另外两名行政干部负责他们的生活,几乎和他们朝夕相处,教他们学汉话、认汉字;根据他们的生活习惯,还不时地让他们能吃上酥油糌粑。这个班里的学生个个能歌善舞,学院经常举办文艺晚会,或组织他们外出游玩,生活丰富多彩,使他们感到西北畜牧兽医学院这个大家庭的温暖。

这些藏族青年从小就生活在牧区,在马背上长大,他们深知牲畜对牧民的重要性,也亲眼看到草原上疫病造成成千上万牲畜死亡、造成许多人家破人亡的情景,到校后学习愿望强烈,学习非常刻苦。有个叫泽旺扎巴的同学,汉话是在上中央民族学院才开始学的,上课时听不懂,但他还是认真听,他说:"哪怕只听懂一句话、一个问题也要听。"别人休息了,他还一人跑到实验室,对照标本学习一根根骨头、一块块肌肉的名称和位置,在药房辨认一种种药品的性能和用途。许多藏族同学也和他一样,凭着这一股钻劲,他们学习了畜牧兽医专业基础课程、兽医药物学和兽医临床学,最终都取得了优异的成绩,掌握了实实在在的本领。这批学生于 1959 年毕业,返回西藏后,他们被分配到自治区的农牧主管部门或科研单位,有的还到地县畜牧兽医站工作。(胡云安、陈贵仁、赵西玲:《远牧昆仑:盛彤笙院士纪实》,第 222—223 页)

11月9日，在京与竺可桢商讨中国科学院西北农业生物研究所的发展方针。

资料(其他)　11月9日，星期五。晨七点起。八点半至北魏胡同晤盛彤笙(方自德国回)、虞宏正、王副所长，谈农生所以后方针。(竺可桢：《竺可桢全集　第14卷》，第449页)

12月，与廖延雄等进行微生物学课题"青海省三角城种羊场流产羊只材料中细菌类型之研究及该地区中蜱体内布氏杆菌之检查"。

资料(其他)　微生物学：239、青海省三角城种羊场流产羊只材料中细菌类型之研究及该地区中蜱体内布氏杆菌之检查，兰州兽医室，盛彤笙、廖延雄、许登艇，1956.12—1957.12。(中国科学院科学情报所研究所编：《1957年全国生物科学研究题目汇编　第一分册　生物学》，第9页)

是年，亲任主任的西北分院兰州兽医研究室已初具规模。将新进研究人员送往国内著名专家处或高校进修。

资料一(其他)　中国科学院1956年各研究单位组织机构　生物学地学部：兰州兽医研究室主任　盛彤笙。(干部局：《中国科学院1956年各研究单位组织机构》，载中国科学院办公厅编《中国科学院年报1956》，第198页)

资料二(其他)　兰州兽医研究室：1956年成立。室址：兰州。室主任：盛彤笙。该室研究兽医诊疗方法及医学理论，并对家畜疾病、家畜卫生、兽医卫生检验等亦进行研究。(里海、陈辉编：《中国科学院1949—1956》，科学出版社，1957年，第22页)

资料三(传记)　1956年，由苏联列宁格勒兽医学院毕业来室的翟旭久和北京农业大学、西北畜牧兽医学院等单位调入和分配该室的蒋次升教授、袁永隆、陈金水、江敦珍、郑慎修、刘纯传、张科仁、任正光、张冀焕、翟自明、侯奕昭以及蔺志新、贺敬斋等科技人员中，大部分送往有关高等农业院校进修深造。……两人(翟旭久、陈金水)送西北畜牧兽医学院……两人(郑慎修、江敦珍)在微生物专家廖延雄教授的指导下学习家畜微生物学；一人(张冀焕)在谢铮铭教授的指导下学习进修家畜解剖学；三人(任正光、张科仁、蔺志新)在内科教研组学习内科、诊断和家畜临床检验;一人(瞿自明)送东北农学院参加该校举办的由苏联兽医内科专家赫鲁斯达廖夫教授讲授的家畜内科学讲习班。(瞿自明:《缅怀我国著名兽医学家、兽医教育家盛彤笙先生》,载中国畜牧兽医学会、中国农业科学院兰州畜牧与兽药研究所编《一代宗师盛彤笙:盛彤笙先生学术思想研讨会文集》,第26页)

资料四(其他) 1955—1956年,兽医研究室利用西北分院院内原为"小庙"的旧房,筹建了建筑面积约三百平方米的临时性家畜病院,另设约五百平方米的室外诊疗场。在此期间,调入中兽医专家和分配来的兽医专业大学毕业生近二十人,使研究室的科技力量有所增强,同时购置了必要的仪器、设备等。(《中国农业科学院兰州畜牧与兽药研究所所志》编纂委员会编:《中国农业科学院兰州畜牧与兽药研究所所志》,第1页)

1957年　　47岁

1月17日,兰州科联领导班子调整。任副主任委员。

资料一(其他) 1957年1月17日,"省科普""兰州科联"常委会研究决定对领导班子进行调整。董杰任"科普"主任委员,朱宣人任"科普"副主任委员;陈时伟任"科联"主任委员,盛彤笙、刘允中、杨耀任副主任委员。18日,"兰州科联"举行扩大会议,省委文教部长吴文遴到会并发了言,他希望开展学术自由讨论,打破科学园地的沉寂。(甘肃省科技史志编纂部编纂:《甘肃科技志·大事记》,第33页)

资料二(其他) 一九五六年五月,中共甘肃省委成立文教部,科联、科普转由省委文教部领导。科联、科普工作有较大发展。科联各学会每年有100次左右学术活动。到一九五六年底,四十个县市成立了科普协会,会员发展到2 070人。由于人员变动,科联、科普两筹委会于一九五七年二、三月间,经过酝酿协商,进行增补、调整。科联筹委六十四名,主任委员陈时伟,副主任委员盛彤笙、刘允中、杨耀。科普筹委二十三名,主任委员董杰,副主任委员朱宣人。(《中国科学技术协会》编辑委员会编:《中国科学技

会》,第 641 页)

1 月,甘肃省委为中科院西北分院筹委会配备领导干部,刘允中任副主任委员。

资料(其他) 1957 年 1 月,甘肃省委为分院筹委会配备了刘允中、杨峰、甄华等部分领导干部,其中,刘允中任分院筹委会副主任委员,杨峰任分院筹委会副秘书长。2 月 11 日,于 1955 年 10 月成立的中国科学院图书馆兰州分馆更名为中国科学院西北分院图书馆;6 月,中国科学院物理所(后改称原子能研究所)在京成立的兰州物理室迁至兰州并成立兰州物理研究室,接着地球物理所西北地球物理观象台在兰州成立;6 月 18 日,西北农业生物所更名为西北生物土壤研究所;年底,中国科学院大连石油研究所兰州分所在兰州成立。(何易:《中国科学院西北分院》,载王扬宗、曹效业主编《中国科学院院属单位简史(第 2 卷·下册)》,第 915 页)

年初,西北分院兽医研究室附设家畜病院正式开业。亲自聘请陕西著名老中兽医专家崔涤僧先生来院应诊。

资料(传记) 与此同时,为了更快提高科技人员的学术水平和实际操作能力,又在西北分院院内利用王家小庙旧址,建立了家畜病院,于 1957 年初正式开业后聘请了崔涤僧老先生来院应诊,对尚未学习进修的科技人员,结合临床实践学习和总结崔老先生诊断治疗家畜常见、多发病的临床诊疗经验,通过边学边干的学习方法,对科技人员的中兽医学基础知识和临床诊疗水平有了一定的提高。同时还利用家畜病院,用中药和中西药结合的方法开展了马骡起卧症(马疝痛)、家畜破伤风、猪喘气病、羔羊痢疾、家兔疥癣等病的研究,均取得了较好的效果。(瞿自明:《缅怀我国著名兽医学家、兽医教育家盛彤笙先生》,载中国畜牧兽医学会、中国农业科学院兰州畜牧与兽药研究所编《一代宗师盛彤笙:盛彤笙先生学术思想研讨会文集》,第 26—27 页)

2 月 21 日,中国科学院西北分院兽医研究室正式成立,全室有职工四十

二人。

资料（其他）　1957 年 2 月 21 日,中国科学院西北分院兽医研究室成立。全室有职工 42 人,其中科技人员 20 人,科研辅助人员 7 人,行政人员 8 人,技术工人 7 人。他们是：蒋次升、崔涤僧、翟旭久、许登艇、肖尽善、张振兴、袁永隆、陈金水、江敦珍、郑慎修、张科仁、瞿自明、刘纯传、任正光、张冀焕、杨蓉城、骆文、洪荣泉、毛嗣岳、朱清韵、王福森、贺敬斋、蔺自新、张步英、丁景谦、黄芬、侯奕昭、孙向平、杨石玉、侯正元、李福来、张敬钧、李瑞芬、谢荣昌、张亚雄、蒋心正、史有荣、李炳泽、孟德召、刘培基、李文化、季旺民。在成立后一年多的时间内,除选派部分科技人员到西北畜牧兽医学院、大连医学院、北京农业大学、东北农学院进修学习外,其余人员以家畜病院为依托开展兽医临床诊疗和科学研究工作。(《中国农业科学院兰州畜牧与兽药研究所所志》编纂委员会编：《中国农业科学院兰州畜牧与兽药研究所所志》,第 1—2 页)

2 月,与廖延雄讨论修改后的《兽医微生物学实验指导》(第三版)由畜牧兽医图书出版社出版发行。

资料一（专著）　本书原编写于 1942 年,此次第三版做了很大修改,并且根据高教部颁发的科学大纲补充了不少材料,增加了七十多个插图,不少为彩色。本书不仅可作为兽医专业实验指导,而且可供兽疫防治和微生物学工作者应用。本书共包括 44 个实验。另有八个附录,其中有染色剂、染色法和几种常用的溶液之配制等。该书前有盛彤笙 1956 年 12 月的序,介绍编写情况,并于 1957 年 2 月由畜牧兽医图书出版社出版发行。该书封面见图 184。(盛彤笙、朱晓屏、廖延雄等编：《兽医微生物学实验指导》(第三版),畜牧兽医图书出版社,1957 年)

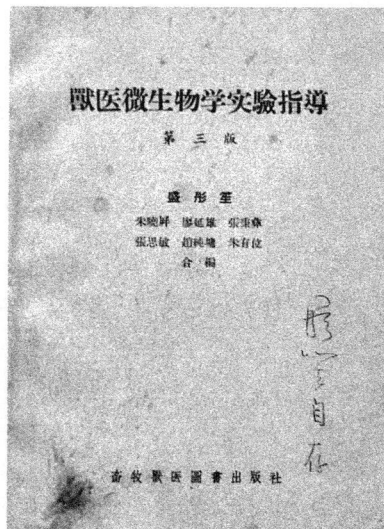

图 184

资料二（传记）　我用第二版五年，在上面加了许多补充，到 1956 年我提出第三版的初稿。三版初稿，是根据全国兽医教学计划所制定的"全国兽医微生物学教学大纲"而出炉的，是通过全国有关专家开会制定的，会议主持人是我，这个教学大纲不比苏联的差，与英、美、德的教学内容比也无逊色。盛师看过我提出的第三版"实验指导"的初稿后，认为可行。盛师与我花了一个多月，逐字逐节讨论，定下第三版，1956 年（编者按：出版时为 1957 年 2 月）由南京畜牧兽医图书出版社（后并入江苏人民出版社）发行。署名的问题，我提出盛师为首，第二位是朱晓屏，我放在第三位，以后是参加编写的本教研组的张秉彝、赵纯塘、张思敏、朱有位。那时朱晓屏在英国获得博士学位后，任英国皇家兽医研究所的副所长。据说，英国皇家各研究所的所长，必须是英国人。盛提出一个问题，第三版朱晓屏未参与。我提出三点：第一，三版是根据二版来的，二版朱有功；第二，论资排辈，朱是大师兄，我是二师兄；第三，当前大家都动员朱回国，此书出版的署名，将有利于促朱回国。盛师同意了。书出后，盛师在北京还买了北京土特产的北京蜜饯、景泰蓝，托去英国开国际会议的许振英教授（教过朱晓屏）连书送给朱晓屏，信明确地希望朱回国。在这以前，盛师希望朱晓屏回国的事，曾与当时农业部部长廖鲁言谈过，廖鲁言部长表示过：朱既是英国皇家兽医研究所副所长，回来我们不会亏待他。不幸，不久开展反右，盛师和我均被错划为"右派"，事乃中断，与朱晓屏亦无往来。（廖延雄：《缅怀恩师盛彤笙》，载江西省立南昌二中天津校友联谊会编《江西省立南昌二中校友志稿　第二集》，第 131 页）

是月，与张思敏等开始进行微生物学课题"猪瘟血清学诊断方法的研究"。

资料（其他）　微生物学：243、猪瘟血清学诊断方法的研究，兰州兽医室　盛彤笙、张思敏、江敦珍，1957.2—12。（中国科学院科学情报所研究所编：《1957 年全国生物科学研究题目汇编　第一分册　生物学》，第 9 页）

3 月 1 日，中国农业科学院正式成立，任院学术委员会副主任委员，兼兽医学组组长。

资料一(其他) 《中国农业科学院建院时院长、副院长和学术委员会名单》(1957年3月) 院长：丁颖。副院长：金善宝、陈凤桐、程绍迥、朱则民。学术委员会委员：丁颖、丁振麟、万国鼎、王绶、王泽农、巴西门仓、孙晓村、孙本忠、孙仲逸、刘春安、朱凤美、朱弘复、朱宣人、吕炯、过兴先、沈寿铨、沈其益、沈倩、陈凤桐、陈华葵、陈鸿逵、陈凌风、李风荪、李来荣、李克佐、李沛文、李庆逵、何正礼、何康、吴福祯、吴绍骙、吴耕民、吴志华、周拾禄、周明祥、罗宗洛、罗清生、罗登义、郑丕留、金善宝、涂治、赵善欢、赵洪章、俞大绂、俞启葆、胡祥璧、祖德明、唐川、徐冠仁、马溶之、马闻天、侯光炯、张心、张乃凤、张克威、许振英、盛彤笙、章文才、彭光钦、程绍迥、曾宪朴、曾德超、曾勉、曾省、邹秉文、邹钟琳、黄瑞伦、诸宝楚、汤逸人、杨显东、杨惟义、杨允奎、路葆清、熊大仕、蔡邦华、蔡旭、蒋耀、邝荣禄、戴芳澜、戴松恩、蹇先达。(中国农业科学院办公室编：《中国农业科学院三十年（1957—1987）》，第256页)

资料二(其他) 《农业部关于中国农业科学院成立经过报告》(1957年3月25日) 中国农业科学院已于1957年3月1日在北京正式成立。来自各地和在京的，各有关研究机构和各高等农业院校的农业科学家、各有关团体的来宾以及代表苏联农业部和全苏列宁农业科学院的亚历桑斯基院士等，共计四百余人，参加了成立大会。在成立大会上，由廖鲁言同志致开幕词，并宣布了经国务院批准的该院正副院长和经国务院第七办公室批准的该院学术委员会委员等名单，由邓子恢副总理向大会做了指示。(中国农业科学院办公室编：《中国农业科学院三十年(1957—1987)》，第257页)

资料三(其他) 中国农业科学院学术委员会，于1957年3月与中国农业科学院同时成立。……经国务院批准，由农业部聘任的第一届中国农业科学院学术委员会委员共84名。丁颖同志任主任委员，戴芳澜、金善宝、俞大绂、陈凤桐、程绍迥、盛彤笙、张克威同志任副主任委员。……农学组正副组长：冯泽芳、周拾禄、王绶、戴松恩……畜牧学组正副组长：张克威、许振英、陈凌风；兽医学组正副组长：盛彤笙、熊大仕、马闻天。(中国农业科学院编：《中国农业科学院志》，中国农业科学技术出版社，2001年，第66—68页)

3月,派蒋次升等赴广州、南京考察学习,返兰后在段家滩选定兽医研究所所址。

资料(其他) 3月,西北分院派蒋次升、瞿自明赴广州军区军马医院、南京军区军马医院参观、考察、学习,返兰后,着手遴选所址,制定总体规划。通过广泛征集意见和听取有关部门的建议,初步确定将所址定在离西北分院不远的段家滩。建所的总体规划由蒋次升教授亲自负责,完成了基建平面草图的设计,但未动工。(《中国农业科学院兰州畜牧与兽药研究所所志》编纂委员会编:《中国农业科学院兰州畜牧与兽药研究所所志》,第2页)

约春夏,与到访的甘肃省委书记张仲良交谈,明确表示不同意将西北畜牧兽医学院迁往武威黄羊镇。

资料(口述) 1957搞"大鸣大放",号召大家对党的工作中的缺点错误提出批评,甘肃省委书记张仲良曾到盛先生的家里聊天,希望他能为甘肃多做点工作。谈话中盛先生明确表示不同意将学院迁到黄羊镇,张仲良有些不快,他认为盛给他软钉子碰,他想压一压盛的傲气。他曾表示,只要盛彤笙顺从了,不一定要戴"右派"帽子,即使戴上了也可以很快摘掉。材料上报西北局后习仲勋说,"盛彤笙在大区工作时,成绩卓著,口碑很好",不同意定"右派"。谁知道,他还是被打成了"右派",摘帽子也很不容易。还有人传说,聂荣臻听说此事后感叹地说,"哎,太惋惜了"。以后张仲良调到江苏省委工作,盛先生也去了江苏农科院,张仲良还亲自为盛设宴洗尘,以表他的愧疚之意。接到请柬,盛先生依然坦然应邀。席间,刚开始两人四目相对,没什么话可说,慢慢地才说开了。张仲良病重住院,盛先生还专门去看望他。1957年他被打成"右派"后,整天就是检讨来检讨去的,不能做任何事,思想上很痛苦。(《邹康南访谈录》,2008年8月6日)

5月14日,在《光明日报》记者韩洪文的鼓动下,本着帮助党的初衷,谈了一些看法,后被记者署名为《宗派主义点滴》。

资料一(档案) 1957年7月24日,盛彤笙在七月廿四日科学院座谈会上的发言中讲道:"我感谢林镕主任在今天上午对我提出的意见。他所说的我向《光明日报》记者所做的谈话完全是事实。今年五月十四日有由《光明日报》派到各地点火的一位记者在兰州访问了我。说他们拟于十六日下午举行一次帮助党正风的座谈会,希望我参加,我说我已买好十六日的车票到北京去,不能参加他们的座谈会,他于是要求我向他做一次谈话,并且说愈尖锐愈好,说平淡的话没有人愿意看,因此我就向他说了林主任曾经复述的那些极端错误的话,并且同意作为访谈记录,代替在座谈会上的发言。"(《在七月廿四日科学院座谈会上的发言》,1957 年 7 月 24 日,甘肃农业大学档案馆,1958 年党委办第五卷)

资料二(档案) 《宗派主义点滴》是由《光明日报》记者根据盛彤笙访谈做的整理。附有盛彤笙致韩洪文函。韩同志:我的那些意见,请您注明为"访问谈话记录,代替发言",不要作为"书面发言"。为盼! 此致 敬礼! 盛彤笙,5 月 15 日。下附《宗派主义点滴》。

毛主席教导我们要谦虚,每个人都举双手赞成。但在报刊的宣传上,似乎共产党人还没有很好地贯彻这个指示,不够谦虚。

无论在新闻或文章上,往往提到"在党和政府的英明领导下……",把党放在政府的前面。自然,政府是由共产党领导的,但从范围上看,党是一千多万人组成的,政府是六亿多人民组成的。如果谦虚些,把政府放在前面,不会减低党的威信。这是不是从苏联搬来的"经验"?

再从名字的排列上扣一下。在宴会或往机场欢迎的人名单上,委员长在总理的前面,但副委员长却经常在副总理的后面。全国人民代表大会是国家的最高权力机关,常委会领导人的名字放在国务院领导人的前面,是完全合情合理的。现在来个反常,是否因为副总理都是共产党员,有些副委员长是民主人士的缘故? 如果谦虚些,让它正常化,我看也不会减低党的威信。

在许多会议上,有些非党人士发表了精辟的见解。这些见解往往很少在报纸上刊出,或者登的很少。而党员领导的发言,即令并不怎么高明,也常是长篇登载,名之曰"指示"。为什么一定要这样,难道不如此不足以表明党的领导吗?

要说党的宗派主义,这些宣传就会助长宗派情绪的蔓延。

现在大家所揭发的大多是下层的宗派主义,其实,上层若没有宗派主义会造成这种风气吗?宗派主义是从上面来的,上面谈的就是例证。

宗派主义在兰州也相当严重,解放以来,我待了几个机关,比较满意的还是这里——科学院西北分院筹委会。但就在这里也不是完全没有宗派主义作风的。我们的办公室主任、副主任、科长、副科长,没有一个不是党员。我曾有一个设想:在全国抽查一千个机关,看有几个办公室主任是非党人士的。难道真的已经达到这个程度:找不到一两个非党人士来担任这里的科长、副科长?当然不是的。只是挑选范围太窄罢了。目前一般机关的非党行政干部工作情绪不高,感到没有奔头。有些年纪轻的,但有可能,就一心只想学技术,因为技术和研究教学人员的提升,到底要凭业务,不能完全凭政治,要教条地批判他们"名利"思想容易,但能全部归之于思想问题吗?

机关中人事科的权力太大了,人是最复杂的动物,处理人事原不简单。根据我所待过的机关来看,人事科的党员干部往往水平不够,引起群众的反感。曾有一个干部对我说:"到了人事科,就像进了公安局,两眼不敢四望,生怕触及机密文件,将来要'挨整'。"群众所以怕,还因为有一个人看不到的档案袋,人调到哪里,档案袋跟到哪里,而这个袋里又不知道放的什么"药"。万一有些不正确的、不利于自己的文件怎么办?

这次党的整风要和风细雨,要贯彻"团结、批评、团结"的方针,这是很对的。听说在1942年党第一次整风时,采取的就是这个方针,于是我想起知识分子思想改造运动的时候,采取的却是狂风暴雨的形式:"大会压,小会挤;学生把关,先生过关;当众脱裤子,忍痛割尾巴。"至今想来,余威犹存。这不能不使知识分子怀疑,为什么那个时候不提这个方针呢?是不是以后才有先见之明呢?坦率地说,这恐怕也算是宗派主义吧!(《光明日报》记者整理)(《宗派主义点滴》,1957年5月15日,甘肃农业大学档案馆,1958年党委办第五卷)

5月17日,因黄羊镇建城计划撤销,高教部致电甘肃省委书记,建议停止学院基建,进行扩建或另觅新址,省委未予考虑。

资料一(档案) 高教部致电省委书记张仲良,据西北畜牧兽医学院反映,黄羊镇建设规划有改变,该院西迁有困难。如确实,我部考虑:（1）该镇,基建应停止。（2）原址扩建或在附近扩建。（3）另觅新址。究应如何安排,请省委考虑决定,并盼电复。见图185。（《关于西北畜牧兽医学院院址问题》,1957年5月17日,甘肃农业大学档案馆）

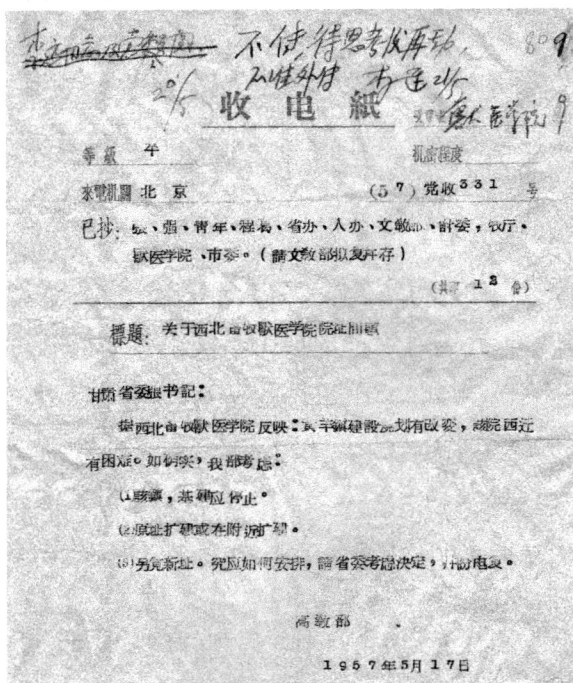

图185

资料二(其他) 1958年4月开始基建,总概算1 521万元。不久,省委又撤销了在黄羊镇建设城市的计划,给迁校造成了极大困难。为此,高教部遂不同意在黄羊镇建院,并于1957年5月17日,专电省委书记张仲良,明确提出学院基建应停止。当时省委未认真考虑高教部意见,致使基建继续进行。(甘肃农业大学校史编委会编:《甘肃农业大学校史》,第9页)

5月20日,在中国科学院第二届学部会议预备会上,认为对于西北科学事业要兼顾科学与物质条件。

资料(其他) 5月20日 星期一 ……晨八点到院。九点至北京饭店,参加第二届学部会议的预备会。郭院长报告这次大会目的有:(一)总结两年来科学成绩;(二)确定会议工作方法,如何在国务[院]下团结科学家;(三)重点发展、相应照顾的方针;(四)生物地学分为两个学部;(五)审议第二个五年计划;(六)增补学部(232人外)委员,听三个报告;(七)展开科学讨论论坛,提出对《院章》的意见,讨论会员建议等。十一点散。和虞宏正、盛彤笙谈。据云,邹秉文曾至武功商谈机构配置问题。邹认为水土保持工作应由农业部来做。过去农业部不做此项工作是不对的。以后程绍迥去,曾说接到农业科学院电,说可以接收兽医所和农生所,但院中并无此了解。我要虞、盛与童主任商之。目前农生所同人中,方正三、杜豁然愿调农业科学院,但雷清远(农业)、袁定域(园艺)、李树航(森林)、赵增荣(畜牧)则要留在科学系统之内。我以为西北农生[所]名义须改,改为干旱地带研究所或抗旱研究所。盛以为对于西北不但要照顾科学条件,也要照顾物质条件,目前毫不照顾云。我劝其在大会争鸣一下。中午回。(竺可桢:《竺可桢全集 第14卷》,第579页)

5月25日,在生物学部小组会上发言,建议取消国务院科学规划委员会,提出将它的任务交给科学院来担负。

资料(档案) 从西北畜牧兽医学院解放前档案中查出的盛彤笙有关问题的材料指出:盛彤笙于1957年5月25日在中国科学院召开的第二次学部全体会议的生物学部小组会上公然反对党对科学的领导,倡言取消国务院科学规划委员会,如《光明日报》5月26日第2版刊登的标题为"对规划委员会的一种看法"中写道:"盛彤笙提出了一个引人注意的意见。他说,国务院科学规划委员会与中国科学院在有些工作上又交叉又重复。国务院为什么一定要设立这个规划委员会呢?为什么全国科学规划的工作就不能交与中国科学院来做呢?我想党和政府若能很快、很好地来消灭科学家们的自卑感,培养科学家的自信心,赋予科学院以权力,科学院没有理由不能作为今天科学规划委员会所作的工作,因此,我认为科学规划委员会可以取消。"又如在《人民日报》5月27日第2版《使科学院成为全国学术中心的关键何在——学部委员分组会旁听记者》中报道说:"盛彤笙分析,科学院要义不容辞地成为领导全国科学的学术中心,就必须依靠全国的科学家,而首先要依靠学部,相信学部。"(《材料》,甘肃农业大学档案馆,1958 年党委办第五卷)

6 月 3 日,甘肃省委致电中央转国务院科学规划委员会,建议不要调他到中国农业科学院,继续留在甘肃工作。中国科学院兽医研究室仍由科学院单独办理,或与西北畜牧兽医学院合作办理。

资料(档案) 中央转国务院科学规划委员会党组:关于中国科学院设在兰州的兽医研究室存废问题,据闻中国科学院与中央农业部初步达成协议:将该室交农业部处理并调盛彤笙去全国农业科学院工作。对此问题我们有如下两点意见:第一,西北是国家畜牧业重点发展地区之一,但畜牧兽医高级科学家极缺,不能适应事业发展需要,由外地向西北调配此类人材又极为困难。当前解决问题的可靠办法,只有使现在西北科学家安定下来,完成研究任务并培养新生力量。为此故需从多方面劝盛彤笙继续留在甘肃工作为好。此外,盛若离兰亦会影响部分兽医人员不安心于甘肃工作并在兰州其他高级科学家中产生影响。……第二,中国科学院兽医研究室仍由科学院继续单独办理或由科学院与西北兽医学院合作办理即可。因近接高教部电报,畜牧兽医学院拟不迁往武威黄羊镇,为此,学院与兽医研究室相距甚近,双方人员彼此相互兼课和兼作研究工作均很便利。这样,既可解决研究室人员不足之困难,又可提高学院教学水平和满足教学人员兼作研究工作的迫切要求,为迅速发展西北地区畜牧兽医事业创造有利条件。以上意见请考虑研究。中共甘肃省委 六月三日。(《甘肃省委对调盛彤笙的意见》,1957 年 6 月 3 日,甘肃农业大学档案馆)

6 月 20 日,学院开展反右运动。是月起不再担任院长一职。

资料一(其他) 6 月 8 日,中共中央发出《关于组织力量准备反击右派分子进攻的指示》,学院于 6 月 20 日开始反击右派进攻,全院教职工 200 多人,学生 609 人参加了这一运动。结果,有 20 名教师、10 名行政干部、31 名学生被划为"右派分子"。由于当时对阶级斗争形势估计过于严重,把他们错划为"右派分子",错伤了同志和朋友,其中一人还是学院的领导人。尽管从 1959 年起即陆续为他们摘去"右派分子"的帽子,十一届三中全会以后为上述 61 人彻底……昭雪,但使他们长期遭受委屈和压抑,影响了他们在社会主义建设中发挥应有的作用,这是一个深刻的教训。(甘肃农业大学校史编委会编:《甘肃农业大学校史》,第 6 页)

资料二(口述) 当时盛彤笙、朱宣人、廖延雄都被打成"右派"。盛的罪名是他说过的三句话:一是"既然什么都是以人民为主,那么为什么全国人大的委员长要排在后面呢?"二是"胡风案为什么不通过全国人大就直接下结论?"三是批评当时省内搞建设、盖房子时没眼光,盖了又拆,不合理。这三句话都被定性成了"反党"。(《黄席群访谈录》,2007 年 10 月 13 日)

资料三(传记) 甘肃农业大学:盛彤笙(1911—1987),1946 年 10 月至1957 年 6 月出任国立兽医学院院长、西北畜牧兽医学院院长。(《盛彤笙》,载陈汤臣主编《中国大学校长名典 上卷》,中国人事出版社,1995 年,第1015 页)

7 月 17 日至 20 日,在北京参加中华全国自然科学专门学会联合会第一届全国委员会第二次扩大会议。

资料一(其他) 中华全国自然科学专门学会联合会第一届全国委员会第二次扩大会议出席名单 全国委员会委员 主席:李四光。副主席:侯德榜、曾昭抡、吴有训、陈康白。秘书长:严济慈……科联分会负责人:茅以升(北京科联)、沈克非(上海科联)、严开元(山西省科联)、鲍觉民(天津科联)、王以秩(河北省科联)、戴安邦(江苏省科联)……盛彤笙(兰州科联筹委会)、陈一得(昆明科联筹委会)、宋文田(济南科联筹委会)。(《中华全国自然科学专门学会联合会第一届全国委员会第二次扩大会议出席名单》,载何志平、尹恭成、张小梅主编《中国科学技术团体》,第 582—584 页)

资料二(其他) 17 日至 20 日,中华全国自然科学专门学会联合会第一届全国委员会第一、二次扩大会议召开。会议通过了《中华全国自然科学专门学会联合会关于反对资产阶级右派分子的决议》,号召全国科技工作者从政治上和思想上彻底同资产阶级右派分子划清界限,投入反右派的斗争,在斗争中加强自己的思想改造和对马列主义的学习。会议还通过了《关于全国科联今后方向与任务的决议》。(苏东海、方孔木主编:《中华人民共和国风云实录》上,河北人民出版社,1994年,第486页)

7月19日,中国科学院西北分院将兽医研究室整体移交中国农业科学院。

资料(其他) 根据国务院科学规划委员会意见,中国科学院西北分院于7月19日将兽医研究室职工42人,连同科学仪器、设备、家具、图书资料、公文档案等,整体移交中国农业科学院。(《中国农业科学院兰州畜牧与兽药研究所所志》编纂委员会编:《中国农业科学院兰州畜牧与兽药研究所所志》,第2页)

7月24日,在中国科学院举行的座谈会上,承认对《光明日报》记者的言论及学部大会上关于取消国务院的科学规划委员会的发言的错误性。

资料一(其他) 北京科学界7月24日继续在中国科学院举行的座谈会上,列举事实批驳右派分子的谬论和反动的科学纲领。……科学院生物学部副主任林镕,揭发了生物学部委员、科学院西北分院筹委会副主委盛彤笙的错误言论,这些言论是盛彤笙在兰州对《光明日报》派去点火的记者谈的。盛彤笙在谈话中说,共产党人不谦虚,"无论在新闻或文章上,往往提到'在党和政府的英明领导下',把党放在政府前面。党是一千多万人组成的,政府是六亿多人组成的,如果谦虚一些,把政府放在前面,不会减低党的威信"。盛彤笙还公开提出取消科学规划委员会。林镕指出,盛彤笙这些谬论,危害性很大。盛彤笙今天在会上做了检查。他承认自己对《光明日报》记者的谈话,是非常错误的,影响极为恶劣。他表示今后要紧紧靠拢在党的周围,努力改造资产阶级思想,站到工人阶级的立场上来,全心全意为人民服务。五天的座谈会上,发言的共有六十三位科学家;另外,还有九位科学家作了书面发言。(《北京科学家反击右派向科学领域的进攻》,载大公报社

人民手册编辑委员会编《1958 人民手册》，大公报社，1958 年，第 160—165 页）

资料二（档案）　盛彤笙在七月廿四日科学院座谈会上的发言中谈到几个问题：(1) 7 月 24 日上午林镕主任所提出的盛彤笙向《光明日报》记者所做的谈话完全是事实。(2) 向《光明日报》谈话经过："今年五月十四日有由《光明日报》派到各地点火的一位记者在兰州访问了我，说他们拟于十六日下午举行一次帮助党整风的座谈会，希望我参加，我说我已买好十六日的车票到北京去，不能参加他们的座谈会，他于是要求我向他做一次谈话，并且愈尖锐愈好，说平淡的话没有人愿意看，因此我就向他说了林主任曾经复述的那些极端错误的话，并且同意作为访问记录，代替在座谈会上的发言。"(3) 盛彤笙到北京后与《光明日报》记者的交涉："我到了北京以后，整风运动逐渐开展，在报上看到了许多人发表了许多错误言论，也看到了对这些错误言论的批判，我才逐渐认识到我向《光明日报》记者做的谈话也是极端错误的，因此在五月下旬学部大会期间，我曾面告《光明日报》派在学部大会采访的记者，转请《光明日报》编辑部不要发表，后来没有在报上发表。"(4) 林镕宣读的在学部大会小组会上的发言，与记录可能有些出入。(5) 对于两项错误言论，在这次人民代表大会期间，曾在甘肃代表组的小组会上做了交代，进行了初步检讨。(6) 对于国务院科学规划委员会的看法也是非常错误的。（《在七月廿四日科学院座谈会上的发言》，1957 年 7 月 24 日，甘肃农业大学档案馆，1958 年党委办第五卷）

资料三（报道）　7 月 22 日—24 日，中国科学院邀请在京科学家一百多人继续举行座谈，批判右派分子提出的反社会主义科学纲领，揭发和批判右派分子曾昭抡、钱伟长的反党反社会主义言行。中国科学院副院长陶孟和、西北分院筹备委员会副主任盛彤笙在会上检查了自己的错误言论。这里的报道是根据会上的发言记录选择整理的，没有经过本人核阅。(14 日、16 日座谈会的情况已在本刊第 15 期上做了报道。)盛彤笙检讨自己的错误言论：我感谢林镕主任对我提出的意见。他所说的我向《光明日报》记者所做的谈话完全是事实……（《反击右派向科学领域的进攻——中国科学院召开座谈会批判反社会主义的科学纲领》，《科学通报》1957 年第 16 期，第 481、

494 页）

8月2日，又写出书面补充材料进行反省，此后多次受到批判。

资料（档案）　1957年8月2日《盛彤笙的补充发言》为向中国科学院提供的书面发言稿，其主要内容如下：（1）指出经过几天来的反省，对七月二十四日下午座谈会上的检讨，已感不能满意。近几天来对这些错误从思想上进一步做了一些检查，才对错误的严重性有了较深刻的认识。（2）错误言论表现了对下面几个问题的错误的看法和不明确的认识：① 关于党的领导问题；② 关于宗派主义的问题；③ 关于干部政策的问题；④ 关于知识分子政策和思想改造运动的问题。（3）已经彻底认识到言论的错误，认为"在两个多月以前竟这样糊涂，说了这样许多丧失立场、损害党的话，辜负了党对我的教育、培养和信任，我感觉万分痛心和悔愧"。指出有这样一些错误的思想和言论根源：①"出身于一个破落的封建家庭，家境虽然贫寒，但自来生长在城市，很少知道工农的疾苦，而一贯又是受的资本主义的教育，脑筋中充满着资产阶级思想的毒素。解放以来，党和政府给了我以极大的信任和器重，我没有以党和政府的信任作为我前进的鞭策，反而滋长了骄傲自满的情绪，放松了学习，在思想上很少进步"。②"对于'三反'和思想改造运动，虽然我也曾参加，但思想改造运动基本上是被保护过关的"。③"一九五四年领导上命我在西北筹备一个兽医研究室，我因感高级研究人员不易调集，不很赞成，但为服从组织决定，勉力接受任务，三年以来，困难很多，成效不大，心中有些郁郁。加之兰州近年来发展迅速，人口突然有了很大的增长，有些公用事业和物资供应感觉紧张，因此在工作上和生活上造成一些困难和不便。我没有把这些困难看成是发展中和前进中的困难，却从资产阶级个人主义的角度出发，错误地认为是省市领导能力不够的表现，滋生了一些对领导不满的情绪"。④"由于我没有很好的经过改造，所以资产阶级民主个人主义和自由主义的思想是非常浓厚的。恰好这一年来右派野心家们的活动日益猖獗，他们的言论也不免使我受到一些影响"。（4）指出"我是一个犯了错的人，因此从这一次运动中所受到的教训和获得的益处比起以前历次运动来都更为深刻"。做了保证："① 加强马克思列宁主义的学习，努力进行自我改造,彻底清除脑筋中的资产阶级思想,树立共产主义世界观,完全站到无产阶级的立场上来;② 紧密地靠拢党,一心一意地听党的话,坚定不移地跟着党走社会主义的道路;③ 通过各种方式多同工农接近,了解他们的思想感情,学习他们的高贵品质,全心全意地为他们服务。"并且相信"在党和政府的无微不至的关怀和爱护之下,一个犯了错的人还是可以改正错误,得到改造的"。最后指出"因需要回兰州去,不能继续参加院部举行的座谈会,只能留下这个书面的补充发言","回兰州后还要继续进行检查"。(《盛彤笙的补充发言》,1957 年 8 月 2 日,甘肃农业大学档案馆,1958 年党委办第五卷)

7 月至 8 月间,学院学生对学校迁往武威黄羊镇进行"大辩论",并打出"欢迎盛、蒋回校"的标语,要求回校继续当院长。后回学院向全院师生做检讨。

资料一(口述) 盛院长是学校的创始人,是个非常有风度的专家学者。我在兽医学院上学的时候,在正式的场合下,见过三次面,属于工作关系,而非密切接触。一次是 1955 年入学以后的开学典礼,他坐在主席台上,学生们感觉他是一个很神秘的人。入学前,大家都知道他是留学德国的双料博士,是个学术高人,所以非常敬重和崇拜他。第二次是"要求盛、蒋返校"。1957 年七、八月"大鸣大放"开始,学生贴大字报要求盛院长和蒋次升教授回校当院长。我是学生会主席,我和团委书记王学义在未经党委同意的情况下,带了十来个学生在伏羲堂南门设立了一个讲台,要求盛、蒋返校的师生在此签名。学生闹腾得厉害的时候,要求学校派汽车把他们送到中央广场去游行。黄昏时,我给党委书记李运打电话,汇报此事。李运说,你找李坤,借着找李坤要汽车的名义,待在那儿不要走。这个办法比较灵验,学生找不到我,最后没能去成中央广场,学生们很有意见。事后,我以学生会的名义,写了一份大字报,说自己是老鼠钻进风箱里,两头受气。后来,我们十几个学生,带着大家的签名信到中科院西北分院盛彤笙的家中,盛彤笙没有出来,他的夫人邹东明接待了我们,只是说"谢谢大家的好意,请大家回去"。在当时的政治环境下,他是不可能出来的,即便出来了也无法表态。(《黄慎钊、李婉平

访谈录》,2009 年 9 月 29 日)

资料二(口述) 到了 6 月 20 日以后,整风运动转变为反右斗争。农大在反右斗争中的核心问题有两个,一是"欢迎盛、蒋返校"。这个问题有点历史背景,当时从北京传来了消息,许多高校提出要教授治校,校内对此议论纷纷,大家张口闭口都在谈教授治校的问题。此时,盛彤笙和蒋次升已经调到了西北畜牧兽医研究所工作,学生们是想让他们俩回到学校工作,表达了他们的一种心愿。但能否返校是组织上决定的事,我到学校以后这两个人我都没有见过。二是学校迁往黄羊镇新址的问题。在迁校问题上,很多师生持反对态度,学生要上街游行,李运深知省委做出农大迁校的决定,是谁都无法改变的,而且 1956 年黄羊镇的基建工作已经全面展开,反对迁校是没有用的。他让廖延雄利用教授的身份和在学生中有一定影响的有利条件给学生做工作,说服学生在校园里有事说事,不要把事态扩大到社会上去。廖教授也确实做了工作,阻止了学生上街游行。(《李光访谈录》,2010 年 4 月27 日)

资料三(传记) 盛彤笙先生胸怀坦荡,性格刚直,实事求是,直言极谏。1957 年全民整风运动中,被错定为"右派分子"。那时盛先生已调离兽医学院,在科学院西北分院筹备处任第二副主任委员,学院在"大鸣大放"中,对西北畜牧兽医学院由兰州迁往武威黄羊镇进行"大辩论",以及学生们自发提出要求"欢迎盛、蒋回校",这些都成了他被定为"右派分子"的罪证。为此,盛先生被调回学院,在小西湖院内的学生饭厅,向全院师生进行检讨。盛先生在长达四小时的检讨中,有事实、有放矢,怀着对人民、对历史负责的精神,阐明了自己对迁址的看法和观点。他认为:迁址是个大事,要调查研究,慎重从事,要经得起历史的考验。我们要正确理解毛主席关于"农业院校办在城市不是见鬼吗?"的指示精神。高等农业教育要与我国农业生产实际相结合,理论联系实际,走到农业生产实际中去。不能仅仅简单地认为把学校办到农村去就是落实了毛主席的指示。他的这些语词是诚恳的、正确的、合理和善良的,引起与会师生的内心共鸣。(张德寿:《纪念盛彤笙先生——写于中国农科院兰州畜牧与兽药研究所成立 50 周年之际》,载中国畜牧兽医学会、中国农业科学院兰州畜牧与兽药研究所编《一代宗师盛彤笙:

盛彤笙先生学术思想研讨会文集》,第 52 页)

　　资料四(口述)　　1957 年反右的时候,学院把他从中科院西北分院筹备组拉到学院的阶梯教室开批斗会。主持会议的党委副书记赵子明那天特意穿着呢子大衣,戴着帽子,一副很庄重的样子。当盛彤笙从门口进来的时候,赵子明立即起身毕恭毕敬地把他迎进来了。会场上有学生递条子指责赵子明,为什么对右派分子这样客气? 由此可见盛院长的威望和影响之深。他被打成右派时,扫马路的时候还在自学俄语,他的国文、德文都特别好,直接翻译过《细菌学》。讲课不拿讲稿,只有几张小卡片,条理很清楚。他是个人人都佩服的人。1954 年我们毕业时,盛院长与我们班的同学合影,大家都感到很自豪,阎秀英一直保存着这张照片。(《何振东、黄守仁、王素香等访谈录》,2009 年 8 月 3 日)

　　9 月 10 日,西北分院兽医研究室并入中国农科院兰州畜牧兽医科学研究所筹备处。

　　资料(其他)　　9 月 10 日,中国农业科学院以(57)农科民字第 807 号文通知,将中国科学院西北分院兽医研究室并入已由中国农业科学院领导的兰州畜牧兽医科学研究所筹备处。(《中国农业科学院兰州畜牧与兽药研究所所志》编纂委员会编:《中国农业科学院兰州畜牧与兽药研究所所志》,第 2 页)

　　10 月 28 日,由西北分院兽医研究室与兰州畜牧兽医科学研究所合并成立的西北畜牧兽医研究所举行成立大会,所长为陈玉山。

　　资料一(报道)　　西北第一个畜牧兽医科学研究中心——中国农业科学院西北畜牧兽医科学研究所,已于本年十月二十八日在兰州市正式成立。该所是由兰州畜牧兽医科学研究所筹备处和中国科学院西北兽医研究室合并而成的。(《西北畜牧兽医发展中的一件喜事:中国农业科学院西北畜牧兽医研究所正式成立》,《西北畜牧兽医》1957 年创刊号,第 78 页)

　　资料二(其他)　　1957 年 4 月 15 日,(57)农院瑞字第 3 号文通知,由农业部计划局、畜牧局直接领导的兰州畜牧兽医科学研究所筹备处,交中国农业科学院领导。1957年10月20日,中国农业科学院与中国科学院西北分院,根据国务院科学规划委员会科学规划精神,决定将西北分院所属兽医室共42人合并于兰州畜牧兽医科学研究所筹备处。由中共中国科学院西北分院党组书记刘允中、中国科学院西北分院院长董杰、中国农业科学院副院长陈凤桐和兰州畜牧兽医科学研究所筹备处副主任王济民,共同研究制定了《关于西北分院兽医研究室与兰州畜牧兽医科学研究所合并工作方案(草案)》,报中共甘肃省委研究并同意。为了有利于西北地区畜牧兽医科研及畜牧业的发展,在中国农业科学院接收西北分院兽医室时,更名为中国农业科学院西北畜牧兽医研究所。……兰州畜牧兽医科学研究所筹备处经过近四年的"边研究、边筹建",于1957年10月28日在甘肃省兰州市盐场堡徐家坪正式成立中国农业科学院西北畜牧兽医研究所,召开成立大会,宣告所的成立。……成立大会由中国农业科学院陈凤桐副院长主持。陈凤桐副院长代表中国农业科学院宣布西北畜牧兽医研究所所长由甘肃省畜牧厅厅长陈玉山兼任,副所长路葆清、王济民;所办公室主任杨蓉城,副主任马维新、王武亭、骆文;畜牧研究室主任路葆清(兼),副主任张禄荣;兽医研究室主任蒋次升,副主任陈家庆、路德民。(中国农业科学院兰州兽医研究所编:《中国农业科学院兰州兽医研究所志(1954年10月—1996年12月)》,第29页)

11月26日,参加中国农科院西北畜牧兽医研究所召开的"西北地区羔羊痢疾研究会议"。

资料一(其他) 1957年11月26日,我所主持召开"西北地区羔羊痢疾研究会议"。各试验组汇报工作,进行学术讨论,会议确定进行病原分离,加强综合防治措施的研究,从多种途径解决羔羊痢疾问题。路葆清、廖延雄、陈家庆、蒋次升、韩福祥、杨学礼等人出席会议。(中国农业科学院兰州兽医研究所编:《中国农业科学院兰州兽医研究所志(1954年10月—1996年12月)》,第296页)

资料二(照片) 1957年,西北地区羔羊痢疾防治研讨会成员在兰州饭店合影。盛彤笙(前排左四)、程绍迥(前排左五)。(见图186)

图 186

11 月,跟随许绥泰进修家畜寄生虫学的翟旭久和陈金水发现一种家畜寄生虫新品种,命名为盛氏许壳绦虫,成果发表于《微生物学报》。

资料一(其他) 翟旭久等在研究文章中指出,国内安耕久氏(1956)首次在加猪体内发现属于裸头绦虫科 Anoplocephalidae 的 Pseudanoplocephala crawfordi Baylis,1927,我们这次是第二次记载在我国家猪体中有绦虫成寄生虫,但是我们这次发现的是以往文献中未曾记载过的,是属于膜壳科 Hymenolepididae 的一种新的绦虫,定名为盛氏许壳绦虫,新属新种 Hsüolepis shengi nov.gen. & sp.(为对盛彤笙教授表示敬意起见,我们将本虫定名为盛氏许壳绦虫。)同时注文说"本文是在许绥泰主任教授的指导下完成的,定许壳属表示谢意"。(杨平、翟旭久、陈金水:《甘肃猪体的盛氏许壳绦虫,新属新种 Hsüolepis shengi nov. gen. & sp. [绦虫纲:膜壳科 Hymenolepididae]》,《微生物学报》1957 年第 4 期)

资料二(传记) 两人(翟旭久、陈金水)送西北畜牧兽医学院,在许绥泰教授的指导下进修家畜寄生虫学,在进修期间,翟旭久还发现了一种命名为盛氏许壳络虫的家畜寄生虫新品种。(瞿自明:《缅怀我国著名兽医学家、兽医教育家盛彤笙先生》,载中国畜牧兽医学会、中国农业科学院兰州畜牧与兽药研究所编《一代宗师盛彤笙:盛彤笙先生学术思想研讨会文集》,第 26 页)

1958 年   48 岁

2 月 1 日至 11 日,赴京出席第一届全国人民代表大会第五次会议。

资料(其他)   第一届全国人民代表大会名单……甘肃省:任谦、吴鸿宾、邢肇棠、周有才、孙殿才、马绍文、马锡五、马鸿宾、马腾霭、张仲良、张治中、张德生、郭孟和、盛彤笙、黄正清、杨明轩、杨复兴、杨静仁、邓宝珊、霍维德、薛万祥。……编者按:这是第一届全国人民代表大会第五次会议的出席名单。(《第一届全国人民代表大会名单》,载大公报社人民手册编辑委员会编《1958 人民手册》,第 319 页)

2 月 9 日,中国科学院开会讨论右派分子事宜,拟对学部委员中的右派分子进行除名。他亦在拟除名之列。

资料(其他)   2 月 9 日   星期日   晨六点半起。上午九点至院,和尹主任同往。张副院长报告了院中定于十二日召集所长会议……次郁文报告了右派分子处理方案,计在京同事[中]有右派分子 167 人……学部委员 255 人中有十一个右派分子,即曾昭抡、钱伟长、孟昭英、雷天觉、谢家荣、刘思职、盛彤笙、余瑞璜、袁翰青、向达、沈志远,拟予以学部委员除名。此外尚有葛庭燧、李连捷等尚未决定,暂时保留。十二点散。(竺可桢:《竺可桢全集第 15 卷》,上海科技教育出版社,2008 年,第 28—29 页)

4 月 11 日,农业部同意成立中国农业科学院中兽医研究所筹备委员会,筹委会主任为陈玉山。

资料(其他)   1958 年 4 月 11 日,农业部和中共甘肃省委、省人民委员会同意,在合并于中国农业科学院西北兽医研究所的原西北分院兽医研究室的基础上,成立中国农业科学院中兽医研究所筹备委员会。筹委会由甘肃省畜牧厅副厅长陈玉山,中国科学院西北分院副主任刘允中,西北兽医学院副院长李运、路葆清,西北畜牧兽医研究所副所长王济民,西北畜牧兽医研究所兽医研究室主任蒋次升、副主任杨蓉城,兰州市兽医学会主任国海恩及中兽医师崔涤僧、张祺等十人组成,陈玉山任筹委会主任,蒋次升、杨蓉城任副主任。筹委会成立后,积极开展筹备工作,制定《中国农业科学院中兽医研究所的方向任务、组织机构及其研究工作初步方案》,着手进行中兽医研究所建所方案论证及课题的前期研究和准备工作。自6月2日起正式启用"中国农业科学院中兽医研究所筹备委员会"印章。(《中国农业科学院兰州畜牧与兽药研究所所志》编纂委员会编:《中国农业科学院兰州畜牧与兽药研究所所志》,第3—4页)

4月30日,甘肃省委批示定他为右派,撤销职务降级使用,到中兽医研究所从事中兽医及微生物研究。

资料(档案)　1958年4月28日,中国科学院西北分院筹备委员会、甘肃省畜牧厅请示,定盛彤笙为右派,撤销职务降级使用,到中兽医研究所搞中兽医及微生物研究,并附《盛彤笙单行材料》。4月30日省委宣传部批示:同意。(《关于定盛彤笙为右派,撤销职务降级使用,到中兽医研究所搞中兽医及微生物研究的请示》,1958年4月28日,甘肃省档案馆)

5月13日,调入中兽医研究所工作,级别由科研一级降为科研三级。

资料一(档案)　甘肃省委宣传部1958年5月13日发文,同意将右派分子盛彤笙调中兽医研究所。(《同意将右派分子盛彤笙调中兽医研究所》,1958年5月13日,甘肃省档案馆)

资料二(档案)　1958—1970年,盛彤笙在中国农业科学院中兽医研究所任研究员。(《盛彤笙小传材料》,1986年7月26日,江苏省农业科学院,盛彤笙干部档案)

资料三(档案)　1979年4月恢复名誉时,级别由科研三级恢复为科研

一级。(《盛彤笙小传材料》,1986 年 7 月 26 日,江苏省农业科学院,盛彤笙干部档案)

6 月 21 日,在多次讨论的基础上,中国科学院召开第七次院务常委会,与曾昭抡、钱伟长等十一人的学部委员职务被撤销。

资料一(其他)　5 月 20 日　星期二　上午九点在院开院务常委,听取 1958〔年〕4/19 日中苏日全环蚀观测队报告,由陈芳允作报告。……次讨论今年国庆节开科学院成绩展览事和撤销右派分子顾准、袁翰青、杨肇燫、盛彤笙、曾昭抡、钱伟长、孟昭英、向达、沈志远、吴承禧(上海经济所副所长)职务。(竺可桢:《竺可桢全集　第 15 卷》,第 98—99 页)

资料二(其他)　6 月 10 日　星期二　九点在地物所开地学部常委会,讨论学部右派分子处理办法。各学部共十一人,计数理化曾昭抡、钱伟长、袁翰青、余瑞璜,生物学部盛彤笙、刘思职,地学部谢家荣,技术科学部孟昭英、雷天觉,社会科学部向达、沈志远。(竺可桢:《竺可桢全集　第 15 卷》,第 112 页)

资料三(档案)　1979 年 7 月 9 日,《关于恢复盛彤笙同志中国科学院学部委员职务的通知》(中国科学院科发文字〔79〕0948 号)指出:因右派问题,我院 1958 年 6 月第七次院常务会议决定,撤销其学部委员职务。(《关于恢复盛彤笙同志中国科学院学部委员职务的通知》,1979 年 7 月 9 日,江苏省档案馆,死档全宗 5681 卷)

资料四(其他)　〔1958 年〕6 月 21 日　下午二点半开院务常委第七次会议。撤销右派分子曾昭抡、钱伟长、盛彤笙、刘思职、谢家荣、沈志远、袁翰青、余瑞璜、雷天觉、向达、孟昭英十一人学部委员和顾准、杨肇燫、吴承禧(经济所)职务。(竺可桢:《竺可桢全集　第 15 卷》,第 121 页)

7 月 1 日,中国农科院中兽医研究所正式成立,实行中国农业科学院和甘肃省的双重领导,由中国科学院西北分院代管。

资料一(其他)　1958 年 6 月 25 日,国务院科学规划委员会(58) 科字第 168 号文批准在兰州组建中国农业科学院中兽医研究所。7 月 1 日,中国农业科学院中兽医研究所成立大会在兰州饭店举行。大会邀请参加第一次全国中兽医研究工作座谈会的代表出席。中国农业科学院程绍迥副院长代表中国农业科学院在成立大会上讲话,提出中兽医研究所的方针、任务是:在社会主义建设总路线的光辉照耀下,坚决贯彻执行科学研究必须走群众路线,必须为生产服务,必须理论结合实际,继承、发扬和提高3 000多年的中兽医医学遗产,总结16万民间兽医医药、诊疗经验,促进全国中兽医工作迅速发展,合中西兽医医学为一体,为提前完成农业发展纲要中的畜牧兽医任务和飞速发展的祖国社会主义畜牧业建设而奋斗。并宣布中兽医研究所成立后领导人选和组织机构:任命甘肃省畜牧厅副厅长陈玉山兼任中兽医研究所第一副所长,主持全面工作。高国景、崔涤僧、蒋次升任副所长,实行中国农业科学院和甘肃省双重领导,由中国科学院西北分院代管。研究所成立时,设办公室和研究部门,配备了相应的工作人员。(《中国农业科学院兰州畜牧与兽药研究所所志》编纂委员会编:《中国农业科学院兰州畜牧与兽药研究所所志》,第4页)

资料二(传记)　　1958年7月在该室的基础上组建了我国第一所全国性的祖国兽医学专业研究机构——中国农业科学院中兽医研究所。由于先生主持筹建的兽医研究室的基础,在地址、建筑、设备、人员、条件等方面都有了较为充分的准备,所以中兽医研究所才得以在较短的时间内(农业部和中国农业科学院于1958年初决定建立中兽医研究所)顺利诞生。这和盛彤笙先生的远见卓识是分不开的。(杨若:《忆盛彤笙先生》,载中国畜牧兽医学会、中国农业科学院兰州畜牧与兽药研究所编《一代宗师盛彤笙:盛彤笙先生学术思想研讨会文集》,第34页)

7月,甘肃省委限期将西北畜牧兽医学院迁往武威黄羊镇。

资料(其他)　　1958年7月,在黄羊镇校舍基建任务尚未完成过半的情况下,省委限期将西北畜牧兽医学院迁到武威县黄羊镇,从而造成了西北畜牧兽医学院发展史上的一次重大损失。在将学院迁至黄羊镇的问题上,教职工中许多人一直持不同意见,并以不同的方式进行过抵制。为此,有些人被打成右派,或遭到了错误的批判。(甘肃农业大学校史编委会编:《甘肃农

业大学校史》,第9—10页)

7月20日,中兽医研究所迁至小西湖西北畜牧兽医学院旧址。

资料(其他) 1958年7月,国家高教部与甘肃省委决定将西北畜牧兽医学院整体搬迁到甘肃省武威县黄羊镇。学院原校址由农业部出资征购,作为中国农业科学院中兽医研究所的所址,当时占地12.35平方千米。7月20日,中兽医研究所由兰州市盘旋路中国科学院西北分院迁至兰州市七里河区小西湖硷沟沿8号新址。(《中国农业科学院兰州畜牧与兽药研究所所志》编纂委员会编:《中国农业科学院兰州畜牧与兽药研究所所志》,第4页)

8月2日,甘肃省人委整风领导小组召开会议,他被定为极右分子,西北分院筹委会第一副主任等职务被撤销。

资料一(档案) 1958年8月2日,中共甘肃省委发文,撤销右派分子盛彤笙的职务。(《关于撤销右派分子盛彤笙职务的决定》,1958年8月2日,甘肃省档案馆)

资料二(档案) 甘肃省人委整风领导小组办公室给中国科学院兰州分院批复《关于中国科学院兰州分院盛彤笙定为右派分子的通知》一份,1959年5月22日发文。内容为:根据盛彤笙的反动言论,经省人委整风领导小组1958年8月2日会议讨论,定为极右分子,同意你院处理意见。(《关于中国科学院兰州分院盛彤笙定为右派分子的通知》,1959年5月22日,甘肃省档案馆)

资料三(传记) 先生被定为右派后,受到降级处分,西北分院筹委会副主任委员和西北畜牧兽医学院院长等一切行政职务均被撤销,全国人大代表、中国科学院学部委员等社会职务和学术职务也被罢免,仅安排全国政协委员一项社会职务。(邹康南:《盛彤笙先生生平》,第15页)

9月13日,甘肃省委决定,学院与正在筹建的甘肃农学院合并组建为甘肃农业大学。

资料一(档案) 《关于成立甘肃农业大学的通知》称:为了更有效地运

用人力、物力、财力,加强农业科学技术干部的培养,省委常委会 116 次会议决定,把现在的西北畜牧兽医学院、甘肃农业学院合并成立甘肃农业大学。请王世杰、李运同志负责很快共同研究,提出合并意见和人员配备方案,于九月底报省委。中国共产党甘肃省委员会(章),九月十三日。见图 187。(《关于成立甘肃农业大学的通知》,1958 年 9 月 14 日,甘肃农业大学档案馆)

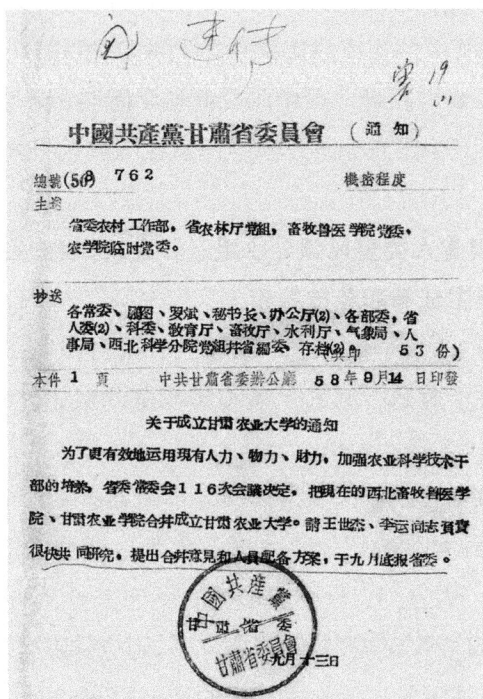

图 187

资料二(其他)　1958 年 5 月,中共八届二中全会后,在全国迅速掀起"大跃进"高潮。于是,甘肃省委决定,将正在筹建的甘肃农学院与西北畜牧兽医学院合并,组建甘肃农业大学。(甘肃农业大学校史编委会编:《甘肃农业大学校史》,第 9—10 页)

　　9 月 17 日至 25 日,甘肃省第一次科学技术工作者代表大会在兰州召开,决定将"省科普"与"兰州科联"合并,成立"甘肃省科学技术协会"。

　　资料(其他)　1958 年 9 月 25 日　在甘肃省委,省人委的直接领导和支持下,甘肃省第一次科学技术工作者代表大会于17日至今日在兰州举行,出席大会的代表1 200名。省委书记霍维德致开幕词。省科委副主任何承华做题为"高举革命红旗,坚决依靠群众,密切结合生产,更好地为社会主义建设服务"的工作报告。国务院科学规划委员会、国家科委、中国科学院、中国农业科学院派员出席。《甘肃日报》发表题为"科学要为生产服务"的社论。同日,省科协"一大"决定将"省科普""兰州科联"合并,成立"甘肃省科学技术协会",通过民主选举,产生委员61人,常委15人,刘允中任科协第一副主席(兼),雪凡、刘焕文任副主席。(甘肃省科技史志编纂部编纂:《甘肃科技志·大事记》,第46页)

12月15日,甘肃农业大学成立大会在武威黄羊镇举行。

资料一(其他) 1958年12月15日,召开了甘肃农业大学成立大会。学校在畜牧、兽医两个系的基础上,增设了农学、林学和农业机械三个系,共计五个系五个专业,同年开始招生。从此,甘肃有了一所自己的多学科农业大学,这是甘肃高等农业教育史上的一件大事。1958年,在一所刚刚西迁、各方面工作尚未就绪的西北畜牧兽医学院的基础上组建甘肃农业大学,致使建校、教学、生活等面临着相当大的困难和矛盾。从当时的情况看,成立甘肃农业大学的条件还不够成熟,发展过快;但从长远角度看,甘肃农业大学毕竟建立起来了。(甘肃农业大学校史编委会编:《甘肃农业大学校史》,第10页)

资料二(传记) 在兽医方面,我自己半生心血创办的国内唯一一所兽医学院在"大跃进"中"扩充"成为农业大学,迁往河西走廊,名义上是"发展",实际上是使兽医部分受到削弱,终至学校濒于瓦解,这是我终生一大憾事。因此自"四人帮"垮台以后,我即在全国政协多次提案,并在有关的会议上极力陈词,应恢复并增设兽医学院,后来亦逐渐得到领导的重视,实现有望。(盛彤笙:《庸碌的一生,平凡的自述》,第31—32页)

1959年　　49岁

4月11日,以特别邀请人士的身份当选为政协第三届全国委员会委员。

资料一（其他）　中国人民政治协商会议第三届全国委员名单：中国共产党（六十名）……特别邀请人士（三百〇八名）……盛彤笙……（《中国人民政治协商会议第三届全国委员会委员名单》，《人民日报》1959 年 4 月 12 日第 2 版）

资料二（传记）　1957 年被错划为"右派分子"，撤销一切行政职务和科学院学部委员，但仍保留连任历届全国政协委员。（盛彤笙：《庸碌的一生，平凡的自述》，第 28 页）

4 月 17 日至 29 日，出席全国政协三届一次会议。

资料（其他）　四月十七号星期五（三月初十）　到东单公园看笔记。到北京医院打针，遇李乐知。乘所中汽车到政协礼堂，参加政协三届一次开幕式。周总理主席，李维汉做政协二届工作报告。十二时散，到新侨，与树帜同饭。访何迥程，未遇，晤曲仲湘、盛彤笙。……与纪元同车，到民进开会，述视察所得。十时，乘董守义车归。……今晚同会：会场所晤人……盛彤笙、邹秉文。（顾颉刚：《顾颉刚日记　第八卷　1956—1959》，联经出版事业公司，2007 年，第 606—607 页）

6 月，担任中兽医研究所微生物寄生虫研究室负责人，领导全室科技人员运用中西药结合的方法，对家畜传染病进行实验研究。

资料一（其他）　1959 年 6 月，增设了针灸研究室和中药研究室，扩大病理研究室（包括病理解剖、病理生理、寄生虫），家畜病院分设内科和外科。同时，中国科学院兰州分院任命张祺为家畜病院第二副院长，邹康南任家畜病院内科主任，李文化任家畜病院外科主任，翟旭久任生理病理研究室副主任，肖佩蘅任药理研究室副主任，岳映林任牧场副场长；设微生物寄生虫研究室，盛彤笙任负责人。……研究室领导名录：家畜微生物室，盛彤笙，负责人，1959.06—1961.03。（《中国农业科学院兰州畜牧与兽药研究所所志》编纂委员会编：《中国农业科学院兰州畜牧与兽药研究所所志》，第 33、277 页）

资料二（传记）　1957 年……被分配到中国农业科学院中兽医研究所，虽经我多次向领导提出另行分配其他工作的要求，终未蒙采纳，只得勉强到职。作为一个微生物学工作者,在中兽医研究所原无多少事情可做,比较可行的是进行各种中药对细菌和病毒的抑制和杀灭效力的研究,但这种实验室工作竟被领导认作是脱离生产、脱离实际、脱离群众的"三脱离"工作,不准进行。迫令下乡"总结"中兽医治疗家畜传染病的经验,以一些所谓的验方,盲目地进行马鼻疽、牛结核、牛布氏杆菌病、猪霉形体肺炎等几种西医亦告束手的传染病,白白费了自己和几个年轻同志几年的宝贵光阴,结果毫无功效,只落得动辄得咎,历次运动……中作为一被批斗的反面教员,充当别人踏在脚下向上爬的垫脚石而已。(盛彤笙:《庸碌的一生,平凡的自述》,第28—29页)

资料三(传记) 中兽医研究所成立后,盛先生负责微生物研究室期间,领导全室科技人员运用中药和中西药物结合的方法,对当时在国内发病率高、影响生产严重,而且国内外尚无较好防治方法的奶牛布氏杆菌病、奶牛结核、马鼻疽三大传染病进行了实验研究。……盛彤笙先生对工作认真负责,一丝不苟,他负责微生物研究室期间,对下属科技人员要求相当严格,对每个人承担的工作,周一有布置,周末有检查,甚至每天应做的事,他都要做具体安排,对科学研究,从选题、设计到执行,他都非常认真,即使很一般的工作,如实验动物每天上、下午检测体温、呼吸、脉搏,他都随时检查,以防漏检。(瞿自明:《缅怀我国著名兽医学家、兽医教育家盛彤笙先生》,载中国畜牧兽医学会、中国农业科学院兰州畜牧与兽药研究所编《一代宗师盛彤笙:盛彤笙先生学术思想研讨会文集》,第27页)

资料四(传记) 盛先生在中兽医研究所微生物实验室,举办了德语学习班,参加人员有肖佩衡、翟旭久、许登艇、肖尽善四人,学习之余,盛先生还教大家唱德国歌曲。(肖尽善:《回忆和怀念盛彤笙先生有感》,载中国畜牧兽医学会、中国农业科学院兰州畜牧与兽药研究所编《一代宗师盛彤笙:盛彤笙先生学术思想研讨会文集》,第68页)

冬,在中兽医研究所土坯房中开始翻译匈牙利胡体拉(Hutyra)等合著的《家畜特殊病理和治疗学》一书。

资料一(传记) 在这样无可奈何、进退维谷的情况下,只得自找出路,进行国外名著的翻译工作。于 1959 年起开始翻译匈牙利胡体拉等氏用德文合著的《家畜特殊病理和治疗学》一书,按原著的方式分为上、下两卷出版,上卷名为《家畜传染病学》,下卷名为《家畜内科学》,共计约二百余万字(作为一个"摘帽右派",出版社对译本字数也打了很大折扣的,在"文化大革命"中重印时,甚至连译者的姓名也从书上删去了)。这部书是世界兽医文献中一部经典著作,原书共曾发行十一版(最后一版发行于 1959 年),并被译成七种外文,流行于全世界;其中文译本对我国兽医教学和科研工作也曾起到过一定的促进作用。(盛彤笙:《庸碌的一生,平凡的自述》,第 29—30 页)

资料二(传记) 中兽医研究所是在甘肃农业大学的原校址建立起来的,建所时居住条件很差。先生到所后,就住在一处地势低洼的小院中,院中有几间土坯房子,年代已久。其中主房间约四十平方米,内有十多平方米的一个小间,就是先生的卧室兼工作室。房间破旧、阴暗,门窗透风,一到冬天,天寒地冻,室内温度较低,虽然生有火炉,也难彻底驱散寒冷,经常要穿着棉衣御寒。先生就是在这种条件下生活和工作,并从事经典书籍的译著。夫人邹东明女士除照顾他的生活外,帮助抄写、整理书稿。二人相互扶持,共同努力,终于完成了 200 多万字的译著,其坚韧不拔的精神令人敬佩。(杨若:《忆盛彤笙先生》,载中国畜牧兽医学会、中国农业科学院兰州畜牧与兽药研究所编《一代宗师盛彤笙:盛彤笙先生学术思想研讨会文集》,第 36 页)

资料三(传记) 从 1959 年冬季开始,在一间不足十平米的土屋里,一张小学生用的旧二斗桌上,孤灯陋室,奋笔疾书,从事翻译工作。(邹康南:《盛彤笙先生生平》,第 16 页)

是年,在谈及自己的处境时说,一切荣辱均属身外事,只有努力工作,才对得起国家和人民,对得起知识分子的良心。

资料(传记) 我是 1959 年初认识先生的。当时我刚到中兽医研究所工作,常向他请教一些问题,他虽是中国科学院学部委员、高水平的学者,但却平易近人,和气、热情、耐心、细心解答每一个问题,有时还提出一些可供参考的书籍和文献资料。一两次接触便去掉了双方生疏的隔阂。以后,我和他的夫人邹东明女士在一起工作,有时去她家做客,对先生的了解逐渐加深。他不仅学识渊博,目光远大,热心科教,爱国敬业;而且为人正直,作风朴实,胸襟广阔,善待他人。当时虽身处逆境,却能心态平顺,面对现实,专心致志研究学问,充分显示出其高尚品德和对事业的执着。……1957年他的处境突然翻覆,虽深感迷惘,但能够泰然处之,面对现实,坚持参加科研工作,查阅文献资料,提出设想,全面考虑课题安排,使课题研究得以顺利进行。除了正常工作,他还在业余时间查阅和翻译文献资料,经常工作到深夜。他曾经说过,一切荣辱均属身外事,只有努力工作,才对得起国家和人民,对得起知识分子的良心。(杨若:《忆盛彤笙先生》,载中国畜牧兽医学会、中国农业科学院兰州畜牧与兽药研究所编《一代宗师盛彤笙:盛彤笙先生学术思想研讨会文集》,第31、36页)

1960 年　　　50 岁

3月29日至4月11日,在北京参加全国政协三届二次会议,做"思想不断革命才不致被时代车轮抛弃"的发言,并列席全国人大二届二次会议。

资料一(报道)　主席、各位委员:在听了李富春、李先念两位副总理和陈叔通副主席的报告以后,我表示衷心地拥护,感觉我国社会主义建设的一幅继续全面"大跃进"的宏伟图景正呈现在我们的眼前,受到极大的教育和鼓舞。我决心在自己的工作岗位上为实现这些报告所提出的任务而做出最大的努力。

我是一个犯过严重政治错误的人,感谢几年来党和群众对我的耐心教育和帮助,使我有勇气和决心进行立场和思想的彻底改造。在检讨了我的错误以后,党又分配了我新的工作岗位,仍旧担任科学研究工作,并且在政治上、工作上和生活上不断地给了我以无微不至的关怀和照顾,充分体现了党对知识分子的团结—批评—团结的伟大方针,使我深切地感到党的慈祥和温暖。其实早从解放那一天起,我原就是始终沐浴在这种慈祥和温暖之中的,但是人在福中不知福,我是体会得太迟了,也太辜负多年来党对我的一片苦心了。

在我走上新的工作岗位以来的将近两年的时间中,我国在政治战线、经济战线和思想战线上又经历了一系列的具有历史意义的深刻变化。特别是

1958 年以来,全国人民在党中央和毛主席的英明领导下,高举总路线、"大跃进"、人民公社的三面红旗,发挥冲天干劲,使我国社会主义建设以一天等于二十年的速度飞跃前进,根本改变了近百年来的落后面貌。工业体系已经基本上建立起来,农业生产正向着机械化前途猛进。全国人民意气风发,跃进再跃进,真是万马奔腾,百花竞放! 我在甘肃、青海、北京、上海等地结合自己的工作所亲眼见到的无数事实,以及每天从报纸、杂志、广播上所看到听到的无数惊人奇迹,不能不使我受到深刻的感动和激励。作为一个旧知识分子,在旧社会中长期见到国家的贫困和衰弱,也是无日不梦想国家的繁荣和富强的。现在仅仅经过短短的十年时间,一个崭新的强盛的祖国已经屹立于世界,怎能使我不由衷地敬服党的领导的英明、伟大和正确,从而深刻体会到社会主义制度的无比优越呢?

其次是通过资产阶级学术思想批判运动和党关于科学工作的方针政策——中国式发展科学的道路的学习,使我进一步认识到我过去迷信专家,迷信书本,迷信外国和轻视群众,脱离群众,甚至企图脱离和抗拒党的领导的严重错误,曾使我所负担的部分科学工作蒙受何等巨大的损失。最近两年来我国广大工农群众和知识青年,在党的领导下破除迷信,发扬敢想敢干的共产主义风格,在科学技术上做出的无数发明创造,使我受到极大的启发,也使我无限地钦佩和折服。例如当 1954 年领导命我担任中国科学院西北分院(现称兰州分院)的筹备工作的时候,我经常表示西北缺乏高级研究人员,认为研究工作无法开展,后来甚至发展到坚决主张将有的研究室撤销合并。但是在 1957 年和 1958 年清算了我这种资产阶级专家路线,树立了党的绝对领导以后,兰州分院就迅速得到了很大的发展,并且在很短的一两年中做出了许多优异的成绩,最突出的是中国科学院兰州地质研究所由二十几个青年地质科学研究人员创造出了超过国际水平的"陆相地层生成石油"的理论和学派,对我国经济建设和世界地质科学都将有不可估量的意义。可以断言,假若没有加强党的绝对领导而还由我担任领导,并且按照我那种只看见"专家",看不见群众,只相信"权威",不相信青年的资产阶级科学路线进行工作的话,兰州分院的这样迅速的发展和巨大的成就肯定都是不可能的。

又例如从我自己的专业（兽医学）的领域来说，回忆解放初期我担任西北区畜牧兽医部分行政工作的时候，西北各省常有口蹄疫的流行，当时我们却缺乏很有效的防治方法，工作非常被动，对于何时才能扑灭这种疫病很少把握。但是在"大跃进"的1958年，中国农业科学院在兰州举办了一次口蹄疫讲习会，由苏联专家做了短期的讲学，有许多省份的青年兽医科学工作者参加学习。讲习会结束以后，这些青年兽医科学工作者就在各地进行了大量的研究工作，在短短的一年多的时间中，不仅已将我国流行的口蹄疫的型别鉴定清楚，而且制出了几种效力很好的疫苗，其中许多项研究成果已达到或超过世界水平。若是没有党的正确和坚强的领导，这样优异的成绩也是不可设想的。

回忆1956年我参加草拟我国十二年科学规划的时候，尽管规划是脱稿了，但是究竟能不能在十二年之内完成，我心中总存在有许多怀疑；尤其是对国务院科学规划委员会由非科学家的副总理领导感觉不服气，甚至在1957年的科学院学部委员会上狂妄地提出了取消科学规划委员会，将它的业务交给中国科学院来担任的荒谬主张，其实质就是一种认为党不能领导科学的思想。但是几年来的实践充分证明，在党的坚强领导和全国科学界及广大群众的共同努力之下，已经可以断言，十二年科学规划肯定能够提前完成，完全粉碎了我那种认为党不能领导科学的反动论点，从而也坚定了我要绝对服从党的领导，依靠群众和青年的积极性来搞好研究工作和技术革新与技术革命的决心。

最近的反右倾、鼓干劲的整风学习对我的教育更为深刻，使我认识到在整个过渡时期中，资产阶级世界观和无产阶级世界观之间的矛盾还是最主要的矛盾，两条道路的斗争还远远没有熄灭，痛切地感觉到在这样一个客观形势一日千里地飞跃发展的时代，必须进行思想的不断革命，才不致被时代的车轮所抛弃。我完全意识到我的改造还才开始，要完成脱胎换骨的改造还必须付出艰苦的努力。我坚决一心一意地听党的话，加强马克思列宁主义和毛主席著作的学习，彻底转变立场，坚决与资产阶级世界观决裂，树立无产阶级的世界观，肃清各种形式的个人主义思想，在各项政治运动、科学实践和生产劳动中不断锻炼和改造自己，并为社会主义建设事业献出我的全部力量,来报答党对我的教育和爱护。(《思想不断革命才不致被时代车轮抛弃——盛彤笙委员的发言》,《人民日报》1960 年 4 月 12 日第 20 版)

资料二(其他) 全国政协三届二次会议:1960 年 3 月 29 日—4 月 11 日在北京举行。会议由政协主席周恩来主持。委员们列席了全国人大二届二次会议,听取和讨论了《关于 1960 年国民经济计划草案的报告》《关于 1959 年国家决算和 1960 年国家预算草案的报告》《关于为争取提前实现全国农业发展纲要(修正草案)而斗争的报告》。陈叔通副主席做了政协常委会的工作报告。(张晋藩、海威、初尊贤主编:《国史大辞典》,黑龙江人民出版社,1992 年,第 390 页)

12 月 3 日,摘掉"右派"帽子。

资料一(档案) 1960 年 12 月 3 日,甘肃省委报送材料摘掉盛彤笙等五人的"右派分子"帽子。(《报送摘掉盛彤笙等五人的"右派分子"帽子的材料》,1960 年 12 月 3 日,甘肃省档案馆)

资料二(传记) 1960 年,先生的"右派"帽子被摘掉,但处境没有多大改善。(邹康南:《盛彤笙先生生平》,第 16 页)

资料三(传记) 他虽然在 1960 年摘了"右派"帽子,好像"回到"了人民的队伍,但仍脱离不了"右派"的阴影,无形的"摘帽右派"又悬在他的头上,所以出版社对译著的字数也打了很大的折扣。译著的三年,恰好是我国三年自然灾害,生活艰苦、处境困难的时期,别人都在为果腹而奔忙,他却埋头书案,潜心著述。(胡云安、陈贵仁、赵西玲:《远牧昆仑:盛彤笙院士纪实》,第 292 页)

是年,开始研究"中药及西药治疗牛布氏杆菌病的试验"项目。

资料(其他) 中兽医、兽医学科科研项目 序号:68。项目来源:十年规划中心问题及其研究项目。项目名称:中药及西药治疗牛布氏杆菌病的试验。主持人及本所主要完成人:盛彤笙、张祺、江敦珍、邹康南、陈福章、邢兆堃、宋军令、侯奕昭、雷观愚、张永欣、袁永隆、仇立根。起止年限:1960—1966。(《中国农业科学院兰州畜牧与兽药研究所所志》编纂委员会编:《中

国农业科学院兰州畜牧与兽药研究所所志》,第 131 页)

1961 年　　51 岁

4 月,微生物传染病研究室改为微生物研究室,他着手进行"中药抑菌试验"项目。

资料一(传记)　为了寻找防治传染病的有效中药,1961 年用琼脂平皿挖坑灌注法,以 240 种中兽医常用中药在肝汤琼脂上对牛、羊、猪三型布氏杆菌、马鼻疽杆菌、炭症杆菌、猪巴氏杆菌、猪丹毒杆菌、雏鸡白痢杆菌等进行了体外抑菌试验,筛选出 110 种具有不同程度抑菌作用的药物,1962 年又在此基础上进一步作了抗菌效价测定,为开展家畜传染病的中药治疗奠定了基础。(瞿自明:《缅怀我国著名兽医学家、兽医教育家盛彤笙先生》,载中国畜牧兽医学会、中国农业科学院兰州畜牧与兽药研究所编《一代宗师盛彤笙:盛彤笙先生学术思想研讨会文集》,第 27 页)

资料二(其他)　1960 年 5 月,设中药研究室、病理研究室、微生物传染病研究室、针灸研究室、临床研究室,附设家畜病院、实验动物饲养场,筹建中药加工厂。1961 年 4 月,又将研究机构调整为临床研究室、针灸研究室、中药研究室(附中药加工厂)、微生物研究室和家畜病院,设立综合检验室(由原病理室的病理解剖、寄生虫及病院的化验室组成)。(《中国农业科学院兰州畜牧与兽药研究所所志》编纂委员会编:《中国农业科学院兰州畜牧与兽药研究所所志》,第 33 页)

资料三(其他)　兽药学科科研项目　序号:47。项目名称:中药抑菌试验。主持人及本所主要完成人:盛彤笙、谭泽锵、许登艇、侯奕昭。起止年限:1961。(《中国农业科学院兰州畜牧与兽药研究所所志》编纂委员会编:《中国农业科学院兰州畜牧与兽药研究所所志》,第 143 页)

秋,到中央社会主义学院参加政治学习,翻译工作中断。

资料(档案)　1961 秋—1962 秋,盛彤笙在中央社会主义学院学习。(《盛

彤笙小传材料》,1986 年 7 月 26 日,江苏省农业科学院,盛彤笙干部档案)

10 月 12 日,晤顾颉刚。

资料(其他) (一九六一年)十月十二号星期四(九月初三)……到政协礼堂,与静秋同买物,吃茶,吃饭。看《关于当前文学艺术工作的意见》十条。在政协看《秋瑾剧》京剧,十时半归。……今日所晤人……张纪元、盛彤笙、连以农……(顾颉刚:《顾颉刚日记 第九卷 1960—1963》,联经出版事业公司,2007 年,第 336 页)

1962 年　　　52 岁

夏,结束中央社会主义学院的学习,回到中兽医研究所。

资料(传记) 翻译工作在 1961—1962 在中央社会科学院学习期间中断一年。(盛彤笙:《庸碌的一生,平凡的自述》,第 30 页)

5 月,翻译完《家畜特殊病理和治疗学》上卷的传染病部分,定名为《家畜传染病学》。

资料一(传记) 该书译文达 200 余万字,分上下两卷,上卷名《家畜传染病学》,下卷名《家畜内科学》,由科学出版社出版。……原书此前共出版十一版,被译成七种文字,发行至全世界,被各国高等院校和科研工作者采用为教科书和主要参考资料。先生花费大量时间和精力,凝聚心血,将这部卷帙浩繁的巨著译成中文,是对我国兽医学术的又一重要贡献。译文细致、准确、通畅,被科学出版社誉为"信、达、雅"的典范,深受广大读者称赞。书中纠正了过去兽医界错译的一些病名和寄生虫名称。对我国兽医学的教学和科研工作的提高具有一定的作用。(邹康南:《盛彤笙先生生平》,第 16 页)

资料二(传记) 《家畜传染病学》的最大特点是以客观的态度融入了"科学无国界"的宽阔世界观。当细读该书的内容时,总有种资料特别丰富的感觉。可以毫不夸张地说,1957 年以前各国动物疾病的主要文献资料和科研成果,几乎都被搜集到了。在疾病"历史"以及那些用小号字排版的内容中,我们可以很清楚地看到每种疾病的发现、研究进展和研究成果。该专著最大的价值,就在于尊重科学、尊重各国科学家的艰辛劳动和创造性成果。编者们在引用研究结果、成果或发现时,显得特别谨慎和实事求是,他们把这些结果总是和研究者的姓名及发表时间明确地指出来。显然,这样做就是对科技工作者研究成果的肯定和知识产权的保护。这种文风和学风,广大年轻的知识分子是应当很好学习的。《家畜传染病学》一书的翻译水平很高,结构紧密、语言流畅、文字精练、专业用语准确,是学习兽医专业知识和翻译方法与技巧的一本好教材。从这部译著中,可以看出盛先生的博学和严谨的学风。(陈怀涛:《一部浸润知识资源的巨著——学习译著〈家畜传染病学〉感言》,载中国畜牧兽医学会、中国农业科学院兰州畜牧与兽药研究所编《一代宗师盛彤笙:盛彤笙先生学术思想研讨会文集》,第59—60页)

资料三(译作) 盛彤笙1962年5月所作序指出,由于原书篇幅较大,仅传染病部分译成中文即近一百万字,而译者的岗位工作又较忙碌,翻译工作主要是利用工余的一些零碎时间和假日的休息时间进行的,其间又曾脱产参加政治学习一年,所以迁延的时间较久。为了使译本能够早日和读者见面,特将其分成上下两册先后出版,上册包括急性全身性传染病一篇。(盛彤笙:《译者序》,载胡体拉等著、盛彤笙译《家畜传染病学》,科学出版社,1962年)

8月,《家畜传染病学》上册由科学出版社出版。

资料(专著) 参见"5月"条资料三(专著)。

1963年 53岁

3月,在全国农业科学规划会议上,力主加速发展畜牧业,并注重发展南方山区的畜牧业。

资料一(传记) 即令处在这样的逆境中,我对我国畜牧兽医事业的发展并未忘怀,例如在 1963 年,我即曾三次在全国、地方的会议上发言,力主加速发展畜牧业,并注重发展南方山区的畜牧业,促进农业早日过关。一次是三月间在北京召开的全国农业科学规划会议上,一次是在六月间列席甘肃省政协大会时……(盛彤笙:《庸碌的一生,平凡的自述》,第 30—31 页)

资料二(传记) 1963 年,他刚刚摘去"右派"帽子不久,但仍打入"另册",如言之不慎,就有可能出现新的政治风险,重蹈身败名裂的覆辙。但盛彤笙没有顾及自身的得失,他在北京全国农业科学规划会议、全国政协会议和甘肃省政协会议上奋力陈词,力主加速畜牧业的发展。他认为,我国人民的食物构成以粮食为主,动物性食品少,应当逐步改变。中国人的动物性食品消费量属于世界最低行列,而粮食消费量属于世界最高行列之中,粮食越吃越多,而乳肉越来越少,陷于恶性循环。只有向畜牧业进军,加快畜牧业的发展,丰富我们的肉蛋奶等食品,改进我国人民的食物结构,使蛋白质的需要趋向于满足,营养水平才会显著提高,体质将大为增强,吃饭问题才能从根本上得到解决。(胡云安、陈贵仁、赵西玲:《远牧昆仑:盛彤笙院士纪实》,第 305 页)

6 月,在甘肃省政协会上提出甘肃应加速发展畜牧业。

资料一(传记) 参见"3 月"条资料一(传记)。

资料二(传记) 参见"3 月"条资料二(传记)。

9 月,在乌鲁木齐召开的中国畜牧兽医学会年会上,提交"中西药物治疗乳牛布氏杆菌病试验报告"。

资料一(其他) 1963 年 9 月,中国畜牧兽医学会在乌鲁木齐市召开年会,收到全国各地 26 个省、自治区、直辖市畜牧兽医学学会提出的论文和研究资料 441 篇。……《中西药物治疗乳牛布氏杆菌病试验报告(摘要)》,盛彤笙、谭泽锵、冯镐启、徐鹤林。(中国畜牧兽医学会编:《中国畜牧兽医学会1963 年年会论文选编(兽医部分)》,农业出版社,1965 年,第 78—79 页)

资料二(传记) 先生在中兽医研究所担任研究员期间,尽管身处逆境,但并未灰心丧气,而是努力深入钻研学术,积极开展研究工作。对各项试验,均有严格要求,反复测试,务求准确;所作总结更是坚持以试验数据和实际结果为依据,决不夸大、缩小。当时他主持的课题是"乳牛布氏杆菌病中药治疗的研究"。对于这个选题,他持有不同意见,作为知名的微生物学专家,深知此病是由布鲁氏菌引起的传染病,主要应采取隔离病牛、彻底消毒、连续检疫查出阳性牛等措施加以预防,故应该以此作为研究重点,把单纯治疗作为研究方向似乎不妥。但那时他处境被动,不容提出这些正确意见。为使工作少受损失,他在治疗试验中加强了诊断学、细菌学方面的工作,为该病防治提供依据。试验结果,证明中药"加味茵陈汤"不能治愈病牛,更难改变血清学反应和肃清流产胎儿内、子宫内和乳汁中的布鲁氏菌。与西药土霉素联合应用,似有一定的临床治疗效果。因而这项试验在主要方面未能取得预期成果,但在血清学、细菌学方面却积累了一批较有价值的参考数据……

先生对研究课题工作认真负责,实事求是,决不人云亦云,敷衍塞责。坚持以文献资料、实验数据为立论依据,以生产实践、实际效果为检验立论正确性的主要标准。他撰写的课题设计书及各种科研报告均极其规范、严谨。实验依据和实验方法详尽;实验工作计划、阶段和步骤明确、清晰,使人一目了然;研究记录准确、完整;研究报告更是字斟句酌,恰如其分。这些方面给我的生动印象,至今难忘。(杨若:《忆盛彤笙先生》,载中国畜牧兽医学会、中国农业科学院兰州畜牧与兽药研究所编《一代宗师盛彤笙:盛彤笙先生学术思想研讨会文集》,第34—35页)

11月29日,在全国政协三届四次会议上发言,力主加速发展畜牧业,并注重发展南方山区的畜牧业。

资料一(其他) 十一月廿九号星期五(十月十四)到政协礼堂,出席大会,沈雁冰、康生任主席,听发言。……今日发言人:史良……盛彤笙、顾颉刚……(顾颉刚:《顾颉刚日记 第九卷 1960—1963》,第775页)

资料二(传记) 第三次是十一月间在全国政协三届四次会议的大会发言中,虽受到全体委员的热烈鼓掌欢迎以及许多识与不识的委员在会外的谬奖和同意,可惜当时未能为领导所接受。直到20年后的1980年,畜牧业才受到较大的重视,西北广大地区和南方山区的种草工作才得到中央的认可。(盛彤笙:《庸碌的一生,平凡的自述》,第31页)

资料三（传记） 1963 年在北京全国农业科学规划会议、全国政协会议和甘肃省政协会议上多次发言,力主加速发展畜牧业,并希望重视发展南方山区畜牧业以促进农业早日过关,虽受到全体委员的赞同和欢迎,但未能为领导所接受。(邹康南:《盛彤笙》,载《中国科学技术专家传略 农学编 养殖卷 1》,中国科学技术出版社,1993 年,第 355 页)

11 月,《家畜传染病学》下册由科学出版社出版。

资料（译作） 下册包括急性疹性传染病、定位于某些器官的主要为急性的传染病和慢性传染病等三篇。(胡体拉等著,盛彤笙译:《家畜传染病学》)

是年,主持完成"中西药治疗乳牛结核病试验研究"项目。

资料一（其他） 中兽医、兽医学科科研项目 序号:70。项目名称:中西药治疗乳牛结核病试验研究。主持人及本所主要完成人:盛彤笙、谭泽铦。起止年限:1962—1963。(《中国农业科学院兰州畜牧与兽药研究所所志》编纂委员会编:《中国农业科学院兰州畜牧与兽药研究所所志》,第 131 页)

资料二（传记） 在开展上述研究的同时,先生还主持了中西药物治疗乳牛结核病的试验,结果认为中药白芨、知母、百部、黄柏对乳牛结核病具有同西药异烟肼和安妥息类似的临床疗效。中西药物结合应用效果更好。每当谈起以上两项研究时,先生都深表遗憾:由于选题的缺陷、经费和条件的限制、人力的不足等方面的原因,使他的学术专长难以发挥,研究结果难如人意。(杨若:《忆盛彤笙先生》,载中国畜牧兽医学会、中国农业科学院兰州畜牧与兽药研究所编《一代宗师盛彤笙:盛彤笙先生学术思想研讨会文集》,第 35 页)

1964 年 54 岁

1 月,当选为中国农业科学院西北畜牧兽医研究所第二届学术委员会委员。

资料（其他） 所学术委员会:第二届(1964 年 1 月成立)

主任委员：许康祖

委员：王武亭、陈家庆、苏乃兴、魏宝瑛、刘延祯

所外委员：许绶泰(甘肃农业大学教授)、任继周(甘肃农业大学教授)、蒋次升(中国农业科学院中兽医研究所教授)、盛彤笙(中国农业科学院中兽医研究所教授)、毕获恩(甘肃省畜牧兽医研究所)

学术秘书：张歆(中国农业科学院兰州兽医研究所编：《中国农业科学院兰州兽医研究所志(1954 年 10 月—1996 年 12 月)》，第 295 页)

7 月，《家畜内科学》上册由科学出版社出版。

资料(专著)　本书据 Hutyra、Marek、Manninger 和 Mócsy 四教授合著的德文《家畜特殊病理和治疗学》的下卷(器官疾病部分)译出，定名为《家畜内科学》。本书按消化器官、呼吸器官、循环器官、泌尿器官、血液、新陈代谢、内分泌腺、运动器官、神经系统和皮肤的次序，对各种家畜、家禽和一些野生动物的数百种疾病的病因、病理、发病机制、症状、诊断、治疗和预防都有论述，可供科研人员、医学工作者和高等学校兽医系师生参考。该书封面见图 188。(胡体拉等著，盛彤笙译：《家畜内科学》上册，科学出版社，1964 年)

图 188

8 月，《家畜传染病学》合订本由科学出版社出版。

资料(专著)　本书为 Hutyra、Marek、Manninger 和 Mócsy 四教授合著的《家畜特殊病理和治疗学》一书的上卷，即传染病部分。原书用德文编写，以"家畜传染病学"的书名出版。上册出版于 1962 年，下册出版于 1963 年。

此次为合订出版。(胡体拉等著,盛彤笙译:《家畜传染病学》合订本,科学出版社,1964 年)

11 月,因腰椎间盘突出开始病休,直至"文革"开始。

资料一(档案) 1964 年 11 月—1966 年 6 月,病休。(《盛彤笙小传材料》,1986 年 7 月 26 日,江苏省农业科学院,盛彤笙干部档案)

资料二(口述) 我 1962 年调到所里来了以后,基本上没有见过盛先生。我听那些老同志们讲,他主要是翻译了德国的兽医学那本专著。那本专著在当时看起来学术价值和水平都是很高的。这在当时的兽医学界和兽医界已经算是顶尖的著作了。盛先生翻译过来了,也只有他有这个水平和能力。因为反响好,需求量大,翻译完以后又再版了好几次,据说每次再版,出版社都给他很多报酬。因为这个专著价值很高,所以给他的稿费也比较高,引得下面的一些人议论纷纷。但可以肯定:这个贡献是非常大的,对当时的兽医界来说是一个很大帮助。大概是在六十年代初期,他得了腰椎间盘突出,基本上不能下床了,就在家里面待着,有的时候搞点翻译、审稿和校对工作。所以说在那个时期,我基本上没有见到过他。(《郭积炳访谈录》,2015 年 6 月 16 日)

是年,开始"中药抑制病毒(牛痘病毒)试验"课题研究。

资料(其他) 兽药学科科研项目 序号:49。项目名称:中药抑制病毒(牛痘病毒)试验。主持人及本所主要完成人:盛彤笙、雷观愚、谭泽锵、许登艇、张乃华、侯奕昭、袁永隆。起止年限:1964—1966。(《中国农业科学院兰州畜牧与兽药研究所所志》编纂委员会编:《中国农业科学院兰州畜牧与兽药研究所所志》,第 143 页)

1965 年　　55 岁

春,因病到青岛疗养。为前去探望的女儿摘译《台球入门》。

资料(其他) 六五年父亲因病到青岛疗养,我暑假去青岛看望他。疗养院有很好的海滨浴场、图书馆,俱乐部里还有两张非常考究的台球桌,但是经常打台球的人并不多,只有一位,打得相当好。我有时好奇,站在边上看一会儿。看了两次,这位先生就对我说,若有兴趣,他愿意教我。我当然高兴学,立刻跑去告诉父亲。第二天父亲就从图书馆借回一本英文的台球书,摘要其中的精华翻译成中文,写了一本《台球入门》小册子,并很仔细地配了图。以后几周,我按小册子练习基本功,跟着"教练"上课,进步很快。有一天我的"教练"看到父亲给我的《台球入门》说,你爸爸可真是有心人,对你太好了。(《盛小端的回忆》,2011 年 10 月 11 日)

8 月,《家畜内科学》下册由科学出版社出版。至此,《家畜特殊病理和治疗学》一书翻译出版完毕。译著被科学出版社誉为"信、达、雅"的典范。

资料一(专著)　本书按消化器官、呼吸器官、循环器官、泌尿器官、血液、新陈代谢、内分泌腺、运动器官、神经系统和皮肤的次序,对各种家畜、家禽和一些野生动物的数百种疾病的病因、病理、发病机制、症状、诊断、治疗和预防都有论述,可供科研人员、医学工作者和高等学校兽医系师生参考。(胡体拉等著,盛彤笙译:《家畜内科学》下册,科学出版社,1965 年)

资料二(传记)　据不少学者评价,这部译著的翻译水平很高,它结构紧密,语言流畅,文字精练,专业用语准确,既是学习兽医专业知识又是学习翻译技巧的一本好教材。他的译著被科学出版社誉为"信、达、雅"的典范,也就是翻译的最高三境界,即忠实、美好、通顺之谓。从这部译著中,也可以看出盛彤笙的博学和严谨的学风。这是一部浸润知识资源的巨著。五六级兽医专业学生、原甘肃农业大学教授陈怀涛认为:"细读该书,有一种资料特别丰厚的感觉,它将 1957 年之前世界各国动物疾病的主要文献资料和科研成果,几乎都搜集其中。全书计有各种畜禽疫病 100 多种,每种疾病都详细叙述了病原、流行病学、发病机制、剖检变化、症状、诊断、治疗和预防。当我国兽医科技工作者及医学工作者参阅到这一巨著时,真正感觉到它的科学价值和分量,是对我国兽医学术的重大贡献。书中纠正了过去兽医界错译的一些病名和寄生虫名称,对我国兽医学的教学和科研工作的提高具有重要的参考价值。"(胡云安、陈贵仁、赵西玲:《远牧昆仑:盛彤笙院士纪实》,第 293 页)

10月7日,中国农业科学院下属的三个研究所合并为中国农业科学院兽医研究所。随中兽医研究所的整体并入来到兽医研究所工作,被任命为第七、第八研究室主任,因病未到职。

资料一(传记) 1965年10月7日,中国农业科学院下属单位西北畜牧兽医研究所(兰州兽医研究所的前身)、中兽医研究所和哈尔滨兽医研究所的三个研究室组成中国农业科学院兽医研究所。盛彤笙先生随中兽医研究所的整体并入来中国农业科学院兽医研究所(后改为中国农业科学院兰州兽医研究所)工作,1970年盛彤笙先生得到"解放"后直至1978年调动工作为止,一直在兰州兽医研究所情报室工作。在此期间他指导年轻科技人员申请研究课题,亲自修改申请报告和查阅有关分子生物学实验方法,并且给复旦大学谈家桢、盛祖嘉教授写亲笔信,促进了兰州兽医研究所和复旦大学的科研合作。(《盛彤笙——著名兽医学家、微生物学家、教育学家、学部委员》,《中国兽医科学》2007年第5期,第365页)

资料二(口述) 1965年,中国农科院和农业部到我们这里搞社教,那时候我们还是没有什么接触,他一直在小西湖那边。社教的后期是组织建设,社教结束开始搞机构调整,就把他任命为我们第七、第八研究室主任。第七、第八研究室就是生理、生化研究室,当然还有病理。有二十多个,他是这两个研究室的主任。但是因为有病,基本上没有过来。1965年"文化革命"开始以后,我们原来政治部主任就是参加七、八室的学习和活动的,也没有见过盛先生。(《郭积炳访谈录》,2015年6月16日)

资料三(其他) 1965年,以西北畜牧兽医研究所兽医部分为主,拟将哈尔滨兽医研究所寄生虫、中兽医、药物、真菌四个研究室、组迁兰合并,并将中兽医研究所亦并入,统名为中国农业科学院兽医研究所,撤销西北畜牧兽医研究所名称。原西北所兽医部分共有89人。……原中兽医研究所并入兽医人员54人,其中:针灸研究室10人,负责人杨进中;中药研究室8人,负责人肖佩蘅;微生物研究室9人,负责人盛彤笙;综合检验室5人,负责人陈金水;临床研究室13人,负责人瞿自明;家畜病院9人,负责人邹康南。两所兽医人员共143人。(中国农业科学院兰州兽医研究所编:《中国农业科学院兰州兽医研究所志1954年10月—1996年12月》,第66页)

约是年,住房搬至另一低洼南房。中国农业科学院院长金善宝来兰视察时至家探望。

资料一(传记) 1965 年中国农业科学院金善宝院长来兰州视察,特地到中兽医研究所探望盛彤笙,见他一家蜗居在两间狭小阴暗的土坯屋,联想到他在这样的环境里翻译出皇皇巨著,连连摇头叹息,但也爱莫能助,唯有感慨而已。(胡云安、陈贵仁、赵西玲:《远牧昆仑:盛彤笙院士纪实》,第 292 页)

资料二(传记) 二十世纪六十年代中期,所里安装暖气,为修建锅炉房,这个小院被拆除,故搬至对面的另一个小院中,与他人合用,住房由北房变成南房,仍处于低洼地带,条件尚不如前者。(杨若:《忆盛彤笙先生》,载中国畜牧兽医学会、中国农业科学院兰州畜牧与兽药研究所编《一代宗师盛彤笙:盛彤笙先生学术思想研讨会文集》,第 36—37 页)

1966 年　　56 岁

6 月,结束病休,被审查、批斗。

资料一(档案) 1966 年 6 月—1970 年,盛彤笙受审查和迫害。(《盛彤笙小传材料》,1986 年 7 月 26 日,江苏省农业科学院,盛彤笙干部档案)

资料二(传记) 1966 年"文革"开始,盛彤笙作为"老右派""资产阶级知识分子",在研究所遭到批斗在所难免,并勒令打扫卫生,清扫厕所。有些人借口批判"学术权威",多次组织批斗会,对先生推推搡搡,残酷斗争。对此还嫌不足,还编演活报剧进行丑化侮辱,以后竟然以"特务"名义将先生关进"牛棚",不许家属探视,借机抄家,翻箱倒柜,逼迫交出稿费,甚至将珍藏多年的欧洲古典音乐唱片全部砸碎。又轮番揪斗,任意打骂逼供,斗争高潮时会场一片混乱,有人高喊"把他吊起来"。如此遭遇,先生身心倍受摧残。(邹康南:《盛彤笙先生生平》,第 17 页)

资料三(传记) 1966 年 9 月中,根据中央"十六条"精神,由职工自选出清一色由革命群众代表组成的"文化革命委员会",取代了"靠边站"的所领导,掌握本所大权。这时……不知何方神圣发明了一种叫作"烤草包"的绝活,据说可以大长无产阶级志气,大灭资产阶级威风。就是在高等院校、科研机构等凡是高级知识分子比较集中的地方,由革命造反派把一些知名教授、研究员、专家学者揪到大庭广众面前,故意出些古怪、偏歪或者不属他们业务专长的考题,命令其当场回答或演示,让其尴尬出丑,以兹证明他们本是一群"读书越多越蠢越反动"的大草包。这个政治气味浓厚的恶作剧,立时像瘟疫一样传遍全国,远在大西北高原兰州的兽医研究所自难幸免,而且盛彤笙院士必定首当其冲,被揪到原中兽医所附设家畜病院,令一个微生物学家,面对住院医治病马,当众操作下胃管、直肠检查等临床兽医师的诊疗技术,这种纯属无聊荒唐的恶作剧,竟然在堂堂科研学府演出,反倒成了悲剧!对"文革"初期被揪斗批判、抄家、殴打,人格尊严早已褫夺至尽的盛老来说,这点侮辱还是能承受得起的。(张遵道:《忆盛彤笙院士在兰州最后八年的一些往事》,2015 年,第 14—15 页)

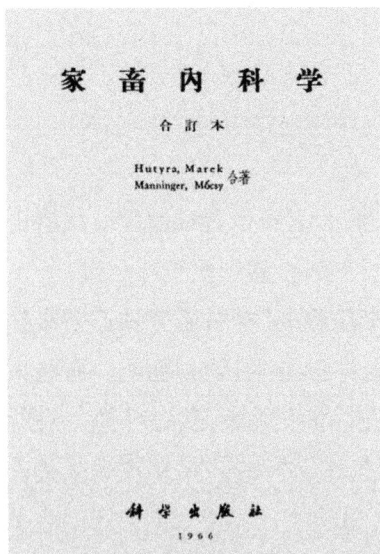

图 189

7 月,《家畜内科学》合订本由科学出版社出版,略去译者姓名。

资料(专著) 本书按消化器官、呼吸器官、循环器官、泌尿器官、血液、新陈代谢、内分泌腺、运动器官、神经系统和皮肤的次序,对各种家畜、家禽和一些野生动物的数百种疾病的病因、病理、发病机制、症状、诊断、治疗和预防都有论述,可供科研人员、兽医和医学工作者和高等学校兽医系师生参考。该书封面见图 189。(胡体拉等著:《家畜内科学》合订本,科学出版社,1966 年)

是年,为兽医研究所传染病研究室负责人,指导青年工作。

资料一(其他) 1966 年末,中国农业科学院兽医研究所兽医部分共有研究人员 181 人。其中:第一研究室(家畜病院)27 人,负责人瞿自明;第六研究所(传染病研究室)24 人,负责人盛彤笙;第十实验室(中兽医研究室)

9人,负责人邹康南。(中国农业科学院兰州兽医研究所编:《中国农业科学院兰州兽医研究所志1954年10月—1996年12月》,第67页)

资料二(照片) 1966年,盛彤笙一家四口在小西湖家中小院合影。左起:盛小端、邹东明、盛天舒、盛彤笙。(见图190)

图190

资料三(口述) 我(张伯澄)是1965年北农大毕业到所的,当时,盛彤笙正身处逆境,在所里的情报室搞资料编译工作。他热爱兽医事业,工作一丝不苟,家住在小西湖,但却很少下徐家坪,全神贯注地搞资料分析和研究。他知识渊博,外语水平极高,我们年轻人经常跟他学习外语,他也很耐心地指教。分子生物学方面的东西过去在学校学得很少,他就帮我们查阅有关分子生物学方面的实验方法。1966年意大利发现猪的烈性传染病,疑似2号病,所里立项对此病进行研究,写出报告后,盛先生亲自对报告的外文部分进行修改。(《刘兆弼、范文学、张伯澄等访谈录》,2008年3月17日)

资料四(传记) 笔者和盛彤笙先生相识还是1966年8月以后的事。那年8月,我们从哈尔滨迁至兰州,全国正处于"文革"的初期,根据农业部1965年99号文件精神,战备搬迁,哈兽研的抗生素研究室和药理研究室入住小西湖中兽医研究所院内,与原中兽医所中草药研究室合并,组成中国农业科学院兽医研究所第二研究室(药物室)。当时兽医专家盛彤笙先生就工作和生活在小西湖院内(所部)。这样,便有了工作上的接触和向盛彤笙先生请教的机会,使我受益匪浅。下面述说我与盛先生的二三事。一、1968年到1971年我受兽医老前辈程绍迥先生的委托,边筹建兽用化药合成实验室边配合口蹄疫灭能苗项目开展新化学灭能剂的合成研究。由于我们对新化学灭能剂的国内外研究概况不熟悉,一道工作的原中兽医所一位同志建议去请教盛彤笙先生,让他帮助我们。当时盛先生由于"文革"的影响暂被安排在业务处做文献资料工作。傍晚,我们来到了盛先生家里,说明了来意,没想到当场遭到盛先生的严词拒绝。第二天,盛先生却委派夫人邹东明女士约我单独商谈。盛先生直言不讳地说:"昨天晚上我不是针对你,请不要介意,我不喜欢投机取巧、不守规则的行为。"接着又举例讲述了他对一些是非不分,为保护自己,不讲正义,不讲原则行为的憎恶,先生安慰了我并答应一定尽力协助。这件事使我感悟到了先生是非分明、刚直不阿的人格风范。(赵荣材:《盛彤笙先生二三事》,载中国畜牧兽医学会、中国农业科学院兰州畜牧与兽药研究所编《一代宗师盛彤笙:盛彤笙先生学术思想研讨会文集》,第46页)

1968年 　　58岁

是年,青年学者刘秀梵读其译著后致信请教。回信答问解疑。

资料(口述) 回忆我与盛先生的通信,大体上是这样的,我是1965年毕业于苏北农学院并留校任教的,记得那是在"文化大革命"中,大约是1968年,因为当时无事可干,就找书看,但学校图书馆也没有什么书,于是就将盛先生翻译的匈牙利科学家胡体拉的兽医名著《家畜传染病学》和《家畜内科学》拿来看。我学过德文,又仔细对照德文版的原著学习。看完后,顿时感到盛先生对原著理解深刻,文字功底深厚,语言优美。但其中也有一些疑问,便写信向盛先生请教,记得主要是:译著与原著有几处在用药物剂量上有出入,如有的地方用的是毫克,而原著是微克;再就是一些专用名词弄不太懂。盛先生当年在兰州,大约一个星期,就收到他的回信,对我提出的疑问作了解答,并对用药剂量的出入问题表示歉意。信上字迹端庄秀丽,看完信后心中十分激动,他是一个中西兼通、学识渊博的大学者,我这样一个初出茅庐的小辈提的问题,他都郑重其事,一一作答,这种严谨的态度和认真的精神实在令人敬佩。(《刘秀梵访谈录》,2014 年 11 月 12 日)

1969 年　　59 岁

是年,在图书馆、情报资料室查找翻译国外最新资料,为青年科技人员赵荣材的兽用新药研究提供帮助,并勉励他们勤苦钻研。

资料(传记)　二、盛彤笙先生对我们开展兽用新药研究很关心,很支持,曾多次说:"我国兽医领域空白较多,在兽药方面,只在高校设有兽医药理学科。兽用药物研究、制造还是空白。兽用药物主要来自人用药,没有兽医部门自己的药物,特别是专用药物的研究与制造。我是搞兽医微生物的,通过帮助你们查阅药物文献资料,对我也是很好的学习和补充,我一定尽我所能为你们提供文献资料方面的帮助。"1969 至 1972 年盛先生频繁进出图书馆、情报资料室,从小西湖至盐场堡徐家坪(曾在那里上班),定期地、不间断地、极其认真地给该课题组提供新化学灭能剂方面国外最新研究和应用方面的资料。

盛先生还一再表示,他对兽药研究很感兴趣,鼓励我们说,年青人勤奋、努力、刻苦钻研,就一定会在兽药研究方面有所作为。兽医兽药不能分家,但兽药(除疫苗外)是我国兽医领域空缺学科,通过你们的努力工作和多年积累,一定能创建和发展我国的兽药学科。盛先生的话,我一直牢记在心里。这么多年来,也一直没有忘记先生对我们工作的支持与鼓励。

三、在新化学灭能剂研制过程中,盛先生不断给我们提供应用、研究、制造方面的最新资料。他知道我们最需要的是有关化合物合成与新结构方面的资料,他极力设法查找并及时提供给我们。一次,他发现德国最近报道一个新灭能剂叫"BEI",便与我联系,很高兴地问:"你知道 BEI 吗?德国文献报道,BEI 毒性小,灭能和保护免疫原性效果好,应用方便。"我问盛先生,能否将 BEI 的结构帮我们查清楚,先生欣然接受。一个星期后,他兴致勃勃地把译成中文的资料给我看。我看后,感觉 BEI 化学名称所写出的结构不太合适,于是我将疑问反馈给先生。他百思不解,反复查阅、反复斟酌,一时找不到症结所在,心情有些焦急,但很快镇静下来,并安慰我说,一定能解决。先生经过反复思考、认真查对,问题找到了。原来是先生误把化学结构上标示取代其位置的阿拉伯数字"2—"误译成中文的"二个"了,即"二—"。他又兴奋又自责,可我却深深地领悟到盛先生的谦虚、谨慎以及做科学工作的严谨与执着。后来,BEI 合成了,其方法也已成功地应用于制备 BEI 灭能苗。(赵荣材:《盛彤笙先生二三事》,载中国畜牧兽医学会、中国农业科学院兰州畜牧与兽药研究所编《一代宗师盛彤笙:盛彤笙先生学术思想研讨会文集》,第 46—47 页)

1970 年　　　60 岁

是年,离开"牛棚",在兰州兽医研究所业务组工作,任研究员兼顾问。

资料一(档案)　据《干部履历表》,1970 年至 1979 年在中国农业科学院兰州兽医研究所任研究员兼顾问。(《盛彤笙小传材料》,1986 年 7 月 26 日,江苏省农业科学院,盛彤笙干部档案)

资料二(传记)　此外,在 1970 年从"牛棚"中解放出来以后,被分配在中国农业科学院兰州兽医研究所从事情报资料工作。(盛彤笙:《庸碌的一生,平凡的自述》,第 30 页)

资料三(传记)　1970 年……院属京外各研究所一律就地下放,中国农业科学院兰州兽医研究所改名甘肃省兽医研究所,由省革委会农牧局领导。机构调整中,盛彤笙夫妇便随着当时的业务办公室(后改为科研管理处)迁到徐家坪所部上班,家仍住在黄河南的小西湖分部,每天搭乘所里的通勤班车,早出晚归,中午在专为他们安排于招待所的一间客房内吃饭、休息。(张遵道:《忆盛彤笙院士在兰州最后八年的一些往事》,第 1 页)

是年起,指导青年科技人员申请研究课题,翻译、摘编各种文献资料 100 多万字。

　　资料一(传记)　应年轻同志们之嘱,代译各方面的文献资料,亦在 100 万字以上,一部分不署名发表于该所出版的《兽医科技资料》上,一部分未公开发表。我的译文多能以"信、达、雅"受到同道的奖饰。在此翻译的过程中,我曾有意识地注意收集免疫学和流行病学两方面的资料,以为晚年编著《比较免疫学》和《比较流行病学》两书的素材。(盛彤笙:《庸碌的一生,平凡的自述》,第 30 页)

　　资料二(传记)　1970 年得到"解放"后,被分配到中国农业科学院兰州兽医研究所从事情报资料工作,应年轻同志的要求代译英、德文献资料 100 多万字供科研参考,其中一部分发表在该所出版的《兽医科技资料》上。在此期间,他又译出了德国贝尔(Beer)等合著的《家畜的传染病》一书。(邹康南:《盛彤笙》,载《中国科学技术专家传略　农学编　养殖卷 1》,第 354 页)

　　资料三(口述)　1970 年盛先生被"解放",他又热心地指导青年科技人员申请研究课题,亲自修改申请报告,逐字逐句地核对,一个标点一个标点地校正。经他修改过的报告,语法准确,文字精练,几乎到了增一字则多,减一字则少的程度。他就这样关心我们青年人的成长。(《刘兆弼、范文学、张伯澄等访谈录》,2008 年 3 月 17 日)

　　资料四(传记)　二十世纪七十年代,当时中兽医研究所已并入兰州兽医研究所,先生专职从事科技情报信息工作。曾翻译、摘编各种文献资料上百万字,并经常向有关人员通报最新消息,对推动该所科研工作的进展贡献较大。上述文献资料有一部分在该所编辑出版的《兽医科技资料》(《中国兽医科技》杂志前身)上刊载。在当时对国外科技信息封闭、禁锢的年代,这些信息像春风一样为广大畜牧兽医工作者带去了不少新意,在"科学的春天"到来之前为掌握世界畜牧兽医发展情况打开了一扇窗口,意义非凡,这当中也凝聚了先生的心血和劳动。(杨若:《忆盛彤笙先生》,载中国畜牧兽医学会、中国农业科学院兰州畜牧与兽药研究所编《一代宗师盛彤笙:盛彤笙先生学术思想研讨会文集》,第 35—36 页)

1971 年　　61 岁

3 月，下点劳动。

资料一（信件）　三月间下点时，分部曾出现两张大字报，一张署名"眼中钉"，对三连张文涛连长进行了人身攻击，认为他是排斥异己，将不顺眼的人下放到点上。另一张署名"几个爱占便宜的人"，替两个白发苍苍的人（指金耀庭和张乃华）抱屈，责问于德安主任才四十几岁，为何自己不下点去。再加上其他自由主义和无政府主义现象严重，引起了省上的极大重视，还在几次大会上对本所进行了批评，胡继宗主任甚至指出，当时本所是"资产阶级专无产阶级的政"。六月间省农业局派了一个小规模的农业组来所摸情况，回去以后又于七月二日改派一个约二十来人的毛泽东思想宣传队来所进行批修整风运动，于七月五日举行动员大会，发动所职工开展"四大"，一个多月以来共贴出大字报三百多张，揭发出大小问题数十个。（《盛彤笙致邹康南关于兽医研究所开展运动情况的信》，1971 年 8 月 14 日）

资料二（照片）　盛彤笙（左）与雁滩果农刘亚之（右）合影。（见图 191）

图 191

6 月 4 日，六十周岁生日当天，在家中及黄河边拍照留念。

资料一（照片）　1971 年 6 月 4 日，盛彤笙六十岁生日，在小西湖家中小院留影。（见图 192）

资料二（照片）　1971 年 6 月 4 日，盛彤笙六十岁生日，在兰州小西湖黄河边留影。（见图 193）

图 192   图 193

11 月 25 日，兰州兽医研究所主办的《畜牧兽医科技资料》创刊，他担任顾问，提出办刊意见和建议，撰文并审阅稿件。

资料一（档案） 他非常关心兽医刊物的编辑出版工作，我所主办的《中国兽医科技》杂志于 1971 年创办时，就直接得到盛老的帮助和指导，他还亲自动手撰文 15 篇。（《盛彤笙小传材料》，1986 年 7 月 26 日，江苏省农业科学院，盛彤笙干部档案）

资料二（传记） 上世纪六十年代末至七十年代初期，由于"文革"的特殊时期，使得国内已建立起来的兽疫防疫网络和畜禽传染病科研工作不能正常进行，给畜牧业生产造成难以估量的损失。1971 年，盛先生在情报资料室做翻译工作，有针对性地翻译、整理、编写出《近年来国外家畜传染病流行和研究的一些情况》《猪瘟病毒的特性》《兽医上的病毒疫苗》《对动物有致病作用的环境污染物》等多篇、计数万字的综述论文，作为国外科技动态，先后刊载于当时兽医所编印的内部刊物《兽医科技资料》，供本所及全国各地的兽医科技人员阅读。这在科技信息处于闭塞状态的年月里，确是难能可贵的。遗憾的是，这些论述发表时，作者署名却为甘肃省兰州兽医研究所译。

1971 年，这份当时全国唯一的畜牧兽医科技刊物问世后，立刻在国内畜牧兽医界引起了强烈反响，各地纷纷来函索阅，从而增强了兽医所办刊的信心。先生那时是刊物的顾问，更是由衷地高兴。盛先生对该刊物寄予了厚望，并提出了中肯的建议：（一）所谓杂志，顾名思义，首先要体现一个"杂"字，兽医科技杂志也不例外，就是它所设置的栏目内容要包涵兽医学科的方方面面。因为它面对的读者是工作在兽医战线上的各类人员，要让大家都能开卷有益，各有所得。虽然这很不容易，但如果不能拥有更多的读者，杂志就失去了生存基础。（二）既然杂志要"杂"，那办杂志的人自然也就要成为"杂家"，作为科技杂志的编辑，不一定都非要是本学科的专家，但他必须要具有本学科的基础知识，不然稿子看不懂怎么行。（三）杂志不是教科书，读者不要老生常谈的内容。读者拿钱订阅，就是要常见到新鲜的东西。面对成百上千的稿件，如何择新选优、慧眼识金，光靠几个编辑人员是不行的。建议编辑人员充分发挥本所得天独厚的学科全、专家多的特点，聘请一支精良的专家审稿队伍把关、做后盾，这样就一定能办好一份高水平、高质量、有权威性的兽医科技杂志的。听盛先生这一席精辟教诲，得益匪浅。这些宝贵意见，在杨若、笔者、李长卿先后担任《中国兽医科技》杂志主编的二十余年里，都一直付诸实行。《中国兽医科技》杂志创办 37 年来新取得的成绩和获得的荣誉中，凝聚着盛先生和中兽医研究所多位专家的心血和贡献。

　　盛彤笙先生为人一直低调，埋头工作，默然奉献，除了常去图书馆，极少到别的办公室走动。但他对编辑部却情有独钟，先生常要看看稿件，做些点评，我们有问题也常去请教。偶尔在工间休息时也和我们聊聊别的话题。和盛先生聊天，是一种特殊享受和学习机会，因为他常会随口说出一些极富哲理的警句格言给人启迪，发人深省。如大家谈论起做人的准则时，盛先生说："做人要做到对国家要尽忠，对事业要执着，对名利要淡泊，对荣辱要平心，对家庭要负责，对自己要无私。"再如说起有些人之间好闹无原则的纠纷时，盛先生意味深长地吟诵道："何事纷争一角墙，让人咫尺又何妨。万里长城今犹在，谁见当年秦始皇。"盛先生有时也喜欢引用生动风趣的对联句形式，表达深刻的道理，许多寓教其中的良言，都是他离开后笔者赶快写在工作笔记本上翻阅玩味的，所以印象很深，至今不忘。他往往似在不经意间，给我们许多有益的教诲，一直是我们最敬重的恩师益友。（张遵道：《永不忘却的怀念——记盛彤笙院士的一些往事》,载中国畜牧兽医学会、中国农业科学院兰州畜牧与兽药研究所编《一代宗师盛彤笙：盛彤笙先生学术思想研讨会文集》,第 54、56 页)

1972 年　　62 岁

9 月起,在《兽医科技资料》上,翻译刊发《香港猪的一种水泡性疾病[①]与口蹄疫的鉴别》《猪瘟病毒的特性》等文章。

资料一(译文)　文中描述了香港新界猪的一种水泡性疾病,并指出它与口蹄疫相鉴别之困难。交叉中和试验的比较表明,它与在意大利从表现一种类似的水泡性症候群的猪分离出来的肠道病毒在血清学上相似。原署名“甘肃省兰州兽医研究所整理”。见图 194。(G. N. Mowat 等著,盛彤笙

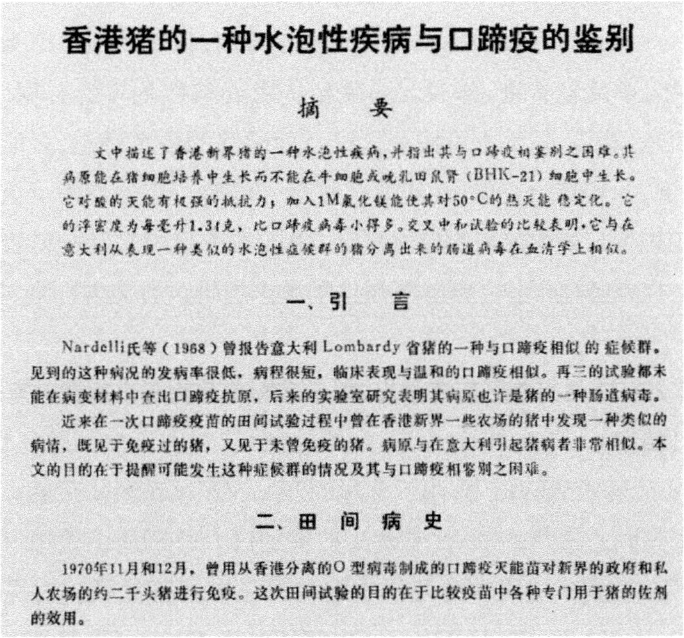

香港猪的一种水泡性疾病与口蹄疫的鉴别

摘　要

文中描述了香港新界猪的一种水泡性疾病,并指出其与口蹄疫相鉴别之困难。其病原能在猪细胞培养中生长而不能在牛细胞或幼乳田鼠肾(BHK-21)细胞中生长。它对酸的灭能有极强的抵抗力;加入1M氯化镁能使其对50°C的热灭能稳定化。它的浮密度为每毫升1.34克,比口蹄疫病毒小得多。交叉中和试验的比较表明,它与在意大利从表现一种类似的水泡性症候群的猪分离出来的肠道病毒在血清学上相似。

一、引　言

Nardelli氏等(1968)曾报告意大利 Lombardy 省猪的一种与口蹄疫相似的症候群。见到的这种病况的发病率很低,病程很短,临床表现与温和的口蹄疫相似。再三的试验都未能在病变材料中查出口蹄疫抗原,后来的实验室研究表明其病原也许是猪的一种肠道病毒。

近来在一次口蹄疫疫苗的田间试验过程中曾在香港新界一些农场的猪中发现一种类似的病情,既见于免疫过的猪,又见于未曾免疫的猪。病原与在意大利引起猪病者非常相似。本文的目的在于提醒可能发生这种症候群的情况及其与口蹄疫相鉴别之困难。

二、田间病史

1970年11月和12月,曾用从香港分离的O型病毒制成的口蹄疫灭能苗对新界的政府和私人农场的约二千头猪进行免疫。这次田间试验的目的在于比较疫苗中各种专门用于猪的佐剂的效用。

图 194

① 水泡病：作者在其他文献中亦用“水疱病”,今统一作“水泡病”。

译:《香港猪的一种水泡性疾病与口蹄疫的鉴别》,《兽医科技资料》1972 年第 4 期,第 77—81 页)

资料二(译文) 本文系欧洲经济共同体委托德、法、意、比四国几个兽医工作者根据近年来全世界发表的有关猪瘟的一百多篇研究报告综合整理而成,对猪瘟的研究有一定的参考价值。原署名"甘肃省兰州兽医研究所整理"。(A. Van Aert 等著,盛彤笙译:《猪瘟病毒的特性》,《兽医科技资料》1972 年第 4 期,第 75—79 页)

资料三(译文) 在过去三十年中,对动物构成潜在危害的环境污染物的种类迅速增加。目前最受注意的是放射性沉降辐照、工业排出物、燃烧发动机废气、农药、除莠剂和土壤消毒剂等。原署名"甘肃省兰州兽医研究所整理"。(S. W. Nielsen 著,盛彤笙译:《对动物有致病作用的环境污染物》,《兽医科技资料》1972 年第 4 期,第 79—82 页)

资料四(传记) 先生对工作极端负责,不容有丝毫差错。他所撰写的文章均结构严密,观点清晰。二十世纪七十年代我在兰州兽医研究所负责编辑书刊……的工作,收到的稿件有些虽然可用,但有的很不严密,疏忽、遗漏之处颇多,须反复查证、修改。而先生提供的稿件均言之有据,且文字优美,字迹清楚、端正,基本上可按稿付排。他编写的信息资料,多能切中科研工作的关键,并具有启发作用,其中有些至今仍有一定的参考价值。(杨若:《忆盛彤笙先生》,载中国畜牧兽医学会、中国农业科学院兰州畜牧与兽药研究所编《一代宗师盛彤笙:盛彤笙先生学术思想研讨会文集》,第 37 页)

12 月 20 日,兰州兽医研究做出"关于盛彤笙政治历史问题的审查结论"。

资料(档案) 1978 年 3 月 24 日的《盛彤笙同志历史问题复查结论》最后指出:在清理阶级队伍中,由于林彪的"四人帮"反革命修正主义的干扰破坏,对盛彤笙同志进行的群众"专政"、抄家、丑化、严刑逼供是错误的,在"文化大革命"中对盛彤笙所作污蔑不实的材料予以清理销毁。对原一九七二年十二月二十日"关于盛彤笙政治历史问题的审查结论"予以撤销。(《盛彤笙历史问题复查结论》,1978 年 3 月 24 日,中国农科院兰州兽医研究所人事处,档案号 0104 - 819)

12 月,《家畜传染病学》合订本与《家畜内科学》合订本重印,译者均改为"兰州兽医研究所"。

资料一(译作) 本书为 Hutyra、Marek、Manninger 和 Mócsy 四教授合著的《家畜特殊病理和治疗学》一书的上卷,即传染病部分。原书用德文编写,以《家畜传染病学》的书名出版。上册出版于 1962 年,下册出版于 1963 年 11 月。此次为合订本第四次印刷,译者改为"兰州兽医研究所"。见图 195。(胡体拉等著,兰州兽医研究所译:《家畜传染病学》合订本,科学出版社,1963 年 11 月第 1 版[①],1972 年 12 月第 4 次印刷)

资料二(译作) 本书据德文《家畜特殊病理和治疗学》的下卷(器官疾病部分)译出,定名为《家畜内科学》。本书按消化器官、呼吸器官、循环器官、泌尿器官、血液、新陈代谢、内分泌腺、运动器官、神经系统和皮肤的次序,对各种家畜、家禽和一些野生动物的数百种疾病的病因、病理、发病机制、症状、诊断、治疗和预防进行了论述。此次第二次印刷,译者改为"兰州兽医研究所"。见图 196。(胡体拉等著,兰州兽医研究所译:《家畜内科学》合订本,科学出版社,1966 年 7 月第 1 版,1972 年 12 月第 2 次印刷)

图 195

图 196

---

① 此为下册出版时间。

1973年　　63岁

1月，受兽医研究所业务科之请，给科研人员讲授权威检索期刊的使用方法。

资料（传记）　盛先生还注意到，由于所内科研人员已多年疏于外语学习，不少花钱订购的珍贵外文书刊闲置着，很少有人问津。而大家要承担多项国家科研项目，亟须了解国外兽医科学研究相关领域的动态及新技术、新方法。于是在先生的倡议下，于1973年1月，由业务科出面组织，举办了专题讲座，请盛先生给科研人员讲校园外几种重要的权威检索期刊的使用方法。通过这一活动，所里重现科技情报工作的气氛，并日渐浓厚。（张遵道：《永不忘却的怀念——记盛彤笙院士的一些往事》，载中国畜牧兽医学会、中国农业科学院兰州畜牧与兽药研究所编《一代宗师盛彤笙：盛彤笙先生学术思想研讨会文集》，第54—55页）

1月起，通过翻译发表国外有关"猪传染性水泡病"的资料，对波及全国25个省市区的"猪传染性水泡病"最终认定起到启发性作用。

资料一（传记）　1973年，我国长江中下游一些省的养猪场和生猪转运站暴发了一种猪的发热性、接触性传染病，其特征为猪蹄部皮肤或鼻部及舌黏膜发生水泡，一时波及全国25个省市区，给养猪业的发展造成极大的威胁，当时曾将它命名为"猪疑似口蹄疫病"。盛彤笙一开始就密切关注与此病相关的各种信息，以他作为一个微生物学家的判断，认为将其定性为口蹄疫值得商榷。他查阅了大量国外文献发现，1966年欧洲的意大利、英、法等国及亚洲的日本和我国的香港，陆续发生过类似猪病，并初步认为是由一种肠道病毒引起的新的猪传染病。他便立即翻译了《由一种肠道病毒在猪所致的口蹄疫症候群》《英国猪水泡病流行的初步研究》《香港猪的一种水泡性疾病与口蹄疫的鉴别》等译文，发表在《兽医科技资料》上，对兰州兽医研究所有关人员的思路和研究方向，起到了启发、指引和推动作用。经与北京大学生物系专家的协作研究,终于查清了是一种新病毒,并正式定名为猪传染性水泡病。(胡云安、陈贵仁、赵西玲:《远牧昆仑:盛彤笙院士纪实》,第301页)

　　资料二(译文)　文章指出与口蹄疫有关的水泡性病是指水泡性口炎(Vesicular stomatitis)和水泡疹(Vesi-cular exanthema),这三种病都是由滤过性病毒所引起。在病原学上,它们之间没有关系。口蹄疫几乎传染所有偶蹄动物如牛、猪、羊等;水泡性口炎除传染猪、牛之外,尚传染马,而水泡疹则只传染猪。(盛彤笙译:《口蹄疫及有关的水泡性病》,《兽医科技资料》1973年第1期,第72—75页)

　　资料三(译文)　文章指出1972年12月11日斯塔福郡报告了猪的水泡病的一次流行。根据临床症状诊断为口蹄疫,但未能为起初的血清学试验所证实。遂曾进行研究来确定其病原的性质。以前也曾两次在猪流行过临床上与口蹄疫无法区别的疾病,但从其中分离出与口蹄疫不同的病原。(Dawe. P. S. et al著,盛彤笙译:《英国猪水泡病流行的初步研究》,《兽医科技资料》1973年第2期,第92—93页)

　　资料四(译文)　文章指出猪已经有过一种水泡病的几次流行,其病原证明是一种肠道病毒。本文报告能够通过免疫扩散试验证明一些分离物之间的明确抗原差异。(F. Brown. et al著,盛彤笙译:《猪水泡病病毒分离物之间的抗原差异以及它们与B5型科赛奇病毒的关系》,《兽医科技资料》1973年第4期,第41—42页)

　　资料五(译文)　文章指出:曾从受意大利猪水泡病1/66号毒株感染的猪的咽腔—扁桃体以及直肠拭子分离出病毒达十一天之久。患临床疾病的和曾与临床病例接触的猪能产生高滴度的中和抗体,维持至少四月之久。(R. Burrows. et al著,盛彤笙译:《猪水泡病》,《兽医科技资料》1973年第4期,第44—46页)

6月,应约撰写中华人民共和国成立前后科学工作者经历的文章,在世界语版《人民中国报道》杂志第6期发表。

　　资料一(口述)　1973年我在政治处工作时还有过这么一件事,和他本人有所接触。《人民中国》是一家对全世界发行的英文杂志,他们委托省军区的一位同志来联系我们。他说,你们所的盛彤笙先生是国内比较有影响的专家,在国际上也比较有名的。因为他是搞教育的,他们想和盛先生约稿,希望他写一篇中国新旧社会办教育状况的对比文章。当时是杂志社直接点名让盛先生写的。我把这个事情告诉给盛先生以后,他很高兴地就答应了。初稿完成以后交给我,我又给人家转过去看,看了以后又做了修改,记者还到我们所里拍了些照片,拍了照以后材料就送走了。事后我接到那个年轻人的电话说,文章发表以后在国内外反响都很好,效果还是很不错的。他的照片也上了杂志,他是用了很多数字和实例说明问题,他说自己在旧社会是如何艰难办学的,新中国成立以后党和政府是如何支持的,提供了很多数据,这些还是很有说服力的。他的文笔是非常好的,一般人根本无法比,做事又相当认真,有这样好的效果很正常。(《郭积炳访谈录》,2015 年 6 月 16 日)

资料二(报道)　该报道的引言说:"最近,我们请三位中国科学家向读者介绍他们的生活经历,他们在新旧社会从事科学研究已有数十年,并对新中国科学工作的发展充满信心。"其后依次为三位科学家的文章,最后为盛彤笙(兰州兽医研究所研究员)的文章,翻译如下:

新中国成立前,我和很多朋友一起参加了中华自然科学社(中国领先的科学学会之一)从事科学技术工作的活动,但经过二十多年的辛勤工作,我取得的成功很少。在旧中国确实很难进行科学研究!

1946 年,我来到兰州建立了中国第一所兽医学院。尽管畜牧业在国民经济中占有重要地位,但是,由于国民党反动政府完全忽略了教育工作,因此在成立三年后,即 1949 年解放时,学校仅占地不到 40 亩,建筑物建筑面积仅略超过 3 000 平方米,师生仅百余人,并且在财政上面临严重困难,设备极度匮乏。

新中国成立后,在毛主席和中国共产党的领导下,畜牧业的研究工作也焕然一新。在人民政府的照顾下,我们的学校很快扩大了规模,并成为一所农业大学。该省已为其分配了数百公顷的土地,建造了多层房屋,建筑面积达数十万平方米,增加了大量书籍和设备,并将学生人数增加到一千多人。

在过去的二十多年中,它为国家培养了大量的兽医,从而有力地促进了该省的发展。在中国西北牧场,新中国成立后成立了兰州兽医学院。它具有相对合适的仪器和足够的动物用于实验。在过去的几十年中,其研究人员进行了许多创造性的实验,并取得了许多成就。无产阶级"文化大革命"开始之后,有十一项重大成就得到传播。

新中国成立前,仅在我国的几个县市中有兽医站,而且它们大多只是名义上的。现在所有人民公社,甚至一些生产大队都已经有了兽医站,并进行了技术推广,改良牛的品种,改良草地,预防牲畜疾病和各种大规模的科学实验得到了广泛的实践。这加速了畜牧业的发展。让我们以甘肃省为例,自1970年以来,猪的数量增长了约5%,比1969年增加了47%,并且近年来进一步上升。甘肃省放牧区的其他牛群数量也急剧增加,这加速了畜牧业的发展。例如,在哈萨克族自治县,与解放初期相比,不同牲畜的数量增加了12倍。由于生产的发展,许多放牧地区已经有了拖拉机、发电机、割草机、打草机等。由于畜牧业的迅速发展,畜牧和兽医工作者的活动领域日益扩大。

党和人民政府非常关心我们兽医科学工作者的政治生活。新中国成立后,我曾担任西北行政委员会委员、畜牧部副部长、中国科学院生物学地学部学部委员;第一届全国人民代表大会代表和中国人民政治协商会议全国委员会委员。给我的所有这些荣誉表明了党和人民对我们知识分子的信任。在过去的二十多年中,我深深地相信,只有在新中国,中国的科技工作者才能更好地发挥自己的才能,为社会主义建设做出贡献。原文见图197。
(盛彤笙:《之前和现在》,《人民中国报道》1973年第6期,第16—17页)

是年,在全国兽医规划会议上,提出八十年代的畜牧业中应开始重视城市肉、奶、蛋的供应,以适应人民生活改善的需要。

资料一(传记)　在1973年在兰州举行的全国兽医规划会议上,我早就提出八十年代的畜牧业和重视城市郊区肉、奶、蛋的供应,以适应人民生活改善的需要,为此应提倡在城市郊区办理工厂化的奶牛、养猪和养鸡场,可

Kamarado Šeng Tongšeng

aktiveco de la sciencaj kaj teknikaj laborantoj estis plene disvolvitaj. En la lastaj du jaroj, el la 35 gravaj esploraj temoj, 15 ricevis sukcesojn kaj 10 ricevis gravan progreson, kio faris kontribuon al la sekura produktado de karbominejo.

En la pasintaj 20 jaroj, en la scienca esplora laboro pri sekura produktado de karbominejo, ne nur nova generacio de laborantoj kreskas rapide, sed ankaŭ la sciencaj laborantoj el la malnova socio rejuniĝis kaj progresas rapide. Dank' al la edukado kaj kulturado de la Partio mi mem senĉese altiĝis en politika konscio kaj scienca laboro. De multaj jaroj mi okupiĝis kune kun novaj kaj malnovaj sciencaj kaj teknikaj laborantoj pri esplorado de gaso. Post longa praktikado de scienca esplorado, ni fundamente konis la naturon de gaso kaj mastris la leĝon por ĝin regi. Ekzemple, ni jam sukcesis jungi la gason de la Fušun-a Karbominejo kaj turnas ĝin en karbon-nigron kaj aliajn materialojn por kemia industrio kaj hejtajon.

Mia scienca esplora laboro de tridek jaroj profunde konigis al mi, ke la nova Ĉinio malfermis vastan perspektivon por la disvolviĝo de sciencaj esploroj. Ĉiuj sciencaj laborantoj, kiuj amas la novan Ĉinion kaj volas dediĉi sian forton al la socialisma konstruado, povas ricevi konfidon kaj zorgon de la Partio kaj la popolo.

16

Šeng Tongšeng (esploranto de la Veterinara Instituto de Langoŭ):

Antaŭ la Liberiĝo, mi partoprenis kune kun multaj geamikoj okupiĝantaj pri sciencaj kaj teknikaj laboroj aktivadon de la Ĉina Societo de Naturaj Sciencoj, unu el la ĉefaj sciencaj societoj de nia lando, sed tre malgrandan sukceson mi akiris per la diligenta laborado de pli ol 20 jaroj. Vere malfacile estis fari sciencan esploron en la malnova Ĉinio!

En 1946, mi venis al Langoŭ por starigi la unuan veterinaran instituton de Ĉinio. Kvankam brutobredado okupis gravan lokon en la nacia ekonomio, tamen pro tio, ke la kuomintanga reakcia registaro tute ignoris la edukan laboron, tri jarojn post sia fondiĝo, t.e. je la Liberiĝo en 1949, la lernejo okupis nur areon de malpli ol 40 muoj kaj la plankareo de la konstruaĵoj estis nur iom pli ol 3,000 kvadrataj metroj, ĝi havis nur iom pli ol cent instruistojn kaj studentojn kaj suferis de akraj malfaciloj kaj financo kaj ekstrema manko de ekipajoj.

Post la Liberiĝo, sub la gvido de la Komunista Partio de Ĉinio kaj Prezidanto Maŭ, la esplora laboro de brutobredado ricevis novan vivon. Sub la zorgo de la popola registaro, nia lernejo baldaŭ estis grandigita kaj fariĝis agronomia universitato. La ŝtato asignis al ĝi centojn da hektaroj da tero, konstruigis por ĝi pluretaĝajn domojn kun plank-

图 197

惜以人废言，当时甚至受到与会同志的批判，但我并未因此气馁。（盛彤笙：《庸碌的一生，平凡的自述》，第 31 页）

资料二（传记） 1973 年在兰州举行的全国兽医规划会议上，他提出……应提倡在郊区兴办工厂化的奶牛、养猪和养鸡场等，特别是发展生长期短、肉质增长速度快的养禽业。可惜因人废言，当时甚至受到与会部分年轻同志的批判（他们认为我国的畜牧业与兽医工作仍应以大家畜为主），盛彤笙一笑置之，并未气馁。（邹康南：《盛彤笙》，载《中国科学技术专家传

略　农学编　养殖卷 1》,第 355 页)

资料三(传记)　二十世纪七十年代初期,人们的思想仍处于被禁锢的
状态,先生便根据我国生产、生活情况及世界畜牧业发展的趋势,思考发展
城市畜牧业的问题。他曾经谈起,随着生产的发展和人民生活的改善,提高
国人身体素质的课题必然要提到日程上来,而提高身体素质的重要措施之
一,是增加食物中肉、蛋、奶的比重,这就需要发展城市畜牧业,在城镇周边
地区建立较大型的奶牛场、养猪场、养鸡场,合理利用城镇的资源条件,发挥
防疫优势,就近取材,就近消费,可以起到事半功倍之效。我记得,在 1973 年
由当时的兰州兽医研究所主持召开的全国兽医规划座谈会上,先生提出了
这一设想,并希望在规划中重视城镇畜牧业中的兽疫防治问题。这一意见
受到了一些与会专家的重视。但当时正值"文革"时期,经济濒临破产,畜牧
兽医工作难被重视,先生的设想也只能束之高阁,无法实施。直到改革开放
之后,畜牧业蓬勃发展,特别是以城镇为中心的养殖业的兴起,他的预见才
终于变成现实。(杨若:《忆盛彤笙先生》,载中国畜牧兽医学会、中国农业科
学院兰州畜牧与兽药研究所编《一代宗师盛彤笙:盛彤笙先生学术思想研讨
会文集》,第 32 页)

资料四(传记)　"文革"后期的 1973 年,农业部在兰州召开了一个全国
畜牧兽医规划工作会议,盛彤笙根据我国生产、生活情况及世界畜牧业发展
的趋势,在会上提出了八十年代应重视发展城市畜牧业的设想。(胡云安、
陈贵仁、赵西玲:《远牧昆仑:盛彤笙院士纪实》,第 306 页)

1974 年　　　64 岁

12 月,开始病休,达四年之久。

资料(档案)　1974 年 12 月—1978 年 11 月,病休。(《盛彤笙小传材
料》,1986 年 7 月 26 日,江苏省农业科学院,盛彤笙干部档案)

是年,指导兰州兽医研究所"免疫荧光直接法诊断猪水泡病毒的初步探

讨"项目的科研工作。

资料(传记)　1974 年,盛先生还亲自指导"免疫荧光直接法诊断猪水泡病毒的初步探讨"项目的科研工作。(张遵道:《永不忘却的怀念——记盛彤笙院士的一些往事》,载中国畜牧兽医学会、中国农业科学院兰州畜牧与兽药研究所编《一代宗师盛彤笙:盛彤笙先生学术思想研讨会文集》,第55 页)

1975 年　　　65 岁

是年,与原上海医学院的老师李振翮相约到上海会晤。

资料(传记)　在上海医学院学习期间,对我影响最深的有⋯⋯李振翮(微生物学)⋯⋯他们在基础医学或临床医学方面的高深造诣和丰富经验给了我极大的教益。特别是李振翮先生,由于是湖南湘乡人,湖南乡音很重,上课时虽然讲的是英语,但课余接触时,别的同学都听不懂他的方言,只有我出生于湖南,和他能够交谈,所以比较接近。在与他的交往中,他告诉了我他早年在湖南读书时与毛泽东主席的友谊,是新民学会的会员,只因后来决志学医,未再参加革命活动。他说将来毛泽东一定会胜利,这也使我的思想受到了影响,进一步坚定了我对共产党必胜的信心。由于他是一位微生物学家,我在他的熏陶之下,后来也以微生物学为专业。他后来接受美国邀请,出国成了一位著名美籍华裔学者,解放后曾三次回国,受到毛主席的亲切接待。第二次回国时(1975 年)曾约我到上海相晤,至他死前仍然保持着通讯联系。(盛彤笙:《庸碌的一生,平凡的自述》,第5—6 页)

约是年,中央农牧渔业部邀请他赴京,参与接待德国拜耳药厂代表团,因阻挠而未成行。

资料一(传记)　二十世纪七十年代中期,当时的农牧渔业部曾通过甘肃省农牧局(当时兰州兽医研究所下放甘肃省领导)邀请盛彤笙先生去北京参加接待德国拜耳药厂的一个代表团,洽谈该厂所产兽药的推广应用问题。先生为此加班加点做了多方面的准备。临近去京,突然接到省农牧局的通知,说"该项洽谈任务已经取消,盛彤笙不必去京"。后经了解,是当时本所的一位领导,借口先生的所谓"政治问题"向省上反映,不同意他去参加接待、洽谈,农牧渔业部只好不再邀请先生,实际上洽谈任务并未取消。邹东明同志对此很有意见,但先生却一笑置之,坦然对待。(杨若:《忆盛彤笙先生》,载中国畜牧兽医学会、中国农业科学院兰州畜牧与兽药研究所编《一代宗师盛彤笙:盛彤笙先生学术思想研讨会文集》,第37页)

资料二(传记) 七十年代中期,中兽医研究所合并入兰州兽医研究所,从中国农科院下放归甘肃省领导。中央农牧渔业部曾通过甘肃省农牧局邀请盛彤笙去北京参加接待德国拜耳药厂的代表团,洽谈该厂生产的兽药推广问题。先生事先做了充分准备,车票已经送到。但临时通知说该项洽谈任务已经取消,盛彤笙不必去北京了。以后了解,又是那位中兽医所的业务领导向省局反应"盛彤笙有政治问题",不同意他参加接待,其实洽谈任务并未取消。这位曾是先生资助留美,又一再被提升而称先生为"恩师"的副所长。从反右到"文革",一再刁难打击,落井下石。事后在同道中颇有传闻而为同道所不齿。然而他却因批斗有功而顶替先生成了全国人大代表。(邹康南:《盛彤笙先生生平》,第17—18页)

1977 年　　67 岁

12月22日至30日,参加政协甘肃省第四届委员会第一次会议,当选为常务委员,并列席甘肃省第五届人民代表大会第一次会议。

资料一(档案) 据《干部履历表》,1977年—1979年,兼任第四届甘肃省政协常务委员。(《盛彤笙小传材料》,1986年7月26日,江苏省农业科学院,盛彤笙干部档案)

资料二(其他) 1977年12月召开的政协甘肃省第四届委员会第一次

会议有委员303人,来自22个界别。会议选举产生了政协甘肃省第四届委员会主席、八名副主席、秘书长和六十名常务委员会委员。

一、政协甘肃省第四届委员会领导机构成员

……

常务委员……任谦、吕忠恕、孙祺荫、齐长庆(满族)、李磊(女)、李子钦、盛彤笙、彭铎、彭大惠(女)、蒋云台、蒋次升……(以上常务委员人名当含后增补者)。(《政协甘肃省第四届委员会》,载甘肃省地方志编纂委员会、中国人民政治协商会议甘肃省委员会编《甘肃省志　第二十九卷　政协志》,甘肃人民出版社,2008年,第137—138页)

资料三(其他)　四届一次全体委员会议　1977年12月22日至30日在兰州召开,历时九天。出席会议委员303人。大会主席团由王世泰……37人组成,陆为公为大会秘书长。主席团常务主席、中共甘肃省委常委、统战部部长王世杰主持开幕式。

会议主要议题是贯彻中共十一大精神,巩固和加强全省各族各界人民的大团结,进一步发展以工人阶级为领导的以工农联盟为基础的革命统一战线,全面落实党的民族政策、宗教政策、知识分子政策和华侨政策等各项政策,把全省各族各界人士的社会主义积极性调动起来,投身于建设社会主义现代化强国的伟大实践;选举产生政协甘肃省第四届委员会主席、副主席、秘书长和常务委员会委员。

出席会议的全体委员列席了甘肃省第五届人民代表大会第一次会议,听取并讨论了宋平做的甘肃省革命委员会工作报告;审议了吴鸿宾做的政协甘肃省第三届委员会常务委员会工作报告。

会议选举王世泰为政协甘肃省第四届委员会主席,选举李芳远、李培福、兰文兆、吴鸿宾、朱声达、谢松柏、丁乃光、蒙定军、王世杰、杨澄中、黄正清、李克如、卢忠良、严树棠为副主席,选举陆为公为秘书长,选举马彬等六十人为常务委员。(《政协甘肃省第四届委员会会议》,载甘肃省地方志编纂委员会、中国人民政治协商会议甘肃省委员会编《甘肃省志　第二十九卷　政协志》,第244—245页)

是年,在科技情报研究室为全所报告世界兽医科技领域的前沿信息。

资料(传记) 中国人民经历了整整十年的动荡,"四人帮"垮了,先生自由了,中国农科院兰州兽医研究所又请他回所。这时他已经年近半百。他以服从组织安排为天职,在科技情报研究室,用自己渊博的专业知识、熟练的外语技巧,为全所研究人员传递世界兽医科学发展最先进、最前列的科学信息,为由于运动大伤元气的研究工作的复兴阔进而忘我工作。他仍然平易近人,毫无架子,惊人的质朴、率直而且办事干练,乐于助人,恪守信义的气质,随时都在感动着身边的你、我、他。当时我刚刚完成疑似马脑炎病毒研究课题,又被调入真菌病研究室,参加鸡曲霉菌病和马流行性淋巴管炎免疫课题的研究,淋巴管炎的主要病原菌是真菌,我接触两个马属动物重大传染病研究,病原菌存在很大跨度,即由病毒性传染病转入有害真菌引发的传染病,课题主持人虽然编制了设计书,但仍有许多问题令人困惑,仅查阅资料知之甚少,于是,我去找先生请教。

情报研究室在我研究室楼下,当我走进先生办公室,他正聚精会神翻阅外文资料,我轻声给先生打招呼,他连声招呼我,请坐! 有什么事要我帮忙? 我不假思索地将自己的疑问和不解告诉先生。先生和颜悦色,他像一位智者,又像一位行者,他对马流行性淋巴管炎的病原菌了如指掌,从隐球菌的形态、特性、培养条件、分离要求到淋巴管炎防治的有效措施方法,以及国际上对该病研究的动态等等,讲得非常透彻。而且他特别强调分离菌种对培养基的严格要求。有了先生的谆谆教导和指点,我即刻开悟,研究工作进展比较顺利。真是,一位好的老师胜过万册书,在学生时期没有聆听先生的讲课,随着时间的迁移,我和先生却能在一个研究所工作,更巧的是我和先生又成为住宅邻居,同住小西湖小平房,真是我的福分,为我请教提供方便。

一次我撰写的"展望现代生物医药学的前景"综述,拿给先生审阅,先生看得很认真仔细,并在稿件上面批注"生物化学是关于生命的化学,或者说是关于生命的化学本质的科学,涉及范围很广。现代科学中,非常引人注目的分子生物学,是现代生物化学的前沿学科,也是医药学或兽医药学不可缺少的学科,国外很重视该学科的发展"。在稿件的最后,他写了一句英语"to strive, to seek, to find and to yield.". 看完文稿后,先生告诉我:"从你的文章中得到许多生化与分子生物学方面的信息,同时也让我了解,你以后研究的脉络和目标,你紧紧抓住生物化学与分子生物学这条主线,延伸医药学和兽医药学的研究非常必要、适时,所以我将丁尼生的一句名言留给你,希望你'要奋斗,要探索,要发现,而不要屈从',我想你会实现自己的愿望。"我很激动,心中泛起感恩的浪花。先生,我是在知识的大海里漂泊的一条小船,你是我前进航道上的灯塔,用生命之光为之导航。我会用顽强的毅力远航,达到胜利的彼岸。(苏普:《缅怀随笔——恩师盛彤笙百味人生》,载中国畜牧兽医学会、中国农业科学院兰州畜牧与兽药研究所编《一代宗师盛彤笙:盛彤笙先生学术思想研讨会文集》,第76—77页)

1978 年　　68 岁

3 月 24 日,经中国农科院兰州兽医研究所党委会讨论决定,对个人历史问题做出复查结论,按一般政治历史问题处理。

资料(档案)　1978 年 3 月 24 日《盛彤笙同志历史问题复查结论》指出复查的主要问题及查证结果:(1)关于参加留德同学会问题,系一般成员,该会为国民党驻德大使馆留德学生组织,凡留德学生都为会员。(2)关于参加国民党问题,在西北农学院任教期间通过辛树帜由张继、戴季陶二人介绍加入国民党,事后发给"特"字号党证,系一般成员,未发现参与其他党务活动。(3)关于在伪三青团内任职问题,在西北农学院任职期间,由于委派书误写为盛彬笙,未接受委任。(4)关于参与兽医学院与"中美农村复兴委员会西北办事处合作进行"兽疫防治的问题,1949 年春接受过仪器、药品援助,派三名教职工至定远营防疫。(5)关于成立"国立兽医学院应变委员会"的问题,成立并任主任,组织护校,校内修筑防空工事。(6)关于参与签发"反共宣言"问题,乃马匪胁迫下签名。(7)原揭发盛彤笙参加"复兴社""兰州地区国际扶轮社""甘肃省戡乱建国会"等问题。经内查外调和本人交代,应予否定。在本人表现态度和结论意见后说:"对盛彤笙同志上述历史问题,经所党委一九七八年三月二十四日会议讨论决定：按一般政治历史问题结论。"盛彤笙于 6 月 24 日签字："同意上面的复查结论。"(《盛彤笙历史问题复查结论》,1978 年 3 月 24 日,中国农科院兰州兽医研究所人事处,档案号 0104－819)

6 月 12 日,中国农业科学院政治部致函江苏省农科院,联系将他调入江苏工作。

资料(档案)　参见"1979 年 3 月 19 日"条资料(档案)。

6 月 20 日,在南京致信李如铽,交流治疗骨刺的经验。

资料(信件)　如铽同志:来信收到,闻你患颈椎骨刺,甚念。我当年患腰椎骨刺是结合应用红外线、透热、针刺、艾灸、推拿、温水浴等物理治疗,并进行适当的运动,收到疗效的。虽然也吃了一些中药(药方已忘记),但在疗效中究竟起了多少作用,很难肯定。颈椎骨刺与腰椎骨刺的性质不尽相同,以上仅书供参考。附致谢铮铭和廖延雄同志信各一纸,请便中转交为感。敬祝　痊安! 盛彤笙　六月二十日。信封见图 198。(《盛彤笙致李如铽关于交流骨刺治疗经验的信》,1986 年 6 月 20 日)

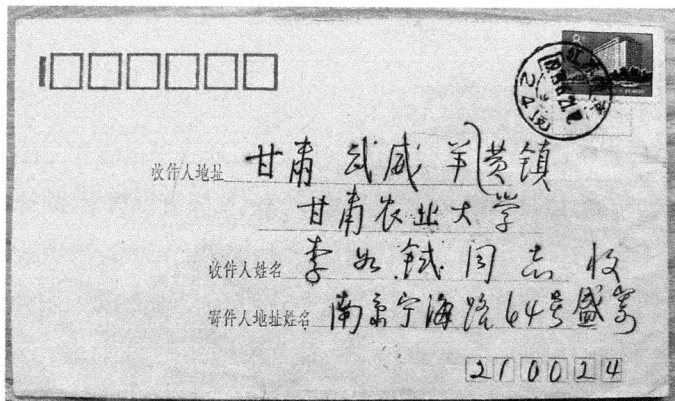

图 198

6 月 24 日,签字同意个人历史问题的复查结论。

资料(档案)　参见"3 月 24 日"条资料(档案)。

夏,随甘肃省老干部考察团赴苏州、无锡等地考察。

资料(照片)　盛彤笙(左)与甘肃省老干部考察团成员任谦合影。(见图199)

图 199

8月7日,兰州遭遇特大暴雨,所居房屋坍塌,迁居于伏羲堂二楼。数十年精心收集的资料被毁,原打算撰写《比较免疫学》和《比较流行病学》的计划落空。

资料一(传记)　我的错划"右派"问题于1979年得到初步改正,但不幸在改正前一年,即1978年8月7日兰州一次三十年未有的大雨中,我所住的土房全部倒塌,衣物器用大部损失,特别是我毕生的藏书和积累的科学资料,完全付诸东流,只家人得以幸存。我原来计划在晚年编写《比较免疫学》和《比较流行病学》两部书的计划已无力实现,令我感到痛心。(盛彤笙:《庸碌的一生,平凡的自述》,第32页)

资料二(其他)　灾后打捞出的盛彤笙自藏《畜牧兽医月刊》第一卷第一

期。（见图200）

资料三（传记） 1978年8月7日兰州下了一场三十年未遇的特大暴雨，先生所住的处于低洼地势的土坯房被水浸泡，立时坍塌。当时仅其子盛天舒在家，及时警觉，赤身逃出，幸免于难。家中的衣物器皿，特别是藏书和积累的科学资料全部被泥水浸泡。大雨后家中出事，夫人邹东明立即赶回兰州处理。面对一大堆烂泥和木料，使她目瞪口呆。且事隔多日，竟然无人抢救搬运。她急忙寻找一只木箱，里面装满先生数十年精心收集，并已分类编目的

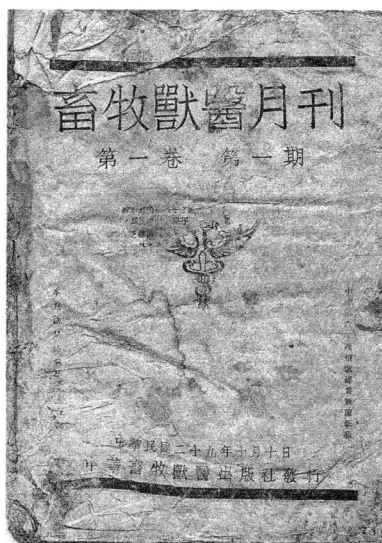

图200

有关免疫学和流行病学国际论文资料的索引卡片，夫人视为珍宝。然而，翻开看时，卡片已经黏结成一大块烂泥纸饼，字迹模糊，已不能辨认。从反右到"文革"，夫人未曾流过眼泪，而今面对此景，伤心至极，禁不住失声痛哭！（邹康南：《盛彤笙先生生平》，第17—18页）

资料四（其他） 出事那天，正巧当时盛先生夫妇都不在兰州，早上一上班，消息传到徐家坪，科管处和我们情报研究室共二十余人，当即全体出动，带上铁锹等工具，乘所里派出的大卡车赶到小西湖，从泥浆瓦砾中将盛先生家凡能用的家具什物，尽力挖掘抢救了出来。眼见盛先生家遭受到如此惨重损失，大家心情都很沉重。如果当初盛先生搬到徐家坪住，哪会有今日之灾。……所内各级领导也都在李浩主任的带动下，对盛先生夫妇给予关照。如1978年盛老家被洪水冲毁后，暂在伏羲堂二楼上居住时，夫人因受刺激突发脑溢血住院抢救治疗期间，科管处和情报室的领导立刻组织处、室的女同志（也包括我爱人），轮流日夜陪院照料，使盛老和夫人邹东明女士感受到组织的温暖。（《张遵道致胡云安等对〈远牧昆仑〉中有关资料进行补充说明的信》，2012年5月12日）

12月30日至次年1月5日，中国畜牧兽医学会甘肃分会年会在兰州召开，会员进行广泛的学术交流。

　　资料(其他)　中国畜牧兽医学会甘肃省分会 1978 年年会于 1978 年 12 月 30 日—1979 年 1 月 5 日在兰州市召开。来自全省的 129 位畜牧兽医科技工作者、专家、教授参加了这次年会。会议宣读了论文和讨论,广泛交流了学术,检阅了成果;经过酝酿、讨论,提出了有关发展畜牧兽医科技和生产的一批建议,经过充分协商,审议了本届理事会成员名单,做了增补;并详细讨论了学会 1979 年的工作,制定了工作计划,圆满地完成了预定的任务。这次年会开得比较成功,对活跃学术空气,更好地开展畜牧兽医科学研究,提高学术水平,普及科学技术,促进我省畜牧业的现代化,将会发生积极的作用。……与会代表对今后的学会工作进行了讨论和研究,根据大家的意见,制定 1979 年省学会工作计划,为在新形势下进一步发挥学会的作用创造条件。确定在 1979 年仍以开展学术活动、普及畜牧兽医科学技术作为学会工作的重点,并积极建立和健全各级学会组织,发展会员。在开展学术活动方面,拟每季度最少举办一次学术活动,邀请国内专家做两次有关畜牧兽医方面的出国考察报告,邀请省内外养羊专家对皇城种羊场培育的绵羊进行鉴定和帮助解决存在的问题,编 1978 年年会论文选集等。在科学普及方面,拟组织编写甘肃细毛羊、冷冻精液使用、中兽医基础知识等科普读物,在甘肃省《畜牧兽医简讯》上开辟畜牧兽医科技讲座专栏,根据畜牧业生产季节和生产中存在的问题组织广播宣传稿件等。在建立和健全学会各级组织方面,凡未成立分会的地区,要在第一季度成立起来,健全组织机构,县级可根据情况成立学会,积极发展会员。代表们一致表示,今后要进一步贯彻华主席关于"学习、学习、再学习,团结、团结、再团结"的指示,充分发扬民主,进行学术交流和讨论,普及和提高畜牧兽医技术,把学会办好。(《中国畜牧兽医学会甘肃省分会 1978 年年会在省会召开》,《畜牧兽医简讯》1979 年 1—2 期,第 102—103 页)

1979 年　　69 岁

3 月 19 日,江苏省委组织部同意他调入江苏省农科院工作。

　　资料(档案)　中国农业科学院政治部:你部一九七八年六月十二日给省

农科院的函已转来我部。关于联系兰州兽医研究所三级研究员盛彤笙同志调江苏工作事。经研究,同意调进,分配到省农科院工作,请直接介绍来我部报到。中共江苏省委组织部,一九七九年三月十九日。见图201。(江苏省委组织部同意盛彤笙从兰州兽医研究所调入江苏省农科院的函,1979年3月19日,江苏省农业科学院,盛彤笙干部档案)

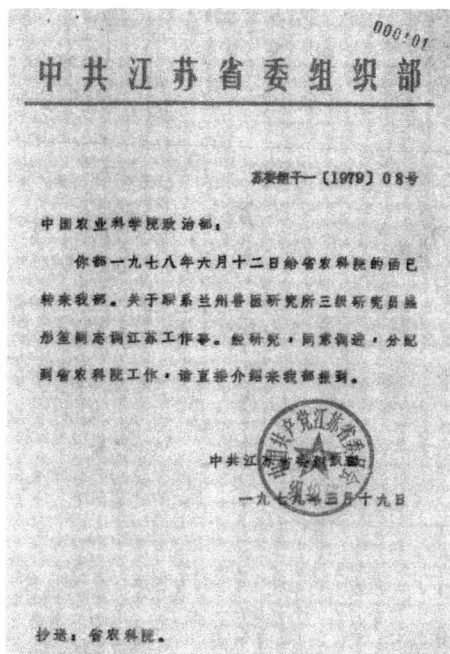

图201

4月7日,经甘肃省委同意,他错划"右派"的问题得到改正,恢复政治名誉与一级研究员的待遇。

资料一(档案) 一九七九年四月改正,恢复名誉(级别:由科研三级恢复为科研一级)。(《盛彤笙小传材料》,1986年7月26日,江苏省农业科学院,盛彤笙干部档案)

资料二(档案) 一九七九年四月七日的批复指出:省委同意对盛彤笙同志错划为"右派"的问题予以改正,撤销原定性和处分决定,恢复政治名誉,恢复原一级研究员工资待遇。(《关于盛彤笙错划为"右派"问题改正的批复》,1979年4月7日,江苏省档案馆,死档全宗5681卷)

4月中旬,参加美籍兽医病毒专家周祖龄教授及陈复和博士在兰州举行的讲演和座谈,因其言论对国家不友好而中途离会,后写信规劝。

资料(信件) 祖龄教授、复和研究员:听说您们又来到中国讲学,特向您们表示衷心的欢迎。回忆去年四月中旬您们在兰州举行讲演和座谈时,我只参加第一天上午的座谈,以后即未再参加,这是因为您在座谈时有许多对中国不友好的言论和对美国不真实的描述。(一)您们口口声声说"我们(美国)"如何如何,"你们(中国)"如何如何,说明您们已经完全自外于祖国,不承认中国为故乡,这与其他许多美籍华裔人士例如我亲自接待过的李振翮先生(他是我在上海医学院的老师),在电视上见到过的赵浩生先生、在报刊上读到过的阚家蓂女士等的态度迥然不同,他们的言论和谈吐都是充满着对乡土的热爱和故国山河的无限眷恋的。(二)您们在谈话中对中国进行过许多讽刺,例如说"美国的狗也是要吃肉的",这是讽刺我们中国连人都吃不到肉;又说"美国的囚犯都是一人住一间房间,还可以把自己的电视机带进到监牢里去",这是讽刺我们中国有的人家几人住一间房间,等等。稍有头脑的人都是一听就会懂得的。……由于以上种种原因,我当时感到您们对我的祖国进行了很大的侮辱,对我的民族自尊心进行了很大的伤害,但是我仍然采取了非常克制的态度,不仅没有中途退席,而且在您们临行前夕,我还曾到您们居住的饭店道别,不过以后没有再参加与您们的座谈,没有再聆听您们的讲演,略表我个人对您们的抗议。(《盛彤笙对周祖龄及陈复和进行规劝的信》,1980 年 9 月 19 日)

5 月 7 日,被聘为农业部科学技术委员会委员。

资料(证书) 1979 年 5 月 7 日,中华人民共和国农业部聘请盛彤笙担任科学技术委员会委员。(见图 202)

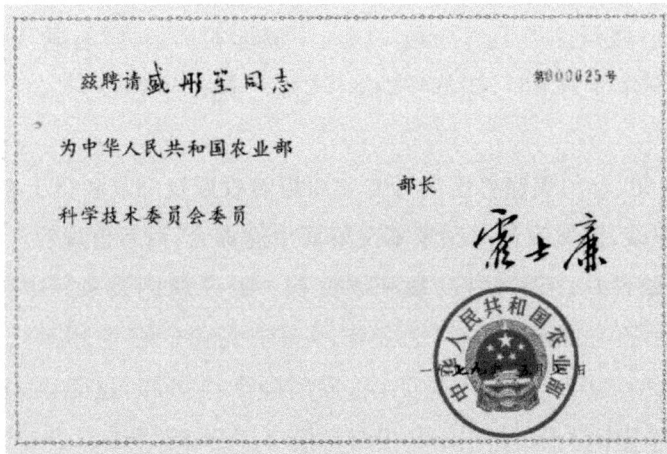

图 202

5月22日,在甘肃省委工作会议上,省政协秘书长陆为公推荐其关于发展甘肃省畜牧业生产的建议。

资料(其他) 在二十二日的小组讨论会上,省政协秘书长陆为公在发言中,推荐我省畜牧兽医专家、国家一级教授盛彤笙同志对我省发展畜牧业生产的一些建议,现摘登于后。

(一)要把农业搞上去,首先要把畜牧业搞上去。因为在所有经济发达或者比较发达的国家,畜牧业在农业中所占的比重,有的约占一半,有的达到三分之二或四分之三,个别国家,例如丹麦和新西兰甚至达到百分之八十到九十。所谓现代化的农业,实际上都是以畜牧业为主导的。由于他们的畜牧业比较发达,在人民的食物中,动物性食品所占的比例多数超过植物性食品的消费量,这不仅可以减少粮食的需要,而且有利于人民的健康。

(二)要把畜牧业搞上去,必须克服"重农轻牧"的思想。我国几千年来号称"农业国",把农业的内容看得非常狭隘,只着重植物的栽培,而忽视了动物的饲养。从孟子开始,不过只是希望七十岁的老人能吃到一些肉,就算是实现了他的最高理想。直到解放以前,这种情况没有多少改变。解放后,各级领导长期存在着"重农轻牧"的思想,不了解世界外部的情况,片面地理解"以粮为纲"的方针。即使是发展养猪,也不是主要为了生产猪肉,而是主要为了生产猪粪来肥田!这同开办一个炼钢厂不为生产钢铁而为得到它的炉渣岂不是一样本末倒置?由于"重农轻牧"思想的危害,我国畜牧业在农业总产值中的比重始终没有能够超过百分之二十,广大农民终年肉食很少。至于牛奶,据有关资料统计,全国全年的产量,只有十七亿斤,平均每人每年不到两斤!由于动物性食品如此短缺,所以粮食的压力沉重,农业始终过不了关,人民的健康水平也不够理想,劳动力丧失得较早。

(三)按客观规律办事,力争"农牧两旺"。省革命委员会批准五百五十二个宜牧不宜农的生产队今年起由农业队转为牧业队或半农半牧队,必定能够扭转以往"以粮为纲,农牧两伤"的局面,而达到"农牧两旺"的目的。就是在我省所谓纯农业区,畜牧业和农业也并不矛盾,而是相辅相成,互相促进的。这不仅因为畜牧业发展以后,增产的动物性食品和动物性纤维可以大大减少社会对于粮棉的需要,而且由于轮种和套种苜蓿、草木樨等牧草,既可解决牲畜的饲料问题,又可以通过这些豆科植物的固氮作用增进地力,改良土壤结构,加上有机肥料的增加,都可以转而增加作物产量,促进农业迅速过关。

(四)高速度发展畜牧业是农业现代化的标志之一。世界上许多畜牧业发达的国家,例如西欧和北欧各国,并不占有广阔的草原,他们的畜牧业主要是在农区发展起来的。从这个意义上来说,他们的国家全都是一块畜牧业基地,而无所谓农区和牧区之分了。以我国来说,也应当只有草原畜牧业和内地畜牧业之分。至于约占我国总面积百分之六十的山区,机械化和水利化较为困难,就更应该因地制宜着重发展畜牧业。新西兰是一个多山的国家,近百年来,他们把全国半数以上的山丘改成了牧场,畜牧业非常发达,人民的生活很富裕,我们应该学习他们的经验。

(五)积极创新,大胆试验。建议在我省所谓纯农区,挑选一些适当的社、队,有意识地让他们减少一些粮食种植面积,更多地种植一些饲料作物,更多地发展畜牧的养殖事业,同时在社员们的食物中,有意识地减少他们的粮食消费量,增加动物食品的消费量。经过几年以后,从各个方面包括农牧业总产值方面、土地的肥力方面、水土保持方面、社员的收入和营养健康水平方面,来与这些社队以往的情况和邻近保持原来经营方式的社队的情况相比较,看究竟哪一种经营方式更为合理有利,探索出一条把我国农业逐渐从植物栽培为主转变到以动物饲养业为主的途径上来。

(六)大力提倡我省各大城市和工矿区及其他有条件的地区,积极开展机械化养猪、养鸡和奶牛的饲养业。(盛彤笙:《关于甘肃省发展畜牧业的一些建议》,《中共甘肃省委工作会议简报》1979 年第 17 期)

5 月 29 日,受聘担任国家科学技术委员会农业生物学学科组成员。

资料(证书) 1979 年 5 月 29 日,中华人民共和国国家科学技术委员会聘请盛彤笙为农业生物学学科组成员。(见图 203)

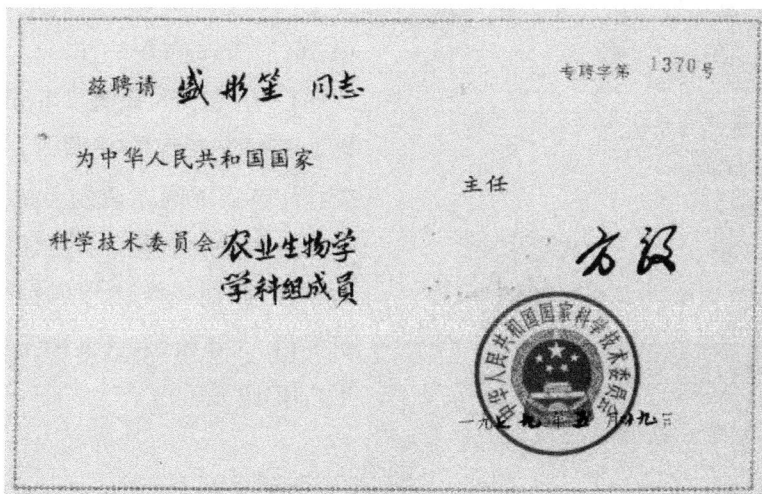

图 203

7月9日,经中国科学院第八次院务会议决定,恢复其学部委员的职务。

资料(档案) 一九七九年七月九日的通知指出:因右派问题,我院 1958 年 6 月第七次院常务会议决定,撤销其学部委员职务。按照中共中央中发(1978)55 号文件精神,最近,我院第八次院务会议决定,凡属错划为右派的,经本单位复查改正后,即恢复其学部委员职务。根据中共甘肃省委一九七九年四月七日关于盛彤笙同志的"右派"问题属于错划,应予以改正的结论,我院特函通知,恢复盛彤笙同志的中国科学院学部委员职务。(《关于恢复盛彤笙同志中国科学院学部委员职务的通知》,1979 年 7 月 9 日,江苏省档案馆,死档全宗 5681 卷)

7月31日,经江苏省委组织部开具介绍信,分配至江苏省农业科学院工作。

资料一(档案) 省农科院:兹介绍盛彤笙同志等乙名到你处分配工作,请接洽。中共江苏省委组织部,1979 年 7 月 31 日。见图 204。(《江苏省委组织部关于盛彤笙到农科院工作的干部行政介绍信》,1979 年 7 月 31 日,江苏省农业科学院,盛彤笙干部档案)

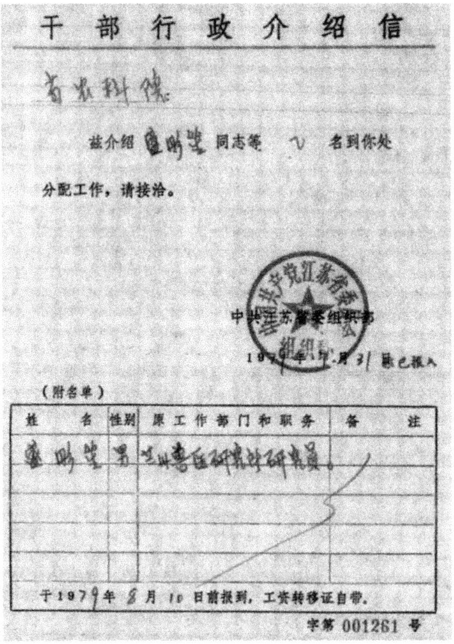
干部行政介绍信

省农科院

兹介绍盛彤笙同志等 1 名到你处

分配工作，请接洽。

中共江苏省委组织部

1979年7月31日

(附名单)

姓名	性别	原工作部门和职务	备注
盛彤笙	男	兰州畜医研究所研究员。	

于1979年8月10日前报到，工资转移证自带。

字第 001261 号

图 204

资料二(传记) 此时，现实所迫，先生决定离开兰州。……中国农业科学院仍希望他去北京，他婉辞了。在农业部的关照下，甘肃省委和江苏省委同意调先生到江苏省农业科学院，他婉辞了担任副院长的职务，只在该院情报所担任一名研究员。(邹康南：《盛彤笙先生生平》，第 19 页)

9 月中旬，甘肃省委调查研究室咨询甘肃发展农业的有关问题，他提出应多植树种草，大力发展畜牧业的建议。

资料(报道) 如何把我省农业搞上去，这是大家最关切的问题。有些同志提出：为什么甘肃的农业灾害越来越严重？甘肃的农业特点是什么，如何趋利避害，找出规律性的东西？甘肃发展农业生产的方针如何确定？现行的农业管理体制如何改革？九月中旬，我们带着这些问题，走访了中国科学院生物学部委员盛彤笙、甘肃师大副教授宋福僧、省气象局副总工程师缪培俊、省林业局副总工程师张汉豪、兰大地理系讲师鲜肖威，以及省科委的有关同志。现将他们的意见综合整理如下：为了加快农业发展，大家提出以下几点建议：

(一) 关于生产方针问题。有三种意见：1. 发展农业生产，实现农业现代化，必须重视生态平衡，大力发展畜牧业。甘肃雨量稀少，而且又集中在七、八、九三个月，在这样的情况下，必须从实际出发，多植树种草，发展畜牧业生产。秋雨多了对庄稼有害，对畜牧业有利。秋高草丰马肥。发展畜牧业比搞粮食要可靠一些、稳定一些，利多弊少，能逐步从"越穷越垦，越垦越穷"的恶性循环中解脱出来。有些国家搞近代化的农业，畜牧业占一半以上。我们现在每人吃的粮食相当于美国每人吃粮的三倍，我国人口相当于美国人口的五倍，这就是说，我们吃的粮食比美国要多十五倍。美国是农业过关的国家，如果把需要这样多的粮食放到美国身上,它也吃不消。如果畜牧业发达了,肉、油多了,吃粮就会减少,我们必须向这个方向努力。当然,转这个弯子,一定要从实际出发。先选择一些队进行试点。这些队不只限于半农半牧区,应该有一些农业区。种草发展牲畜,应以牛、羊为主。头两三年,要给这些队回销口粮;三几年后,以交售肉食抵消回销粮,代替征购粮。如果国家能解决吃粮问题,还林还牧还可以搞快一些。2. 农林牧副渔因地制宜,适当集中,按不同自然条件,建立不同的生产基地。……3. 从目前实际情况出发,我省农业生产方针,应以农为主,农林牧结合;或者是以粮为纲,农林牧结合。……(二) 关于生态平衡问题。要搞好生态平衡,必须因地制宜,植树种草。在具体做法上,有两种意见:1. 在种草搞好覆盖的基础上植树造林。把生态平衡调整好,从根本上来说,应该植树造林,但是,林木成长慢,一般得十年左右才能成林。先种草,发展畜牧业,见效比较快。2. 从大面积来考虑,先植树造林比较合适。……(中共甘肃省委调查研究室:《兰州几位专家教授对发展我省农业生产的一些意见》,《农业经济丛刊》1980 年第 1 期)

10 月 5 日,乘火车离开兰州,第二天下午抵达南京。

资料一(信件) 辛校长:我们因得南京来信通知,住房已经分配定当,恐被人抢占,故提前于五日离兰赴宁,特此再函告辞。在兰三十年,深受您的垂青与爱护,感激之情,莫可言宣,临别依依,敬祝您身体健康长寿,阖第康吉愉快! 盛彤笙、邹东明敬启,十月四日。(《盛彤笙夫妇致辛安亭的辞别信》,1979 年 10 月 4 日)

资料二(信件) 来电昨日收到,拙译承大力协助,得以付排,极为感谢。我们今晨离兰赴宁,以后各有电信,请发至南京孝陵卫江苏省农科院为盼。(《盛彤笙离兰前致任继周的辞别信》,1979 年 10 月 5 日)

资料三(照片) 初到江苏农科院的盛彤笙。(见图 205)

图 205

资料四（信件）　我们于5日晨离兰,6日下午抵宁,因宿舍大楼尚未竣工,暂时分居在江苏农科院的招待所中和我女儿的家中。年近七旬的人,早应当是安定下来,想想问题,写写东西的时候了,而竟要这样大搬家,同新环境、新领导、新同事、新工作岗位打交道,我的心情是复杂的。（《盛彤笙致任继周讨论〈以畜牧业为主的道路在我国行得通吗?〉一文及赴宁后近况的信》,1979年10月9日）

资料五（传记）　盛先生离开兰州时,要托运行李,是我和许登艇在伏羲堂的大会议室看着把行李装上大卡车的,随后我们询问盛先生的爱人邹东明,什么时候走呢? 她说先托运行李,几天以后才走,实际上,盛先生已在火车站准备乘火车。他离开了兰州,一去再不复返了,我和许登艇都很抱歉,没为盛先生送行,这是我们人生的最大遗憾。（肖尽善：《回忆和怀念盛彤笙先生有感》,载中国畜牧兽医学会、中国农业科学院兰州畜牧与兽药研究所编《一代宗师盛彤笙：盛彤笙先生学术思想研讨会文集》,第68页）

10月9日,与任继周商讨我国畜牧业的发展道路问题,支持刘振邦《改革传统的农业观念,走以畜牧业为主的发展道路》一文的观点。

资料一（信件）　继周同志：离兰之日寄上一信,想已收到。你们出国各事,想已接近准备就绪,不知何日起程? 九月二十日《人民日报》上载有粮食部某研究所两位同志所写的一篇题为《以畜牧为主的道路在我国行得通吗?》的文章,想必你们已看到。这篇文章是反驳前些时候《人民日报》上发表的中国社会科学院经济研究所一位刘同志所写的《改变我国农业的传统习惯　走以畜牧为主的道路》的文章的,(由于我的资料都还锁在箱子中,没有取出来,作者的姓名和文题可能不完全对。)这篇文章貌似公正,其实偏颇,强词夺理,攻其一点,不及其余,我看了之后颇感气恼。

这篇文章着重谈西德畜牧业之所以在农业中占这样高的比重,主要是由于七十年代混合饲料工业的发展,而混合饲料工业又是依赖于进口粮食的,好像不进口粮食就不能发展畜牧业似的,这是一种错误的看法。

据我所知,西欧从中世纪起就重视发展畜牧业,到本世纪五十年代,西德畜牧业产值的比重在农业总产值中就已占到50%以上,并不是由于混合饲料工业发展之后才得到这样的成果的。当时畜牧业的机械化也才开始。这次你到西欧去,希望能顺便留意一下他们发展畜牧业的历史经验,搜集一些这方面的材料和数字,以便将来好驳斥这种错误的论点。

《畜牧业产值占农业总产值50%以上是农业现代化的一项重要标志》一文似还未见报,难道发表一篇文章的阻力竟如此之大吗?……如当来信,寄孝陵卫江苏农科院或小王府园42号均可收到。祝你一路平安,考察顺利。令兄前请代为致意!盛彤笙 十月九日。(《盛彤笙致任继周讨论〈以畜牧业为主的道路在我国行得通吗?〉一文及赴宁后近况的信》,1979年10月9日)

资料二(其他) 中国社会科学院世界经济史研究所刘振邦《改革传统的农业观念 走以畜牧业为主的发展道路》全文载《人民日报》1979年7月31日第2版"关于农业思想的讨论"专栏。《光明日报》1979年8月3日发表题为《〈人民日报〉发表的刘振邦文章提出中国农业要实现现代化应走以畜牧业为主的道路》的评论。胡耀邦1979年8月3日对《改革传统的农业观念 走以畜牧业为主的发展道路》一文做了批示:"这篇文章写得很好,给人以启发,文章的作者很解放思想,向我们提出了一个值得重视的问题,我们有些同志,一不读书,二不研究,就在那里写文章,我劝这些同志好好读读这篇文章。胡耀邦 1979年8月3日。"(刘振邦编著:《农业现代化之路》,中国农业出版社,2006年,第3—10页)

10月,受聘担任中国微生物学会主办的《微生物学报》编辑委员会委员。

资料(证书) 1979年10月,中国微生物学会聘请盛彤笙担任《微生物学报》编辑委员会委员。(见图206)

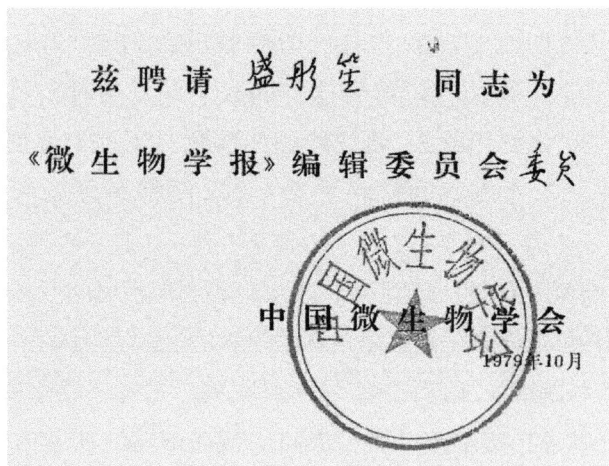

图 206

10月31日，在南京农业大学参加恢复《畜牧兽医辞典》编委会第三次会议，被推举为主编。

资料一（手稿） 1979年10月31日在南农开会，恢复《畜牧兽医辞典》编委会，举行第三次会议。（盛彤笙：《记事本》，1981—1985年，第7页）

资料二（照片） 盛彤笙在南京的证件照。（见图207）

图 207

资料三（其他）　本辞典早在 1963 年 4 月即由江苏省畜牧兽医学会与上海市畜牧兽医学会共同发起并组成辞典编纂委员会。由我国著名的兽医学家、原江苏省畜牧兽医学会理事长罗清生教授任主任委员。"文化大革命"开始，工作中断，已拟就的词目和撰写的部分释文初稿均散失殆尽。党的十一届三中全会以后，为响应党中央在本世纪末中国实现四个现代化的伟大号召和本着继续完成编纂本辞典的初衷，于 1979 年 10 月重新恢复《辞典》的编纂工作。由于客观形势的变化和人员的更替，《辞典》编纂委员会做了相应的调整和充实，改由南京农业大学畜牧兽医系、江苏省农业科学院畜牧兽医研究所、农业科技情报研究所和上海市畜牧兽医学会等单位组成。参加编撰人员主要是宁、沪两地的畜牧兽医专家教授七十余人。罗清生教授已于 1974 年故世，因而推举我国著名兽医学家、中国科学院学部委员盛彤笙教授任主编。（《中国畜牧兽医辞典前言》，载盛彤笙主编《中国畜牧兽医辞典》，上海科学技术出版社，1996 年）

12 月 15 日，中国微生物学会人兽共患病病原学第一届专业委员会成立，他当选为副主任委员。

资料（其他）　在具有历史意义的 1979 年中国微生物学会莫干山会议上，我国著名微生物学家魏曦院士等提议，中国微生物学会决定成立中国人兽共患病病原学专业委员会，是当时学会所属八个专业委员会之一。1979 年 12 月 15 日成立第一届专业委员会，魏曦任主任委员，董汉臣、盛彤笙、刘秉阳、刘瑞三等任副主任委员。1983 年成立第二届委员会，刘秉阳任主任委员，谢昕、于恩庶任副主任委员，范明远教授任秘书。中国人兽共患病病原学专业委员会是我国唯一从事人兽共患病原微生物学研究的国家二级学术团体。多年来，在组织学术交流、开展科学研究、指导各地实施传染病的预防和控制方面做了大量的工作，做出了卓越的贡献，受到有关部门的表彰和肯定。积极开展学术交流，促进科学进步，是中国人畜共患病病原学专业委员会的一贯传统。1979 年 10 月，在魏曦、刘秉阳、董汉臣等老一辈专家的积极组织和推动下，在福州召开了第一届全国人兽共患病学专业学术研讨会。此后，随着我国经济建设和医学微生物学的快速发展，人兽共患病病原学的

科学研究与学术交流进入了一个崭新的快速发展时期。("人兽共患病病原学专业委员会"简介,中国微生物学会官网)

1980 年　　70 岁

1月15日至21日,在北京参加中国农业科学院学术委员会于"文革"后召开的第一次会议。

资料一(发言报告)　大约两个月以前,中国农业科学院的学术委员会也开过一次成立二十三年以来的首次会议,在那次会议上,大多数到会的同志都主张中国农业科学院应当搞农林牧副渔五业相结合的大农业研究,把全国的农业研究工作领导起来,但是由于林业、水产、农机等部门都已分别成立了各自独立的科学研究院,农业科学院的业务范围不免受到局限,有所缩小,就处于不便领导这样一种综合性的研究的地位。因此,我觉得中国科学院的学部,作为一个高一级的学术领导的机构,囊括着各方面的人才,特别是我们生物学部,就更应当责无旁贷地把这样一种带关键性的、综合性的研究工作领导起来。(盛彤笙在科学院学部大会上的发言,1980年4月2日)

资料二(照片)　1980年1月21日,盛彤笙(一排左三)参加中国农业科学院学术委员会会议。(见图208)

图208

资料三（其他）　1980年1月15日至21日在北京召开了中国农业科学院学术委员会"文革"以后的第一次会议,恢复成立了学术委员会。由院长金善宝兼任学术委员会主任委员。会议根据1957年制定的《中国农业科学院试行组织简则》中关于学术委员会性质、任务等的规定,讨论制定了《中国农业科学院学术委员会组织简则》,讨论通过了《中国农业科学院学术委员会委员增补办法》和《中国农业科学院1978—1985年科学技术规划纲要(草案)》。国务院副总理方毅出席了闭幕式,并作重要讲话。(中国农业科学院编:《中国农业科学院志》,第66页)

1月,江苏省农业科学院院长卢良恕在全院中层干部会上介绍他并表示欢迎,他亦表态。住房分配到"高知楼"。

　　资料一（传记）　记得在一次全院的中层干部会上,当时的院领导卢良恕向大家介绍了盛彤笙先生,大意为:盛先生是畜牧兽医界的老专家,知识渊博,是中科院学部委员。他长期在西北工作,做出很多贡献,反右与"文革"中,受到不公正待遇,现在彻底纠正,调来我院,我们欢迎他的到来。盛先生在学术界有很高声誉,院内几位畜牧兽医老专家与盛都比较熟悉,在座的各位有什么问题可多向他请教,希望盛先生逐渐熟悉江苏情况,为江苏省农科院的发展,为江苏的发展多多出力。对本院的工作,欢迎盛先生随时提出建议。盛先生站立起来向大家点头致意,谦逊地说了几句:新到这里,情况不熟,还希望多和大家交流,有什么事可互相探讨。这就是第一次与盛先生的见面。当时我院的郑庆端、何正礼、吴纪棠等几位老专家,差不多与盛先生是同时代的兽医专家,互相早已有所知晓,在盛从兰州刚搬迁来院时,即已互相拜会往来。

　　这个见面会上盛先生给人的第一印象是,一派儒雅风范,身着中山装,挺括干净,发言声音不大,但吐字清晰。他步履沉稳,虽已68岁高龄,但并无老态龙钟之相,可谓站有站相、坐有坐相,一丝不苟。此后在职工中常有一些人相互探询:这老人是谁? 住的房子是当时院里最好的"高知楼"之一,与院长同住一幢楼,过去干什么的,有什么贡献,为何待遇这么高等等,一而足。对一些职工而言,只晓得他是学部委员,是畜牧兽医界的名人,有些人略知其过去梗概,却也都难言其详。能与交往者很少,但大家都很尊重这位老者。(阮德成、林继煌、周光恒:《再认识　更敬仰——追忆盛彤笙先生》,

载江苏省农业科学院主编《缅怀农学前辈——怀念江苏省农业科学院老领导老专家文集》,江苏科学技术出版社,2006年,第184—185页)

资料二(传记) 在住房极为紧张的情况下,腾出了一套"高知楼",在居室安装了电话,以便在家中处理外部事务;在盛彤笙接受了辞书编纂任务后,配备了一名1955年南京农学院毕业的宋保田研究员为助手,倾力协助他的工作;考虑到盛彤笙夫妇晚年体弱多病,身边无人照料,1982年经卢良恕院长的努力,将其子盛天舒夫妇从甘肃调到南京,安排在院里工作;当盛彤笙住院手术时,又派周光恒研究员在医院和居室之间往返照料,给病人和家属以不少慰藉。我们在江苏省农科院曾怀着观看圣迹般的心情,围着盛彤笙当年住过的小楼走了一圈。这是一幢屋顶式的二层小楼,一进两户,一户上下两层,各有六间住房,前面还有一个小院,四周绿树掩映,花木芬芳。如果拿现在的别墅、豪宅来比,可能算不了什么,但在上世纪七十年代末,在人均住房面积普遍只有五六平米的情况下,这些高知楼就无异于"琼楼玉宇"了。(胡云安、陈贵仁、赵西玲:《远牧昆仑:盛彤笙院士纪实》,第332—333页)

资料三(其他) 盛彤笙在江苏省农业科学院住的"高知楼"。(见图209)

图209

2008 年陈贵仁摄。

2 月,被上海科学技术出版社聘为《畜牧兽医辞典》编辑委员会委员。

资料一(证件) 1980 年 2 月,上海科学技术出版社聘请盛彤笙担任《畜牧兽医辞典》编辑委员会委员。(见图 210)

资料二(专著) 据 1996 年正式出版的《中国畜牧兽医辞典》,其编委会组成如下。主编:盛彤笙。副主编(按姓氏笔画为序):刘瑞三、许绶泰、陈万芳、何正礼、张永昌、郑庆端、谢成侠。编委(按姓氏笔画为序):王中达、包鸿俊、许绶泰、刘瑞三、汪志楷、沈家森、宋保田、陈万芳、陈振旅、陈筱侠、何正礼、杜念

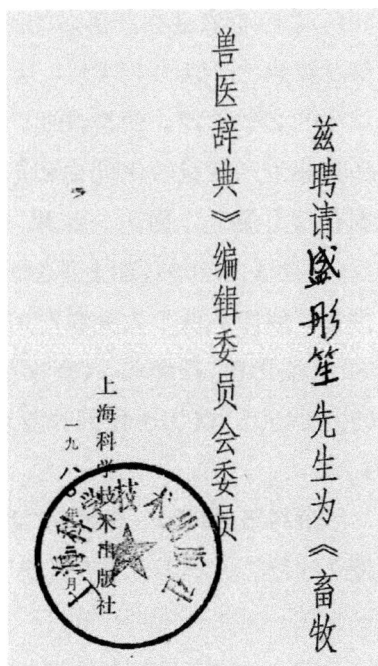

图 210

兴、张永昌、郑庆端、范必勤、聂光达、黄国佑、黄昌澍、盛彤笙、谢成侠、谢善勤、葛云山、蔡宝祥、潘新权、潘锡桂。(盛彤笙主编:《中国畜牧兽医辞典》)

3 月,在西安召开的讨论黄土高原生产方式的会议上,与任继周联合发言,提出将种草养畜作为改变黄土高原面貌的根本大计,使畜牧业总产值达到或超过农业总产值 50％的"以牧为主"的观点。

资料一(论文) 黄土高原水土流失是个涉及自然界基本规律的大问题,我们应该清醒地看到,黄土高原有农业丰产的种种条件,也包含着一定的危险因素。提出在西北通过合理地利用土地资源,将种草养畜作为改变黄土高原面貌的根本大计,使畜牧业总产值达到或超过农业总产值 50％的"以牧为主"的观点。(盛彤笙、任继周:《黄土高原的土壤侵蚀与农业格局》,《农业经济问题》1980 年第 7 期,第 2—7 页)

资料二(论文) 农业生产先进国家的畜牧业产值都占农业总产值的

50％以上,而农业生产落后的国家畜牧业产值都偏低(我国目前畜牧业产值仅占农业总产值的 13.7％),这不是一种偶然,而是农业生态系统能量转化规律的必然体现。使畜牧业产值占农业总产值的 50％,我国能办得到吗?从农业生产能量转化理论和草原生产潜力,验证了实现的可能性。主要论据有以下两个方面……结果可以算一下,牧业产值在农业总产值中的比重,作物区的 50％,加上草原区的 12％,这就是 62％。所以我们提出我国牧业产值应不低于农业总产值的 50％,不但可以做到,而且还是留有余地的。(盛彤笙、任继周:《畜牧业产值占农业总产值 50％以上是农业现代化的主要标志》,《加速我国农业现代化建设设想简报》1980 年第 2 期,第 1—4 页)

资料三(传记)　他坚持"改变国民食物结构"的梦想始终不渝,这是他特立独行的另一表现。在那个"以粮为纲"的年月,"粮食不过关不能发展畜牧业"的论调已凝固为"铁论"。但他坚持异议。"文革"后,某位领导在畜牧兽医学会年会做总结发言时,重复此论。会议纪要中有"某某领导做了重要指示"一语,他起而反对,说"某某领导立论不当,不能把他的言论说成是'重要指示'给以肯定"。1980 年他领衔在《农业经济问题》发表论文,公开提出牧业产值达不到 50％以上,不可能实现农业现代化。(任继周:《盛彤笙院士诞辰百年祭》,载胡云安、陈贵仁、赵西玲《远牧昆仑:盛彤笙院士纪实》,第15 页)

资料四(传记)　在 1980 年 3 月西安召开的讨论黄土高原的生产方式会议上,盛彤笙开始了向"以粮为纲"发出挑战。他与任继周联合作了"黄土高原的土壤侵蚀与农业格局"的发言,提出在西北通过合理地利用土地资源,将种草养畜作为改变黄土高原面貌的根本大计,使畜牧业总产值达到或超过农业总产值 50％的"以牧为主"的观点。(胡云安、陈贵仁、赵西玲:《远牧昆仑:盛彤笙院士纪实》,第 308 页)

3 月 20 日,被中国农业科学院哈尔滨兽医研究所聘为《家畜传染病》编辑委员会委员。

资料(证书)　1980 年 3 月 20 日,中国农业科学院哈尔滨兽医研究所聘

请盛彤笙为《家畜传染病》编辑委员会委员。(见图211)

3月28日,赴京参加中国科学院生物学部委员会议,并在4月2日的闭幕式上发言,提出世界上只要植物能生长的地方就都能发展畜牧业的论断。

资料一(发言报告) 对于陈凤桐同志那份书面意见,我也有一点不赞成的地方,那就是陈老把全国的农业区划按主要农作物划分为几个区域,

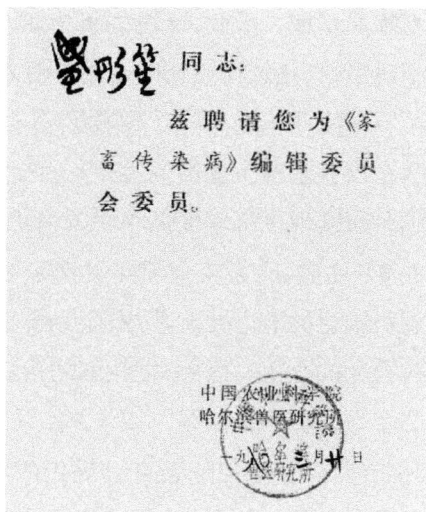

图211

其中第五个是牧区,包括内蒙[古]、新疆、青、藏四个省(区)。我不同意这样一种划法,我有一种也许是有些偏激的意见,我认为把任何一个国家的土地划分为农区、牧区、半农半牧区这样一种做法都是不妥当的,是不够科学的。我认为,世界上任何地方,只要是植物能生长,就都能饲养牲畜,都能发展畜牧业,都能成为畜牧业基地。例如森林,只要不是苗圃和幼林,只要森林的地面上还长有草类,就可以同时放牧牲畜。其次是果园,除地面上所长的草类之外,还有落果、蔬果,在制造罐头的林果区还有大量的果皮和下脚料可以作为饲料。第三是经济作物区,无论是油料作物区、纤维作物区或者糖料区,它们的饼、渣、糟、粕,无毒者可以直接饲养牲畜,有毒者经过去毒以后也可以饲养牲畜,何况这些经济作物区并非一年只种一季经济作物,而是还要播种其他作物,还有一些其他作物成分可以作为饲料。第四是粮食作物区,除糠、秕、秸秆之外,假如还播种饲料作物和绿肥的话,饲料资源就更为丰富。第五是丘陵和山地,特别是我国南方的丘陵和山地,几乎是四季常青,在大规模植树造林,扩大我国森林植被面积之后,也还可以牧养牲畜,为牲畜提供大量的饲料。第六是水域,除养鱼之外,还可以饲养各种水禽。最后我国还有三十几亿亩的广阔草原,更是只有牲畜才能生息的地方。所以我说世界上只要是有植物能生长的地方,无不能饲养牲畜,发展畜牧业,作为

畜牧业基地。因此,传说的将土地划分为农区、牧区、半农半牧区的做法是不适当的,是值得重新考虑的。假若一定要划分的话,只能主要划分为一个草原畜牧业基地和一个作物区畜牧业基地。以我国现在的情况来说,作物区畜牧业基地所提供的牲畜产品比草原区畜牧业基地要多许多倍,例如我国草原区现在每年提供的牛羊肉约为 10 亿斤,仅占全国肉食产量 120 亿斤的 8％左右,比去年全国鲜蛋收购量 16 亿斤还少得多。这说明在作物区发展畜牧业的潜力要比草原区大得多,这种情况在相当长一段时间内还难得有很大的改变。因此,把我国的畜牧业区仅仅理解为内蒙[古]、新疆、青、藏四个省(区)的看法是不妥当的,只会对作物区畜牧业的发展起到消极影响和妨碍作用,是与陈老自己提倡的农林牧三结合的思想不相符合的。……基于以上的这些考虑,我建议应当进行这样一项实验:那就是在全国有代表性的不同地区挑选一些社队,有意识地减少它们的粮食种植面积,增加它们饲料作物包括绿肥作物的种植面积,有意识地让它们多饲养一些牲畜,同时逐渐增加社员们食物中动物性食品的消费量,在经过一个过渡的喘息时间以后,逐渐以他们的牲畜产品来代替粮食的上交任务,经过几年以后,从各个方面包括社队和个人的收入方面、土地的肥力方面、水土保持方面、社员的营养健康水平方面来同附近保持原来耕作制度的社、个人相比较,看究竟哪一种经营方式更为有利,更为优越,看能否把前面所说的那种恶性循环扭转过来,经过三四个五年计划之后,能否把我国畜牧业产值在农业总产值中的比重从现在的 14％左右逐渐提高到大约 40％～50％的水平上来,这样才符合一个现代化农业的要求。这样一个实验是前人未曾进行过的一项复杂的综合性的社会性的实验,可能成功,但也必须估计到失败的可能性。因此就必须要有党的坚强领导,要有农学家、畜牧学家、土壤学家、农业经济和畜牧业经济学家、营养学家和医学家的共同参加。事先经过充分的准备,制定出周密详尽的计划。计划一经确定,就要贯彻到底,不可半途而废。将来无论是得出一个正的结果或者一个负的结果,对于制定我国农业发展的方针,实现我国农业的现代化都将是有很大的参考价值和指导的意义的。见图 212。(盛彤笙在科学院学部大会上的发言,1980 年 4 月 2 日)

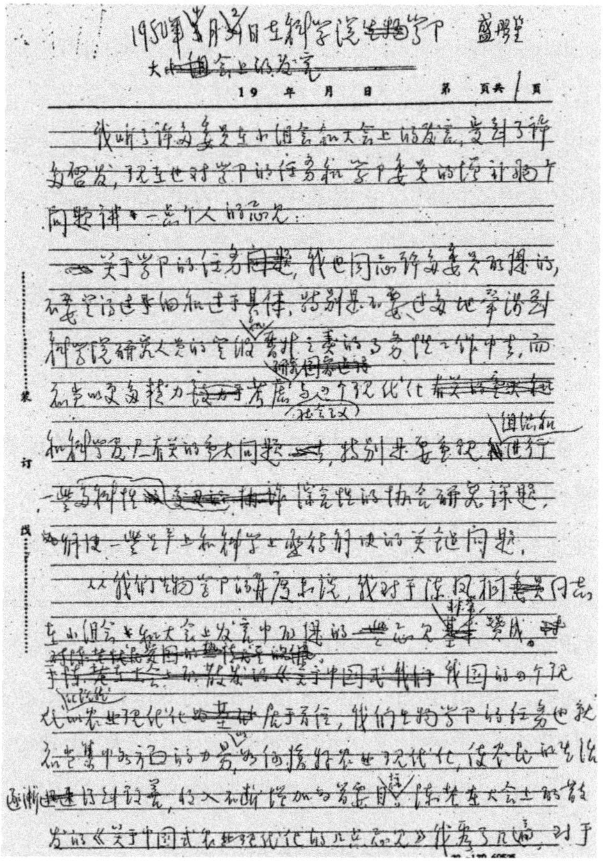

图 212

资料二（信件） 继周同志：我于三月二十八日赴京参加科学院学部委员会的会议，昨晨回到南京，展读三月二十一日来信，极为高兴。此外，两次挂号寄来的文章和文件，也都先后收到，因才从北京回来，许多积压的信件待复，故《黄土高原的土壤侵蚀与农业格局》一文暂时还抽不出时间来看。……又例如我上次在农业科学院学术委员会小组会上的发言，虽然畜牧兽医界的许多同志都表示赞同，但在会议的简报上竟未见只字报道，我亦不以为然，且不灰心。这次在学部会议闭幕那天的大会上，生物学部代主任贝时璋先生要我做一个大会发言，我又在大会上讲了我那一套"谬论"：主要是反对把一个国家的土地划分为什么农区、牧区、半农半牧区，认为世界上只要是有植物生长的地方都能饲养牲畜，发展畜牧业，成为畜牧业基地；此外还建议由科学院的学部把我所呼吁的那项综合性社会性的试验组织领导起来,经过三五年的试验,如能得到一个阳性结果,即可逐渐在全国推广,于三四个五年计划之内把我国畜牧业产值在农业总产值中的比重提高到 40%～50% 左右(这次没有提"以畜牧为主"的话,这是一种策略,因为过去大家吃了"以粮为纲"的苦,怕再听"为纲""为主"之类的提法。果然能提高到 40%～50%,实际上也就已做到了"以牧为主"了)。讲完之后,反应很好,识与不识,都向我表示同意。可见只要言之成理,总能得到支持的。(《盛彤笙致任继周关于参加中国科学院生物学部委员会议及发言的信》,1980 年 4 月 6 日)

4 月 3 日,在北京与程绍迥到机场迎接德国访华旅游团的兽医小组一行。翌日,与德国兽医专家进行交流座谈。

资料一(报道) 今年四月上旬,德意志联邦共和国访华旅游团一行 25 人,其中有 7 位兽医专家自费来华参观游览。这个兽医小组的组长是西德联邦动物病毒病研究所的 Otto Straub 教授,他还是《兽医一览》(*Tierärztiche Umschau*)的主编。组员中有一位 68 岁高龄的 Kurt Dedié 教授是我国盛彤笙和熊大仕两位同志于 1952 年访问东德时认识的,那时 Dedié 教授请他们到家里做客,并把他亲自培育的优良猪丹毒菌种赠给我国,这个菌种我们一直沿用至今;不久前他还帮助我国派去西德学习的进修生安排进修计划等。当旅游团于四月三日到达北京时,中国畜牧兽医学会理事长程绍迥和副理事长盛彤笙亲临机场迎接。当该团访问西安和成都后于四月十二日返回北京时,由八十高龄的熊大仕副理事长和胡祥璧代秘书长等代表我学会设宴招待了德国的兽医专家们。翌日,德国的兽医专家们又和我会在京的部分会员二十余人举行了座谈会,双方互相介绍了情况,交流了经验,气氛十分融洽。(《中德兽医工作者一次友好接触》,《中国兽医杂志》1980 年第 6 期)

资料二(信件) 另一位比较适宜的对象是 Dedié 教授,他曾任西德国家兽医检验所所长,已于两年前退休,但曾于今春来华旅游,我曾在北京迎接过他。他在西德也是很知名的。(《盛彤笙致陆承平关于去德国留学的导师及学校选择的信》,1980 年 10 月 8 日)

4月14日,与任继周通信讨论西北大力发展畜牧业及相关论文撰写等事宜。

资料(信件) 寄来的《黄土高原的土壤侵蚀与农业格局》一文,我看了好几遍,觉得比以前的写作又有了提高,这是可喜的。但是这篇文章显然是为原定于三月间在西安召开的讨论黄土高原的生产方针的会议而写的,所以内容完全是针对黄土高原的治理问题的,而今年七月间在银川和八月间在兰州先后举行的畜牧兽医学会和中国农学会的年会,则主要是讨论整个西北农业现代化的问题(前一个会议是为后一个会议准备的),尽管黄土高原主要处于西北境内,但是究竟不能代表整个西北地区,因此将这篇文章提到那两个会议作为论文似乎不完全切合,所以我想建议你将(一)这篇文章、(二)上次写《畜牧业产值占农业总产值的50%以上是农业现代化的必要标志》以及(三)你预备另写的一篇从我国气候条件论证采取季节畜牧业的必要性的文章的内容糅合在一起,另写一篇更精练的文章提到七、八月份合开的两个会议上去,也许更适合一些。为此,我还自不量力地初步做了一个提纲,供你参考(附后)。这样是否恰当,请你考虑。《黄土高原的土壤侵蚀与农业格局》这篇文章的题目,我觉得不够响亮和鲜明,而《畜牧业产值占农业总产值的50%以上是农业现代化的必要标志》那篇文章的题目又嫌过于冗长无力,因此新文章究竟采用一个什么题目,我心中无数,提不出建议。可否标题为"大力发展畜牧业是西北地区农业现代化的关键"? ……在西安会议上,甘肃水利[局]局长、水土保持站站长、工程师都反对"以牧为主",这是意料中事。我建议以后不提"以牧为主"的话,只提发展畜牧业,逐渐提高畜牧业产值在农业总产值中的比重,在全国范围内,到本世纪末达到45%～50%(在西北可高达75%),这不就在事实上达到了"以牧为主"吗?(《盛彤笙致任继周关于讨论西北发展畜牧业及有关论文撰写的信》,1980年4月14日)

4月17日,《人民日报》和《光明日报》发文,肯定西北地区农业现代化的关键在于发展畜牧业。

资料一(其他) 经过一年多的广泛探讨,对黄土高原的建设和治理方针,已经取得了比较一致的看法。在三月底到四月初由国家科委、国家农委和中国科学院在西安联合召开的黄土高原水土流失综合治理科学讨论会上,科学工作者和有关方面的代表共同认为,把黄土高原建设成为牧业和林业基地,这是改变黄土高原面貌,控制水土流失的战略措施。代表们回顾了一年多来对黄土高原治理和建设问题的讨论,认为党的三中全会以来,广大科学工作者和干部群众在许多场合和报刊上开展了黄土高原治理和建设方针的讨论,一度形成了黄土高原建设以林牧为主、以牧为主、以林为主和以农为主的四家争鸣的热烈局面。经过广泛、充分的探讨,大家的认识逐步趋向一致。中央领导提出把黄土高原建成牧业、林业基地的发展方向,正是对一年多来讨论的概括和总结。对于怎样调整黄土高原目前的农林牧生产结构,逐步建设牧业、林业基地,与会代表认为在各种不同类型的地区要因地制宜地贯彻这个方针。提出了建立统一领导机构、纳入国民经济计划,向牧业、林业基地过渡期间,国家在粮食、燃料等方面给予政策保证等意见建议。(《把黄土高原建成牧业、林业基地》,《人民日报》1980 年 4 月 17 日第 1 版)

资料二(其他) 经过一年多的讨论,关于黄土高原建设方针的意见逐渐趋于一致。三月底到四月初,国家科委、国家农委和中国科学院联合召开黄土高原水土流失综合治理科学讨论会,中央领导同志在总结经验和集中各方意见的基础上,提出了把黄土高原建设成为牧业基地和林业基地的发展方向。目前,妨碍起步工作的主要阻力是"粮食不自给,林草顾不上"的思想,这种思想的实质还是坚持搞单一粮食生产。黄土高原建设进入新时期,要把发展林业、牧业作为战略任务来抓,采取有效措施,把种树种草搞上去。经验告诉我们,农林牧是有机整体,互为条件、互相促进、共同发展。要坚持综合治理,因地因时制宜处理好三者关系。同时,把黄土高原建成牧业和林业基地是一个新课题,因此必须大力加强科研工作,尤其要加强水土保持科研工作,培育优良草种树种,培养大批专业人才。(《改变黄土高原面貌的战略措施》,《光明日报》1980 年 4 月 17 日第 1 版)

4 月 21 日,与任继周再次讨论应担当起发展西北及全国畜牧业的使命。

资料(信件) 本月十七日《人民日报》和《光明日报》都在第一版显著地

位,以"把黄土高原建设成牧业和林业基地"的标题报道了黄土高原水土流失综合治理科学讨论的经过和决策。《光明日报》还在同一天发表了题为《改变黄土高原面貌的战略措施》的社论,一场论战,终于得到了理想的结论,阅后极为欣喜。这是真理的胜利,我们虽分别在不同场合对此发表过意见,尤其是你在三月卅日的大会上的发言基本上得到了采纳,这是非常荣幸之事,谨向你表示热烈的祝贺。两条新闻的标题都把牧业摆在林业的前面,实际上也是承认"以牧为主"的方针……既然黄土高原的建设方针已经确定,而黄土高原又是西北人口密集之区,在西北的经济上占有最大的比重,那么,整个西北地区农业现代化的关键在于发展畜牧业(和林业)就是用不着争辩的问题了。今后我们的任务,只是要更加科学地、理智地、实事求是地论证这一必要性,以及为达到此目的提出更加详尽而切实可行的具体措施罢了。……我建议我们今后要把宣传发展全国(特别是"农区")的畜牧业这一任务担当起来,多朝这一方面思考、研究、写作、发言,这是时代摆在我们身上的光荣职责。(《盛彤笙致任继周讨论应担当起发展西北及全国畜牧业使命的信》,1980 年 4 月 21 日)

5 月 10 日,致信任继周,请早日拟就《畜牧兽医辞典》的草原部分词目和释文示例。

资料(信件) 我到此后即被套上了《畜牧兽医辞典》编委会主任之职……《畜牧兽医辞典》草原部分的词目和释义示例闻系请你执笔的,只盼拨冗早日拟就寄与梁祖铎同志为幸。寄下参考材料中宁夏农学院李树棠同志所写《浅谈黄土高原的生产和建设方针》一文,总的说来,材料丰富扎实,写得很好,我们的文章相形见绌了。(《盛彤笙致任继周请早日拟就〈畜牧兽医辞典〉草原部分词目和释文示例的信》,1980 年 5 月 10 日)

5 月 15 日,主持召开《中国畜牧兽医辞典》南京编委会扩大会议。

资料(手稿) 1980 年 5 月 15 日举行了[《中国畜牧兽医辞典》]南京编委会扩大会议。(盛彤笙:《记事本》,第 7 页)

5月20日,参加南京农业大学举办的全国家畜传染病讲习班并致开幕词,强调免疫学对研究传染病的重要性。

资料(传记) 1980年上半年,我在南京农学院就读硕士研究生之时。蔡宝祥先生等在南农举办全国家畜传染病讲习班,聘请十多位国内业内著名专家来讲课……在名家开讲之前,请来做开幕词的,正是企盼已久的盛先生,大概是5月20日上午。先生身材不高,面容清瘦,言语简洁,思路清晰。在久经沧桑的深沉中不时透射出夺人的神采。讲话不长,大意讲了免疫学对研究传染病非常重要,必须努力学习,掌握新的进展。(陆承平:《百年梦回伏羲堂 但愿一识韩荆州》,《中国兽医杂志》2011年第9期)

5月29日至6月24日,先后在宁、沪主持召开《中国畜牧兽医辞典》两地编委联席及扩大会议。

资料(手稿) 1980年5月29日,在南京举行了[《中国畜牧兽医辞典》]沪、宁两地编委联席会议;1980年6月19日—24日,在上海举行了两地编委会扩大会议。(盛彤笙:《记事本》,第7页)

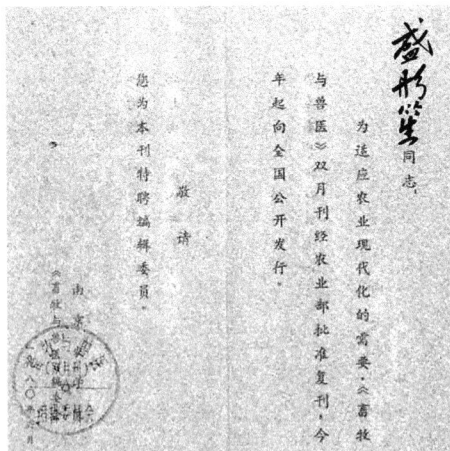
图213

6月,《畜牧与兽医》杂志复刊,受聘担任《畜牧与兽医》的编辑委员。

资料(证书) 盛彤笙同志:为适应农业现代化的需要,《畜牧与兽医》双月刊经农业部批准复刊,今年起向全国公开发行。敬请您为本刊特聘编辑委员。南京农学院《畜牧与兽医》编委会。1980年6月。(见图213)

7月15日至21日,以副理事长的身份在银川参加中国畜牧兽医学会年会。

资料一（其他）　中国畜牧兽医学会 1980 年年会,经过半年的认真筹备,于 7 月 15 日在银川开幕,21 日完满结束,历时七天。与会者有来自全国高等院校、科研和生产单位、畜牧行政管理机构以及中国人民解放军一兽医部门的代表二百余人;代表中从 29 岁的青年畜牧兽医工作者,到 82 岁高龄的老专家,老、中、青济济一堂,认真进行学术交流,开展讨论,气氛非常活跃,预示着我国畜牧现代化事业必将日益兴旺发达的景象。年会由中国畜牧兽医学会理事长、中国农业科学院副院长程绍迥致开幕词。(李菜:《中国畜牧兽医学会 1980 年年会在银川举行》,《宁夏农业科技》1980 年第 5 期,第 56 页)

图 214

资料二（手稿）　1980 年 7 月 15 日至 21 日,盛彤笙参加在银川召开的中国畜牧兽医学会年会。(见图 214)

资料三（信件）　我于十四日由宁飞兰,有兰州兽医研究所办公室主任杨蓉城同志和邹康南及小儿等到机场相迎,即在机场招待所过了一夜,未曾进城。次日七时离兰,八时飞抵银川,八时半到达贺兰山宾馆,恰好大会开幕,我未进住房即直接走上主席台,可算到得最为"准时"。到会后有两桩事最感怅憾,第一是你未能出席,我一肚子话未能向你倾吐;第二是尽管三月底至四月初的西安会议上确定了要把西北黄土高原建设成为牧业和林业基地,《光明日报》上还为此发表了社论,五月间石山同志又在《光明日报》上发表了《一个有战略意义的决策》的文章,但是甘肃省仍然抱住"以粮为纲"这个幽灵不放,仍然坚持"以农为主……"的方针。甘肃如此,陕西更可想见。我们事业和理想的前途,阻力还大得很啊!政策不对头,西北(特别是甘肃)的人民还要吃多少苦啊!这次年会开得太紧张,原定开八天,后来缩短为七天,而会议的内容则反而增加了一些额外的项目,星期天也不休息,特别是领导小组晚上经常开会到十一时,弄得像我这样多病的瘦老头简直筋疲力尽,浑浑噩噩,个人感觉费的力气很大,而自己收获不多。会议的材料一大堆,连翻阅都没有来得及,因此你的发言稿竟没有看到。如没有漏发的话,当于寄到后再补读一遍。所高兴的是会上见到了一些老同事和老朋友如陈之长、任抟久先生等,认识了一些新朋友如刘少柏同志,可惜有许多问题想同刘少柏同志交谈,竟没有找到时间。会议于二十一日闭幕,我于二十二日由银川飞抵北京,在首都机场的宾馆住了 24 小时以上,着实休息了一下,没有进城,次日下午五时许乘飞机离京,六时一刻返抵南京,结束了这次疲劳轰炸的会议。(《盛彤笙致任继周关于在银川参加中国畜牧兽医学会年会情况的信》,1980 年 7 月 24 日)

8 月 28 日至 9 月 12 日,在京参加全国政协五届三次会议。

资料(信件) 参见"9 月下旬"条资料一(信件)。

9 月 9 日,读黄裳小品文《油焖笋》之后,有感于家乡江西井冈山出品的油焖笋质量之差,撰《读〈油焖笋〉之后》以伐之。

资料(其他) 编辑同志:我是江西省吉安专区永新县人,现任江苏省农业科学院研究员和全国政协委员,前几天到北京参加政协会。最近看到贵报第八版一篇题为《油焖笋》的小品文,我感到极有兴趣。其所以有兴趣,是因为大约在六七年以前,我也买到过一瓶江西井冈山出品的油焖笋,和这篇文章中所描写的情况非常相似:"油已凝结,笋已发白。"味虽未变酸,很不好吃。我们一家人当时都很难过:井冈山是我国革命圣地,而恰好我又是井冈山的人,生产出这样的食品,不仅有辱革命圣地的名誉,我自己也很不光彩。江西也从来没有那样的"烹调风格"!当时我们只是自认倒霉,并且引以为戒,以后再不买自己家乡出产的油焖笋了。没有想到,事隔六七年之后,情况仍然没有改进,江西制造油焖笋的工厂未免太不求上进了!我希望贵报除发表了这篇小品文之外,还能将我这封信转致那个油焖笋工厂,一定要改进产品质量,不能这样马马虎虎了,把东西推出门就了事!(我们家乡素来是生产茶籽油的地方,茶籽油即令是冬天也不会凝结的,不知该厂是用的什么油?)一个爱管闲事的人盛彤笙。(盛彤笙:《读〈油焖笋〉之后——一位政协委员的来信》,《人民日报》1980 年 9 月 9 日第 8 版)

9 月下旬,又至天津参加农业部召开的科学技术委员第二次全体会议,参与评定 1979 年全国农牧业科研成果奖。

资料一(信件) 我在政协大会闭幕后,又到天津参加了农业部召开的科学技术委员会会议,于九月下旬才回到南京,在外开会将近一月,极感疲乏,至今仍未恢复过来。(《盛彤笙致任继周关于政协大会闭幕后到天津参加农业部科学技术委员会会议的信》,1980 年 10 月 4 日)

资料二(其他) 最近在天津召开的农业部科学技术委员会第二次全体会议上,评定 1979 年全国有 55 项农牧业科研成果获得由农业部授予的技术改进奖。其中授予一等奖的 36 项,授予二等奖的 19 项。(农业出版社编:《中国农业大事记(1949—1980 年)》,农业出版社,1982 年,第 218 页)

资料三(信件) 我不久前收到中国农业科学院寄来一批文件,包括 (1) 关于加速我国农业现代化建设的设想(初稿)、(2) 关于加速我国牧业现代化建设的设想(初稿)、(3) 我国农业科学发展设想、(4) 农业科学家的意见与建议……这中间《关于加速我国牧业现代化建设的设想(初稿)》一文,可能接受了我在天津所提出的对畜牧总局《规划(草案)》的尖锐批评,已经没有唱那些与数字指标很不相称的高调……而是提出了到 2000 年,我国畜牧业产值将占农业总产值的 25%。……总有那么一些人,包括一些"杂家"、"经济学家"、"农学家"、医学界的"营养专家",对于发展畜牧业总是抱着抵触的情绪。本月 17 日《光明日报》第 4 版上所载丁声俊《十亿人口的吃饭问题仍然是第一件大事——必须注意发挥我国的粮食优势》……我不善作诗,但启蒙时家长们教给我的一首养蚕女进城后的感愤诗,我至今未能忘记,诗曰:"昨日入城市,归来泪满巾。遍身罗绮者,不是养蚕人!"我模仿后两句打油半首曰:"主张蔬食者,不是素餐人!"(《盛彤笙致任继周讨论中国农业科学院寄来的几份农牧业现代化文件的信》,1981 年 1 月 26 日)

资料四(信件) 我记得我有一次曾寄给您我在各种会议上的四篇发言,后来您只寄还给我三份,还有一份我在江苏农科院所作的《关于农业部科学技术委员会第二次会议(即去年的天津会议)的传达报告》没有寄还给我。(《盛彤笙致任继周关于寄还报告的信》,1981 年 8 月 24 日)

10 月,受聘担任中国微生物学人畜共患疾病病原学专业委员会副主任委员、中国微生物菌种保藏管理委员会委员、学术组成员。

资料一(证书) 1980 年 10 月,中国微生物学会聘请盛彤笙担任人畜共患疾病病原学专业委员会副主任委员。(见图 215)

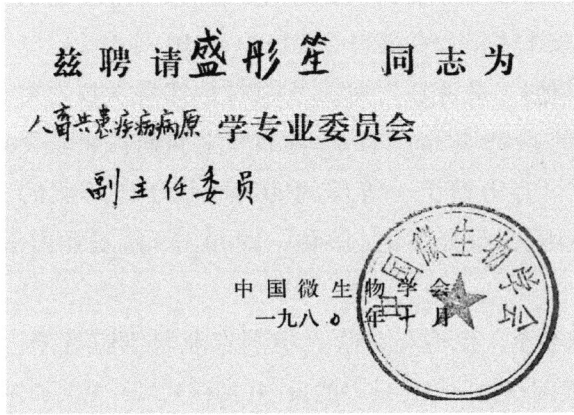

图 215

资料二(证书) 1980 年 10 月,中华人民共和国国家科学技术委员会聘请盛彤笙为中国微生物菌种保藏管理委员会委员。(见图 216)

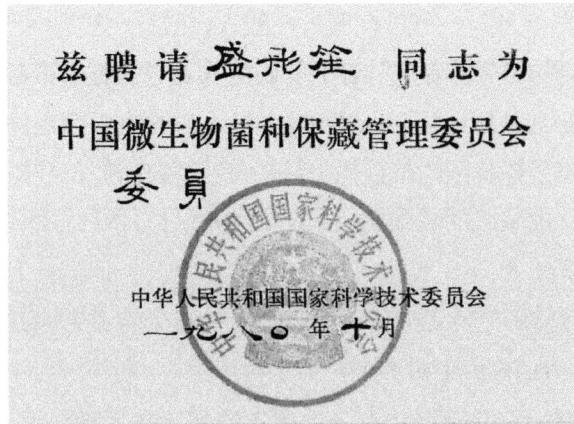

图 216

资料三(证书) 1980 年 10 月,中国微生物菌种保藏管理委员会聘请盛彤笙为中国微生物菌种保藏管理委员会学术组成员。(见图 217)

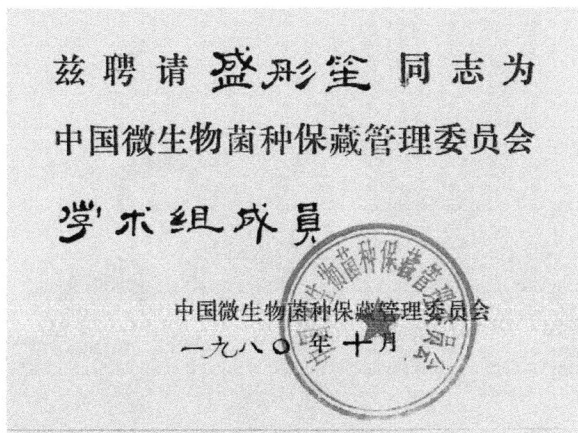

图 217

10 月下旬，邀在江西参加全国草原科学讲习班的任继周至家中小住，交流三日。

资料一（传记） 最使我永生难忘的是 1980 年夏，我受农业部科技局委托，在庐山举办全国草原科学高级讲习班。讲习班结，我奉盛老之命，从九江乘船东下，绕道南京，在盛老家中小住三日，我有机会与盛老朝夕相聚，贴心交流。这时正值他生命的最后时光，饱经风霜，充分咀嚼人生百味的晚年。能与盛老频繁接触，使我如渥甘霖，受益良多。（任继周：《我心目中自省的镜子——盛彤笙院士诞辰百年纪念》，载《草业琐谈（修订版）》，中国农业出版社，2013 年，第 3 页）

资料二（照片） 盛彤笙(右)与任继周(左)合影。（见图 218）

资料三（其他） 1980 年，"文化大革命"结束不久，农业部科技司王伟琪司长——一位敏于思考的科技领导人，组织了畜牧兽医各个学科的高级讲习班，目的是把荒废多年的各个专业与世界相关学科进展接轨。我有幸被指定为草原学科高级讲习班的召集人。农业部允许自行选择办班的地址。我们草原讲习班选在哪里？首先想到江西，因为江西的畜牧兽医工作站是"文革"后全国保存较为完好的少数几个之一，而该站所在地——莲塘就在南昌近郊，交通之利与南昌相同，吃住便宜，而且离庐山不远。庐山不仅是

图 218

著名的风景名胜之地，还是亚热带地区江汉平原上突起的一座中高山，有较强的地带性特征，有名的中国科学院庐山植物园"文革"期间未被破坏。这里的自然资源与人文资源都丰富，是野外实习较为理想的地方。……于是第一次草原科学高级讲习班便于 1980 年 10 月初在江西的莲塘开学。全程三周，17 天的室内教学，3 天的野外实习。实习地点当然是事先设想的庐山。根据农业部的要求，当时请了国内知名专家前来讲学。记得应邀前来讲学的有贾慎修、朱震达、章祖同、祝廷成等人。……1980 年 10 月 21 日至 23 日野外实习，教学之余也抽空游览山景。（任继周：《"全国草原科学高级讲习班"杂忆》，载《草业琐谈（修订版）》，第 103 页）

11 月，推荐陆承平到德国慕尼黑兽医学院学习。亦推荐杨承谕到德国图宾根联邦动物病毒病研究中心进修。

资料一（信件） 承平同志：顷接 Dedié 教授十一月五日的复信及所附慕尼黑大学兽医学院微生物传染病教研组的 Mayr 主任教授给他的一封信，一并转上，请察阅，阅后请 Dedié 教授给我的复信退回给我，Mayr 教授给 Dedié 教授的信，最好请加以复制，亦请寄我复制一份。

从两信中可以得知,不久以前,北京农业大学兽医系教授熊大仕先生曾经写信给 Dedié 教授,推荐北农大一位刘尚高(译音)同志赴德进修,Dedié 教授曾转介于 Mayr 教授,Mayr 教授曾复函 Dedié 教授表示接受,附来的这封信实际上是对刘尚高同志表示接受的信。可是后来熊大仕先生又曾去信 Dedié 教授,先以刘尚高同志决定改赴美国,所以 Mayr 教授处的这个名额可以转让给你,显然 Dedié 教授是同 Mayr 教授取得了联系的,并在 Mayr 教授的信上面附了几行,证明这封信适用于你。你可以用这封信办理各项必要的手续。

从 Dedié 教授的来信中可知,Mayr 教授系西德兽医学会现任会长,据我所知,他是一位学识很渊博的病毒学家,研究面很广。近年来主要从事家畜家禽疾病、猪的传染性胃肠炎,马的 Borna 病(我国无此病)等的研究工作。还是一部名著《病毒学方法》的主编人。慕尼黑大学兽医学院是西德著名兽医学院之一,你能赴该院在名师指导之下进行研究工作,我特向你表示祝贺。希望你按 Dedié 和 Mayr 两教授来信中所要求的,将你的更详细的履历、著作题目和拟进行的研究工作直接函告 Mayr 教授为盼。此致 敬礼!盛彤笙 十一月十八日。(《盛彤笙致陆承平关于赴慕尼黑大学兽医学院 Mayr 教授处学习的信》,1980 年 11 月 18 日)

资料二(传记) 晚年使盛彤笙尤感欣慰的是在恢复了与德国兽医同行的联系后,亲自向他当年的同学写信,推荐了"二承"去德国留学。"二承",即山东农科院的杨承谕、南京农业大学的陆承平,他们的名字里都有一个"承"字,故称之。他们分别赴德国的图宾根联邦动物病毒病研究中心进修和慕尼黑大学攻读博士,造就了两位英才。(胡云安、陈贵仁、赵西玲主编:《图说甘肃农业大学 70 年》,第 343 页)

资料三(照片) 盛彤笙(中)推荐陆承平(右)、杨承谕(左)二人去德国深造前在南京家中合影。(见图 219)

资料四(传记) 幸运之神终于眷顾。1980 年上半年我在南农获教育部公派出国留学的名额,被分派到联邦德国(当时的西德),同年下半年到上海外国语学院开始学德语,并设法联系德国的接收单位。当年秋天某日,在我的硕导杜念兴教授带领之下,到江苏省农科院面见盛先生,先生在孝陵卫钟

图 219

灵街的家中接见，简单问了我的情况，便欣然表态同意推荐。事后想来，此次拜见，可谓登堂入室，就此成为先生的实际弟子，七年教诲，始于是时。……杨承谕先我半年从山东省农科院去德国，到图宾根（Tuebingen）联邦动物病毒病研究中心进修，从事蓝舌病研究，1983年底回国到青岛农业部动检所工作。因为先生的这层关系，1982年3月我俩在图宾根会面，相见恨晚，订交终身。（陆承平：《百年梦回伏羲堂　但愿一识韩荆州》，《中国兽医杂志》2011年第9期）

12月5日，致信任继周，提出：随着邓小平"建成畜牧业和林业基地"的西北农业大政方针的确立，关于畜牧业的研究范围应从西北扩展到全国。

资料（信件）　关于写文章，我的意思是，关于西北农业的大政方针，经过近两年来的辩论，总算由邓副主席的"建成畜牧业和林业基地"一锤定音了，以后只是如何贯彻执行这个方针政策的一些具体问题，总的原则大概是改变不了的了。但是发展全国畜牧业的问题，思想阻力和具体困难就大得多。……昨天听了江苏省农科院几位从北京回来的同志初步传达报告，他们都是到北京参加2000年规划的定稿会议的……在传达中，他们没有讲到

2000 年我国畜牧业产值在农业总产值中的比重究竟得占到多少,也没有提到 2000 年我国肉蛋奶的产量将达到若干。……想用发展大豆种植这种"中国式"的现代化来代替畜牧业的发展是不行的。……我希望者就是你能就这个问题多写些文章,意思乃是把你的论述范围从西北扩展到全国。(《盛彤笙致任继周关于讨论畜牧业的研究范围当从西北扩展到全国的信》,1980 年 12 月 5 日)

是年,参加江苏省农业科学院的学术委员会会议,讨论农业部农业科学发展规划和农科院 1981—1985 年的发展规划。

资料(传记) 据有关人士回忆,在一次院学术委员会上,盛先生语出惊人。那次会议是讨论农业部农业科学发展规划和我院的 1981—1985 年发展规划,卢良恕首先发言后,各位专家也各抒己见。盛先生对规划表达自己的意见后,说道:"卢良恕同志的发言很好,很有气派,很有远见,我认为以这样一种见解和认识,他应当到中国农科院去当院长,去承担更大的任务,对我国农业科技事业发展会更好。"此言如果出自一般专家,也许并不为人介意,但出自一位学部委员之口,则有人是认为有所远识,也有人认为是随口而言。但事过两年之后,上级调卢良恕去中国农科院工作,在欢送卢去北京的座谈会上,盛先生说:"我两年前曾感言卢院长应到中国农科院工作,果然被我言中,在这里,我用两句唐诗相送:'莫道[愁]前路无知己,天下谁人不识君。'"自此,盛先生的慧眼识才令人刮目,人们私下议论,学部委员的眼光毕竟不同,对一个人的潜力,在什么岗位上最能发挥作用,真是洞若观火。其识才用才之道,确非一般科技专家可比拟。(阮德成、林继煌、周光恒:《再认识 更敬仰——追忆盛彤笙先生》,载江苏省农业科学院主编《缅怀农学前辈——怀念江苏省农业科学院老领导老专家文集》,第 185 页)

1981 年　　71 岁

1 月 4 日,赴沪主持召开《中国大百科全书》兽医编写组各分支学科负责

人会议、《畜牧兽医辞典》会议及中国畜牧兽医学会禽病学组成立大会。

资料(信件)　你十二月十五日的信我于廿四日收到,当时正值我准备赴沪主持召开《中国大百科全书》兽医编写组各分支学科负责人的会议之时,极为忙碌,所以没来得及给你回信。元旦过后,我即于四日赴沪,参加了《大百科全书》《畜牧兽医辞典》和中国畜牧兽医学会禽病学组成立大会等三个会议。于日前才回到南京。(《盛彤笙致陆承平关于在德国当地游学开阔眼界并代为向慕尼黑兽医学院致意的信》,1982 年 1 月 21 日)

1 月 7 日,致信任继周,讨论西北地区农业现代化学术讨论会的内容,提出至少应在二三十年内实现农业现代化目标。

资料(信件)　继周同志: 寄来兰州会议的部分简报以及除夕日来信均已收到。王任重同志在大会上所做的报告,听说讲了四个钟头,讲得非常"坦率",简报上所载,只是其大意,我看了之后,有两点满意的地方,也有一点不满意的地方。满意的两点是:(一)驳斥了中国的自然条件比美国还好的论点……(二)尽管会上"以粮为纲"的"正统"观点仍占上风,但是领导上能够提倡先从种草、到处种草做起,这就很好,有了草就不怕畜牧业得不到发展。只要提倡种草,你就会有做不完的事情,就不愁你的研究所办不起来。一点不满意的地方是,在否定了我国的自然条件比美国还好这种错误论点以后,又有些过分自卑的心情,把我国的自然条件估计得过坏,"四化"要很长很长的时间才能实现,使人有些迷惘和失望的感觉。我认为,我国的自然条件虽然比得天独厚的美国(和西欧)差得多,但是无论从人口的密度、人均耕地面积和自然资源等方面说,总比日本好得多。日本在第二次世界大战中打得破烂不堪,但基本上只用二十年的时间就实现了现代化,许多方面甚至超过了欧美……我们即令不能在二十年内实现现代化,三十年总也可以吧? 怎么推到遥遥无期,连一个年限都提不出来呢? 这怎么好鼓舞人心,让大家有一个奋斗目标呢? 见图 220。(《盛彤笙致任继周关于西北地区农业现代化学术讨论会的信》,1981 年 1 月 7 日)

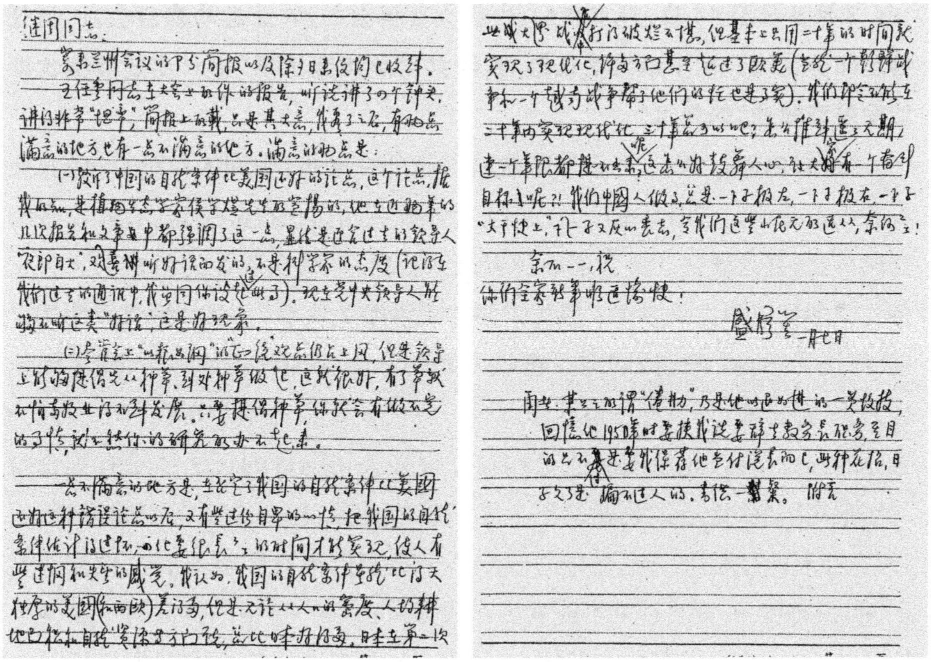

图 220

1 月 20 日，受聘担任哈尔滨兽医研究所《国外兽医学——畜禽传染病》编辑委员会委员。

资料（证书） 1981 年 1 月 20 日，中国农业科学院哈尔滨兽医研究所聘请盛彤笙为《国外兽医学——畜禽传染病》编辑委员会委员。（图 221）

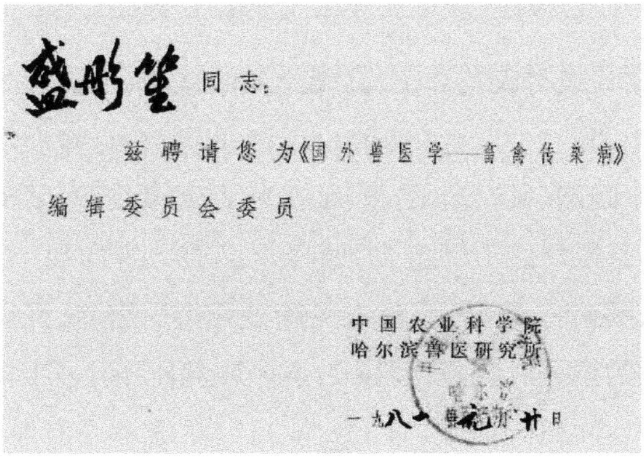

盛彤笙 同志：

兹聘请您为《国外兽医学——畜禽传染病》编辑委员会委员

中国农业科学院
哈尔滨兽医研究所

一九八一年元月廿日

图 221

3月5日至14日,赴京参加《中国大百科全书》农业卷的筹备会议,担任兽医部分主编。回宁后致信任继周,要共同承担起宣扬"不一定要借粮食即能发展畜牧业"的观点。

资料(信件) 我于五日偕陈振旅同志赴京参加《中国大百科全书》农业卷的筹备会议,十四日回宁。在京时与许振英同志住在隔壁房间,有较多的交谈机会,甚为欣快。会议最后一天,《大百科全书》出版社的负责同志宣布各分支学科正副主编名单:兽医方面的正主编由我承乏,副主编依次为胡祥璧、何正礼、刘瑞三三位同志。畜牧方面的正主编为许振英同志,副主编依次为您、盛志廉、刘少柏三位同志。……许先生是我在整个畜牧兽医界最为敬佩的一位学者,竟想不到他也和时下许多人持同样的看法:"没有粮食就无法吃肉","粮食不过关就谈不上发展畜牧业"。……希望您在编辑《大百科》农业卷的过程中一定要尽力鼓吹不一定要借粮食即能发展畜牧业的观点,彻底批判"粮食不过关不能发展畜牧业"的谬论,这中间将会有一番斗争的。总而言之,我觉得您在编辑《大百科》农业卷畜牧部分中的责任极其光荣重大的,将对我国畜牧业的发展起到深远的影响,请勿等闲视之。(《盛彤笙致任继周关于担任〈中国大百科全书〉农业卷畜牧部分第一副主编的信》,1981年3月21日)

3月28日,致信任继周,继续讨论大力发展畜牧业与大农业的观点。

资料(信件) 现将我的一些零乱想法拉杂写在下面以供你参考:(一)一个时期,有些人(例如生态学家侯学煜先生)曾连续著文或发表演讲,把我国的自然条件说得天花乱坠,好像比美国还好(可能有些迎合当时领导上还没有完全肃清的"左"倾和夜郎自大的思想,有点哗众取宠之意——不过在最近的第十四期《科学动态》上,他鼓吹发展畜牧业,要树立"大粮食"的思想,这一点还是很好的。)而近来,领导上又有点走向另一个极端,老是强调我国人口多,国家穷,底子薄,生态平衡破坏得厉害,又好像一筹莫展,"四化"也遥遥无期的样子。我想,我国的条件诚然比不上美国,但无论从人口的密度、人均耕地面积(日本只有七分地)、自然资源等方面来说,总比日本好得多。日本基本上只用了二十年的时间实现了现代化。我们二十年不行,三十年总可以吧!三十年不行,四十年总行吧!何至于连一个具体的日期都不敢提了呢?这样不足以鼓舞士气,振奋民心,很不利于"四化"的建设。……来信所述赵紫阳同志最近的指示"畜牧业发展了,粮食的消耗量是肯定会减少的……中国应当逐步成为粮食消耗少的国家,逐步降为每人平均300斤。……农业要研究战略,这就是战略"。我听了这些话很受鼓舞,至少是许多年来从来没有听到过国家的领导上这样明确地说过这样的话。这也是我们应当趁热打铁,做文章鼓吹这种正确战略的火候了。……所以我觉得我们还要狠狠地宣传,世界上只要是植物能生长的地方,就都能发展畜牧业(甚至爱斯基摩人生活的地方还能养鹿呢),畜牧业是无往不在的,所谓各得其所,其实就是排斥畜牧业,这一点还要大大地鼓吹啊!……(六)我这次在北京开会,最后一天的大会上,何康同志讲了话,希望大家不要怕农民富起来,不要担心农民让小孩子退学(关于这一点,我以前的认识也是错误的),他说,农民现在已经迫切需要科学知识,将来富起来以后,说不定还会要儿子到外国去留学呢。从他这一段话,使我想起,我们还不要怕农民胖起来,在很长很长一段时间以内,我国的绝大多数人所要担心的是营养不足的问题,而不是什么怕太胖的问题。……(七)我还是希望我所建议的那项综合性的试验能够有个地方能够进行(我在科学院学部大会上的发言原稿以及在《科学动态》第六十二期上的摘要附上供参考),这是一项不需要进口技术,不要多少什么农业机械,也不费太多的事的综合性试验,是真正关系到战略问题的试验,可惜得不到任何人的重视和支持啊!(八)此外,今年三月十九日第一版横排头条《我国合理发展草食动物大有可为》一段消息可以参考。前函谈到许振英先生认为没有粮食就不能发展牧业。现在若是把每人每年粮食的消耗量压缩到300斤,而粮食生产量到2000年可达人均800市斤的话,则有500市斤粮食可做饲料,即令不用其他饲料来源,也可以大大发展牧业了吧。此外,关于鼓吹大农业一点上,许先生和我在这次北京开会时还是一唱一和,配合得很好的。(《盛彤笙致任继周讨论大力发展畜牧业鼓吹大农业的信》,1981年3月28日)

3月30日至4月7日,列席政协江苏省第四届委员会第四次会议。

资料一(其他)　3 月 30 日—4 月 7 日,政协江苏省第四届委员会举行第四次会议,427 名委员出席,在宁全国政协委员、各市县政协负责人、各地市统战部负责人列席。(《1981 年江苏政协大事记》,江苏政协官网,2016 年 11 月 20 日)

资料二(信件)　我日来正列席江苏省政协大会,本月份可能还要到北京去一趟,参加科学院的学部大会。会多事忙,也无可奈何。(《盛彤笙致任继周提出发展"大畜牧业"的信》,1981 年 4 月 2 日)

4 月 2 日,去信讨论在"大农业"与"大粮食"之后,应当提出发展"大畜牧"。

资料(信件)　补充二十九日信中两点意出自(一)侯学煜先生提出"大粮食"(见《科学动态》七十四期),我觉得很好,我认为大粮食应当包括从"粮、棉、油、麻、丝、茶、糖、菜、烟、果、药、杂"中抽出"粮、油、糖、菜、果"(这些都是植物性的),还应当包括"肉、鱼(包括所有水产)、蛋、奶、杂"。这个"杂"字的含义与前面十二个字中的"杂"字的含义略有不同,这个"杂"字是指一切不属于肉鱼蛋奶的可食的动物性食品例如蛇肉、蚯蚓、蚕蛹、金龟子幼虫、蝗虫……据吃过的人说,后三者非常好吃。(二)"大农业"早已提出,现在又有人提出"大粮食",我们现在应当是可以提"大畜牧"的时候了。所谓大畜牧者,即我时常说的世界上只要有植物生长的地方无不能养牲畜,发展畜牧业,换言之,即畜牧业应当无往不在之意也。(其实"FAO"我们把它译成"粮农组织"是不对的,它的原意应为"食物与农业组织",原意中的 Food 的含义是很广的,我们把它译作"粮农组织",也可见我们过去把食物看得很狭,只见粮食,不见其他也)。(《盛彤笙致任继周提出发展"大畜牧业"的信》,1981 年 4 月 2 日)

4 月 2 日,致信兰州市副市长、市政府总建筑师任震英,请协助拨给兰州草原生态研究所一处所址。

资料(信件)　甘肃农业大学副校长、全国政协委员任继周同志为我国著名草原学家,且兼任联合国人与生物圈委员会中国组组员,曾多次出国考察,并被美国得克萨斯和科罗拉多两个州立大学聘为访问教授。近蒙甘肃省委和中央农业部批准在兰州建立一个草原生态研究所,由任同志主持,专门研究西北草原的改良、生态平衡的恢复和畜牧业的发展等问题，对于西北的“四化”建设将有极其重要的关系。但苦于所址无着，目前的办公室、实验室、资料室和分析室等均系分别借用或租赁其他单位的房屋，分散在三处不同地方，联系已感不便，工作更难进行。为此特赐请您惠予协助，设法拨给一处所址。（《盛彤笙致任震英请协助拨给草原生态研究所所址的信》，1981 年 4 月 2 日）

5 月 10 日，开始记日记。下午，赴京参加中国科学院第四次学部委员大会，并在 15 日下午的分组学术活动中发言，认为应当树立“大畜牧业”思想，指出到 20 世纪末，将我国畜牧业产值在农业总产值中的比例提高到 40%左右。20 日上午，中央书记处接见，胡耀邦讲话。

资料一（手稿） 5 月 10 日下午 13:05 从南京起飞，14:25 抵京，住京西宾馆，参加科学院第四次学部委员大会。晚 7:30 予留会议……报告筹备经过，通过大会主席团名单和大会议程。5 月 11 日……上午大会开幕，严济慈副院长致开幕词。开幕前党中央领导同志接见主席团，并与全体委员合影。下午大会，方毅院长做科学院工作报告，周培源副院长做修改中国科学院章程的报告。5 月 15 日上午和下午分组学术活动，下午做了“应该树立‘大畜牧’思想”的学术发言。5 月 16 日小组酝酿院主席团和学部常委人选。5 月 19 日上午，全体大会选出院主席团。下午，学部大会选出常委会。晚，胡祥璧同志夫妇来访。5 月 20 日上午十时，中央书记处接见，胡耀邦同志讲话。下午闭幕大会，李昌同志致闭幕词。见图 222。（盛彤笙：《记事本》，第 1—4 页）

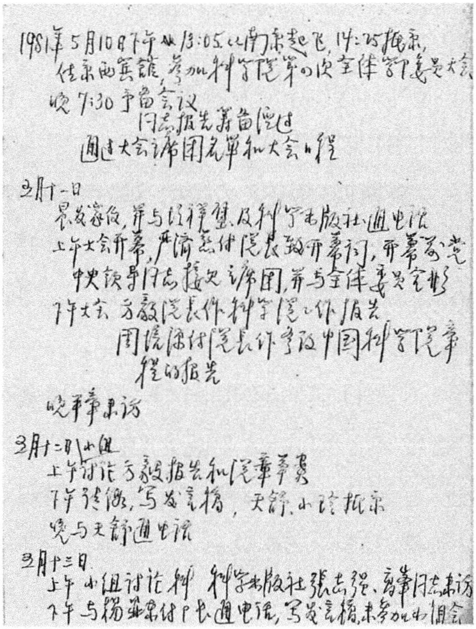
1981年5月10日下午从13:05以南京起飞，14:25抵京，
住京西宾馆，参加科学院第四次全体学部委员大会
晚7:30预备会议
闻听报告筹备经过
通过大会主席团名单和大会议程

5月十一日
晨发家信，并与胡祥璧、及科学出版社通电话
上午大会开幕，严济慈付院长致开幕词，开幕前党
中央领导同志接见主席团，并与全体委员合影
下午大会，方毅院长作科学院工作报告
周培源付院长作修改中国科学院章
程的报告
晚……来访

5月十二日小组
上午讨论方毅报告和院章草案
下午……，写发言稿，……抵京
晚与……通电话

5月十三日
上午小组讨论……科学出版社张志强、……同志来访
下午与……通电话，写发言稿，未参加小组会

图 222

资料二（信件） 这次学部委员大会上有一天是学术活动，我是

参加植物学、土壤学、农学这个小组的,小组中共提出了八篇论文,其内容涉及植物生理、森林、多倍体育种、农业生态、土壤学的国际动态……一言以蔽之,全是植物生产方面的题材,没有一篇关于动物生产方面的发言,我觉得太不平衡了,如是只得在会议期间匆忙赶写了一篇发言,无非是我的那些老生常谈,作为第九篇发言,敬陪末座,算不上什么学术报告。这篇发言,后来由《人民日报》摘登于六月十一日的第五版上,可惜删节得太厉害,未能使我畅所欲言,不过总算给了我们搞畜牧兽医的一点发言权,不知你曾见到否?大会于五月二十日闭幕,我于二十二日返宁,接着又接到农业部的通知,于六月二日起在京召开农学方面的硕士和博士学位授予办法的会议,我因刚刚从北京开会回来,身体极感疲乏(至今仍未完全恢复),所以请假未曾前往参加。(《盛彤笙致任继周关于在学部委员会议上发言并刊于〈人民日报〉的信》,1981 年 6 月 22 日)

资料三(其他) 文章指出,世界上只要是植物能够生长的地方,就能够饲养牲畜,发展畜牧业。我国发展畜牧业的潜力是很大的,现在远远没有地尽其利,物尽共用。到本世纪末,将我国畜牧业产值在农业总产值中的比例,从现在的 14％提高到 40％左右是完全有可能的。到那个时候,我国人民的食物构成才能得到改进,蛋白质的需要才能趋向于满足,营养水平将会显著提高,体质将大为增强。(盛彤笙:《应当树立"大畜牧业"思想》,《人民日报》1981 年 6 月 11 日第 5 版)

资料四(传记) 1981 年在中国科学院的学部大会上,盛彤笙再次发言,主张树立"大畜牧业"思想。他提出,我国发展畜牧业的潜力很大,现在远远没有地尽其利,物尽其用。世界上只要是植物能够生长的地方,就能够饲养牲畜,发展畜牧业。……他的发言受到大会的重视,并转载于《人民日报》,还提出"我国发展畜牧业解决饲料问题的若干途径"和"畜牧业产值占农业总产值 50％以上是农业现代化的重要标志"等论述。(邹康南:《盛彤笙》,载《中国科学技术专家传略 农学编 养殖卷1》,第 355—356 页)

资料五(口述) 他在 1981 年提出的关于树立"大畜牧业"的思想的论点,是非常具有战略眼光的。当年的德国和现在差别不是很大,它的农业和畜牧业一直都结合得很好,现实的案例先生都看到了,他的所见所闻都会对他这一论点的提出产生积极的影响。能在农业"以粮为纲"的国策下,提出不同的见解是需要很大的勇气的。他虽然经历了很多的挫折,但发展畜牧业,改善国民食物结构的远大志向在任何时候都未动摇过。他不愧为一个大科学家,太令人敬佩了。(《陆承平访谈录1》,2011年7月10日)

5月24日,为儿子天舒和儿媳晓琳补办结婚喜宴。

资料一(手稿)　五月廿二日上午10:05起飞,11:25抵宁。五月廿三日休息,晚访夏祖灼、陈万芳。五月廿四日为天舒、晓琳结婚补请喜酒,全家照相。(盛彤笙:《记事本》,第5页)

资料二(照片)　盛彤笙夫妇晚年在南京。(见图223)

图 223

6月12日,国务院学位委员会第二次会议召开,通过国务院学位委员会学科评议组成员名单,被聘为农学学科评议组成员。

资料一(证书)　1981年6月12日,国务院学位委员会聘请盛彤笙为农学学科评议组成员。(见图224)

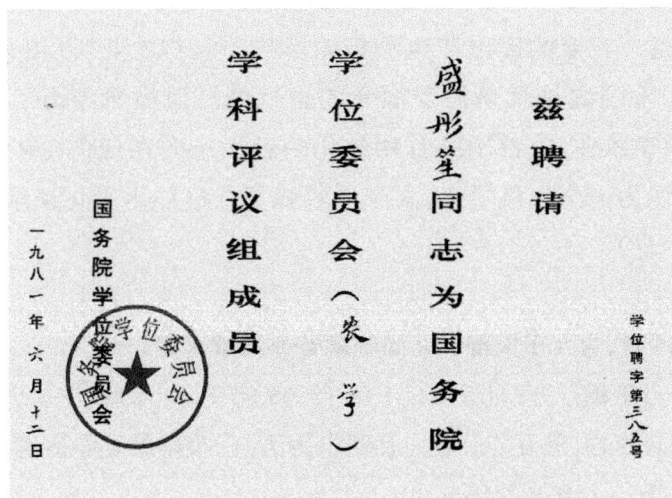

图 224

资料二（报道）　新华社北京 6 月 12 日电　国务院学位委员会今天召开第二次会议，讨论和研究了召开学位委员会学科评议组会议的有关问题。学位委员会主任方毅主持了今天的会议，并讲了话。学位委员会秘书长黄辛白就学科评议组分组成员名单以及召开学科评议组会议的有关情况向委员们做了汇报和说明。

会议讨论通过了国务院学位委员会学科评议组分组及成员名单，并决定在 7 月份召开学位委员会学科评议组会议，将评审、决定出我国首批硕士和博士学位授予单位名单。

会议指出，国务院学位委员会学科评议组是国务院学位委员会领导下的学术性的工作组织。它的主要任务是：评议和审核有权授予硕士学位和博士学位的单位名单；协助制定贯彻实施学位条例的规章、办法；审议各有关部门和单位上报国务院学位委员会的有关授予硕士学位和博士学位的争议事项等。

国务院学位委员会按授予单位的学科门类，设立哲学、经济学、法学、教育学、文学、历史学、理学、工学、农学、医学十个学科评议组。会议决定，学科评议组根据评议工作需要，按授予学位的十个学科门类的专业类别，分别建立 44 个学科评议组分组进行工作。除参加学科评议分组工作的学位委员

29 人外,这次正式通过的学科评议组成员共 407 人。这些成员绝大多数是由国务院各有关部门、高等院校和科学研究机构推荐和遴选的著名科学家和学者,其中有学部委员 153 人。在北京的国务院学位委员近三十人出席了会议。(《国务院学位委员会召开第二次会议 通过学科评议组分组及成员名单》,《人民日报》1981 年 6 月 13 日第 4 版)

资料三(报道) 国务院学位委员会第二次会议通过了国务院学位委员会学科评议组成员名单。这个名单除参加学科评议组工作的学位委员 29 人外,十个学科评议组共 407 人,名单如下(以姓氏笔画为序)

农学评议组:马大浦、马育华、王广森、王恺、方中达、史瑞和、邝荣禄、朱国玺、朱宣人、朱祖祥、任继周、许振英、刘松生、李竞雄、李连捷、李曙轩、杨守仁、杨衔晋、吴仲伦、吴仲贤、余友泰、邱式邦、汪振儒、沈隽、陈华葵、陈陆圻、陈恩凤、范怀中、范济洲、郑万钧、郑丕留、赵洪璋、赵善欢、俞大绂、娄成后、徐永椿、徐冠仁、黄希坝、盛彤笙、葛明裕、蒋书楠、鲍文奎、裴维蕃、熊文愈、蔡旭、戴松恩。(《国务院学位委员会学科评议组成员名单》,《人民日报》1981 年 6 月 14 日第 2 版)

6 月 16 日,参加《大百科全书》南京撰稿人会议。

资料(手稿) 6 月 16 日,上午,《大百科》南京撰写人会议。……6 月 19 日,上午举行《辞典》南京撰稿人碰头会。各编写组汇报:1. 谢成侠、葛云山、范必勤。2. 遗传育种、家畜繁殖和人工授精:遗传已完成,育种落后,全未进行,繁殖共 93 条,完成 16 条。3. 家畜品种:潘锡桂,南京完成情况……想在暑假内完成。4. 畜牧机械化今年三月份即已完成初稿……5. 饲料和营养。6. 畜产加工……14. 中兽医:邹介正、宋大鲁,已基本写成了。(盛彤笙:《记事本》,第 6—8 页)

6 月 19 日,主持召开《中国畜牧兽医辞典》南京撰稿人碰头会。

资料(手稿) 参见"6 月 16 日"条资料(手稿)。

6 月 25 日,被聘为《中国农业百科全书》总编辑委员会委员。

资料(证书) 1981 年 6 月 25 日,中华人民共和国国家农业委员会聘请盛彤笙为《中国农业百科全书》总编辑委员会委员。(见图 225)

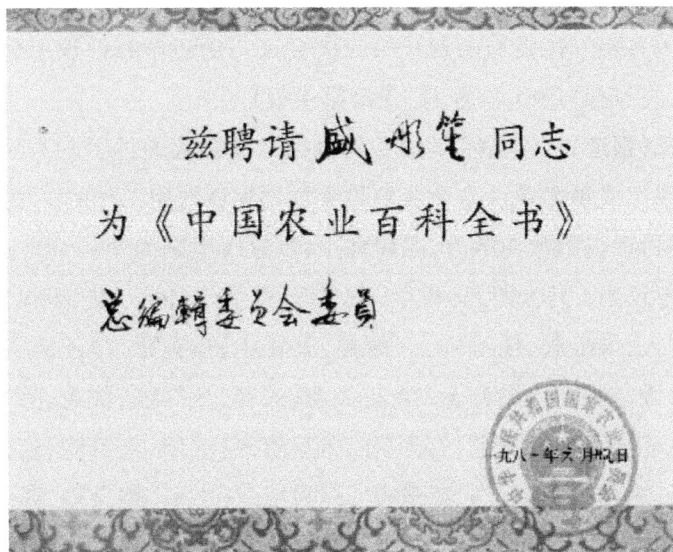

图 225

7 月 3 日下午,参加江苏省委组织的建党六十周年座谈会。

资料(手稿) 七月三日,下午,参加省委纪念党的生日六十周年座谈会。(盛彤笙:《记事本》,第 9 页)

7 月 14 日,致信《畜牧兽医辞典》编委和各分科负责人,请专家们本着向读者和后人负责的态度,认真审稿,提出意见。

资料(信件) 《畜牧兽医辞典》全体编委和各分科负责同志:据上海科技出版社《畜牧兽医辞典》责任编辑和沪、宁两地三位联系人反映,《辞典》编辑工作的进行情况基本上是好的,但很不平衡。现在已陆续进入审稿阶段,有的编委和分科负责同志比较认真,能够提出意见;但大多数人或者是因为工作忙,或者出于客气,在审阅时不过浏览一遍,很少提出意见,这样就很难达到集思广益、提高质量的目的。出版社的同志们为此非常焦急。大家都忙,这是事实,但是我们既然发起和参加了这部《辞典》的编辑工作,就一定要向读者负责,向后人负责,把这件事情做好。在审稿时尤其要本着"知无不言,言无不尽"和"百家争鸣"的精神,提出意见,以供原作者参考和补充修正,在学术问题上是谁也不敢保证是百分之百正确的。那种虚伪的客套作风,希望要从学术界扫除出去才好。迫切陈词,敬请亮察。此致 敬礼 盛彤笙 谨启 七月十四日。附启:此信由于出版社催促甚急,不及请全体主编签名附署,并希谅鉴!(《盛彤笙致〈畜牧兽医辞典〉编委和分科负责人关于认真审稿的信》,1981年7月14日)

7月23日至8月2日,在京参加国务院学位委员会学科评议会议。

资料一(手稿) 七月廿三日,中午离家至机场……6:15到京西宾馆,迟到一日,未听到上午方毅、黄辛白的报告……七月廿六日全体大会……七月廿八日,小组召集人开会。下午小组会……八月二日,下午闭幕式。(盛彤笙:《记事本》,第10—17页)

资料二(信件) 日前阅报,载我们同被任命的国务院学位委员会学科评议组成员,听说将于七月份在京开会,届时如我的身体能够支持,当争取前往出席,主要是想同你见面畅谈,不知你届时不致有其他任务妨碍你出席会议否?(《盛彤笙致任继周关于在学部委员会议上发言并刊于〈人民日报〉的信》,1981年6月22日)

8月4日,在上海医学院与同学苏德隆相聚。

资料(手稿) 八月四日,上午由京飞沪,在苏德隆兄家午餐,晚宿上医留学生舍。八月五日,17:05抵宁。(盛彤笙:《记事本》,第17—18页)

7月28日,被中国大百科全书出版社聘为《中国大百科全书》农业卷编委会委员兼兽医编写组主编。

资料(证书) 1981年7月28日,中国大百科全书出版社聘请盛彤笙为《中国大百科全书》农业卷编委会委员兼兽医编写组主编。(见图226)

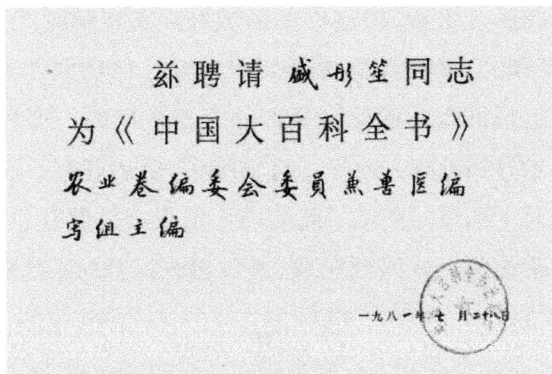

图 226

11 月,因妻子邹东明忽患急性虹膜炎而未能赴京参加全国政协五届四次会议。

资料(信件) 我原已做好来京开会的一切准备,不幸内子忽患急性虹膜炎,右眼突然失明,能否恢复视力,当无把握。我的儿子和媳妇至今未能调到南京,家中无一壮丁,已于昨日住院进行抢救……我既需每日进城探望病人,又需照料家务,故无法来京开会,已向大会请假。(《盛彤笙致任继周告知不能参加全国政协五届四次会议的信》,1981 年 11 月 24 日)

1982 年　　72 岁

1 月 4 日,赴沪主持《中国大百科全书》兽医部分的编纂会议,6 日至 12 日主持召开兽医部分主编、各分支学科负责人全体会议。

资料一(手稿) 一月四日 9:50,311 次车离宁赴沪开《大百科》兽医部分会议。晚与出版社同志举行碰头会。一月五日晚,举行《大百科》兽医部分编委、正副主编、特约编辑、各分支学科主持人以及出版社同志预备会。一月六日至十二日,《大百科》兽医部分主编、各分支学科负责人全体会议。(盛彤笙:《记事本》,第 25 页)

资料二(信件) 我于一月四日赴沪参加了《畜牧兽医辞典》上海编委会

议,主持了《大百科全书》兽医部分各分支学科负责人的会议,参加了"禽病学会"的成立大会,表示了祝贺之意,于前日深夜返回南京。(《盛彤笙致任继周关于近期参加会议的信》,1982 年 1 月 6 日)

资料三(照片) 《中国大百科全书》农业卷兽医部分正副主编及各分支学科负责人合影。1982 年 1 月 6 日下午于上海达华宾馆摄。前排左起:于船、王洪章、胡祥璧、盛彤笙、陈虞孙(大百科全书出版社上海分社社长)、何正礼、蒋次升、冯琪辉;后排左起:袁昌国、刘瑞三、赵辉元、程绍迥、陈北亨、陈振旅、韩正康。(见图 227)

图 227

1 月 13 日上午,主持召开《畜牧兽医辞典》上海编委座谈会。

资料(手稿) 一月十三日上午,《辞典》上海部分编委座谈会。(盛彤笙:《记事本》,第 25 页)

1 月 14 日,出席中国畜牧兽医学会禽病研究会成立大会并发表祝词。

资料一（手稿）　一月十四日上午,参加禽病学组成立大会。（盛彤笙:《记事本》,第 26 页）

资料二（发言报告）　今天是我们中国畜牧兽医学会禽病研究会成立的大喜日子,我能有机会参加这次盛会,感到特别荣幸。我谨向大会表示最热烈的祝贺! 我们中华民族有着几千年饲养家禽的悠久历史,培养出了许多优良的家禽品种,例如我国的北京鸭已在世界许多地方安家落户,各种肉用鸡在国际市场上尤其享有盛誉。在我们辽阔的国土上,还蕴藏着极其丰富的家禽品种资源,有待我们去发现和利用。……恰好在跨进新的 1982 年刚刚两个星期的今天,我国的禽病研究会成立了,这是我们新年的一大喜讯。我坚定地相信,在研究会成立以后,一定能够团结全国禽病科研工作者和各个相关学科的科研工作者,组织广泛的协作,进行联合攻关,在研究工作中做出更大的成绩,为伟大的"四化"事业做出更多的贡献,为我们兽医界争气,为我们的祖国争光。我个人对于禽病是外行,只能以这样几句肤浅的外行话来向禽病研究会表示热烈的祝贺,祝大会开得成功,向全体到会的同志们表示深切的敬意,祝同志们身体更加健康,工作取得更大的胜利! 一九八二年一月十四日。（盛彤笙:《在禽病研究会成立大会上的祝词》,《中国兽医杂志》1982 年第 7 期,第 2—3 页）

2 月 21 日,《中国畜牧兽医辞典》编委陈振旅来信,与他讨论部分条目撰写人的变动及署名问题。

资料（信件）　关于"诊断"一条撰稿问题,在上海前次寄来的会议小结中,没有把史言同志的名字列入,可能有误,是否请出版社更正过来。在上海时汪世昌同志已经提到,史经过手术治疗,已逐渐恢复健康。且估计不致再发,东农要史在家好好休息,不要上班。史的儿子在南京铁医读书,也提到史的健康没有问题,并向东农提出上班,云云。因为当初定史言写治疗一条,后因出版社意见要废除该条,乃决定请史与逄文琳同志合写"诊断"。这样的处理颇费苦心,而出版社又把史的名字删去,出尔反尔(红笔批注:不是出版社的问题,责任在我)是不好的。此外,汪世昌同志来信,提到要郭铁参加写"实验动物手术"一条,在上海时我先向您请示过,同意,但在会上提出时被于船同志否决了,估计于船同志有他的考虑,这事也请您做最后的决定(附汪的信)。有事请由马益康同志转告。祝健康! 生陈振旅敬上。(《陈振旅致盛彤笙关于〈中国畜牧兽医辞典〉部分条目撰写人变动及署名的信》,1982年2月21日)

3月5日,给陆承平去信,鼓励他向导师学习目前我国兽医界急需的TGEV(传染性胃肠炎病毒)和 Rotavirus(轮状病毒)。

资料(信件) 你的导师目前主要研究 TGEV 和 Rotavirus 等,这也恰好是我国目前也存在的重要问题。以 Rotavirus 而论,不仅侵害动物,还侵害人类特别是婴儿,我国人医方面对此已开始研究,但兽医方面还很少人触及,人医方面的科研工作者常常提出要求,希望兽医方面配合他们进行研究。至于 TGE,甚至病原都还没有完全弄清楚,防治就更谈不上。所以你无论从事二者中任何一方面的研究,将来回国后都是很有用的。见图228。(《盛彤笙致陆承平关于跟导师认真学习并代为购买德国古典音乐录音带的信》,1982年3月5日)

5月2日,致信《中国大百科全书》副主编何正礼,请对方通盘考虑"兽医"部分彩色插图的设计,并函告意见。

资料(信件) 正礼副主编同志: 顷接《中国大百科全书》负责配图的沈士杰同志来信说:"总社的一些同志认为,彩色插图是集中排印的,有它自己的独立性,它不依附于某一条目,不是各条目彩图的拼凑,而应该从本学科的总体出发来独立进行设计,它应该有主题思想,拟定大小题目,致力于反映本学科的中国特色,上述设计最好由正副主编拟定,不必等待撰稿人的意见和图稿,因为撰稿人对配图的想法,一般是从他写的条目出发的。在四月下旬的'林业'会议上,我们就这样做了,会上拟出了'林业'彩色插图的四个题目:(1)中国森林概貌;(2)中国特有的林种;(3)中国珍稀树种;(4)森林生态系[统];还初步讨论了各专题所需的图片,看来,这种做法是对的。他们还确定了几位同志分工负责(都是正副主编自己)。希望'兽医'方面也从反映'兽医'的中国特色出发,拟出几个题目,然后按需要确定要哪些图。"根据上述来信,特此函请您费心对"兽医"方面的彩色插图进行一次通盘考虑,

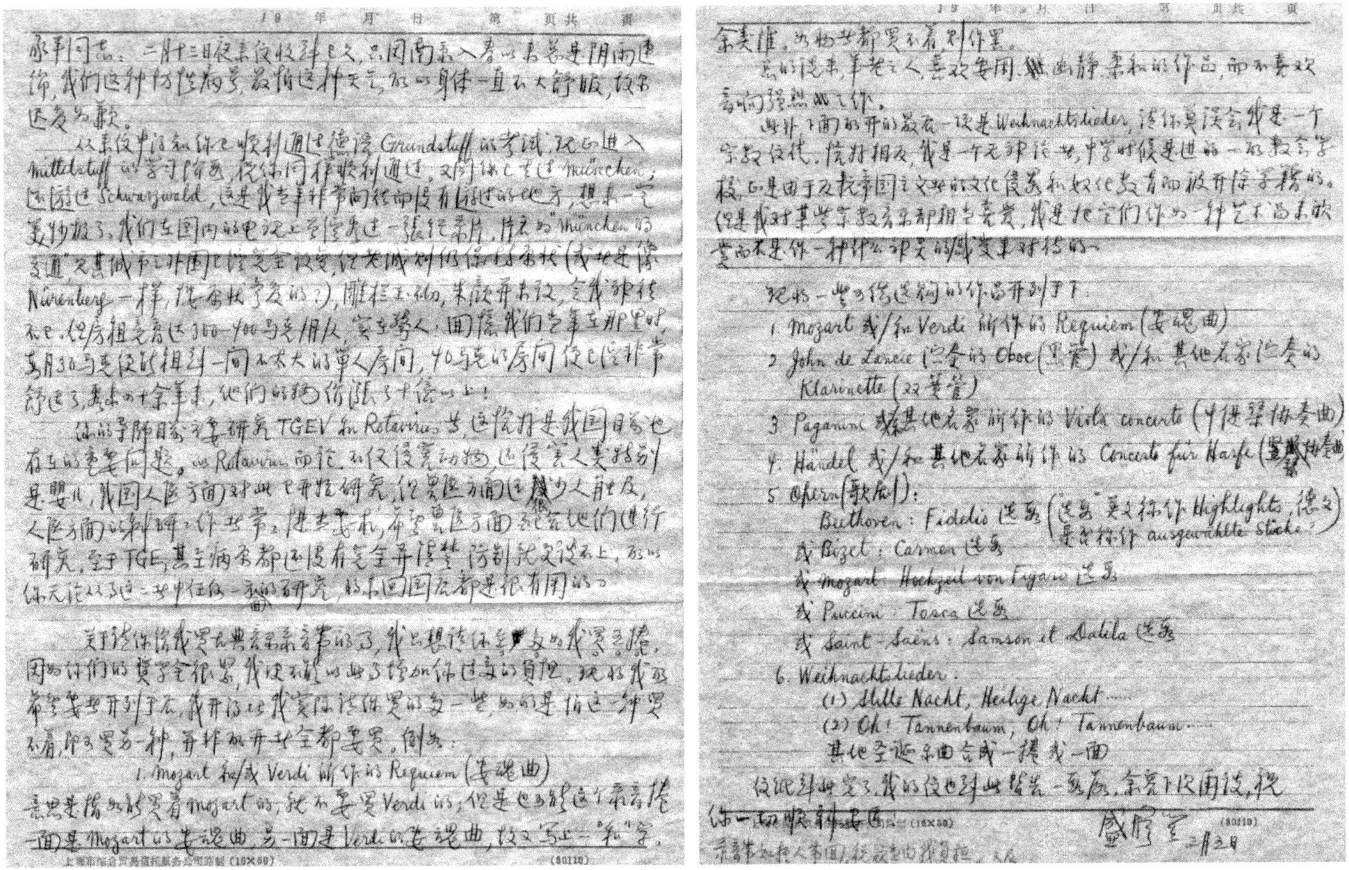

图 228

并于五月份以内将意见函告我为盼。此外，根据大百科全书出版社以前的来信，我们"兽医"方面可以由彩图八页，附此章闻。此致 敬礼 盛彤笙启 ［一九八二年］五月二日（《盛彤笙致何正礼关于〈中国大百科全书〉兽医部分插图意见的信》，1982 年 5 月 2 日）

5 月 22 日，屈伯川来家相聚，下午同游灵谷寺等地。23 日至 26 日，一同游览访友。

资料一（手稿） 五月廿二日，伯传来家相聚，下午同游灵谷寺、邓墓，沈士杰来谈。五月廿三日，与屈伯传游中山陵、明孝陵等地，下午同至铁医探望伊农。五月廿六日，屈伯传同游竟日，晚夏逊来访。（盛彤笙：《记事本》，第 31 页）

资料二（照片） 1982 年 5 月 22 日，盛彤笙（右）与屈伯川（左）在家相谈。（见图 229）

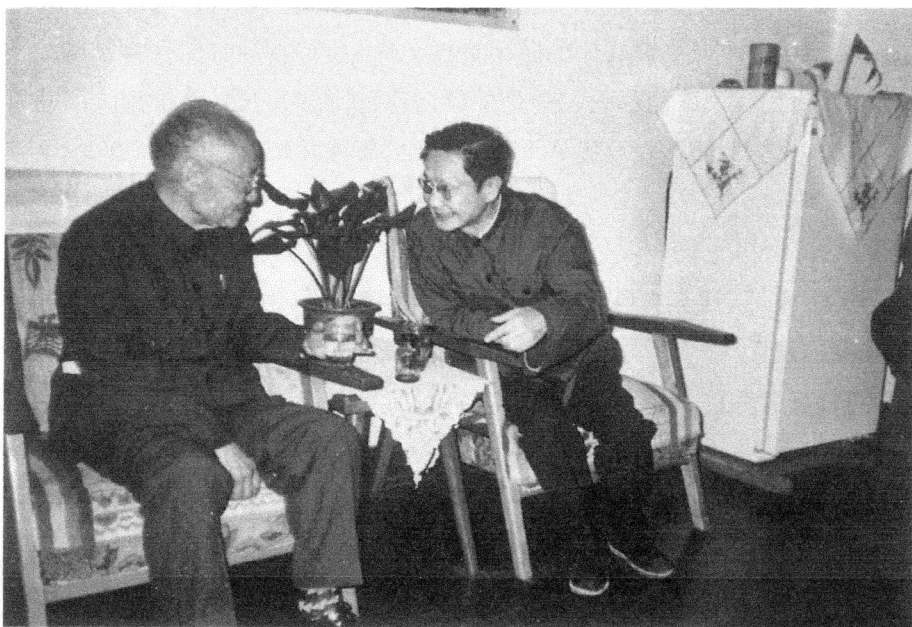

图 229

7 月 11 日，儿子、儿媳从兰抵宁。19 日，开始在江苏省农业科学院工作。

资料一（信件） 天舒夫妇于七月十一日抵宁，十九日在本院上班，总算家中有一壮丁了,也是我下了"最后通牒"才办成的,详情后谈。(《盛彤笙致任继周祝贺草原所所址问题解决并婉拒顾问的信》,1982 年 8 月 31 日)

资料二(手稿) 七月十一日,天舒、晓琳抵宁。七月十九日,天舒、晓琳上班。(盛彤笙:《记事本》,第 34 页)

8 月 3 日,致信陆承平,就他选定 Rotavirus 为研究方向一事表示祝贺。

资料(信件) 你拟从事 Rotavirus 的研究,均极欣慰。我在以前的信中已经谈过,国内人医方面已有人从事 Rotavirus 的研究,他们殷切希望兽医方面的人配合,今你能从事这方面的工作,我觉得是很好的。(《盛彤笙致陆承平祝贺他选定研究方向并代为向他们研究所所长咨询翻译文章中部分词的信》,1982 年 8 月 3 日)

8 月 31 日,致信任继周,婉拒甘肃草原生态研究所顾问的聘请。

资料(信件) 我赞成你的聘请许振英先生等为顾问,但我自己则绝不敢当,因为我对牧草和草原完全是外行,若接受你的聘请,将被别人所唾骂也。(《盛彤笙致任继周祝贺草原所所址问题解决并婉拒顾问的信》,1982 年 8 月 31 日)

9 月 10 日,江苏农科院召集老年专家座谈对十二大的感想,做关于发展畜牧业的发言。

资料(信件) 昨天,我们江苏农科院召集老年"专家"座谈对十二大的感想,我又做了鼓吹发展畜牧业的发言,除个别农业方面的同志略表支持之外,其余仍持观望或异议;最可怪者,畜牧兽医方面的老同志竟亦以"今天天气哈哈哈"的态度对待,可叹也矣!(《盛彤笙致任继周告知不参加畜牧兽医学会年会并在江苏农科院做鼓吹发展畜牧业发言的信》,1982 年 9 月 11 日)

9 月 16 日,致信陆承平,请代为查询《中国大百科全书》农业卷的兽医部分中有关德国的重要兽医机构、名著和名人的资料。

资料(信件) 除此之外,我还有一件事重重相托与你,我现在在主编

《中国大百科全书》农业卷中的兽医部分,其中要收集各国的重要兽医机构、名著和名人的资料,两个德国的资料我想请你费心代我收集一些。机构包括学会、学校和研究所;学会只要两个德国的兽医学会的资料,它们下面的分支学会的资料就不要了;学校包括两个德国的几所著名兽医学校……每一单位写上300字左右即可……以上资料,字数总计在一万出头一点。(《盛彤笙致陆承平关于当年留学游览及代为查询有关德国兽医资料的信》,1982年9月16日)

9月至10月,关注侯学煜"南方山区不宜发展畜牧业"的论点,三次致信任继周。

资料一(信件) 侯学煜竟发出南方草山不宜发展畜牧业的谬论,不知文载何处,请告我,以便找来恭读。我去年在科学院学部大会农业组中作《应当树立"大畜牧业"观点》的发言,力主应重视南方草山畜牧业的发展,他当时曾表示完全同意(仅提出南方草山的面积不是十亿亩而仅六亿亩)。何以时间不到一年,竟又改变了态度呢? 你必须著文痛斥! 至盼至盼。(《盛彤笙致任继周告知不参加畜牧兽医学会年会并在江苏农科院做鼓吹发展畜牧业发言的信》,1982年9月11日)

资料二(信件) 昨天收到这个科学院出版的《科学动态》第九十八期,其中有《关于南方山区发展畜牧业的一些建议》一文,只说是"中国科学院南方队部分研究人员"的建议,未署作者姓名,不知是否即是农牧渔业部畜牧局要你写文驳斥的侯学煜同志的那篇建议? 现寄上一阅,请阅后寄还给我。这篇建议总的意思是认为南方草山草坡不宜放牧,发展畜牧业主要应搞舍饲,还不是完全对发展畜牧业唱反调,只是在方法上的意见不同,似当未可厚非。文中指出"前两年……一些报纸大量刊登《向南方山地要牛肉》《让牛羊的欢叫声响遍全江南》……"对此提出了批判。我查了一下我保存的剪报,只找到1979年8月10日《光明日报》第二版上明确登有中国科学院自然资源综合考察委员会廖国藩同志(我不认识他)所写《问南方山地要牛肉》一文,主要以湖南桃源县的经验作为例证,其主论有根有据,似乎并无偏颇之处。至于《让牛羊的欢叫声响遍全江南》一文,则我未找到,不知你见到没有？我只找到南京农学院出版的《畜牧与兽医》双月刊 1987 年第 2 期第 12 页上有余世俊同志(我亦不认识他)所写《试论江南发展畜牧业生产潜力》一文,也写得不错。

畜牧局要你写文批判侯学煜所持"南方山区不宜发展畜牧业"的论点,不知侯老先生所发表的大作究竟系登载在何处？盼你告我,如能寄我一阅更好。《科学动态》第九十八期上登载的这篇"建议"未署作者姓名,不知与侯老先生有无联系？我还查了一下我在《科学动态》六十二期(1980 年 7 月 4 日)发表的那篇建议以及在 1981 年 6 月 11 日《人民日报》五版上发表的《应当树立"大畜牧业"思想》一文,自觉亦无偏颇之见。侯老先生近年来对保护我国生态平衡做了许多考察,写了不少论著,这是值得赞扬的。正因为如此,他的言论对党政领导思想的影响就很大。如果因为自己已经名噪一时摆老资格,以势欺人,压制别人的正确论点,那就不大好了。如有这种玩弄权威,哗众取宠,不实事求是之处,是否当好好加以批判驳斥的。所以我建议你一定要接受畜牧局交给你的任务,仔细查阅他的原著和其他一些有关论述,写好这篇驳斥的文章,无论是将来到科学院去宣读也好,或者在报纸杂志上发表也好,对发展我国畜牧业都是极为重要的。(《盛彤笙致任继周关于讨论南方山区发展畜牧业的信》,1982 年 9 月 29 日)

资料三(信件) 十五日来信及所附侯学煜同志的意见均已收到。侯文我初读了一遍,对于他以年逾花甲的高龄而仍能如此热心于国家的建设和国土的整治以及四出奔走考察的精神,我是非常佩服的;但对他的文章则不能完全赞同,觉得他(1) 有许多地方前后矛盾;(2) 有些地方有炫学的嫌疑,容易起到欺骗外行领导人的作用;(3) 正如我去年在科学院听到他的发言一样,文字过于啰嗦(当然,这是次要的毛病)。此信到达贵阳时,代表大会当已闭幕,我完全同意我们在会上做一个联合发言,除前信所述几点外,希望你着重对侯文加以驳斥。万一这个发言没有来得及在会前写出或者在会上宣读,也不要紧,仍然希望你写出来,因为在十二月份举行的科学院生物学部会议上的拟讨论的三个专题中,其中一个即是"生物资源的开发利用和保护",虽然指定的负责组织人是吴征镒、马世骏、刘建康(武汉水生生物所副所长)三人,但估计侯学煜同志是不会放过机会发挥他这一番高论的。届时即令你不受到邀请参加,或者即令保持缄默(不大可能),我仍旧可以用我们二人的名义做一个简单扼要的发言,对他的一些错误论点进行反击(我所苦者,乃对植物学、生态学和牧草学所知太少,或者应当说全无所知,但是尽管如此,去年在科学院大会生物学院的小组发言时,从听众的表情以及简报小组和报社同志们的态度上即可看出,大家对我的简短发言比对侯先生的冗长发言的兴趣要大一些)。(《盛彤笙致任继周关于讨论南方山区发展畜牧业的信》,1982年10月21日)

10月6日,致信任继周,请在中国畜牧兽医学会年会上发言,拥护社论,提倡南北方大力发展畜牧业。

资料(信件) 十月四日《人民日报》"把发展畜牧业提高到更高的地位"的社论想已看到,这篇社论虽然不算写得很好,但是总算说出了一些我们心中多年来想说而无处说的话。特别是社论中提到"我们要经过多年的努力,使全国畜牧业生产逐步接近和达到种植业的规模,尽快赶上发达国家农牧业发展水平"这句话,正是我俩近年来所极力呼吁和建议的,现在总算"在文字上"得到中央的"认可"了。使我受到了一些鼓舞。但是,阻力还会是很大的,在同一天《人民日报》第二版上就用比社论还大的篇幅发表了一篇《啊,快节奏》的文章,介绍一位年轻同志研制所谓"花生蛋白乳"的"先进事迹",在同一版右角上还引用了《经济参考》上的一段消息,甚至说"花生蛋白乳……营养价值可与牛奶媲美",这实际上恰好是同"社论"唱反调,是以粮为纲的思想的借尸还魂。现在只差没有把豆浆的营养价值说成能与牛奶媲美了!

十月份贵阳的会我不去参加,(因身体实在吃不消)。你去不去? 我在这篇"社论"的鼓舞之下,又改变了主意,仍然想同你联名在大会上做一个发言(如无大会发言的议程,则做书面发言亦可),但我因身体不行,这个发言希望由你执笔,写好后寄我一阅。发言的主要内容,我初步想到的有下列几项:(1)拥护"社论"的精神,进一步加以发挥。(2)要打破我们畜牧兽医界内部自己多年来积累下来的自卑感,抬头挺胸前进。(3)要批判大豆的营养价值比牛肉好,花生蛋白乳可以与牛奶媲美的谬论(我放大胆地预言,所谓

"大豆蛋白乳"必将是一朵一现的昙花,是经不起时间、实践和科学的考验的)。(4)除北方的草原畜牧业之外,要强调南方草山和作物区畜牧业的重要性(实际上现在全国畜产品的供应,95％出自后述地区)。以上仅是几点原则意见,希望你大笔发挥和补充,会期究竟在何日举行,当无正式通知,估计时间很紧迫了。(《盛彤笙致任继周讨论〈人民日报〉发展畜牧业的社论及在贵阳年会上联合发言的信》,1982年10月6日)

10月19日至24日,中国畜牧兽医学会第五次会员代表大会在贵阳召开,因病未能到会。当选为第一届学术顾问委员会副主任委员。

资料(报道) 中国畜牧兽医学会第五次会员代表大会于1982年10月19日至24日在贵州省贵阳市召开,出席会议的有会员代表二十人,特邀代表十二人,西南地区还有百余名代表列席了大会。农牧渔业部畜牧局李易方局长、中国农学会陈仁代秘书长也出席了大会。中共贵州省委副书记苗春亭,省委副书记、副省长李廷桂,贵州省政协副主席、省科协主席、省农学会理事长、贵州农学院院长罗登义出席大会并讲了话,省农委、省科委、省农业区划办、省农业厅的负责同志也出席了大会。本会理事盛彤笙、熊大仕,许振英、王树信、蒋次升、邝荣禄、李永禄、冯广仁,特邀代表杨纪坷、谢成侠等向大会发来了贺电或贺信,发来贺信的还有郑庆端等同志。

这次代表大会的主要任务是:审议第五届理事会工作报告,修改学会章程,选举第六届理事会和学术顾问委员会;同时举行学术报告会,举办各省学会工作展览,研究提出为实现在本世纪末畜牧生产产值翻两番的宏伟设想的各项建议。

第五届理事会理事长程绍迥在学会工作报告中回顾了四年来学会在组织建设、学术活动等方面的基本情况,他指出我会目前已有会员23 178人(25个省级学会统计),是一个大的学会,今后要努力做好以下三方面的工作:(一)努力建设一支具有高度社会主义精神文明的畜牧兽医队伍;(二)加强畜牧兽医教育,大力培养人才;(三)加强畜牧兽医科学研究,为四化建设服务。要发挥学会跨部门、跨行业、跨地区的特点,围绕社会主义畜牧业建设多做贡献。

代表大会通过的新会章增加了设立学术顾问委员会的条款,以充分发挥畜牧兽医界老同志的作用。会章规定,必须是从事畜牧兽医工作四十年以上,并有教授或相当于教授职称的会员方能被选为学术顾问委员会委员。会章还增加了设立名誉理事长、名誉会员、荣誉会员的内容,名誉会员称号将授予国际知名畜牧兽医科学家和国内兄弟学科中热心畜牧兽医事业的科学家,荣誉会员称号将授予本会在畜牧兽医科学上做出突出贡献的会员。

大会经过无记名投票选举,选出了第六届理事会理事九人……第一届学术顾问委员会委员三十人,选举程绍迥为本会名誉理事长。第六届理事会第一次全体会议选举产生了十七人组成的常务理事会,选举陈凌风为第六届理事会理事长。学术顾问委员会选举程绍迥为主任。

附:中国畜牧兽医学会第六届理事会及学术顾问委员会名单

中国畜牧兽医学会第六届理事会

名誉理事长:程绍迥　　理事长:陈凌风

副理事长:许振英、郑圣留、胡祥璧、徐矶、蒋次升、林群、于船、冯仰康。

常务理事:陈凌风、许振英、郑圣留、胡祥璧、徐矶、蒋次升、林群、于船、冯仰康、赵鸿森、吴兆麟、袁庆志、王树信、董伟、刘恒、王伟琪、何家栋。

秘书长:于船(兼)　　副秘书长:吴兆麟、刘恒、何家栋

理事:陈凌风、王伟琪、傅寅生、梁中民、吴兆麟、尹德华、林群……

中国畜牧兽医学会学术顾问委员会

主任委员:程绍迥　　副主任委员:盛彤笙、熊大仕、马闻天、邝荣禄。

委员:萨音、张荣臻、张永昌、许绥泰、王炬之、任㧑九、张松荫、陈志平、吴仲贤、张仲葛、王洪章、邱怀、谢成侠、陈汉程、邱祥聘、陈之长、王宗佑、李乘权、郑庆端、叶重华、杨本升、陈重、方定一、邹万荣、俞渭江。(何家栋:《中国畜牧兽医学会第五次会员代表大会在贵阳召开》,《中国兽医杂志》1983年第1期,第56—57页)

11月12日,于船来信,赞同《中国大百科全书》兽医部分条目在《中国兽医杂志》发表。

资料(信件) 盛先生:您好! 来示敬悉! 关于兽医部分条目,在《中国

兽医杂志》发表是一举两得的好事,当遵嘱照办。敬请便中促作者将修改之稿早为掷寄为祷!关于稿酬可否由杂志酌给一点微薄的抄写费,不知可否?我想这样是有别于一稿双酬的,同时也与按劳取酬的原则相符。恳请先生多加保重身体,期健康长寿为祝为祷!此致 敬礼 于船敬上 82.11.12日。(《于船致盛彤笙关于兽医部分条目在〈中国兽医杂志〉发表及稿酬的信》,1982 年 11 月 12 日)

11 月 21 日,回复陆承平,请就所寄兽医学书目中选出一部分,各写一条介绍,收入《中国大百科全书》。

资料(信件) 寄下的现行兽医学书目不仅有助于我挑选列进"大百科"中的书籍,也使我获得了不少有价值的情报。我挑选了其中的一部分,请你各写一条介绍,每条约 200—300 字左右即可。(《盛彤笙致陆承平关于在所寄兽医学书目中选取部分撰写介绍条目收入〈大百科全书〉及回忆留学往事的信》,1982 年 12 月 21 日)

11 月 22 日,赴京参加全国政协五届五次会议,并在 12 月 3 日的小组会上发言。列席全国人大五届五次会议。12 月 15 日回宁。

资料一(信件) 我于十一月廿二日赴京参加全国政协大会,十二月十五日回宁。(《盛彤笙致陆承平关于在所寄兽医学书目中选取部分撰写介绍条目收入〈大百科全书〉及回忆留学往事的信》,1982 年 12 月 21 日)

资料二(信件) 我于十五日上午九时半平安飞抵南京,等待着我的是一大堆积压书信和事务,故疲劳有增无减。唯一的好处是晚间可以服大量安眠药,次晨可以安心睡到八时以后起床,不用担心误了早饭和开会。(《盛彤笙致任继周关于赴京参加学位委员会小组召集人和生物学部会议的信》,1982 年 12 月 18 日)

资料三(手稿) 十一月廿二日,星期一,下午 3:00 由宁起飞,4:20 抵京,住西苑宾馆 603 号。十一月廿四日发蔡宝祥信,下午政协五届五次大会开幕。十一月廿六日,下午列席人大五届五次会议,听修改宪法的报告。十一月廿八日,访龙伯坚、常英瑜、盛和……十一月廿九日(星期一),晚应程绍迴家宴。十二月三日，下午在小组会上发言……十二月四日，下午列席人大通过宪法的大会。十二月六日（星期一），上午列席人大听习仲勋关于四个法律案的说明。十二月七日，晚张松荫、潘夕桂、路步高到饭店来访。十二月十日，下午列席人大闭幕式。十二月十一日，下午政协大会闭幕。十二月十二日（星期日），上午常英瑜来访，晚访胡祥璧。十二月十五日，上午8:10乘飞机离京，9:25抵宁。见图230。（盛彤笙：《记事本》，第45—46页）

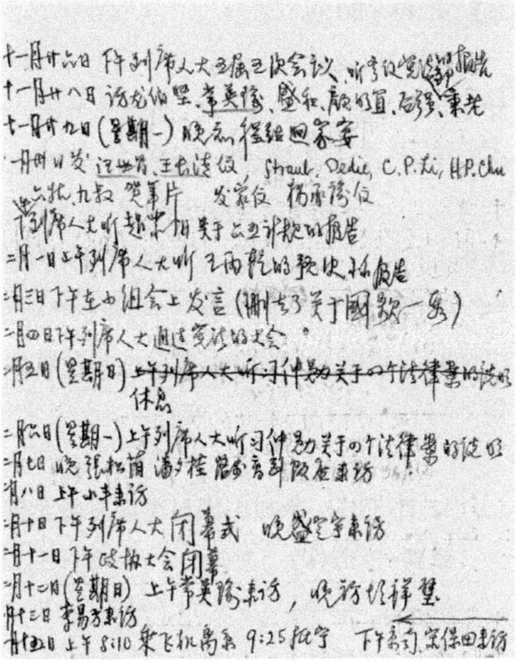

图 230

12月25日至28日，在北京参加国务院学位委员会学科评议组召集人会议。

资料一（信件）　我于十一月廿二日赴京参加全国政协大会，十二月十五日回宁，处理一些积压的工作之后，又须于十二月廿四日赴京出席廿五至廿八日举行的学位委员会学科评议组召集人会议和十二月卅日至明年一月五日举行的科学院生物学部大会，非常疲乏。（《盛彤笙致陆承平关于在所寄兽医学书目中选取部分撰写介绍条目收入〈大百科全书〉及回忆留学往事的信》，1982年12月21日）

资料二（手稿）　十二月廿四日，上午9:45离宁，11:15抵京，住华都饭店。十二月廿五日，上午学位委员会评议小组召集人全体会议，黄辛白主持，下午农医小组讨论。……十二月廿八日，下午大会总结。十二月廿九日，迁到回龙观饭店，休息，下午访魏曦。十二月卅日，上午生物学部大会开幕。冯德培做学部工作报告，何康同志召集座谈，发了言。（盛彤笙：《记事

本》,第 47—50 页)

资料三(信件)　我原定不再赴京参加学位委员会小组召集人的会议和生物学部的会议,回宁后经仔细考虑,觉得这两个会议太重要了,所以改变了主意,决定不顾天冷和疲劳,仍定于二十四日飞京赴会,大约一月六、七日回宁。你的文章对我当会有很大的帮助(假如我要发言的话)。……我从 12 月 24—28 日在北京朝阳区新源南路华都饭店,12 月 29 日至 1 月 5 日在北京昌平回龙观饭店。(《盛彤笙致陆承平关于在所寄兽医学书目中选取部分撰写介绍条目收入〈大百科全书〉及回忆留学往事的信》,1982 年 12 月 18 日)

12 月 30 日,参加中国科学院生物学部委员大会。

资料一(信件)　参见"12 月 25 日至 28 日"条资料一(信件)。

资料二(手稿)　参见"12 月 25 日至 28 日"条资料二(手稿)。

资料三(其他)　中国科学院生物学部委员大会于一九八二年十二月二十九日至一九八三年元月五日在北京召开。到会学部委员 65 人(生物学部委员 63 人,化学学部和地学学部委员各 1 人),列席会议的代表 34 人。会上,冯德培主任做了学部工作报告,为了贯彻赵紫阳总理在关于第六个五年计划的报告中提出的科技工作必须面向经济建设的要求,邀请农牧渔业部副部长何康、轻工业部食品发酵研究所所长秦含章、卫生部科教司副司长周敏君向大会做了报告,进行了遗传学、生物工程,以及生物资源的开发利用和保护三个专题报告,学部常委、北京师范大学副校长汪堃仁,学部副主任、中国农业科学院原子能研究所所长徐冠仁,还分别做了"生物学教学与人才培养""关于进一步加强生物科学实验条件建设"的发言。代表们学习了总理在五届人大五次会议上的报告,结合以上报告和发言,围绕学部工作、生物学研究如何面向经济建设、如何攻关等等问题展开了热烈的讨论,提出了不少宝贵意见和建议,并对《中国科学院生物科学一九八二～一九八六年科学事业发展计划纲要(讨论稿)》再次提出了修改意见。(《一九八二年中国科学院生物学部委员大会纪要》,载中国科学院办公厅编《中国科学院年报1982》,第 334 页)

1983 年　　73 岁

1月1日，登八达岭，参观定陵地宫。

资料（手稿）　一九八三年一月一日，休息，登八达岭，游定陵地下宫。（盛彤笙：《记事本》，第 50 页）

1月2日至5日，在北京昌平继续参加科学院生物学部大会，会间与何康副部长及卢良恕院长谈在宁、沪一带建立动物病毒病研究中心事宜。

资料一（信件）　我于十一月廿二日赴京参加全国政协大会，十二月十五日回宁，处理一些积压的工作之后，又须于十二月廿四日赴京出席廿五至廿八日举行的学位委员会学科评议组召集人会议和十二月卅日至明年一月五日举行的科学院生物学部大会，非常疲乏。（《盛彤笙致陆承平关于在所寄兽医学书目中选取部分撰写介绍条目收入〈大百科全书〉及回忆留学往事的信》，1982 年 12 月 21 日）

资料二（手稿）　一月二日上下午大会听生物工程方面的报告。一月三日，何康同志做报告。……一月四日上下午，小组讨论攻关项目。一月五日上午讨论科学院与高等学校的关系，用仪器收费用，攻关项目等。下午闭幕式，四个小组汇报讨论情况，冯德培讲话。晚发任继周信。一月六日 7:35 从京起飞，9:30 抵宁。《记事本》所粘贴日历及记录见图 231。（盛彤笙：《记事本》，第 50—59 页）

资料三（信件）　我于学位委员会小组召集人会议之后，于二十九日迁至

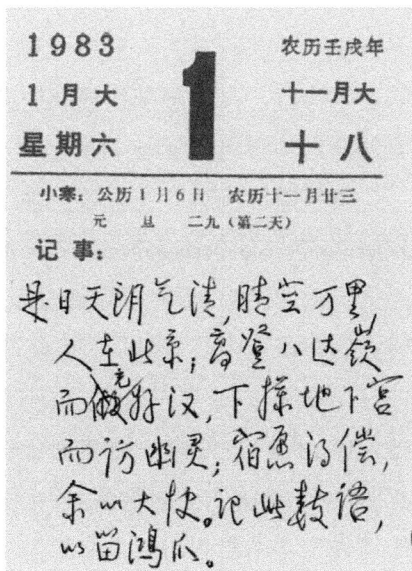

图 231

北京市与八达岭中间的回龙饭店又开了七天会,将于明晨飞回南京。估计你应将于日内到达北京了,可惜不能一晤为怅。侯学煜同志在会上未提起南方草山问题,但李连捷同志在有一次小组会上提出了与侯学煜同志相似的意见(那天恰好侯学煜同志缺席),他发言后我接着讲了一些我们的看法,但未引起争论。不过大家也觉得在总理《关于第六个五年计划的报告》中讲到"扩大人工草场面积,计划由一九八〇年的三千二百万亩增加到一九八五年的一亿亩",这个任务是很艰巨的,不由得我不想起你的任务光荣而又困难,望你努力,祝你成功。我此次在京开会,有两大收获:(一)见到了阔别二十余年的吕骥同志,虽不够对一个曾经多次掩护他的老友应有之热情(是他首先提起当年逃避国特的搜铺,躲在我宿舍里同榻而眠之事),但亦当不如我所担心之冷淡。(二)元旦我们休会一天,是日北京天气晴朗暖和,我们参加会议中的七八人曾由会上派了两辆小车,送去游览了长城和十三陵的地宫。这两处地方都是我以前没有去过的,总算完成了一项夙愿。何康副部长虽到会上做了长达三小时半的报告,我遂分别同他以及随来的卢良恕院长谈起"中心"之事,何未明确表态,卢则表示当俟机促成;能否实现,当无把握。至此,我算是尽到了最大的努力了,如再不成,则我当可以休矣。另从朱既明同志处间接得悉,卢嘉锡院长月余以前访英时,曾经见到朱晓屏君,并邀他回国访问,朱已欣然同意,但回国日期则尚未探明,想你问问,应必引以为慰。(《盛彤笙致任继周关于在京参加学位会议及在学部会议上发言的信》,1983 年 1 月 5 日)

资料四(传记)　先生敏锐地预见到我国大城市及其周边地区兽医事业发展的需要,建议国家投资在宁、沪一带建一个动物病毒病研究中心。先生是全国政协委员,很可能是通过政协提案建议的,后来促成了浙江省农科院设立病毒研究中心,虽则不完全符合初衷。然而命运不济,时光苦短,安魂曲过早奏鸣,二十年前正是我国兽医事业方兴待举之时,痛失大师,令人唏嘘。(陆承平:《但愿一识韩荆州——忆盛彤笙先生及其教诲》,载中国畜牧兽医学会、中国农业科学院兰州畜牧与兽药研究所编《一代宗师盛彤笙:盛彤笙先生学术思想研讨会文集》,第 18 页)

资料五(传记)　甚至在晚年,他还敏锐地预见到我国大城市及其周边地区兽医事业发展的需要,利用全国政协委员的身份,以提案方式建议国家在华东地区设立动植物的病毒研究中心。……后来,促成了在浙江省农科院设立了这一机构,但与他的初衷相距甚远。南京农业大学教授陆承平回忆说:"盛老当年就敏锐地预见到了若干年之后,城市规模扩大,农村也会实行集约化养殖。从食品安全和人民身体健康的角度考虑,在大城市设立病毒研究中心,可以有效应对和处置疫情的发生。以后的事实表明,现在人类的公共安全方面发生的问题,例如食品安全的问题,许多来自畜牧和兽医方面,涉及大城市就会产生突发性的社会事件。但他的一些远见卓识一开始往往不被人们理解和接受,甚至被人曲解为异端。"(胡云安、陈贵仁、赵西玲主编:《图说甘肃农业大学70年》,第269—270页)

1月10日,给陆承平写信,告知已将翻译的迈尔(Mayr)教授的文章寄去两本。

资料(信件) Auton Mayr 教授今年年初在 *Tieraigtliehe Umachau* 76—80 页发表的那篇文章我翻译出后已发表在江苏农科院出版的《农业科技情报》1982年第4期上,今天寄上两本,一本请交 Mayr 教授,另一本请你指正。……我从去年十二月到今年年初接连在北京参加了三个紧张的会议,本月六日才回宁,极感疲惫,故暂不能多写,余容后谈。(《盛彤笙致陆承平关于翻译 Mayr 教授论文并发表在国内刊物上的信》,1983年1月10日)

2月5日,给陆承平回信,因健康情况将不能应迈尔教授的访德邀请,但可邀对方来华访问。

资料一(信件) (三)Mayr 教授邀我来德访问,盛意极为可感,我也是很想故地重游的,但健康情况已不允许了。俟得到正式邀请后,我当通过组织并以私人名义直接写信给 Mayr 教授致以衷心的感谢和歉意。(前年和去年中国畜牧兽医学会都曾向我表示,要我率领一个代表团前来西德访问,我也都婉谢了。)(四)另一方面,农牧渔业部的科技司曾向我表示,可以用我私人的名义邀请两位德国兽医学家来华访问,除来回旅费由他们自己负担外,在我国国内的

图 232

旅费和一切招待费用均由我国政府提供，我当在犹豫之中。一俟决定，Mayr 教授当为我优先考虑的一人。（五）来信建议收入《中国大百科全书》农业卷的……德国学术机构、刊物和名人，我做了一些选择，抄附于下，未必恰当，仍请你与 Mayr 和 Bachmcon 两位教授斟酌。（《盛彤笙致陆承平关于不能到访德国及讨论〈大百科全书〉中有关德国兽医条目的信》，1983 年 2 月 5 日）

资料二（照片）　1983 年，盛彤笙在南京家中小憩。（见图 232）

5 月 16 日，致信婉拒迈尔教授的正式邀请。

资料（信件）　我已收到 Mayr 教授的来信，邀我到慕尼黑来访问，进行一次小型的学术交流会，时间由我决定，费用全由他们负担。我因已进入 73 岁的年龄，健康情况已很衰退，自量不能经受如此长途飞行，所以只得复信婉谢了（信于今日同时发出）。前请你为《中国大百科全书》收集有关德国名著、名人和重要学术机构的资料，不知已经完成否？希早日寄下为盼。据你以前寄回的德文兽医新书预告，由 Gustav Fischer Verlag 出版、Wiesner 和 Ribbeck 二氏主编的 *Worterbuch der Veterinarmedizin* 将于今年（1983）再版，请你费心带我打听一下，如已问世，请即示知，我当托亲戚从美国汇上书价，请你代我购买一部寄下为感。（《盛彤笙致陆承平关于婉拒 Mayr 教授邀请赴德交流及询问搜集〈大百科全书〉资料进展的信》，1983 年 5 月 16 日）

6 月 2 日，赴京参加全国政协六届一次会议，并在 6 日的小组会上发言。同时列席全国人大六届一次会议。24 日，会议结束后返回南京。

资料（手稿）　五月卅日下午，迁至 307 招待所举行赴京委员座谈会。

王昭铨同志报告：江苏省委委员共 43 人，请假者 5 人，实在者(或已在京者)38 人。六月二日，晨 6:50 起飞，8:10 抵京，住京丰宾馆 708 号。六月三日下午，政协预备会议。六月四日，下午政协大会开幕，邓颖超致开幕词。六月五日，上午阅读文件，下午小组讨论。六月六日，上午小组讨论(发言)，下午列席人大开幕式，听政府工作报告。六月七日，上午人大会姚依林、王丙乾做报告，下午阅读文件。六月八日，上下午小组讨论。六月九日、十日，上下午继续小组讨论。六月十一日(游览八达岭、长陵、定陵)，看简报。六月十二日(星期日)，休息，看简报。六月十三日，上午酝酿选举，下午审阅候选人简历。六月十四日，上午继续酝酿选举，下午休息，看简报。六月十五日上午(主席团会议)，看简报。下午(参观)，收到王长清信，拟增聘北农大齐顺章为解剖生理撰稿人，看简报。六月十六日，看简报。六月十七日，下午大会选举政协领导人。六月十八日(农历五月初八)，上午看简报，晨接刘瑞三电话。下午人大选举国家领导人。晚宴杨湘平、刘瑞三于政协礼堂宴会厅，兼度自己 72 岁生日。六月十九日(星期日)，上午看简报，刘瑞三、王静兰、王洪鸣来访。下午探望龙伯坚先生病情，访任谦未遇，只见到孙作宾。六月廿日上午，马闻天、廖延雄来访，任继周告辞，请假休会。六月廿一日上午，参观宋庆龄故居，下午列席人大闭幕式。六月廿二日上午，中央领导同志接见摄影，下午政协大会闭幕。六月廿三日，发任继周、张立钧、江户、世惠等信，准备归程。六月廿四日晨，离京飞回南京。见图 233。(盛彤笙：《记事本》，第 65—67 页)

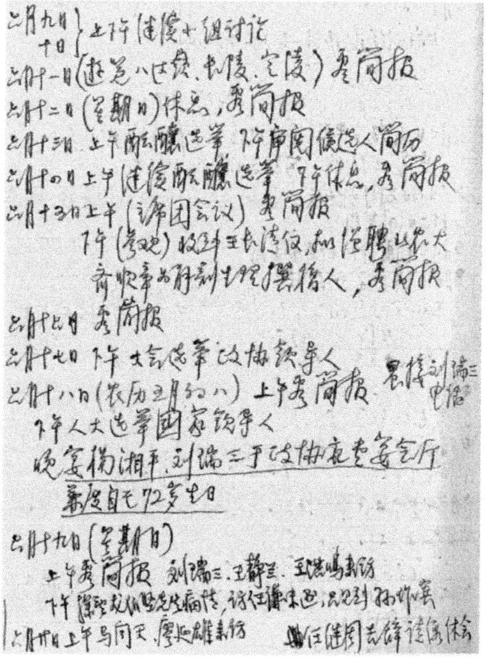
六月九日
十日 } 上下午继续小组讨论
六月十一日(游览八达岭、长陵、定陵)看简报
六月十二日(星期日)休息，看简报
六月十三日 上午酝酿选举 下午审阅候选人简历
六月十四日 上午继续酝酿选举 下午休息，看简报
六月十五日上午(主席团会议) 看简报
下午(参观) 收到王长清信，拟增聘北农大
齐顺章为解剖生理撰稿人，看简报
六月十六日 看简报
六月十七日 下午大会选举政协领导人
六月十八日(农历五月初八) 上午看简报 晨接刘瑞三电话
下午人大选举国家领导人
晚宴杨湘平、刘瑞三于政协礼堂宴会厅
兼度自己72岁生日
六月十九日(星期日)
上午看简报 刘瑞三、王静兰、王洪鸣来访
下午探望龙伯坚先生病情，访任谦未遇，只见到孙作宾
六月廿日上午马闻天、廖延雄来访 任继周告辞请假休会

图 233

6 月 28 日,回复陆承平,婉拒索要简历向国外介绍之事。

资料(信件) (一) 我于本月 1 日①赴京参加六届全国政协第一次大会,这次会议开的时间很长,廿四日才回到南京,收读你五月廿八日的来信和为《大百科》复制的资料,迟复为歉。……(三) Mayr 教授收到我的信后,曾立即复我一信,并寄来他们研究所 1981—1982 的论文汇编一册。……(四) 农牧渔业部科技司虽曾向我表示,可以由我邀请两位德国专家来我国访问,我心中的一位即是 Mayr 教授,但我因身体健康情况已很衰退,自忖无力搞这些繁复的接待事宜,因此我在复 Mayr 教授的信中曾说:"Ich hoffe wach der Ruckkehr von Herrn Lu Chengping aus Deutsh land sie zu einer Lehrreise nach China einladen zu Konnen."希望于你回国后再办理此事,以便你能代表我担任接待诸事。……(五) 你希望要我一份简历,以便向国外介绍,我自愧碌碌半生,在学术上毫无成就,在事业上鲜有建树,深觉没有什么值得向国外介绍之处,徒贻祖国之羞,我看免了、算了吧……(七) 你为《大百科》复印的资料略嫌太少,希望你能于百忙中翻阅一下最近两三年……德国出版的几种有代表性的兽医杂志,再复印十来部重要名著的书评寄下如何?(《盛彤笙致陆承平拟邀请 Mayr 教授访华并请多复印编写〈大百科全书〉资料的信》,1983 年 6 月 28 日)

7 月 11 日,主持召开《中国畜牧兽医辞典》主编和特约编辑碰头会议。

资料一(手稿) 七月十日(星期一)刘瑞三来谈,并留晚餐。七月十一日上午,《辞典》主编和特约编辑碰头会,刘瑞三参加。(盛彤笙:《记事本》,第 68 页)

资料二(专著) 该书扉页后有中国畜牧兽医辞典编纂委员会名单,其中主编:盛彤笙。副主编:刘瑞三……特约编辑:宋保田、包鸿俊、陈筱侠、沈家森。(盛彤笙主编:《中国畜牧兽医辞典》)

7 月 20 日,致函中国农业科学院学术委员会和农牧渔业部科学技术委

---

① 盛彤笙《记事本》中记载六月二日乘机抵京,此为六月一日赴京开会,以《记事本》为准。

员会,请改组时勿再提名自己为委员。

资料一(信件) 现在身体日趋衰弱,知识尤其严重老化,已经不能胜任此重要职务。闻贵会即将改组,务请勿再提名我为委员,另聘其他年轻同志接替,以卸仔肩,而利科学技术之发展。(《盛彤笙致中国农业科学院学术委员会请改组时勿再提名为委员的信》,1983 年 7 月 20 日)

资料二(信件) 现在年龄和学识均已高度老化,实在不能再任如此要职。……值此改革之际,务请勿再提名我为委员,另聘年轻同志担任,以卸仔肩,而利科学技术之发展。不胜感祷之至。(《盛彤笙致农牧渔业部科学技术委员会请改组时勿再提名为委员的信》,1983 年 7 月20 日)

7 月 23 日,岳父邹钟琳教授病逝于南京。

资料一(手稿) 七月廿三日(农历六月十四日,星期六,节令大暑),下午一时半岳父病逝。七月廿八日上午,岳丈遗体火化。八月二日下午,岳丈追悼会。(盛彤笙:《记事本》,第 69 页)

资料二(照片) 盛彤笙(右)与岳父邹钟琳(左)。(见图 234)

图234

8月3日,赴连云港海滨疗养院疗养,30日返宁。

资料(手稿) 八月三日晨,离宁至连云港墟沟镇海滨疗养院,火车行11小时,与薛淑伦同志同行,次日发家信。八月十日,迁至二病区,下午发家信。八月十五日,迁回一病区,发家信。八月十七日,寄还程绍迥《兽医学》稿及修改意见,抄致王长清。八月廿六日下午,游玩连云港。八月卅日,乘241次车回宁,与薛淑伦同行。(盛彤笙:《记事本》,第69页)

9月2日,孙儿出生,取名盛威。

资料(手稿) 九月二日,晓琳举一男。九月三日,至医院看望晓琳,访刘本立、李泰钧。九月五日下午,晓琳偕小孙孙出院回家。(盛彤笙:《记事本》,第70页)

9月5日,参加江苏省委召开的座谈会。

资料(手稿) 九月五日上午,省委召开座谈会,传达中央关于坚决打击严重刑事犯罪分子问题的决定。(盛彤笙:《记事本》,第70页)

9月13日,赴京参加国务院学位委员会学科评议组第二次会议,其间与任继周在京相聚。

资料一(手稿) 学位委员会学科评议组第二次会议。九月十三日,晨10:00由宁起飞,11:15抵京,住昌平军事学院招待所。九月十四日,上午9:00预备会,贺司长主持;10:00大会,卢良恕做报告。下午阅读文件,畜牧兽医大组讨论。九月十六日,上下午分牧、医两小组继续预审博士授予人选,17:30投票,初选结果畜牧从18人中选出9人,兽医从15人中选出8人。……九月廿一日,中秋节,上午休息,下午兽医小组评审增补名单,晚任继周到京。九月廿五日,晚21:08乘21次车离京。(盛彤笙:《记事本》,第70—71页)

资料二(信件) 三日京华聚首,两夕燕山夜话,给我又一次留下了生平最好的回忆。特别是承告的鲁迅先生名言"我活着就是使别人难受的",真有启蒙开窍之效。可惜链霉素、PAS、雷米封等抗痨药迟发明了十来年,否则鲁迅先生一定是不会那样早死的。记得先生在《野草》的序幕中有这样一句话："生命的泥,委弃在地上,不生乔木,只生野草,是我的罪过。"(个别字句可能记忆有误)以先生这样的参天大树,当且自谦为"野草",则我连一粒小球藤都不如了。但仍当继承先生的遗言,尽量争取多活几年,使我这个"可恶的人"多给一些人难受才是。(《盛彤笙致任继周关于在京聚首感怀的信》,1983年10月2日)

图235

10月初,与家人合影。

资料(照片) 盛彤笙一家祖孙三代。前排左起:盛天舒、外孙唐大成、邹东明、孙儿盛威、盛彤笙。后排左起:女儿盛小端、儿媳马晓琳。(见图235)

10月18日,中国科学院生物学部学科组召开会议,请假未去。10月20日,参加江苏省政协座谈会。

资料(手稿) 10月18—20日,生物学部学科组会议,请假未去。……10月20日,省政协召开座谈会,陈邃衡同志及省政协梁秘书长主持,调查了解下列三个问题:① 委员是否知道他们应该知道的情况,有关文件是否看得到,重大事项的传达是否听得到? ② 委员是否存在有力无处使的情况? ③ 委员应该落实的政策落实了没有?(盛彤笙:《记事本》,第72—73页)

10月28日,因劳累过度,生病住院治疗。12月9日,诗人、剧作家张泽易赠诗一首。23日,出院。住院期间,撰写完成自传《庸碌的一生,平凡的自述》。

资料一(手稿) 10月28日,发张清信。住进125医院……11月1日,姜老、魏振华、马益康、徐(工会)主席来院探视。11月4日,开始服中药。11月7日,开始理疗(共鸣火花)。发朱庆生、方定一信(贺学会年会),黄昌澍来访。11月10日,开始针灸。11月14日,开始埋耳针,写王肇西证明书交院组织。11月15日,发程绍迥、谢庆阁、刘本立信。11月16日,接省政协电话,谈谢、吴两位驻会常委拟来探视,婉谢。11月29日,魏振华、闫书记等四人来院探视。12月5日,离子透入第一个疗程开始。12月9日,张泽易同志赠诗:闲步未观景,高卧不见云。腋下书一卷,胸中万马奔。12月12日,周光恒、康南来访。12月13日,收到陆承平寄来书籍材料。发包得俊、宋保田信。(盛彤笙:《记事本》,第73—75页)

图 236

资料二(照片) 1983年,盛彤笙夫妇在南京。(见图236)

资料三(信件) 我亦因劳累过度,健康情况濒于崩溃,始于十月底住进医院,治疗休养,现已有改进,大约元旦前可以出院了。Ribbeck和Wiesner二氏主编的Worterbuch der Veterinarmedizin第二版不知出版否?我拟即托美国亲戚汇上美金一百元,请代购一部,不知够否?(《盛彤笙致陆承平 请代为购买Worterbuch der Veterinarmedizin第二版的信》,1983年12月12日)

资料四(传记) 鲁迅先生尚且不立传,今我奉令为之,勉述生平,供作代笔者的素材,兼示儿女。——1983年11—12月写于南京125医院治病期间。见图237。(盛彤笙:《庸碌的一生,平凡的自

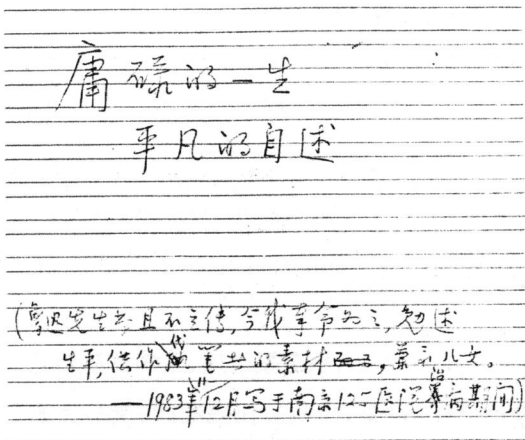

图 237

述》,封面页)

12月22日,夫人邹东明因旧疾复发住院。

资料一(手稿) 12月22日,东明住院,收到九叔汇来150＄。12月23日,彤出院。12月31日,至医院看望东明。(盛彤笙:《记事本》,第73—75页)

图238

资料二(信件) 现病痛虽未根治,但疲劳已消除不少,遂于廿三日出院。不巧我的老伴五年前曾经发过一次的脑蜘蛛膜下腔出血又复发,于廿二日送进神经科医院紧急治疗,日来也趋于平稳。承平同志代我买的一部德文兽医词典以及复印的一些资料都收到了,对于我编辑《大百科全书》兽医部分很有帮助。(《盛彤笙致雅殊关于自己出院夫人又入院的信》,1983年12月25日)

资料三(照片) 盛彤笙夫人邹东明晚年照。(见图238)

12月27日,在陆承平寄来的德文资料的基础上,写成《大百科全书》四个条文。婉拒出版社和刊物的传记约稿。

资料一(信件) 昨天便已收到你寄来的德文辞典和一些小册子及大量复印文件,对我帮助很大。(《盛彤笙致陆承平告知收到所寄资料的信》,1983年12月16日)

资料二(信件) 寄下的小册子和复印文件,经我在医院中浏览一遍,已据以为《大百科》写成下列四个条文:(1)德国兽医学会;(2)联邦动物病毒研究所;(3)吉森大学兽医畜牧学部;(4)慕尼黑兽医学院。……现在我感到资料缺乏的是:(1)西柏林自由大学兽医学部的资料;(2)东德① 兽医学会,② 柏林洪堡大学兽医学院……在你回国探亲以前,如蒙再费些精神,为我搜集和复印上述这些方面的一批资料,我当感激不尽。……Mayr教授竟将我翻译他的文章装于镜框内,悬于书室中,亦可见他对东方的好感。……最近有好几个出版社(或刊物)要我写传记,我自己觉得一生庸庸碌碌,一事无成,尤其是缺乏有分量的科学论文,实在没有值得"记"的地方,均婉言谢绝。但是有的出版社竟派人跑到我们单位的人事科,将我的档案材料中的经历部分抄去,加以摭拾成文,发表之后再寄来给我看,既成事实,令我啼笑皆非。(《盛彤笙致陆承平关于〈大百科全书〉德国兽医条目及不想立传的信》,1983年12月27日)

1984 年　　　74 岁

1月5日至12日,中国科学院第五次学部委员大会在北京举行,请假,未到会。

资料一(手稿)　1983 年:12 月 16 日,发科学院请假信,寄还刘秀凡书。1984 年:1 月 5 日,学部第五次大会在京开幕,请假未去。上午与何老[①]、宋保田谈《辞典》事(黄昌澍问题)。(盛彤笙:《记事本》,第 74—75 页)

资料二(其他)　中国科学院第五次学部委员大会:1984 年 1 月 5 日至 12 日在北京举行。大会以科学技术必须面向经济建设、学部委员应该在国家建设中发挥重大作用为主要议题。副院长严济慈致开幕词,卢嘉锡院长做了工作报告。方毅代表中共中央、国务院对中国科学院的工作提出六点希望:1. 提高自觉性,在贯彻科技工作面向经济建设的指导思想上,更好地起到带动作用;2. 围绕经济建设的重大科技课题,大力加强应用研究,积极而又有选择地参加开发工作;3. 继续重视基础研究,发展中国科学院在这方面的特殊作用;4. 当好参谋,为国家的重大决策提供建议;5. 满腔热情地千方百计促进科学技术成果的推广应用;6. 开展多方面的试验和试点,认真总结经验,切实加快改革步伐。在这次大会上,学部委员大会的职能由科学院的最高决策机构变为最高学术机构。大会明确了中国科学院实行院长负责制,院长人选由国务院总理提名,报请全国人民代表大会或人大常委会任命。卢嘉锡继续担任院长。

---

① 指何正礼。

（《中国科学院第五次学部委员大会》，载张锋主编《当代中国百科大辞典》，档案出版社，1991年，第1017页）

1月13日，夫人邹东明病逝于南京。

资料一（手稿）　1月8日（星期日），下午，探望东明病。1月9日（星期一），晨4:00，东明呕吐昏迷，下午3:30呼吸停止，用呼吸机帮助呼吸。1月12日，下午东明行气管切开术，并插入胃管，上午康南返宁。1月13日，下午1时40分，东明的心脏停止跳动，人天永诀，痛哉！1月14日，下午向遗体告别，火化，6时30分骨灰回家，魂兮归来！1月15日，发兰州所、佩芝、彤文、马亲家电，寄裘村款。1月19日，发出讣告190余份，兰州所派李全庆同志到宁。1月20日，留李全庆同志在家午餐，上午小心心住院。（盛彤笙：《记事本》，第75页）

资料二（信件）　由于邹东明同志不幸于上月十三日病逝，我老年失伴，痛苦之情不可名状，这一巨大打击，不知何时才能恢复。（《盛彤笙致陆承平告知夫人去世及请代购录音机等物品的信》，1984年2月16日）

2月24日，致函中国农科院兰州兽医研究所委员会，请对1978年所做结论根据政策进行修改。

资料（档案）　《为落实政策，改正结论事》一文，主致中共中国农科院兰州兽医研究所委员会，抄报全国政协、甘肃省委组织部、甘肃省政协。文件指出："全国政协正在检查政协委员落实政策的情况，兹将贵所在'文化大革命'中对我所做的历史问题结论中不实之处提出，请予进一步调查，希望根据政策进行修改，做出一个实事求是的正确结论。一九七八年三月二十四日由贵所前党委所做的结论，因受当时历史条件所限，所以不能写出符合实际的、恰如其分的评语。我当时也是在被折磨十二年之后，身心憔悴，已不愿再事辩护说明，经过三个月的犹豫，才勉强签字同意，以求从速结案，但思想上并未完全通过。"并从关于参加留德同学会的问题、关于参加国民党的问题、在"三青团"任职的问题、兽医学院与"中美农村复兴委员会西北办事处"合作进行兽疫防治的问题等六个方面进行了详细的申述。（《盛彤笙历

史问题复查结论》,1978 年 3 月 24 日,中国农科院兰州兽医研究所人事处,档案号 0104 - 819)

4 月 2 日,儿子天舒满 33 岁,孙盛威满 7 月龄,赠诗友人。

资料(手稿) 4 月 2 日,农历 三月初二,天舒 33 岁,心心正好满七个月,和鸣远赠诗以相励:盛世遭厄逆,天不困勤人。舒怀奋大力,立志定能成(藏头诗:盛天舒立)。(盛彤笙:《记事本》,第 77 页)

4 月 4 日至 22 日,逢清明、亡妻冥寿、百日祭,奏安魂曲以悼慰亡灵。

资料(手稿) 4 月 4 日,发王长清信及"动物的疾病"稿。今日清明,为东明奏安魂曲及弥赛亚,送去蒋借款。4 月 6 日,陆承平、汤雅姝来访,发赵鸿森信。4 月 7 日,东明冥寿,奏 Verdi 安魂曲以悼慰亡灵。4 月 22 日,东明百日祭。冯宋明同志来访,寄还马梅荪"前言"。(盛彤笙:《记事本》,第 77 页)

5 月 12 日,全国政协六届二次会议在京召开,因赴沪看病未参加,后提交书面发言材料及提案。

资料(手稿) 5 月 11 日,小丰抵宁。昨写好六届二次政协提案,12 日发出。5 月 12 日,平章抵宁。写好政协书面发言,次日发。(盛彤笙:《记事本》,第 79 页)

5 月 17 日,赴沪看病,23 日住进华山医院,确诊为重体性(中枢性)尿崩症。6 月 29 日出院。

资料一(手稿) 5 月 17 日,晨 6:38 乘 301 次车与天舒一同离宁,12:21 抵沪,袁昌国到站迎接,住延安西路延安饭店。5 月 18 日,晚偕刘瑞三同访顾学箕、许绶泰。5 月 19 日,上午访钱俊格,晚访刘瑞三、袁昌国。5 与 20 日(星期日),上午访《大百科》寄生虫审稿会各同志及张永昌,下午访乐永(未遇)、胡克成(未遇)、戴重光。5 月 21 日,中午至学箕家便饭,傍晚陈筱侠、张淑良、乐永、宋静华等访。晚 23:40 地震,但我酣睡未醒(因服了大量安眠药)。5月22日,上午齐普生来访,下午陈春福、李箕康来访,晚访宁外婆、王伯伯。5月23日,住进华山医院十二病房11号床。5月25日,张永昌、周翠堤来访。5月27日(星期日),克成来访,袁昌国来访。5月29日,许绶泰、黄瑾来访,天舒返宁。5月30日,复杨承瑜信,梁士纯及绮冰来访。5月31日,贺医生来告:尿渗低于血渗,像尿崩症征象。上午做腹部超声波检查:肝、胆、总胆管、脾、胰肾均无异常。6月4日,全日作禁饮试验,下午许绶泰来访,晚写宋保田信(端午节,晚吃面)。6月7日,七十三岁生日,发家信。比较内行的陈医生(研究生)来看病。下午徐初绵由刘瑞三、袁昌国陪同来访,晚起做禁饮加压试验。6月12日,做脑垂体的X光断层片摄影,结果正常。6月15日,发刘瑞三信,中午钟学礼主任来查房,下午陈筱侠来访。6月16日,开始用长效尿崩停治疗,肌注0.05 ml,刘瑞三来访。6月20日(星期三),钟学礼来查房。发家信、袁昌国信。晚开始服卡马西平。收到天舒信及转来各信。6月23日,发胡祥璧、任继周、高峰、朱宣人信。陈筱侠来访。6月27日,耿增强、陈筱侠来访。上午拔出外听道中耳蜡。6月29日,上午九时半出院,由袁昌国陪同至顾学箕、杨国亮、梁士纯、钱俊梅家辞行,由袁昌国邀请在红房子西餐厅午餐,然后送上92次车,14:01离沪,17:40抵宁。(盛彤笙:《记事本》,第79—81页)

资料二(信件) 我于五月下旬赴沪,在华山医院住院月余,总算将十几年来所患烦渴、多饮、多尿之症确诊为重体性尿崩症,不无收获。虽然带回注射和口服药各一种,疗效甚佳,但均有不同的副作用,无法应用。现在症状依旧,身体极为虚弱,只有尽量减少工作,希望到明年下半年以后能够基本上不做事情,带病延年,以观时代之进步耳。(《盛彤笙致陆承平告知自己确诊为尿崩症及〈家畜传染病学〉下册出版的信》,1984年9月12日)

5月26日,中国农科院兰州兽医研究所寄来修改后的"历史结论"征求意见。

资料(档案) 参见"8月20日"条资料(档案)。

8月20日，经多次往返修改，收到"历史结论"的定稿后签字同意①。

资料（档案） 《盛彤笙历史问题复查结论》一份，共48页，盛彤笙于1984年8月20日签字同意。先为履历信息，后为复查的主要问题及查证结果，有关于参加留德同学会的问题、关于参加国民党的问题、在"三青团"任职的问题、兽医学院与"中美农村复兴委员会西北办事处"合作进行兽疫防治的问题等。其中附件有：(1) 1984年7月16日，盛彤笙给兰州兽医研究所关于对复查结论的第二次修改意见建议指出："我从五月中旬因病赴沪住院治疗，六月底才回到南京。所以，您所五月廿六日寄来关于我的历史问题'复查结论'，我前几天才看到。"提出阅后意见：① 对于修改后的"历史结论"基本同意，只有少数地方在原稿上做了补充修改，并在信中做了说明。② 其他要求：改正的结论，打印后发给本人一份，并寄给曾经抄送旧结论的各单位，将旧结论换回销毁。(2) 1984年8月1日，盛彤笙给中国农业科学院兽医研究所复查结论签字同意的回信。(3) 1984年8月3日，盛彤笙给兰州兽医研究所关于对复查结论的补充修改意见中，提出三点补充修改意见，并请将8月1日签字的材料退回销毁。（《盛彤笙历史问题复查结论》，1978年3月24日，中国农科院兰州兽医研究所人事处，档案号0104-819）

8月底，由本人署名的《家畜的传染病》下册出版后寄来，感叹出版社所编索引错误甚多。

资料（信件） 拙译Beer氏《家畜的传染病》下册延至八月底才由出版社寄来，已于9月3日挂号平寄上一册，请予指正。书末的两个索引系由出版社代作，未经我校阅，错误甚多，令我啼笑皆非。若使德国同行看了，必定大笑我为一特等饭桶，如何诸然敢于翻译如此巨著，举一反三，必定怀疑其中错误层出不穷也，可气可叹！（《盛彤笙致陆承平告知自己确诊为尿崩症及〈家畜传染病学〉下册出版的信》，1984年9月12日）

9月3日，参加由中国科学院副院长周光召邀请的在宁学部委员座谈会。

---

① 最终稿备注仍为"根据甘肃省委发〔1984〕号文件规定，于1984年7月24日，重新修改打印"，但盛彤笙8月3日所提意见已得到修改。

资料(手稿) 9月3日,参加周光召邀请的在宁学部委员座谈会。……9月15日至19日,在城内出席江苏省科协第三次代表大会。(盛彤笙:《记事本》,第83页)

9月15日至19日,参加江苏省科协第三次代表大会。

资料(手稿) 参见"9月3日"条资料(手稿)。

9月20日,美籍病理学家李振钧携夫人来家探望。10月18日,同游谭延闿墓。

资料一(手稿) 9月20日,李振钧夫妇来访。10月2日,晚宴李振钧夫妇于胜利酒家。10月11日傍晚,李振钧来访。10月18日,发蔡宝祥信,发六姑(内附蒋桐森)信。与李振钧夫妇同游谭墓。(盛彤笙:《记事本》,第83—84页)

资料二(照片) 1984年10月2日,盛彤笙在南京胜利酒家宴请李振钧夫妇。左起:王玉琦、盛彤笙、李振钧。(见图239)

图239

资料三(照片) 1984年10月18日,盛彤笙与李振钧夫妇同游谭延闿墓。左起:王玉琦、盛彤笙、李振钧。(见图240)

图 240

10 月 20 日,参加南京农业大学七十周年校庆,被聘为特约教授。会后与李振钧夫妇话别。

资料一(手稿)　10 月 20 日,参加南农 70 周年校庆,会后李振钧夫妇来家话别。10 月 21 日,李振钧夫妇由宁飞蓉。(盛彤笙:《记事本》,第 83 页)

资料二(证书)　1984 年 10 月 20 日,南京农业大学为适应教学、科研与推广需要,聘请盛彤笙为特约教授。(见图 241)

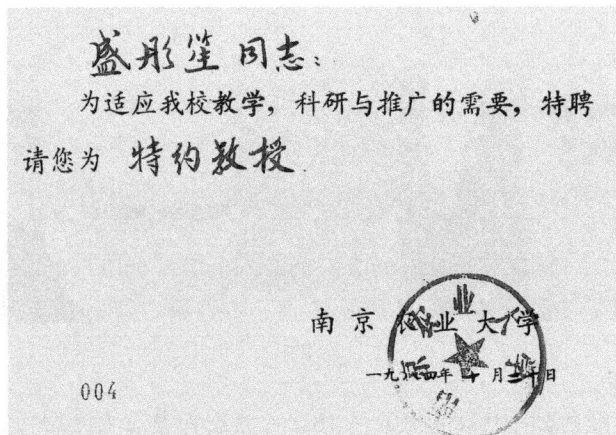

图 241

资料三（照片） 1984 年 10 月 20 日,盛彤笙参加南京农业大学校庆。
左三起：蒋次升、胡祥璧、盛彤笙。（见图 242）

图 242

资料四（照片） 1984 年 10 月 20 日,盛彤笙参加南京农业大学校庆时
与友人交谈。（见图 243）

图 243

11 月 16 日,上海医学院业师李振翮在美国病逝,21 日写好唁函并于次日寄出。

资料一(手稿) 11 月 21 日,端儿赴京出差,写李师振翮唁函,次日发。(盛彤笙:《记事本》,第 84 页)

资料二(其他) 李振翮(1898—1984)……1932 年他去上海,任上海第一医学院细菌学教授,兼公共卫生管理专家。……1984 年 11 月 16 日,李振翮病逝,终年 86 岁。(《李振翮》,载许康、许峥编著《湖南历代科学家传略》,湖南大学出版社,2010 年,第 653—655 页)

12 月 10 日,《中国畜牧兽医辞典》副主编刘瑞三写信汇报有关类目的定稿情况。

资料(信件) 彤笙吾师:回沪即将参加全天学习,估计 15 日可结束,Zoonosis 一稿已与蔡宝祥对过一下,我将于 18 日寄还给他,他 18 日始回到南京,他看完改好再呈您审定。20 日以后,我们定"实验动物"一稿,弄好后先交王良清。生瑞三拜 1984 年 12 月 10 日。(《刘瑞三致盛彤笙关于〈中国畜牧兽医辞典〉有关类目定稿情况的信》,1984 年 12 月 10 日)

12 月 11 日,致信陆承平,请代为在德国购买治疗药 DDAVP 以试用。

资料(信件) 我的病经今年 5—6 月在上海华山医院住院检查一个多月,终于确诊为"中枢性尿崩症(Central Diabetes Insipidus)"。……经医生见告,并由我查阅文献,知道国外有一种人工合成的加压素 DDAVP,美国的制剂又称作 desmopressin acetate,是一种水剂,系供滴鼻之用。现将我从美国获得的资料复印件一张寄上,请你于有暇时一阅。听说德国有 DDAVP 纸片剂型,是放在牙龈与口颊之间任其吸收的,不致被分解破坏,而保存期则比水剂为长,故较水剂更为优越。请你费心替我打听一下……设法购置少许,夹在信中寄回,供我试用。(《盛彤笙致陆承平请代为在德国购买治疗药 DDAVP 纸片剂型的信》,1984 年 12 月 11 日)

12 月 14 日,为纪念辛树帜诞生九十周年,发表论文《黄土高原的土壤侵蚀与农业格局》。

资料一（手稿）　12月14日，发辛老九十诞辰纪念会（挂号），姜义安、Dedié信。（盛彤笙：《记事本》，第85页）

资料二（论文）　文章指出，黄土高原水土流失是个涉及自然界基本规律的大问题，我们应该清醒地看到，黄土高原有农业丰产的种种条件，也包含着一定的危险因素。提出在西北通过合理地利用土地资源，将种草养畜作为改变黄土高原面貌的根本大计，使畜牧业总产值达到或超过农业总产值50%的"以牧为主"的观点。文章为与任继周合写，原刊于《农业经济问题》1980年第7期。（史念海主编：《辛树帜先生诞生九十周年纪念论文集》，农业出版社，1989年，第160—170页）

1985年　　　75岁

2月13日与17日，致信杨蓉城与任继周，谈落实政策及1957年的反右运动中所作检讨材料事，请代为向省委反映。

资料一（信件）　你们的来信都收到了。我请求落实政策之事，承你们热情协助，特别是文遴同志古道直肠，仗义执言，尤其是甘肃省委各位领导同志高度重视，甚至连我尚未誊正的信稿即作为正式文件予以受理，都使我极为感动和感激。听说省委拟给予我一项什么名誉职称，盛意虽极可感，但此决非我的希冀。我此次之写信申诉，主要只是为了平反冤案，落实政策；附带说明过去三十余年来的一些是非，协助领导了解情况，识别干部，别无他求。若是接受甘肃某项名誉职称，何异与宵小之辈争高下、夺名位，岂不招致世人的诟笑？此我之所以只能婉谢而万万不能领受者也。此意务请你们谅解，并乞于便中代为转陈省委领导亮察为幸。（《盛彤笙致杨蓉城、任继周关于落实政策有关事宜的信》，1985年2月13日）

资料二（信件）　现想起一事，特再专陈：1957年反右斗争中，我在最后一次批斗大会上所作的那一本厚厚的检讨材料，不知中国科学院兰州分院已经找到没有。假若还未找到，应请他们将我的整个档案袋从我现在的工作单位——江苏省农科院调回兰州，其中必有我的检讨材料在内。应当说明，我的那份检讨，是在得到当时甘肃省委的指示，不给我戴上右派帽子的前提下做出的；也是我在经过连续几个月的大、小会批斗和疲劳轰炸，心情已经感到极其厌倦和苦恼之下被迫做出的。当时只求早日过关，了此一段公案，因而凡是群众提出来的意见，不管是否事实，是否合理，我都全部承认，一揽子包下来，而且总是无限上纲上线，提到最高的"原则"上来检查，所以其中枉屈不实之词是很多很多的。这种情况，务请你们为我代向现在省委落实政策的部门及其领导同志恳切说明为幸。（《盛彤笙致杨蓉城、任继周关于 1957 年检讨材料的信》，1985 年 2 月 17 日）

3 月 19 日，致信祝贺陆承平获博士学位。

资料(信件) 热烈祝贺您以优良的成绩，顺利通过答辩，成为我国解放后第一个在西德获得兽医学博士学位的人。……邀请 Mayr 教授来华访问一事，今年无论如何来不及了。……他既系 1922 年出生，要到 1987 年才满 65 岁退休，故如明年(1986)邀他来访，还是在他任期内的。见图 244。（《盛彤笙致陆承平祝贺他获得博士学位并告知 Mayr 教授年内来华访问已来不及安排的信》，1985 年 3 月 19 日）

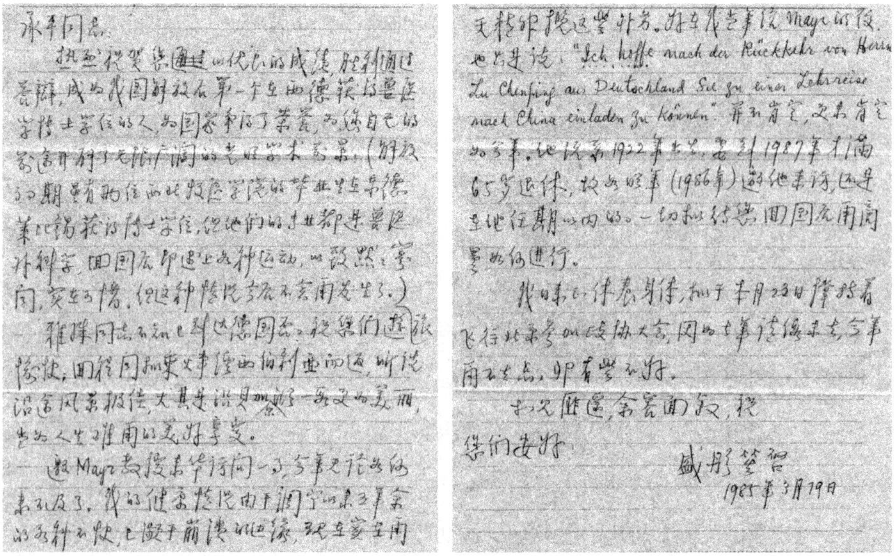

承平同志：

热烈祝贺您以优良的成绩，胜利通过答辩，成为我国解放后第一个在西德获得兽医学博士学位的人，为国家争得了荣誉，为您自己的前途开辟了无限广阔的光明学术前景。（解放初期曾有两位西北牧医学院的毕业生在东德莱比锡获得博士学位，但他们的专业都是兽医外科学，由[illegible]各种运动，以致默默无闻，实在可惜。但这种情况今后不会再发生了。）

[illegible]

邀 Mayr 教授来华访问一事，今年无论如何来不及了。[illegible]

[illegible]。好在我已经[illegible] Mayr 的信，也[illegible]说："Ich hoffe nach der Rückkehr von Herrn Lu Chenping aus Deutschland Sie zu einer Lehrreise nach China einladen zu können." 并不肯定，是哪一年。他既系 1922 年出生，要到 1987 年才满 65 岁退休，故如明年（1986 年）邀他来访，还是在他任期以内的。一切拟待您回国后再商量如何进行。

我日来正休养身体，拟于本月 23 日[illegible]飞往北京参加政协大会，[illegible]，那有些不好。

书不尽意，余容面叙，祝

您们安好！

盛彤笙 谨

1985 年 3 月 19 日

图 244

3月31日,在全国政协六届三次会议发言,提议政府重视畜牧业的发展,在各大区设立一所兽医学院,并完善兽医学博士学位制度。

资料一(信件) 我日来正休养身体,拟于本月23日撑持着飞往北京参加政协大会。(《盛彤笙致陆承平祝贺他获得博士学位并告知 Mayr 教授年内来华访问已来不及安排的信》,1985年3月19日)

资料二(照片) 1985年3月,盛彤笙(左三)参加全国政协会议时与王秉祥(左二)及任继周(左一)交谈。(见图245)

图245

资料三(发言报告) 在发展畜牧业以前,有必要首先解决家畜疾病的防治、也就是兽医问题;而为了搞好兽医工作,兽医教育,特别是高等兽医教育又必须先行,所以我国兽医界同志们曾多方呼吁,兽医界中的一些全国政协委员也曾在历次会议上一再提出提案,要求设立兽医学院。……我们一直希望在每一个大区设立一所兽医学院,或者至少在重点地区先设立两三所兽医学院。……此外,我还要附带提一提我国兽医学位的授予问题。在国外,许多国家在一百多年以前就已经开始施行授予兽医学博士学位的制度。……但是在我国,直到现在,在学位制度里面还没有兽医学博士这个学衔,凡是读兽医学博士学位的研究生,毕业后都只能授予农学博士学位,而在后面的括弧里写上"兽医"两个字。这样一种学位,在全世界是没有先例的,是不可能得到国际学术界的承认的。因此我建议应当迅速改变这种做法,在我国也授予兽医学博士的学衔,才能与世界学术界平起平坐,受到国际的一致尊重,提高我国兽医学家在世界的学术地位。(盛彤笙:《在全国政协六届三次会议上的发言》,1985 年 3 月 31 日)

5 月 18 日,确诊为直肠腺癌,住进南京鼓楼医院。

资料一(传记) 夫人去世的沉重打击,使先生的身体日趋衰弱,1985 年 5 月 18 日被确诊罹患直肠癌,住进南京鼓楼医院。(邹康南:《盛彤笙先生生平》,第 21 页)

资料二(信件) 人事无常,我突于五月初发生便血之症,经迅速至鼓楼医院确诊为直肠腺癌,已于十八日住进医院,可能于六月六日实行手术(因肿瘤的位置太低,肛门恐不能保留,要做人工肛门),你回到北京时,正当我术后最虚弱时期。年已 74 岁,身体素弱,虽饱经忧患,毅力当有一些,但能否经得起这次对病魔的搏斗,战而胜之,没有绝对把握,当坚定意志,面对这场严峻的考验。(《盛彤笙致任继周告知确诊为直肠腺癌的信》,1985 年 6 月 1 日)

6 月 5 日,著名禽病学专家朱晓屏来医院探望。

资料(照片) 1985 年 6 月 5 日,盛彤笙与前来探病的朱晓屏。左起:朱晓屏、盛彤笙。盛彤笙在中央大学时的助教、英国著名禽病学专家朱晓屏专程从英国飞来南京,于行手术前一日探望病中的恩师。(见图 246)

6 月,出院后,继续审阅《大百科全书》和《畜牧兽医辞典》。

资料一(传记) 经手术治疗出院后,继续为审阅《大百科全书》和《畜牧兽医辞典》书稿操劳。(邹康南:《盛彤笙先生生平》,第 21 页)

资料二(专著) 盛彤笙为《中国大百科全书》农业编辑委员会委员、兽医部分主编。副主编为胡祥璧、何正礼、于船、刘瑞三。农业卷收录有关兽

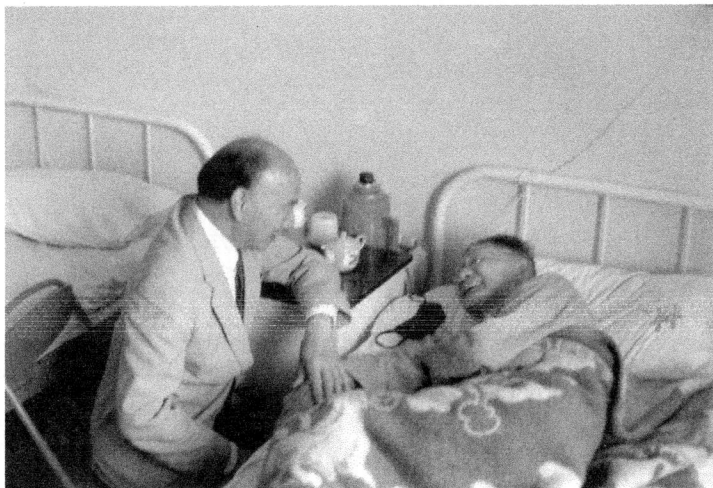

图 246

医学的术语二百多个条目,部分为盛彤笙亲自撰写,基本涉及兽医学的各个领域,可供高中以上的读者使用,也可作为读者进入各学科并向其深度和广度前进的桥梁和阶梯。该书(见图 247)在盛彤笙生前未能出版。(中国大百科全书出版社编辑部编:《中国大百科全书》农业卷,中国大百科全书出版社,1990 年)

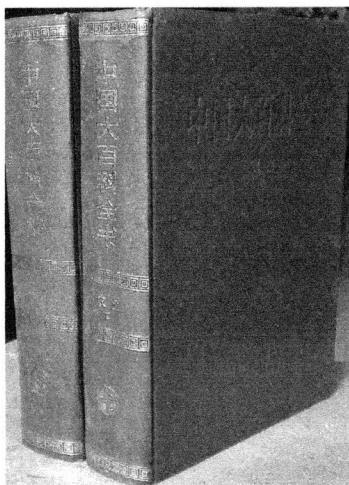

图 247

6 月 16 日,甘肃省委致函江苏省委,称他错划为"右派"的问题已改正,按规定可享受副省级待遇。

资料(档案) 甘肃省委致江苏省委关于盛彤笙可享受副省级待遇的函(见图 248)指出,一九五七年被错划为"右派"已彻底改正。按中组部规定,可享受副省级待遇。1985 年 6 月 16 日。(《甘肃省委致江苏省委关于盛彤笙可享受副省级待遇的函》,1985 年 6 月 16 日,江苏省农业科学院,盛彤笙干部档案)

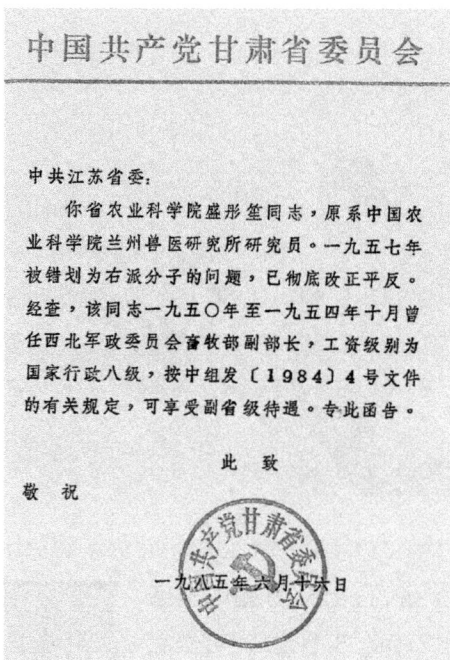

图 248

7月31日,致信陆承平,请代为致谢 Dedié 教授赠书,并给予其著作很高的评价。

资料(信件) 请你代为函复 Dedié 教授致谢时,请代为着重讲下列两点:(一)他的大作是近年来少见的佳作,是继三四十年代 Oppeimann 教授所著 Schakkiantheiten 之后唯一巨著,俟我病愈后当详细解读之。(二)承他所赠磁带。(《盛彤笙致陆承平请代为致谢 Dedié 教授并高度评价其大作的信》,1985 年 7 月 31 日)

8月27日,中共中央组织部同意他享受副省长级待遇。

资料(档案) 1985 年 8 月 27 日,中共中央组织部同意盛彤笙的副省长级待遇。见图 249。(《关于盛彤笙待遇问题的通知》,1985 年 8 月 27 日,江苏省农业科学院,盛彤笙干部档案)

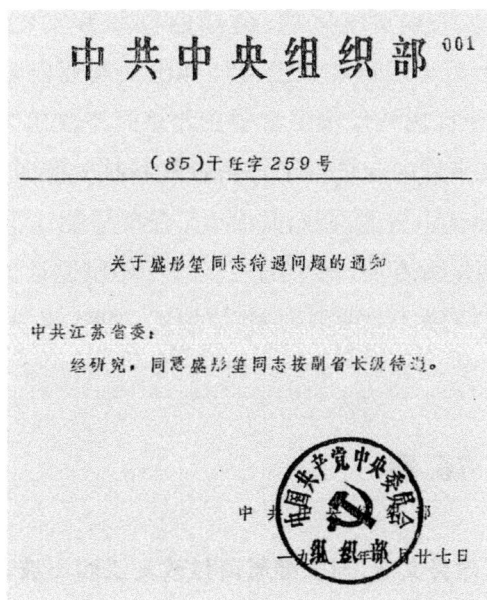

中共中央组织部 001

（85）干任字259号

关于盛彤笙同志待遇问题的通知

中共江苏省委：

　　经研究，同意盛彤笙同志按副省长级待遇。

中国共产党中央委员会
一九八五年　月廿七日

图 249

9月11日，迁至钟山疗养院疗养。

资料一（信件）　我已于今日迁至中山林11号钟山疗养院一病区第1号床位，有空时盼来聊聊。（《盛彤笙致陆承平告知自己迁至钟山疗养院的信》，1985年9月20日）

资料二（照片）　盛彤笙晚年照。（见图250）

10月24日，农业部科技司王伟琪司长邀请他赴京，与西德联邦动物病毒研究所所长率领的兽医代表团进行交流。

资料（信件）　关于拟邀请联邦

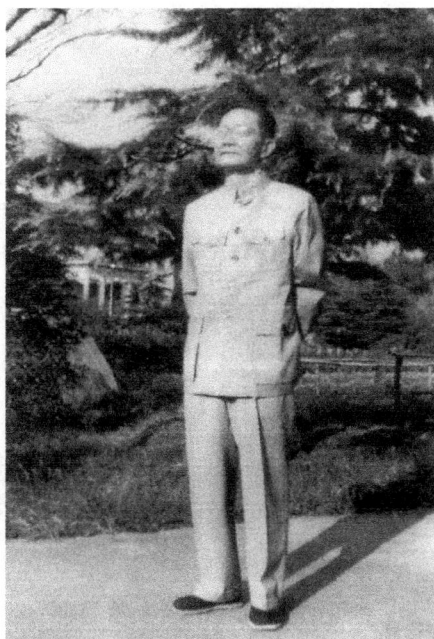

图 250

德国两位兽医专家来华讲学问题,碰巧西德联邦动物病毒研究所所长 Stranb 教授业于十月十四日率领巴符州和巴伐利亚兽医代表团来我国访问,……Stranb 博士提出该代表团希望在北京同畜牧兽医专业人员进行座谈。……我已将您来信内容转告了部畜牧局科技处张其盈副处长,并建议邀请您来北京与 Stranb 先生面晤,并洽谈来华的可能性、时间以及讲学内容等。不知您的时间是否方便,请予酌定。(《王伟琪邀请盛彤笙赴京参加西德 Stranb 教授所率兽医代表团座谈交流的信》,1985 年 10 月 24 日)

1986 年　　76 岁

1 月 27 日,悼念吴文遴,与任继周商讨改良江西山坡草地及发展畜牧业的良策。

资料(信件)　惊闻吴文遴同志病逝,不胜悲悼,此公刚正不阿,肝胆照人,实一最好的党员,不幸天不假年,如能再活一二十年,当可为人民办更多好事也,伤哉矣!我仍住疗养院中,第二个化疗疗程刚刚结束,一切当称顺利,唯大便每日仍达八九次,甚至十余次之多,颇伤元气,使身体甚感虚弱。平时无所寄托,亦一苦事。原来想搞点"动物行为"之类的科普性读物,乃近查坊间,已有此类书籍出版,想不易超过了,故已放弃此项计划。所余岁月究竟搞点什么东西,不知您何以教我?最近此间赣籍科技工作者有"学习江苏、振兴江西"(其实不限于"江苏")研究会之后,关于改良江西山坡草地及发展畜牧业,您有何好主意否,江西有好些红壤地区,寸草不生,只长些矮小松树,正如辛弃疾[苏轼]词中的云"明月夜,短松岗……"的情景,想因土壤过于酸性之故,不知有何耐酸之牧草否?又江西雨量太多,如何发展畜牧业,特别是户外畜牧业,亦是大问题。你什么时候能赴江西考察考察否?(《盛彤笙询问任继周改良江西山坡草地及发展畜牧业良策的信》,1986 年 1 月 27 日)

1 月,主编的《中国畜牧兽医辞典》交稿。

资料(专著)　《中国畜牧兽医辞典》包括基础学科、畜牧、兽医三大部分共 33 门学科。收词目约 8 000 条,释文 200 余万字。除正文外,并有插图、附录及中文和外文索引。本辞典为一部畜牧兽医科学的工具书,起着科学普及、技术咨询、专业培训并兼具有专业外文词汇和手册等方面的作用。《辞典》于 1986 年 1 月交稿,但因故未能付梓。盛彤笙主编在病重期间,曾口头委托南京农业大学陈万芳副主编代理本《辞典》日常工作。进入九十年代后,以南京农业大学畜牧系和兽医系为主,组织有关人员重新审定全稿,增删词目,更新了个别释文内容。设立了特约编辑组,成员有宋保田、包鸿俊、陈筱侠、沈家森等,负责完成了全书的定稿和编辑加工工作。该书封面见图 251。(盛彤笙主编:《中国畜牧兽医辞典》)

图 251

4 月,在家中接待甘肃农业大学来访人员的探视,对学校的发展寄予厚望。

资料(口述) 1986 年 4 月,甘肃农业大学派袁铜生、王继儒二人专程前往南京,探望病中的盛彤笙先生,他特地从医院返回家中正式接待,写好讲稿,衣冠整齐地面对镜头,谈了对农大的一些希望:"培养更多的人才,更多的新生力量,促进我们国家特别是西北地区农牧业的现代化,攀登世界的科学高峰。我相信到了一定的时候,那就是等到时机成熟的时候,等待条件具备的时候,农业大学一定会有和国外一样的学院,其中也包括一个畜牧兽医学院、草业学院,这个目标是一定能够达到的,我们事业的前途还是无限光明。最后希望同志们多多保重身体,祝大家精神愉快、身体健康!"(《盛彤笙访谈录》,1986 年 4 月)

5 月 2 日,从疗养院迁入肿瘤医院手术。当地党政领导、各地友人、学生和畜牧兽医界同道前来慰问探望。

资料一(传记) 不料初次手术未能将癌变根除,不得不在 1986 年 5 月再次手术。此时，他的身体已更为虚弱。住院期间受到当地党政领导和各地同志们的亲切关怀，新疆、青海、甘肃、宁夏、上海、北京等地友好和畜牧兽医界同道纷纷来电、来信慰问。他的两位门生，著名禽病学专家朱晓屏博士和药理学家李振钧博士分别远涉重洋从英国和美国赶来探视。许绶泰、袁昌国、刘瑞三等教授也从上海来宁探望。来者无不心情沉重，眼见敬爱的老师患此重病，面容憔悴，难以抑制悲痛，与先生久久拥抱，哽咽语塞，泪流满面。先生与他们一一握手告别，鼓励大家好自为之，为发展我国畜牧兽医事业做出贡献！（邹康南：《盛彤笙先生生平》，第21—22页）

资料二（信件） 我于五月二日从疗养院迁入此间肿瘤医院，于十二日施行了第二次手术，进行改道，后天就肛门连同直肠完全挖出，后将结肠在腹壁开一口连接起来，作为人工肛门；手术共经历七个小时，对一个75岁的老人来说，可算是一次大手术，所幸经过顺利，伤口生长亦当良好，遂于六月七日出院回家休养。经过一个多月的休养后，又于七月二十五日住进肿瘤医院内科，进行化疗，连续滴注五天为一疗程，现已顺利通过第一疗程，所幸当无不良反应，正整修以待第二个疗程，大概于九月上旬进行，若无意外，九月中旬即可告一段落，暂时出院回家，待到十二月再住院进行第三个疗程，这样的疗程，两年内共需进行五个，后两个的间隔时间较长。看来今后两年同医院是少不了交道的。你还是那么忙吗？（《盛彤笙告知任继周自己病情的信》，1986年8月15日）

资料三（照片） 盛彤笙晚年照。（见图252）

图252

资料四(传记) 先生 1979 年离开兰州调往江苏省农业科学院之后,仍时刻关心已恢复建制的中兽医研究所的建设和发展。1986 年我去南京出差,当时先生因病住院,我去医院看望,他兴奋不已,询问所里各方面的情况。我曾带去中兽医研究所新建科研大楼的照片,他看后高兴地说,这种条件是他多年梦想而未能实现的,今天在改革开放方针的指引下面貌一新,令人欣慰。当谈到所里有些同志在"文革"期间对他多有冒犯时,他面带笑容说:"那有什么,大家都是错误路线的受害者,我早就把那些事忘掉了,希望转告这些同志放下思想包袱,为发展兽医科研事业而努力工作!"充分显示先生的高尚人格和宽广胸怀。(杨若:《忆盛彤笙先生》,载中国畜牧兽医学会、中国农业科学院兰州畜牧与兽药研究所编《一代宗师盛彤笙:盛彤笙先生学术思想研讨会文集》,第 37 页)

10 月 14 日,经江苏省委安排,住进富贵山西幢新居。

资料(档案) 《关于安排盛彤笙住房的协议》(见图 253)一份,共 2 页。协议指出,省委指示,富贵山西幢东单元一套新建住宅安排给省农业科学院盛彤笙同志居住(该套住房使用面积为 222.6 m²,居住面积为 80.3 m²)。并协议该房仅安排盛彤笙本人居住,不得转让。一九八六年十月十四日签署协议。(《关于安排盛彤笙住房的协议》,1986 年 10 月 14 日,江苏省农业科学院,盛彤笙干部档案)

11 月 15 日至 20 日,中国畜牧兽医学会第六次会员代表大会在成都市召开,他被推选为中国畜牧兽医学会第七届理事会名誉理事长。

资料一(证书) 1986 年 11 月 20 日,中国畜牧兽医学会聘请盛彤笙

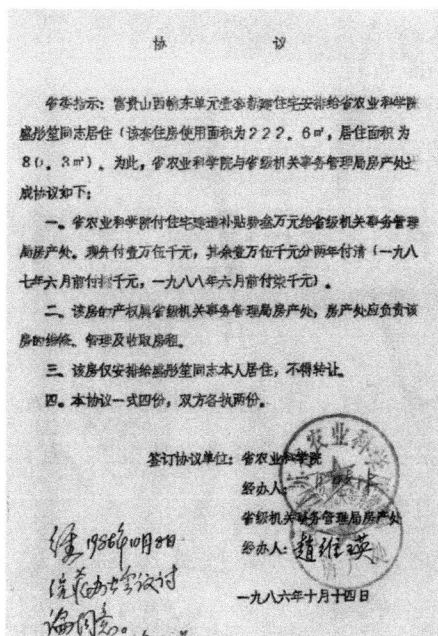

图 253

担任名誉理事长。（见图 254）

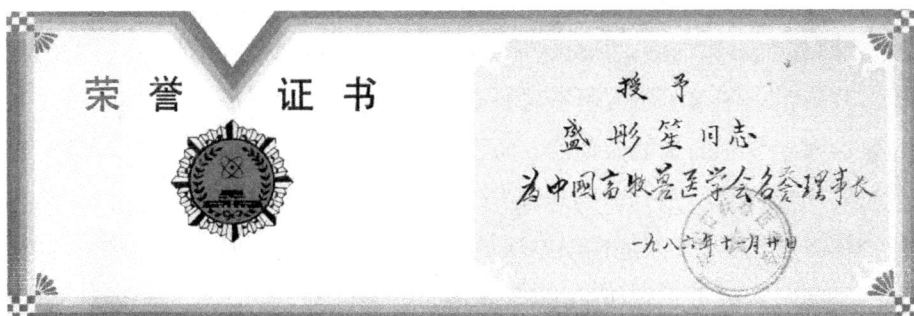

图 254

资料二（其他） 中国畜牧兽医学会第七届理事会理事及名誉理事长、荣誉会员名单 名誉理事长：许振英、陈之长、盛彤笙、程绍迥、熊大仕。（王前：《中国畜牧兽医学会第六次会员代表大会在成都召开》，《中国兽医杂志》1987 年第 1 期，第 54—55 页）

资料三（信件） 今年十一月下旬将在成都举行中国畜牧兽医学会第六次代表大会，如有可能，我拟由儿子陪同前往参加，这大概是我这辈子参加学会的最后一次活动了，不知你是否可有前往参加的计划？希望届时能够见面畅叙。否则你今年当有机会来宁否？（《盛彤笙告知任继周自己病情的信》，1986 年 8 月 15 日）

1987 年　　77 岁

5 月 9 日，在南京逝世，享年 76 岁。《人民日报》以"著名兽医学家盛彤笙在南京逝世"为题进行报道。江苏省农科院遵照其遗愿，在院学术楼举行追思会。

资料一（报道） 全国政协委员、著名兽医学家盛彤笙 1987 年 5 月 9 日在南京逝世，终年 76 岁。盛彤笙同志是江西省永新县人，1932 年毕业于中央大学，1934 年赴德留学，先后获柏林大学医学博士和兽医学博士学位。解放后,他曾任西北兽医学院院长、中国科学院西北分院筹备委员会副主任、中国农业科学院学术委员会副主任、中国科学院学部委员、中国畜牧兽医学会名誉理事长等职。盛彤笙是第一届全国人大代表,他还是第三、四、五、六届全国政协委员。(《著名兽医学家盛彤笙在南京逝世》,《人民日报》1987年5月17日第3版)

资料二(照片) 盛彤笙晚年证件照。(见图255)

资料三(传记) 盛在遗言中交代,身后不搞追悼会,不搞遗体告别,不放哀乐,只播放莫扎特的《安魂曲》安抚他的亡灵。院方尊重他的遗愿,在当时的院学术楼为他举行了追思会,会场陈列了盛生前著作、遗物、遗像。庄严的会场中回响着《安魂曲》,听得出,那是一部阵容庞大的男女声合唱,颇有气势,却徐缓而平稳,满含对人类生灵的悲悯,仿佛在抚慰亡者:"你当无怨无悔而去,因你已尽所能。"闻者动容。院内外畜牧兽医方面的同行专家六十多人出席追思会,致哀,发言,追思盛先生的成就和为人,表达了对盛先生的怀念。(阮德成、林继煌、周光恒:《再认识 更敬仰——追忆盛彤笙先生》,载江苏省农业科学院主编《缅怀农学前辈——怀念江苏省农业科学院老领导老专家文集》,第188页)

图255

附录一　盛彤笙年表

1911 年　1 岁

6 月 4 日,出生于湖南长沙。祖籍江西永新,曾祖盛一朝,祖父盛钟禹,父亲盛嵋孙,母亲徐友贞。

1915 年　5 岁

是年,父亲盛嵋孙任长沙雅礼中学文牍员。

1917 年　7 岁

是年,进入长沙私立幼幼小学读书,后转学,就读于私立修业小学、广益附小。

1922 年　12 岁

9 月,从广益附小毕业后,进入雅礼中学读书。受教于郑业建、黄国璋、左复、劳启祥、应开识等老师。

1926 年　16 岁

是年,参加并领导雅礼中学反对帝国主义文化侵略和奴化教育的运动。后学校停办,他被开除学籍,未获任何证书。

1927 年　17 岁

秋,因雅礼中学停办而随父亲回到南昌,经湖南省教职员联合会出具转学证书,转入江西省立第二中学高中三年级就读。

7 月,于江西省立第二中学毕业并报考中央大学。

8 月 8 日至 11 日,在中央大学参加入学考试。

8 月 31 日,《申报》公布录取名单,他被理学院生物学系录取。

9 月,在中央大学报到注册,进行体格检查后,开始上课,修读普通无机化学、各体文选等课程。

10 月 10 日,在上海《开明》杂志发表处女作《〈孩子们的音乐〉书评》。

2 月,进入十七年度下学期,继续上学期的课程。

7 月,中华自然科学社第二届年会在南京召开,加入该社,成为第 41 名社员。

9 月,进入十八年度上学期,生物学系一分为二,他分在动物学系学习。修读王家楫教授的普通动物、普通植物等课程。

秋,掩护地下党员朱理治。

是年始,与窦止敬、屈伯川等人多次参加学生运动。

2 月,开学后新选有机化学实验课。

4 月,父亲盛嵋孙在中央大学医学院任文书员兼注册员。

5 月 8 日,与丁鉴民、李崧仙等 347 名学生共同上书中央大学校长,要求振兴学校体育事业。

9 月,开学后修读蔡堡的比较解剖学、动物生理学,许骧的遗传学,曾昭抡的有机化学等课程。

2 月,开始修读动物分类学、胚胎学等课程。

9 月初,在中央大学上海医学院借读,修读张鋆教授的解剖学、组织学、胚胎学等课程。

9月18日,"九·一八"事变爆发,政府的不抵抗政策引发民众不满。冬,与同学乔树民、李鼎权等赴南京参加请愿示威游行。

1932 年　22 岁

1月28日,淞沪抗战爆发,参加上海医学院组织的医疗救护队,奔赴沪北前线救治伤员。

2月,进入二十一年度第一学期,修读蔡翘教授的生理学和林国镐教授的生物化学等课程。

6月15日,经中央大学理学院鉴定,修完动物学系课程并取得学分。

7月,正式毕业,获理学学士学位。

8月,上海医学院独立设置。他继续在医学院修读李振翩教授的微生物学课程,并选定微生物学为研究方向。

1933 年　23 岁

2月20日,翻译昆虫学家兴斯顿《几种伶俐的昆虫:关于本能和智慧底问题》一文,刊于《科学世界(南京)》,编者赞其译笔峭动。

4月,父亲盛嵋孙在上海医学院任注册员。

10月22日,与乔树民、苏德隆等社员发起组织中华自然科学社上海分社。

约是年,利用课余时间,在一家报馆进行文稿审校工作,贴补日常费用。

1934 年　24 岁

3月,报名参加江西省教育厅欧美公费留学生考试。

4月5日,在南昌省立医学专科学校参加体格检查。

4月8日至14日,在省教育厅分别参加普通科目及专门科目的考试,被兽医科录取,由教育厅报教育部复试。

7月7日,教育部公布各省考选留学生的复试结果,他被录取为留德兽医公费生。

7月20日,在中华麻风救济会举行的第二届铲除麻风有奖征文活动中,以《麻风为公众卫生问题》一文获得一等奖。

9月，与好友屈伯川一同离沪，赴德留学，第一学期在慕尼黑大学兽医学院学习。

是年寒假及每年假期，在欧洲各国游历，参观文物风光，开阔眼界，培养兴趣。

1935 年　25 岁

春，转学到柏林，继续学习医学专业，完成中央大学医学院未完之学业，并旁听兽医课程。

春，在柏林加入中国共产党的外围组织反帝大同盟，并资助共产党在巴黎出版的《救国时报》。

9月22日，与屈伯川等在柏林发起组织中华自然科学社欧陆分社。

1936 年　26 岁

1月开始，陆续发表《细菌战的可能性》《毒气战中之军马》等文章，提醒当局重视未来之细菌战、毒气战及军马之防毒等问题。

5月，通过论文《有关应用洋地黄后负荷提高问题的研究》的答辩，获柏林大学医学博士学位，继而转往汉诺威兽医学院学习兽医学。

5月25日，与在德国柏林考察的江西省政府委员兼建设厅厅长龚学遂谈畜牧问题。

7月24日至31日，代表中国参加在德国莱比锡举行的第六届世界家禽会议。

10月，在上海医学院学习期间参与翻译的《惠嘉二氏内科要览》由中华医学会出版。

是年，父亲盛嵋孙辞去上海医学院注册员一职。

是年，在汉诺威兽医学院，婉拒加入蓝衣社。

1937 年　27 岁

11月至12月，与留德同学曾昭燏等关注英报论评，了解国内抗战情形。

1938 年　28 岁

1 月底,中正医学院师生从吉安迁到永新,父亲盛嵋孙在校任注册员。

夏,通过论文《弗氏流感杆菌与猪流感杆菌和仔猪流感杆菌的比较研究》的答辩,获得柏林大学兽医学博士学位。

约是年夏,经友人杨浪明介绍,接受辛树帜院长发的西北农学院教授兼畜牧兽医系主任的聘书。

8 月 21 日至 27 日,与陈超人一同参加在瑞士苏黎世举行的第十三届世界兽医会议,并在开幕式上发表演讲,强烈谴责日本的侵略行为,呼吁各国兽医界对中国的兽医事业给予支援。

9 月,经由马赛乘船回国,从香港登陆,辗转回到家乡江西永新农村,与逃难回乡的家人团聚。

9 月,开始在江西省立兽医专科学校任教。

12 月 9 日,《国风日报》发布他被聘为畜牧兽医系主任的消息。

1939 年　29 岁

1 月 28 日,父亲盛嵋孙随中正医学院师生从江西永新迁到云南昆明。

3 月,日军攻陷南昌,江西省立兽医专科学校迁至吉安。至是年春,他一直在该校任教。

春,应辛树帜聘约,辗转至陕西武功西北农学院担任教授兼畜牧兽医系主任。

冬,国民党举行高级知识分子的集体入党仪式,他成为"特别党员",但未参加国民党的任何活动。

1940 年　30 岁

夏,为使畜牧兽医得到独立自由发展之机会,将西北农学院畜牧兽医系一分为二,任兽医组主任。从课程设置、教材编写、实验室组建、教学安排等方面改进重整。专心讲授兽医细菌学、病理学和诊断学等课程。

9 月,父亲盛嵋孙随中正医学院师生迁往贵州镇宁。

冬,被"三青团"中央团部任命为"三青团"西北农学院直属分团筹备会干事,借故未参加筹备工作。后被直属分团聘为兽医系支队指导员,但未过问其事。

1 月,离开西北农学院,赴成都中央大学畜牧兽医系担任教授,讲授家畜微生物学及家畜病理学课程,并兼任齐鲁大学医学院微生物学教授。

6 月,中华畜牧兽医出版社改选职员,当选为理事,担任编辑主任。与陈之长发表《改进我国畜牧兽医教育之商榷》一文,称畜牧兽医教育亟待改造,希望政府采纳中国畜牧兽医学会的建议,成立畜牧兽医专科学校。

7 月,中央大学农学院畜牧兽医系的余国粹等十九名学生毕业,朱晓屏留校担任助教。

9 月,在《畜牧兽医月刊》发表在金陵大学农艺学会的演讲稿《畜牧兽医对于国计民生之关系》,指出畜牧兽医对人类健康、文明进步的重要意义,希望农界同仁予以深切关注并热烈提倡。

11 月,父亲盛嵋孙随中正医学院师生回迁至故乡永新。

11 月 30 日,中华自然科学社第十四届年会在重庆大学召开,增选为学社第十五届理事。

12 月 21 日,中华自然科学社在中央大学召开第十五届第一次社务会,被推选为《社闻》编辑。

1 月 25 日,担任社闻编辑之后的第一期《中华自然科学社社闻》出版。

2 月,中央大学农学院畜牧兽医专修科的汪绍裘、佘长年等十六名学生毕业。

7 月 1 日,被教育部任命为四川省推广繁殖站股长。

7 月 12 日,中华自然科学社第十五届第四次社务会在中央大学召开,由黄其林代为出席,讨论通过推定司选委员会人选等十三项提案。

7 月,中央大学农学院畜牧兽医系的罗仲愚等十一名学生毕业。

9 月,编写我国第一部《兽医细菌学实习指导》,并经助教朱晓屏先行试验一遍后,出版发行,供后方学生实习之用。

10 月 11 日,中华自然科学社第十五届第五次社务会在中央大学召开,由黄其林代为出席,讨论通过刊行《科学纪新》及新社友等三项提案。

10 月 31 日,中国畜牧兽医学会在成都复会,当选为监事,负责主编《畜牧兽医月刊》。

10 月,畜牧兽医系主任陈之长休假,他暂代系主任。

11 月 1 日,在负责编辑的《中华自然科学社社闻》开篇发表社论,称充足的仪器设备和安定的生活是"科学家能各展所长贡献国家"的两项先决条件,呼吁政府给予科学家以研究的便利,改善科学家的生活待遇,培植国家科学的元气,为战后建设工作做好准备。

是年,与畜牧兽医系教师共同承担中央政治学校附属边疆学校畜牧兽医科的教学与实习任务。

是年,父亲病逝于永新。他自此承担起全家老幼的生活和教育费用,在极度困难的情况下出售由德国带回的原版书籍。

1943 年　33 岁

2 月,中央大学农学院畜牧兽医专修科的张思敏等十一人毕业。

3 月,撰成《军马与家畜之防毒》一书,普及毒气与毒气战知识以及军马与家畜之防毒、除毒方法。

5 月,《中国畜牧兽医学会会讯》在成都创刊,负责编辑发行工作。

7 月,中央大学农学院畜牧兽医系的廖延雄、夏祖灼等十三人毕业。

是年,回江西奔母丧,在中正大学农学院兽医系短期教学。

1944 年　34 岁

2 月,与助教朱晓屏完成实验,发表《胺苯磺醯胺族药物对于马鼻疽杆菌作用之初步试验报告》。在国际上尚属首次报道。

3 月 27 日至 31 日,在成都中央大学畜牧兽医系召开的全国兽医会议上做专题报告,介绍国内兽医教育概况,并与国外兽医教育情况比较,建议政府将国内现有最完备之畜牧兽医系扩充为兽医学院一所。

4月2日,参加中国畜牧兽医学会在成都召开的改选监理事会议,当选为常务理事,兼出版部主任。

5月,翻译的《兽医细菌学》一书由中国畜牧兽医学会出版,使后方学生学习微生物时有书可读。

7月,中央大学农学院畜牧兽医系的陈振旅、刘瑞三、邹介正等十七人毕业。

8月,廖延雄接替朱晓屏,任兽医微生物助教。

1945 年 35 岁

2月,与朱晓屏等完成的《磺胺族药物对出血性败血症杆菌之作用》发表。

是月,中央大学农学院畜牧兽医专修科的十六名学生毕业。

6月,与助教朱晓屏完成实验后发表《磺胺族药物对于马鼻疽杆菌之效用Ⅱ.Sulfadiazine 对于马鼻疽杆菌之效用》。

7月,中央大学农学院畜牧兽医系的袁昌国、李振钧、王树信等十一人毕业。

8月,与助教朱晓屏、学生王树信完成的《渝蓉牛传染性流产调查报告》发表,证实四川土种黄牛未受流产杆菌之传染。

9月,获中华文化教育基金会科学研究甲种补助金六万元。

10月,经过实地调查和研究,发表《水牛脑脊髓炎之研究》一文,在世界上首次研究出:四川西部一带水牛流行的所谓"四脚寒病"是由一种病毒所致的脑脊髓炎。

是年,与助教谢铮铭编写的通俗读物《马匹的重要传染病》由中国畜牧兽医学会出版。

1946 年 36 岁

3月15日,Virus Encephalomyelitis in Buffaloes(《水牛脑脊髓炎之研究》)一文在国际顶尖杂志 Science(《科学》)发表。

4月15日,与中央大学畜牧兽医系全体师生合影留念后离蓉,随学校回迁南京,在畜牧兽医系讲授微生物学和病理学。

5月17日,在联合国善后救济总署中国分署兽医主任史亨利博士的倡议下,政府发布成立兽医学院的手令。

6月22日,辛树帜与教育部长朱家骅在南京详商兰州大学的扩充方案。26日,辛树帜拟定《主办兰州大学计划大纲》并上报教育部,提出兰州大学由法学院、医学院、文学院、理学院与特设兽医学院等五院组成。

7月3日,甘肃省政府主席谷正伦签署请教育部在兰州筹设畜牧兽医学院的电报,并电呈蒋介石。

7月15日,教育部回电辛树帜,准设文、理、法、医学院,兽医学院则俟奉准设置后再划归兰州大学办理。

7月24日,在南京代辛树帜出席教育部举行的高等教育讨论会。25日,辛树帜在兰州接受记者采访,公布已聘定盛先生为兽医学院院长。

8月1日,兰州大学成立,分文理学院、法学院、医学院、兽医学院。出任兽医学院院长。

8月3日,辛树帜上书朱家骅,报告兰州的办学情况,谷正伦对兰州大学设置兽医学院及院址选择等事极为关心。

8月7日,与辛树帜呈文朱家骅,兽医学院已筹备成立,请允许先行招收一年级新生,并预拨开办费5亿元,购置院址及设备。

8月11日,在甘肃广播电台做题为"有志青年请学兽医"的学术演讲。

8月14日,兰州大学呈请农林部派西北防疫处处长胡祥璧偕同兽医学院院长赴京、沪接洽教师及设备事宜。9月5日,农林部同意并予准假十五日。

8月,陪同联合国善后救济总署史亨利来兰州勘察兽医学院院址,决定收购前西北防疫处之牧场为临时院址。

9月19日,教育部长朱家骅训令兰州大学,文、理、法医三学院占地至少要一千亩以上,兽医学院及附属家畜医院必须与大学同在一处,所需院址基地更宜广阔。

10月1日,行政院第761次例会正式通过,决定设立兽医学院,教育部拟定暂时附设于兰州大学内,开办经费为20亿元。

10 月 22 日、12 月 12 日,与邹东明互赠照片,开始交往。

10 月 29 日,教育部复电甘肃省政府,兽医学院已由兰州大学办理,并请给予协助。

11 月 1 日,与辛树帜、史亨利一同被教育部聘为兽医学院筹备委员。

11 月 12 日,与辛树帜从重庆转机到兰州。

11 月 18 日,兽医学院学生开始上课。

11 月 21 日,甘肃省教育厅厅长宋恪和建设厅厅长张心一呈文省政府主席郭寄峤,拟将甘肃省畜牧兽医研究所并入兰州大学兽医学院。

11 月 23 日,兰州大学公布新生学号,兽医学院从 1347—1387 号共 41 人。

11 月 25 日,在兰州大学纪念周为学生做报告,勉励大家要有骆驼的精神,负重默默前行,为振兴中国的畜牧兽医事业及人才培植而努力奋斗。

11 月 26 日,在兰州大学发起组织中华自然科学社兰州分社。

11 月,购置卫生署兰州小西湖以北硷沟沿西北防疫处牧场为兽医学院院址。

12 月 3 日,教育部聘虞振镛为兽医学院筹备委员。

12 月 4 日,中华自然科学社第十九届第三次理事会议在中央大学举行,会议议决,准他辞去常务理事一职,由郑集继任。

12 月 14 日,教育部聘陆军兽医学校高级研究班兽医监主任崔步瀛任兽医学院筹备委员,至此,筹备委员达五人。

12 月 20 日,朱家骅发出训令,令兽医学院独立设置,暂与兰州大学合作办学。他由部聘为院长。

12 月底,中国科学服务社在南京成立,与李振翩、曾昭抡等十二人出任董事,董事长杭立武,社长沈其益。

是年,为中国畜牧兽医学会出版的《中国适用外种家畜图谱》作序。

1947 年 37 岁

1 月 16 日,收到被聘为兽医学院院长的消息后,立即致信朱家骅,以年轻、缺乏经验和体弱不堪重任为由三次力辞,推荐更有资望者出任,朱家骅回信极力挽留劝勉。

1月20日，教育部致函兰州大学，聘他为兽医学院院长。

2月，兽医学院筹备期满，正式成立，共分解剖、细菌卫生等七科，一年级新生仍在兰州大学上课。派陈北亨到武汉购置教学用品与建筑材料。

3月6日晚，至梅园新村为中共和谈代表、留德同学王炳南送行。

3月7日，在中央大学出席中华自然科学社第十九届五次理事会议，讨论议决本届理事会改选等案。同日，"国立兽医学院钤记"印章启用。

3月11日，致信朱家骅，申请兽医学院建筑设备经费10万美元。

3月19日，在上海领到财政部颁发的护照，采购显微镜十八架并运往兰州。

3月28日，教育部函复甘肃省政府，同意将畜牧兽医研究所并入兽医学院。

3月29日，在南京参加中国科学工作者协会第二届年会，与欧阳翥提案"请政府改变外汇政策，便利科学仪器、图书进口"。

4月9日，朱家骅回信核拨经费十万美元一事已报行政院核办，并由教育部先行垫支一万美元，在国内外订购图书仪器。

4月24日，聘请以常英瑜为主任的建筑委员十人，筹划小西湖校舍的建设事宜。以原西北兽疫防治处交谊厅为办公地点。

4月，兽医学院正式脱离兰州大学，独立设置，他亦履新院长之职，开始大力延揽师资，他要求教师"重师必先师自重，育人先要正己"。甘肃畜牧兽医研究所师资设备等并入学院。

5月，畜牧兽医界、教育界同仁及政界人士相继发来函电，祝贺荣膺院长，对发展西北兽医事业寄予厚望。

6月，就兽医学院院址狭小一事致函朱家骅，请郭寄峤、马鸿逵等予以协助解决。

7月1日，朱家骅分别致电郭寄峤、马鸿逵等人，请他们协助解决兽医学院院址问题。

7月4日，马鸿逵就院址问题复电，表示欢迎来宁夏商讨。

7月18日，在沪致电朱家骅与谷正伦，请马鸿逵捐赠兰州小西湖之马家花园为兽医学院院址。19日,朱家骅复电请往西宁拜访马鸿逵。

7月,几经波折,兽医学院教研办公实习中心大楼方开工建设,他对大楼每一处细节都极周详考虑。

夏,完成在中央大学所承担的微生物学和病理学两门课程的教学任务,正式脱离中央大学。

夏,与刚从中央大学师范学院艺术系毕业的邹东明在兰州结婚,婚礼在兰州山字石教堂举行。

8月2日,中华自然科学社兰州分社第一次理监事会议在兰州大学召开,由杨浪明代为出席,讨论今后分社的工作,介绍新社友。

8月6日,《甘肃民国日报》以《兽医学院新生中》为题,报道学院大楼的基建、规模,以及学生寝室、师生上课等情形。

8月14日,郭寄峤复电表示学院自行选择公地后函知省政府核拨,征购民地则由行政院核准后奉令照办。

8月,寄言即将留学美国的助教廖延雄:"君子不忘其本,到时回来,为祖国效劳。"

8月28日,致信朱家骅,邀请他参加学院新建大楼伏羲堂的奠基仪式。

9月9日,朱家骅回函告知因道阻无法参加伏羲堂的奠基仪式,已请辛树帜代为出席。

9月,与辛树帜拟定兰州大学与兽医学院三十六学年合作办学的办法,并呈教育部备案。

10月10日至14日,甘肃省第一届运动会在兰州红山根体育场举行,他派学生代表兰州市参加比赛,并为大会题写"龙骧虎步,各尽所长。三育并重,身健国强"以纪念。

11月12日,中国农业科学研究社在上海举行成立大会,他被聘为顾问。

11月19日,复旦大学原校长李登辉病逝,撰写挽联悼念。

11月27日至30日,中国畜牧兽医学会第五届年会暨中国农业界各专门学会于南京召开,与程绍迥、罗清生、许康祖等当选为学会下届理事。

11月,撰《伏羲堂记》,刻石以为永久之纪念。

1948 年　38 岁

1 月 1 日，《科学世界》第 17 卷第 1 期出版，聘请各科特约编辑四十人，他担任兽医科特约编辑。

2 月 18 日，著名学者、传记作家许寿裳在台北寓所遇害身亡，他撰诔词以悼念。

2 月 25 日，签署亲自拟定的征求院歌启事，撰校歌歌词一首。

约 2 月，为兽医学院设计校徽及公函封。

2 月 26 日，在兰州三爱堂参加张治中离开西北前的文化界联谊会，认为当前全国最大的问题是觅致全面和平。

3 月 18 日，校歌评奖结果公布，第一至三名分别为袁石民、秦和生、王肇西。自撰校歌未参与评奖，作为正式校歌送往南京音乐学院、上海音乐专科学校谱曲。

3 月，与朱晓屏合编的《兽医细菌学实习指导》第二版被列为"国立兽医学院丛书第一种"出版发行。

4 月 11 日，应兰州广播电台之邀，做题为"谈谈细菌战"的广播演讲。

4 月 21 日，以《水牛脑脊髓炎之研究》一文获教育部第六届学术奖励应用科学三等奖。

4 月 22 日，聘张治中之女张素我为兽医学院招生委员会委员。

4 月 24 日，中国农业科学研究社在上海举办首次农业展览会，由他担任展览会顾问。

5 月 18 日，西北军政长官张治中应邀到校做"兽医畜牧对于世界科学及人类社会之使命"的演讲。

5 月，经两个多月的跋涉，所聘生化科教授兼主任高行健到校。

6 月 11 日，恰为农历端午节，女儿出生，取名小端。

6 月 17 日，《和平日报》兰州社理监事会正式成立，西北各省军政首脑均列名为理事、监事，众人公推张治中为理事长，水梓为监事长，他与孙汝楠、刘国钧等出任理事。

6 月，中心大楼伏羲堂落成，供全院办公、教学、实习、阅览、研究之用。中央大学教授陈柏青、程潜将军题写堂额。

是月,国防部马政司副司长崔步青与美国军事顾问团上校兽医尤礼博士来校参观,分别做"美国之畜牧及马政概况"及"兽医职业之前途及兽医师应备之条件"的演讲。

是月,致电教育部和英国文化委员会,请求分配兽医学院的赴英留学生名额,未果。

7月26日,闻朱家骅将来兰州视察,特致电邀请朱家骅主持伏羲堂落成典礼。因朱氏未能成行作罢。

7月,为便利维吾尔族青年入学,兽医学院请教育部批准设立兽医人员训练班,修业期限为两年。

8月9日,在辛树帜的陪同下,来兰州大学任教的顾颉刚至兽医学院讲《中国历史与西北文化》,他设家宴接待。

暑假,兽医学院搬到小西湖。开学后师生在新落成的伏羲堂大楼上课。

9月,邀请郑集来学院讲学。刘瑞恒、金宝善及美国医药援华会会长葛古森参观学院,称赞学校设备即美国多数学校亦所不及。

10月1日,在学院伏羲堂主持西北家畜及饲料改进协会成立大会,并致开幕词,强调畜产对国防民生的重要性。

10月8日,在省政府参加第一次理事会议,负责召集理事会六组主任,拟订五年畜牧事业计划纲要。

10月12日,在伏羲堂参加迎新大会,师生同乐。

10月下旬,与来院参观的世界卫生组织防痨专家劳礼讨论家畜结核病的问题。

10月20日,兽医学院首次教师学术讨论会在伏羲堂会议室举行,确定以后每周三下午例行召开。

10月25日,参加学院经费稽核委员会第一次会议,通过办事细则。

10月,汤飞凡来兰州筹设分处,参观兽医学院,做"兽医与人医之关系"的报告。

11月1日,兽医学院举行月会。

11月5日,法国驻蓉领事贺伟烈参观兽医学院,拟赠法文兽医书籍杂志。

11月16日,负责次堪先生子女教育基金在兰州区的筹募事宜。

冬,制定《国立兽医学院信条》十则,以为工作理想和前进目标。

12月18日,中央畜牧实验所技正郑庆端参观兽医学院后做"牛瘟之防治"的演讲。

12月,教授楼房、教职员暨学生宿舍等次第落成,安排教授搬入小楼,自己仍住在平房,家畜病院及畜牧场亦在筹建中。新聘教师陆续到院任教,师资日趋完备。

是年,应邀赴著名历史学家张维的家宴,与兰州文化教育界人士聚谈半日。

是年,为学生讲授细菌学课程。

1949 年 39 岁

1月1日,《国立兽医学院校刊》创刊,他亲题刊名并撰创刊词,阐明学院性质、使命及创刊目的,认为学府之必要条件有三:完备之图书仪器、良好之师资、优美之学风。

2月,在伏羲堂举行全体员工、学生的团拜活动。

3月7日,家畜病院临时门诊处开业,暂由朱宣人、许绶泰及秦和生等主持。

3月12日,国防部西北各种马牧场及军牧场的场长借在兰州参加马政会议之便来院参观。

3月中旬,美国经济合作总署中国分署专员蓝士英及西北办事处主任萨汉民亦先后来院参观交流。

3月中旬,学院成立员工福利委员会。

4月16日,员工自助餐厅启用。

5月1日,在《国立兽医学院校刊》发表《释本院信条第十条》,阐释"我们相信环境愈艰苦,我们更应该有同心协力、披荆斩棘的创造精神"的含义。

8月11日,马步芳训令学院迁往西宁,15日,又令改迁往武威,均拖延未迁。教育部派专机来兰州接四院校负责人前往广州,亦拒绝前往。

8月14日至16日,兽医学院录取十九名新生。

8月24日,马家军以有碍作战为由,扬言要拆毁伏羲堂,师生连夜将仪器、药品等转运至兰州大学。

8月26日，兰州解放，在全校师生的努力下，兽医学院保存完好。

9月2日，兰州市军事管制委员会任命辛安亭为军代表，并派他接管兽医学院。师生积极配合，交接顺利。

9月11日至17日，兽医学院积极参与庆祝解放的活动，二、三、四年级学生19日开课。

9月22日至25日，学院续取新生十五名。

9月25日，中华自然科学社兰州分社第三届年会在兰州大学召开，兰州区社友共商建设西北大计。

10月1日，举行"国校同庆"活动，兰州市军管会主任张宗逊将军和教育处长辛安亭出席并讲话。在当天出版的校刊上发表《新时代中应有的新努力》，勉励同仁同学担负使命，全心全意为农牧民服务。

10月6日，与全院员工、学生、眷属二百余人共度中秋月光晚会。

10月12日，同意常英瑜辞去总务主任一职，聘周中规教授继任。

10月16日，甘肃行署农林处在兽医学院召开兰州市畜牧兽医界座谈会，与路葆清、孙晋一共同主持，对今后西北畜牧工作的方针做了详尽讨论，提议在西北人民政府中设立畜牧部。

10月17日开始，学院举行为期一周的全体师生参加的校政改革讨论大会，对学院制度、机构、课程、人员等，进行详尽商讨，并得出具体结论。

10月20日下午，接待由黄正清将军父子率领的五十余位夏河藏族同胞，带他们参观学院，介绍学院简史、现况及与藏区的密切联系。

10月，兽医学院仪器设施、师资力量渐趋完备，他暂代细菌卫生科主任，以身作则，对全校教师严格要求。

11月13日，西北局在给中央的电报中，就西北军政委员会组织机构问题，建议设立畜牧部。16日中央回电同意。

12月1日，在学院月会发表演讲，历述苦学之经过，鼓励学生立志勤学。

12月15日，学院教职员学习委员会成立，他与许绶泰等九人担任委员。

12月19日，经前期的招生准备，学院防疫人员训练班开学上课。

12月底，《国立兽医学院校刊》公布了学院的师资情况：专任教授五人，副教授四人，讲师及以下十七人，有留学博士学位及研究经历者十五人。

1950 年　40 岁

1月1日,参加学院的新年同乐会并演讲,勉励师生肩负起时代赋予的重任,努力促进学校发展,为国家经济建设贡献力量。

1月1日,在校刊发表《严防新的兽疫传入中国》一文。

1月25日至27日,应甘肃行署农林处委托,召集师生讨论永昌、永登发生的牛瘟的防治问题,派全校54名师生前往两县防治牛瘟,三月内分批返校。

1月31日起,三次致函霍子乐与惠中权,讨论有关兽医学院开办西北五省(区)畜牧兽医人员训练班事宜。

3月7日,霍子乐回信,答复畜牧兽医人员训练班开办等事宜。

3月10日,中央人民政府政务院第二十三次会议通过决议,任命他为西北军政委员会畜牧部副部长。

3月24日,致信霍子乐,婉辞副部长一职,请另觅贤能充任。

3月27日,在南京大学进修的任继周、陈士毅进修期满,返回兰州。赴沪、宁两地洽领器材等事务的常英瑜历时四月,抵达西安。

3月,赴永昌、永登防治牛瘟的师生分批返校。

春,根据德文原著,重译陈之长、罗清生从英译本转译的《兽医内科诊断学》一书,仍署原译者名,列入"国立兽医学院丛书第二种"出版。

4月1日,学院的畜牧兽医人员训练班开学,共有学员五十余人。

4月3日,根据甘肃省文教厅的通知,西北农业专科学校畜牧科并入兽医学院,学院以此为基础设立畜牧系,由他暂代系主任。

4月9日,赴西安向西北军政委员会及教育部请示办理学院师资、经费、设备等事宜。面辞畜牧部副部长一职,未蒙允准,遂协助霍子乐和张中部署部务。

4月11日,中央人民政府委员会第六次会议通过决议,任命他为西北军政委员会畜牧部副部长、西北财经委员会委员,兼任兽医学院院长。

4月11日,学院学委会改选,当选为委员。

4月17日,兽医学院第十五次院务会议决定成立生产委员会,选举常英瑜等十一人为委员。

4月24日,西北军政委员会农业部副部长蔡子伟,甘肃省农业厅副厅长黄正清、陆为公、马丕烈等来院参观。

6月初,接奉中央教育部电令,学院改由西北教育部及西北畜牧部共同领导。

6月初,学院成立清库小组,清点财产,造册上报。

6月11日,在西安公毕返兰。

6月19日,在全体员生大会上做报告,报告校政改革的成绩和不足,呼吁大家继续努力,不断改革校政,负起建设西北畜牧兽医事业的伟大任务。

6月30日,经院务会讨论,完成学院的整编工作,计有教员二十九人,职员二十五人,工友二十九人,报教育部备案。

7月5日,签发聘请朱宣人等二十九人为本院教师的文件。

7月14日,学院欢送畜牧兽医人员训练班第二期学员毕业,返回原单位工作。15日,来自青海、宁夏的第三期学员正式开课。

7月24日至8月23日,兽医学院举行集中学习,甘肃省文教处处长兼学院军事代表辛安亭驻院领导,制定学院组织规程、教学通则和课程标准。

8月18日至24日,中华全国第一次自然科学工作者代表会议在清华大学举行,他与丁西林、袁翰青等五十人当选为中华全国科学技术普及协会第一届全国委员会委员。会后,与在京畜牧兽医界人士提出筹组恢复中国畜牧兽医学会的建议。

8月28日,学院举行晚会,欢迎兽医系主任兼诊疗科主任蒋次升等七位暑假新聘任教师到校,欢送原总务主任常英瑜出任西北羊毛改进处副处长。

8月,学院与西北兽疫防治处合办家畜病院临时门诊部,蒋次升担任院长。

10月1日,兽医学院全体员生参加兰州市国庆大会。

10月1日,在校刊发表《四周年纪念的回顾与前瞻》,回顾学校发展的艰辛历史,展望美好的未来。

10月2日,在校内举行校庆典礼,同时欢迎新教职员和学生。下午,参加学校工会成立大会并发表致辞,勉励全体会员积极学习工人阶级的优秀特性,怀抱伟大目标和理想,为广大人民谋取些幸福,为子孙后代创造光明前途。

10 月 6 日,向西北畜牧部呈报首届八名毕业生的工作分配计划,张邦杰、赵纯墉等留校任教。勉励青年教师"对待教学要像对待学术研究那样,要一步一个足印地走,要做一点一滴的工作"。

10 月下旬,学院附设畜牧兽医人员训练班第三期学员毕业,分赴甘、宁、青工作。

11 月 4 日,赴西北畜牧部处理部务,并与各有关部门接洽兽医学院事务。在处理部务时,十分重视公文的行文规范。

11 月 29 日,经两次招生,学院附设畜牧兽医人员训练班第四期的八十名学员正式上课。

11 月,新家畜病院开始建设。

12 月 3 日,学院第一届学生的毕业典礼在伏羲堂举行,因在畜牧部处理部务而未能参加,甘肃省政府主席邓宝珊将军出席会议。

12 月 8 日,兽医学院经中央教育部核准改为西北兽医学院,并启用新印章。

12 月 16 日,西北军政委员会秘书长常黎夫一行三人来院参观,关切学院的发展前途。

12 月底,出席西北军政委员会第一届畜牧兽医会议。

是年底,学校已颇具规模,各科师资齐全。

是年,组织西北畜牧兽医考察团,开展为期一年的畜牧兽医调查。

1951 年　41 岁

1 月初,继续参加畜牧兽医会议,西北军政委员会副主席习仲勋在会上强调西北要注重发展畜牧业。

1 月,畜牧部陕西省兽疫防治人员训练班第二期学员毕业。他为同学录题词。

2 月 1 日,与霍子乐、张中共同向西北军政委员会的三位主席呈报"为请号召各级行政干部领导兽疫防治工作以期迅速扑灭兽疫"的报告。

2 月 2 日,经中央人民政府政务院第七十次政务会议通过,他被正式任命为西北兽医学院院长。

3月17日,受甘肃农林厅委托之防疫人员调训班,经六周已胜利结束培训,学员返回原地服务。

3月21日,新聘语文科副教授黄席群到校。新学期全校共有教师四十五人,其中专任教授五人,副教授八人,兼任教授两人。

3月28日,兽医学院附设畜牧兽医人员训练班第四期的七十七名学员顺利结业。

3月31日,在西安接洽院务完毕后返回兽医学院。

4月2日,到校视事。

4月6日,儿子盛天舒出生。

4月初,派牧场主任崔堉溪等前往会川着手牧场等实习场地的接收与扩建工作。

4月19日,受西北畜牧部委托,许绥泰等赴阿拉善研究骆驼"蝇疫"的病原和防治方法。

5月7日,全国科联兰州分会筹委会成立,任副主任委员。

5月23日,西北畜牧部副部长张中视察学院,并于6月19日再次莅院讲话,对学院各项工作多有指示。

夏,与朱宣人等倡议,在西北兽医学院成立中国畜牧兽医学会兰州分会筹备委员会。

夏,西北区七院校第一次统一招生。西北兽医学院经过两次招生,共录取新生三十七名。

7月1日,在校刊发表《和新生谈谈畜牧兽医——兼送兽医系第二届毕业生走上工作岗位》一文,勉励新生认真学习畜牧兽医科学,报效祖国和人民。

7月13日,牧草学专家、南京大学农学院畜牧系主任王栋教授应邀来校讲授牧草学。

7月19日,细菌卫生科教授、美国堪萨斯州立大学兽医微生物学博士廖延雄携眷抵院。

7月26日,学院举行兽医系第二届毕业生毕业典礼,甘肃省文教厅副厅长马济川及南京大学王栋教授等讲话。

暑假,派兽医系三年级学生十二人分赴平凉、康乐、金塔等地参加防疫工作。

8月5日,英国爱丁堡大学畜牧学博士杨诗兴抵校任教,聘为教授兼畜牧系主任。

8月6日,王栋教授率由西北畜牧部、羊毛改进处及学院师生组成的考察团赴永昌皇城滩、山丹大马营一带进行草原调查。

8月23日,派朱宣人、蒋次升等八人代表学院出席西北区第一届高等教育会议。

8月28日,西北军政委员会副主席习仲勋在财经委员会副主任贾拓夫及文教委员会副主任张稼夫的陪同下,莅院视察,对学院工作做出指示。

9月初,新生开学,在院长训话中鼓励学生要通过自己的努力促进中国畜牧业的发展,让中国人每天都有半斤牛奶,有一件毛衣、一双皮鞋。

9月7日,为谋名实相符及均衡发展,致函西北教育部,请将"西北兽医学院"改名为"西北畜牧兽医学院"。

9月26日,新聘兽医系解剖科教授兼主任谢铮铭博士到校任教。

9月,成立国庆校庆筹备委员会,主持各项庆祝及爱国主义的宣传工作。

10月3日,举行国庆、校庆活动和迎新大会,并在校刊发表《加强畜牧兽医科学中的爱国主义思想教育——为本院五周年校庆而作》。

10月19日,中央教育部批复,同意学院改名为西北畜牧兽医学院。

10月,兽医系第二届毕业生二十二人,分赴西北五省(区)及西藏工作。

11月12日,西北教育部批复学院改名为西北畜牧兽医学院并刊发新印。

12月3日,与畜牧部部长霍子乐、副部长张中向西北军政委员会提交筹备"全国兽疫防治人员讲习会"经过情形的报告。

12月25日,根据西北畜牧部的指示,西北畜牧兽医学院举办的羊病讲习会筹备就绪,许绶泰教授为主任,至月底共有三十六人报到。

12月,参与译述的《秦氏细菌学》中文第三版由中华医学会、人民军医社联合出版。

是年始,学校因在建校中重视体育工作,师生体育成绩突出,有"西北畜牧兽医体育学院"之称。

1952 年　42 岁

1 月 3 日,西北畜牧兽医学院主办畜牧部讲习会筹备结束,开始上课。经三周半的学习,学员于月底结业后分批离兰。

1 月 25 日,西北军政委员会畜牧部在兰州召开会议,提出西北畜牧兽医的方针是大量增殖牲畜、减少牲畜死亡和提高羊毛品质。

4 月 16 日,畜牧部向西北军政委员会财政经济委员会提交成立畜牧兽医工作队和畜牧兽医通讯社的报告。

5 月 3 日,西北军政委员会财政经济委员会批复,同意成立畜牧兽医工作队。

6 月 21 日,赴兰参加中层清理工作。西北局先期发出 AAA 级加急电报指示甘肃省委,应实行坚决保护方针,帮助他过关。

7 月 24 日,中国畜牧兽医学会兰州分会成立大会在西北畜牧兽医学院召开,与朱宣人、许绥泰等组成第一届理事会。

10 月,第二次组织考察团分赴西北各省(区)实地考察畜牧业的生产情况,亲率畜牧小组赴新疆考察。

是月,西北农学院畜牧兽医系师生并入西北畜牧兽医学院,师资力量和办学实力增强。

12 月 7 日至 8 日,西北军政委员会第六次会议通过习仲勋所提西北军政委员会改为西北行政委员会的实施方案及干部配备的意见。

12 月 13 日,接受《群众日报》的记者采访,就如何防治陕西省部分地区发生的牲畜黑腿病进行解答。

12 月 26 日,苏联兽医专家彭达林可和中央农业部畜牧兽医司司长程绍迥来兽医学院演讲。

12 月底完成西北畜牧考察后,提出发展畜牧业的工作方针。

冬,西北畜牧兽医学院新家畜病院建成,他派总务长买永彬、助教邹康南赴上海采购仪器设备。

是年,夫人邹东明到图书资料室工作。

是年,学院开办起两年制兽医、畜牧专修科,大量培植人才。

1953 年　43 岁

1 月 14 日,中央人民政府委员会第二十一次会议通过决议,他被正式任命为西北行政委员会委员。

1 月 16 日,他提交的报告得到马明方副主席的批示。

1 月,主持撰写《西北财委新疆工作组畜牧小组报告》。

3 月,以新疆考察报告为基础,在乌鲁木齐做"关于发展新疆畜牧业"的专题报告。

4 月 28 日,政务院提请中央人民政府委员会批准,免去他的畜牧部副部长一职。

5 月初,西北畜牧兽医学院的新家畜病院开业,师生接触临床诊疗实践,提升业务水平。

5 月 15 日,被任命为西北行政委员会畜牧局副局长。

5 月,根据甘肃省农业厅甘坪寺种畜场的建议报告,西北畜牧部正式将"南番马"命名为河曲马。

6 月 8 日,西北行政委员会转中央人事部文,公布任命结果。

6 月,西北行政委员会畜牧局指示畜牧兽医学院派师生至青海协助防治牛瘟,师生分成三个小队分赴共和、玉树、果洛开展防疫工作。

9 月,赴青海视察牛瘟防治工作,在青海省畜牧厅听取共和县小组的汇报,并派司机载学生到塔尔寺参观。

秋,西北畜牧兽医学院首招研究生八人,由蒋鸿宾教授、许绶泰教授、卢得仁副教授担任导师。

11 月,因他预先指示学院制定研究生培养计划,故在高等教育部颁发《高等学校培养研究生暂行办法(草案)》会上,西北畜牧兽医学院代表交流学习苏联的经验。

12 月 9 日,被任命为西北行政委员会财政经济委员会委员。

12 月 12 日,中科院召开第四十二次院务常务会议,他被增聘为西北分院筹委会副主任委员。

12月25日,在西安参加西北行政委员会第一次会议,听取张治中关于我国过渡时期总路线总任务的传达报告。

是年,陪同接待到校考察的西藏噶伦阿沛·阿旺晋美一行,并达成开办三年制藏训班的协议。

是年,因学院现有校址规模无法满足发展需求,西北教育部和畜牧部主张另觅新址。

约是年,赴肃南牧区考察。

1954 年　44 岁

1月5日,出席陕西省第三届农业生产会议并发表讲话,分析陕西省畜牧生产不足,指出畜牧业必须与工、农业发展相适应。

1月15日,中国科学院批准西北分院筹备委员会组成人员名单,任筹备委员会副主任委员。

5月26日至31日,西北行政委员会畜牧局召开西北区农牧民牲畜改良工作座谈会,总结经验,明确以后的工作任务。

6月15日,在西安人民大厦与竺可桢、杨明轩、辛树帜等座谈,讨论西北水土保持及科学研究工作,指出西北畜牧干部缺乏中高级人才,希望一些牧草专家来西北工作。

6月17日,西北行政委员会畜牧局在兰州召开西北区农牧民牲畜改良工作座谈会。

6月28日至29日,参加西北行政委员会第二次会议。会议通过《关于撤销大区一级行政机构和合并宁夏省、西安市建制的实施方案》。

6月,参加学院第二届畜牧系学生毕业典礼。

7月16日,在西安参加中国科学院西北分院筹备委员会成立大会。17日,致闭幕词,并参加分院筹委会第一次全体委员会议,讨论研究具体的筹备工作,在西安成立分院筹备处。

8月,当选为甘肃省出席全国人民代表大会的代表。

9月15日至27日,与张治中、邓宝珊等二十五人参加中华人民共和国第一届全国人民代表大会第一次会议。

10 月 6 日,召集西北畜牧兽医科学研究所的筹备会议,强调成立意义,提出办所方针,旨在建成西北地区畜牧兽医科研中心。

11 月 8 日,西北行政委员会撤销,他调任中国科学院西北分院筹备委员会第二副主任委员。

12 月,专程到兰州为中国科学院西北分院选址,确定盘旋路东北侧宁卧庄为院址。

是年,建议在中国科学院西北分院的直接领导下建立一所高水平的综合性兽医研究所。经研究决定,先在分院筹备处的领导下筹建兽医研究室和家畜病院。

1955 年　45 岁

1 月 9 日,与竺可桢商谈,希望科学院大力支援农业生物所建设,提出研究人员名单。

1 月 16 日,与竺可桢讨论西北石油所的建设事宜。

1 月 28 日至 2 月 5 日,中国畜牧兽医学会在北京举行中华人民共和国成立后的第一次会员代表大会并正式复会,通过学会会章。他与王栋、马闻天等二十四人组成理事会,并选举陈凌风为理事长。

5 月 7 日,陪同竺可桢及苏联科学院代表团至西北分院考察。

5 月 31 日,经国务院全体会议第十次会议批准,成为生物学地学部学部委员。

6 月 3 日至 10 日,参加中国科学院学部成立大会及主席团会议,当选为生物学地学部常务委员,并报告西北分院的筹备情况。

6 月 11 日,参加生物学地学部常务委员会第一次扩大会议,讨论学部常务委员会的分工及重点发展工作,与陈凤桐共同负责农、林、土壤组的工作。

7 月 5 日至 30 日,第一届全国人民代表大会第二次会议在北京召开。他在 27 日的大会上,与沈其益等提出《请指导农民并研究改进各种油饼的利用案》。同时,还与戴芳澜等提交《加强农业科学研究,贯彻增产的技术措施,以保证增产计划的实现案》。

7月23日,竺可桢与张稼夫讨论,提议让盛先生出任中科院西北分院西北综合所所长。

7月26日至27日,生物地学组学部委员召开座谈会,讨论西北农业生物所的建设方针与任务。

7月30日,参加中科院生物学地学部常务委员会第二次会议,讨论下半年的工作,与虞宏正等五位委员领导西北农业生物研究所,共同草拟黄河流域的水土保持方案。

夏,高教部部长杨秀峰再次来兰与甘肃省委商定学院选址之事,并提出"文化西流"战略。最后选定在武威黄羊镇建校。

8月下旬,中国科学院西北分院接到科学院指示,责成分院筹委会自行筹设兽医研究室,同时决定由物理、地质、石油、地球物理等研究所和天文台以及中国科学院图书馆分别在兰州设置研究室、台站和分馆等。

9月,学院的四名毕业生到西北分院筹备处兽医研究室工作,安排他们到高等院校进修。

10月13日,赴北京参加科学院第四十四次院务常务会议,报告西北分院筹备委员会一年来的工作。经会议讨论,同意年底前正式成立西北农业生物研究所,兽医研究室的筹备工作亦由分院筹委会负责。

11月,在中国科学院西北分院筹备委员会第二次全体会议上做报告,传达科学院学部成立大会及第四十四次院务常务会议精神,酝酿西北地区科学研究事业的十五年远景计划。

1956 年　46 岁

年初,负责筹建的中科院西北分院的化工楼、物理楼、档案馆以及两栋宿舍相继竣工。

2月26日,出席青年团陕西省委召开的青年知识分子向科学进军大会,讲话勉励青年积极进行科学研究工作。

3月3日,赴京参加学部会议,参与编制十二年科学技术发展远景规划。

3月13日,参加学部常委会议,讨论科学院的53项重要项目。

3月14日至22日,农业部在北京召开全国畜牧兽医工作会议,研究制定今后十二年发展畜牧业生产的远景规划。

3月,根据中国科学院的指示,中科院西北分院筹委会撤销分院在西安的筹备处。

4月23日,农业部向国务院提交《关于筹建中国农业科学院问题的报告》,建议由他出任副院长。

5月6日,西北分院筹委会从西安迁至兰州办公,他改任第一副主任,具体负责筹建工作。

5月18日,在北京参加生物学地学部常委会议,听取推荐补充学部委员等事宜。

5月26日,周恩来在中南海怀仁堂招待参加全国科学规划工作的科学家。

夏,因忙于筹组西北分院各研究所,以及甘肃省委的挽留,未能调往北京。

6月14日,与参加拟制全国长期科学规划工作的科学家们一道,受到中共中央领导人的接见并合影。

6月15日至30日,在北京参加中华人民共和国第一届全国人民代表大会第三次会议,并在25日的大会上发言,呼吁共建大西北。

8月29日,参加学院1956届学生毕业典礼。

9月3日至11日,农业部在北京召开第一次全国民间兽医座谈会,兽医研究室蒋次升等出席会议。会上,程绍迥、蒋次升等提议在中国农业科学院成立中兽医研究所。会后,安排蒋次升等人研究和调查中兽医诊疗技术。

9月13日,参加世界兽医学会议。

9月下旬,回国途经苏联,在莫斯科兽医学院看望中国留学生。

秋,学院三年制藏训班正式设立,来自中央民族学院的三十八名藏族学生到校上课。

11月9日,在京与竺可桢谈中科院西北农业生物研究所的发展方针。

12月,与廖延雄等着手微生物学课题"青海省三角城种羊场流产羊只材料中细菌类型之研究及该地区中蜱体内布氏杆菌之检查"。

是年,中国科学院西北分院兰州兽医研究室已初具规模。他将新进研究人员送往国内著名专家处或高校进修。

1957 年 47 岁

1 月 17 日,兰州科联领导班子进行调整,任副主任委员。

年初,西北分院兽医研究室附设家畜病院正式开业,他聘请陕西著名老中兽医专家崔涤僧先生来院应诊。

2 月 21 日,中国科学院西北分院兽医研究室正式成立,全室有职工42 人。

2 月,与廖延雄讨论修改后的《兽医微生物学实验指导(第三版)》由畜牧兽医图书出版社出版发行。

是月,与张思敏等开始进行微生物学课题"猪瘟血清学诊断方法的研究"。

3 月 1 日,中国农业科学院正式成立,任院学术委员会副主任委员,兼兽医学组组长。

3 月,派蒋次升等赴广州、南京考察学习,返兰后在段家滩选定兽医研究所所址。

约春夏,与到访的甘肃省委书记张仲良交谈,明确表示不同意将西北畜牧兽医学院迁往武威黄羊镇。

5 月 14 日,在《光明日报》记者韩洪文的鼓动下,本着帮党整风的初衷,谈了一些看法,后被记者署名为《宗派主义点滴》。

5 月 20 日,在中国科学院第二届学部会议预备会上,认为对于西北科学事业要兼顾科学与物质条件。

5 月 25 日,在生物学部小组会上发言,建议取消国务院科学规划委员会,提出将它的任务交给科学院来担负。

6 月 3 日,甘肃省委致电中央转国务院科学规划委员会,建议不要调任他到中国农业科学院,继续留在甘肃工作。中国科学院兽医研究室仍由科学院单独办理或与西北畜牧兽医学院合作办理。

6 月 20 日,学院开展反右运动。是月起,他不再担任院长一职。

7月17日至20日,在北京参加中华全国自然科学专门学会联合会第一届全国委员会第二次扩大会议。

7月24日,在中国科学院举行的座谈会上,承认对《光明日报》记者的言论及学部大会上"关于取消国务院的科学规划委员会"的错误发言。

8月2日,又写出书面补充材料进行反省,此后多次受到批判。

7月至8月间,回学院向全院师生检讨。

11月26日,参加中国农科院西北畜牧兽医研究所召开的"西北地区羔羊痢疾研究会议"。

11月,跟随许绶泰进修家畜寄生虫学的翟旭久和陈金水发现一种家畜寄生虫新品种,命名为盛氏许壳绦虫,成果发表于《微生物学报》。

1958 年 48 岁

2月1日至11日,赴京出席第一届全国人民代表大会第五次会议。

2月9日,中国科学院开会讨论右派分子事宜,拟对学部委员中的右派分子除名。他亦在拟除名之列。

4月30日,甘肃省委批示,同意定他为右派,撤销职务降级使用,到中兽医研究所从事中兽医及微生物研究。

5月13日,甘肃省委宣传部发文,同意他调入中兽医研究所工作,级别由科研一级降为科研三级。

6月21日,中国科学院召开第七次院务常委会,撤销他的学部委员职务。

7月1日,中国农科院中兽医研究所正式成立,实行中国农业科学院和甘肃省的双重领导,由中国科学院西北分院代管。

8月2日,甘肃省人委整风领导小组召开会议,他被定为极右分子,西北分院筹委会第一副主任等职务被撤销。

1959 年 49 岁

4月11日,以特别邀请人士的身份被选为政协第三届全国委员会委员。

4月17日至29日,出席全国政协三届一次会议。

6月,担任中兽医研究所微生物寄生虫研究室的负责人,领导全室科技人员运用中西药结合的方法,对家畜传染病进行实验研究。

冬,在中兽医研究所土坯房中开始翻译匈牙利胡体拉等合著的《家畜特殊病理和治疗学》一书。

是年,在谈及自己的处境时说,一切荣辱均属身外事,只有努力工作,才对得起国家和人民,对得起知识分子的良心。

1960 年 50 岁

3 月 29 日至 4 月 11 日,在北京参加全国政协三届二次会议,做"思想不断革命才不致被时代车轮抛弃"的发言,并列席全国人大二届二次会议。

12 月 3 日,摘掉"右派"帽子。

是年,开始研究"中药及西药治疗牛布氏杆菌病的试验"。

1961 年 51 岁

4 月,微生物传染病研究室改为微生物研究室,他着手进行"中药抑菌试验"项目。

秋,到中央社会主义学院参加政治学习,中断翻译工作。

10 月 12 日,晤顾颉刚。

1962 年 52 岁

夏,结束中央社会主义学院的学习,回到中兽医研究所。

5 月,翻译完《家畜特殊病理和治疗学》上卷的传染病部分,定名为《家畜传染病学》。

8 月,《家畜传染病学》上册由科学出版社出版。

1963 年 53 岁

3 月,在北京召开的全国农业科学规划会议上,力主加速发展畜牧业,并注重发展南方山区的畜牧业。

6 月,在甘肃省政协会上提出甘肃应加速发展畜牧业。

9 月,在乌鲁木齐召开的中国畜牧兽医学会年会上,提交"中西药物治疗乳牛布氏杆菌病试验报告"。

11月29日,在全国政协三届四次会议上发言,力主加速发展畜牧业,并注重发展南方山区的畜牧业。

11月,《家畜传染病学》下册由科学出版社出版。

是年,主持完成"中西药治疗乳牛结核病试验研究"项目。

1964年 54岁

1月,当选为中国农业科学院西北畜牧兽医研究所第二届学术委员会委员。

7月,《家畜内科学》上册由科学出版社出版。

8月,《家畜传染病学》合订本由科学出版社出版。

11月,因腰椎间盘突出开始病休,至"文革"开始。

是年,开始研究"中药抑制病毒(牛痘病毒)试验"课题。

1965年 55岁

春,因病到青岛疗养。

8月,《家畜内科学》下册由科学出版社出版。至此,《家畜特殊病理和治疗学》一书翻译出版完毕。译著被科学出版社誉为"信、达、雅"的典范。

10月7日,中国农业科学院下属的三个研究所合并为中国农业科学院兽医研究所。他到中国农业科学院兽医研究所工作,被任命为第七、第八研究室(生理、生化)主任,因病未到职。

约是年,住房搬至另一低洼南房。中国农业科学院院长金善宝来兰视察时至家探望。

1966年 56岁

6月,结束病休,被审查、批斗。

7月,《家畜内科学》合订本由科学出版社出版,略去译者姓名。

是年,为兽医研究所传染病研究室负责人,指导青年工作。

是年,青年学者刘秀梵读其译著后写信请教。回信答问解疑。

是年,在图书馆、情报资料室查找翻译国外最新资料,为青年科技人员赵荣材的兽用新药研究提供帮助,并勉励他们勤苦钻研。

是年,离开"牛棚",在兰州兽医研究所业务组工作,任研究员兼顾问。到徐家坪所部上班。

是年起,指导青年科技人员申请研究课题,翻译、摘编各种文献资料 100 多万字。

3 月,下点劳动。

11 月 25 日,兰州兽医研究所主办的《畜牧兽医科技资料》创刊,他担任顾问,提出办刊意见和建议,撰文并审阅稿件。

9 月起,在兽医研究所内部刊物《兽医科技资料》上,翻译刊发《香港猪的一种水泡性疾病与口蹄疫的鉴别》《猪瘟病毒的特性》等文章。

12 月 20 日,兰州兽医研究做出"关于盛彤笙政治历史问题的审查结论"。

12 月,《家畜传染病学》合订本与《家畜内科学》合订本重印,译者均改为"兰州兽医研究所"。

1 月,受兽医研究所业务科之请,给科研人员讲授权威检索期刊的使用方法。

1 月起,通过翻译发表国外有关"猪传染性水泡病"的资料,对波及全国

25 个省市区的"猪传染性水泡病"最终认定起到启发性作用。

6 月,应约撰写中华人民共和国成立前后科学工作者经历的文章,在世界语版《人民中国报道》杂志第 6 期发表。

是年,在全国兽医规划会议上,提出八十年代的畜牧业中应开始重视城市肉、奶、蛋的供应,以适应人民生活改善的需要。

1974 年　64 岁

12 月,开始病休,达四年之久。

是年,指导兰州兽医研究所"免疫荧光直接法诊断猪水泡病毒的初步探讨"项目的科研工作。

1975 年　65 岁

是年,与原上海医学院的老师李振翮相约到上海会晤。

约是年,中央农牧渔业部邀请他赴京参与接待德国拜耳药厂的代表团,因阻挠而未成行。

1977 年　67 岁

12 月 22 日至 30 日,参加政协甘肃省第四届委员会第一次会议,当选为常务委员,并列席甘肃省第五届人民代表大会第一次会议。

是年,在科技情报研究室为全所报告世界兽医科技领域的前沿信息。

1978 年　68 岁

3 月 24 日,经中国农科院兰州兽医研究所党委会讨论决定,对个人历史问题做出复查结论,按一般政治历史问题处理。

6 月 12 日,中国农业科学院政治部致函江苏省农科院,联系调他到江苏工作。

6 月 24 日,方签字同意个人历史问题的复查结论。

夏,随甘肃省老干部考察团赴苏州、无锡等地考察。

8 月 7 日,兰州遭遇特大暴雨,所居房屋坍塌,迁居于伏羲堂二楼。数十年精心收集的资料被毁,原打算撰写《比较免疫学》和《比较流行病学》的计划落空。

3 月 19 日,江苏省委组织部同意他调入江苏省农科院工作。

4 月 7 日,经甘肃省委同意,他错划"右派"的问题得到改正,恢复政治名誉与一级研究员待遇。

4 月中旬,参加美籍兽医病毒专家周祖龄教授及陈复和博士在兰州举行的讲演和座谈,因其言论对国家不友好而中途离会,后写信规劝。

5 月 7 日,受聘担任农业部科学技术委员会委员。

5 月 22 日,在甘肃省委工作会议上,省政协秘书长陆为公推荐其关于发展甘肃省畜牧业生产的建议。

5 月 29 日,受聘担任国家科学技术委员会农业生物学学科组成员。

7 月 9 日,经中国科学院第八次院务会议决定,恢复其学部委员的职务。

7 月 31 日,经江苏省委组织部开具介绍信,分配至江苏省农业科学院工作。

9 月中旬,甘肃省委调查研究室咨询甘肃发展农业的有关问题,他提出应多植树种草,大力发展畜牧业的建议。

10 月 5 日,乘火车离开兰州,第二天下午抵达南京。

10 月 9 日,与任继周商讨我国畜牧业的发展道路问题,支持刘振邦《改革传统的农业观念,走以畜牧业为主的发展道路》一文的观点。

10 月,受聘担任中国微生物学会主办的《微生物学报》编辑委员会委员。

10 月 31 日,在南京农业大学参加恢复《畜牧兽医辞典》编委会第三次会议,被推举为主编。

12 月 15 日,中国微生物学会人兽共患病病原学第一届专业委员会成立,他当选为副主任委员。

1 月 15 日至 21 日,在北京参加中国农业科学院学术委员会于"文革"后召开的第一次会议。

1月,江苏省农业科学院院长卢良恕在全院中层干部会上介绍他并表示欢迎,他亦表态。住房分配到"高知楼"。

2月,被上海科学技术出版社聘为《畜牧兽医辞典》编辑委员会委员。

3月,在西安召开的讨论黄土高原生产方式的会议上,与任继周联合发言,提出畜牧业总产值达到或超过农业总产值50%的"以牧为主"的观点。

3月20日,被中国农业科学院哈尔滨兽医研究所聘为《家畜传染病》编辑委员会委员。

3月28日,赴京参加中国科学院生物学部委员会议,并在4月2日的闭幕式上发言,提出世界上只要植物能生长的地方就都能发展畜牧业的论断。

4月3日,在北京与程绍迥到机场迎接德国访华旅游团的兽医小组一行。翌日,与德国兽医专家们进行座谈交流。

4月14日,与任继周通信讨论西北大力发展畜牧业及相关论文撰写等事宜。

4月17日,《人民日报》和《光明日报》发文,肯定西北地区农业现代化的关键在于发展畜牧业。

4月21日,与任继周再次通信讨论今后应担当起发展西北及全国畜牧业的光荣使命。

5月10日,致信任继周,请早日拟《畜牧兽医词典》的草原部分词目和释文示例。

5月15日,主持召开《中国畜牧兽医辞典》南京编委会扩大会议。

5月20日,参加南京农业大学举办的全国家畜传染病讲习班并致开幕词,强调免疫学对研究传染病的重要性。

5月29日,在南京举行《中国畜牧兽医辞典》沪、宁两地编委联席会议。

6月19日至24日,在上海举行《中国畜牧兽医辞典》两地编委会扩大会议。

6月,《畜牧与兽医》杂志复刊,受聘担任《畜牧与兽医》编辑委员。

7月15日至21日,以副理事长的身份在银川参加中国畜牧兽医学会年会。

8 月 28 日至 9 月 12 日,赴京参加全国政协五届三次会议。

9 月下旬,又至天津参加农业部召开的科学技术委员第二次全体会议,参与评定 1979 年全国农牧业科研成果奖等。

10 月,受聘担任中国微生物学人畜共患疾病病原学专业委员会副主任委员、中国微生物菌种保藏管理委员会委员、学术组成员。

10 月下旬,邀请在江西参加全国草原科学讲习班的任继周在家中小住,交流三日。

11 月,推荐陆承平到德国慕尼黑兽医学院学习。亦推荐杨承谕到德国图宾根联邦动物病毒病研究中心进修。

12 月 5 日,致信任继周,提出:随着邓小平"建成畜牧业和林业基地"的西北农业的大政方针的确立,关于畜牧业的研究范围当从西北扩展到全国。

是年,参加江苏省农业科学院的学术委员会会议,讨论农业部农业科学发展规划和农科院 1981—1985 年的发展规划。

1981 年　71 岁

1 月 4 日,赴沪主持召开《中国大百科全书》兽医编写组各分支学科负责人的会议、《畜牧兽医辞典》会议及中国畜牧兽医学会禽病学组成立大会。

1 月 7 日,致信任继周,讨论在兰州召开的西北地区农业现代化学术讨论会的内容,提出至少应在二三十年内实现农业现代化目标。

1 月 20 日,受聘担任哈尔滨兽医研究所《国外兽医学——畜禽传染病》编辑委员会委员。

3 月 5 日至 14 日,赴京参加《中国大百科全书》农业卷的筹备会议,担任兽医部分主编。回宁后致信任继周,要共同承担起宣扬"不一定要借粮食即能发展畜牧业"的观点。

3 月 28 日,致信任继周,继续讨论发展畜牧业与大农业的观点。

3 月 30 日至 4 月 7 日,列席政协江苏省第四届委员会第四次会议。

4 月 2 日,致信任继周,讨论在"大农业"与"大粮食"之后,应当提出发展"大畜牧"。

4 月 2 日,致信兰州市副市长、市政府总建筑师任震英,请协助拨给兰州草原生态研究所一处所址。

5月10日,开始记日记。下午,赴京参加中国科学院第四次学部委员大会,并在15日下午的分组学术活动中发言,认为应当树立"大畜牧"思想,提出"世界上只要是植物能够生长的地方,就能够饲养牲畜、发展畜牧业"。

5月20日上午,中央书记处接见,胡耀邦讲话。

5月24日,为儿子天舒和儿媳晓琳补办结婚喜宴。

6月12日,国务院学位委员会第二次会议召开,通过国务院学位委员会学科评议组成员名单,被聘为农学学科评议组成员。

6月16日,参加《大百科全书》南京撰写人会议。

6月19日,主持召开《中国畜牧兽医辞典》南京撰稿人的碰头会,各编写组汇报完成情况。

6月25日,被国家农业委员会聘为《中国农业百科全书》总编辑委员会委员。

7月3日,参加江苏省委组织的建党六十周年座谈会。

7月14日,致信《畜牧兽医辞典》编委和各分科负责人,请专家们以"知无不言,言无不尽"和"百家争鸣"的精神,认真审稿,提出意见。

7月23日至8月2日,在京参加国务院学位委员会学科评议会议。

7月28日,被中国大百科全书出版社聘为《中国大百科全书》农业卷编委会委员兼兽医编写组主编。

8月4日,在上海医学院与老同学苏德隆相聚。

11月,因妻子忽患急性虹膜炎而未能参加全国政协五届四次会议。

1982年　72岁

1月4日,赴沪主持《中国大百科全书》兽医部分的编纂会议,6日至12日主持召开兽医部分主编、各分支学科负责人全体会议。

1月13日上午,主持召开《畜牧兽医辞典》上海编委座谈会。

1月14日上午,出席中国畜牧兽医学会禽病研究会成立大会并发表祝词。

2月21日,《中国畜牧兽医辞典》编委陈振旅来信,讨论部分条目撰写人的变动及署名问题。

3月5日,致函陆承平,鼓励他向导师学习目前我国兽医界急需的TGEV(传染性胃肠炎病毒)或Rotavirus(轮状病毒)。

5月2日,致信《中国大百科全书》副主编何正礼,请对方通盘考虑"兽医"部分彩色插图的设计,并函告意见。

5月22日,屈伯川来家相聚,下午同游灵谷寺等地。23日至26日,一同游览访友。

7月11日,儿子天舒和儿媳晓琳从兰州抵宁,调入江苏省农业科学院工作。

8月31日,致信任继周,婉拒甘肃草原生态研究所顾问的聘请。

9月10日,江苏农科院召集老年专家座谈对十二大的感想,做鼓吹发展畜牧业的发言。

9月16日,致信陆承平,请代为查询《中国大百科全书》农业卷的兽医部分中有关德国的重要兽医机构、名著和名人的资料。

9月至10月,关注侯学煜"南方山区不宜发展畜牧业"的论点,三次致信任继周。

10月6日,致信任继周,要在十月召开的中国畜牧兽医学会年会上联名发言,拥护社论,提倡南北方大力发展畜牧业。

10月19日至24日,中国畜牧兽医学会第五次会员代表大会在贵阳召开,因病未能到会,向大会发去贺信,当选为第一届学术顾问委员会副主任委员。

11月12日,于船来信,赞同《中国大百科全书》兽医部分条目在《中国兽医杂志》发表。

11月22日,赴京参加全国政协五届五次会议,并在12月3日的小组会上发言。列席全国人大五届五次会议。12月15日回宁。

12月25日至28日,在北京参加国务院学位委员会学科评议组召集人会议。

12月30日,参加中国科学院生物学部委员大会。

1983 年　73 岁

1 月 1 日，登八达岭，参观定陵地宫。

1 月 2 日至 5 日，在北京继续参加科学院生物学部大会，会间与何康副部长及卢良恕院长谈在宁、沪一带建立动物病毒病研究中心事宜。后来促成了在浙江省农业科学院设立病毒研究中心。

2 月 5 日，给陆承平回信，因健康情况将不能应迈尔教授的访德邀请。

5 月 16 日，致信婉拒迈尔教授的正式访德邀请。

6 月 2 日，赴京参加全国政协六届一次会议，并在 6 日的小组会上发言。同时列席全国人大六届一次会议。24 日，会议结束后返回南京。

7 月 11 日，主持召开《中国畜牧兽医辞典》主编和特约编辑的碰头会议。

7 月 20 日，致函中国农业科学院学术委员会和农牧渔业部科学技术委员会，请改组时不再提名为委员，让年轻同志担任。

7 月 23 日，岳父邹钟琳教授病逝于南京。

8 月 3 日，赴连云港海滨疗养院疗养。30 日返宁。

9 月 2 日，孙儿出生，取名盛威。

9 月 5 日，参加江苏省委召开的座谈会。

9 月 13 日，赴京参加国务院学位委员会学科评议组第二次会议，其间与任继周在京相聚。

10 月 20 日，参加江苏省政协座谈会。

10 月 28 日，因劳累过度，生病住院治疗，亲友多来探望。12 月 23 日出院。住院期间，撰写完成自传《庸碌的一生，平凡的自述》。

12 月 27 日，在陆承平寄来的德文资料的基础上，写成《大百科全书》四个条文，致信陆承平请继续补充搜集资料，婉拒出版社和刊物的传记约稿。

1984 年　74 岁

1 月 5 日至 12 日，中国科学院第五次学部委员大会在北京举行，请假未去。

1 月 13 日，夫人邹东明病逝于南京。

2 月 24 日，致函中国农科院兰州兽医研究所委员会，请对 1978 年所做结论根据政策进行修改。

5月12日,全国政协六届二次会议在京召开,因赴沪看病未参加,后提交书面发言材料及提案。

5月17日,赴沪看病。23日,住进华山医院,确诊为重体性尿崩症。6月29日,出院。

5月26日,中国农科院兰州兽医研究所寄来修改后的"历史结论"征求意见,经多次往返修改,8月20日,他收到定稿后签字同意。

8月底,由本人署名的《家畜的传染病》下册出版后寄来。

9月3日,参加由中国科学院副院长周光召邀请的在宁学部委员座谈会。

9月15日至19日,参加江苏省科协第三次代表大会。

9月20日,美籍病理学家李振钧携夫人王玉琦来家探望。

10月20日,参加南京农业大学七十周年校庆,被聘为特约教授。

11月16日,业师李振翩在美国病逝,21日写好唁函并于次日寄出。

12月10日,《中国畜牧兽医辞典》副主编刘瑞三写信汇报有关类目的定稿情况。

12月14日,发表论文《黄土高原的土壤侵蚀与农业格局》。

1985 年　75 岁

2月13日与17日,致信杨蓉城与任继周,谈落实政策及1957年的反右运动中所作检讨材料事,请代为向省委反映。

3月19日,致信祝贺陆承平获博士学位。

3月23日,赴京参加全国政协六届三次会议,并在31日的会上发言,提议注意畜牧业的发展,在各大区设立一所兽医学院,并完善兽医学博士学位制度。

5月18日,确诊为直肠腺癌,住进南京鼓楼医院。

6月5日,著名禽病学专家朱晓屏来探望。手术治疗出院后,继续审阅《大百科全书》和《畜牧兽医辞典》。

6月16日,甘肃省委致函江苏省委,称他错划为"右派"的问题已彻底改正,按规定可享受副省级待遇。

7月31日,致信陆承平,请代为致谢 Dedié 教授,并给予其大作很高的评价。

8月27日,中共中央组织部同意享受副省长级待遇。

9月11日,迁至钟山疗养院疗养。

10月24日,农业部科技司王伟琪司长回信邀请他去北京与西德联邦动物病毒研究所所长所率兽医代表团进行交流。

1986 年　76 岁

1月27日,致信任继周,询问改良江西山坡草地及发展畜牧业的良策。

1月,主编的《中国畜牧兽医辞典》交稿,因故未能及时出版。

4月,在家中接待甘肃农业大学来访人员的探视,对学校的发展寄予厚望。

5月2日,从疗养院迁入肿瘤医院手术。当地党政领导、各地友人、学生和畜牧兽医界同道前来慰问探望。

10月14日,经江苏省委安排,住进富贵山西幢新居。

11月15日至20日,中国畜牧兽医学会第六次会员代表大会在成都市召开,他被推选为中国畜牧兽医学会第七届理事会名誉理事长。

1987 年　77 岁

5月9日,在南京逝世。《人民日报》以"著名兽医学家盛彤笙在南京逝世"为题进行报道。江苏省农科院在院学术楼举行追思会。

附录二 自传《庸碌的一生，平凡的自述》

（鲁迅先生尚且不立传，今我奉令为之，勉述生平，供作代笔者的素材，兼示儿女。——1983 年 11—12 月写于南京 125 医院治病期间）

盛彤笙，男，籍贯——江西永新，1911 年农历五月八日生于长沙。

本人成分：自由职业。家庭出身：贫农。党派：无。

简　历

解放前

中央大学理学士（1932）

柏林大学医学博士（1936）

柏林大学兽医学博士（1938）

江西省立兽医专科学校教授（1938 秋—1939 春）

西北农学院畜牧兽医系主任（1939 春—1941 春）

中央大学畜牧兽医系教授（1941 春—1946 夏）

国立兽医学院院长（1946 夏—1949 秋）

解放后

西北畜牧兽医学院院长（1949 秋—1957 夏）

西北军政委员会畜牧部副部长（1950 春—1952 秋）

西北行政委员会委员兼畜牧局副局长(1952 秋—1954 秋)

西北财经委员会委员(1950 春—1954 秋)

中国科学院西北分院筹备委员会副主任委员(1954 秋—1957)

中国科学院生物学部委员(1955)

中国农业科学院学术委员会副主任委员(1956—迄今)

国家科委农业生物学科组成员(1979—1987)

中国农业科学院中兽医研究所研究员(1958—1969)

中国农业科学院兰州兽医研究所研究员(1969—1979)

江苏省农业科学院研究员(1979—迄今)

国务院学位委员会学科评议组成员(1981—1987)

第一届全国人民代表大会代表(1954—1959)

第三、四、五、六届全国政协委员(1959—1987)

第一届全国科学界代表会议特邀代表(1951)

第一届全国科联理事(1951—1957)

第一届全国科普理事(1951—1957)

甘肃省科普主任(1951—1957)

甘肃省科联副主任(1951—1957)

中国畜牧兽医学会副理事长(　　—1982)

中国畜牧兽医学会学术顾问委员会副主任(1982—1987)

家　世

原籍江西永新,世居湖南长沙。自幼家贫,父亲在长沙一所教会中学(雅礼中学)任小职员(父亲 1915 年入雅礼为文牍员),兄弟子侄很多,靠他一人的薪金维持一大家人的生活,极为清苦,立志将我培养到大学毕业。

中 学 阶 段

1922年考入雅礼中学读书,教学严格,除国文和本国史外均用英文课本,用英语教授。教师中有中国人,也有美国人。对我影响较大的老师有郑业建(国文)、黄国璋(地理)、左复(历史)、劳启祥(格致、数学)、应开识(英语)等老师,他们都是毕生致力于教育事业,在湖南享有很高声望的教育家。

学校每天上课前都有约半小时的礼拜,除祷告和唱圣诗之外,每次由一位牧师讲解圣经,此外每星期还有两节圣经课,这是我最感头疼的一门功课,每年都是勉强及格而已。

1926年国民革命军北伐攻克长沙,革命空气高涨,湖南省工会、农会、学生会、教职员联合会等基本上都是由中国共产党领导的。我由于一贯对于学校里的外国传教士心怀不满,他们表面上满口仁义道德、平等博爱,实际上生活特殊,高踞于中国老百姓之上,于是参加了学生会的领导,发起了反对帝国主义文化侵略和奴化教育的风潮。风潮结果:雅礼中学停办,在校学生都发给肄业证书,唯独学生会的几名领导人(记得起姓名来的还有罗龙英、毛鸿章等人)被开除学籍,不发给任何证件,我也在其中。幸亏获得湖南省教职员联合会的同情,代为出具转学证书,我才于1927年随着我父亲的转业回到南昌,转入江西省立第二中学高中三年级,1928年毕业。

大 学 阶 段

1928年秋考入南京中央大学动物学系,开始进入自然科学的大门。除学习本系的各种必修课外还选修了化学系、物理系,甚至哲学系、外语系、经济系的一些选修课程,这是求知欲最旺盛的一段时期,只用三年的时间便读完大学四年应读的学分数。这一阶段给我影响较深的老师有王家楫(动物学)、蔡堡(比较解剖学、胚胎学)、许骧(遗传学)、徐善祥、郑兰华(普通化学)、曾昭抡(有机化学)、周君适(高等数学)等。在学习的过程中,已经暴露了我对数学的禀赋不够,限制了我日后在学术上的向深度发展。

除学校的正规功课之外,还喜欢看些文艺书籍和刊物,特别是喜欢读鲁迅先生的作品,如《野草》《呐喊》《彷徨》等,以及常载有鲁迅先生杂文的《语丝》《莽原》等杂志。我对鲁迅先生的《野草》是如此爱好,甚至在我后来赴德国留学时,除了一本《德华大字典》之外,《野草》是我携带的唯一一本中文书。我没有读过多少古书,我中文只能勉强写得通顺,得力于鲁迅先生的文笔不少。

由于出身贫寒之家,又受鲁迅先生著作的影响,所以不免在我的思想里种下了一种"叛逆"的种子,在中大读书时最要好的同学有窦昌熙(止敬)、屈伯传(伯川)、常伦(伯华)、郭宗璞等人,大家都是对国民党政权不满的。每遇学校发生风潮时,必定少不了屈、常、郭和我等人参加,其目的只是为了在国民党首都所在之地把学校闹得鸡犬不宁而已。在此期间曾协助最要好的同学窦止敬,掩护过地下党员朱理治(朱理治于前数年病逝,去世时任河北省委书记兼全国人大常委会委员)。

我由于只用三年便学完了大学四年的功课,但按规定还不能发给毕业文凭,因此最后一年转入了设在上海的中央大学医学院(即上海医科大学的前身)的本科一年级。当时医学院的学制为预科二年或三年,本科五年,但实际上许多同学是取得理学士学位后才进入医学院本科的。我则是读完医学本科一年级以后才拿到理学院毕业文凭的(理学士,1932)。

当时医学院的功课极为紧张,教学都是用英文课本英文讲授和对答,要求非常严格,每天上课和自习平均都在十一小时左右,留级和退学者很多,因此几乎没有时间阅读文艺和其他方面的书籍。在这一时期只参加过两次爱国活动:一次是1931年冬天与同学乔树民、李鼎权(泰钧)等赴南京参加过全国学生对伪总统府的示威游行请愿,要求团结抗日。另一次是1932年淞沪抗日战争时参加过上海医学院组织的医疗救护队,赴沪北前线救护过负伤战士。此外在这一阶段还结识和掩护过地下党员吕骥(当时名展青),

他在上海音专学习,每遇上海反动当局搜捕地下党员时,他即逃到我的宿舍,与我同榻而眠,待到风声平静后,才又回音专去学习(吕骥现任中国音乐家协会主席兼全国人大常委会委员)。

在上海医学院学习期间,对我影响最深的有张鋆(解剖、组织、胚胎学)、蔡翘(生理学)、林国镐(生物化学)、李振翮(微生物学)、谷镜汧(病理学)、应元岳(内科学)、周诚浒(眼科)、高镜朗(小儿科)等教授。他们在基础医学或临床医学方面的高深造诣和丰富经验给了我极大的教益。特别是李振翮先生,由于是湖南湘乡人,湖南乡音很重,上课时虽然讲的是英语,但课余接触时别的同学都听不懂他的方言,只有我出生于湖南,和他能够交谈,所以比较接近。在与他的交往中,他告诉了我他早年在湖南读书时与毛泽东主席的友谊,是新民学会的会员,只因后来决志学医,未再参加革命活动。他说将来毛泽东一定会胜利,这也使我的思想受到了影响,进一步坚定了我对共产党必胜的信心。由于他是一位微生物学家,我在他的熏陶之下,后来也以微生物学为专业。他后来接受美国邀请,出国成了一位著名美籍华裔学者,解放后曾三次回国,受到毛主席的亲切接待。第二次回国时(1975年)曾约我到上海相晤,至他死前仍然保持着通讯联系。

留 学 阶 段

1934年夏,我已在上海医学院读完本科三年级,碰上我的故乡江西省招考公费留学生,其中有一个前往德国学习兽医的名额,我返回南昌应试,侥幸录取,于当年九月与我在中大时的最好同学屈伯传(伯川)同船离沪赴德。德国大学全是国立,学制完全相同,他们自来的传统,鼓励学生频繁转学,以便接近各校教授的不同风范,聆听他们的不同学术观点。我和屈伯川同学到德后第一学期是在慕尼黑度过的,第二学期便一同转学到了柏林。柏林大学的医学院和兽医学院恰好设在同一条街上,而且是正对门,相距甚近,这就给了我同时在两个学院选读功课的方便。由于我在国内已读完医学院三年级,上海医学院的严格训练得到德方的承认,所以在柏林大学只用了两年时间读完在国内未学的功课,并完成一篇论文(同时在兽医学院听课),即于 1936 年通过答辩,获得柏林大学医学博士学位。这三个学期是我学习生活中最紧张的一个时期。

我和屈伯川同学到柏林之后不久,即与我的一个同乡远亲朱江户表兄(现任北京林学院教授)联系上了,倾谈之下,政治观点完全相同,即由他介绍认识了王炳南、江隆基、乔冠华等人,他们都是中共地下党员。当时正是希特勒统治德国的时期,共产党是无法公开活动的,他们只得依靠党的一个外围组织——反帝大同盟进行半公开的活动。我是于 1935 年春天同屈伯川同学一同在柏林大学加入反帝大同盟的,参加过[同]盟的各种秘密会议,还多次用国民党政府发给我的节余公费捐赠给共产党在巴黎出版的《救国时报》。捐款多是通过朱江户和陆达(原名陆宗华,前冶金工业部副部长)转寄巴黎的。假如说我和屈伯川同学在中央大学阶段参加历次风潮是出于一种自发的反叛性质,在德国的活动便已经是在党的领导下进行的一种有组织行动了。

在柏林取得医学博士学位后,我曾转学到汉诺威兽医学院完成兽医方面的功课和博士论文,于 1938 夏返回柏林大学兽医学院通过答辩,取得兽医学博士学位。从现今的角度来回顾,无论医学博士或是兽医学博士论文,都不过是三十年代的水平,但仍然凝集着指导教授对我的精心指导和不倦的教诲。

留德四年期间,使我有机会聆听许多名教授的讲课和手术表演,大大开阔了视野和眼界,至今印象最深的,医学方面有柏林大学病理学教授 Rössle 的精湛讲授,外科学教授 Magnus 的课堂大手术表演和耳鼻喉科教授 Von Eicken 的课堂治疗示范等等,在当时都是令人叹服的绝技。在兽医方面,Dobberstein 教授(柏林)和 Cohrs 教授(汉诺威)在病理学方面,Neumann - Kleinpaul 教授(柏林)和 Oppermann 教授(汉诺威)在内科学方面,Henkels 教授(汉诺威)在外科学方面,Goetze 教授(汉诺威)在产科学和牛病学方面的讲授和手术表演,也都是有极高水平的。特别是指导我的博士论文的 Miessner 教授(汉诺威,是 R. 柯赫的二传弟子)和主持我的论文答辩的

Dahman 教授(柏林)都是当时世界兽医微生物学方面的权威,他们的严谨治学精神和对我不厌其烦地教诲,使我至今感激难忘。

总的说来,我虽然出身贫寒,但是感谢父亲节衣缩食的培养,也感谢从雅礼中学起,到中央大学和上海医学院各位严师的教导,直至留学德国阶段许多名师的熏陶,加上自已尚知勤奋努力,总算打下了一个比较坚实的基础,学得了一种严谨治学的作风。

在留德这四年中,我除不断地节余公费,汇回接济家用外,还借假期之便,游历奥地利、捷克斯洛伐克、意大利、瑞士、法国、荷兰、比利时、英国等国家和德国的许多名城,饱览他们的文物风光,其中特别是巴黎凡尔赛宫和罗浮宫以及罗马教皇博物馆的艺术珍藏,大大开阔了我的眼界,使我流连忘返,毕生难忘。德国和奥地利又都是音乐之乡,在耳濡目染之下,也使我多少养成了一点对德、奥古典音乐的嗜好,成了我后来年老时唯一的娱乐和享受。

此外,在德国留学期间,我还曾代表我国参加过 1936 年在莱比锡举行的第六届世界家禽会议;1938 年与陈超人同学一道参加过在瑞士苏黎世举行的第十三届世界兽医会议,并在闭幕式上发表过讲演,谴责日本帝国主义者对我国的侵略和破坏,呼吁各国兽医界对我国兽医事业给予支援,受到与会者的热烈鼓掌欢迎(但后来在该次会议的会刊中,这个讲演的原文受到了编者的篡改)。

回 国 以 后

1938 年秋,我的公费满期,抗日战争的烽火已经燃遍全国,我出于爱国心的驱使,于九月间经由马赛乘船回国(同船回国者,记得起来的有李述礼、赵九章、张毅夫妇等人)。当时上海、南京、武汉已经沦陷,我的父母弟妹都已逃回老家江西永新,我即在香港登陆,辗转回到永新见到阔别四载的家人,悲喜交集。我父亲中年即患肺结核,早已转移到右腿筋腱穿孔排脓,只能靠双拐行走,但仍在中正医学院(当时亦迁至永新)任注册员,靠微薄的收入养活全家,后来还曾带着较大的一个弟弟,随同学校迁往贵州、云南,最后又迁回永新,受尽颠沛流离之苦。只因伪币不断贬值,即令我回国后增加了一份收入,仍不易维持。他工作认真负责,至今受到曾在中正医学院工作过的教职员(例如学部委员王志均教授)等的称赞。但终因贫病交加,于我回国后第四年(1942)病逝于永新。次年我勤劳辛苦一辈子的文盲母亲也以肺结核病逝于永新。终年都不满五十五岁(由于记录父母生年的笔记本于"文革"中被抄走,我甚至记不清二老确享的寿龄,实在不孝极矣!)

我回国前原已由友人杨浪明学长介绍,接受武功西北农学院院长辛树帜先生的聘书,聘为该院教授兼畜牧兽医系主任,但我又是由江西省公费派送出国留学的,有回省工作的义务,何况我回国后已先回到江西,省方闻讯后坚留不放,只得在江西省立兽医专科学校任教半年,聊以塞责。在此期间,西北农学院函电纷至,催促迅速赴任,只得辞别故乡及老母弟妹(此时我父亲已拖着流脓的病腿,挂着双拐随中正医学院迁往贵州湄潭了),辗转经由衡阳、桂林、贵阳、重庆,于1939年到达武功任教。

西北农学院阶段

到达武功后,恰好遇上中统特务头子、伪教育部长陈立夫挑起一场驱逐辛树帜先生的风潮,意在安插他的亲信。我既系由辛树帜先生的聘往,又激于反对中统特务的义愤,在风潮中自然是站在辛树帜这一方的。风潮持续近一年,结果辛树帜终于被伪教育部免职,陈立夫派其亲信周伯敏继任院长。我因与周不能合作,遂于1941年春初离开武功,后至成都中央大学畜牧兽医系任教授。

在武功的这两年是我初出茅庐,进入社会的两年,亲身体察到旧社会政治之黑暗、旧知识分子阵营之复杂、有些文人之无行和卑鄙恶浊。而我则尽力教好我所担任的几门功课,在学生中赢得了一些声望。

在武功的这两年中,还有两件事情值得一记:

(一)当年在德国留学期间,正值希特勒当政,中国驻德武官为桂永清,是蓝衣社(即复兴社)"十三太保"之一,大环境很适合于他们的活动,所以在留德学生中,蓝衣社的活动极为猖獗,许多留学生都加入了他们的组织。中共则处于地下状态,只能靠外围组织反帝大同盟进行一些秘密活动,但开会时总有二三十人,只得在柏林的一些较偏僻的咖啡馆中进行,日久不免被复兴社分子所侦悉,知道哪些人是中共的"外围"。

后来我转学到汉诺威(当时只是一个中等城市)之后,中国留学生只有四五人,周末有时聚在一起叙叙乡情,谈谈国内的情况。我发现他们几人的言论都是"一个政府,一个主义,一个领袖"和"攘外必先安内"那一套,知道他们必都是蓝衣社社员,我亦很少同他们辩论,没有暴露我的思想。这样经过大约半年以后,忽一日,其中一位沙××果然向我提出,他们几人都是蓝衣社社员,想介绍我也加入蓝衣社,被我婉言拒绝。后来沙××先我回国,路过柏林时了解到我原是反帝大同盟的盟员,大为懊恼,自悔不该把他们和他的同伙政治身份暴露于我,对我怀恨在心。

事有凑巧,沙××先我回国后也到了西北农学院任教,于是在校中散布流言,说我是共产党的"尾巴","赤色分子"等等。当时武功西北农学院地处关中平原要冲,属胡宗南管辖范围内,又常是进步青年暗度陈仓,取道进入陕北边区的中转站,无论军统和中统都密切注视这所学校,校中特务密布,进步学生暗遭逮捕之事时有所闻。沙××散布的这项流言对我是很不利的。我当时上有老病的双亲和一个早寡的姑母,下有五个幼弱弟妹,都有赖我和拖着跛腿工作的父亲的微薄薪金维持生活,我如失业,就意味着全家的灾难。恰好此时国民党举行高级知识分子的集体入党,辛树帜先生硬拉我入党,我为了转移国民党当局的注意,免受失业甚至囹圄之祸,遂接受了他的介绍,于1939年冬集体加入了国民党。事后发下党证一张,介绍人一栏内填的竟是张继、戴季陶二人的名字,这两个人都是国民党的"元老",我根本连面都没有见过。这批党员都称作"特别党员",党证的编号都是"特"字号,无非是对高级知识分子一种怀柔笼络之意。"入党"以后,我从未到任何"党部"去报过到,从未交纳过"党费",从未参加过党的活动。后来国民党多次举行党员重新登记,我也从未去登记过。1939 年我还曾向曾经到过延安、后来又返回西北农学院畜牧医学系学习的学生买永彬说过,将来的天下,必定是共产党的天下,劝他学好俄文,将来必有大用。但我之加入国民党,总不免是一生中的一个污点。

(二)1940 年冬,"三青团"中央团部任命了一批人为"三青团"西北农学院直属分团筹备会干事,不知出于何人的"见爱",竟把我也列入在内(也许是我在学生中还享有一点威望吧),但任命书中将我的名字误写作"盛彬笙",我便借此推脱说任命的不是我,从未参加过该团的任何筹备工作。后来这个直属分团又聘请我为兽医系支队的指导员(所有系主任都被聘为各该系支队的指导员,乃是一种客卿的名义,同解放军中的政治指导员是完全不同的)。我实在无法推脱,勉强出席了支队的成立大会,发表了简短的讲话,强调全国上下要团结抗日,勉励团员要学好功课,以图报效国家。到1941 年 4 月下旬西安的《西京日报》上登载一条消息,说"三青团"西北农学院直属分团将于五四青年节举行正式成立大会,在筹备干事中仍然列有我的名字,其实我早已于当年春节前离开武功到达成都中央大学畜牧兽医系任教了,根本没有过问过这回事情。

中央大学阶段

抗战时期中央大学本部设于重庆,只有医学院和农学院的畜牧兽医系设于成都。当时除中大医学院外,还有齐鲁大学医学院、华西大学医学院和协和医学院也都迁设于成都,构成后方一个医学教育的中心,名家云集,可以切磋请教。尽管兽医书籍非常缺乏,但医学图书、设备也比较完全,对于兽医教学和研究还是很有帮助的。但是说来也可怜,几所著名的医学院,竟没有一只合乎实验用的小白鼠!所以尽管这几年前方抗日战争烽火连天,我却躲在这个"象牙之塔"里潜心于教学、研究和编译工作,直到 1946 年夏复员时为止。在此期间,我曾译出 Kelser 氏所著《兽医细菌学》一册(是于夜间在暗室中从显微胶卷译出的），自编《兽医细菌学实习指导》一册，这样才使得后方学生们于学习微生物时有书可读，实习时有法可循。在经费非常困难，条件很差的情况下，还做了一些研究工作，发表过几篇报告，如《水牛脑脊髓炎的研究》（证实它是一种由病毒所致的脑脊髓炎，这在全世界是首次报道）、《磺胺药物对于马鼻疽杆菌的作用》（证实 SD 在 50mg％的浓度以上对马鼻疽杆菌有杀菌作用，并对豚鼠的实验性急性鼻疽有治疗作用，可惜后者的研究结果于胜利复员时散失，未曾发表）等。在此期间，我的三位助教（其中一人兼研究生），都先后考取公费，分赴英、美两国留学。

此外，在解剖学助教谢铮铭君的协助下，我还负担着《畜牧兽医月刊》《中国畜牧兽医学会会讯》和《中华自然科学社社闻》三种刊物的编辑发行工作，全部审稿、编辑、校对、订阅、寄发都是由我们二人业余进行的，稿件不足时，还得自行撰写或者翻译来凑数。当时《月刊》的发行量虽不过一千余份，且都是用粗劣的黄草纸印刷的，但是上述这些手续一项也不能少，我们二人干起来倒也觉得其乐陶陶，并不以为苦。在抗战时期畜牧兽医读物匮乏的情况下，为大家提供了一个发表研究结果和交流国内外科学情报的园地。

说起"中华自然科学社"，我得在此略加叙述。这个团体原是中央大学一些青年学生于二十年代中期发起的，我是于 1929 年在中大理学院学习时由助教杨浪明先生介绍加入的。它的宗旨一方面在于普及科学，另一方面则是幻想靠科学救国。它主要办有两种刊物：一种是科普性质的《科学世界》，另一种是报道社内情况和消息的《社闻》。

这个团体随着时间的推移，社员逐渐成长，又邀请了一些比较知名的科学家加入，社员总数达到过一千余人，在许多地方都设有分社，成了一支颇有影响的科学力量。在复杂的旧社会中，各种政治恶势力不免时时垂涎，想谋为御用，其中尤以"CC派"为最甚。幸亏在总社中先后有一批比较正直和进步的社员如杨浪明、汪楚宝（季琦）、谢立惠、屈伯传、涂长望等（其中有的是地下党员）掌握着大方向，所以未被他们所利用。

我在中华自然科学社中虽未在总社担任过负责职务，但每到一处，必在当地发起组织分社。如在上海医学院学习时曾与乔树民、苏德隆等社员发起组织上海分社，在德国留学时曾与屈伯传（伯川）社友等发起组织欧陆分社,后来在武功、成都、兰州工作时也都曾发起组织当地分社。在成都工作时,由于距总社所在地重庆较近,还曾担任《社闻》的编辑工作数年。《社闻》虽然主要是一个报道社内消息和社友动态的刊物,但在每一期的篇首必有一篇约三四百字的社论。在我主编阶段,主要是由我执笔,多是鼓吹团结抗战,反对分裂和内战;主张民主,反对独裁;主张科学应为广大群众谋福利,反对由少数人垄断等等。在当时的政治形势下,是只能讲到这个分寸的,但在科学界已经起到过一定的影响。每期都曾寄给延安自然科学院的屈伯川社友,并与他有过通讯。

回忆在德国留学期间,我和屈伯传同学到达柏林后,即曾发起组织欧陆分社,并将反帝大同盟中几乎全部学习自然科学的同学如刘文华、刘咸一、陆达、张德馨、孙振先、方达功、万泉生、陈其骧、曹修懋、姜达衢等二十余人都介绍进入社中,企图将欧陆分社办成反帝大同盟在留德科学界中一个"外围"。但是不幸后来由于屈伯传转学前往德累斯顿(他回国后不久即赴延安,改名伯川,解放后一直担任大连工学院院长),我转学至汉诺威,领导权旁落于蓝衣社份子之手,这个设想未能全部实现。

解放以后,中华自然科学社受到了党的承认,与中国科学社和延安自然科学院等同为发起召开第一次全国自然科学代表会议的三个团体之一,我被邀为特约代表,当选为第一届全国科联理事和全国科协理事。

在成都这五年(1941—1946)期间,是国民党政治最黑暗的时期,伪币不断贬值,物价一日数涨,我父亲于1942年去世后,全家老幼的生活和教育费用都只得靠我一人的微薄薪金维持,实在困难以极。我的一件黑呢大衣,从出国穿到回国,从武功穿到成都,袖子磨破一个大洞,真是"捉襟露肘"。在不得已的情况下,只得出卖我由德国带回的心爱原版书籍。其中医学书籍很易脱手,只托友人在李庄同济大学医学院贴出一张出售的书目,立即抢购一空。唯独一部德文《兽医畜牧百科全书》(共十大卷)不易找到买主。恰好当时伪陆军兽医学校在兰州成立一个分校,我估计他们参考书籍一定非常缺乏,便去函向他们兜售,果然他们不惜高价购去,可惜等到我将书寄去,他们将书款汇来时,已经贬值到不抵几文了。解放后这部书为兰州军区后勤卫生部军马卫生部接管,从来很少人翻过。1981年经我商得兰州军区后勤卫生部慨允,用我所译的《家畜的传染病》十部换回,事隔近四十年,又得物归原主,虽然参考价值已经不大,其中却刻印着旧社会一个知识分子的一段辛酸历史,我除在书首略记其经历始末外,还将我与兰州军区后勤卫生部的来往信件粘贴于书后,希望子孙后代珍藏之,以留永念。

兰州兽医学院阶段

1946 年夏从成都复员回到南京时,遇到辛树帜先生,他正受伪教育部的委任,筹办兰州大学,其中有一个兽医学院,为我国政府系统中的第一个兽医学院(部队系统早有陆军兽医学校之设),是联合国救济总署上海分署创议设立的,并应允在仪器设备方面有大量的支持。辛先生聘我为院长,筹划其事。不久后伪教育部为谋取得联合国救济总署更多的援助,又将这个学院从兰州大学中划分出来,成为一所独立的学院,称为国立兽医学院。

当时的兰州,交通困难,风气闭塞,文化落后,排外思想浓厚,封建势力猖獗。况值抗战胜利之际,原来由沿海一带转移至内地的知识分子大多又返回平津和东南一带,而我独反其道而行之,由东南远赴西北,兴办一所在旧社会地位低下的学校,其困难之巨大,实难罄述。幸亏聘得一位好的总务长常英瑜先生(在西北农学院时的老同事)常驻兰州,办理收购校址、建筑校舍、制备家具等事宜,我则来往于兰州与南京之间(我在南京所担任的微生物学和病理学两门课程尚未结束,故我实际完全脱离中央大学的时间为1947 年夏),主要是向伪教育部争取经费,向联合国救济总署领取并运回援助的设备(后因联总内部发生变故,领到者远不如起初应允者之多),特别是罗致师资。

当时愿意赴西北工作的人是很少的。我采取的罗致办法有如下几种:(1) 在国内尽力设法延揽。(2) 与正在国外留学研究兽医的同道通讯预约。(3) 1947 年伪政府举办自费留学考试,我有四个学生被录取,但无力购买外汇,我遂从学校经费中拨出一部分款项为他们结购出国的旅费和半年的学费,并应允以后陆续购汇,其条件是他们回国后必须到兽医学院任教。(可惜后来伪币不断贬值,外汇价格一再猛涨,到 1948 年即已无力为他们继续汇款,他们只得在国外半工半读来维持学业;一人不幸患脑炎病逝美国,另一人迄未回国,已成为著名的美籍华裔药理学及毒理学家,其余二人则皆如约回校任教。)(4) 在中央大学 1947 届毕业生中选拔优秀,在国内就地培养,从名师学习,三年后到校以讲师名义聘用,其中最为成功者为任继周同志,现已成为全国最知名的草原及牧草学家之一。

在 1946—1947 年还有一件事情值得一记:当时国共两党正在南京进行"和谈",王炳南同志为和谈中共代表和代表团发言人,常驻南京,我们从德国分别以后,又得在宁聚首,常相过从,有时同上馆子小吃。1947 年 3 月下旬的一天,伪《中央日报》头版头条突然以大字标题发表一项消息"和谈破裂,政府驱逐中共代表团于明晨飞返延安",我当时怀着不知何日才能再见的心情于傍晚前往梅园新村送别,意欲为他饯行。当时梅园新村静悄悄地,和往日无别,他见到我后骇然说:"你好大胆子,今晚还能吃小馆子么? 特务都将我们包围满了! 我要设法送你出去。幸亏有两位澳大利亚记者在楼上采访,等他们辞去时,你坐在他们吉普车的后面混出去吧。"他上楼与两位澳国记者讲妥后即下楼来同我交谈了一会子。当我问道他估计何日可以再见时,他满怀信心地说:"很快! 国民党一定要同我们打嘛,他们士气一点都没有了,我们很快就可以重见的。"辞出这时,吉普车刚好开出办事处的大门,便有特务五六人包围着车子,他们对两位外国记者是无可奈何的,只集中盘问我的姓名、身份和来访的目的等,并要我在他们的笔记本上亲笔写下,我当时即据实说明与王炳南是留德的同学,听说他明晨即将飞回延安,我是来向他送行的等等。事后还受到过他们的长期盯梢和监视。而时局的发展,也果然不出王炳南同志的预言——两年之后,南京即告解放。1950 年冬我到北京开会,又与王炳南同志(还有乔冠华、陆达等同志)重逢了。

1947 年夏,我与邹东明在兰州结婚,此时我年已 36 岁,距回国时已经九年。弟妹们与我的年龄差距很大,此时仍多未成年,甚至有的才初中毕业,仍有待我的扶持,我的寡姑则不久后在老家去世,不需我赡养了。

解放前的半年是学校最为困难的一段时期,伪币贬值之速,日泻千里,学校经费及员工、学生生活艰辛万状。原西北军政长官张治中先生是国民党的开明派,对兰州的四个院校(兰州大学、西北师范学院、兽医学院、西北农林专科学校)自来是非常爱护的,他于春间离兰,担任国民党和平代表团团长,前往北平,所遗西北军政长官一缺由青海恶魔军阀马步芳继任。马匪到兰不久,即胁迫四院校迁往河西走廊。四院校员工、学生眼见国民党政府和军队总崩溃即在眼前,且对马匪统治青海之暴戾凶残本来切齿痛恨,更不愿为其效劳殉葬,何况当年之河西走廊荒凉贫瘠,员工、学生及眷属数千人一旦前往,不但容身无地,且将食不果腹,故均不愿迁校。四院校负责人面对马匪威胁,初则阳奉阴违,虚与委蛇,然马匪之压迫亦日益加厉。四院校负责人肩负学校事业之完整及数千员工之安危,其日夜焦思苦虑之情,实非言语所能名状。此时国民党政府已迁往广州,伪教育部虽派一督学乘一专机来兰,迎接四院校负责人前往广州,四院校负责人无一人愿追随前往,该专员只能快快空机而返。

国民党甘肃省党部又曾召集会议,命令各校成立应变委员会,我们兽医学院虽"遵旨"成立,由我担任主任委员,教务长及总务长担任副主任委员,组织青壮年员生成立护校队,其目的乃在防范马匪溃败时散兵游勇对学校之抢劫破坏。应变委员会每晚在我家中开碰头会一次,交流从各方了解到的战事情况,研究应付的对策。全校员工所热烈盼望者,乃兰州的迅速解放。当有一晚在碰头会中讨论到万一在兰州市区发生拉锯战,我们如何应付的问题,总务长常英瑜发言说"那我们就一边倒,倒向共产党一边",得到大家的一致同意。

临解放前一些日子,我们夫妇二人每日深夜必在家偷听延安的广播,虽曾几次听到延安电台向我和胡祥璧先生广播,要我们分别保护好兽医学院和西北兽疫防治处,完整交还人民(胡祥璧早已于抗战胜利后离开兰州,延安方面的同志误以为他尚在兰州担任兽疫防治处处长)。这一广播给予了我很大的力量。

临解放前数日,马匪黔驴技穷,仍图最后挣扎,召集四校负责人前往其"长官公署",再次胁迫四院校迁往河西走廊,如不迁校,则必须在他的拟就的(一)《反共宣言》(二)《告四院校学生书》(三)《致广州国民党政府请求空运枪支弹药的电报》等三个反动文件上签字,以为交换条件。四院校负责人明知其覆灭败亡乃指日间事,这三个文件对他起不到一根救命稻草的作用,却可以使我们免吃眼前亏,甚至[免]遭到杀身之祸。在他的淫威之下,只得被迫在他所拟就的文件上签字,此虽为我生平又一污点,但我完全是按照延安电台对我的指示,为保存学校的完整而不得已为之的,也许可曲蒙党和人民的谅解。

在四院校中,马匪最恨的是兽医学院,因为他的部队以骑兵居多,最需要兽医为其服务,我们虽于解放前半月左右在兰州市内设立一处军马救护站,为他医治伤病马匹,但终不肯随同他转徙迁移,故他对我们怀恨最切。延安电台对我的广播,估计他的特工人员亦必听到。故在解放前两日竟然诡称我们兽医学院的主楼有碍他的炮兵作战视线,扬言将派人前来拆除。我们只得连夜将图书、仪器装箱运往城内兰州大学寄存。所幸解放大军进军神速,兰州于1949年8月26日晨全部解放,马匪仓皇逃窜,阴谋未能得逞,我们的校舍得以保存完整。交还人民,欢庆新生,在解放前的三年中,校中从未设立过国民党党部、"三青团"团部和"防奸保密小组",这在蒋管区的机关学校中,恐怕是绝无仅有的。

解放后的初期

兰州四院校的绝大部分师生都是以极其兴高采烈的心情迎接解放的。我们兽医学院在解放前就是规定以十月一日为校庆日的,与后来的国庆日巧合。我们于接管后经过约一个月的筹备,举行了盛大的"国校同庆"纪念,连续三天,展出各种标本模型,进行了各种教学实验和手术表演,学生表演了秧歌舞,演出了自编的庆祝解放的话剧,甘肃省党、政、军首长和各界人士以及群众莅临参观者极为踊跃,给了我们以很大的鼓舞。

解放以后,兽医学院改称西北畜牧兽医学院,由于党的重视,工作立即改观:拖延三年未能解决的收购校址问题,迅速得到解决。解放前存放在上海以及运至中途而未能运回学校的仪器药品,蒙兰州军管会拨给卡车数辆,均陆续运回兰州。最难得的是,由学校派赴英、美留学或预约回国后来兰任教的四位教师因回国旅费无着,无法起程,我向西北军政委员会申请每人发给旅费外汇美金五百元(共两位),立即获得批准,他们于 1950 年均先后到校任课。从现在看来,国家外汇储备,数以百、十亿美元计,两千美元,不过九牛一毛!但当时全国还有一些地方尚未解放,遍地疮痍,百废待兴,两千美元何止价值连城!还有一位内科学教师提出要建立一所家畜病院,作为来兰任教的条件,西北财经委员会立即批给小米二百八十万斤,家畜病院迅即建成,而当时大家每月的工资平均不过三五百斤小米而已。由于党的如此重视,所以在 1949—1950 这一年中,学校的进展,实为解放前三年的数倍有余。到 1950 年底,学校已建成校舍和设备颇具规模,各科师资相当齐全的一所兽医学院了。

1950 年,西北军政委员会成立,我被加委以畜牧部副部长及西北财经委员会委员等职务,仍兼任学院院长。初则来往于西安、兰州两地之间,后来长驻西安,学校事务多由教务长(后升任为副院长)主持。1952 年西北军政委员会改组成为西北行政委员会,我被提升为行政委员会委员,仍兼西北财经委员会委员和西北畜牧局副局长及学院院长等职务。

在这几年中,我曾赴新疆和青海考察畜牧业,赴青海指导羔羊痢疾的研究工作,赴陕西汉中地区指挥防治牛的口蹄疫,并在党的领导和部(局)同志们的合作下,提倡在疫区划区轮牧,储草备冬,改良畜种等,对西北地区畜牧业的发展起到过一定的作用。

1954 年大区撤销,我调任中国科学院西北分院筹备委员会第二副主任(主任由陕西省委第一书记张德生同志[兼任],第一副主任由西北农学院院长辛树帜先生兼任);1956 年西北分院筹备委员会迁至兰州(即现在兰州分院的前身),主任改由甘肃省委第一书记张仲良同志兼任,我改任第一副主任。在这几年中为奠定科学院在西北各省研究机构的基础作出过一定的贡献。

1955 年,我当选为甘肃省出席全国人民代表大会代表,同年被国务院遴选聘为中国科学院学部委员;1956 年被推举为中国农业科学院学术委员会副主任委员;在此之前还曾当选为全国科普和科联理事、甘肃省科普主任委员和科协副主任委员。此数年中,由于行政事务和社会活动增多,学术工作不免放松渐趋落后。

1957 年以后

1957 年被错划为"右派分子",撤销一切行政职务和科学院学部委员,但仍保留连任历届全国政协委员。这对我原是一桩好事,可以重理旧业,从事科研工作,但又不幸被分配到中国农业科学院中兽医研究所,虽经我多次向领导提出另行分配其他工作的要求,终未蒙采纳,只得勉强到职。

作为一个微生物学工作者,在中兽医研究所原无多少事情可做,比较可行的是进行各种中药对细菌和病毒的抑制和杀灭效力的研究,但这种实验室工作竟被领导认作是脱离生产、脱离实际、脱离群众的"三脱离"工作,不准进行。迫令下乡"总结"中兽医治疗家畜传染病的经验,以一些所谓的验方,盲目地进行马鼻疽、牛结核、牛布氏杆菌病、猪霉形体肺炎等几种西医亦告束手的传染病,白白费了自己和几个年轻同志几年的宝贵光阴,结果毫无功效,只落得动辄得咎,历次运动(交心运动、拔白旗、反右倾、小整风、增产节约运动……)中作为一被批斗的反面教员,充当别人踏在脚下向上爬的垫脚石而已。

在这样无可奈何、进退维谷的情况下,只得自找出路,进行国外名著的翻译工作。于 1959 年起开始翻译匈牙利胡体拉等氏用德文合著的《家畜特殊病理和治疗学》一书,按原著的方式分为上、下两卷出版,上卷名为《家畜传染病学》,下卷名为《家畜内科学》,共计约二百余万字(作为一个"摘帽右派",出版社对译本字数也打了很大折扣,在"文化大革命"中重印付,甚至连译者的姓名也从书上删去了)。这部书是世界兽医文献中一部经典著作,原书共曾发行十一版(最后一版发行于 1959 年),并被译成七种外文,流行于全世界;其中文译本对我国兽医教学和科研工作也曾起到过一定的促进作用

（翻译工作在 1961—1962 在中央社会科学院学习期间中断一年）。

在"文化大革命"中，又继续译出东德贝尔等合著《家畜的传染病》一书，实际上乃是上述《家畜传染病学》的续编，约 80 万字，直到 1987 年才得出版。

此外，在 1970 年从"牛棚"中解放出来以后，被分配在中国农业科学院兰州兽医研究所从事情报资料工作，应年轻同志们之嘱，代译各方面的文献资料，亦在 100 万字以上，一部分不署名发表于该所出版的《兽医科技资料》上，一部分未公开发表。我的译文多能以"信、达、雅"受到同道的奖饰。在此翻译的过程中，我曾有意识地注意收集免疫学和流行病学两方面的资料，以为晚年编著《比较免疫学》和《比较流行病学》两书的素材。

即令处在这样的逆境中，我对我国畜牧兽医事业的发展并未忘怀，例如在 1963 年，我即曾三次在全国、地方的会议上发言，力主加速发展畜牧业，并注重发展南方山区的畜牧业，促进农业早日过关。一次是三月间在北京召开的全国农业科学规划会议上，一次是在六月间列席甘肃省政协大会时，第三次是十一月间在全国政协三届五次会议的大会发言中，虽受到全体委员的热烈鼓掌欢迎以及许多识与不识的委员在会外的谬奖和同意，可惜当时未能为领导所接受。直到 20 年后的 1980 年，畜牧业才受到较大的重视，西北广大地区和南方山区的种草工作才得到中央的认可。在 1973 年在兰州举行的全国兽医规划会议上，我早就提出八十年代的畜牧业和重视城市郊区肉、奶、蛋的供应，以适应人民生活改善的需要，为此应提倡在城市郊区办理工厂化的奶牛、养猪和养鸡场，可惜以人废言，当时甚至受到与会同志的批判，但我并未因此气馁。

在"右派"问题改正，学部委员的名义恢复以后，我还曾于 1981 年在中国科学院的学部大会上发言，主张树立"大畜牧业"思想，受到大会的重视，人民日报的转载。甚至在调离西北以后，我对西北地区的水土流失和种草问题仍未忘怀，曾于 1980 年在西安举行的会议上与任继周同志联合做过题为《黄土高原的土壤侵蚀与农业格局》的发言，受到大会的重视，并于会后转载于《农业经济问题》1980 年第 7 期上。在兽医方面，我自己半生心血创办的国内唯一一所兽医学院在"大跃进"中"扩充"成为农业大学，迁往河西走廊，名义上是"发展"，实际上是使兽医部分受到削弱，终至学校濒于瓦解，这是我终生一大憾事。因此自"四人帮"垮台以后,我即在全国政协多次提案,并在有关的会议上极力陈词,应恢复并增设兽医学院,后来亦逐渐得到领导的重视,实现有望。

改 正 前 后

我的错划"右派"问题于 1979 年得到初步改正,但不幸在改正前一年,即 1978 年 8 月 7 日兰州一次三十年未有的大雨中,我所住的土房全部倒塌,衣物器用大部损失,特别是我毕生的藏书和积累的科学资料,完全付诸东流,只家人得以幸存。我原来计划在晚年编写《比较免疫学》和《比较流行病学》两部书的计划已无力实现,令我感到痛心。

事故发生以后,蒙中央农业部和甘肃省委照顾,江苏省同意仍然调回南京,任江苏省农业科学院情报资料室研究员,负责主编《中国大百科全书》农业卷中的兽医部分和一部《畜牧兽医辞典》,除恢复中国科学院学部委员外,又受命为国务院学位委员会学科评议组成员兼小组长,这一崇高的职务,使我感愧不已。

简 短 的 小 结

回顾我的一生,可以初步作出如下的小结:

(一) 我出生于贫穷的家庭,在政治上从青少年时期起即不满反动政府的统治,虽接受党的领导,为党做过一些有益的工作;但解放后对自己要求不够严格,未曾申请入党,限制了自己的进步。不过一生工作兢兢业业,勤勤恳恳,未做过不利于人民的事情,故当能得到党的谅解和群众的信赖。

(二) 在学术上虽受到过国内外严师的教导,从生物学、医学和兽医学三方面打下了一个比较坚固的基础,可惜在这一基础上只盖了一栋茅屋,其中虽有客观的原因,但主要还是自己的努力不够,以致在科学工作上主要只有一些译述,而缺乏创造性的研究,有愧作为一个学部委员。

（三）在事业上虽在极端艰苦困难的情况下创办了我国第一所兽医学院,在武功、兰州,特别是成都三个教学阶段,在其他许多同事的共同努力下,培养出了一批畜牧兽医人才,分布于海内外,多数青出于蓝,有的甚至享有国际声誉,但自己则未能跟上科学的发展,向高、精、尖和分子水平前进,故对我国的兽医事业前景,无论从宏观方面或是……①

---

① 以下丢失。盛彤笙儿子盛天舒补记说明如下:"父亲自述的最后一页,在复印时被工作人员丢失,造成了不可挽回的遗憾。我记得他在后面写道:由于自身的努力不够,没有为国家和人民做出应有的贡献,以及他一生信守的座右铭:求实、严谨、豁达、澄澈。盛天舒补记,2009 年 10 月 11 日。"

附录三 盛彤笙主要著译目录

一、论文

[1] 盛彤笙.麻风为公众卫生问题.麻风季刊,1934(3)：20-32.

[2] 盛彤笙.细菌战的可能性.科学世界(南京),1936,6(1)：39-41.

[3] 盛彤笙.毒气战中之军马.江西教育,1936(15-16)：126-131.

[4] Tung-sheng Sheng. Ein Beitrag zur Frage der Leistungssteigerung nach Digitalisierung, Friedrich-Wilhelm-Universität zu Berlin,1936.

[5] Tung-sheng Sheng. Vergleichende Untersuchungen über das Pfeiffersche Influenzabakterium, das Tung-sheng Sheng. Schweineinfluenzabakterium und das Ferkelgrippebakterium, Friedrich-Wilhelm-Universität zu Berlin,1938.

[6] 盛彤笙,陈之长.改进我国畜牧兽医教育之商榷.畜牧兽医月刊, 1941,1(9)：233-235.

[7] 罗清生,盛彤笙.论畜牧兽医事业之危机及吾人应有之觉悟.畜牧兽医月刊,1944,4(1)：1-2.

[8] 朱晓屏,盛彤笙.胺苯磺醯胺族药物对于马鼻疽杆菌作用之初步试验报告.畜牧兽医月刊,1944,4(2-3)：27-32.

[9] 盛彤笙,朱晓屏,黄以珪,李容桎.磺胺族药物对出血性败血症杆菌之作用.畜牧兽医月刊,1945,5(1-2)：11-17.

[10] 盛彤笙,朱晓屏.磺胺族药物对于马鼻疽杆菌之效用Ⅱ. Sulfadiazine对于马鼻疽杆菌之效用.畜牧兽医月刊,1945,5(5-6)：58-61.

[11] 盛彤笙,朱晓屏,王树信.渝蓉牛传染性流产调查报告.畜牧兽医月刊,1945,5 (11-12)：131-135.

[12] 盛彤笙.水牛脑脊髓炎之研究.畜牧兽医月刊,1945,5(9-10)：95-108.

[13] T. S. Sheng. Virus Encephalomyelitis in Buffaloes. Science,1946, 103(2672)：344-346.

[14] 盛彤笙.科学家与政治.科学新闻(重庆),1947(4)：4,18.

[15] 盛彤笙.防御美国的细菌战要做好我们的兽疫预防工作.畜牧与兽 医,1952,(3)：54-56.

[16] 盛彤笙.如何写一个家畜解尸体剖检报告//中央人民政府农业部 畜牧兽医司编.畜牧兽医选辑(七)家畜传染病之防治,北京：中央人民政府 农业部,1952,171-191.

[17] 盛彤笙.严防新的兽疫传入中国.国立兽医学院校刊,1950,2(1)：4-7.

[18] 盛彤笙,谭泽锵,冯镐启,徐鹤林.中西药物治疗乳牛结核病试验报 告//中国农业科学院中兽医研究所研究资料汇编第二集,1963,99-108.

[19] 盛彤笙,杨振中,江敦珍,张永欣,李启钧,闻孝来.1962 年乳牛布氏 杆菌病治疗试验报告//中国农业科学院中兽医研究所研究资料汇编第二 集,1963,92-98.

[20] 盛彤笙,张祺,张乃华,张春发,瞿自明,杨金巴,钟伟熊.中药治疗 马鼻疽试验报告(第一批)//中国农业科学院中兽医研究所研究资料汇编第 二集,1963,122-129.

[21] 盛彤笙,任继周.黄土高原的土壤侵蚀与农业格局.农业经济问题, 1980(7)：2-8.

[22] 盛彤笙.关于 Gnotobiology 一词汉译的浅见.微生物学通报,1981, 8(6)：293-298.

[23] 盛彤笙.建议开展统一和订正一些译名的讨论.中国兽医杂志, 1981,7(11)：46-49.

[24] 盛彤笙.应当树立"大畜牧业"思想.人民日报,1981-6-11(5).

二、专著

[25] 盛彤笙.家畜尸体解剖法.成都：中华畜牧兽医出版社,1941-1942.

[26] 盛彤笙.兽医细菌学实习指导.成都：中华畜牧兽医出版社,1942.

[27] 盛彤笙,谢铮铭编.马匹的重要传染病(畜牧兽医浅说第三种),成都:中国畜牧兽医学会,1945.

[28] 盛彤笙.军马与家畜之防毒(国防科学丛书),上海:商务印书馆,1946.

[29] 盛彤笙,朱晓屏编.兽医细菌学实习指导(第二版)(国立兽医学院丛书第一种),兰州:兽医学院出版组,1948.

[30] 盛彤笙,朱晓屏,廖延雄等编.兽医微生物学实验指导(第三版).南京:畜牧兽医图书出版社,1957.

[31] 马梅荪编订,盛彤笙审校.德汉动物学词汇.北京:科学出版社,1987.

[32] 盛彤笙主编.中国大百科全书·农业ⅠⅡ(兽医学部分).北京:中国大百科全书出版社,1990.

[33] 盛彤笙主编.中国畜牧兽医辞典.上海:上海科学技术出版社,1996.

三、译文

[34] 盛彤笙译.几种伶俐的昆虫:关于本能和智慧底问题,科学世界(南京),1933,2(3):195-200.

[35] 盛彤笙译.战时德国之畜产增殖工作.畜牧兽医月刊,1941,1(7-8):218-219.

[36] 盛彤笙译.寄生虫病皮内反应之分析,畜牧兽医月刊,1941,1(12):348-349.

[37] 盛彤笙译.以结晶堇疫苗预防猪霍乱之实验.中央畜牧兽医汇报,1942,1(2):197-199.

[38] 盛彤笙译.绵羊之肠胃寄生虫及其控制.畜牧兽医月刊,1942,2(11-12):289-292.

[39] 盛彤笙译.遗传与疾病之关系.畜牧兽医月刊,1944,4(4-5):80-85.

[40] 盛彤笙译.牝马妊孕之内分泌诊断法.畜牧兽医月刊,1944,4(8-

10）：183-186.

[41] 盛彤笙摘译.兽医文摘（淋巴结抽提液治放线菌病有效）,畜牧兽医月刊,1944,4(1)：25.

[42] 盛彤笙摘译.兽医文摘（鸡之致死无翅畸形）,畜牧兽医月刊,1944,4(4-5)：85.

[43] 盛彤笙摘译.畜牧文摘（牝马情热期中生殖系之变化等）,畜牧兽医月刊,1944,4(6-7)：150-151.

[44] 盛彤笙摘译.兽医文摘（国外兽医研究动态）,畜牧兽医月刊,1944,4(8-10)：194-197.

[45] 盛彤笙译.宁夏畜产考察报告.畜牧兽医月刊,1945,5(3-4)：29-36.

[46] 盛彤笙译.猪地方性肺炎病原体在鸡胚卵黄囊中的培养∥上海畜牧兽医学会编译委员会编.兽医第一辑（农业科学译丛）,上海市科学技术编译馆,1962：21-25.

[47] 江敦珍编译,盛彤笙审校.苏联近年来对抗布氏杆菌兔病疫血清的研究∥上海畜牧兽医学会编译委员会编.畜牧兽医译丛第4辑,上海市科学技术编译馆,1964：6-8.

[48] 盛彤笙编译.近年来国外家畜传染病流行和研究的一些情况.畜牧兽医科技资料,1971,(2)：65-71.

[49] 盛彤笙译.香港猪的一种水泡性疾病与口蹄疫的鉴别.兽医科技资料,1972(4)：75-79.

[50] 盛彤笙译.猪瘟病毒的特性.兽医科技资料,1972(4)：75-79.

[51] 盛彤笙译.对动物有致病作用的环境污染物.兽医科技资料,1972(4)：79-82.

[52] 盛彤笙译.兽医上的病毒疫苗.兽医科技资料,1973(1)：58-65.

[53] 盛彤笙译.微生物作为食物的来源.兽医科技资料,1973(2)：63-75.

[54] 盛彤笙译.微生物作为食物的潜在来源.兽医科技资料,1973(2)：76-83.

[55] 盛彤笙译.供人和动物消费的合成蛋白质.兽医科技资料,1973(2): 84-85.

[56] 盛彤笙译.猪传染性萎缩性鼻炎.兽医科技资料,1973(2): 84-85.

[57] 盛彤笙译.英国猪水泡病流行的初步研究.兽医科技资料,1973(2): 92-93.

[58] 盛彤笙译.猪水泡病病毒与B5型科赛奇病毒的血清学关系.兽医科技资料,1973(4): 39-41.

[59] 盛彤笙译.猪水泡病病毒分离物之间的抗原差异以及它们与B5型科赛奇病毒的关系.兽医科技资料,1973(4): 41-42.

[60] 盛彤笙译.猪水泡病和科赛奇感染(通讯).兽医科技资料,1973(4): 43.

[61] 盛彤笙译.猪水泡病.兽医科技资料,1973(4): 44-46.

[62] 盛彤笙译.肠道蠕虫的免疫机制.兽医科技资料,1973(4): 47-53.

[63] 盛彤笙摘译.文摘四篇.兽医科技资料,1974(4): 55.

[64] 盛彤笙译.关于科赛奇病毒的一些资料.兽医科技资料,1974(4): 65-72.

[65] 盛彤笙译.防制真菌感染方面的进展.兽医科技资料,1976(1): 87-89.

[66] 盛彤笙译.接种猪水泡病病毒(香港株)致使猪脑和脊髓的损伤.兽医科技资料,1976(1): 90-92.

[67] 盛彤笙译.对抗微生物的抵抗力——疫苗的理论和实际.兽医科技资料,1976(2): 91-99.

[68] 盛彤笙译.家畜真菌中毒概观.兽医科技资料,1977(2): 100-103.

[69] 盛彤笙译.研制猪口蹄疫疫苗方面的进展.兽医科技资料,1977(2): 104-105.

四、译作

[70] Wheeler, Jack 著;孟合理,张昌绍,苏德隆,盛彤笙,方侃译述.惠嘉二氏内科要览,中华医学会编译部,1936.

[71] 陈之长,罗清生译,盛彤笙重译.兽医内科诊断学(国立兽医学院丛书第二种).国立兽医学院出版组,1950.

[72] Raymong A. Keiser, Harry W. Schoening 著,盛彤笙译.兽医细菌学.中国畜牧兽医学会出版部,1944.

[73] Hans Zinsser M. D. S., Bayne-Jones M. D.著,王凤莲,盛彤笙等译述.秦氏细菌学(第三版),中华医学会,人民军医社,1951:197-203.

[74] 胡体拉等著,盛彤笙译.家畜传染病学(上).北京:科学出版社,1962.

[75] 胡体拉等著,盛彤笙译.家畜传染病学(下).北京:科学出版社,1963.

[76] 胡体拉等著,盛彤笙译.家畜传染病学(合订本).北京:科学出版社,1964.

[77] 胡体拉等著,盛彤笙译.家畜内科学(上).北京:科学出版社,1964.

[78] 胡体拉等著,盛彤笙译.家畜内科学(下).北京:科学出版社,1965.

[79] 胡体拉等著,盛彤笙译.家畜内科学(合订本).北京:科学出版社,1966.

[80] J. 贝尔等合著,盛彤笙译.家畜的传染病(上).北京:科学出版社,1981.

[81] J. 贝尔等合著,盛彤笙译.家畜的传染病(下).北京:科学出版社,1984.

五、发言报告

[82] 盛彤笙.参加第十三届世界兽医会议报告.畜牧兽医季刊,1940,4(1):22-29.

[83] 盛彤笙.畜牧兽医对于国计民生之关系——在金陵大学农艺学会演讲.畜牧兽医月刊,1941,1(12):337-340.

[84] 盛彤笙.农林部兽医讨论会报告(续)·关于兽医教育的报告.中央畜牧兽医汇报,1945,3(3-4):67-72.

[85] 盛彤笙.兽医学院筹备经过:盛院长彤笙在纪念周报告.国立兰州

大学校讯,1947,(1):2-3.

[86] 盛彤笙.祝贺西北家畜及饲料改进协会成立.兰州日报,1948-10-2(2).

[87] 盛彤笙.新时代中应有的新努力.国立兽医学院校刊(庆祝本院成立三周年纪念专号),1949,1(3):1-2.

[88] 盛彤笙.元旦感言——在本院新年同乐会讲词.国立兽医学院校刊,1950,2(1):16.

[89] 盛彤笙.继续努力不断改革校政.国立兽医学院校刊,1950,2(3):1-3.

[90] 盛彤笙.四周年纪念的回顾与前瞻.国立兽医学院校刊(四周年校庆特刊),1950,2(4):1-8.

[91] 盛彤笙.在本院教育工会成立大会上的讲话,西北兽医学院校刊,1951,3(1):2-3.

[92] 盛彤笙.和新生谈谈畜牧兽医——兼送兽医系第二届毕业生走上工作岗位.西北兽医学院校刊,1951,3(3):1-4.

[93] 盛彤笙.加强畜牧兽医科学中的爱国主义思想教育——为本院五周年校庆而作,西北兽医学院校刊(五周年校庆特刊),1951,3(4):1-4.

[94] 盛彤笙.西北畜牧局副局长盛彤笙在会议上的讲话.陕西农讯,1954(2/3):49—52.

[95] 盛彤笙.中国科学院西北分院筹备委员会闭幕词.手稿,陕西省档案馆后库(凤县),1954-7-17.

[96] 盛彤笙.在中国科学院学部成立大会上的发言——盛彤笙代表委员,光明日报,1955-6-10(3).

[97] 盛彤笙.中国科学院学部成立大会及第四十四次院务常务会议的传达报告//中国科学院西北分院第二次筹委会会议文件.陕西省档案馆后库(凤县),1955-11.

[98] 盛彤笙等.提案第一百十九号:请指导农民并研究改进各种油饼的利用案//第一届全国人民代表大会第二次会议秘书处.中华人民共和国第一届全国人民代表大会第二次会议提案,1955-7-27:172-173.

[99] 盛彤笙.在科学院学部大会上的发言.手稿,1980-4-2.

[100] 盛彤笙.我国发展畜牧业解决饲料问题的若干途径//中国农业科学院编.农业科学家的意见与建议,1980-10.

[101] 盛彤笙.建议在作物区进行调整农牧比例,改革食物构成的试验//中国科学院编.科学动态,1980(62).

[102] 盛彤笙述,任继周执笔.畜牧业产值占农业总产值50%以上是农业现代化的主要标志//中国农业科学院农业现代化编写组编.加速我国农业现代化设想简报,1980(2).

[103] 盛彤笙.在禽病研究会成立大会上的祝词.中国兽医杂志,1982,8(7):2-4.

[104] 盛彤笙.盛彤笙委员的发言.全国政协六届三次会议秘书处,1985-3-31.

六、其他

[105] 盛彤笙.《孩子们的音乐》书评.开明(上海),1928,1(4):225.

[106] 盛彤笙述.周隆孝社友事略:附周隆孝社友事略纪年.科学世界(南京),1933,2(4):303-304.

[107] 盛彤笙(丹).社论:为全国科学家向政府呼吁.中华自然科学社社闻,1942,15(3):1.

[108] 盛彤笙.《中国适用外种家畜图谱》序//.费理朴,崔步青等.中国适用外种家畜图谱.中国畜牧兽医学会,1946.

[109] 盛彤笙.伏羲堂记//薛仰敬主编.兰州文史资料选辑第21辑·兰州古今碑刻.兰州大学出版社,2002:396.

[110] 盛彤笙.国立兽医学院校歌歌词.国立兽医学院校刊,1949,1(2):7.

[111] 盛彤笙.《国立兽医学院校刊》创刊词.国立兽医学院校刊,1949,1(1):1-2.

[112] 盛彤笙.释本院信条第十条——勉全体员工同学.国立兽医学院校刊,1949,1(2):1-2.

[113] 盛彤笙.《皇城滩、大马营草原调查报告》序//任继周执笔,王栋校

审.皇城滩和大马营草原调查报告.兽医图书出版社,1954.

[114] 盛彤笙.读《油焖笋》之后———一位政协委员的来信.人民日报,1980-9-9(8).

[115] 盛彤笙.庸碌的一生,平凡的自述.手稿,1983-12.

[116] 盛彤笙.情系西北育人乐(自述部分)∥科学的道路(上).上海教育出版社,2005,887-889.

主要参考文献

一、口述文字资料

1. 《黄席群访谈录》,2007 年 10 月 13 日。

2. 《盛佩芝访谈录 1》,2007 年 10 月 13 日。

3. 《盛佩芝访谈录 2》,2009 年 11 月 6 日。

4. 《杨诗兴、彭大惠访谈录》,2007 年 10 月 14 日。

5. 《王锡祯访谈录》,2008 年 1 月 24 日。

6. 《肖志国、张志良访谈录》,2008 年 1 月 25 日。

7. 《陈北亨访谈录 1》,2008 年 1 月 31 日。

8. 《陈北亨访谈录 2》,2008 年 12 月 22 日。

9. 《刘兆弼、范文学、张伯澄等访谈录》,2008 年 3 月 17 日。

10. 《张志良访谈录》,2008 年 3 月 28 日。

11. 《刘占杰访谈录》,2008 年 6 月 3 日。

12. 《邹康南访谈录》,2008 年 8 月 6 日。

13. 《任继周访谈录》,2008 年 9 月 20 日。

14. 《杨致礼访谈录》,2009 年 6 月 4 日。

15. 《何振东、黄守仁、王素香等访谈录》,2009 年 8 月 3 日。

16. 《黄慎钊、李婉平访谈录》,2009 年 9 月 29 日。

17. 《盛天舒、马晓琳访谈录》,2009 年 10 月 11 日。

18. 《张素我访谈录》,2009 年 10 月 17 日。

19. 《李光访谈录》,2010 年 4 月 27 日。

20. 《张秉彝访谈录》,2010 年 8 月 17 日。

21. 《陆承平访谈录 1》,2011 年 7 月 10 日。

22.《陆承平访谈录2》,2014年11月9日。

23.《刘秀梵访谈录》,2014年11月12日。

24.《张遵道访谈录》,2015年6月8日。

25.《郭积炳访谈录》,2015年6月16日。

26.《雒友直访谈录》,2015年9月23日。

二、传记

1. 盛彤笙:《庸碌的一生,平凡的自述》,1983年。

2. 宋保田:《盛彤笙》,载卢嘉锡主编《中国现代科学家传记 第三集》,科学出版社,1992年。

3.《盛彤笙》,载顾树新、张士朗主编《南京大学校友英华》,南京大学出版社,1992年。

4. 邹康南:《盛彤笙》,载中国科学技术协会编《中国科学技术专家传略 农学编 养殖卷1》,中国科学技术出版社,1993年。

5.《盛彤笙》,载陈汤臣主编《中国大学校长名典 上卷》,中国人事出版社,1995年。

6. 廖延雄:《缅怀恩师盛彤笙》,载江西省立南昌二中天津校友联谊会编《江西省立南昌二中校友志稿 第二集》,2004年。

7. 阮德成、林继煌、周光恒:《再认识 更敬仰——追忆盛彤笙先生》,载江苏省农业科学院主编《缅怀农学前辈——怀念江苏省农业科学院老领导老专家文集》,江苏科学技术出版社,2006年。

8.《盛彤笙——著名兽医学家、微生物学家、教育学家、学部委员》,《中国兽医科学》2007年第5期。

9. 中国畜牧兽医学会、中国农业科学院兰州畜牧与兽药研究所编:《一代宗师盛彤笙:盛彤笙先生学术思想研讨会文集》,2008年。

10. 谭加庆:《中国现代兽医学的奠基人——记中国科学院学部委员盛彤笙》,载罗天祥主编《名人永新》,中央文献出版社,2008年。

11. 邹康南:《盛彤笙先生生平》,2009年。

12. 胡云安、陈贵仁、赵西玲:《远牧昆仑:盛彤笙院士纪实》,甘肃人民出版社,2011 年。

13. 陆承平:《百年梦回伏羲堂　但愿一识韩荆州》,《中国兽医杂志》2011 年第 9 期。

14. 任继周:《我心目中自省的镜子——盛彤笙院士诞辰百年纪念》,载《草业琐谈(修订版)》,中国农业出版社,2013 年。

15. 张遵道:《忆盛彤笙院士在兰州最后八年的一些往事》,2015 年。

三、证书、证件

1. 中华人民共和国中央人民政府:《西北军政委员会畜牧部副部长任命通知书》,1950 年 4 月 11 日。

2. 中华人民共和国中央人民政府:《西北军政委员会财政经济委员会委员任命通知书》,1950 年 4 月 11 日。

3. 中央人民政府政务院:《西北兽医学院院长任命通知书》,1951 年 2 月 2 日。

4. 中华人民共和国中央人民政府:《西北行政委员会委员任命通知书》,1953 年 1 月 14 日。

5. 中央人民政府政务院:《西北行政委员会畜牧局副局长任命通知书》,1953 年 5 月 15 日。

6. 中华人民共和国中央人民政府:《西北行政委员会财政经济委员会委员任命通知书》,1953 年 12 月 9 日。

7. 中国科学院:《中国科学院西北分院筹备委员会副主任委员聘任通知书》,1954 年 1 月 15 日。

8. 中华人民共和国农业部:《中华人民共和国农业部科学技术委员会委员聘书》,1979 年 5 月 7 日。

9. 中华人民共和国国家科学技术委员会:《中华人民共和国国家科学技术委员会农业生物学学科组成员聘书》,1979 年 5 月 29 日。

10. 中国微生物学会:《〈微生物学报〉编辑委员会委员聘书》,1979 年 10 月。

11. 上海科学技术出版社:《〈畜牧兽医辞典〉编辑委员会委员聘书》,

1980 年 2 月。

12. 中国农业科学院哈尔病兽医研究所:《〈家畜传染病〉编辑委员会委员聘书》,1980 年 3 月 20 日。

13. 南京农学院《畜牧与兽医》编委会:《〈畜牧与兽医〉编委会特聘编辑委员聘书》,1980 年 6 月。

14. 中国微生物学会:《人畜共患疾病病原学专业委员会副主任委员聘书》,1980 年 10 月。

15. 中华人民共和国国家科学技术委员会:《中国微生物菌种保藏管理委员会委员聘书》,1980 年 10 月。

16. 中国微生物菌种保藏管理委员会:《中国微生物菌种保藏管理委员会学术组成员聘书》,1980 年 10 月。

17. 中国农业科学院哈尔滨兽医研究所:《〈国外兽医学—畜禽传染病〉编辑委员会委员聘书》,1981 年 1 月 20 日。

18. 国务院学位委员会:《国务院学位委员会农学学科评议组成员聘书》,1981 年 6 月 12 日。

19. 中华人民共和国国家农业委员会:《〈中国农业百科全书〉总编辑委员会委员聘书》,1981 年 6 月 25 日。

20. 中国大百科全书出版社:《〈中国大百科全书〉农业卷编委会委员兼兽医编写组主编聘书》,1981 年 7 月 28 日。

21. 南京农业大学:《南京农业大学特约教授聘书》,1984 年 10 月 20 日。

22. 中国畜牧兽医学会:《中国畜牧兽医学会名誉理事长荣誉证书》,1986 年 11 月 20 日。

四、信件

1.《朱家骅致盛彤笙关于兽医学院独立设置并与兰州大学合作办学的信》,1946 年 12 月 20 日。

2.《盛彤笙致朱家骅关于请辞兽医学院院长并推荐由陈之长或程绍迥出任的信》,1947 年 1 月 16 日。

3.《朱家骅致盛彤笙劝勉他就任院长的信》,1947 年 1 月 17 日。

4.《盛彤笙再次致朱家骅请辞兽医学院院长的信》,1947 年 1 月 20 日。

5.《朱家骅再次致盛彤笙请他就任院长早往视事的信》,1947 年 1 月 21 日。

6.《盛彤笙致朱家骅关于卸任兽医学院筹备委员的信》,1947 年 2 月 6 日。

7.《朱家骅致盛彤笙关于暂拨款一万美元建筑设备经费的信》,1947 年 4 月 9 日。

8.《盛彤笙聘请兽医学院建筑委员的信》,1947 年 4 月 24 日。

9.《王绍文致盛彤笙就任兽医学院院长的贺信》,1947 年 5 月 6 日。

10.《许康祖致盛彤笙就任兽医学院院长的贺信》,1947 年 5 月 15 日。

11.《孙汝楠致盛彤笙就任兽医学院院长的贺信》,1947 年 5 月 15 日。

12.《水梓致盛彤笙就任兽医学院院长的贺信》,1947 年 5 月 16 日。

13.《韩安致盛彤笙就任兽医学院院长的贺信》,1947 年 5 月 20 日。

14.《王籍田致盛彤笙就任兽医学院院长的贺信》,1947 年 5 月。

15.《盛彤笙致朱家骅关于将马家花园作为兽医学院院址的电文》,1947 年 7 月 18 日。

16.《盛彤笙致谷正伦关于将马家花园作为院址的电文》,1947 年 7 月 18 日。

17.《盛彤笙请朱家骅关于出席伏羲堂奠基仪式的信》,1947 年 8 月 28 日。

18.《朱家骅致盛彤笙告知不能赴兰为伏羲堂奠基的信》,1947 年 9 月 9 日。

19.《盛彤笙致邹康南关于兽医研究所开展运动情况的信》,1971 年 8 月 14 日。

20.《盛彤笙致邹康南关于兽医研究所当前干部等基本情况的信》,1971 年 8 月 29 日。

21.《盛彤笙夫妇致辛安亭辞别信》,1979 年 10 月 4 日。

22.《盛彤笙离兰前致任继周的辞别信》,1979 年 10 月 5 日。

23.《盛彤笙致任继周讨论〈以畜牧业为主的道路在我国行得通吗?〉一文及赴宁后近况的信》,1979 年 10 月 9 日。

24.《盛彤笙致任继周关于参加中国科学院生物学部委员会议及发言的信》,1980 年 4 月 6 日。

25.《盛彤笙致任继周关于讨论西北发展畜牧业及有关论文撰写的信》,1980 年 4 月 14 日。

26.《盛彤笙致任继周讨论应担当起发展西北及全国畜牧业使命的信》,1980 年 4 月 21 日。

27.《盛彤笙致任继周请早日拟就〈畜牧兽医辞典〉草原部分词目和释文示例的信》,1980 年 5 月 10 日。

28.《盛彤笙致任继周关于在银川参加中国畜牧兽医学会年会情况的信》,1980 年 7 月 24 日。

29.《盛彤笙对周祖龄及陈复和进行规劝的信》,1980 年 9 月 19 日。

30.《盛彤笙致任继周关于政协大会闭幕后到天津参加农业部科学技术委员会会议的信》,1980 年 10 月 4 日。

31.《盛彤笙致陆承平关于赴慕尼黑大学兽医学院 Mayr 教授处学习的信》,1980 年 11 月 18 日。

32.《盛彤笙致任继周关于讨论畜牧业的研究范围当从西北扩展到全国的信》,1980 年 12 月 5 日。

33.《盛彤笙致任继周关于西北地区农业现代化学术讨论会的信》,1981 年 1 月 7 日。

34.《盛彤笙致任继周讨论中国农业科学院寄来的几份农牧业现代化文件的信》,1981 年 1 月 26 日。

35.《盛彤笙致任继周关于担任〈中国大百科全书〉农业卷畜牧部分第一副主编的信》,1981 年 3 月 21 日。

36. 盛彤笙致任继周讨论大力发展畜牧业鼓吹大农业的信,1981 年 3 月 28 日。

37.《盛彤笙致任继周提出发展"大畜牧业"的信》,1981 年 4 月 2 日。

38.《盛彤笙致任震英请协助拨给草原生态研究所所址的信》,1981 年

4 月 2 日。

39.《盛彤笙致任继周关于在学部委员会议上发言并刊于〈人民日报〉的信》,1981 年 6 月 22 日。

40.《盛彤笙致〈畜牧兽医辞典〉编委和分科负责人关于认真审稿的信》,1981 年 7 月 14 日。

41.《盛彤笙致任继周关于寄还报告的信》,1981 年 8 月 24 日。

42.《盛彤笙致任继周告知不能参加全国政协五届四次会议的信》,1981 年 11 月 24 日。

43.《盛彤笙致任继周关于近期参加会议的信》,1982 年 1 月 6 日。

44.《盛彤笙致陆承平关于在德国当地游学开阔眼界并代为向慕尼黑兽医学院致意的信》,1982 年 1 月 21 日。

45.《盛彤笙致任继周请向甘肃人民出版社推荐许登艇翻译的〈脊椎动物病毒〉一书出版的信》,1982 年 2 月 6 日。

46.《陈振旅致盛彤笙关于〈中国畜牧兽医辞典〉部分条目撰写人变动及署名的信》,1982 年 2 月 21 日。

47.《盛彤笙致陆承平关于跟导师认真学习并代为购买德国古典音乐录音带的信》,1982 年 3 月 5 日。

48.《盛彤笙致何正礼关于〈中国大百科全书〉兽医部分插图意见的信》,1982 年 5 月 2 日。

49.《盛彤笙致陆承平关于收到一卷〈安魂曲〉并鼓励他在慕尼黑及周边多游览的信》,1982 年 5 月 7 日。

50.《盛彤笙致陆承平祝贺他选定研究方向并代为向他们研究所所长咨询翻译文章中部分词的信》,1982 年 8 月 3 日。

51.《盛彤笙致任继周祝贺草原所所址问题解决并婉拒顾问的信》,1982 年 8 月 31 日。

52.《盛彤笙致任继周告知不参加畜牧兽医学会年会并在江苏农科院做鼓吹发展畜牧业发言的信》,1982 年 9 月 11 日。

53.《盛彤笙致陆承平关于当年留学游览及代为查询有关德国兽医资料的信》,1982 年 9 月 16 日。

54.《盛彤笙致任继周关于讨论南方山区发展畜牧业的信》,1982 年 9 月 29 日。

55.《盛彤笙致任继周讨论〈人民日报〉发展畜牧业的社论及在贵阳年会上联合发言的信》,1982 年 10 月 6 日。

56.《于船致盛彤笙关于兽医部分条目在〈中国兽医杂志〉发表及稿酬的信》,1982 年 11 月 12 日。

57.《盛彤笙致任继周关于赴京参加学位委员会小组召集人和生物学部会议的信》,1982 年 12 月 18 日。

58.《盛彤笙致陆承平关于在所寄兽医学书目中选取部分撰写介绍条目收入〈大百科全书〉及回忆留学往事的信》,1982 年 12 月 21 日。

59.《盛彤笙致任继周关于在京参加学位会议及在学部会议上发言的信》,1983 年 1 月 5 日。

60.《盛彤笙致陆承平关于翻译 Auton Mayr 教授论文并发表在国内刊物上的信》,1983 年 1 月 10 日。

61.《盛彤笙致陆承平关于不能到访德国及讨论〈大百科全书〉中有关德国兽医条目的信》,1983 年 2 月 5 日。

62.《盛彤笙致陆承平关于婉拒 Mayr 教授邀请赴德交流及询问搜集〈大百科全书〉资料进展的信》,1983 年 5 月 16 日。

63.《盛彤笙致陆承平拟邀请 Mayr 教授访华并请多复印编写〈大百科全书〉资料的信》,1983 年 6 月 28 日。

64.《盛彤笙致中国农业科学院学术委员会请改组时勿再提名为委员的信》,1983 年 7 月 20 日。

65.《盛彤笙致农牧渔业部科学技术委员会请改组时勿再提名为委员的信》,1983 年 7 月 20 日。

66.《盛彤笙致任继周关于在京聚首感怀的信》,1983 年 10 月 2 日。

67.《盛彤笙致陆承平请代为购买 Worterbuch der Veterinarmedizin 第二版的信》,1983 年 12 月 12 日。

68.《盛彤笙致陆承平告知收到所寄资料的信》,1983 年 12 月 16 日。

69.《盛彤笙致雅殊关于自己出院夫人又入院的信》,1983 年 12 月

25 日。

70.《盛彤笙致陆承平关于〈大百科全书〉德国兽医条目及不想立传的信》,1983 年 12 月 27 日。

71.《盛彤笙致陆承平告知夫人去世及请代购录音机等物品的信》,1984 年 2 月 16 日。

72.《盛彤笙致陆承平告知自己确诊为尿崩症及〈家畜传染病学〉下册出版的信》,1984 年 9 月 12 日。

73.《刘瑞三致盛彤笙关于〈中国畜牧兽医辞典〉有关类目定稿情况的信》,1984 年 12 月 10 日。

74.《盛彤笙致陆承平请代为在德国购买治疗药 DDAVP 纸片剂型的信》,1984 年 12 月 11 日。

75.《盛彤笙致杨蓉城、任继周关于落实政策有关事宜的信》,1985 年 2 月 13 日。

76.《盛彤笙致杨蓉城、任继周关于 1957 年检讨材料的信》,1985 年 2 月 17 日。

77.《盛彤笙致陆承平祝贺他获得博士学位并告知 Mayr 教授年内来华访问已来不及安排的信》,1985 年 3 月 19 日。

78.《盛彤笙致任继周告知确诊为直肠腺癌的信》,1985 年 6 月 1 日。

79.《盛彤笙询问任继周关于改良江西山坡草地及发展畜牧业良策的信》,1986 年 1 月 27 日。

80.《盛彤笙告知任继周自己病情的信》,1986 年 8 月 15 日。

五、手稿

1. 盛彤笙:《有关应用洋地黄后负荷提高问题的研究》(Ein Beitrag zur Frage der Leistungssteigerung nach Digitalisierung),柏林大学医学博士论文,1936 年 5 月 14 日。

2. 盛彤笙:《弗氏流感杆菌与猪流感杆菌和仔猪流感杆菌的比较研究》,(Vergleichende Untersuchungen über das Pfeiffersche Influenzabakterium, das Schweineinfluenzabakterium und das Ferkelgrippebakterium),柏林大

学兽医学博士论文,1938 年。

3. 盛彤笙:《盛彤笙在西北农学院任教时制作的教学卡片》,1939 年。

4. 盛彤笙:《甘肃省第一届运动会的题词》,1947 年 10 月。

5. 盛彤笙:《伏羲堂记》,1947 年 11 月,甘肃农业大学档案馆,伏羲堂卷宗秘类第六档。

6. 盛彤笙:《国立兽医学院征求院歌歌词启事》,1948 年 2 月,甘肃农业大学档案馆,校歌卷宗文类第五档。

7. 盛彤笙:《校歌歌词》,1948 年 2 月,甘肃农业大学档案馆,校歌卷宗文类第五档。

8. 盛彤笙:《加聘便条》,1948 年 4 月 22 日,甘肃农业大学档案馆。

9. 盛彤笙:《记事本》,1981—1985 年。

六、报道

1.《国立中央大学录取新生揭晓》,《申报》1928 年 8 月 31 日第 2 版。

2.《教部录取国外留学生　正取二十六名备取十二名》,《申报》1934 年 7 月 8 日第 3 版。

3.《麻风会征文揭晓》,《申报》1934 年 7 月 20 日第 14 版。

4.《国立西北农学院筹备就绪正式开课　各系主任已分别聘定》,《国风日报》1938 年 12 月 9 日第 3 版。

5.《中国畜牧兽医出版社社员名录》,《畜牧兽医月刊》1940 年第 1 期。

6.《畜牧兽医界消息》,《畜牧兽医月刊》1941 年第 5—6 期。

7.《中华自然科学社第十五届第四次社务会记录》,《中华自然科学社社闻》1942 年第 3 期。

8.《中华自然科学社第十五届第五次社务会记录》,《中华自然科学社社闻》1942 年第 3 期。

9.《畜牧兽医简讯》,《中央畜牧兽医汇报》1944 年第 3 期。

10. 新版《兽医细菌学》,《畜牧兽医月刊》1944 年第 4—5 期。

11.《中国畜牧兽医学会近讯》,《畜牧兽医月刊》1944 年第 4—5 期。

12.《农林部兽医检讨会纪要》,《畜牧兽医月刊》1944 年第 4—5 期。

13.《农林部兽医讨论会报告》,《中央畜牧兽医汇报》1945 年第 2 期。

14.《中华教育基金会提倡科学研究 给予各研究员以补助金甲乙两种共计三十七名》,《大公报》1945 年 9 月 25 日第 3 版。

15.《国立兰州大学政院例会决议明年成立》,《大公晚报》1945 年 12 月 7 日第 1 版。

16.《中华自然科学社十九届年会发表声讨附逆科学界人员的宣言》,《科学知识》1946 年第 1 期。

17.《高等教育讨论会纪要》,《教育通讯》1946 年第 1 期。

18.《兰州大学将设兽医学院》,《大公晚报》1946 年 7 月 26 日第 1 版。

19.《盛彤笙氏广播演讲》,《甘肃民国日报》1946 年 8 月 11 日第 3 版。

20. 冰子:《盛彤笙为兽医学院院长》,《申报》1946 年 8 月 17 日第 9 版。

21.《教育部聘书》,《教育部公报》1946 年第 11—12 期。

22.《教部筹设兰州兽医学院》,《蒙藏月报》1947 年第 1—2 期。

23.《中华自然科学社第十九届五次理事会会议记录》,《中华自然科学社社闻》1947 年第 2 期。

24.《兰州成立兽医学院》,《华北日报》1947 年 4 月 24 日第 5 版。

25.《兰州分社第一次理监事会议记录》,《中华自然科学社社闻》1947 年第 2 期。

26.《中华自然科学社第十九届第三次理事会议记录》,《中华自然科学社社闻》1947 年第 2 期。

27.《教育部聘辛树帜等为国立兽医学院筹备委员》,《教育通讯》1947 年第 9 期。

28.《盛彤笙播讲细菌战》,《甘肃民国日报》1948 年 4 月 11 日第 2 版。

29.《首次农业展览会名誉赞助人、赞助人及顾问名录》,《农业展览会特刊》1948 年 4 月。

30. 陶履祥:《盛彤笙当选第六届中国畜牧兽医学会理监事》,《畜牧兽医月刊》1948 年第 4—5 期。

31.《本社监理事名单(附签名)》,《和平日报》1948 年 6 月 18 日。

32.《家畜及饲料改进协会定下月一日成立 在西北从事农牧兽医者可

申请为该会个人会员》,《和平日报》1948 年 9 月 26 日第 3 版。

33.《西北家畜及饲料改进协会昨日举行成立大会　陕甘宁青新五省均有代表参加　盛彤笙致开幕词强调畜牧第一》,《兰州日报》1948 年 10 月 2 日第 4 版。

34.《家畜饲料改进会理事会议草拟五年计划纲要》,《兰州日报》1948 年 10 月 9 日第 4 版。

35.《张治中行前一声雷——那是郁郁的雷,有苦闷,有牢骚》,《新闻杂志》1948 年第 11 期。

36.《中华全国科学技术普及协会》,《科学世界》1950 年第 6 期。

37.《中央人民政府正式任命盛彤笙朱宣人两先生为本院正副院长》,《西北兽医学院校刊》1951 年第 2 期。

38.《兰州科联分会筹委会成立》,《科学通报》1951 年第 5 期。

39.《西北畜牧部负责人谈如何防治牲畜黑腿病》,《群众日报》1952 年 12 月 13 日第 2 版。

40.《适应经济建设需要科学研究工作——一九五四年七月十九日西安〈群众日报〉关于中国科学院西北分院筹委会成立大会情况的报道》,载中国科学院西北分院筹备处编《中国科学院西北分院筹备委员会成立大会汇刊》,1954 年。

41. 易召仁:《中国畜牧兽医学会成立》,《科学通报》1955 年第 3 期。

42. 盛彤笙:《在中国科学院学部成立大会上的发言》,《光明日报》1955 年 6 月 10 日第 3 版。

43.《盛彤笙代表的发言(第一届人民代表大会第三次会议)》,《新华社新闻稿》1956 年 6 月 26 日,第 2211 期。

44.《西北的科学研究事业将获得迅速发展——盛彤笙代表的发言》,《人民日报》1956 年 6 月 27 日第 5 版。

45.《陕西省知识分子纷纷提出今后研究计划》,《新华社新闻稿》1956 年第 2094 期。

46.《西北畜牧兽医发展中的一件喜事:中国农业科学院西北畜牧兽医研究所正式成立》,《西北畜牧兽医》1957 年创刊号。

47.《反击右派向科学领域的进攻——中国科学院召开座谈会批判反社会主义的科学纲领》,《科学通报》1957年第16期。

48.《思想不断革命才不致被时代车轮抛弃——盛彤笙委员的发言》,《人民日报》1960年4月12日第20版。

49.《盛彤笙检讨自己的错误言论》,《科学通报》1957年,第494页。

50.《之前和现在》,《人民中国报道》1973年第6期。

51. 中共甘肃省委调查研究室:《兰州几位专家教授对发展我省农业生产的一些意见》,《农业经济丛刊》1980年第1期。

52.《中德兽医工作者一次友好接触》,《中国兽医杂志》1980年第6期。

53.《国务院学位委员会召开第二次会议 通过学科评议组分组及成员名单》,《人民日报》1981年6月13日第4版。

54.《国务院学位委员会学科评议组成员名单》,《人民日报》1981年6月14日第2版。

55.《盛彤笙委员的发言(全国政协六届三次会议)》,全国政协六届三次会议秘书处,1985年3月31日。

56.《深切怀念著名的兽医学家、微生物学家和兽医教育家盛彤笙同志》,《畜牧与兽医》1987第3期。

57. 江西省畜牧兽医学会:《沉痛悼念盛彤笙教授》,《江西畜牧兽医杂志》1987年第3期。

58. 杨圣典:《卓越的业绩 沉痛的悼念——记盛彤笙先生二三事》,《江西畜牧兽医杂志》1987年第3期。

59. 本刊编辑部:《鞠躬尽瘁 启迪后学——记著名兽医学家盛彤笙先生奋斗的一生》,《中兽医医药杂志》1987年第4期。

60. 中国农业科学院中兽医研究所:《效伯乐建校金城育英才 宗伏羲献身西北兴牧业——沉痛悼念盛彤笙先生》,《中兽医医药杂志》1987年第4期。

61.《著名兽医学家盛彤笙在南京逝世》,《人民日报》1987年5月17日第3版。

62. 中国农业科学院兰州兽医研究所:《沉痛悼念盛彤笙研究员》,《中国兽医杂志》1987 年第 6 期。

63. 本刊编辑部：《回顾绛帐 钦颂无涯——悼念我国著名的兽医学家、兽医教育家盛彤笙先生》，《中国兽医科技》，1987 年第 6 期。

64. 本刊编委会：《沉痛悼念我国卓越的兽医学家盛彤笙教授》，《中国兽医杂志》1987 年第 7 期。

七、照片

1. 盛彤笙在中央大学理学院上实验观察课，1930 年。

2. 盛彤笙在上海医学院学习，1933 年。

3. 盛彤笙赴德留学前与父母及弟妹合影，1934 年。

4. 盛彤笙在阿尔卑斯山中留影，1934 年 12 月。

5. 盛彤笙在阿尔卑斯山游览，1934—1938 年。

6. 盛彤笙在德国留学时的照片，1934—1938 年。

7. 盛彤笙在德国柏林大学校园留影，1935—1938 年。

8. 盛彤笙在德国汉诺威的照片，1936 年。

9. 中央大学畜牧兽医系代办边疆学校畜牧兽医专修科合影，1942 年。

10. 中央大学畜牧兽医系全体师生离蓉前合影，1946 年 4 月 15 日。

11. 盛彤笙中央大学任教时的单人照，1946 年。

12. 邹东明送给盛彤笙的单人照，1946 年 10 月 22 日。

13. 盛彤笙夫妇新婚后在兽医学院的交谊厅前合影，1947 年 10 月。

14. 盛彤笙与邹东明的结婚照，1947 年 7 月。

15. 盛彤笙与兽医学院教师在学校交谊厅前合影，1947 年。

16. 盛彤笙和部分教师在仁寿山合影，1948 年 4 月。

17. 盛彤笙夫妇与郑集、谢念难在小西湖家中院内，1948 年。

18. 盛彤笙与总务长常英瑜及教师谢铮铭合影，1947 年。

19. 兽医学院举行第一届学生毕业典礼，1950 年 12 月 3 日。

20. 盛彤笙任西北畜牧部副部长时的办公照，1950—1952 年。

21. 盛彤笙在肃南牧区考察时与裕固族牧民合影，1950—1953 年。

22. 西北兽医学院五周年校庆纪念合影，1951 年 10 月 1 日。

23. 盛彤笙在西北畜牧部与同事们合影,1952 年。

24. 盛彤笙在新疆巩乃斯种羊场冬窝子考察,1952 年 11 月。

25. 盛彤笙与朱宣人在新疆巩乃斯种羊场冬窝子考察,1952 年 11 月。

26. 西北行政委员会第一次会议全体委员摄影,1953 年 12 月 25 日。

27. 西北畜牧兽医学院第二届畜牧系毕业院系师生合影,1954 年 6 月。

28. 盛彤笙与出席西北行政委员会第二次会议的委员合影,1954 年 6 月 28 日。

29. 中国科学院西北分院筹备委员会成立大会合影,1954 年 7 月 17 日。

30. 第一届全国人民代表大会的甘肃代表合影,1954 年 9 月。

31. 中华人民共和国第一届全国人民代表大会第一次会议全体代表合影,1954 年 9 月 21 日。

32. 西北畜牧兽医学院欢送 1956 年毕业同学,1956 年 8 月 29 日。

33. 盛彤笙出席在德国召开的世界兽医学会议,1956 年 9 月。

34. 盛彤笙参加世界兽医会后在莫斯科兽医学院与留学生合影,1956 年 9 月。

35. 盛彤笙与邹东明在黄河边合影,1956 年。

36. 中国农科院西北畜牧兽医研究所成立大会合影,1957 年 10 月 28 日。

37. 西北地区羔羊痢疾防治研讨会成员合影,1957 年。

38. 盛彤笙与任继周合影,1965 年。

39. 盛彤笙一家四口在小西湖家中小院合影,1966 年。

40. 盛彤笙六十岁生日,在小西湖家中小院留影,1971 年。

41. 盛彤笙六十岁生日,在兰州小西湖黄河边留影,1971 年。

42. 盛彤笙与雁滩果农刘亚之合影,1971 年。

43. 盛彤笙与任谦合影,1978 年。

44. 甘肃省老干部考察团盛彤笙留影,1978 年。

45. 盛彤笙在南京的证件照,1979 年。

46. 中国农业科学院学术委员会会议留影,1980 年 1 月 21 日。

47. 盛彤笙参加中国畜牧兽医学会 1980 年年会,1980 年 7 月。

48. 盛彤笙与陆承平、杨承谕在南京家中的合影,1980 年。

49. 盛彤笙与岳父邹钟琳合影,1980—1983 年。

50. 盛彤笙夫妇晚年在南京的合影,1981 年。

51. 《中国大百科全书》农业卷兽医部分正副主编及各分支学科负责人合影,1982 年 1 月 6 日。

52. 盛彤笙在南京家中小憩,1983 年。

53. 盛彤笙夫人邹东明晚年照,1983 年。

54. 盛彤笙一家祖孙三代合影,1983 年 10 月。

55. 盛彤笙参加南京农业大学校庆,1984 年。

56. 盛彤笙宴请李振钧夫妇,1984 年 10 月 2 日。

57. 盛彤笙与李振钧夫妇同游谭延闿墓,1984 年 10 月 18 日。

58. 盛彤笙参加全国政协会议时与王秉祥及任继周交谈照,1985 年 3 月。

59. 盛彤笙与前来探病的朱晓屏合影,1985 年 6 月 5 日。

60. 盛彤笙晚年证件照,1987 年。

八、档案

1. 《国立中央大学学籍表》,1928 年,南京大学档案馆。

2. 《国立中央大学学业成绩表》,南京大学档案馆。

3. 《甘肃省政府呈教育部在兰筹设畜牧兽医学院的电报》,1946 年 7 月 3 日,甘肃省档案馆。

4. 《辛树帜与盛彤笙呈教育部先行成立兽医学院并招收一年级新生的报告》,1946 年 8 月 7 日,甘肃农业大学档案馆,伏羲堂卷宗秘类第六档。

5. 《批准借调胡祥璧协同盛彤笙赴京沪筹备兽医学院的函》,1946 年 9 月 5 日,甘肃农业大学档案馆,伏羲堂卷宗秘类第六档。

6. 《教育部复甘肃省政府兽医学院已由兰州大学办理希惠于协助的电令》,1946 年 10 月 29 日,甘肃省档案馆。

7. 《兰州大学价购卫生署牧场检送合约的函》,1946 年 11 月 5 日,甘肃农业大学档案馆,伏羲堂卷宗秘类第六档。

8.《兰州大学拟价购卫生署牧场以为兽医学院院址、请派员指导并先付定金以资保证的函》,1946年11月7日,甘肃农业大学档案馆,伏羲堂卷宗秘类第六档。

9.《将甘肃省畜牧兽医研究所并入兰州大学兽医学院的呈文》,1946年11月21日,甘肃省档案馆。

10.《指派崔步瀛任兽医学院筹委会委员》,1946年12月14日,甘肃农业大学档案馆,伏羲堂卷宗秘类第六档。

11.《教育部关于兽医学院经临费及员工名额的训令抄录》,1946年12月20日,甘肃农业大学档案馆,伏羲堂卷宗秘类第六档。

12.《教育部给兰州大学关于兽医学院独立设置并聘盛彤笙为院长的函》,1947年1月20日,甘肃农业大学档案馆,民国档案。

13.《"国立兽医学院钤记"启用通知》,1947年3月7日,甘肃农业大学档案馆,民国档案。

14.《护照》,1947年3月19日,甘肃农业大学档案馆,科学仪器卷宗总事类第教八号。

15.《教育部同意甘肃省政府将畜牧兽医研究所移并兽医学院的批复》,1947年3月,甘肃省档案馆。

16.《兰州大学和兽医学院三十六学年合作办学年度办法》,1947年9月,甘肃农业大学档案馆,伏羲堂卷宗秘类第六档。

17.《郑集因机票涨价请盛彤笙汇款的电报》,1947年9月,甘肃农业大学档案馆,三十六年教员聘书卷宗教类聘档人二号。

18.《盛彤笙在兽医学院的教师登记表》,1947年,甘肃农业大学档案馆,主要人员调查表卷宗总文类人档第五号。

19.《兽医学院给教师的聘书》,1948年7月,甘肃农业大学档案馆,三十六年教员聘书卷宗教类聘档人二号。

20.《国立兽医学院简史》,1947年,甘肃农业大学档案馆。

21.《将兽医学院疏散到西宁的紧急命令》,1949年8月11日,甘肃农业大学档案馆,民国档案。

22.《将兽医学院疏散到武威的紧急命令》,1949年8月15日,甘肃农业大学档案馆,民国档案。

23.《兰州市军事管制委员会关于任命辛安亭为军代表并接管兽医学院的命令》,1949 年 9 月,甘肃农业大学档案馆。

24.《朱宣人等廿九先生聘书》,1950 年 7 月 5 日,甘肃农业大学档案馆。

25.《兽医学院呈报西北畜牧部关于首届毕业生拟分配计划的请示》,1950 年,甘肃农业大学档案馆。

26.《函请将本院名称改为"西北畜牧兽医学院"以符名实祈核事由》,1951 年 9 月,陕西省档案馆凤县后库,档案号 37－1－184。

27.《关于盛彤笙"三反"检讨尚好应坚决保护助其过关的指示》,西北局 AAA 级加急电报 179 号,1952 年 6 月 17 日,甘肃省档案馆。

28.《宗派主义点滴》,1957 年 5 月 15 日,甘肃农业大学档案馆,1958 年党委办第五卷。

29.《关于西北畜牧兽医学院院址问题》,1957 年 5 月 17 日,甘肃农业大学档案馆。

30.《盛彤笙的补充发言》,1957 年 8 月 2 日,甘肃农业大学档案馆,1958 年党委办第五卷。

31.《在七月廿四日科学院座谈会上的发言》,1957 年 7 月 24 日,甘肃农业大学档案馆,1958 年党委办第五卷。

32.《关于定盛彤笙为右派,撤销职务降级使用,到中兽医研究所搞中兽医及微生物研究的请示》,1958 年 4 月 28 日,甘肃省档案馆。

33.《同意将右派分子盛彤笙调中兽医研究所》,1958 年 5 月 13 日,甘肃省档案馆。

34.《关于撤销右派分子盛彤笙职务的决定》,1958 年 8 月 2 日,甘肃省档案馆。

35.《关于成立甘肃农业大学的通知》,1958 年 9 月 14 日,甘肃农业大学档案馆。

36.《关于中国科学院兰州分院盛彤笙定为右派分子的通知》,1959 年 5 月 22 日,甘肃省档案馆。

37.《报送摘掉盛彤笙等五人的"右派分子"帽子的材料》,存目,1960 年

12 月 3 日,甘肃省档案馆。

38.《盛彤笙历史问题复查结论》,1978 年 3 月 24 日,中国农科院兰州兽医研究所人事处,档案号 0104 - 819。

39.《江苏省委组织部同意盛彤笙从兰州兽医研究所调入江苏省农科院的函》,1979 年 3 月 19 日,江苏省农业科学院,盛彤笙干部档案。

40.《关于盛彤笙错划为"右派"问题改正的批复》,1979 年 4 月 7 日,江苏省档案馆,死档全宗 5681 卷。

41.《关于恢复盛彤笙同志中国科学院学部委员职务的通知》,1979 年 7 月 9 日,江苏省档案馆,死档全宗 5681 卷。

42.《江苏省委组织部关于盛彤笙到农科院工作的干部行政介绍信》,1979 年 7 月 31 日,江苏省农业科学院,盛彤笙干部档案。

43.《甘肃省委致江苏省委关于盛彤笙可享受副省级待遇的函》,1985 年 6 月 16 日,江苏省农业科学院,盛彤笙干部档案。

44.《关于盛彤笙待遇问题的通知》,1985 年 8 月 27 日,江苏省农业科学院,盛彤笙干部档案。

45.《盛彤笙小传材料》,1986 年 7 月 26 日,江苏省农科院,盛彤笙干部档案。

46.《关于安排盛彤笙住房的协议》,1986 年 10 月 14 日,江苏省农业科学院,盛彤笙干部档案。

九、其他

1.《江西省教育厅二十三年四月份行政报告》,《江西教育旬刊》1934 年第 2 期。

2.《江西省教育厅招考欧美公费留学生简章》,《江西教育旬刊》1934 年第 1—2 期。

3.《江西省考选欧美公费留学生暂行办法》,《江西教育旬刊》1934 年第 1—2 期。

4.《铲除麻风悬奖征文揭晓》,《麻风季刊》1934 年第 3 期。

5.《中国兽医学会开成立大会》,《科学》1935 年第 7 期。

6.《中国兽医学会年会纪要》,《畜牧兽医季刊》1936 年第 3 期。

7.《中国畜牧兽医学会举行成立大会》,《鸡与蛋》1936 年第 8 期。

8.《第六届世界家禽会议盛况》,《鸡与蛋》1936 年第 8 期。

9.《中国畜牧兽医学会首届年会》,《科学》,1936 年第 8 期。

10. 刘宴江:《国立中正医学院大事记》,《国立中正医学院院刊》1942 年第 1 期。

11.《命令》,《农林公报》1942 年第 7—9 期。

12.《中国畜牧兽医学会近讯》,《畜牧兽医月刊》1944 年第 4—5 期。

13.《畜牧兽医专修科新生渝蓉两地通知招考》,《国立中央大学校刊》1944 年第 5 期。

14.《中华自然科学社举行十七届年会》,《科学知识》1944 年第 6 期。

15.《三十二年度下学期各学院应届毕业生名单》,《国立中央大学校刊》1944 年第 13—14 期。

16.《农林部兽医讨论会报告》,《中央畜牧兽医汇报》1945 年第 2 期。

17.《中华教育基金会提倡科学研究 给予各研究员以补助金甲乙两种共计三十七名》,《大公报》1945 年 9 月 25 日第 3 版。

18.《中国科学工作者协会成立, 监理事均为著名学者》,《科学知识》1946 年第 1 期。

19. 祺:《兰州大学筹设兽医学院》,《教育通讯》1946 年复刊第 5 期。

20. 振:《国立兰州大学院系核定》,《教育通讯》1946 年第 11 期。

21.《教育部代电》,《兰州大学校讯》1947 年第 1 期。

22.《教育部训令》,《兰州大学校讯》1947 年第 1 期。

23.《辛校长上朱部长书(三十五年八月二日)》,《兰州大学校讯》1947 年第 1 期。

24.《辛校长树帜上教育部签呈:主办兰州大学计划大纲》,《兰州大学校讯》1947 年第 1 期。

25.《国立中央大学概况》,《国立中央大学校刊》1947 年第 1 期。

26.《畜牧系改组及工作大纲》,《国立中央大学校刊》1947 年第 4 期。

27.《国立兽医学院筹备经过及概况》,《畜牧兽医月刊》1947 年第 5—

7期。

28.《教部聘辛树帜等为国立兽医学院筹备委员》,《教育通讯月刊》1947年第9期。

29.《〈科学世界〉各科特约编辑》,《科学世界》1948年第1期。

30.《学术奖金审议通过——朱教长主持会议,杨树达等人获奖》,《申报》1948年4月22日第2版。

31.《中国农业科学研究社:农业工作者们之家》,《农业展览会特刊》1948年4月。

32.《农业展览会》,《科学》1948年第6期。

33.《农业展览会》,《新中国画报》1948年第9期。

34.《兽医学院将设兽医人员训练班》,《教育通讯》1948年第10期。

35.《西北军政委员会举行会议 通过改变机构的实施方案》,《人民日报》1952年12月11日第1版。

36.《全国畜牧兽医会议工作总结》,《中国畜牧杂志》1953年第1期。

37. 许绶泰、王肇西、张思敏、王尔相、胡思超:《宁夏省骆驼"蝇疫"疫情调查及病状与病变的观察——宁夏省骆驼"蝇疫"研究队工作报告之一》,《中国畜牧兽医杂志》1953年第3期。

38.《西北行政委员会举行第二次会议》,《人民日报》1954年7月2日第1版。

39.《甘肃省举行人民代表大会会议》,《新华社新闻稿》1954年8月20日。

40.《中国畜牧兽医学举行扩大理事会》,《中国畜牧兽医杂志》1956年第5期。

41.《中共中央领导人接见参加拟制全国长期科学规划工作的科学家》,《新华社新闻稿》1956年6月15日。

42.《全国畜牧兽医工作会议制定规划,预计1967年平均每人可食肉80多斤》,《人民日报》1959年3月23日第1版。

43. 杨浪明、沈其益:《中华自然科学社简史》,载中国人民政治协商会议全国委员会文史资料研究委员会编《文史资料选辑 第三十四辑》,文史资料出版社,1963 年。

44.《中国畜牧兽医学会甘肃省分会 1978 年年会在省会召开》,《畜牧兽医简讯》1979 年第 1—2 期。

45.《关于甘肃省发展畜牧业的一些建议》,《中共甘肃省委工作会议简报》1979 年第 17 期。

46. 陈延钟:《中国微生物学会召开 1979 年学术年会》,《微生物学通报》1980 年第 1 期。

47. 李菜:《中国畜牧兽医学会 1980 年年会在银川举行》,《宁夏农业科技》1980 年第 5 期。

48. 盛彤笙:《读〈油焖笋〉之后——一位政协委员的来信》,《人民日报》1980 年 9 月 9 日第 8 版。

49. 何家栋:《中国畜牧兽医学会第五次会员代表大会在贵阳召开》,《中国兽医杂志》1983 年第 1 期。

50. 王前:《中国畜牧兽医学会第六次会员代表大会在成都召开》,《中国兽医杂志》1987 年第 1 期。

51. 廖延雄:《陇原上度过我最好的年华》,载甘肃省政协文史资料委员会编《陇原创业的人们》,甘肃人民出版社,1994 年。

52. 张克非:《兰州大学校史上几个重要问题的考辨》,《兰州大学学报(社会科学版)》2009 年第 4 期。

53. 樊洪业:《顾准在 1957》,《民间影像》第 1 辑,同济大学出版社,2012 年。

54. 缪平均:《西北军政委员会组织始末》,《陕西档案》2013 年第 1 期。

55. 中央大学编:《国立中央大学一览》,1928 年。

56. 中央大学医学院:《国立中央大学 第九种 医学院概况》,1930 年。

57. 理学院编:《国立中央大学一览 第三种 理学院概况》,1930 年。

58. 秘书处编纂组编印:《国立中央大学沿革史》,1931 年。

59. 上海医学院编:《国立上海医学院一览》,1933 年。

60. 陈祖怡编:《上海各图书馆概览》,世界书局,1934 年。

61. 中央大学编：《中央大学二二级毕业纪念刊》，1935 年。

62. 上海医学院编：《国立上海医学院一览(中华民国二十五年度)》，上海医学院，1936 年。

63. 龚学遂：《欧美十六国访问记》，商务印书馆，1936 年。

64. 教育部编：《教育法令汇编　第一辑》，商务印书馆，1936 年。

65. 上海医学院编：《国立上海医学院一览(中华民国二十六年度)》，1937 年。

66. 中华自然科学社编：《中华自然科学社概况》，1940 年。

67. 中华自然科学社组织部编：《中华自然科学社社友录》，1941 年。

68.《抗战中的学生》，1942 年。

69. 沈其益：《本社简史》，《中华自然科学社社闻》总第 70 期，1947 年8 月。

70. 李老校长纪念工作委员会编：《李登辉先生哀思录》，1949 年。

71. 中华全国自然科学工作者代表会议筹备委员会编：《中华全国自然科学工作者代表会议纪念集》，人民出版社，1951 年。

72.《畜牧部陕西省兽疫防治人员训练班同学录》，1951 年。

73. 张蓬舟、张仪郑编：《1955 人民手册》，大公报社，1955 年。

74. 中华人民共和国第一届全国人民代表大会第一次会议秘书处编：《中华人民共和国第一届全国人民代表大会第一次会议文件汇刊》，人民出版社，1955 年。

75. 中国科学院办公厅编：《中国科学院资料汇编 1949—1954》，中国科学院办公厅，1955 年。

76. 里海、陈辉编：《中国科学院 1949—1956》，科学出版社，1957 年。

77. 中国科学院办公厅编：《中国科学院年报 1956》，中国科学院办公厅，1957 年。

78. 大公报社人民手册编辑委员会编：《1958 人民手册》，大公报社，1958 年。

79. 四川大学图书馆等编：《四川省各图书馆馆藏中文旧期刊联合目录(初稿)1884—1949》第二卷，1959 年。

80. 中国畜牧兽医学会编:《中国畜牧兽医学会 1963 年年会论文选编(兽医部分)》,农业出版社,1965 年。

81. 自然杂志编辑部编:《1979 自然杂志年鉴》,上海科学技术出版社,1980 年。

82. 刘真主编:《留学教育》第四册,编译馆,1980 年。

83. 石声汉:《中国农学遗产要略》,农业出版社,1981 年。

84. 农业出版社编:《中国农业大事记(1949—1980 年)》,农业出版社,1982 年。

85. 中国科学院办公厅编:《中国科学院年报 1982》,1983 年。

86.《四川畜牧兽医史料》,1985 年。

87. 关联芳主编:《西北农业大学校史　1934—1984》,陕西人民出版社,1986 年。

88. 长沙市志编纂委员会办公室编:《长沙年鉴 1987》,湖南人民出版社,1987 年。

89. 中国农业科学院办公室编:《中国农业科学院三十年(1957—1987)》,1987 年。

90. 全国政协、青海省政协文史资料研究委员会本书编辑组编:《青海三马》,中国文史出版社,1988 年。

91. 四川畜牧兽医学会主编:《四川畜牧兽医发展简史》,四川科学技术出版社,1989 年。

92. 张应吾主编:《中华人民共和国科学技术大事记(1949—1988)》,科学技术文献出版社,1989 年。

93. 甘肃省地方史志编纂委员会编纂:《甘肃省志　第二卷　大事记》,甘肃人民出版社,1989 年。

94. 何志平、尹恭成、张小梅主编:《中国科学技术团体》,上海科学普及出版社,1990 年。

95. 甘肃省地方史志编纂委员会、甘肃省畜牧志编辑委员会编纂:《甘肃省志　第二十一卷　畜牧志》,甘肃人民出版社,1991 年。

96. 张锋主编:《当代中国百科大辞典》,档案出版社,1991 年。

97. 杨道正主编:《长沙教育志 1840—1990》,长沙市教育志编纂委员会,1992年。

98. 中国畜牧兽医学会编:《中国近代畜牧兽医史料集》,农业出版社,1992年。

99. 苏东海、方孔木主编:《中华人民共和国风云实录》上,河北人民出版社,1994年。

100. 甘肃省地方史志编纂委员会、甘肃省科技史志编纂委员会编纂:《甘肃省志 第六十卷 科学技术志》,甘肃文化出版社,1995年。

101. 林清芬编:《抗战时期我国留学教育史料 第二册 各省考选留学生》,"国史馆",1995年。

102. 王忠俊编:《中国科学院史事汇要 1955年》,中国科学院院史文物资料征集委员会办公室,1995年。

103. 甘肃农业大学校史编委会编:《甘肃农业大学校史》,甘肃科学技术出版社,2006年。

104. 新疆维吾尔自治区地方志编纂委员会、《新疆通志·畜牧志》编纂委员会编:《新疆通志 第三十四卷 畜牧志》,新疆人民出版社,1996年。

105. 薛攀皋、季楚卿编:《中国科学院史事汇要 1953年》,中国科学院院史文物资料征集委员会办公室,1996年。

106. 中正大学南昌校友会编:《赣水悠悠(中正大学校友诗词集萃)第二集》,1997年。

107. 南京农业大学动物医学院编:《中央大学农学院畜牧兽医系纪念册》,1997年。

108. 中国农业科学院兰州兽医研究所编:《中国农业科学院兰州兽医研究所志(1954年10月—1996年12月)》,1997年。

109. 中国人民政治协商会议兰州市委员会文史资料和学习委员会编:《兰州文史资料选辑 第17辑》,兰州大学出版社,1998年。

110. 樊洪业主编:《中国科学院编年史 1949—1999》,上海科技教育出版社,1999年。

111. 兰州市地方志编纂委员会、兰州市科学技术志编纂员会编:《兰州

市志　第五十六卷　科学技术志》,兰州大学出版社,1999年。

112. 中国科学技术协会编:《中国科学技术专家传略　农学编　养殖卷2》,中国农业出版社,1999年。

113. 雅礼中学、雅礼校友会编:《雅礼史话》,湖南人民出版社2001年。

114. 尚恒元:《路在脚下》,香港天马图书有限公司2002年。

115. 张景书主编:《西北农林科技大学组织机构沿革(1934—2004年)》,西北农林科技大学,2004年。

116. 中国科学院兰州分院编:《中国科学院兰州分院五十年(1954—2004)》,中国科学院兰州分院,2004年。

117. 雅礼中学编:《礼历史图片集(1906—2006)》,雅礼中学,2006年。

118. 竺可桢:《竺可桢全集　第11卷》,上海科技教育出版社,2006年。

119. 竺可桢:《竺可桢全集　第12卷》,上海科技教育出版社,2007年。

120. 竺可桢:《竺可桢全集　第13卷》,上海科技教育出版,2007年。

121. 竺可桢:《竺可桢全集　第14卷》,上海科技教育出版,2008年。

122. 竺可桢:《竺可桢全集　第15卷》,上海科技教育出版,2008年。

123.《江西省人物志》编纂委员会编:《江西省人物志》,方志出版社,2007年。

124. 顾颉刚:《顾颉刚日记　第六卷　1947—1950》,联经出版事业公司,2007年。

125. 顾颉刚:《顾颉刚日记　第八卷　1956—1959》,联经出版事业公司,2007年。

126. 顾颉刚:《顾颉刚日记　第九卷　1960—1963》,联经出版事业公司,2007年。

127. 中国科学院心理研究所、中国心理学会编:《潘菽全集　第八卷》,人民教育出版社,2007年。

128.《中国农业科学院兰州畜牧与兽药研究所所志》编纂委员会编:《中国农业科学院兰州畜牧与兽药研究所志》,中国农业科学技术出版社,2018年。

129. 甘肃省地方志编纂委员会、中国人民政治协商会议甘肃省委员会编:《甘肃省志 第二十九卷 政协志》,甘肃人民出版社,2008年。

130. 张树军主编:《图文共和国年轮 1 1949—1959》,河北人民出版社,2009年。

131.《中国科学技术协会》编辑委员会编:《中国科学技术协会》,当代中国出版社、香港祖国出版社,2009年。

132. 王扬宗、曹效业主编:《中国科学院院属单位简史(第2卷·下册)》,科学出版社,2010年。

133. 顾颉刚:《顾颉刚书信集 卷二》,中华书局,2011年。

134. 范晓春:《中国大行政区:1949—1954年》,东方出版中心,2011年。

135. 中共中央文献研究室编:《建国以来重要文献选编》,中国文献出版社,2011年。

136. 上海财经大学校史研究室编:《国立上海商学院史料选辑》,上海财经大学出版社,2012年。

137. 梁星亮、杨洪、姚文琦主编:《陕甘宁边区史纲》,陕西人民出版社,2012年。

138.《习仲勋传》编委会编:《习仲勋传 下卷》,中央文献出版社,2013年。

139. 范铁权:《近代科学社团与中国的公共卫生事业》,人民出版社,2013年。

140. 张湘涛主编:《老照片中的长沙》,岳麓书社,2014年。

141. 西北农林科技大学档案馆编:《民国西农纪事 1932—1949》,西北农林科技大学出版社,2015年。

142. 苏朝刚、王志昆、陈初蓉撰:《中国抗战大后方出版史》,重庆出版社,2015年。

143. 胡云安、陈贵仁、赵西玲主编:《图说甘肃农业大学70年》,甘肃人民出版社,2016年。

144. 高仲德、杨俊旺主编:《娲皇故里诗文书画集》,甘肃人民美术出版社,2016年。

145. 戴芳澜、盛彤笙等：《加强农业科学研究，贯彻增产的技术措施，以保证增产计划的实现案》，载第一届全国人民代表大会第二次会议秘书处编《中华人民共和国第一届全国人民代表大会第二次会议提案》，1955 年。

146. 盛彤笙等：《请指导农民并研究改进各种油饼的利用案》，见第一届全国人民代表大会第二次会议秘书处编：《中华人民共和国第一届全国人民代表大会第二次会议提案》，1955 年 7 月 27 日。

人名索引

后　记

　　2020年4月14日，"老科学家学术资料采集工程学术指导组"给我们发来了《老科学家学术采集工程研究报告完成证明》："经专家审读，盛彤笙院士采集小组完成的研究报告《盛彤笙资料长编》，已达到结题标准，写作质量合格。特此证明。"小组成员根据采集工程专家审读意见，进行了增删修改和完善，至此，历时近七年，《长编》终于定稿，即将付梓。凝视这部书稿，我们真是五味杂陈，难以言表。联想到盛彤笙之一生，不由得想起了《论语·雍也》中孔子推崇自己弟子颜回的一段话："一箪食，一瓢饮，在陋巷，人不堪其忧，回也不改其乐。贤哉，回也！"盛彤笙的精神诚如斯人也。近人李可染先生曾言："国有颜回而不知，深以为耻。"这句话对我们是一个很大的刺激，使我们萌发了一种"救赎"的激情，只有把盛彤笙及其创业者的功业抢救挖掘出来，并彰显于世，我们才会安心。

　　在《远牧昆仑：盛彤笙院士纪实》一书《前言》中我曾说："盛彤笙先生一生的经历中顺境与逆境并存，激越与悲壮同在，坚守与呐喊共振，济世情怀与悲剧色彩交织……他的身上有许多待解之谜。"十多年来，我们也致力于解开这些"待解之谜"，而《长编》就是谜底。

　　撰写《长编》，我们不仅有敬仰和欣喜，更有惋惜和悲哀。

　　所谓敬仰和欣喜，是因为盛彤笙的高足、我国草业科学奠基人之一、草地农业的创始人任继周院士多次称盛彤笙是他的授业之师，是对他人生影响最大的两位大师之一，另一个是他的哥哥，当代著名哲学家任继愈先生。他的恩师盛彤笙"犹如智慧之海，是一位不世出的奇才，是一位战略型的科学家,是一座精神富矿"。不仅在中央大学读动物学,同时又在上海医学院兼修医学。后又在德国柏林大学主修了医学和兽医学两个博士学位。凭着对音乐的天赋,还辅修了德国古典音乐。其智商和情商不仅在德国尚不多见,在国内更是凤毛麟角。盛彤笙既受湖湘文化熏陶,又受吴越文化濡润,更受欧美文化影响,终成一代宗师。远大的报国志向、精深的专业功底和雄厚的国学存量,兼之精通德、英、俄等国语言和拉丁语的特长,使他如虎添翼。从 1938 年到 1957 年,可谓其"黄金 20 年"。其间创办"两院两所"(即兽医学院、中科院兰州分院、中国农科院兰州中兽医研究所、中国农科院兰州兽医研究所),担任西北大区领导职务,领导和实施了恢复发展西北畜牧兽医事业的各项工作,开创西北科学事业,建立了不朽功业。这在《远牧昆仑:盛彤笙院士纪实》《图说甘肃农业大学 70 年》及本书编者的话中已有详述。

所谓惋惜和悲哀,是正当盛彤笙事业如日中天,大有可为之时,时运不济,命途多舛,祸从天降,因言成罪。1957 年,全国开展反右运动,盛彤笙也被打成右派。当时他任全国人大代表、西北畜牧兽医学院院长、西北行政委员会畜牧部副部长,中国科学院西北分院筹备委员会第一副主任等重要职务。他曾经在西北军政委员会时的上级领导,时任中央宣传部部长、国务院秘书长的习仲勋同志,听到盛彤笙遭到批斗的消息,立即给甘肃省委第一书记张仲良打电话,介绍盛彤笙是西北局公认的"大学问家",问张仲良:你把他打成右派,让他怎么工作嘛!张仲良态度很坚决地说:"盛彤笙不戴右派帽子,就没有可戴帽子的人,哪怕我不当书记,也要给他戴上。"在张仲良的一意孤行下,盛彤笙终于被打成极右分子,撤职降级,下放到中兽医研究所接受批判斗争。"三反"运动和之后的"五反"运动,初衷也是好的,也收到了一些明显效果,但在运动中也伤害了一些人,盛彤笙也被迫做了检讨,据说得到习仲勋的干预和保护。我们查到:1952 年 6 月,西北局给甘肃省委加急电报称:"盛彤笙本月 21 日赴兰,参加中层清理工作,他在'三反'运动中在畜牧部检讨尚好,到兰州后应实行坚决保护方针,帮助其过关。"

虽然在"三反""五反"中过关,反右运动中也有习仲勋的出面保护,盛彤笙却难逃厄运。此时他 46 岁,正值盛年有为之时,却被卷入阶级斗争的狂潮。他的人生跌进了"冰河 20 年"。随后更大规模的"横扫一切牛鬼蛇神"的

"文化大革命"来临。真乃：生不逢时遭迫害，明珠暗投如尘埃。强健民体倡畜牧，冰河寒彻屡遭劫。盛彤笙这些有留学背景的知识分子被诬为"里通外国"，科学家被诬为"反动学术权威""白专道路典型"，遭大小会议批判斗争。一次批斗会上，瘦小的他竟被一个壮汉打倒在地……回家后其情绪委顿抑郁，端坐不语。"士可杀，不可辱"，"三军可夺帅也，匹夫不可夺志也"。传统知识分子的理想人格在其脑海翻腾，妻子邹东明恐其轻生，反复开导，他才恢复了常态，并相信这一切都会过去。他长期被罚打扫厕所，他把便池内的杂物用镊子一根根夹出，员工们说，他打扫厕所的时期，是单位厕所最干净的时期。

除实现报国理想之外，同事和学生对他的尊崇敬仰和暗地的支持也给了盛彤笙坚持信念的无穷力量。有一次主持批斗会的党委副书记赵志明（是一位老红军）给他所尊敬的盛彤笙院长搬了一把椅子，说道："盛院长请坐！"并给他倒开水，随即遭到一些人的怒斥：接受群众批斗的牛鬼蛇神还能让他坐着！除一些为形势所迫言不由衷的人之外，一些有良知和正义感的人，或采取回避，或轻描淡写，或私下安慰，盛彤笙在私下则感谢他们"手下留情""口下留情"。

正是在这个"知识越多越反动"甚嚣尘上，极端去知识化、去科学化、去专家化成为常态的非常时期，漫漫长夜，他秉烛疾书。翻译了 400 多万字的国外兽医学名著和大量畜牧兽医文献资料，为全国畜牧兽医工作者提供了世界最先进的畜牧兽医学理论。本书编者曾多次访谈南京大学动物医学院原院长、国务院兽医学科评议组召集人陆承平教授，他说，"文革"中看得最多的、受益最大的是盛彤笙翻译的各类著作和文献资料，后被盛彤笙推荐去德国慕尼黑大学兽医学院攻读博士学位。在扬州大学兽医学院院长刘宗平教授的引荐下，中国工程院院士、扬州大学刘秀梵教授在百忙中接受了我们的访谈，他说"文革"中由于国际交流的中断，图书馆中仅有盛彤笙翻译的著作和《兽医科技资料》上他翻译介绍的专业文献，是最能代表国际先进水平和最新动态的，给荒芜和困惑中的畜牧兽医界送来了活力和新风。他说，在读盛彤笙译著中曾就药物剂量问题写信向盛彤笙请教，没想到一周之内就收到了盛彤笙的回信和明示。1979 年盛彤笙调往江苏省农科院，刘秀梵和陆承平又多次去看望并请教,得到先生的指点和教诲,至今难以忘怀。

大师远去,薪尽火传。"文化大革命"使畜牧兽医界脉散魂断、元气尽伤,好在有先生的译作和文章及培养的人才,后来的畜牧兽医事业才能快速发展。盛彤笙直到临终前,仍不忘传薪续火,把平生所藏中外文图书属于兽医内科学的,全部赠送给了其内弟邹康南教授。属于预防兽医学的,全部赠送给了弟子陆承平教授。期冀传承学术,培养人才。好在有先生"畜牧业产值占农业总产值50%以上是农业现代化的主要标志",以挑战"以粮为纲"的传统国策。到改革开放四十年后"农转牧、粮改饲","为牧而农,为牧而工","藏肉于草,藏奶于草"成为各级政府的共识,畜牧业快速发展,肉奶蛋大量供应,盛彤笙的理想正在变成现实。真乃:富国富民秉信念,逆行逆旅无悔言。万马齐喑发先声,凛然正气可撼天。他的理想是超越个体、超越时代的。我国在这个战略转变上是多么曲折和艰辛,付出的代价是多么惨痛和深刻;改变国民食物结构,增加肉奶蛋的产量,让人民过上有尊严的生活,这个目标是多么漫长而艰难。在这些事关国计民生的战略问题上,盛彤笙无疑是先知先觉者,而先知先觉者在才不为世所用、道不为世所行的极左路线横行的环境中,无疑成为殉道者,而殉道者的下场往往是悲惨的。难怪盛彤笙临终前感叹自己"生不逢时",许多富国富民的愿望未能实现,留下遗憾。一学者也认为盛彤笙先生虽然为畜牧兽医事业和科学事业做出了巨大贡献,但他的人生是悲剧人生,或者具有强烈的悲剧色彩。我们总说"落后就要挨打",落后的原因是什么? 一代知识分子惨遭迫害的悲剧,迟滞和窒息了创新活力,这才是落后的真正原因。

《长编》基本反映了盛彤笙的一生,主要侧重于他的著述和思想方面,不是他一生活动的全部。整个资料搜集过程也令我们纠结。一是年代久远,他的书信、文章、手稿、讲义、照片等散失严重,参与各种政务活动和学术活动的记载多无从查找。他主编《中国大百科全书》和《中国畜牧兽辞典》以及审核《德汉动物学词汇》这三部传世之作时,仅相关词条的讨论意见,以及与一些大科学家和编写人员的通信就达 1 132 封,有时一封信就有四五页,甚至七八页,而这些宝贵的信件,许多已无法寻找。二是他从 1979 年至 1987 年这近十年的主要活动在江苏省农科院,当我们两次到江苏省农科院档案馆查找盛彤笙的资料时,惊奇于其档案管理的系统有序和服务态度的细致入微。当访谈时,也受到科研处长(后任副院长)的阮德成先生和盛彤笙助手周光宏研究员及办公室主任黄俊先生的热情接待,了解了许多鲜为人知的故事。更令我们欣喜的是,在南京大学档案馆居然找到了盛彤笙1931年的学业成绩表,从递交介绍信到拿到复印件,不足一个小时,感动之余,我们就档案馆的敬业精神和热情态度给南京大学党委写了感谢信。在陕西省档案馆查询中心刘卫星主任和后库管理处李晓春处长的帮助下,我们在凤县用一周时间查阅了西北军政委员会(后改为西北行政委员会)畜牧部、教育部、科技部的档案,获益颇丰。中国第二历史档案馆、复旦大学上海医学院、湖南长沙雅礼中学等单位都给了我们很多帮助。

查档和访谈也有艰辛与不解。令人遗憾的是前后数次到××省委组织部干部信息管理中心,批条查阅存放于××省档案馆的盛彤笙档案而不可得,他们说盛彤笙是他们管理的副省级干部,副省级干部档案是保密的,不能查阅,更不能复印。而且斥责我们拿的介绍信是"一张公函骗天下"。我们反复声称,盛彤笙原为大学校长、院士,是一位著名科学家、教育家,已去世多年,我们采集老科学家学术成长资料,以资政育人。反复交涉仍无果,更有甚者,一处长从未听过盛彤笙其名,当介绍他为一个大科学家、大教育家,从甘肃调××省时,更坚定了不能查阅的蛮横心态:我们××省的科学家,怎么能由你们来写? 我们怒由心起,怒斥其官僚、僵化、固执、狭隘、自私,白吃干饭。拍案而起,拂袖而去,真令人无语矣!

老科学家学术资料采集工程是经国家领导人批准,十二部委联合发文实施的国家工程,也是一个抢救科学界泰斗级人物资料的历史文化工程。历史文献资料和口述历史资料随着岁月的流逝是呈递减状态的。《长编》的编撰,我们本着"竭泽而渔,一网打尽,囊括全部"的宗旨,乘着当事人、知情者还在,赢在时间,不致遗漏,不留遗憾。但遗憾的是盛彤笙档案中的一些资料,包括盛彤笙当年留学德国的同学王炳南在"文革"中给盛彤笙写的外调证明材料等,至今还尘封在××省档案馆。

"以铜为镜,可以正衣冠;以史为镜,可以知兴替;以人为镜,可以明得失"。《长编》撰写的过程,也是还原历史、反思历史的过程。还原历史是为了反思历史；反思历史是为了借鉴历史。这种反思会由于某种原因而中断，但也会持续。往事值得复追，来者尚需借鉴。大师远去，再无大师。是什么成就了大师？又是什么毁灭了大师、窒息了大师的生命活力和创造能力？为什么这些大师至今无人替代、无法超越、更无法复制呢？一代知识分子报着救国救民改变中国面貌的夙愿，但在极左路线下，他们的命运首先被改变，被打入另册。知识分子在历次政治运动中断送了学术生涯，拉大了与国外的差距，给了我们很多教训和启示。

十多年来，我们跑遍东西南北十几个省市，行程万里之遥，搜集访谈盛彤笙的各类资料，得失非一时也，留存乃长久也。老一辈大师的遗产，是我们共享的精神财富，取之不尽，用之而不竭。只有讲好盛彤笙及前辈大师的故事，才能给我们些许安慰与自信。

2017年五一长假过后，我们课题组前往"老科学家学术成长资料馆藏基地"交付资料，当100多公斤，近200件各类资料摆上桌面时，毛泽东主席给盛彤笙的四张任命书、周恩来总理给盛彤笙的两张任命书，格外鲜艳夺目。时逢5月9日，正是盛彤笙逝世30周年忌日，我们肃立，向盛彤笙遗像三鞠躬，举行简单的悼念仪式。时非偶然，事非巧合，皆天地有灵之谓也。自此，盛彤笙这位老科学家的学术成就及事迹功业归藏于"国史馆"（我们暂且称之为国史馆，即老科学家学术成长资料馆藏基地）。且六张任命书以及盛彤笙和国家领导人合影的数张大幅长卷照片，成为该馆藏基地的"镇馆之宝"。工作人员说，最高领导人的任命书有一张即珍贵之至也，盛彤笙作为科学家和教育家，拥有六张任命书真乃叹为观止，馆藏之最也。当然，最令我们感动不已的是以张藜教授为首席专家的"老科学家学术成长资料采集工程"的专家团队，在资料验收、项目论证、结题把关、写作指导、经费支持等方面给我们以极大的帮助和关怀，他们严密审慎、一丝不苟、求实求精的学术态度和默默无闻的奉献精神，留给我们的影响和启示是恒久的。

从2006年4月筹办校史展览收集资料，到2011年盛彤笙诞生100周年时《远牧昆仑：盛彤笙院士纪实》的撰写出版，再到申请把"盛彤笙资料长编"列入"老科学家学术成长资料采集工程"，《盛彤笙资料长编》《盛彤笙文稿》编撰成书，断断续续历时15年矣。2021年又恰逢盛彤笙110周年诞辰，这些资料的抢救、挖掘、整理、出版,并得以永久珍藏与展示,这是对盛彤笙最好的缅怀与纪念。其间得到任继周院士、刘秀梵院士、胡自治教授、邹康南教授、陆承平教授、张遵道研究员、杨承谕研究员、盛彤笙之子盛天舒、儿媳马晓琳等众多知情者的支持与帮助。特别是盛彤笙的高足和知音任继周院士,虽已届97岁高龄,但为了自己恩师的遗作《盛彤笙文稿》的搜集和出版,仍奔走呼号,不遗余力。令我辈感佩不已,更不敢有丝毫怠慢。中国第二历史档案馆、甘肃省档案馆、陕西省档案馆、青海省档案馆、新疆维吾尔自治区档案馆、南京大学、南京农业大学、上海医学院、兰州大学档案馆、兰州市档案馆、《甘肃日报》社、甘肃农业大学档案馆亦支持并提供资料。中国科协"老科学家学术成长资料采集工程"领导小组给予了大力支持和多方指导、鼓励。在此我们深致谢意。在盛彤笙学术成长资料采集活动中,我们课题组的陈贵仁先生、赵西玲女士、吉顺平同志,有信仰、有情怀、有追求,在采集工作中,敢担当,靠得住。其中陈贵仁先生、赵西玲女士二位,在搜集活动中,度过了花甲之年和古稀之年。每次在外地访谈和查档,一下火车或飞机,我就带两位老同志,拉着行李箱,迈着疲惫的步子,步行几公里,满街找100元以下的旅馆,真是难为和亏待他们了。2009年7月底学校已放暑假,为抢救整理校史资料,我们三人都想借假期赶进度,本人在阴面的大办公室,且酷热难熬,汗流浃背,而他们二人在南面一间不足十平方米的房子,太阳炙烤,挥汗如下雨,热浪湿衣衫,我敬重而又怜惜两位老同志,随手写下几句,记录当时场景。如今翻出来也感慨不已。如下:"为陈贵仁主席、赵西玲部长尽心竭力整理校史而作:斗室著文,热浪蒸腾。挥汗如雨,与时竞奋。抢救校史,奉献赤诚。其景其情,感人至深。防暑降温,多多保重。"所有这些至今想来历历在目,令人心酸不已。他们没有说一声苦,道一声怨,执着执迷,乐此不疲,盖源于对大师们的崇拜敬仰。想起盛彤笙及其团队,那些留洋博士到牧区防疫时,半年或更长时间,与牧民同住一顶帐篷,生了满身虱子,头发长了用剪羊毛的剪子相互一剪就行了,令我们时常感动不已。两位老同志以他们平生的经历和积累,以他们的时间和才情,使他们的价值得到了最大的释放和发挥,同时也使他们的人格大放异彩。真是:老骥伏枥志千里,不用扬鞭自奋蹄。默默耕耘苦中乐,大师功德彰行迹。副研究馆员

　　吉顺平是我们课题组最年轻的一位成员,他勤奋刻苦,利用大量业余时间,在原有资料的基础上,发微钩沉,通过网络搜集整理了很多鲜为人知的珍贵史料。他对史实的考据求证,对文献的筛选和应用,反映了他的学术素养和敬业精神。项目组丁鹏宇馆员、张芳莎女士、王陇平先生,参与了资料的收集整理、人物访谈、摄影等工作,在此一并表示衷心感谢! 同时,感谢中国科协"老科学家学术成长资料采集工程"首席专家张藜教授、上海交通大学出版社冯勤编审将本书列入"老科学家资料长编丛书",使其得以正式出版。感谢责编宋丽军女士的辛勤工作和专业编审,为本书匡谬不少,在她的建议下,修改增设了部分内容,使得本书体例更加完善,行文更加规范。

　　《长编》中,我们收录了两百余幅和盛彤笙生活、学术、教育等有关的图片,一则是为了保存展示文献资料,二则在读图时代,亦可以为读者提供具象的印象,更直观地了解盛彤笙其人其事。《长编》所用资料,时间久远,搜集有限,不确切或不全面的问题,还请各位知情者和读者批评指正。

胡云安

2021 年 4 月